ALBER SYMPOSION

Über dieses Buch:

Die Frage, wie man leben soll, zieht sich wie ein roter Faden durch das Gesamtwerk Platons. Die Untersuchung zeigt, dass ein wahrhaft gutes, gelungenes Leben laut Platon notwendig ein philosophisches Leben sein muss.

Drei Aspekte prägen die Struktur philosophischen Lebens: Die gemeinsame Suche nach dem Guten, die Schau des Guten und die Verwirklichung des Guten, die zum Beispiel in politischer Tätigkeit oder der Bildung anderer bestehen kann. Wie sieht ein solches Leben inhaltlich aus? Untersucht wird, welche Rolle der Umgang mit Lust und sozialer Anerkennung spielt, welchen Stellenwert die Freundschaft zu anderen Menschen besitzt und welche Haltung zum Tod ein philosophisches Leben auszeichnet. Gefragt wird auch nach dem Ort der sokratischen Lebensprüfung im Verhältnis zur Darstellung philosophischen Lebens in Platons mittleren Dialogen sowie im VII. Brief. Die Problematik, dass Platon einerseits die Wichtigkeit einer philosophischen Lebensführung betont, andererseits aber den meisten Menschen die Voraussetzungen dafür abzusprechen scheint, wird schließlich im Hinblick auf mögliche Lösungsvorschläge diskutiert.

Die Untersuchung wurde 2012 mit dem Alfred-Delp-Preis des Rottendorf-Projekts an der Hochschule für Philosophie München ausgezeichnet.

Die Autorin:

Maria Schwartz hat an der Hochschule für Philosophie sowie der LMU München studiert und an der Hochschule für Philosophie in München promoviert. Seit 2012 arbeitet sie als Akademische Rätin am Lehrstuhl für Philosophie mit Schwerpunkt Ethik an der Universität Augsburg.

Maria Schwartz

Der philosophische *bios* bei Platon

SYMPOSION

PHILOSOPHISCHE SCHRIFTENREIHE

BEGRÜNDET VON
MAX MÜLLER, BERNHARD WELTE, ERIK WOLF

HERAUSGEGEBEN VON
MAXIMILIAN FORSCHNER, LUDGER HONNEFELDER

Band 134

Maria Schwartz

Der philosophische *bios* bei Platon

Zur Einheit von philosophischem und gutem Leben

Verlag Karl Alber Freiburg/München

Gedruckt mit freundlicher Unterstützung der Geschwister Boehringer Ingelheim Stiftung für Geisteswissenschaften in Ingelheim am Rhein.

Die vorliegende Untersuchung wurde 2011 von der Hochschule für Philosophie München, Philosophische Fakultät S.J., als Dissertation angenommen.

Originalausgabe

© VERLAG KARL ALBER
in der Verlag Herder GmbH, Freiburg/München 2013
Alle Rechte vorbehalten
www.verlag-alber.de

Satz: SatzWeise, Föhren
Herstellung: Difo-Druck, Bamberg

Gedruckt auf alterungsbeständigem Papier (säurefrei)
Printed on acid-free paper
Printed in Germany

ISBN 978-3-495-48613-9

Inhaltsverzeichnis

Vorwort 17

1. **Die Frage nach dem philosophischen Leben** 19
1.1. *Bios* – »Leben« oder »Lebensweise«? 21
1.2. »Lebensform«, »Lebensphilosophie« und die »Philosophie der Lebenskunst« 22
1.3. Philosophisch leben – ein vergessenes Thema? 24
1.4. Gutes Leben und philosophisches Leben 26
1.5. »Philosophisch leben« oder »Leben des Philosophen«? . . . 27
1.6. Entscheidung für ein philosophisches Leben 29
1.7. Zu Aufbau und Methode der Untersuchung 31

2. **Das Leben in der Akademie und der *VII. Brief* als Platons ›Selbstzeugnis‹** 33
2.1. Das Leben in der Akademie 33
2.2. Der *VII. Brief* – Fragen der Verfasserschaft 42

3. **Sprachlicher Befund – *philosophos*, *bios* und die *bios*-Synonyme** 45
3.1. *Philosophos/philosophein* und die Forschungskontroverse um Platons Philosophiebegriff 45
3.2. Synonyme für *bios* 48
3.3. Zu den verschiedenen *bioi* bei Platon 53
    3.3.1. *Bioi*, den Umgang mit Lust/Unlust und Begierden betreffend *(Gorgias, VII. Brief* und *Philebos)* . . . 53
    3.3.2. *Bioi*, Gerechtigkeit und andere Tugenden betreffend *(Nomoi, Phaidros, Politeia* und *Gorgias)* 56
    3.3.3. Auf ein bestimmtes Ziel des Strebens/Liebens ausgerichtete *bioi (Politeia, Phaidon, Phaidros* und *Symposion)* 59

Inhaltsverzeichnis

- 3.3.4. Rangfolgen von *bioi* und *bioi* verschiedener Professionen (*Phaidros, Politeia, Gorgias* u. a.) .. 60
- 3.3.5. *Bioi* bestimmten Vorbildern entsprechend (*Politeia, Nomoi* und *Phaidros*) 64
- 3.3.6. Zur Lebensführung allgemein – Die frühen Dialoge 65
- 3.4. Erläuterung zum Stellenbefund und zum Aufbau der Untersuchung 68

4. Protreptik philosophischen Lebens? Der prüfende Sokrates . 72
- 4.1. *Apologie* – Lebensprüfung und die ›Weisheit‹ des Sokrates . 74
  - 4.1.1. Sokrates' göttlicher Auftrag: Entlarvung des menschlichen Nichtwissens 74
  - 4.1.2. Prüft Sokrates nur andere oder auch sich selbst? . 78
  - 4.1.3. Was ist die »menschliche Weisheit«? Worauf versteht sich Sokrates? 79
  - 4.1.4. Nicht weise, aber gut? 83
  - 4.1.5. Der Ertrag der *Apologie* für die Frage nach dem philosophischen Leben 86
    - 4.1.5.1. Selbstprüfung und die Sorge um Tugend als Weg zum glücklichen Leben 86
    - 4.1.5.2. Sokrates als Vorbild – Ermutigung anderer als Aufgabe eines jeden Menschen? 87
    - 4.1.5.3. Einsicht in das eigene Nichtwissen als Motivation zur Lebensänderung 88
- 4.2. *Laches* – Die Diskrepanz von Taten und Worten und der Zusammenhang zum Selbstverständnis 91
  - 4.2.1. Von der Frage nach dem sachkundigen Urteil zur Lebensprüfung 91
  - 4.2.2. Die Reaktion der Gesprächspartner 93
  - 4.2.3. Inwiefern ist Sokrates' Haltung authentischer als die der Gesprächspartner? 95
  - 4.2.4. Ertrag des *Laches:* Was soll gelernt, wie soll gelebt werden? 97
- 4.3. Ansprüche an sich selbst und die darauf aufsetzende Motivation zur Weisheitssuche in den frühen Dialogen .. 100
- 4.4. Der *elenchos* als Protreptik oder Bestandteil philosophischen Lebens? 103

5. Das philosophische Leben und die Rolle der Lust 107
5.1. *Gorgias* – Die Zurückweisung des ›kruden‹ Hedonismus 108
5.2. *Protagoras* – Differenzierter Hedonismus als Weg zum glücklichen Leben? 114
5.3. *Phaidon* – Die Absetzung des philosophischen Lebens vom differenzierten Hedonismus 118
    5.3.1. Die Abwendung vom Leib und die Ausrichtung auf Erkenntnis 119
    5.3.2. Die Zurückweisung des differenzierten Hedonismus als relative Tugend 122
    5.3.3. Die Erlösungsfunktion der Philosophie und ihre lebensverändernde Dynamik 124
    5.3.4. Systematische Einordnung der Darstellung des philosophischen als asketisches Leben im *Phaidon* . 126
5.4. *Politeia* – Einfaches, maßvolles Leben und die wahre Lust der Philosophen 128
    5.4.1. Kephalos – Das Glück im Alter, der Zusammenhang von Reichtum und Lust 129
    5.4.2. Der »Schweinestaat« und seine Erweiterung als Bild für den Ausgangszustand der menschlichen Seele . 132
    5.4.3. Die Lebensweise der Wächter/Gehilfen – ein allgemeingültiges Konzept? 135
    5.4.3.1. Musik, Gymnastik und maßvolle Lebensweise . . 135
    5.4.3.2. Die allgemeingültige Begründung maßvollen Lebens 139
    5.4.3.3. Gütergemeinschaft, das Glück der Wächter und die gesellschaftlichen Rahmenbedingungen in *Politeia* und *Nomoi* 141
    5.4.3.4. Frauen- und Kindergemeinschaft 144
    5.4.4. Besonnenheit und das Verhältnis von Begierde und Lust 146
    5.4.5. Die Metapher des Stromes (485d6–e1) und die Lust der Philosophen 150
    5.4.6. Die Erweiterung der philosophischen Lebensweise auf alle Menschen durch die Übertragung des Bildes vom Staat auf die Seele des Einzelnen 154

Inhaltsverzeichnis

5.4.7. Vier Verfallsstadien der Seele und die mit ihnen
zusammenhängenden Lebensweisen 157
5.4.7.1. Die Dynamik des Verfalls und die Zuordnung der
Stadien zu den Seelenvermögen 157
5.4.7.2. Die unterschiedlichen Ursachen des Verfalls von
Staaten und Einzelnen 158
5.4.7.3. Erstes Verfallsstadium: Das Leben des Timokraten 160
5.4.7.4. Zweites Verfallsstadium: Das Leben des Oligarchen 161
5.4.7.5. Drittes Verfallsstadium: Das Leben des Demokraten 162
5.4.7.6. Viertes Verfallsstadium: Das Leben des Tyrannen . 164
5.4.7.7. Die Ausprägung der Herrschaft des *epithymêtikon*
in den Verfallsstadien zwei bis vier und der
Zusammenhang zur Hedonismusthematik 167
5.4.8. Die Bewertung der Lebensweisen: Verschiedene
Arten der Lust und die Beweise für das unglückliche
Leben des Tyrannen 168
5.4.8.1. Die Beweise für das unglückliche Leben des
Tyrannen: Beweis 1 (577c5–580c10) 168
5.4.8.2. Beweis 2 – Der Philosoph als kompetent Urteilender
in Bezug auf die angenehmste Lust (580c11–583b1) 169
5.4.8.3. Beweis 3 – Gemischte Lust, reine Lust und die
Nahrungsmetapher (583b2–588b1) 171
5.4.9. Ertrag der *Politeia:* Der Stellenwert der Lust im
Leben des philosophischen Gerechten 177
5.5. *Philebos* – Niederlage und Notwendigkeit der Lust 181
5.5.1. Philebos und Sokrates 182
5.5.2. Die Alternativen – *chairein, phronein* und die
gemischte Lebensweise 183
5.5.3. Der Charakter der Lust und die Bewertung des
›neutralen‹ (weder angenehmen noch
unangenehmen) *bios* 185
5.5.4. Der gemischte *bios* und die zugelassenen Arten von
Kenntnissen und Lüsten 189
5.5.5. Der Stellenwert der Lust für das gute Leben und der
Zusammenhang zum Leben des Philosophen . . . 190
5.6. Notwendigkeit der Lust und ihre Auswirkungen in Platons
Nomoi 192

Inhaltsverzeichnis

5.7. *VII. Brief* – Die »dorische« Lebensweise als Voraussetzung
für das philosophische Leben 196
    5.7.1. Die zwei Lebensweisen und der Philosophentest . 197
    5.7.2. Die Erkenntnis des Guten als höchstes Ziel des
philosophischen Lebens und die Voraussetzungen
ihrer Erreichbarkeit 199
5.8. Fazit: Die Rolle der Lust im philosophischen Leben 200
    5.8.1. *Gorgias* – *Protagoras* – *Phaidon*:
Die Zurückweisung des Hedonismus 201
    5.8.2. *Politeia* – Die philosophische Lebensweise als
konkurrenzlose Alternative 201
    5.8.3. Die Gefahren der Lust und die Notwendigkeit der
Abgrenzung des philosophischen zum hedonistischen Leben 203
    5.8.4. Besonnenheit als Voraussetzung des philosophi-
schen Lebens und die untergeordnete Rolle der Lust 205
    5.8.5. Wo bleibt der philosophische Eros? 206

**6. Die Rolle der Ehre – Der Philosoph und die soziale
Anerkennung** 210
6.1. Ehre, körperliche Lust und Besitzstreben 211
    6.1.1. *Phaidon* – *philosômatos* und *philotimos* 211
    6.1.2. *Gorgias* – Ehre als Lust zweiter Ordnung: Die
Lebensweise in der Politik und das Ziel der Rhetorik 213
    6.1.3. *Phaidros* – Zwei Lebensweisen und die Rolle des
»edlen« Pferdes im Seelengespann 214
    6.1.4. *Politeia* IV/IX – Das »Eifrige« als gesondertes
Seelenvermögen 220
    6.1.5. *Politeia* VIII/IX – Das Eifrige in Lebensweisen und
Verfassungen und der Zusammenhang zur Geld-/
Besitzliebe 224
6.2. Ehre im Kontext von Wettkampf und Macht –
philotimia und *philonikia* 227
    6.2.1. Wege, Ehre zu erhalten: *Philotimia* und *philonikia*
in *Gorgias*, *Symposion*, *Phaidon* und *Timaios* . . . 227
    6.2.2. *Philarchoi kai philotimoi* – Das Streben nach Macht
um der Macht willen 230

Inhaltsverzeichnis

    6.2.3. *Gorgias* – Grenzen der Ehrbegierde und der Umschlag in die Tyrannei (Archelaos) 233
    6.2.4. *Politeia* – Der verkannte Gerechte und das Ansehen des Tyrannen 234
        6.2.4.1. Das Glück des Tyrannen laut Thrasymachos . . . 234
        6.2.4.2. Der Ring des Gyges (359b7–360d8) – Verborgen vor den Augen der andern 236
        6.2.4.3. Das Streben des Tyrannen – Ehre oder Lust? . . . 237
  6.3. Der Gegenentwurf: Sokrates' Projekt der Bescheidenheit . 239
    6.3.1. Die Frage nach der Quelle der Anerkennung . . . 239
    6.3.2. *Apologie* und *Kriton* – Ein Projekt der Bescheidenheit als Grundlage der Anerkennung 242
  6.4. Die Lebensweise der Philosophen – zurückgezogen oder öffentlich? (*Theaitetos, Gorgias, Politeia* und *VII. Brief*) . . 245
    6.4.1. *Theaitetos* – Der Philosoph in den Höhen 245
    6.4.2. *Gorgias* – Der Philosoph als wahrer Politiker . . . 249
    6.4.3. *Politeia* – Die positive Gegenkonzeption und die Macht der Menge 250
        6.4.3.1. Ehre als Gefährdung der Philosophen 251
        6.4.3.2. Der Zwang der Philosophenherrscher und die Rolle der Gerechtigkeit 252
        6.4.3.3. Das philosophische Leben abseits der Politik – eine Möglichkeit für Philosophen? 255
    6.4.4. Der *VII. Brief* – Motivation und Scheitern des Philosophen an der Reform 257
        6.4.4.1. Platons Lebenserfahrung und seine Bewertung politischer Tätigkeit 257
        6.4.4.2. Freunde und Verbündete – Das Scheitern der Reform und ihre Voraussetzungen 258
        6.4.4.3. Dions Persönlichkeit und seine Aufgaben im Verhältnis zu den Philosophenherrschern 260
  6.5. *Politeia* und *Nomoi* – Die Rehabilitation der Ehre in Bezug auf individuelles und gesellschaftliches Leben 262
    6.5.1. *Politeia* – Ehrlosigkeit als methodische Hypothese und die langfristige Sicht 262
    6.5.2. *Nomoi* – Ehre im Kontext von Belohnung und Strafe 263
  6.6. Der Stellenwert der Ehre im philosophischen Leben – Ein Fazit 266

Inhaltsverzeichnis

7. Einsamkeit oder Philosophieren mit Freunden? 268
7.1. Die gerechte und besonnene Seele als Voraussetzung für Freundschaft zu anderen Menschen 268
7.2. *Symposion* – Einsamkeit des Philosophen oder Notwendigkeit gemeinsamen Philosophierens? 272
    7.2.1. Erotische Beziehungen und körperliche Lust . . . 273
    7.2.2. Worum geht es Phaidros, Pausanias, Eryximachos, Aristophanes und Agathon? 274
    7.2.3. Die Unterredungen mit Diotima und der ›Stufenweg‹ des Philosophen 277
    7.2.4. Das für lebenswert gehaltene Leben – Abbilder *(eidôla)* der Tugend, die der Bindung an andere Menschen entspringen 285
    7.2.5. Alkibiades und die Tugend des Sokrates als Konsequenz der Schau 286
    7.2.6. Die Meditationen des Sokrates als einsame Begegnung mit dem Schönen 291
    7.2.7. Die erneute Wendung hin zu den anderen: Das Zeugen im Schönen als Konsequenz der Schau 295
7.3. *Phaidros* – Die philosophische *philia* 299
7.4. Der *VII. Brief* – Häufige gemeinsame Bemühung 305
7.5. *Lysis* – Freundschaft zu anderen und zum Guten 309
    7.5.1. Freundschaft zwischen Guten? 310
    7.5.2. Die Liebe zum Guten als *prôton philon* 311
    7.5.3. Freundschaft zu anderen aufgrund der Freundschaft zum Guten 312
7.6. Der Stellenwert der Freundschaft im philosophischen Leben 316
    7.6.1. Die Möglichkeit einsamen Philosophierens 316
    7.6.2. Der Ort der Einsamkeit sowie des gemeinsamen Philosophierens auf dem Lebensweg des Philosophen 318

8. Philosophische Lebensweise und die Haltung zum Tod 322
8.1. Der Tod des Sokrates – Paradigma und Reflexion 325
    8.1.1. *Apologie* – Philosophieren als Sorge um die Tugend und das Jenseits als Verlängerung des irdischen Lebens ins Unendliche 325

Inhaltsverzeichnis

8.1.2. *Kriton* – Nicht das Leben, sondern das gute Leben ist am höchsten zu achten 327
8.1.3. *Phaidon* – Das Erlangen von Weisheit im Jenseits als Ziel des Philosophen 328
8.2. *Symposion* – Freiheit von Todesfurcht aus anderen als philosophischen Motiven und die philosophische Perspektive . . 334
8.3. Das Jenseitsgericht, der Reinkarnationsgedanke und Konsequenzen für die Lebensführung 337
    8.3.1. *Gorgias* – Inseln der Seligen oder Tartaros 338
    8.3.2. *Phaidros* – Der überhimmlische Ort als Heimat der Philosophen 342
    8.3.3. *Politeia* X – Die Lebenswahl 347
    8.3.4. Ertrag der Jenseitsmythen im Blick auf das philosophische Leben 350

9. Was ist und wer kann philosophisch leben? 353
9.1. Zwei Arten des philosophischen Lebens oder Grade der Verwirklichung? 355
9.2. Die Schau der Idee des Guten und ihre Auswirkungen auf das philosophische Leben 359
9.3. Die inhaltliche Ausweitung der sokratischen Lebensweise . 365
9.4. Voraussetzungen und Grenzen: Der Anspruch philosophischen Lebens 370
    9.4.1. Natürliche Voraussetzungen – Der Gedanke der Verwandtschaft 371
        9.4.1.1. *VII. Brief* – Eine gelungene und eine misslungene *paideia*-Geschichte 373
        9.4.1.2. Charakterliche Voraussetzungen 375
        9.4.1.3. Intellektuelle Voraussetzungen 378
    9.4.2. Das Wechselspiel von Veranlagung und Erziehung. 381
    9.4.3. Der Einfluss äußerer Umstände – Macht und Reichtum 384
    9.4.4. Die vollkommen Philosophischen in der *Politeia* und ihre Lebensweise 387
        9.4.4.1. Die Aufgabe der Hüter, ihr Streben und der Zusammenhang zur Schau der Idee des Guten . . 388
        9.4.4.2. Das Erziehungsprogramm als Weg zur Schau des Guten 390

Inhaltsverzeichnis

9.4.5.	Philosophisch leben – eine Option für wenige?	395
9.4.5.1.	Gerechtigkeit ohne Philosophie? Das relative Glück der »allgemein« Tugendhaften	396
9.4.5.2.	Die Wichtigkeit der Schau der Idee des Guten für das menschliche Leben – Stellenbefund	398
9.4.5.3.	Lösungsansätze – Anfragen an Voraussetzungen und Erziehungsprogramm	400
9.4.5.4.	Das Höhlengleichnis in *Politeia* VII als Paradigma philosophischen Lebens	403
9.4.5.5.	Philosophisches Leben als Konzeption für jeden Menschen – Eine interpretative These	408
9.5.	Fazit: Ziele des Lebens	412

Literaturverzeichnis 419
A. Siglenverzeichnis zu den platonischen Dialogen 419
B. Platonausgaben 420
C. Textausgaben anderer Autoren 420
D. Zitierte Sekundärliteratur 421

Register 433
1. Platonstellen 433
2. Personen 456
3. Sachregister 459

Vorwort

Wissenschaft findet niemals alleine statt. Ein Denker, dessen Gedanken niemand rezipiert, hätte umsonst gedacht, ja, er hätte umsonst gelebt. Erst im Dialog mit anderen entfalten Gedanken eine Kraft, die nicht nur das Denken, sondern auch das Handeln von Menschen und damit die Welt verändert. Das vorliegende Buch, eine leicht überarbeitete Fassung meiner Dissertation, will den Zusammenhang von Philosophie und Leben untersuchen, wie Platon ihn verstanden hat. Der genaue Durchgang durch das Gesamtwerk Platons, dessen gedanklicher Reichtum unerschöpflich scheint, hat etliche Jahre in Anspruch genommen und lief nicht ohne Zweifel am Umfang der Fragestellung ab. Letztlich haben sich aber Thesen, übergreifende Linien herauskristallisiert, bei denen es äußerst lohnenswert wäre, sie weiter zu diskutieren.

Ich hätte sie nicht losgelöst von einer Umgebung erarbeiten können, die das Projekt ermöglicht hat. Ich möchte daher allen danken, die mich ermutigt haben, besonders meinem Doktorvater Friedo Ricken für die intensive Begleitung und die wertvollen inhaltlichen und methodischen Anregungen. Aber auch dem Zweitgutachter der Arbeit, Michael Bordt, von dessen Anmerkungen und Veranstaltungen ich ebenfalls sehr profitiert habe, sowie Godehard Brüntrup, Andreas Trampota und vielen mehr, von denen ich während meines Studiums und der Tätigkeit an der Hochschule für Philosophie München immer wieder Denkimpulse bekommen habe.

Danken möchte ich auch meiner Familie, die zu hundert Prozent hinter mir stand, sowie den vielen Freunden, Kollegen und Kommilitonen für erhellende Diskussionen. Burkhard Reis und Helena Schmedt danke ich für philologische Anmerkungen zu Kapitel 3, Brigitte Schur, Anna Schriefl, Jan-Markus Pinjuh und Roslyn Weiss für weitere Hinweise. Besonders danke ich außerdem der Bischöflichen Studienstiftung Cusanuswerk, die meine Arbeit unterstützt hat, sowie dem Internationalen Collegium Oecumenicum Freimann. In beiden Werken habe ich Jahre des inspirierenden, fach- und kulturübergreifenden wissenschaft-

Vorwort

lichen Austausches genießen dürfen. Ferner danke ich herzlich der Geschwister Boehringer Ingelheim Stiftung für Geisteswissenschaften, die einen großzügigen Zuschuss zu den Druckkosten gewährt hat. Den Herausgebern der Reihe »Symposion«, Maximilian Forschner und Ludger Honnefelder, danke ich für die freundliche Aufnahme, Lukas Trabert vom Verlag Karl Alber für die engagierte Betreuung der Drucklegung. Danken möchte ich zudem dem Rottendorf-Projekt der Hochschule für Philosophie, das mir aufgrund der Arbeit im November 2012 den Alfred-Delp-Preis zuerkannt hat.

Maria Schwartz, im Februar 2013

1. Die Frage nach dem philosophischen Leben

Was heißt es, ein philosophisches Leben zu führen? Es ist nicht selbstverständlich, mit dieser Frage an die Dialoge Platons heranzutreten. Während sich eine ganze Reihe von Publikationen um die Klärung des Philosophiebegriffs bei Platon bemüht[1] und andere nach Platons Vorstellung des guten Lebens fragen[2], so gibt es vergleichsweise wenige Autoren, die ausdrücklich die Verbindung beider Themen beschäftigt[3]. Ein Grund hierfür ist sicher, dass Platon selbst nirgends wörtlich vom *bios philosophos*[4], *philosophos bios*[5] oder *bios philosophikos*[6] spricht. Wohl aber schreibt er vom *bios en philosophia*[7] oder von den »philosophischen« Menschen, denen in Rep. 581c4–11 eine entsprechende Le-

---

[1] Beispielsweise Nightingale 1995, Dixsaut 2001 und Wiehart 2008.
[2] Beispielsweise Wolf 1996 und 1999.
[3] Auf Platons Verständnis philosophischen Lebens wird, wenn dann, im Rahmen übergreifender, die gesamte antike Philosophie behandelnder Arbeiten eingegangen wie Joly 1956 und Niehues-Pröbsting 2004. An Arbeiten, die sich auf Platon beschränken, wäre A. W. Nightingale zu nennen, die feststellt, dass Philosophie nicht nur »an analytic inquiry into certain types of subjects« beinhalte, sondern »a unique set of ethical and metaphysical commitments that demanded *a whole new way of living*« (Nightingale 1995, 10; *eig. Hervorhebung*). Im Folgenden versteht sie Philosophie aber vornehmlich als diskursive Praxis und versucht, den von Platon konstruierten, »philosophischen« Diskurs von anderen Literaturformen abzugrenzen. Ähnlich ging schon Cushman 1958 vor, der Philosophie im Vorwort als »essentially, a way of life, a way out of chaos in human existence« (*ebd.*, XV) beschreibt, sich im Rest des Buches aber wesentlich erkenntnistheoretischen Problemen widmet. Auch bei Wiehart 2008 besitzt die Diskussion des philosophischen *Lebens* einen weit weniger hohen Stellenwert als das Vorwort vermuten lässt, weil sich der Schwerpunkt hin zu Platons Philosophiebegriff verschiebt.
[4] Im Zusammenhang der Lebenskunst, der Philosophie M. Foucaults und des Pragmatismus' wird dieser Terminus vereinzelt verwendet (so bei Shusterman 2001, 29).
[5] Die Rede vom *philosophos bios* findet sich z. B. häufiger bei Voigtländer 1980, einem philologisch ausgerichteten Werk, das nicht nur Platons Philosophie behandelt.
[6] Peter Scholz verwendet, wohl in Anlehnung an den *bios theôrêtikos*, das eher ungewöhnliche Adjektiv *philosophikos* (vgl. Scholz 2006, 44f.).
[7] Vgl. Gorg. 500c7: τὸν βίον τὸν ἐν φιλοσοφίᾳ und ähnlich Phd. 63e9: ἐν φιλοσοφίᾳ διατρίψας τὸν βίον.

1. Die Frage nach dem philosophischen Leben

bensweise *(bios)* zugeordnet wird. In diesem Abschnitt der *Politeia* unterscheidet Platon, was sogar als Anliegen des Gesamtwerks gelten kann (vgl. 5.4), die philosophische von anderen Lebensweisen[8]. Dies geschieht ebenso deutlich wie die – von der platonischen Auffassung abweichende[9] – Unterscheidung verschiedener *bioi* durch Aristoteles in EN I 3 und X 6–9 (bes. 1178a6–10). Vor allem bedingt durch die literarische Form lässt sich aber ungleich schwerer feststellen, was ein philosophisches Leben nach Platon eigentlich beinhaltet und was nicht. Es lohnt sich daher, nach seinem Verständnis der philosophischen Lebensweise und ihrer Abgrenzung zu anderen Lebensweisen zu fragen, wie es in dieser Untersuchung unternommen wird, wobei schwerpunktmäßig, aber nicht ausschließlich Platons mittlere Dialoge im Zentrum stehen. Jeder Dialog wird für sich interpretiert, bevor versucht wird, Linien im Gesamtwerk zu erkennen. Sobald deutlich geworden ist, was ein philosophisches Leben auszeichnet (Kapitel 4–8), soll abschließend die Frage erörtert werden, wer ein philosophisches Leben führen kann oder gar sollte (Kapitel 9).

Zu Beginn möchte ich kurz auf das griechische Wort *bios*, insbesondere seine Verwendung bei Platon, die deutsche Übersetzung und die bisherige Diskussion in der Forschung eingehen (1.1 und 1.2).

---

[8] Vgl. zum genauen Stellenbefund Kapitel 3, zu den drei Lebensweisen bzw. Menschenarten 3.3.3.

[9] Gegen Jaeger 1957, 483 und 491, der etwas unkritisch feststellt, dass die Klassifikation und Einteilung der Lebenstypen bei Platon entwickelt und dann in die aristotelische Ethik »herübergenommen« wurde. Vergleichbar ist vielleicht noch die Unterscheidung eines auf Lust ausgerichteten *bios* (EN 1095b16) von dem auf Ehre ausgerichteten (EN 1095b22–23; wiewohl dessen Verbindung mit *aretê* in EN 1095b23–1096a2 bereits von der platonischen Konzeption abweicht). Der philosophische *bios*, wie Platon ihn versteht, kann aber nicht mit dem von Aristoteles in der *Nikomachischen Ethik* (EN) favorisierten betrachtenden Leben (dem *bios theôrêtikos* in EN 1095b17–19 oder *kata ton noun bios* in EN 1178a6–7) gleichgesetzt werden. Eine klare Unterscheidung von *bioi* ist allerdings auch bei Aristoteles, worauf hier nur kurz hingewiesen werden kann, mit Blick auf dessen Gesamtwerk umstritten. So macht Cooper 1987 darauf aufmerksam, dass eine wertende Gegenüberstellung und Abgrenzung von einerseits theoretisch-kontemplativem und andererseits praktisch-ethischem Leben nur in der EN unternommen wird; in der *Eudemischen Ethik* (EE) finden sich andere Aussagen (vgl. *ebd.*, 189). In einer systematischen Rekonstruktion lassen sich sogar bereits innerhalb der EN moralisch-praktische und theoretische Aktivitäten als Elemente menschlicher *eudaimonia* verstehen (vgl. *ebd.*, 210). Auch Rowe sieht eine Nähe zwischen Platons und Aristoteles' Auffassungen in Bezug auf die beste Lebensweise (vgl. Rowe 2004, 122). Er argumentiert zu Recht gegen R. Kraut, welcher Platon eine Favorisierung des zurückgezogenen, kontemplativen Lebens zuschreibt.

1.1. Bios – »Leben« oder »Lebensweise«?

Bios wird üblicherweise schlicht mit »Leben« übersetzt. Dieser Begriff ist jedoch abzugrenzen vom bloßen Lebendigsein, dem biologischen Leben[10]. Das biologische Leben kann, wie es im *Phaidros* geschieht, unter dem Aspekt der (Selbst)bewegung gefasst werden[11], die scheinbar an ein Ende kommt, wenn der Mensch stirbt. An dieser Stelle, wo es um »Leben« als Gegenbegriff zum »Tod« geht, verwendet Platon das Wort *zôê* (Phdr. 245c8). Diese Bedeutung wird daher in unserer Untersuchung nur am Rande, etwa in Kapitel 8 im Kontext des Todes, eine Rolle spielen. Nach einer schon bei den Vorsokratikern verbreiteten naturphilosophischen Vorstellung[12] war es Aufgabe der Seele, den Menschen im biologischen Sinne am Leben zu erhalten (Rep. 353d9–10[13]). Platon aber geht es ganz vorrangig um das gute Leben (*eu biôsetai*, Rep. 353e10). Wenn er vom *bios* spricht, so ist nicht die rein biologische Existenz im Gegensatz zum Tod gemeint, sondern das aktiv gestaltete Leben vernünftiger Wesen, meistens das der Menschen, manchmal auch das der Götter (so z. B. in Phdr. 248a1). Selten steht *bios* allein, oft wird gleich näher qualifiziert, um was für einen *bios* – oder auch um wessen *bios* – es sich handelt[14]. Mit *bios* als menschlichem, zu gestaltendem Leben wird die Zeitspanne bezeichnet, die vor dem Tod liegt, bzw. diejenige vor dem Weiterleben im wie auch immer gearteten Jenseits oder vor der erneuten Reinkarnation. Ein philosophisches Leben bzw. Leben »in der Philosophie« (Gorg. 500c7) ist nicht nur auf einen Abschnitt des Lebens begrenzt. Platons Gesprächspartner Kallikles etwa lehnt nicht die philosophische Beschäftigung generell ab, die er einem bestimmten Lebensabschnitt (der Zeit der Jugend) zuordnet, sondern die ›lebenslange‹ Beschäftigung damit, die Sokrates favorisiert (Gorg. 484c4–485e2). Der *bios* umfasst, wenn man die Frage eines Lebens nach

---

[10] Vgl. LSJ s. v. I: »*life*, i. e. not animal life *(zôê)*, but *mode of life … manner of living*«.
[11] Vgl. den Beweis zur Unsterblichkeit der Seele in Phdr. 245c5–246a2.
[12] Beispielsweise bei Anaxagoras, Demokrit und Empedokles. Allgemein wird *empsycha* (beseelt, lebendig) zur Bezeichnung der spezifischen Eigenschaft von Lebewesen verwendet (vgl. Frede, M.: DNP 11 (2001), 326, s. v. Seelenlehre).
[13] »Wie nun aber leben? Wollen wir dies auch für ein Geschäft der Seele erklären? – Ganz vorzüglich ja, sagte er.« Τί δ' αὖ τὸ ζῆν; ψυχῆς φήσομεν ἔργον εἶναι; – Μάλιστά γ', ἔφη. (Rep. 353d9–10)
[14] Beispielsweise Charm. 160b7: ὁ σώφρων βίος, Apol. 38a5: ὁ δὲ ἀνεξέταστος βίος, Rep. 358c6: ὁ τοῦ δικαίου βίος, Soph. 216c7: τὸν τῶν κάτω βίον oder Ep. VII 326b7: βίος εὐδαίμων.

1. Die Frage nach dem philosophischen Leben

dem Tod ausklammert, die für einen Menschen längstmögliche Zeitspanne seiner Existenz, seines Denkens und Handelns. Soll der Gesichtspunkt des gestalteten Lebens verdeutlicht werden, so sollte *bios* besser mit »Lebensweise«[15] statt mit »Leben« wiedergegeben werden.

1.2. »Lebensform«, »Lebensphilosophie« und die »Philosophie der Lebenskunst«

Noch ein paar Worte zur deutschen Übersetzung von *bios* mit »Lebensform«, für die sich z. B. K. Schöpsdau in seiner Übersetzung der *Nomoi* entscheidet. Sie birgt eine Problematik, weil bei diesem eher statischen Begriff leicht an eine gegossene Figur, eine Statue, oder zumindest an ein Leben in festen oder vorgefertigten Bahnen gedacht wird. Von einer »Lebensform« zu sprechen, ist aber nur an wenigen Stellen passend, beispielsweise bei der Rangfolge der *bioi* im *Phaidros* (Phdr. 248c3–249b7) sowie der Wahl der Grundrisse von Lebensweisen *(biôn paradeigmata)* in Rep. 617d3–620d6 – und auch dort nur in eingeschränkter Weise (vgl. 8.3.3). Dass der Begriff hier treffend scheint, liegt daran, dass in den Mythen eine fiktive Perspektive auf die Ganzheit des Lebens eingenommen wird, wie sie während des Lebens nie gegeben ist. Die Rede von der »Lebensweise« (noch besser wäre das englische »way of life«[16]), die Schleiermacher vorzieht, passt außerhalb des Mythos besser zum dynamischen, offenen Verständnis menschlichen Lebens. Auch in der Platonforschung ist der Begriff »Lebensform« nicht zentral. Eine deutsche Übersetzung von Pierre Hadots »Exercices spirituels et philosophie antique« trug den Titel »Philosophie als Lebensform«[17].

---

[15] Dafür entscheidet sich Schleiermacher häufig, z. B. in Gorg. 493d6, Rep. 360e1 und Phdr. 248a1. Auch Platon selbst spricht mitunter wörtlich von einer bestimmten Art und Weise des Lebens, dem *tropos tou biou* (Gorg. 527e4). Wiewohl zu fragen ist, inwiefern durch die Verwendung von *tropos* der schon in *bios* enthaltene Sinn wirklich verstärkt oder herausgestrichen wird. In Lg. 779e2 und andernorts bezeichnet *tina tropon* einfach das »Wie« des Lebens.

[16] Wie im Buchtitel der englischen Übersetzung von Hadots »Exercices spirituels et philosophie antique« (Paris 1981): »Philosophy as a Way of Life: Spiritual Exercices from Socrates to Foucault« (Oxford 1995). Der Ausdruck »way of life« betont sehr gut, dass es sich um einen fortlaufenden Lebens-»Weg« handelt.

[17] Hadot 1991. Er selbst verwendet in seinen Werken den Begriff »manière de vivre« (wie auch Domański 1996).

»Lebensform«, »Lebensphilosophie« und die »Philosophie der Lebenskunst«

Außerdem sind historisch bzw. philosophiehistorisch ausgerichtete Arbeiten wie Scholz 1998 und Niehues-Pröbsting 2004 derart betitelt sowie Arbeiten, die Antike und Moderne vermitteln wie Kobusch 2009 und Albert/Jain 2000. Philosophiehistorisch wurde der Begriff »Lebensform« weder im Zuge der Beschäftigung mit Platon noch mit Aristoteles geprägt. Vermutlich wurde er erstmals in Schopenhauers »Die Welt als Wille und Vorstellung« (1819), und dann vor allem von Wittgenstein verwendet – in beiden Fällen ganz unabhängig vom antiken *bios*-Begriff[18]. Auch die mit F. Schlegel beginnende und von Nietzsche und Schopenhauer beeinflusste, romantisch geprägte Strömung der »Lebensphilosophie« mit ihren Hauptvertretern Bergson und Dilthey hat nicht viel mit Platon zu tun[19].

Abzulehnen ist im Zusammenhang mit Platons Denken außerdem die Rede von der »Lebenskunst«, die eine weitere, noch neuere philosophische Strömung (vor allem M. Foucault, W. Schmid) bezeichnet, welche jüngst durch W. Kersting einer vernichtenden Kritik unterzogen wurde[20]. T. Kobusch hat in der Auseinandersetzung mit ihm darauf aufmerksam gemacht, dass diese Kritik die antike und mittelalterliche Bemühung um die richtige Lebensform oder Lebenspraxis nicht trifft. Sie zielt vielmehr auf die »Lebenskunst« der Philosophie nach Nietzsche und besonders der Postmoderne ab, die eine andere Ausprägung besitzt. Die antike Frage nach dem guten Leben, wie sie P. Hadot herausstreicht, der von W. Kersting fälschlich mit unter die Verfechter der »Lebenskunst« gezählt wird, unterscheidet sich radikal von der foucaultschen Ästhetisierung des Lebens, von jeder artifiziellen Selbsterfindung oder Selbsterschaffung.[21] Was ein philosophisches Leben

---

[18] Vgl. Wertz 1981, der auch den Zusammenhang zu Kant, Herder und Gasset beleuchtet. Wenn es zutrifft, dass sowohl Wittgenstein als auch Schopenhauer unter diesem Begriff etwas wie »prä-rationales Verhalten« *(pre-rational behavior)* verstehen (vgl. ebd., 7), so unterscheidet sich dieser Begriff erheblich von der Verwendung von *bios* bei Platon oder Aristoteles.

[19] Wiewohl F. Schlegel Platon dafür – und zwar laut Krämer 1990, 88f. zu Unrecht – in den Dienst nahm. In neuerer Zeit sucht K. Albert nach Anknüpfungspunkten zu Platon (vgl. Albert 1995 sowie 2008, 118–125) und fordert, unter Rückgriff auf eine mystisch-religiöse Platoninterpretation, eine »ontologische Erneuerung« der Lebensphilosophie (vgl. Albert/Jain 2000).

[20] Vgl. Kersting/Langbehn 2007.

[21] Vgl. Kobusch 2009, 100–103. Allenfalls könnte man mit der Berufung auf eine *technê*, wie die von Sokrates in Gorg. 500a7–b6 erwähnte, von »Lebenskunst« sprechen, wie bei Hentschke 1971, 40. Gerade das eigentlich der Sophistik zugeordnete *technê* Modell (vgl.

1. Die Frage nach dem philosophischen Leben

aber stattdessen ausmacht, soll in dieser Arbeit gründlich und mit Blick auf das Gesamtwerk Platons untersucht werden.

Um ein unbelastetes Verständnis des Begriffs zu ermöglichen, bestünde die Möglichkeit, *bios* unübersetzt zu lassen, wie es gern z. B. in Bezug auf den Begriff der Tugend *(aretê)* getan wird[22]. Da er aber im Unterschied zum Tugendbegriff nicht negativ konnotiert ist, wird es genügen, *bios* in der Regel mit »Lebensweise«, »Leben« oder, mit der gebotenen Vorsicht, mit »Lebensform« zu übersetzen. Vereinzelt entscheidet sich Schleiermacher auch für weitere Varianten[23]. Zudem ist bei Platon aufgrund des literarischen Charakters seiner Werke nie von einer starren Terminologie auszugehen. So wird häufig, aber nicht immer *bios* verwendet, wo die Lebensweise gemeint ist (zu den griechischen Synonymen vgl. 3.2).

1.3. Philosophisch leben – ein vergessenes Thema?

In den letzten zwanzig bis dreißig Jahren sind eine ganze Reihe von Publikationen entstanden, die die platonische Frage »wie man leben soll«[24] behandeln. M. Erler bezeichnet sie als eine Grundfrage Platons[25].

Niehues-Pröbsting 2004, 52) wird allerdings ja an anderen Stellen problematisiert. Vgl. zur Gegenposition zu T. Kobusch auch A. Nehamas, der Platon mit Foucault, Nietzsche und Montaigne verbindet (vgl. Nehamas 2000, 163–298), dabei allerdings ganz schwerpunktmäßig, genau wie diese drei Autoren (vgl. *ebd.*, 292f.), auf die frühen Dialoge Bezug nimmt.

[22] So z. B. Wolf 1996. Zur Übersetzungsproblematik und den Konnotationen von »Tugend« vgl. *ebd.*, 35f. und Bordt 1999, 57.

[23] Zum Beispiel für »Lebensart«, einen Begriff, den er häufig für *diaita*, manchmal – wie es z. B. in Rep. 583a5 scheint, aus stilistischen Gründen – aber auch für *bios* gebraucht (vgl. 3.2). Weiterhin findet sich, nur in der Übersetzung des *Philebos*, »Lebenszustand« (Phil. 43c8 für *bios* und 35d9 für *biou eidos*). Von solchen Variationen zu unterscheiden ist die zweite Bedeutung des Wortes *bios*, das Auskommen oder der »Lebensunterhalt« (Rep. 407a8).

[24] Rep. 352d7: ὅντινα τρόπον χρὴ ζῆν und fast wortgleich Gorg. 500c3: ὅντινα χρὴ τρόπον ζῆν.

[25] Vgl. Erler 2007, IX. Ebenso schon z. B. Gaiser 1959, 32 und bes. 197f. sowie Hentschke 1971, 15. Auch B. Zehnpfennig stellt fest, dass die Frage »Was ist das richtige Leben, wie läßt es sich rational begründen?« (vgl. Zehnpfennig 1991, XIII) Dreh- und Angelpunkt vom Frühdialog bis hin zum Spätwerk Platons wäre. Allerdings stimme ich ihr nicht zu in der Folgerung, die Unterscheidung zwischen sokratischer und platonischer Philosophie sowie die (1805 von Herbart, dann 1839 von K. Fr. Hermann vertretene) Entwick-

Philosophisch leben – ein vergessenes Thema?

Diese Grundfrage wurde vor allem von P. Hadot neu thematisiert. Nicht *etwas* Bestimmtes zu wissen, sondern *auf eine bestimmte Art zu sein* war bereits für Sokrates das wahre Problem[26]. Dabei nimmt Sokrates, so Hadot, dennoch eine Art von Wissen für sich in Anspruch. Es ist ein »Wissen-um-das-zu-Bevorzugende«, um absolute Werte (vgl. *ebd.*, 51–52), d. h. letztlich darum, wie man entscheiden, handeln und leben soll. Dieser lebenspraktische Bezug der Philosophie, der heute oft abgegrenzt im Fachbereich »Ethik« verhandelt wird, während sich ein weitaus größerer Bereich der akademischen Philosophie anderen Themen widmet, ist nicht nur in der Philosophie Platons gegenwärtig, sondern laut Hadot und etlicher auf ihn Bezug nehmenden Interpreten[27] Merkmal fast der gesamten antiken Philosophie. Dass er vergessen werden konnte, wird häufig mit Verweis auf das Verhältnis von Religion und Philosophie begründet[28]. »Die philosophische Lebensform«, so Hadot, »tritt in der Antike nicht in Konkurrenz zur Religion, weil die Religion damals keine Lebensform war, die das gesamte Dasein und das gesamte innere Leben umfaßte, wie es beim Christentum der Fall ist.«[29] Erst das Christentum propagierte eine alternative Lebensform, nämlich diejenige gemäß Christus statt derjenigen einer philosophischen Schule. Dadurch wurde laut Hadot der philosophische Diskurs im Mittelalter von der Lebensform abgelöst oder zumindest die spätestens mit Descartes geschehene Ablösung und Theoretisierung der Philosophie vorbereitet. Ob sich neben dieser philosophiehistorischen Erklärung, die mit recht groben Kategorien arbeitet[30], noch weitere finden lassen, kann gefragt

---

lungshypothese würde dadurch fragwürdig. Zwar unterscheiden sich sokratisches und platonisches Philosophieren nicht in Bezug auf das Verschwinden der Frage (in der platonischen Konzeption), wohl aber in ihrer unterschiedlichen Beantwortung. Eine ›sokratische‹ und eine ›platonische‹ Komponente lässt sich in der Behandlung der Thematik, gerade im unterschiedlichen Charakter der sogenannten ›frühen‹ und ›mittleren‹ Werke feststellen (vgl. 9.3). Ich würde diese aber dem Werk und nicht notwendig dem Autor – als z. B. »sokratische Phase« Platons – zuschreiben (zur Diskussion der genetischen Interpretation vgl. Erler 1987, 4–7 und Erler 2007, 3f.).

[26] Vgl. Hadot 1999, 46.
[27] Vgl. etwa Niehues-Pröbsting 2004, 142f. oder Cooper 2008, 20f.
[28] Vgl. Hadot 1999, 291f. und 302 sowie ähnlich Frede 2000, 48–50.
[29] Hadot 1999, 311f. Hier kann freilich nur die Polisreligion gemeint sein, die sich aber von anderen, durchaus auch das innere Leben umfassenden Strömungen wie den Mysterienkulten unterscheidet (vgl. Graf, F.: DNP 8 (2000), 620–624, s. v. Mysterien, C. Charakteristika).
[30] Differenzierter argumentiert Kobusch 2009, 110f., der einen nahtlosen Übergang des Themas z. B. in der Anthropologie Gregor von Nyssas schildert. Der Gedanke der *ho-*

1. Die Frage nach dem philosophischen Leben

werden. Die Unterscheidung von theoretischer und praktischer Philosophie wurde z. B. nicht erst in der Neuzeit von Kant[31], sondern bereits von Aristoteles unternommen, der sie ausdrücklich gegen Platon einführt[32]. Eine Theoretisierung der Philosophie kann, wie viele Interpreten feststellen, bereits innerhalb der Entwicklung des platonischen Werks beobachtet werden[33]. Ob diese Beobachtung zutrifft, wird in der Auseinandersetzung mit unserem Thema noch deutlicher werden, das platonimmanent, d. h. ganz schwerpunktmäßig mit Blick auf die Dialoge und ohne den Vergleich mit anderen Denkern, behandelt werden soll[34].

1.4. Gutes Leben und philosophisches Leben

Die Frage nach dem guten Leben wird außer in der französischen Forschung, wie schon erwähnt, auch in U. Wolfs Monographien gestellt[35]. Sie entspringt der sokratischen Frage nach der Tugend, ist jedoch nicht in erster Linie moralisch konnotiert, sondern gleichbedeutend mit der Frage nach dem glücklichen oder sinnvollen Leben[36]. Was dagegen ein ›philosophisches‹ Leben ausmacht, wird in der Forschung vor allem in Auseinandersetzung mit dem *Phaidon* diskutiert, der ausdrücklich da-

---

moiôsis theô (Tht. 176b1–3) wurde von mittelalterlichen Theologen aufgenommen und, sicher unter ›christlicher‹ Motivation, aber deshalb nicht weniger philosophisch durchdacht, weiter ausgeführt.

[31] Vgl. etwa KrV AA III B543,18–23, KdU Einl. I und II (AA V 171–176) oder Logik Anhang (AA IX 85–87).
[32] So Bubner 1988, 64f. Bei Aristoteles findet sich die Unterscheidung z. B. in Met. VI 1. J. Mingay nennt Stellen in EN (1104a1 ff.) und Pol. (1328a19–21), in der EE sei davon allerdings nicht die Rede (vgl. Mingay 1987, 27).
[33] Vgl. Mittelstraß 1984, 26, der mit G. Ryle die Entstehung einer professionellen philosophischen Prosa in den späten Dialogen beklagt, die den philosophischen Dialog und mit ihm auch die philosophische Orientierung verdränge.
[34] Ein Vergleich mit anderen Denkern findet sich in einer ganzen Reihe von Dissertationen, die sich eigentlich auf Platon konzentrieren, vgl. z. B. Schrastetter 1966, der auf Kant, Hegel und Heidegger eingeht, sowie in neuerer Zeit Wiehart 2008, der einen Schlussteil zu Kant anfügt. Bei beiden Autoren werden die jeweils mit Platon zu vergleichenden Positionen aber notwendig eher skizzenhaft dargestellt.
[35] Vgl. Wolf 1996 und 1999. Sie ist allerdings der Auffassung, dass die Philosophie keine Antworten geben, sondern nur Struktur und Sinn der Frage explizieren kann (vgl. Wolf 1996, 14f. und 173–175, Wolf 1999, 21f. sowie auch Wolf 1998, bes. 33).
[36] Vgl. Wolf 1996, 11f. und 1999, 33.

rauf eingeht[37]. Bereits anhand des Stellenbefunds in Kapitel 3 lässt sich jedoch zeigen, dass sich die Frage nach dem *philosophischen* Leben nicht nur im *Phaidon* stellt, sondern sich ebenso wie die Frage nach dem guten Leben durch das Gesamtwerk Platons zieht[38]. In dieser Untersuchung wird daher nicht schwerpunktmäßig nach dem ›guten‹ Leben gefragt, sondern nach der philosophischen Lebensweise, deren Abgrenzung zu alternativen Lebensweisen und ihrem Zusammenhang zum guten Leben. Es wird dabei deutlich werden, dass sich das wahrhaft gute Leben nicht vom philosophischen trennen lässt[39]. Während es stellenweise so aussieht, als wäre das philosophische Leben hinreichende, aber nicht notwendige Bedingung für ein gutes, d. h. vor allem auch gerechtes Leben, so wird spätestens gegen Ende von Platons *Politeia* klar, dass philosophisches und gerechtes Leben identisch sind (vgl. 5.4). Alle abgeleiteten Formen eines tugendhaften, (scheinbar) guten Lebens »ohne Philosophie« (Rep. 619d1) werden letztlich von Platon negativ bewertet, wie sich besonders gut anhand der Jenseitsmythen zeigen lässt (vgl. Kapitel 8 und 9.4.5.1). Diese bleiben hinter den menschlichen Möglichkeiten zurück und führen nicht zur wahrhaften, von allen Menschen angestrebten Glückseligkeit. Eine naheliegende Problematik ist aber dann, ob die Zahl der Menschen, die überhaupt philosophisch – und damit auch gut und glücklich – leben bzw., falls es natürliche Voraussetzungen für solch ein Leben gibt (vgl. 9.4), philosophisch leben *können*, nicht verschwindend gering ist (vgl. zur Diskussion Kapitel 9).

1.5. »Philosophisch leben« oder »Leben des Philosophen«?

Mit der Frage danach, wer philosophisch leben kann, hängt ein weiterer Aspekt zusammen, der mit der Nutzung von Lebenszeit zu tun hat.

---

[37] Vgl. z. B. Ahrensdorf 1995 und Dilman 1992. Schleiermacher schließlich hielt die Bestimmung des Philosophen, zusätzlich zu der des Sophisten und Politikers, für das Hauptthema des Dialogs (vgl. Schleiermacher, Phaidon. Einleitung, in: Steiner 1996, 287).
[38] Vgl. auch Lisi 2004b, 11: Sowohl die Betonung der Bedeutung philosophischen Lebens als auch dessen Verbindung mit der *eudaimonia* sind für Platon charakteristisch.
[39] Wenn auch nicht so selbstverständlich, wie es bei R. Patterson scheint: »... the philosophic life – which is to say, in Plato's view, the only truly good or happy life possible for human beings ...« (Patterson 1987, 350). Auch A. Nehamas spricht in Bezug auf die Lebensführung bedenkenlos von »Platons universalistische[m] Ansatz« (Nehamas 2000, 156), womit die in Kapitel 9 noch zu diskutierende Problematik verdeckt wird.

1. Die Frage nach dem philosophischen Leben

Was für ein Leben jemand führt, worin ein *bios* eigentlich besteht und was seine Qualität ausmacht, bestimmt sich ganz wesentlich dadurch, wie viel Zeit ein Mensch für welche Dinge verwendet. Dieser Aspekt ist teilweise für andere sichtbar. Es kann von außen beobachtet werden, was ein Mensch den ganzen Tag lang tut. Das Leben eines Geschäftsmannes ist durch andere Tätigkeiten gekennzeichnet als das des Arbeitslosen, des Kranken, des Seemanns, der Wissenschaftlerin, des Architekten, der kontemplativen Nonne oder des Schulkindes. Das triviale Kriterium, wie viel Zeit am Tag in welche Beschäftigungen investiert wird, kann über die Prägung des *bios* Auskunft geben, besonders wenn eine Tätigkeit regelmäßig[40] und über längere Zeit hinweg ausgeführt wird.

Welche Rolle spielt dabei der innere Aspekt, die Motivation des täglichen Tuns? Unter den *bioi* werden manchmal auch »Charaktere« verstanden[41]. Es geht Platon nicht um äußerliche Tätigkeit, sondern um die Verfassung der Seele und die der jeweiligen Verfassung gemäßen Arten von Menschen (Rep. 544d7–e2). Kann man unter diesem Aspekt nicht unterscheiden zwischen der »Lebensweise des Philosophen«, der sozusagen ›hauptberuflich‹ und mit erheblichem Zeiteinsatz Philosophie treibt, und dem »philosophischen Leben«? Kann der philosophisch Lebende seine den Tag ausfüllenden Beschäftigungen nicht alle in ›philosophischer Weise‹ tun, so dass eine geistige Haltung den Tag durchdringt? P. Hadot unterscheidet z. B. den »Professor oder einen Schriftsteller, der den philosophischen Diskurs entwickelt« von dem Menschen, »der ein philosophisches Leben führt«[42]. Letzteres, nicht ersteres mache die Definition des antiken Philosophen aus. Philosophisch zu leben meint daher einfach, so könnte man Hadot weiterführen, stets reflektierte, vernünftig begründete Entscheidungen zu treffen (und vielleicht noch geistige Übungen[43] durchzuführen). Es könnte be-

---

[40] Auf das wiederholte Tägliche macht Platon häufiger aufmerksam, z. B. in Ep. VII 331d8–9 (ζῆν μὲν τὸ καθ' ἡμέραν) oder Apol. 38a3 (ἑκάστης ἡμέρας).
[41] Vgl. z. B. Erler 2007, 382 zu den *bioi* im *Phaidros*, der wie Heitsch von neun »Charakteren« spricht (vgl. Heitsch 1997, 97, Fußnote 145).
[42] Hadot 1999, 315.
[43] Vgl. Hadot 1991, 101–163 und 1999, 86–91 sowie Rabbow 1954, der allerdings auf die im Vergleich zu geistlich-religiösen Übungen viel stärkere rationale und ethische Ausrichtung antiker Praktiken aufmerksam macht (vgl. *ebd.*, 151–159; anders Hadot 1991, 14, der die Parallelen betont).

inhalten, in permanenter kritischer Prüfung des eigenen Tuns und der eigenen Haltungen zu leben. Diese Konzeption eines philosophischen Lebens kann aber, wie sich zeigen wird, nicht bruchlos dem platonischen Gesamtwerk entnommen werden. Es gelingt allenfalls anhand der Aussagen des Sokrates in den frühen Dialogen (vgl. Kapitel 4 mit 9.3). Ohne die aufgrund der mangelnden Quellen unentscheidbare Frage beantworten zu wollen, worin eine sokratische Lebensweise genau bestanden haben könnte, kann doch vermutet werden, dass sie dieser Konzeption näher stünde[44] als die in der vorliegenden Untersuchung herausgearbeitete Vorstellung Platons. Wie sich zeigen wird, ist das ›philosophische Leben‹ letztlich nicht vom ›Leben des Philosophen‹ zu trennen. Wer ein philosophisches Leben führt, wird mit der Zeit selbst zum Philosophen oder zur Philosophin. Wiewohl es sich dabei nicht um einen Primat oder Sieg des ›wissenschaftlich‹ Philosophierenden handelt, sondern die gesamte Unterscheidung des einerseits ›wissenschaftlich‹ und andererseits im Sinne der Selbstprüfung Philosophierenden zu hinterfragen ist (vgl. 9.1).

1.6. Entscheidung für ein philosophisches Leben

Eine weitere interessante Frage ist die nach der Notwendigkeit einer bewussten Wahl des philosophischen Lebens, die bestimmte Autoren[45], vor allem in Anlehnung an Rep. 518c4–d1, nach Art einer Konversionserfahrung oder Bekehrung verstehen. Alternative Lebensweisen wie die des (kruden oder differenzierten, vgl. 5.1 und 5.2) Hedonismus werden im Unterschied zur philosophischen fast automatisch, d. h. ohne viel nachzudenken, ›gewählt‹. Auch ein ›politisches‹ Leben, das sich an gesellschaftlicher Anerkennung orientiert (vgl. Kapitel 6), wird durch die bestehenden sozialen Strukturen besonders den jungen Athenern der Oberschicht nahegelegt, mit denen Sokrates und Platon überwiegend zu tun haben. Historische Arbeiten schildern, wie die ganz neue Lebensweise der Philosophenschulen mindestens der Skepsis

---

[44] Freilich nicht als Leben des Sokrates der *Apologie*, der auch den größten Teil seiner Zeit der Philosophie widmete, sondern als aus ihr abgeleitete Haltung eines kritischen, sich selbst prüfenden Lebens.
[45] Vgl. etwa Hadot 1999, 17 und 85f. und Cushman 1958, bes. 147–150. Vgl. außerdem Gigon 1946, 2f., der den Begriff der »Berufung« verwendet.

1. Die Frage nach dem philosophischen Leben

bis hin zur offenen Feindschaft der gesellschaftlichen Umgebung ausgesetzt war[46].

In Bezug auf Platon selbst wurde häufig eine bewusste, einem Lebenswandel ähnliche Entscheidung zur Philosophie angenommen, und sei es nur seine Abwendung von der Dichtung[47]. In Bezug auf Sokrates finden sich Hinweise auf einen Wandel in der Lebensweise teils im autobiographischen Abschnitt des *Phaidon* (96a5–99d3[48]), teils im Zusammenhang mit der Diotima-Rede im *Symposion* (212b1–8) sowie im Zusammenhang mit dem Spruch des Orakels in der *Apologie* (21b7–c2).

Der systematische Grund für die bewusste Wahl, die auch in den Dialogen vielfach betont wird[49], liegt in der zentralen Frage Platons nach dem, was man liebt, d. h. wonach man sich im Leben ausrichtet. Eine bloße Unabhängigkeit von Lust und Ehre, eine innere Freiheit zu erstreben, genügt nicht (vgl. dazu 9.4). Das philosophische Leben ist zwar durch diese Unabhängigkeit gekennzeichnet, die aber durch die positive Bindung an das Gute und eine Weisheit, die nicht ›Klugheit‹ oder ›Vernünftigkeit‹ meint, bedingt ist[50]. Diese Bindung kann, wiewohl es ein attrahierendes Moment gibt, das besonders im *Phaidros* und im *Symposion* betont wird, nicht rein passiv erworben werden. Sie erfordert die bewusste Wahl und dann auch, was der *VII. Brief* deutlich macht, Anstrengung und Übung.

---

[46] Vgl. Scholz 1998, 11–37.
[47] M. Erler vermutet, dass man hier wohl auch sein literarisches Talent mit der Dichterkritik in der *Politeia* zusammenbringen wollte (vgl. Erler 2007, 45). Im *VII. Brief* wird statt dem Interesse an der Dichtung ein anfängliches politisches Interesse angegeben (Ep. VII 324b9–c1). Gigon listet noch zahlreiche andere Varianten und Anekdoten auf, wie Platon zur Philosophie gekommen sein soll (vgl. Gigon 1946, 16f.).
[48] Die Sehnsucht nach Naturphilosophie *(historia)* in der Jugend (Phd. 96c7) wird von Anaxagoras enttäuscht und die Beschäftigung damit aufgegeben (Phd. 99d5).
[49] Vor allem bei der Wahl der *bioi* im Jenseitsmythos der *Politeia* (617e2–5) und dem *Phaidros* (249b2–3), aber z. B. auch in Lg. 733e2 sowie in Gorg. 493c4–8, wo es um die Wahl zwischen besonnener und zügelloser Lebensweise geht.
[50] Zuckert 2009, 300 schreibt die Suche nach Selbstgenügsamkeit und Freiheit interessanterweise Aristophanes zu, so wie er im *Symposion* dargestellt wird. Sokrates dagegen sieht die Erfüllung dort, mit Diotima, in der Kontemplation des Schönen (Guten) selbst.

1.7. Zu Aufbau und Methode der Untersuchung

Nach diesen ersten, skizzenhaften Bemerkungen zur Thematik[51] noch eine Vorbemerkung zu Aufbau und Methode der Untersuchung. Ganz zu Beginn werde ich – der Vollständigkeit halber und, da es sich nicht um eine historische Untersuchung handelt, in aller Kürze – auf das Leben Platons und seiner Schüler in der Akademie eingehen, von dem leider nicht viel überliefert ist (2.1). Da sich meine Interpretation unter anderem auf Aussagen im *VII. Brief* stützt, folgt ein, ebenfalls kurzes, Plädoyer für dessen Echtheit bzw. mindestens indirekte Authentizität (2.2). Der sprachliche Befund in Kapitel 3 wird besonders im Hinblick auf den Zusammenhang zum Aufbau der Untersuchung reflektiert, welcher sich nicht ausschließlich aus dem Befund ableiten lässt (3.4). Kapitel 4 beschäftigt sich mit dem prüfenden Sokrates und fragt, worin der Zusammenhang seiner philosophischen Tätigkeit zu seinem eigenen Leben und dem der Gesprächspartner besteht. Im fünften Kapitel wird dann ein erster alternativer Lebensentwurf, der die Lust als höchstes Gut des Lebens begreift, und dessen Abgrenzung zum philosophischen Leben diskutiert. Entsprechend dem zentralen Stellenwert dieser Thematik bei Platon ist dieses Kapitel das umfangreichste. Das zweite große Kapitel der Untersuchung, Kapitel 6, beschäftigt sich mit der Rolle von Ehre bzw., in modernerer Terminologie, ›sozialer Anerkennung‹, die genau wie die Ausrichtung an der Lust zu einer mit dem philosophischen Leben unvereinbaren, alternativen Lebensweise führen kann. In Kapitel 7 wird dann die wichtige Frage geklärt, welche Rolle Beziehungen im Leben des Philosophen spielen. Ist das philosophische Leben ein einsames oder wird es – evtl. sogar notwendig – gemeinsam mit anderen Menschen verbracht? Und schließlich wird in Kapitel 8 auf die Einstellung zum *bios* als ganzem, die Frage nach dem Tod, eingegangen werden. In Kapitel 9, dem letzten Kapitel, frage ich unter Rückgriff auf die Ergebnisse der vorangegangenen Kapitel, in denen vorrangig eine Exegese einzelner Dialoge bzw. Dialogabschnitte unternommen wurde, was unter systematischen Gesichtspunkten und dialogübergreifend unter einem philosophischen Leben zu verstehen ist. Dabei wird auch die Annahme bestimmter Voraussetzungen für ein solches Leben und der

---

[51] Zu ihrer Einordnung in den Gesamtzusammenhang vgl. Kapitel 9, besonders das Fazit in 9.5.

1. Die Frage nach dem philosophischen Leben

daraus folgende ›natürliche Ausschluss‹ von Menschen, die diese nicht erfüllen, diskutiert.

Zur Methodik sei angemerkt, dass auch in den Kapiteln 4 bis 8 nach der dialogimmanenten Darstellung und Auswertung einzelner Werke jeweils gefragt wird, ob und wo sich dialogübergreifende Linien ziehen lassen. Dieses systematische Interesse lässt sich auch von Platon her rechtfertigen. Was in einem Dialog bereits ausgeführt wurde, wird andernorts kaum nochmals dargestellt. Stattdessen nimmt er in knapper, aber deutlicher Form darauf Bezug.[52]

---

[52] Vgl. Kahn 1996 und für Beispiele v. Fritz 1966, 140–142. C. Zuckert bemerkt zu dieser, auch von ihr angewandten Methode: »Plato's understanding is to be found in what he shows, first in individual dialogues, taken as a whole, and then in his corpus, read as a whole.« (Zuckert 2009, 7).

2. Das Leben in der Akademie und der VII. Brief als Platons ›Selbstzeugnis‹

2.1. Das Leben in der Akademie

Um etwas über das philosophische Leben zu erfahren, wäre einerseits ein biographischer Ansatz denkbar, d. h. eine Darstellung des Lebens konkreter Menschen wie Sokrates oder Platon, die als Philosophen gelten. Andererseits ist es möglich, Schriften von Philosophen zu Rate zu ziehen und zu sehen, was sie *über* das philosophische Leben denken (sofern sie welche verfasst haben[1]). Uns wird in dieser Untersuchung ganz schwerpunktmäßig letzteres interessieren. Auch das außerdem denkbare Unternehmen, im dritten Schritt Platons Dialoge mit seinem Leben zu vergleichen, bleibt dem Leser vorbehalten – was ohnehin allenfalls skizzenhaft gelingen wird, da es an historisch zuverlässigen und genauen Informationen über das Leben Platons und die Aktivitäten in der Akademie mangelt. Vollständige Lebensbeschreibungen sind erst in der Kaiserzeit entstanden[2], wobei diese dann auch noch Legenden und Historie vermischen. Diogenes Laertios etwa als der Biograph, von dem das älteste uns erhaltene Werk der Philosophiegeschichte stammt (etwa 3. Jh. n. Chr.), ging nach dem in der antiken Geschichtsschreibung legitimen Verfahren vor, Anekdoten und Wahrscheinlichkeitszusammenhänge gleichwertig mit historischen Tatsachen darzustellen[3]. Ein ›objektiver‹ Vergleich von Vorstellungen über das philosophische Leben in Platons Schriften und dem tatsächlichen Leben von ihm und seinen Schülern wird außerdem schon allein dadurch verunmöglicht, dass an-

---

[1] Niehues-Pröbsting macht darauf aufmerksam, dass erst ein Verständnis von Philosophie als Lebensform auch Philosophen wie Sokrates einschließt, die nichts geschrieben haben. In O. Höffes »Klassiker der Philosophie« (München 1994) käme Sokrates z. B. gar nicht vor (vgl. Niehues-Pröbsting 2004, 41).
[2] Vgl. Erler 2007, 36, der als älteste Biographie die ersten vier Kapitel von »De Platone et eius dogmate« des Platonikers Apuleius (2. Jh. n. Chr.) nennt, dann das III. Buch der Philosophiegeschichte des Diogenes Laertios.
[3] Vgl. Trampedach 1994, 17 und zur Quellenlage auch Erler 2007, 35–38, hier: 36.

2. Das Leben in der Akademie und der *VII. Brief* als Platons ›Selbstzeugnis‹

tike Biographen[4] wie auch moderne Forscher häufig für ihre Darstellung des Lebens in der Akademie eben die Dialoge und platonischen Briefe heranziehen[5]. Bei Platon könnte dieses Vorgehen zwar aussichtsreich sein, da er ja selbst die Notwendigkeit der Übereinstimmung von geäußerter Überzeugung und faktisch Gelebtem betont (vgl. Kapitel 4). Aus historisch unstrittigen Begebenheiten wie seinen politischen Anstrengungen in Syrakus kann man schließen, dass Platon ein Mann war, der sich um die Umsetzung seiner Gedanken bemüht hat. Inwieweit ihm dies aber tatsächlich gelungen ist, lässt sich kaum mehr feststellen[6]. Das Werk bleibt jedenfalls Hauptquelle für Platons Vorstellung und Ideal eines philosophischen Lebens und, was philosophisch noch interessanter ist, für dessen Begründung. Biographische Begebenheiten mögen uns beeindrucken, verwundern oder abstoßen. Erst aus der Reflexion und Begründung einer bestimmten Lebensführung kann aber darüber hinaus Erhellendes, Maßgebliches und Allgemeingültiges deutlich werden.

Platon gründete seine Schule, die Akademie, auf einem nach dem Heros Akademos (oder Hekademos) benannten Gelände etwas außerhalb Athens nach der ersten Sizilienreise, d. h. um 387 v. Chr. Es mag sein, dass dies zum einen nach pythagoreischem Vorbild geschah, wie er es in Unteritalien kennengelernt hatte[7] und in Absetzung zu den wandernden Sophisten, die Unterricht an wechselnden Orten anboten, statt sich an einem Ort zu etablieren. Zum andern geschah die Gründung aber kurz nachdem Isokrates ebenfalls in Athen eine Schule gegründet hatte, zu der Platon anscheinend in Konkurrenz treten wollte.[8] Es besteht die Legende von der ›ungesunden‹ Lage der Akademie, einsam, weit weg von Athen[9]. Platon habe diesen Ort aus Gründen asketischer Lebensführung bewusst gewählt – diese Legende beurteilt Dörrie allerdings

---

[4] Vgl. etwa Diog. Laert. III 36 und 39.
[5] So z. B. Wörle 1981, 2–3. Die platonischen Briefe bilden laut Trampedach die einzige zeitgenössische Quellengruppe (vgl. Trampedach 1994, 17).
[6] Eine umfassende Untersuchung der Vorgänge in Syrakus hat bereits Kurt v. Fritz 1968 unternommen. Vgl. aber auch Trampedach 1994, 13, der sich dagegen ausspricht, eine Interpretation der Äußerungen Platons als leitende Hinsicht auf die Quellen zu gebrauchen.
[7] Vgl. Müller 1993.
[8] Vgl. Erler 2007, 51, Niehues-Pröbsting 2004, 115–127 und Görgemanns 1994, 27.
[9] Vgl. Riginos 1976, 121–123.

Das Leben in der Akademie

als unhistorisch[10]. Vielmehr lag der der Athene geweihte, parkähnliche Hain mit mehreren Heiligtümern unmittelbar vor den Toren Athens. Ob die Schule ein religiöser Kultverein *(thiasos)* gewesen ist, ist umstritten, vermutlich war das aber zumindest rechtlich der Fall[11]. Platon selbst lebte auf dem angrenzenden Grundstück in einem kleinen Haus – es hatte anscheinend nur ein einziges Zimmer – mit Garten und weihte dort den Musen sowie Apollon einen Altar. Der Unterricht der Schüler fand an verschiedenen Orten statt, z. B. im ebenfalls auf dem Gelände gelegenen Gymnasium, das öffentliches Eigentum war. Außerdem wohl in Platons Garten[12] oder in seinem Zimmer, in dem sich neben Gemälden eine Tafel sowie ein selbst konstruierter Wecker befunden haben sollen. Gemäß der Ansicht in Lg. 808b3–c3, dass viel Schlaf schädlich sei für Leib und Seele und gerade der geistig Tätige so lange wie möglich wach bleiben solle, schien Platon also auch selbst stets früh aufgestanden zu sein.

Der Unterricht war kostenlos und wurde vermutlich aus Platons Vermögen finanziert[13] – anders als bei Isokrates, der hohe Beträge für eine 3–4jährige Ausbildung forderte und selbst bekundete, durch seine Lehrtätigkeit reich zu werden[14]. Die Schüler mussten allerdings für ihre Lebenshaltungskosten selbst aufkommen, kamen daher überwiegend aus wohlhabenden Familien. In der Akademie geschah eine Umkehrung des sophistischen Prinzips, zu lehren, um Geld zu verdienen – im Gegenteil verwendete Platon sein Vermögen dazu, um in der Theorie und Lehre zu leben[15]. Zweifellos muss Platon selbst zumindest teilweise ein kontemplatives Leben in einsamer, stunden-, tage- und wochenlanger Schriftstellerei[16] geführt haben. Wann und wie hätte er sonst die Dialoge verfassen können?

---

[10] Vgl. Dörrie 1987, 268–271 und 553–557.
[11] So z. B. P. Scholz gegen Lynch 1972 unter Berufung auf Wilamowitz-Moellendorff und Ziebarth (vgl. Scholz 2006, 48).
[12] Vgl. Baltes 1999, 251.
[13] Vgl. Diog. Laert. IV 2. Zudem sind freiwillige Spenden von Schülern und Freunden der Schule anzunehmen.
[14] Vgl. Isokr. Antid. 158–166 und 224–226. Vgl. auch Scholz 2006, 46, Fußnoten 35, 43 und 23 (hier wird auch auf zusätzliche großzügige Geschenke der Schüler verwiesen) sowie Lloyd 1991, 136. Eine genaue Übersicht gängiger Unterrichtslöhne von Sophisten, Rhetoren und Philosophen findet sich bei Scholz 1998, 380.
[15] Vgl. Niehues-Pröbsting 2004, 110.
[16] Auch das Diktat an einen Schreiber ist denkbar, was aber sicherlich in Form eines Monologs geschah.

2. Das Leben in der Akademie und der *VII. Brief* als Platons ›Selbstzeugnis‹

Dass viele Gespräche auf dem Gelände der Akademie in wenig geschütztem Rahmen, vor den Augen und Ohren der Bürger Athens stattfanden[17], können wir auch daran ersehen, dass sie sich in der Komödie niederschlugen[18]. Aus diesen Zeugnissen wird außerdem deutlich, dass die Diskussionen der Akademiemitglieder oft eher mit Argwohn denn mit Wohlwollen oder Verständnis aufgenommen wurden. Vielleicht ist dies, wie Döring vermutet, auch der Grund dafür, dass Platon die Fortgeschrittenen, d. h. den engeren Schülerkreis in seinem Garten und Haus unterrichtete[19].

Ebenso suspekt wie die philosophischen Gespräche wirkten die sich innerhalb der Akademie entwickelnden Beziehungen auf die Umgebung. Kennzeichen des akademischen Lebens war, wie Erler schreibt[20], die philosophische Lebensgemeinschaft *(synousia)* – die durch einen festen Ort mindestens erleichtert, wenn nicht sogar erst ermöglicht wird[21] – auf der Grundlage wissenschaftlicher Erotik. Was heißt »philosophische Lebensgemeinschaft«[22] bzw. »wissenschaftliche Erotik«? Für die Schule und ihre Mitglieder fühlte man sich verantwortlich. Die Schüler kamen morgens, verbrachten den ganzen Tag an der Akademie und gingen abends wieder in ihre Häuser. In der späteren Geschichte der Akademie unter Polemon (ca. 314–270 v. Chr.) begannen dann auch einzelne Schüler, auf dem Gelände zu wohnen.[23]

Was taten sie dort den ganzen Tag? Gespräche wechselten sich vermutlich ab mit Spaziergängen. Es gab Musenopfer, gemeinsame Schulfeste

---

[17] Vor allem diejenigen im Gymnasion, das u. a. von Sportlern nach wie vor frequentiert wurde.
[18] Vgl. *Die Wolken (nephelai)* des Aristophanes oder die Schilderung des Epikrates (vgl. Epikrates, Fr. 11 bei Athenaios 2, 59d-f, in: Görgemanns 1987, 26–31): Platons Schüler bemühen sich darum, einen Kürbis in seine Gattung einzuordnen.
[19] Vgl. Döring, in: Platon-Handbuch 2009, 5. Umgekehrt fand das für die Öffentlichkeit bestimmte Gespräch an anderen Orten statt. Scholz 1998, 14 nennt als Grund für die wenig abgelegene Lage der athenischen Philosophenschulen unter anderem auch das Werben von neu(gierig)en Anhängern.
[20] Vgl. Erler 2007, 53.
[21] Vgl. dazu Scholz 2006, 44. Die umherziehenden Sophisten dagegen unterrichteten ihre Schüler immer nur wenige Wochen, maximal einige Monate lang.
[22] Erler 2007, 53f. bezieht sich hier auf die im *VII. Brief* erwähnte »häufige gemeinsame Bemühung« und das »gemeinsame Leben« (Ep. VII 341c6–d1: ἀλλ' ἐκ πολλῆς συνουσίας γιγνομένης ... καὶ τοῦ συζῆν).
[23] Vgl. Scholz 1998, 22.

und Symposien anlässlich der offiziellen religiösen Festtage, auf denen aber nur maßvoll getrunken wurde[24]. Wahrscheinlich bestanden bereits zu Platons Lebzeiten Regeln für Symposien, wie sie z. B. in Lg. 671c4 erwähnt und später auch von Xenokrates und Aristoteles aufgestellt wurden. Dass die Beziehungen zwischen Lehrern und Schülern nicht distanziert, sondern vertraut waren, kann man bereits an den Bezeichnungen der Schüler ersehen, die nicht nur *mathêtês* (Lernende) oder *akroatês* (Hörer) genannt wurden, sondern auch *synêtheis* (Vertraute), *gnorimoi* (Bekannte), *hetairoi* (Kameraden) und *philoi* (Freunde). Etliche Interpreten nehmen einen äußeren und einen inneren Kreis an[25]. Wodurch sich diese voneinander abgrenzten, ist kaum zu sagen, vermuten könnte man aber, dass vor allem die Zeit, die sie in der Akademie verbrachten, diejenigen, die sich in erster Linie nützliche Kenntnisse erhofften von den wirklich philosophisch-theoretisch Motivierten unterschied. Erst die *häufige* gemeinsame Unterredung schließlich führt zur tiefsten Erkenntnis, wie uns der Autor des *VII. Briefs* erzählt (341c6–d2). Die wahren ›Freunde‹ Platons waren dann nur die Fortgeschrittenen, zu denen z. B. sicherlich sein Neffe und Nachfolger in der Leitung der Akademie, Speusipp, sowie Aristoteles zu zählen sind. Nur der engere Kreis bildete dann auch eine Art Lebensgemeinschaft, die sogar noch über den Tod hinausreichte. Die Verehrung der engeren Schüler zeigt sich darin, dass sie Platon z. B. Gedichte widmeten und Biographien nach seinem Tod verfassten[26]. Ein wesentliches Element der Beziehungen in der Akademie war der in der Athener Oberschicht allgemein verbreitete Eros zwischen den jüngeren und älteren männlichen Mitgliedern. Diese päderastischen Beziehungen waren jedoch nicht sexuell orientiert, d. h. keine homoerotischen Beziehungen im heutigen Sinne. Der Jüngere vertraute sich vielmehr um seiner Erziehung und Ausbildung willen dem Älteren an, für die dieser verantwortlich war. Eros sei daher ein Zeichen von Kultur, der »Freundschaft und nichts anderes« hervorbringt, wie Herakleides Pontikos schreibt, auch wenn einige in sexuelle Beziehungen abrutschen sollten[27]. Sokrates kritisiert im *Symposion* eine ausufernde Päderastie. Es ist anzunehmen,

---

[24] Vgl. z. B. die Anekdote in Riginos 1976, 123f.
[25] Zum Beispiel Baltes 1999, 255 und Erler 2007, 53.
[26] Vgl. genauer dazu mit Beispielen Baltes 1999, 267, Fußnote 59; eine Übersicht findet sich außerdem bei Riginos 1976, 202–204.
[27] Vgl. Baltes 1999, 255.

2. Das Leben in der Akademie und der *VII. Brief* als Platons ›Selbstzeugnis‹

dass Platon dessen Verhalten in der Alkibiades-Episode, wo er die sexuellen Annäherungsversuche des Alkibiades brüsk zurückweist (Symp. 217a3–219d2), auch innerhalb der Akademie gefordert hat. Wenn Herakleitos (»der Homererklärer«) schreibt »Platons Dialoge … sind Liebesaffären mit halb erwachsenen Jünglingen«[28], kann er das *Symposion* nicht besonders sorgfältig gelesen haben. Auch die im *Phaidros*, auf den er verweist, zu findenden ironischen Konnotationen blendet er aus[29]. In den überwiegenden Äußerungen der Tradition wurden die Schüler der Akademie dagegen gerade in Bezug auf sexuelle Dinge als enthaltsam und sogar asketisch wahrgenommen[30]. Rabbow vermutet, dass von ihnen eine Reihe geistiger Praktiken eingeübt wurden, um Affekte zu bewältigen – wenn auch sicher kein musisch-gymnastisches Programm bestand, wie es in der *Politeia* entworfen wird[31]. Die Akademiemitglieder waren in Athen nicht besonders beliebt, sondern galten bisweilen als arrogant und distanziert. In der Komödie wurde z. B. die Sorge um ein gepflegtes Äußeres aufgegriffen, die in der Schule ganz im Gegensatz zu den Kynikern angewiesen wurde. Auch der ›würdevolle‹, oft aber als sauertöpfisch interpretierte[32] Gesichtsausdruck der Schüler bot Anlass zum Spott. Denkbar ist, dass es spezielle Kleidungsstücke wie den auch in anderen Schulen verbreiteten ›Philosophenmantel‹ gab, den auch Axiothea ohne Scham getragen haben soll[33]. Der Platonschüler Herakleides Pontikos wurde von den Athenern »Pompikos«, der Pompöse genannt. Auch das Auftreten des Aristoteles, der goldene Ohr- und Fingerringe getragen haben soll, glich – was vermutlich nicht im Sinne Platons war – dem eines antiken Dandys. Ein elitärer Anspruch der Schule oder zumindest eine gewisse Absonderung ihrer Mitglieder ist anzunehmen.

Mit welchen Inhalten beschäftigten sich die Schüler? Neben der Diskussion philosophischer, ethischer und politischer Fragen sowie der Übung

---

[28] Dörrie 1990, 45.
[29] Vgl. *ebd.*, 282.
[30] Vgl. Hieronymus in Dörrie 1987, 270–271 (35.4).
[31] Vgl. Rabbow 1960, 101–103. Er beruft sich dabei besonders auf einzelne, in der *Politeia* und den *Nomoi* geschilderte Methoden (vgl. die Auflistung von »Psychagogischen Methoden in Platos Schulerziehung« *ebd.*, 232).
[32] So Erler 2007, 54.
[33] Vgl. das Zeugnis des Dikaiarch in Gaiser 1988b, 154.

in Logik und Rhetorik war auch die Beschäftigung mit Mathematik[34] (ein weiterer Unterschied zu Isokrates, der ganz schwerpunktmäßig Rhetorik unterrichtete) und Astronomie, Harmonielehre, Botanik und Zoologie nicht ausgeschlossen. Baltes nennt die Akademie als Stätte, in der zum ersten Mal in der Geschichte die Idee einer *universitas litterarum* verwirklicht wurde[35]. Leider ist kaum etwas davon überliefert, wie die Organisation des Curriculum im Detail aussah. Diskutiert wurden als ›Lehrmaterial‹ sicher auch die Schriften Platons, die als literarische Werke höchsten Ranges aus den übrigen Publikationen der Akademiemitglieder herausstachen[36]. Es ist anzunehmen, dass, wie allgemein zu dieser Zeit üblich, auch komplexe Schriften laut vorgelesen und diskutiert, also nicht wie im heutigen Universitätsbetrieb überwiegend zuhause allein studiert wurden[37]. Umstritten ist, ob es eine Bibliothek an der Schule gab. Baltes nimmt das Bestehen einer umfangreichen Bibliothek an, die dann Aristoteles zum Aufbau einer sogar noch größeren inspiriert hat[38].

Isokrates schreibt in der »Lobrede auf Helena« in Absetzung von den Sokratikern, dass es viel besser wäre, in nützlichen Dingen nur wahrscheinliche Ansichten zu haben, als von unnützen gründliche Kenntnis zu besitzen, und lieber in wichtigen Sachen nur wenig hervorzuragen, als sich sehr in unbedeutenden und für das Leben keinen Nutzen gewährenden Dingen auszuzeichnen.[39] In solchen Bemerkungen spiegelt sich die unterschiedliche Bewertung der theoretisch-dialektischen Überlegungen wieder, die in der Akademie trotz der Breite der

---

[34] Vgl. Burkert 1993, 27: Dem Platonschüler Philippos von Opus zufolge (so die wahrscheinlichste These, vgl. *ebd.*, 33) stellte Platon als ›Architekt‹ der Fragestellung die Probleme, die die Mathematiker dann untersuchten. Auch Proklos bescheinigt Platons Wirkung auf den Fortschritt der Mathematik und besonders der Geometrie (vgl. *ebd.*, 29–32). Dass Mathematik in einem rein wissenschaftlichen Sinne, ohne Rücksicht auf nützliche Anwendungsbereiche betrieben wurde, lässt Rep. 522b2–535a2 (bes. 527a6–b1) vermuten.
[35] Vgl. Baltes 1999, 261.
[36] So Baltes, *ebd.* M. Erler sieht in der Diskussion der aporetischen Dialoge im Unterricht der Akademie sogar deren wesentliche Funktion (vgl. Erler 1987, bes. 18 und 290–298).
[37] Vgl. Lloyd 1991, 137.
[38] Vgl. Baltes 1999, 254.
[39] Vgl. Isokr. Hel. 5. Vgl. dazu auch Niehues-Pröbsting 2004, 118 und Scholz 1998, 47. Unter den ›wirklich nützlichen‹ Kenntnissen versteht Isokrates an dieser Stelle alle, die die praktisch-politische Tätigkeit der Bürger betreffen (vgl. Hel. 9). In Bezug auf die lebenslange Beschäftigung mit Philosophie vertritt er fast wörtlich die gleiche Position wie Kallikles im *Gorgias* (vgl. Isokr. Antid. 264–269 und dazu Jaeger 1957, 486).

2. Das Leben in der Akademie und der *VII. Brief* als Platons ›Selbstzeugnis‹

wissenschaftlichen Tätigkeit den obersten Rang und evtl. auch größten Raum einzunehmen schien. Bei Isokrates wird die Dialektik[40] dagegen zur formalen Übung, Philosophie, wie Platon sie betreibt, zum Propädeutikum für die ›wirklich nützlichen‹ Studien.

Was war die Zielsetzung der Ausbildung in der Akademie? Wollte Platon eine Ausbildungsstätte für Politiker schaffen? Oder war die akademische und ja mindestens von ihm selbst praktizierte, lebenslange gemeinsame philosophische Tätigkeit das Ideal? Diese Frage lässt sich nicht mit Verweis auf das faktisch bestehende, von Platon zumindest nicht verhinderte politische Engagement einiger Mitglieder beantworten[41], sondern sollte am besten von den Dialogen her diskutiert werden (vgl. Kapitel 6.4). Was die Schüler angeht, so schienen diese jedenfalls aus unterschiedlichen Motiven heraus an die Akademie zu kommen. Eine größere Gruppe der Akademiemitglieder wollte Nutzen aus den Ergebnissen ziehen, eine kleinere – zwischen deren Mitgliedern und Platon wie beschrieben erst eine ›Lebensgemeinschaft‹ im eigentlichen Sinne bestand – war an reiner Theorie interessiert.

Platon lehrte als Leiter der Schule einerseits selbst, andererseits unterrichteten aber auch Gastwissenschaftler wie Eudoxos aus Knidos oder begabte jüngere Mitglieder der Schule wie Aristoteles[42]. Von platonischen Positionen abweichende Lehrer wurden an der Akademie geduldet, der Leiter verstand sich hier als *primus inter pares*. Aristoteles beispielsweise lehrte Rhetorik, ein Bereich, dem Platon kritisch gegenüberstand. Die Akademie unterschied sich in dieser Hinsicht auch vom pythagoreisch-autoritären Konzept. Es gab keine ›platonische Lebensweise‹ wie es z. B. eine pythagoreische zu geben schien (Rep. 600b3–4), keine Autoritätsargumente wie im Falle des Pythagoras, dessen Schüler seinen Thesen mit dem Zusatz *autos epha* (›er selbst hat es gesagt‹) Ge-

---

[40] Zur platonischen Dialektik und den verschiedenen Methoden, die darunter fallen, vgl. Gaiser 1988a, bes. 99.
[41] Erler 2007, 53 wie auch Scholz 2006, 37 (mit Scholz 1998, 5–7) unterstreichen, dass das Engagement einzelner Schüler die These, die Akademie sei Ausbildungsstätte für Politiker gewesen, nicht rechtfertige. Trampedach stellt in seiner umfangreichen Untersuchung fest, dass zwar viele Platonschüler in politisch bedeutende Positionen gelangt waren, jedoch weder eine einheitliche Linie ihrer Aktivitäten festzustellen, noch ihr Wirken aus der Mitgliedschaft in der Akademie abzuleiten ist (vgl. Trampedach 1994, 144–149).
[42] Vgl. Baltes 1999, 252.

Das Leben in der Akademie

wicht verliehen[43]. Toleranz war eines der Hauptkennzeichen in der Akademie – was nicht heißt, dass es nicht sicherlich auch Spannungen gab, von denen man leider nur aus Anekdoten weiß[44]. Es ist anzunehmen, dass Platon in seiner Lehre, entsprechend dem Stil der meisten Dialoge, weniger konkrete Lösungen vorgab als Richtungen, in welchen Lösungswege von den Schülern dann selbst gesucht werden sollten.

Als der Ruf der Akademie sich verbreitete, kamen Schüler aus der gesamten griechisch-sprechenden Welt der damaligen Zeit, aber auch aus Persien und Mesopotamien. Diese Entwicklung war für das Ansehen der Schule bei den Athenern freilich eher kontraproduktiv als förderlich. Nicht nur, dass die Aufgaben der Bürger – meist Krieger, Politiker und Euergeten, die sich aktiv und sichtbar für das Wohl der *polis* einsetzen – dem philosophisch-zurückgezogenen Leben nicht entsprachen (was sich in der Kritik in Gorg. 484c4–485e2 spiegelt), für die Fremden waren sie nicht einmal zugänglich. Allgemein nahmen die Schüler der Akademie in der athenischen Gesellschaft wohl eher die Rolle intellektueller Außenseiter und Sonderlinge ein.[45]

Die Mitglieder der Akademie waren ganz überwiegend, wenn nicht ausschließlich, männlich. Es gibt Berichte über zwei Frauen, Axiothea und Lastheneia, die ebenfalls Mitglied der Akademie waren[46], was aufgrund der Forderung in der *Politeia*, dass Frauen die gleiche Ausbildung erhalten sollten wie Männer (Rep. 455d7–457b7), denkbar, allerdings auch von Forschern bezweifelt worden ist. So soll sich Axiothea zunächst als Mann verkleidet in die Akademie ›eingeschmuggelt‹ haben[47]. Aristoteles' Schule gehörten aber laut J. P. Lynch[48] wohl keine Frauen mehr an.

---

[43] Vgl. Niehues-Pröbsting 2004, 111.
[44] Beispielsweise zwischen Aristoteles und Platon laut Aelian, Var. Hist. III 19, einer Schrift, die erst 500 Jahre nach Platons Tod, in der Kaiserzeit, verfasst wurde (vgl. Text und Erläuterung in: Düring 1957, 319f.).
[45] Vgl. Scholz 2006, 45–47 und Scholz 1998, 361–365.
[46] Vgl. Scholz 1998, 36, Fußnote 99, der u. a. auf die Aussage des Dikaiarchos in Diog. Laert. IV 46 verweist.
[47] Vgl. die Anekdote bei Riginos 1976, 183f. Da Axiothea ausgerechnet durch die *Politeia* angeregt wurde, der Akademie beizutreten und trotz der darin propagierten Gleichberechtigung von Männern und Frauen in der Ausbildung eine Verkleidung als Mann nötig war, zählt Riginos die Legende zur platonfeindlichen Tradition.
[48] Vgl. Lynch 1972, 92f.

2. Das Leben in der Akademie und der *VII. Brief* als Platons ›Selbstzeugnis‹

Wie verhält sich das, was wir von den Mitgliedern der Schule und ihrem faktischen Leben, wie es von ihrer Umgebung wahrgenommen wurde, wissen, zu ihrer Darstellung in den Dialogen? Die Historizität der Personen erlaubt nicht, auf zuverlässige historische Auskünfte über sie zu schließen. So mag Platon beispielsweise den Alkibiades genauso literarisch verfremdet haben, wie er das zunehmend bei Sokrates tut. Durch zahlreiche Anachronismen oder auch den bewussten Einsatz eines ›unzuverlässigen‹ Erzählers[49] macht er selbst den Leser darauf aufmerksam, dass er kein Interesse an historischer Genauigkeit hat. Es ist wichtig, den historischen Kontext im Blick zu behalten, etwa die politischen Verwicklungen Athens zur Zeit Platons. Entscheidend ist aber in der Mehrzahl der Dialoge die literarische Ebene[50]. Für unsere Thematik, die Vorstellung philosophischen Lebens, ist das Werk Platons bereits unabhängig von seinen realen, historischen Bezügen eine unerschöpfliche Fundgrube. Der einzige in dieser Untersuchung zugrunde gelegte Text, der weitgehend in historischer bzw. autobiographischer Rücksicht interpretiert werden muss, ist der in Bezug auf die Autorschaft umstrittene *VII. Brief* Platons, auf den deshalb in einem weiteren Abschnitt kurz eingegangen werden soll.

2.2. Der *VII. Brief* – Fragen der Verfasserschaft

Die Echtheit der uns erhaltenen 13 Briefe Platons wurde in der Antike noch selten bezweifelt, besonders der II. Brief spielte eine wichtige Rolle in der platonischen Tradition.[51] Erst gegen Ende des 18. Jahrhunderts erklärte Ch. Meiners – was heute kaum noch vertreten wird – alle Briefe für unecht. Dass zumindest etliche davon in die damals weit verbreitete Gattung rhetorischer Schulübungen fallen, nehmen jedoch die

---

[49] Man denke z. B. an die kompliziert verschachtelte Rahmenerzählung des *Symposions* oder an die Bemerkung des Phaidon in Phd. 59b10: »Platon aber, glaube ich, war krank«.
[50] Auch der Prozess des Sokrates kann sich historisch nicht wie in der *Apologie* dargestellt abgespielt haben (vgl. z. B. Heitsch 2002, 124). Eine weitere hermeneutische Methode wäre, die Dialoge insofern historisch zu behandeln, als man sie in Bezug setzt zu anderen antiken Texten, wie es Gigon 1979 und Goldman 2004 besonders im Hinblick auf die *Apologie* unternehmen. Bisweilen ist diese Einordnung erhellend, oft bleibt allerdings die Frage, ob Platon sich als Philosoph nicht von einem bestehenden Sprachgebrauch oder Topos löst, ihn frei umgestaltet oder zumindest hinterfragt.
[51] Vgl. Erler 2007, 309.

meisten Forscher an. Der *VII. Brief*, der zu den ›syrakusanischen‹ Briefen (I-IV, VII, VIII und XIII) zählt, in denen von den Geschehnissen in Syrakus und den Beziehungen Platons zu Dion und Dionysios berichtet wird, ist dabei von besonderem Interesse. Er enthält sowohl einen anspruchsvollen philosophischen Exkurs (340b1–345c3), das einzige Zeugnis, in dem Platon selbst über seine Philosophie spricht, als auch detaillierte biographische Angaben. Die Mehrheit der Forscher hält den *VII. Brief* für echt, zumindest ist bisher kein Argument vorgetragen worden, das eindeutig gegen die Authentizität spricht[52]. Platon könnte ihn, so vermutet L. Brisson[53], kurz nach Dions Ermordung (354 v. Chr.) an dessen Verwandten und Anhänger geschrieben haben.

Die Echtheit des Briefes wird kaum unter Verweis auf Zeugnisse aus der Antike angezweifelt[54] und auch nicht aufgrund stilistischer und sprachstatistischer Untersuchungen, die keine großen Unterschiede zu Platons Spätstil zu Tage förderten. Skeptiker bringen vielmehr inhaltliche Argumente vor, etwa die Darstellung historischer Ereignisse und Widersprüchlichkeiten zu Dialogen wie der *Politeia* (die von Erler allerdings nur als »Nuancierungen« bezeichnet werden[55]). Besonders die philosophischen Positionen im Exkurs wurden als unplatonisch angezweifelt[56], wobei sich die Diskussion dann auf die Möglichkeit der Unechtheit der Digression verlagerte oder noch weiter verengte auf einzelne, evtl. nachträgliche Einschübe hin (wie z. B. die Behauptung Platons, kein »ernsthafter Mann« würde jemals über »ernsthafte Dinge« etwas schreiben in Ep. VII 344c1–3). Angefangen von Wilamowitz-Moellendorff gab es jedoch in neuerer Zeit eine ganze Reihe an Fürsprechern für die Echtheit des Briefes, die auch immer wieder Argumente dagegen widerlegten. Es ist die Frage, ob man es sich so einfach machen kann wie Annas[57], die konstatiert, dass der Brief klar in das literarische Genus der Kunstbriefe berühmter Persönlichkeiten falle, und deshalb nicht als authentischer Einblick in Platons Persönlichkeit oder reale Mitteilung an Dions Verwandte und Freunde verstanden werden könne. Es bestünde außerdem selbst dann die Möglichkeit, dass ein Brief Platons nach-

---

[52] Vgl. *ebd.*, 310.
[53] Vgl. Brisson 2008, 624.
[54] Außer der negativen Beobachtung, dass sich z. B. bei Aristoteles *keine* sichere Erwähnung der Briefe findet (vgl. Erler 2007, 309).
[55] Vgl. *ebd.*, 315.
[56] So z. B. von Müller 1949/50, besonders Teil I.
[57] Vgl. Annas 1999, 76f.

2. Das Leben in der Akademie und der VII. Brief als Platons ›Selbstzeugnis‹

träglich redigiert und evtl. auch revidiert worden ist, daher zumindest einen »authentischen Kern« enthält[58]. Erler plädiert dafür, den Brief solange als authentisch gelten zu lassen[59], bis ein schlagendes Argument gegen die Echtheit vorgetragen wird. Als konsensfähig nimmt er an »dass der Brief auch bei Unechtheit als wertvolles Zeugnis eines hervorragend informierten und kundigen Philosophen aus Platons Umfeld zu sehen wäre«[60]. Und zumindest darin stimmt ihm die Mehrheit der Forscher zu. Während z. B. R. Ferber die letztlich unentscheidbare Frage nach der Verfasserschaft Platons in der ersten Auflage seines Buches über Platons ungeschriebene Lehre (1991) aus methodischen Gründen noch offen ließ, scheint er 2007 die Echtheit oder mindestens wie auch W. Burkert eine indirekte Authentizität für wahrscheinlich zu halten[61].

Im Licht dieses Befundes kann der Brief mit der gebotenen Vorsicht als wertvolle Ergänzung und Ausführung der Vorstellungen Platons darüber, was eine philosophische Lebensweise ausmacht, gelten. Bevor in Kapitel 4 mit der Interpretation erster Dialoge begonnen wird, möchte ich das Thema zunächst durch einen sprachlichen Befund, d. h. die Betrachtung der Verwendung von *bios* und Synonymen sowie des Wortfelds zu *philosophein/philosophos* im platonischen Gesamtwerk weiter erschließen.

---

[58] Vgl. Söder, in: Platon-Handbuch 2009, 21.
[59] Die Echtheit nehmen offensichtlich außerdem an v. Fritz 1966, 134f., Hentschke 1971, 53–59, Voigtländer 1980, 145, Fußnote 51 (der 1980 schreibt, dass die Echtheit des Briefes von den »weitaus meisten« Platonforschern zugegeben werde), Kahn 1996, 388–392, Hadot 1999, 79, Wieland 1999, 3 und Knab 2006.
[60] Erler 2007, 315.
[61] Vgl. Ferber 2007, 42, Fußnote 1 (S. 133; entstanden 1991) mit 95, Fußnote 68 (S. 145; Retraktation 2007), der sich vor allem auf die Argumente der Dissertation von Knab 2006 beruft (vgl. dort bes. 1–7 sowie 45–50).

3. Sprachlicher Befund – *philosophos*, *bios* und die *bios*-Synonyme

3.1. *Philosophos/philosophein* und die Forschungskontroverse um Platons Philosophiebegriff

Wer den Terminus *philosophia*, der vermutlich erst im 5. Jh. v. Chr. im griechischen Sprachraum auftauchte, erstmals verwendet und begrifflich bestimmt hat, ist umstritten. Tatsächlich scheinen die Begriffe *philosophia*, *philosophos* und *philosophein* in Absetzung zur *sophia* aber erst durch Platon geprägt worden zu sein. Wer sich oder andere erstmals als »Philosoph(en)« bezeichnet hat, kann nicht abschließend beantwortet werden.[1] Sicher ist jedoch, dass Platon in der vielfältigen Landschaft von Forschern (*historia*-Treibenden) und Weisen (*sophoi*) seiner Zeit als erster eine differenzierte inhaltliche Konzeption des Philosophierens und der Philosophie entwickelt hat. Vor ihm kam das Wort nur vereinzelt vor, z. B. bei Herodot, der die Begrüßung Solons durch König Kroisos schildert[2] sowie bei Thukydides in der Leichenrede des Perikles[3]. Erst Platon greift dann ausgesprochen häufig auf das Kom-

---

[1] Kandidaten hierfür sind neben Sokrates, Platon und Heraklit vor allem noch Pythagoras und seine Schüler (vgl. Joly 1956, 39 und Burkert 1960, die auf die Begegnung des Pythagoras mit Leon, die sog. »Panegyris-Parabel« verweisen. Sie findet sich z. B. bei Cicero Tusc. V 3, 8–9. Gegen Burkert argumentierten in neuerer Zeit z. B. Ebert 2001 und Riedweg 2002a, 2002b). Sowohl Kranz 1989, 573 als auch Hadot 1999, 25 gehen von der Prägung des Begriffs durch Platon aus. Von der Begriffsprägung zu unterscheiden ist die Frage, wer aus systematischen Gründen als erster abendländischer Philosoph gelten kann. Hier wird unter dem Gesichtspunkt der Absetzung philosophischen Denkens vom Mythos nicht nur der von Aristoteles in Met. A 3 983b18–21 genannte Thales, sondern bereits Hesiod vorgeschlagen (vgl. Gigon 1968, 13–15; kritisch dagegen Neschke 1993).
[2] Solon wird dort von Kroisos als *philosopheôn* bezeichnet in dem Sinne, dass er um des Wissenserwerbs willen viele Länder bereist (vgl. Herodot I, 30).
[3] Vgl. Thukydides II, 40. Er lässt Perikles dort sagen: Φιλοκαλοῦμέν τε γὰρ μετ' εὐτελείας καὶ φιλοσοφοῦμεν ἄνευ μαλακίας· – »Wir lieben das Schöne (φιλοκαλοῦμέν) und bleiben schlicht, wir lieben den Geist (φιλοσοφοῦμεν) und werden nicht schlaff« (Übers.: P. Landmann).

3. Sprachlicher Befund – *philosophos, bios* und die *bios*-Synonyme

positum zurück. Es besteht einerseits aus dem Wort *philein*, was soviel bedeutet wie einer Sache intensiv, höher als in normalem Maße, zugetan zu sein, sie wie der Pferdenarr oder der Weinliebhaber wirklich zu ›lieben‹ und mit ihr umzugehen[4]. Den zweiten Bestandteil bildet das Nomen *sophia* (Weisheit), das bei Homer etwas wie fachliches knowhow, ein handwerkliches Können umfasst[5]. Bei Platon verliert sich dieser älteste Aspekt der *sophia* – er wird stattdessen ganz der *technê* zugeordnet. Wenn einige Interpretationen diese Verschiebung allerdings aufgreifen und vertreten, dass Platon Philosophie als *technê* verstehe[6], ist Vorsicht geboten. Schließlich ist es Kennzeichen der Sophisten, ihre *sophia* als ein – nicht handwerkliches, aber politisches und vor allem lehrbares – Können zu verstehen. Von dieser Art von Wissen und einem Bildungserwerb, der dem Erwerb einer *technê* ähnelt und von den Sophisten selbst bisweilen ebenfalls als *philosophia* bezeichnet wird, möchte Platon seine Vorstellung von *philosophia* gerade absetzen. Philosophie zu erlernen bedeutet nicht, lediglich rhetorische Kenntnisse zu erwerben, die dazu befähigen, in der *polis* mächtig zu werden. Wie sich in Kapitel 6 zeigen wird, ist diese Art philosophischer Bildung sogar Bestandteil einer konkurrierenden Lebensweise. Auch das rein intellektuelle Tätigsein, ein Leben der *theôria*[7], ist nicht einfach mit dem Philosophieverständnis Platons gleichzusetzen (vgl. 6.4 und 9.1).

Eine hilfreiche Übersicht aller Stellen, in denen *philosophein, philosophia* und *philosophos* bei Platon vorkommen, hat Monique Dixsaut vorgelegt[8]. Als Neuschöpfung von Platon selbst oder eines Vorsokratikers wie Pythagoras (570–510 v. Chr) hat *philosophos* noch kaum Sy-

---

[4] W. Burkert hat darauf aufmerksam gemacht, dass die mit *philo-* beginnenden Komposita für den Griechen nicht die Sehnsucht nach Abwesendem, sondern in aller Regel den täglichen Umgang und die Vertrautheit mit dem jeweils Geliebten bezeichneten (vgl. Burkert 1960, 171–173). Auf diese Feststellung stützen sich wiederholt die Vertreter eines »Finitismus« bei Platon wie K. Albert. Vertreter des »Infinitismus« weisen dagegen darauf hin, dass Platon eben diese Wortbedeutung verändert hätte (vgl. Heitsch 1987, 49 und zur ganzen Problematik auch Kapitel 9).
[5] In Il. XV, 412 wird *pasês ... sophiês* (Übers. Rupé: »alle Griffe der Kunst«) für die Kunst des Zimmermanns gebraucht (vgl. dazu Hadot 1999, 34 und Snell 1978, 32).
[6] Vgl. Waack-Erdmann 2006, bes. 227–246 und stellenweise Wiehart 2008, 430.
[7] So werden die Philosophen in der von Cicero erzählten Panegyris-Parabel (Tusc. V 3, 8–9) mit den Zuschauern auf einem Volksfest verglichen, die nicht die Interessen der anwesenden Händler oder Sportler teilen. Vgl. außerdem Aristoteles zum Leben der *theôria* in EN 1095b17–19 und EN 1178a6–7.
[8] Vgl. Dixsaut 2001, 383–388.

nonyme. Wenn Platon etwa *philomathês* gebraucht, ist damit etwas anderes gemeint[9].

Um Platons Philosophiebegriff hat sich eine lebhafte, bis heute andauernde Diskussion entzündet, die sich im Wesentlichen darum dreht, inwiefern der Philosoph Wissen erreichen kann (»Finitismus«), dem Wissenden *(sophos)* nahesteht oder ihm sogar entspricht[10] oder inwiefern er als Philosoph und Nichtwissender stets auf dem Weg bleibt (»Infinitismus«)[11]. Eine Untersuchung des philosophischen *bios* stellt den Philosophiebegriff in einen weiteren Kontext, der auch in der Frage, ob eine finitistische oder infinitistische Interpretation zutreffender ist, Klärung bringt. Es wird deutlich werden, dass der Philosoph nach Platon zweifellos an ein Ziel gelangen kann, zu einer Erkenntnis, die nicht nur einem bloßen *know-how*[12] entspricht. Ob dieses Ziel philosophi-

---

[9] *philomathês* zu sein ist nur eine der Bedingungen für ein philosophisches Leben (vgl. 9.4). Wie es sich mit anderen Bildungen wie dem im Gesamtwerk nur zweimal auftauchenden *philokalos* (vgl. Phdr. 248d3 und Kritias 111e3) verhält, bleibt zu zeigen (zum Vorkommnis im *Phaidros* vgl. 8.3.2).

[10] Wogegen Stellen wie Phdr. 278d3–6, Symp. 204a1–2 und Lys. 218a3–4 sprechen.

[11] Vertreter der Fraktion eines erreichbaren Wissens (»Finitismus«) sind vor allem H. J. Krämer (vgl. seinen Aufsatz von 1988: »Fichte, Schlegel und der Infinitismus in der Platondeutung«) und K. Gaiser sowie, in würdigendem Anschluss an sie, K. Albert mit einer ganzen Reihe von Publikationen zum Thema (z. B. Albert 1989, 1995 und 2008; vgl. außerdem Krämer 1990 in direkter, unterstützender Reaktion auf Albert und Gaiser 1988a sowie Slezák 1985). Albert selbst nennt als Vertreter eines »offenen« Philosophiebegriffs u. a. J. Pieper, J. B. Lotz und K. Jaspers sowie an neueren Platonforschern E. Heitsch (vgl. hierzu Heitsch 1987, 49f.). Auch F. Schlegel, P. Natorp und L. Stefanini können als Vertreter eines solchen »Infinitismus« in Bezug auf Platon gelten (vgl. Ferber 1992, der vehement gegen Albert argumentiert). Außerdem äußern sich ähnlich Patzer 2000, 72 sowie Wolf 1999, die von der Idee des Guten als »ferne[m] Ziel« spricht, das »unerkennbar und unerreichbar bleibt« (Wolf 1999, 22). Allerdings ist zu fragen, ob die Schau der Idee des Guten – so, wie z. B. Diotima sie im *Symposion* darstellt – tatsächlich der Erkenntnis einer »wohlgeordneten Ganzheit« (so Wolf 1992, 43), der »Ordnung des Ganzen« oder der »Struktur der Welt« (Wolf 1999, 35) entspricht, oder ob hier nicht zu viel in den Begriff gelegt wird, ein Maß an Erkenntnis, das dann tatsächlich unerreichbar scheint. W. Wieland löst die Frage so, dass er ein zwar erreichbares, aber nichtpropositionales, unthematisches Wissen annimmt (vgl. Wieland 1999, 98 und 323–325). Eine solche Art von Wissen rückt dann aber freilich auch in Nähe eines *technê*-Wissens, so schreibt er: »Fähigkeiten und Fertigkeiten, Erfahrung und Gebrauchswissen ... stehen hinter allem, was in einem platonischen Dialog gesagt wird« (*ebd.*, 69).

[12] Wie es W. Wieland aufgrund von Stellen wie der eben erwähnten (Wieland 1999, 69) vorgeworfen wurde. Allerdings fragt er durchaus, ob die Analogie zwischen technischem und praktischem Wissen nicht zumindest in Bezug auf das oberste handlungsleitende Prinzip an eine Grenze stößt (vgl. *ebd.*, 256f.).

3. Sprachlicher Befund – *philosophos, bios* und die *bios*-Synonyme

schen Lebens als mystisch-religiöse Erfahrung des Einen, die mit einer Aufhebung von Subjekt und Objekt verbunden ist[13], verstanden werden kann und was ihre Auswirkungen auf das philosophische Leben sind, wird in 9.2 noch zur Sprache kommen. Über erkenntnistheoretischen Problemen gerät die Frage nach der Art und Weise philosophischen Lebens leicht in den Hintergrund, die in den platonischen Dialogen aber nicht nur diskutiert, sondern – wie in dieser Untersuchung vertreten wird – auch beantwortet wird.

Nach den Überlegungen zum Begriff *philosophia* soll als nächstes gefragt werden, wie es sich mit dem in der griechischen Alltagssprache gängigen Nomen *bios* verhält bzw. wie Platon es verwendet.

3.2. Synonyme für *bios*

Die Rede vom *bios* ist in den Werken Platons ähnlich häufig wie der Rückgriff auf das Wortfeld zu *philosophia/philosophein*. In frühen Schriften, in denen nicht von *philosophia* gesprochen wird, wie dem *Laches* und dem *Kriton*[14], geht es dennoch um den *bios*[15]. Bereits in 1.1 wurde vorgeschlagen, *bios* vorrangig mit »Lebensweise«, in zweiter Linie einfach mit »Leben« zu übersetzen. Daneben verwendet Platon eine Reihe von Synonymen, die Schleiermacher ebenfalls mit »Leben«, »Lebensweise« oder »Lebensart« übersetzt. Kurz erläutert werden sollen, bevor in 3.3 ein Überblick über Stellen zu verschiedenen *bioi* gegeben wird, *hê zôê/zên, hê diaita/diaitan, hê trophê, hê diagôgê/diagein, to epitêdeuma, hê diatribê* und *ho tropos*.

hê zôê/zên

Mit *zôê* wird, wie einleitend in 1.1 schon bemerkt, meist das rein biologische Leben bezeichnet. Neben dem Beleg in Phdr. 245c8 ist diese Bedeutung auch in Tim. 77a1 erkennbar, und auch in Phd. 71c1 *(tô zên)* geht es um das Lebendigsein im Gegensatz zum Totsein. Der substantivierte Infinitiv *to zên* kann aber, ebenso wie *bios*, auch die Zeitspanne bezeichnen, die ein Mensch von der Geburt bis zu seinem Tod zur Verfügung hat:

---

[13] Vgl. Albert 1989, 64, der damit die Interpretation Krämers und Gaisers erweitert.
[14] Vgl. Dixsaut 2001, 384.
[15] Vgl. Lach. 187e6–188a2 und im *Kriton* Stellen wie Krit. 47e4–48b9, wo mehrmals *biôton* gebraucht wird.

Synonyme für *bios*

... wenn die Seele unsterblich ist, sie auch der Sorgfalt bedarf, nicht für diese Zeit allein, welche wir das Leben *(to zên)* nennen, sondern für die ganze Zeit ... (Phd. 107c1–3)

Ebenso kann *zên* (nun wieder als Verb gebraucht) gleichbedeutend mit *bios* verwendet werden, wenn es um die Qualität des Lebens und die Lebensführung geht:

Sokrates: Denn ich denke, es lohnt dem Menschen nicht, in einem jämmerlichen Zustande des Leibes fortzuleben, weil er ja so auch notwendig ein jämmerliches Leben *(zên mochthêrôs)* führt. (Gorg. 505a2–3)

Dies dünkt mich das Ziel zu sein, auf welches man hinsehen muß bei Führung des Lebens *(pros hon bleponta dei zên)*, und alles in eigenen und gemeinschaftlichen Angelegenheiten darauf hinlenkend so verrichten, daß immer Gerechtigkeit und Besonnenheit dem gegenwärtig bleibe, der glückselig werden will ... (Gorg. 507d7–e2)

Im *Kriton* findet sich eine interessante Stelle, in der das bloße Leben *(zên)* im Sinne von *zôê* durch den Zusatz des Adverbs *eu* von einer gewissen Qualität des Lebens abgegrenzt wird: »... daß man nämlich nicht das Leben *(to zên)* am höchsten achten muß, sondern das gut Leben *(to eu zên)*.« (Krit. 48b5–6). Auch unter Verwendung von *zên* kann Platon also davon sprechen, *wie* gelebt wird, etwa vom gut oder glücklich leben (vgl. auch Lg. 840c5: *zên eudaimonôs*).

hê diaita/diaitan

Das Nomen *diaita* kann ebenso wie *bios* sowohl »Leben« als auch »Lebensweise« oder »Lebensunterhalt« bedeuten. Schleiermacher scheint den Ausdruck oft mit »Lebensart« zu übersetzen, z. B. in Phdr. 239c9 die »unmännliche Lebensart« *(anandrou diaitês)*. Auch an anderen Stellen des *Phaidros* wird *diaita* gebraucht, etwa:

Wenn nun die besseren Teile der Seele, welche zu einem wohlgeordneten Leben und zur Liebe der Weisheit *(tetagmenên te diaitan kai philosophian)* hinleiten, den Sieg erlangen ... (Phdr. 256a7–8)

In der *Politeia* taucht der Ausdruck ebenfalls häufiger auf, z. B. im Kontext der »üppigen Stadt« *(tryphôsan polin, 372e4)* in Rep. 373a1–2: »Denn diese wird wohl einigen, wie es scheint, nicht Genüge leisten, auch nicht diese Lebensart *(diaita)* selbst ...«. Ferner in Rep. 407c9: »für die von Natur und infolge ihrer Lebensweise *(diaitê)* dem Leib nach gesunden ... Menschen« und in Rep. 459c4, hier wie andernorts

3. Sprachlicher Befund – *philosophos*, *bios* und die *bios*-Synonyme

(407d4) von Schleiermacher mit »Lebensordnung« übersetzt: »... nur einer guten Lebensordnung *(diaitê)* willig zu folgen ...«.

Außerdem findet er sich im *Timaios*[16] und in Lg. 762b7. An vielen Stellen – den zitierten Passus im *Phaidros* ausgenommen – scheint *diaita* speziell die einfache Lebensweise zu meinen. Es wird außerdem dann gebraucht, wenn es um basale Dinge wie die Zusammensetzung der Nahrung geht. Sowohl in Rep. 372a5–373a8 als auch Lg. 762e7–9, wo die bescheidene, ungekochte Nahrung der Landaufseher beschrieben wird, und besonders Lg. 797e2–798a8, wo unter *diaita* der Umgang mit dem Körper beschrieben, und dann dem Umgang mit der Seele verglichen wird. Diese ›körperliche‹ Komponente verliert sich auch an einer Stelle des *VII. Briefs* nicht, wo das Verb *diaitan* neben *bios* verwendet wird:

Wer einem Manne raten will, der krank ist und für seine Gesundheit schädliche Lebensgewohnheiten hat *(diaitan diaitômenô mochthêran)*, der darf wohl nicht anders handeln, als daß er erst seine Lebensweise *(ton bion)* zu ändern sucht ... (Ep. VII 330c10–d2)

hê trophê

Dieses Nomen stammt von der gleichen Wurzel wie *trephô*, das ursprünglich »füttern, verpflegen« meint. In seiner Grundbedeutung wird *trophê* mit »Ernährung« bzw. »Nahrung« übersetzt (z. B. so verwendet in Lg. 735e6). Die Frage nach der richtigen Art der Ernährung wird sachlich ausgeweitet auf die Frage nach der Erziehung (vgl. Phdr. 272d6: von Natur oder durch Erziehung; *physei ê trophê*) und letztlich auch auf die Lebensweise. Auf letztere mögliche Nebenbedeutung von *trophê* greift Platon eher selten zurück. In Gorg. 524c1–2 übersetzt Schleiermacher zu Recht nicht »Erziehung«, sondern »Lebensweise«, auf welche hier im Gegensatz zur angeborenen (körperlichen) Verfassung verwiesen wird. In der *Politeia* meint *trophê* in der Regel die Erziehung (Rep. 401d5, 424a5 u.a.). Der Gegensatz zur *physis* macht deutlich, dass *trophê* all das ist, was vom Menschen nach seiner Geburt erworben wird und ihn unabhängig von seinen natürlichen Anlagen prägt.

---

[16] Tim. 84a4–5: »... verkommen durch schlechte Lebensweise *(kakês diaitês)* ...«

Synonyme für *bios*

hê diagôgê/diagein

Das Verb *diagein* meint wörtlich »hindurchführen«, das dazugehörige Nomen *diagôgê* kann mit »Lebensweise« wiedergegeben werden. Wenn Platon dieses Nomen oder das entsprechende Verb verwendet, wird der Aspekt der aktiven Lebensführung betont. In Rep. 558a2 beschreibt er z. B. die Lebensweise von demokratischen Menschen als eine »wundervolle und anmutige« *(ar' ou thespesia kai hêdeia hê toiautê diagôgê)*. Das Verb *diagein* gebraucht er unter anderem im Kontext der Lebenswahl im *Phaidros*:

> Unter allen diesen nun erhält, wer gerecht gelebt *(dikaiôs diagagê)*, ein besseres Teil, wer ungerecht, ein schlechteres. (Phdr. 248e5–6)

Eine das passive Erleben betonende sprachliche Konnotation hat im Unterschied dazu – anders, als man aufgrund der aktiven Form meinen möchte – der Ausdruck *eu prattein*, der nur manchmal mit »ein gutes Leben führen«, meist aber mit »sich wohl befinden« oder »wohl leben« übersetzt wird[17] und letztlich im Sinne der *eudaimonia* zu verstehen ist.

to epitêdeuma

Dieses Nomen bezeichnet die Beschäftigung eines Menschen oder seine Sorge um etwas. Wenn diese Beschäftigung einen regelmäßigen Charakter hat (vgl. 1.5), den das Verb zur gleichen Wurzel, *epitêdeuô* (üben, etwas mit Fleiß betreiben) deutlicher ausdrückt, prägt sie die gesamte Lebensweise. Das Nomen wird von Platon im *Phaidros* gebraucht im Zusammenhang mit der Lebensweise der Götter, ihren Sitten und Bestrebungen *(ta ethê kai ta epitêdeumata*, 253a3[18]), die nachgeahmt werden bzw., wie Schleiermacher wenig später übersetzt, ihre »Lebensweise *(epitêdeuma)* und Gemütsart *(idea)*« (Phdr. 253b6).

Auch in den *Nomoi* und im *VII. Brief* wird *epitêdeuma*, einmal im Sinne von *bios*, einmal nur damit zusammenhängend (als dazu passende »Gewohnheiten«), verwendet:

> *Athener:* Den Fall, daß eine göttliche Liebe zu einer besonnenen und gerechten Lebensweise *(tôn sôphronôn te kai dikaiôn epitêdeumatôn)* in großen Herrschermächten entsteht ... (Lg. 711d6–7).

---

[17] Vgl. z. B. Charm. 172a2–4, Gorg. 495e2–3 und Euthyd. 278e3.
[18] In Symp. 210c3–d4 übersetzt Schleiermacher *epitêdeumata* dagegen im Sinne von *ta ethê* mit »Sitten«.

3. Sprachlicher Befund – *philosophos*, *bios* und die *bios*-Synonyme

... und was sonst die Gewohnheiten sind, die zu einer solchen Lebensweise passen *(toutôn epitêdeumata synepetai tô biô)*. (Ep. VII 326c1–2)

hê diatribê
Dieser Ausdruck bezeichnet in negativer Konnotation (LSJ s. v. II) das »Totschlagen« oder Vergeuden der Zeit (vgl. *tribô*, zerreiben). In neutralerem Sinne bezeichnet er den »Zeitvertreib« bzw. später, nach der Etablierung der Schulen, explizit die Philosophenschule als Ort des – ernsthaften[19] – Zeitvertreibs. Bei Platon finden wir den Ausdruck vor allem in der *Apologie*: »... da ihr, meine Mitbürger, nicht imstande gewesen seid, meine Lebensweise *(diatribas)* und meine Reden zu ertragen ...« (Apol. 37c9) oder »Ja mir zumal wäre es ein herrliches Leben *(thaumastê ... diatribê)* ...« (Apol. 41b1).

ho tropos
Für sich stehend meint *tropos*, zumindest in einer Bedeutung (LSJ s. v. III), den Charakter oder die Gesinnung. Bei Platon wird *tropos* in diesem Sinne z. B. in Lg. 803a6–7 verwendet, wo verschiedene *bioi* nach Charakterzügen von Menschen unterschieden werden. In Verbindung mit anderen Worten heißt *tropos* dann schlicht »Art und Weise«. Wie schon in 1.1 erwähnt, verstärkt der Zusatz *tropos* eigentlich nur nochmals, was mit *bios* gemeint ist – eine bestimmte Art und Weise, sein Leben zu führen[20].

Die Suche nach Synonymen für *bios* zeigt allerdings, dass es Stellen gibt, an denen Platon aus stilistischen Gründen zu Varianten greift, d. h. dass zusätzlich zu *bios* dann auch von *diaita* oder *zôê* die Rede ist[21]. Nicht immer wird durch eine andere Wortwahl auch ein bestimmter Akzent gesetzt, wie der auf eine aktive Lebensführung, auf die Nahrungskonnotation oder Beschäftigungen innerhalb eines *bios*. Eine Übersetzung mit »Lebensweise« ist dennoch, ganz schwerpunktmäßig,

---

[19] Allerdings könnte diese Wortwahl auch auf den Einfluss einer philosophiefeindlichen Umgebung zurückgeführt werden, die das Wort zunächst in seiner negativen Bedeutung gebraucht hatte.
[20] Etwa in Gorg. 527e4, Lg. 806d7 und Rep. 600b3–4, dort bezogen auf die pythagoreische Lebensweise.
[21] Beispielsweise im *Phaidros*, wo *diaitan* in 256a7, *diaitê* in 256b8 und *bios* in 256b1 ohne erkennbaren Bedeutungsunterschied gebraucht werden.

dann treffend, wenn im griechischen Text auch *bios* steht. *Trophê* und *diagôgê* z. B. werden nur vereinzelt und ausnahmsweise in dieser Bedeutung verwendet. Daher ist es gerechtfertigt, sich bei einem sprachlichen Stellenbefund hauptsächlich auf die Rede vom *bios* zu konzentrieren, wie es im nächsten Abschnitt getan werden soll.

3.3. Zu den verschiedenen *bioi* bei Platon

Besonders interessant für unsere Thematik sind Stellen, an denen eine inhaltliche Gegenüberstellung verschiedener *bioi*, z. B. durch Adjektive oder Genitivattribute, geschieht. Um zu verstehen, was ein philosophisches Leben ausmacht, sind die Abgrenzung und der Kontrast zu anderen Lebensweisen hilfreich. Vielerorts wird allerdings gar nicht vom »philosophischen« *bios* gesprochen, sondern zwischen positiv und negativ bewerteten *bioi* unterschieden. Erst im Laufe der Untersuchung wird sich zeigen, dass die positiv bewerteten *bioi* fast immer dem philosophischen *bios* entsprechen bzw. bestimmte Aspekte der philosophischen Lebensweise darstellen. Dass Platon dabei nicht durchgängig wörtlich vom *bios* spricht, sondern stellenweise *diaita*, *zôê* und andere Synonyme verwendet, wurde im vorigen Abschnitt überblicksartig dargestellt. Wichtige Stellen werden im Folgenden nur genannt bzw. zitiert und grob eingeordnet, da ihre genauere Einordnung und Reflexion Aufgabe aller folgenden Kapitel sein wird. Ein Stellenbefund kann zudem nur einen ersten, nicht den einzigen methodischen Zugang zur Thematik bilden – warum das so ist, wird im nächsten Abschnitt 3.4 noch genauer diskutiert.

3.3.1. Bioi, den Umgang mit Lust/Unlust und Begierden betreffend (Gorgias, VII. Brief *und* Philebos)

Besonnener vs. ungebundener/zügelloser *bios (Gorgias)*

Im Kontext des Bildes von den ›lecken und morschen Fässern‹ wird im *Gorgias* die besonnene der ungebundenen oder zügellosen Lebensweise gegenübergestellt:

Sokrates: Gib acht, ob du wohl dies richtig findest von jeder dieser beiden Lebensweisen *(peri tou biou hekaterou)*, der besonnenen und der ungebunde-

3. Sprachlicher Befund – *philosophos, bios* und die *bios*-Synonyme

nen *(tou te sôphronos kai tou akolastou)*, wie wenn zwei Menschen jeder viele Fässer hätte. (Gorg. 493d6–8)

Im gleichen Abschnitt folgt die Unterscheidung nochmals in leicht anderer Wortwahl. Das besonnene Leben wird nun als »sittliches« bzw. wörtlicher »geordnetes« *(kosmios)* bezeichnet:

Sokrates: Willst du nun, wenn es sich mit diesen beiden Lebensweisen so verhält, dennoch sagen, die des Ungebundenen wäre glückseliger als die des Sittlichen *(ton tou akolastou eudaimonesteron einai ê ton tou kosmiou)?* Überrede ich dich etwa hierdurch zuzugeben, das sittliche Leben sei besser als das ungebundene, oder überrede ich dich nicht? (Gorg. 494a1–5)

Der Aspekt des Umgangs mit den Begierden und die Frage, ob der Zügellose oder der Besonnene mehr Lust empfindet, werden dann mit weiteren Bildern illustriert. Die Rede ist vom ›Leben‹ eines Steines oder einer Ente:

Kallikles: Denn für jenen, wenn er seine Fässer voll hat, gibt es gar keine Lust mehr, sondern das heißt eben, wie ich vorher sagte, wie ein Stein leben *(to hôsper lithon zên)*, wenn alles angefüllt ist, weder Lust mehr haben noch Unlust. (Gorg. 494a6–b1)

Sokrates: Das ist wiederum ein Leben wie einer Ente, was du meinst *(Charadriou tina au sy bion legeis)*, freilich nicht wie eines Toten oder eines Steins! (Gorg. 494b7–8)

Zuletzt schildert Sokrates, wie das Leben des Zügellosen in das eines Verbrechers mündet. Die Befriedigung seiner übergroß gewordenen Begierden wird irgendwann nur noch gelingen, wenn der Zügellose die Gesetze der *polis* überschreitet:

… nicht aber so, daß man die Begierden zügellos werden lasse, und im Bestreben, sie zu befriedigen, ein überschwengliches Übel, das Leben eines Räubers lebe *(lêstou bion zônta)*. (Gorg. 507e2–4)

Sizilianischer vs. dorischer *bios* (VII. Brief)

Etliche Bemerkungen im *VII. Brief* erwähnen die »dorische« Lebensweise, die der »sizilianischen« gegenüber steht. Sizilien galt damals als Land, in dem die Kost üppig und abwechslungsreich war (Rep. 404d1–3). Der Vergleichspunkt ist hier, wie schon beim Zügellosen und beim Besonnenen, ob man seinen Begierden freien Lauf lässt oder nicht:

Als ich angekommen war, wollte mir auch das, was sie dort das glückliche Leben *(bios eudaimôn)* nennen, voll von italischen und syrakusischen Schwelgereien, überhaupt nicht zusagen: zu leben, indem man sich zweimal am Tage vollfüllt und niemals nachts allein schläft, und was sonst die Gewohnheiten *(epitêdeumata)* sind, die zu einer solchen Lebensweise passen. (Ep. VII 326b6–c2)

Später wird nochmals gewarnt, dass jeder, der – wie die Mörder Dions – sizilianisch lebe, unfähig sei, etwas »Zuverlässiges und Sinnvolles [zu] leisten« (Ep. VII 336d2–3).

Bios der Lust vs. *bios* der Vernunft *(Philebos)*

Im *Philebos* lässt Platon dann Sokrates den *bios* der Lust bzw. das angenehme Leben mit dem der Vernunft bzw. wörtlich, des Denkens *(phronein)* vergleichen und fragen, welches von beiden glücklicher macht:

So.: Daß jeder von uns beiden einen Zustand oder eine Verfassung der Seele nachzuweisen versucht, der allen Menschen zu einem glücklichen Leben verhelfen kann *(anthrôpois pasi ton bion eudaimona parechein)*. ... Ihr sucht diesen Zustand in der Lust *(tên tou chairein)*, wir dagegen in der Vernunft *(tên tou phronein)?* ...

Was aber, wenn es sich herausstellt, daß es noch einen besseren Zustand gibt? Folgt dann nicht für den Fall, daß er näher mit der Lust verwandt ist, daß wir zwar beide einem Leben gegenüber unterliegen, welches diesen Zustand garantiert, daß aber ein Leben der Lust dem Leben der Vernunft überlegen ist *(tês hêdonês ton tês phronêseôs)?* (Phil. 11d4–12a2)

Gegen Ende des *Philebos* wird die Lust, wie auch die Vernunft, im Rahmen einer Rangfolge von Gütern verortet, die Resultat einer komplizierten ontologischen Untersuchung ist:

So.: ... das erste gehört in das Gebiet von Maß, Verhältnismäßigkeit, von Rechtzeitigkeit und allem, was man zu dieser Art rechnen soll [was eine ewige Natur erwählt][22]. ... Das zweite bezieht sich auf das Angemessene, das Schöne, Vollkommene, Genügende und alles, was zu dieser Familie gehört. ... Wenn du als drittes Vernunft und Einsicht ansetzt, wie ich vermute, dann wirst du die Wahrheit nicht weit verfehlen. ... Und wirst du nicht nach diesen Dreien als viertes dasjenige ansehen, was wir als Besitz der Seele selbst bezeichneten, die Wissenschaften, Künste und was wir wahre Meinungen nannten, da sie dem Guten jedenfalls näher verwandt sind als die Lust? ... Als fünftes aber diejenigen Lüste, die wir als schmerzlos bestimmten und reine

---

[22] Klammern gesetzt von D. Frede.

3. Sprachlicher Befund – *philosophos*, *bios* und die *bios*-Synonyme

Lüste der Seele nannten, die teils mit den Wissenschaften, teils mit den Wahrnehmungen einhergehen. (Phil. 66a7–66c6)

Dass sich diese Rangfolge auf den Stellenwert der Güter im Leben bezieht, zeigt das kurz darauf folgende Fazit des Sokrates: »In Anbetracht der Überlegungen, … sagte ich, daß die Vernunft der Lust jedenfalls weit überlegen und überdies besser für das Leben der Menschen ist.« (Phil. 66e3–5).

3.3.2. Bioi, *Gerechtigkeit und andere Tugenden betreffend* (Nomoi, Phaidros, Politeia *und* Gorgias)

Lustvollster und gerechtester *bios (Nomoi)*

In den *Nomoi* werden, deutlicher als im *Gorgias*, lustvollste und gerechteste Lebensweise zusammen diskutiert. Der Athener fragt, ob es zwei Lebensweisen, eine gerechteste und eine lustvollste, gibt und, falls ja, welche glücklicher macht:

> Wenn wir eben diese Götter, die euch eure Gesetze gegeben haben, fragen wollten: »Ist das gerechteste Leben das lustvollste *(ho dikaiotatos estin bios hêdistos)*, oder gibt es zwei verschiedene Lebensweisen, von denen die eine die lustvollste und die andere die gerechteste ist?« und wenn sie dann sagten: »zwei«, so würden wir sie, wenn wir sie richtig befragen wollten, vielleicht weiter fragen: »Welche Leute muß man glücklicher nennen: diejenigen, die fortwährend das gerechteste, oder die, welche das lustvollste Leben führen?« Wenn sie nun sagten: »Wer das lustvollste Leben führt«, so würde ihre Rede unsinnig. (Lg. 662c7–d7)

In Buch V der *Nomoi* geschieht dann die nähere Untersuchung der Rolle der Lust und eine Prüfung lustvollerer und schmerzvollerer Lebensweisen:

> Ob ein Leben in dieser Form unserer Natur gemäß oder in einer anderen Form gegen die Natur ist, daraufhin muß man Leben neben Leben *(bion … para bion)*, das lustvollere und das schmerzvollere, folgendermaßen betrachten. … Wir müssen nun bedenken, daß alle unsere Lebensformen naturgemäß an diese beiden Gefühle gebunden sind, und müssen überlegen, welches Leben wir von Natur aus wollen. Sollten wir aber behaupten, daß wir noch irgend etwas außer diesen wollen, so sagen wir das aus mangelnder Kenntnis und mangelnder Vertrautheit mit den wirklichen Lebensformen *(tôn ontôn biôn)*. Welche und wie viele Lebensformen *(bioi)* gibt es nun … (Lg. 733a7–9 und 733d2–7)

Zu den verschiedenen *bioi* bei Platon

Dazu werden vier Lebensformen, die seelischen und leiblichen Tugenden entsprechen, unterschieden und diesen vier andere gegenübergestellt:

> Wir wollen also das besonnene Leben *(sôphrona bion)* als ein Leben anführen und das verständige als eines und als ein weiteres das tapfere, und auch das gesunde Leben wollen wir als eines ansetzen; und diesen vier wollen wir vier andere gegenüberstellen: das unverständige, das feige, das zügellose und das kranke Leben *(aphrona, deilon, akolaston, nosôdê)*. (Lg. 733e3–6)

Das Fazit lautet schließlich:

> ... mit einem Wort: ein Leben, das sich mit dem Leib oder auch mit der Seele an die Tugend hält, ist lustvoller als das an der Schlechtigkeit festhaltende Leben und ist ihm auch durch die andern Vorzüge um ein Vielfaches überlegen, nämlich durch Schönheit, Richtigkeit, Tugend und guten Ruf, so daß es seinen Besitzer in jeder Beziehung glücklicher leben läßt als das entgegengesetzte Leben. (Lg. 734d4–e2)

Gerechter vs. ungerechter *bios (Phaidros, Politeia* und *Gorgias)*

Im Kontext der Lebenswahl bzw. der ersten Zeugung im *Phaidros* findet sich eine Unterscheidung und Wertung von Lebensweisen nach ihrer Gerechtigkeit und Ungerechtigkeit:

> Unter allen diesen nun erhält, wer gerecht gelebt *(dikaiôs diagagê)*, ein besseres Teil, wer ungerecht, ein schlechteres. (Phdr. 248e5–6)

In Buch I der *Politeia* wird die Frage, ob das Leben des Gerechten oder des Ungerechten das glücklichere ist, als Grund- und Rahmenthema des gesamten Werks eingeführt:

> ... ob aber die Gerechten auch besser leben als die Ungerechten und glückseliger sind, welches wir uns zum anderen zu erwägen vorgesetzt haben, das müssen wir erwägen. ... Denn es ist nicht von etwas Gemeinem die Rede, sondern davon, auf welche Weise man leben soll *(peri tou hontina tropon chrê zên)*. (Rep. 352d2–7)
>
> Das Urteil aber über die Lebensweise *(tou biou)* der beiden, von denen wir reden, werden wir imstande sein richtig zu fällen, wenn wir den Gerechtesten und den Ungerechtesten recht gegeneinanderstellen ... (Rep. 360e1–3)

Dieses Urteil greift Sokrates dann auch zuletzt im Zusammenhang mit dem Schlussmythos (Rep. 618d6–619a1) wieder auf.

3. Sprachlicher Befund – *philosophos*, *bios* und die *bios*-Synonyme

Im *Gorgias* stehen neben Besonnenheit und Gerechtigkeit letztlich alle Tugenden in engem Bezug zum glücklichen, guten Leben:

Sokrates: … So daß notwendig, o Kallikles, der besonnene Mann, da er, wie wir gezeigt haben, auch gerecht und tapfer und fromm ist, auch der vollkommen gute Mann sein wird; der Gute aber wird schön und wohl in allem leben *(eu te kai kalôs prattein)*, wie er lebt, wer aber wohl lebt, wird auch zufrieden und glückselig sein; der Böse hingegen und der schlecht lebt, elend. Und dies wäre der, welcher dem Besonnenen entgegengesetzt sich verhält, der Zügellose, welchen du lobtest. (Gorg. 507b7–c7)

Den Seelenverfassungen entsprechende *bioi* (Politeia)

Fünf Arten von Menschen werden in den Büchern VIII-IX der *Politeia* gemäß den Verfassungen *(politeiai)* ihrer Seelen unterschieden und deren Lebensweise geschildert: Die Aristokratischen, Streitsüchtigen/Ehrliebenden (Timokratischen), Oligarchischen, Demokratischen und Tyrannischen. Allein der aristokratische Mensch ist, was eine zentrale Frage der Untersuchung berührt, die in Kapitel 9 noch diskutiert wird, auch »gut und gerecht in Wahrheit«, alle anderen sind es nicht:

[*Sokrates:*] Und du weißt doch, daß es gewissermaßen ebensoviel Arten von Menschen *(anthrôpôn eidê)* geben muß wie von Verfassungen. … Also wenn fünf Arten des Staates, müssen auch die Seelen der einzelnen auf fünferlei Art eingerichtet sein. …
  Den nun der Aristokratie ähnlichen haben wir schon beschrieben, den wir als gut und gerecht in Wahrheit *(agathon te kai dikaion orthôs)* rühmen können. …
  Also zunächst müssen wir nun die schlechteren durchnehmen, den streitsüchtigen zuerst und ehrgeizigen, der auf der Seite der lakonischen Verfassung steht, und dann den oligarchischen, den demokratischen und den tyrannischen, damit, wenn wir den ungerechtesten herausgefunden haben, wir ihn dem gerechtesten gegenüberstellen und so die Untersuchung sich uns vollende, wie sich die reine Gerechtigkeit zu der reinen Ungerechtigkeit verhält in Absicht der Glückseligkeit oder des Elends dessen, der sie hat … (Rep. 544d7–545b2)

Im Folgenden wird dann das Leben der einzelnen Charaktere dargestellt, und zwar sowohl deren Entstehung, z. B. im Fall des Timokratischen die weitere Entwicklung nach seiner noch nicht timokratisch geprägten Jugend (Rep. 549a9–b7), als auch eine ausführliche Charakterisierung ihres Lebens, z. B. das der Demokratischen (Rep. 561a6–d8).

3.3.3. Auf ein bestimmtes Ziel des Strebens/Liebens ausgerichtete bioi (Politeia, Phaidon, Phaidros *und* Symposion)

In Buch IX der *Politeia* geschieht nochmals eine Unterscheidung von Menschenarten *(anthrôpôn genê,* 581c4–5) und ihrer Lebensweisen nach dem Kriterium, welches der drei Seelenvermögen herrscht[23]. Jede der drei Menschenarten richtet sich an anderen Dingen aus, die der entsprechende Mensch begehrt und bei deren Erhalt er Lust empfindet. Der Philosophische *(philosophon)* freut sich am Lernen und den Kenntnissen, der Streitliebende *(philonikon)* an der Ehre, und der Gewinnliebende *(philokerdes)* daran, Geld zu verdienen:

> [*Sokrates:*] Deshalb nun laß uns zuerst sagen, daß es auch drei Arten von Menschen gibt, eine weisheitsliebende *(philosophon)*, eine streitlustige *(philonikon)* und eine eigennützige *(philokerdes)*. ... Dann auch drei Arten von Lust, jedem von diesen eine zugehörig. ...
> Weißt du auch wohl, sprach ich, daß, wenn du drei solche Menschen jeden besonders fragen wolltest, welche von diesen drei Lebensweisen *(toutôn tôn biôn)* die angenehmste sei, dann jeder seine eigene vorzüglich herausrühmen wird? Und der Gewerbsmann *(ho chrêmatistikos)* wird sagen, in Vergleich mit dem Geldschaffen sei die Lust an der Ehre oder den Kenntnissen gar nichts wert, ausgenommen wenn etwas der Art Geld bringt. ...
> Und wie der Ehrliebende *(ho philotimos)*? ... Hält der nicht die Lust am Gelde für etwas Gemeines; und wiederum die am Lernen, wenn eine Kenntnis nicht Ehre bringt, für leeren Dunst und Possenspiel? ...
> Und der Weisheitsliebende *(ton philosophon)*, sollen wir etwa nicht annehmen, der glaube von den anderen Arten der Lust im Vergleich mit der, die Wahrheit zu wissen, wie sie sich verhält, und immer lernend mit etwas derart zu verkehren, daß sie es eben nicht sonderlich weit in der Lust gebracht haben, und er nenne sie recht eigentlich notwendige, weil er diese anderen gar nicht brauchen würde, wenn die Not nicht wäre? (Rep. 581c4–e4)

Ebenso setzt Sokrates im *Phaidon* etliche *philo*-Komposita, die Menschentypen auszeichnen, zueinander in Bezug. Der *philosômatos* (Leibliebende) ist gleichzeitig *philochrêmatos* (Besitzliebender) und/oder *philothymos* (Ehrliebender), nicht aber *philosophos:*[24]

---

[23] Was vorher auch schon ein Hauptkriterium war, wobei aber die Herrschaft des dritten Seelenvermögens differenziert wurde (vgl. 5.4.7).
[24] Zur Diskussion vgl. 6.1.1.

3. Sprachlicher Befund – *philosophos, bios* und die *bios*-Synonyme

Also, sagte er, ist dir auch das wohl ein hinlänglicher Beweis von einem Manne, wenn du ihn unwillig siehst, indem er sterben soll, daß er nicht die Weisheit liebte *(ên philosophos)*, sondern den Leib irgendwie *(tis philosômatos)*? Denn wer den liebt, derselbe ist auch geldsüchtig *(philochrêmatos)* und ehrsüchtig *(philotimos)*, entweder eines von beiden oder beides. (Phd. 68b7–c2)

Dass es auch hier darum geht, was man im *Leben* liebt, wird deutlicher kurz vor dem zitierten Abschnitt, in Phd. 67e8–68a3 gesagt.

Auch im *Phaidros* werden ehrliebendes und philosophisches Leben *(diaita)* unterschieden:

Wenn sie aber ein minder edles nicht philosophisches, doch aber ehrliebendes Leben führen *(ean de dê diaitê phortikôtera te kai aphilosophô philotimô de chrêsôntai)* ... (Phdr. 256b8–c1)

Deutlich zeigt sich die Ausrichtung auf ein Ziel, hier auf das Schöne selbst und dessen Prägung des gesamten Lebens schließlich auch in der Diotima-Rede des *Symposion:*

Und an dieser Stelle des Lebens *(entautha tou biou)*, o lieber Sokrates, sagte die Mantineische Fremde, wenn irgendwo, ist es dem Menschen erst lebenswert *(biôton)*, wo er das Schöne selbst schaut. (Symp. 211d1–3)

Meinst du wohl, daß das ein schlechtes Leben *(phaulon bion)* sei, wenn einer dorthin sieht und jenes erblickt und damit umgeht *(xynontos autô)*? (Symp. 211e4–212a2)

Die Liebe zum Schönen ließe sich auch mit dem *philo*-Kompositum *philokalos* ausdrücken – einer, der nach dem Schönen strebt bzw. es liebt. Es wird jedoch im Gesamtwerk nur zweimal verwendet: Im *Phaidros*-Mythos (vgl. Phdr. 248d3 und dazu 8.3.2) und in Kritias 111e3.

3.3.4. Rangfolgen von bioi *und* bioi *verschiedener Professionen* (Phaidros, Politeia, Gorgias u. a.)

Eine ganze Fülle von weniger allgemein gefassten *bioi* wird in mythischen Szenarien aufgelistet, die vor Lebensbeginn oder nach dem Tod eines Menschen angesiedelt sind und die Wahl des nächsten – bzw. im Falle des *Phaidros*-Mythos auch des ›ersten‹ – Lebens betreffen.

In der Rangfolge der neun *bioi* im *Phaidros* werden genannt[25]:

---

[25] Zur Diskussion vgl. 8.3.2.

1. Philosophen oder Freunde des Schönen oder der Muse und der Liebe, 2. verfassungsmäßige Könige oder Krieger und Herrscher, 3. Politiker, Hausverwalter oder Gewerbetreibende, 4. Sportler oder Ärzte, 5. Wahrsager oder Mysterienpriester, 6. Dichter oder (sonst) mit Nachahmung Beschäftigte, 7. Bauern oder Handwerker, 8. Sophisten oder Demagogen, 9. Tyrannen. Dass es sich hierbei um *bioi* handelt, kann z. B. aus der Rede vom *mantikon bion* in Phdr. 248e1 ersehen werden, wiewohl Platon anfangs vom »Keim« *(gonê)* spricht, in den eine Seele eingeht:

> Und dieses ist das Gesetz der Adrasteia, daß, welche Seele, als des Gottes Begleiterin, etwas erblickt hat von dem Wahrhaften, diese bis zum nächsten Auszuge keinen Schaden erleide, und wenn sie dies immer bewirken kann, auch immer unverletzt bleibe.
>
> Wenn sie aber, unvermögend, es zu erreichen, nichts sieht, sondern ihr ein Unfall begegnet, und sie dabei, von Vergessenheit und Trägheit angefüllt, niedergedrückt wird und so das Gefieder verliert und zur Erde fällt: dann ist ihr gesetzt, in der ersten Zeugung noch in keine tierische Natur *(thêreion physin)* eingepflanzt zu werden, sondern, die am meisten geschaut hat, in den Keim eines Mannes *(eis gonên andros)*, der ein Freund der Weisheit oder des Schönen werden wird, oder ein den Musen und der Liebe dienender; die zweite in den eines verfassungsmäßigen Königs oder eines Kriegerischen und Herrschenden; die dritte eines Staatsmannes oder der ein Hauswesen regiert und ein gewerbetreibendes Leben führt; die vierte in einen Freund ausbildender Leibesübungen oder der sich mit der Heilung des Körpers beschäftigen wird; die fünfte wird ein wahrsagendes und den Geheimnissen gewidmetes Leben *(mantikon bion)* führen; der sechsten wird ein dichterisches oder sonst mit der Nachahmung sich beschäftigendes gemäß sein; der siebenten ein ländliches oder handarbeitendes; der achten ein sophistisches oder volksschmeichelndes; der neunten ein tyrannisches. (Phdr. 248c3–e4)

Wer »ohne Falsch philosophiert oder nicht unphilosophisch die Knaben geliebt hat« (Phdr. 249a1–2) darf, wenn er dreimal dieses Leben gewählt hat, heimkehren zu den Göttern; die anderen entkommen dem Kreislauf von Gericht und erneuter Lebenswahl nicht.

Im Schlussmythos der *Politeia* wählen die Toten in ähnlicher Weise zwischen verschiedenen Vorlagen oder Grundrissen *(paradeigmata)* von Lebensweisen:

> Ein Prophet aber habe sie zuerst der Ordnung nach auseinandergestellt, dann aus der Lachesis Schoß Lose genommen und Grundrisse von Lebensweisen *(biôn paradeigmata)*, dann sei er auf eine hohe Bühne gestiegen und habe gesagt:

3. Sprachlicher Befund – *philosophos*, *bios* und die *bios*-Synonyme

> ... Wer aber zuerst gelost hat, wähle zuerst die Lebensbahn *(bion)*, in welcher er dann notwendig verharren wird. Die Tugend ist herrenlos, von welcher, je nachdem jeglicher sie ehrt oder geringschätzt, er auch mehr oder minder haben wird. Die Schuld ist des Wählenden; Gott ist schuldlos.
> Dieses gesprochen habe er die Lose unter alle hingeworfen ... Gleich nach diesem nun habe er die Umrisse der Lebensweisen vor ihnen auf dem Boden ausgebreitet in weit größerer Anzahl als die der Anwesenden. Deren nun seien sehr vielerlei, die Lebensweisen aller Tiere nämlich und auch die menschlichen insgesamt. Darunter nun seien Zwingherrschaften gewesen, einige lebenslänglich, andere mitten inne zugrunde gehend und in Armut, Verweisung und Dürftigkeit endigend; ebenso auch Lebensweisen wohl angesehener Männer, die es teils ihrer Persönlichkeit wegen waren, der Schönheit halber oder sonst wegen körperlicher Stärke und Kampftüchtigkeit, andere aber ihrer Abkunft und vorelterlicher Tugenden wegen, und auch unberühmter ebenso, gleichermaßen auch von Frauen. Eine Rangordnung der Seelen aber sei nicht dabei gewesen, weil notwendig, welche eine andere Lebensweise wählt, auch eine andere wird. Alles andere sei untereinander und mit Reichtum und Armut, Krankheit oder Gesundheit gemischt; einiges auch zwischen diesem mitteninne. (Rep. 617d4–618b6)

Zur Wahl stehen, bezogen auf verschiedene kontingente Güter, »gemischte« *bioi*: Solche mit Armut und Reichtum, Krankheit und Gesundheit, angesehene und nicht angesehene, kurze und lange sowie *bioi* unterschiedlicher Professionen (d. h. Gewerbe oder Berufe). Ihre Rangfolge wird dabei bewusst offen gelassen, der Wählende muss klug entscheiden:

> ... so daß man aus allen insgesamt zusammennehmend, auf die Natur der Seele hinsehend, die schlechtere und die bessere Lebensweise scheiden könne, die schlechtere diejenige nennend, welche die Seele dahin bringen wird, ungerecht zu werden, die bessere aber, welche sie gerecht macht, um alles andere aber sich unbekümmert lassen; denn wir haben gesehen, daß für dieses Leben und für das nach dem Tode *(zônti te kai teleutêsanti)* dieses die beste Wahl ist. (Rep. 618d6–619a1)

Gewählt werden kann z. B. der *bios* des Tyrannen:

> Nachdem jener nun dies gesprochen, sagte er, sei der, welcher das erste Los gezogen, sogleich darauf zugegangen und habe sich die größte Zwingherrschaft erwählt; aus Torheit und Gierigkeit aber habe er gewählt, ohne alles genau zu betrachten, und so sei ihm das darin enthaltene Geschick, seine eigenen Kinder zu verzehren und anderes Unheil entgangen.
> (Rep. 619b7–c2)

oder auch der eines Athleten, wie ihn die Seele der Atalante wählt (Rep. 620b6–8). Odysseus entscheidet sich für das Leben eines Bürgers, der nichts mit Politik zu tun hat (Rep. 620c3–d3). Die Lebensweisen von Tieren sind ebenso möglich: Der Held Ajax wählt das Leben eines Löwen (Rep. 620b1–4).

Auch *Timaios* und *Phaidon* erwähnen die Möglichkeit, als Tier wiedergeboren zu werden – hier wird die Tierart, in der ein Mensch sein nächstes Leben verbringt, jeweils direkt von Charakter und Lebensführung im vorangegangenen Leben abhängig gemacht (Tim. 90e1–92c4 und Phd. 81d9–c1).

Eine Gegenüberstellung von Professionen findet sich aber auch außerhalb des Mythos. Im *Gorgias* werden das Leben des Rhetors/Politikers und das des Philosophen gegenübergestellt:

Sokrates: Denn du siehst, daß davon die Rede unter uns ist, worüber es gewiß für jeden Menschen, der nur ein wenig Vernunft hat, nichts ernsthafteres geben kann, nämlich auf welche Weise er leben soll *(hontina chrê tropon zên)*[26], ob auf diejenige, zu welcher du mich ermunterst, daß ich doch jenes dem Manne Geziemende betreiben möchte, im Volke auftreten, die Redekunst ausüben und den Staat verwalten, auf die Art, wie ihr ihn eben jetzt verwaltet, oder ob er sich zu jener Lebensweise halten solle in der Philosophie *(ton bion ton en philosophia)*, und worin wohl diese von der anderen sich unterscheidet.

Vielleicht wäre es nun am besten, ... abzuteilen, und nachdem wir abgeteilt hätten und miteinander übereingekommen wären, ob dies die beiden Lebensweisen sind *(ei estin toutô dittô tô biô)*, dann überlegen, worin sie sich unterscheiden und nach welcher man leben müsse. (Gorg. 500c1–d3)

Ohne wörtlichen Bezug auf den *bios* wird der Philosoph gegen Ende des *Phaidros* ins Verhältnis gesetzt zum Dichter, Redenschreiber und Gesetzesverfasser:

Sokrates: Jemand einen Weisen zu nennen, o Phaidros, dünkt mich etwas Großes zu sein und Gott allein zu gebühren; aber einen Freund der Weisheit *(philosophon)* oder dergleichen etwas möchte ihm selbst angemessener sein, und auch an sich schicklicher. ...
Sokrates: Also wer nichts Besseres hat, als was er nach langem Hin- und Herwenden, Aneinanderfügen und Ausstreichen abgefaßt oder geschrieben

---

[26] Diese Aussage findet sich, wie in 1.3 schon erwähnt, in ähnlicher Wortwahl auch in Rep. 352d6–7: οὐ γὰρ περὶ τοῦ ἐπιτυχόντος ὁ λόγος, ἀλλὰ περὶ τοῦ ὅντινα τρόπον χρὴ ζῆν.

hat, den wirst du mit Recht einen Dichter oder Redenschreiber oder Gesetzverfasser nennen. (Phdr. 278d3–e2)

Außerdem werden ›Alternativen‹ zum Philosophen – ob es sich um echte Alternativen handelt, kann an dieser Stelle nicht diskutiert werden – ausführlich im *Sophistes* sowie dem *Politikos* thematisiert, die sich um eine Definition des Sophisten bzw. Politikers bemühen.

3.3.5. Bioi *bestimmten Vorbildern entsprechend* (Politeia, Nomoi *und* Phaidros)

Eine der seltenen Stellen, an denen auf konkrete historische Personen als Vorbilder verwiesen wird, findet sich in Buch X der *Politeia*, wo ein bestehender pythagoreischer *bios* erwähnt, ein homerischer dagegen vermisst wird:

Wenn also nichts öffentlich, so wird doch wohl Homeros einigen einzeln der Anführer in ihrer Ausbildung gewesen sein, welche sich an seinem Umgang erfreuten und den Nachkommen eine homerische Lebensweise *(biou Homêrikên)* überliefern konnten, wie Pythagoras selbst vorzüglich deshalb gesucht war und auch jetzt noch die späteren, die ihre Lebensweise die pythagoreische benennen *(Pythagoreion tropon eponomazontes tou biou)*, für ausgezeichnet vor allen andern gelten? (Rep. 600a9–b5)

Allerdings stehen Pythagoras und Homer an dieser Stelle für ganze Strömungen oder religiös-philosophische Richtungen, die mit einer bestimmten Lebensweise verbunden sind. In den *Nomoi* wird in ähnlicher Weise die orphische Lebensweise erwähnt, hier allerdings nur unter dem Gesichtspunkt vegetarischer Ernährung:

… vielmehr herrschten bei unsern damaligen Vorfahren Lebensformen, die man orphisch nennt *(Orphikoi tines legomenoi bioi)*, bei denen man sich ausschließlich an Unbeseeltes hielt, von allem Beseelten sich dagegen fernhielt. (Lg. 782c7–d1)

In Phdr. 252d1–e1 werden nicht Menschen, sondern Götter als Vorbilder genannt. Die Seelen folgen bestimmten Göttern und ahmen deren Charakter nicht nur selbst nach, sondern streben danach, auch den Geliebten diesem ähnlich zu machen:

Und ebenso nach Art jedes anderen Gottes, zu dessen Zuge jemand gehörte, diesen nämlich nach Vermögen ehrend und nachahmend lebt jeder, solange er noch unverdorben ist, und lebt das hiesige erste Dasein durch, und in diesem Sinne geht er auch um mit seinen Geliebten und den übrigen und verhält sich gegen sie. So erwählt auch jeder sich nach seiner Gemütsart eine Liebe zu einem Schönen, und als wäre nun jener sein Gott selbst, bildet er ihn aus und schmückt ihn wie ein heiliges Bild, um ihn zu verehren und ihm begeisterte Feste zu feiern. (Phdr. 252d1–e1)

Die Ares gefolgt sind, sind blutdürstig und reagieren heftig auf Beleidigung (Phdr. 252c5–d1). Die aus dem Zug des Zeus suchen einen Geliebten mit philosophischer und anführender Natur (*philosophos te kai hêgemonikos tên physin*, Phdr. 252e3). Vom Gott nehmen sie, indem sie sich an ihn erinnern, Sitten und Bestrebungen (*ta ethê kai ta epitêdeumata*, Phdr. 253a3) an und leiten soweit möglich auch den Geliebten zur »Lebensweise und Gemütsart« (in Phdr. 253b6: *epitêdeuma kai idean*) des Gottes hin.

Indirekt werden Vorbilder außerdem natürlich häufig thematisiert im Kontext der *paideia*, in der Beschreibung von Lehrer-Schülerverhältnissen – hier kommt ein wörtlicher Stellenbefund allerdings an seine Grenzen[27].

3.3.6. Zur Lebensführung allgemein – Die frühen Dialoge

In den frühen Dialogen sind direkte Vergleiche zwischen verschiedenen *bioi* rar. Ein solcher Vergleich geschieht zwar allein durch die Gegenüberstellung der Dialogpartner (wie z. B. von Sokrates und Euthyphron im *Euthyphron*), Aussagen innerhalb der Gespräche werden aber eher über die Lebensführung ganz allgemein getroffen.

In der *Apologie* geht es hauptsächlich um Lebensprüfung und Rechenschaftsabgabe, auf die auch im *Laches* wieder Bezug genommen wird:

Sokrates: Und wenn ich wiederum sage, daß ja eben dies das größte Gut für den Menschen ist, täglich über die Tugend sich zu unterhalten und über die anderen Gegenstände, über welche ihr mich reden und mich selbst und andere prüfen hört, ein Leben ohne Selbsterforschung aber gar nicht verdient, gelebt zu werden *(ho de anexetastos bios ou biôtos anthrôpô)* ... (Apol. 38a1–6)

---

[27] Vgl. z. B. 4.2.2 zur Reaktion der Gesprächspartner im *Laches*. Sokrates' Aufruf, sich gute Lehrer zu suchen, wird nicht von allen befolgt bzw. schlimmer noch, Nikias vertraut lieber dem auf *musikê* spezialisierten Sophisten Damon als weiter mit Sokrates zu diskutieren.

3. Sprachlicher Befund – *philosophos*, *bios* und die *bios*-Synonyme

Sokrates: Denn jetzt habt ihr dies getan in der Meinung, nun entledigt zu sein von der Rechenschaft über euer Leben *(tou didonai elenchon tou biou)*. (Apol. 39c6–7)

Nikias: ... bis er ihn da hat, daß er Rede stehen muß über sich selbst, auf welche Weise er jetzt lebt und wie er vorher sein Leben gelebt hat *(ton parelêlythota bion bebiôken)* ... (Lach. 187e10–188a2)

Im *Laches* ist, was in 4.2 noch genauer diskutiert wird, außerdem die Übereinstimmung von Worten und Taten im Leben Thema:

Laches: ... wahrhaft zu leben *(tô onti zên)*, sein eigenes Leben *(bion)* zusammenklingend mit den Worten die Werke ... (Lach. 188d4–6)

Häufig referiert Sokrates auf sein eigenes Leben und dessen Bezug zum Gespräch, z. B. im Schlusssatz des *Euthyphron:*

Du gehst und wirfst mich von der großen Hoffnung herab, die ich hatte, teils der Anklage des Meletos ... glücklich zu entkommen ... teils aber auch mein übriges Leben würdiger zu verleben *(ton allon bion hoti ameinon biôsoimên)*. (Euthyphr. 15e5–16a4)

Seltener tun dies auch seine Gesprächspartner wie Protagoras:

[Protagoras:] Vielmehr dünkt es mich nicht nur in Beziehung auf die gegenwärtige Antwort sicherer, sondern auch für mein ganzes übriges Leben *(pros panta ton allon bion ton emon)* ... (Prot. 351d2–4)

Im *Kriton* streicht Sokrates die Wichtigkeit einer gesunden Seele für das Leben heraus:

Sokrates: Allein, wenn jenes zerrüttet ist, soll es doch noch lohnen zu leben *(biôton)*, was eben durch Unrechthandeln beschädigt wird, durch Rechthandeln aber gewinnt? (Krit. 47e7–8)

Allgemein betont er den Wert des gut Lebens gegenüber der bloßen Existenz:

Sokrates: ... sondern betrachte nun auch diesen [Satz; eig. Anm.], ob er uns noch fest steht oder nicht, daß man nämlich nicht das Leben *(to zên)* am höchsten achten muß, sondern das gut Leben *(to eu zên)*. (Krit. 48b5–6)

Die Gegenüberstellung von Leben und Tod spielt auch in den in Bezug auf ihre Echtheit umstrittenen Dialogen *Alkibiades* I und *Hippias maior* eine Rolle:

Zu den verschiedenen *bioi* bei Platon

Sokrates: O Alkibiades, willst du wohl, das behaltend, was du jetzt hast, leben *(zên)* oder lieber gleich tot sein, wenn es dir nicht erlaubt sein soll, Größeres zu erwerben? – ich denke, du würdest wählen, tot zu sein. Und nun, auf welche Hoffnung lebst du *(pote elpidi zês)?* (Alk. I 105a4–7)

[*Der Unbekannte zu Sokrates:*] Und wenn es so um dich steht [*dass du von dem Schönen selbst nichts weißt; eig. Anm.*], meinst du, daß es dir besser sei zu leben als tot zu sein *(soi kreitton einai zên mallon ê tethnanai)?* (Hipp. maior 304e2–3)

Im *Charmides* wird diskutiert, ob das besonnene auch ein bedächtiges Leben ist[28]:

Sokrates: Also wäre wohl die Besonnenheit nicht eine Bedächtlichkeit und das besonnene Leben nicht ein bedächtliches *(oud hêsychios ho sôphrôn bios)* nach dieser Rede, da ja das Besonnene das Schöne sein soll. (Charm. 160b6–8)

Außerdem steht in Frage, ob das »erkenntnismäßig Leben« glückselig macht (diesmal unter Verwendung des Verbs *zên*, was hier dadurch bedingt ist, dass es um die Tätigkeit, die Art und Weise des Lebens geht, die einen Menschen glücklich macht):

[*Sokrates:*] ... so lange ziehst du mich rund herum und verbirgst mir, daß nicht das erkenntnismäßig Leben überhaupt *(to epistêmonôs ên zên)* wohllebend und glückselig macht, auch nicht das nach allen andern Erkenntnissen zusammengenommen, sondern nur das nach dieser einen, welche sich auf das Gute und Böse bezieht! (Charm. 174b7–c3)

Im *Protagoras* schließlich ist vom gut und schlecht sowie unangenehm und angenehm leben die Rede:

[*Sokrates:*] Sagst du denn, Protagoras, sprach ich, daß einige Menschen gut leben und andere schlecht *(tôn anthrôpôn eu zên, tous de kakôs)?* ... Also vergnügt leben ist gut, unangenehm leben aber böse *(hêdeôs zên agathon, to d'aêdôs kakon)?* (Prot. 351b4–5 und c1–2)

An einer Stelle geht es um das »Heil« des Lebens:

[*Sokrates:*] Da sich nun aber gezeigt hat, daß das Heil unseres Lebens *(hê sôtêria tou biou)* auf der richtigen Auswahl von Lust und Unlust beruht ... (Prot. 357a5–6)

---

[28] In der Rede vom »besonnenen Leben« deutet sich bereits eine gefülltere Konzeption wie im *Gorgias* an. Der *Gorgias* wird, wiewohl er zu den frühen Dialogen zählen mag (vgl. 6.4.4.1, Fußnote 89), in diesem Abschnitt ausgeklammert, weil in ihm explizit zwei *bioi* gegenübergestellt werden (vgl. 3.3.1, 3.3.2 und 3.3.4).

3. Sprachlicher Befund – *philosophos*, *bios* und die *bios*-Synonyme

Diese kursorische Zusammenstellung zeigt, dass in den frühen Dialogen vorrangig das Verb *zên* mit geeignetem Adverb, häufig das gebräuchliche *eu zên*, verwendet wird. Das Nomen *bios* wird scheinbar nur gebraucht, wenn das substantivierte *zên* nicht passen würde, wie z. B. bei der Wendung »Heil unseres Lebens«. Zweitens taucht es auf, wenn das Leben als Gesamtheit gemeint ist wie bei der Rede von der Übereinstimmung von Taten und Leben oder dem »ungeprüften Leben«. Auch für eine Bezugnahme auf das eigene Leben scheint *bios*, drittens, geeignet zu sein.

3.4. Erläuterung zum Stellenbefund und zum Aufbau der Untersuchung

Was ergibt ein Durchgang durch alle in 3.3 angeführten Stellen zusammenfassend für die methodische Behandlung der Thematik und wo liegen die Grenzen des Stellenbefunds?

Von Platon werden ab und an eher äußerliche Merkmale des Lebens genannt wie das Leben von Frauen oder Männern, das Leben mit vielen oder wenig Gütern, das lange oder kurze Leben (z. B. in Rep. 617d4–618b6). Auf diese Merkmale werde ich im Kontext der jeweiligen Interpretationen (z. B. des *Politeia*-Mythos) Bezug nehmen sowie bei der Frage nach Voraussetzungen für den philosophischen *bios* in 9.4.

In den frühen Dialogen spielt der Begriff *bios*, wie gerade in 3.3.6 festgestellt, eine untergeordnete Rolle. Was sich durch einen Stellenbefund jedoch nicht erschließen lässt, ist die indirekte, nicht im Gespräch thematisierte Kontrastierung verschiedener *bioi* durch die Darstellung der gesprächsführenden Personen. Sie ist besonders in den frühen Dialogen entscheidend, sollte aber auch in anderen Werken zumindest immer mitbedacht werden[29]. Zwei Dialoge, *Apologie* und *Kriton*, konzentrieren sich auf den tugendhaften *bios* des Sokrates selbst und dessen Rechtfertigung[30]. In Kapitel 4 zum sokratischen *elenchos* werde ich daher fragen, wie das Leben des Sokrates – schwerpunktmäßig aufgrund der Aussagen in der *Apologie* – aussieht und worin der Kontrast zu

---

[29] Beispielsweise im *Philebos*, in dem der Namensgeber des Dialogs nicht ohne Grund schläfrig wirkt und sich kaum am Gespräch beteiligt (vgl. 5.5.1).
[30] In eingeschränkter Weise, da hier zusätzlich die Auseinandersetzung mit den Pythagoreern stattfindet, auch der *Phaidon*.

Erläuterung zum Stellenbefund und zum Aufbau der Untersuchung

seinen Gesprächspartnern besteht. Außerdem sollen die Bemerkungen zur Übereinstimmung von Worten und Taten *(Laches)*, die das menschliche Leben unter dem Gesichtspunkt des Tätigen, Handelnden betreffen, näher untersucht werden.

In den mittleren und späten Dialogen werden Lebensweisen, wie aus dem Stellenbefund hervorgeht, auffallend häufig anhand eines ganz bestimmten Aspektes voneinander unterschieden: Dem Umgang mit der Lust und ihrem Stellenwert im Leben (3.3.1). Sowohl die Unterscheidung des besonnenen und des unbesonnenen Lebens als auch der dorischen und sizilianischen Lebensweise beruhen auf diesem Kriterium. Ausdrücklich wird der an der Lust ausgerichtete *bios* im *Philebos* und den *Nomoi* (3.3.1 und 3.3.2) behandelt; auch in der *Politeia* besitzt die Thematik, was häufig übersehen wird, einen zentralen Stellenwert. Sie wird in Kapitel 5 daher anhand dieser drei sowie vier anderer Werke Platons diskutiert.

Ein weiteres Kriterium, anhand dessen Platon verschiedene *bioi* unterscheidet, bildet die Tugend bzw. verschiedene Tugenden (3.3.2). Die Tugend der Besonnenheit hängt dabei unmittelbar mit der Rolle der Lust zusammen (3.3.1). Die Frage nach dem Leben des Gerechten spielt im *Gorgias* und der *Politeia* eine entscheidende Rolle. Allerdings ist es schwiewrig, einzelne Tugenden herauszugreifen, da eine Einheit der Tugenden in dem Sinne, dass jeder, der eine Tugend besitzt, auch alle anderen besitzt, nicht nur im *Protagoras*, sondern auch in *Gorgias* und *Politeia* angenommen wird[31]. Eine Gegenüberstellung z. B. des Lebens des Gerechten und Ungerechten, des Lebens des Tapferen und Feigen, Frommen und Frevelhaften etc. wäre daher als Gliederungsprinzip der Untersuchung nicht sinnvoll.

Ein denkbarer Aspekt, Lebensweisen voneinander zu unterscheiden, könnte außerdem dem *Philebos* entnommen werden, in dem das *Leben der Vernunft* dem Leben der Lust gegenüber gestellt wird (3.3.1). In engem Zusammenhang damit steht das Leben des Philosophen (3.3.3 und 3.3.4). Dabei handelt es sich aber natürlich um den übergeordneten Gesichtspunkt der Untersuchung. Das Leben der Vernunft wird als

---

[31] Vgl. Gorg. 507a10–c7 und Rep. 427e7–10, auf den Einzelnen bezogen dann auch Rep. 441c4–443b3. Auch in anderen Dialogen werden mehrere Tugenden unvermittelt nebeneinander gestellt, z. B. Phil. 39e11–12: »Ein gerechter und frommer und durchaus guter Mann, ist der nicht gottgeliebt?« oder Men. 73b5–7: »Dasselbe also bedürfen beide, wenn sie gut sein sollen, das Weib und der Mann, Gerechtigkeit nämlich und Besonnenheit?«

3. Sprachlicher Befund – *philosophos*, *bios* und die *bios*-Synonyme

Kontrastfolie zur Lust in Kapitel 5 eine Rolle spielen, dann aber auch in allen folgenden Kapiteln.

Wann immer Professionen genannt werden (3.3.4), ist zu fragen, ob es Platon um eine Reform bestehender *bioi* geht oder um einen Neuentwurf, einen spezifischen *bios* des Philosophen, der sich klar von anderen, wie etwa dem des Politikers oder Sophisten, abgrenzen lässt. In *Politikos* und *Sophistes* taucht die Frage nach dem *bios* wörtlich gar nicht auf, wiewohl man auch dort meinen könnte, dass drei Lebensweisen, die des Philosophen, Politikers und Sophisten, voneinander abgegrenzt werden. In Bezug auf den *Phaidros* werde ich dafür argumentieren, dass eine Unterscheidung verschiedener *bioi* anhand von Professionen (des Dichters, Bauern, Königs usw.) nicht sinnvoll ist, weil dieses Kriterium zu oberflächlich wäre. Platon scheint es grundsätzlicher um verschiedene Merkmale – eben z. B. den Umgang mit Lust und Ehre – zu gehen, welche er exemplarisch mit einem bestimmten Berufsstand verknüpft. Bereits die Abgrenzung des Philosophen vom Politiker wird in der *Politeia* (Rep. 473c11–d3) sowie im *Gorgias* in Bezug auf Sokrates, der »ganz allein« die »wahre Staatskunst« betreibt (Gorg. 521d6–8), aufgegeben[32]. Selbst im Bereich der Rhetorik scheint es einen »wahren« und einen »falschen« Redner zu geben. Diese Profession wird also nicht, wie es bei der Gegenüberstellung des Philosophen und des Politikers bzw. Redners in Gorg. 500c1–d3 noch scheint, kategorisch ausgeschlossen.[33]

Was ist stattdessen der Gesichtspunkt, an dem sich der Aufbau der Untersuchung orientieren kann? Sinnvoll scheint mir das Kriterium konkreter Ziele des Strebens oder Liebens (3.3.3), das der Betrachtung der gesamten Seelenverfassung mit ihren einzelnen Vermögen in der *Politeia* entspringt. Neben dem Streben nach Geld und Besitz wird hier auch das Streben nach Ehre, Macht und Herrschaft als prägend für einen gesamten *bios* angesehen, das daher in Kapitel 6 diskutiert wird.

---

[32] Die Theaitetos-Episode, wo eine scharfe Abgrenzung unternommen wird, kann als Parodie verstanden werden, wiewohl die Überzeichnung aus methodischen Gründen geschieht, um ganz bestimmte Merkmale des Philosophen deutlicher herauszustreichen (vgl. dazu 6.4.1).

[33] Kurz darauf wird das Ideal eines »rechtschaffenen und kunstmäßigen« (Gorg. 504d5–6: ὁ τεχνικός τε καὶ ἀγαθός) Redners entworfen. Auch im *Phaidros* wird die Kunst des »wahren Redners« (Phdr. 269c9) diskutiert. In diesem Dialog steht außerdem der als niedrig bewerteten Lebensweise des Dichters (Platz 6) die des am höchsten bewerteten *mousikos* als sozusagen ›wahren‹ Dichters gegenüber (Phdr. 248d2–e2).

Erläuterung zum Stellenbefund und zum Aufbau der Untersuchung

Die Unterscheidung dreier Seelenvermögen bildet den Hintergrund für beide Kapitel, 5 und 6, in denen der Umgang mit Lust und Ehre im Zentrum steht. Das philosophische Leben, das dadurch gekennzeichnet ist, dass das dritte, vernünftige Seelenvermögen in der Seele herrscht, wird als Vergleichspunkt vor allem im letzten Abschnitt des fünften Kapitels (5.8) und den Abschnitten 6.3–6.6 in Kapitel 6 besprochen.

Ein darüber hinaus wichtiger, aber kaum im Stellenbefund auftauchender Aspekt ist die Frage, ob der Philosoph sein Leben gemeinsam mit anderen verbringt oder allein. Auch hier kann einerseits das Verhalten des Sokrates, wie es in den Dialogen dargestellt wird, betrachtet werden, andererseits gilt es, die Dialoge, in denen die Frage thematisiert wird (bes. *Symposion*, *Phaidros*, *VII. Brief* und *Lysis*), zu untersuchen, was im kürzeren Kapitel 7 geschehen soll.

Ein weiteres Thema, das im ebenfalls kürzeren Kapitel 8 diskutiert werden soll, lässt sich dann wieder aus dem Stellenbefund erschließen. Das Verhältnis des Philosophen zum Ganzen des Lebens und seinem Gegensatz, dem Tod, klingt einerseits in den frühen Dialogen an, besonders denen, die im Umfeld des Todes des Sokrates stattfinden (3.3.6). Andererseits spielen *bioi* aber vor allem in den (Jenseits)mythen eine Rolle (3.3.2, 3.3.4 und 3.3.5). Dies mag vor allem methodische Gründe haben. Vom Jenseits aus bzw. nach dem Tod eines Menschen kann man ein Leben als ganzes, eine fiktive oder reale Biographie, besonders gut untersuchen und bewerten[34].

Die Rolle der Vorbilder schließlich (3.3.5) hängt mit der Frage der Entstehung verschiedener *bioi* zusammen. Ob eine Nachahmung des Lehrers durch seine Schüler aussichtsreich, ein philosophisches Leben lehrbar und einübbar ist, oder ob hierfür bestimmte Voraussetzungen bestehen, wird in Kapitel 9 diskutiert. Gefragt wird, was ein philosophisches Leben beinhaltet, wer laut Platon ein solches führen sollte und wem das gelingen kann. Zuletzt wird eine an den Lebenszielen orientierte Darstellung der Ergebnisse der Untersuchung unternommen (9.5).

---

[34] Auch Möglichkeiten können – als bereits realisiert in der jenseitigen oder mythischen ›Wirklichkeit‹ – anschaulicher dargestellt werden. Platons Mythen (z. B. der Mythos vom Ring des Gyges in der *Politeia*) bilden eine Form der frühesten, in der heutigen analytischen Philosophie so beliebten ›Gedankenexperimente‹.

4. Protreptik philosophischen Lebens? Der prüfende Sokrates

In Platons frühen Dialogen[1] spielt die Reflexion über Philosophie und die Frage, was Philosophieren eigentlich ausmacht, eine vergleichsweise untergeordnete Rolle. In einigen taucht selbst das Wortfeld zu *philosophia/philosophein* nicht auf, z. B. findet sich keiner der Termini *philosophia, philosophos* oder *philosophein* in *Ion, Laches, Euthyphron* und *Kriton*[2]. Dennoch wird gerade in diesen Dialogen das Philosophieren des Sokrates deutlich dargestellt, dem es stets um die Frage nach dem guten Leben geht. Als Philosoph trifft Sokrates auf andere Konzeptionen des guten bzw. für gut gehaltenen Lebens, die von den jeweiligen Gesprächspartnern verkörpert werden – z. B. vom Priester Euthyphron, dem Sophisten Protagoras und den Feldherren Nikias und Laches. Explizit kontrovers stellt sich Kallikles im *Gorgias* dem Sokrates gegenüber. Er schmäht dessen philosophische Existenz und preist seine eigene, die des Redners und Politikers (Gorg. 484c4–486d2; 500c1–8)[3]. U. Wolf bemerkt: »[W]ir können die grundsätzliche Frage, wie zu leben

---

[1] Ich zähle dazu insgesamt 12 Schriften: *Apologie, Charmides, Euthydemos, Euthyphron, Gorgias* (trotz des Mythos; ich folge dem Datierungsvorschlag Ch. H. Kahns, vgl. Kahn 1988), *Hippias minor, Ion, Kriton, Laches, Lysis, Menexenos, Protagoras*. Sie alle gehören zur von Erler genannten »stilistisch frühen Gruppe« (vgl. Erler 2007, 24). Allerdings fällt es schwer, die von ihm ebenso dazu gezählten Dialoge *Phaidon, Symposion* und *Kratylos* zu den frühen Dialogen zu rechnen, wie auch den oft als ›Übergangsdialog‹ bezeichneten *Menon* (u. a. deshalb, weil die Ideenlehre hier eine größere Rolle spielt). Außerdem mögen die in Bezug auf ihre Echtheit umstrittenen *Hippias maior* und *Alkibiades* I noch dazugehören; letzterer ist wohl zumindest in unmittelbarer zeitlicher Nähe zu Platon entstanden. Einwände vom angeblich ›unphilosophischen‹ oder ›unplatonischen‹ Inhalt ausgehend (wie sie Schleiermacher häufig anführte) halte ich bei Echtheitsfragen für weniger überzeugend als die – besonders gegen die Echtheit des *Hippias maior* angeführten – sprachlichen Gründe (vgl. zur Diskussion Erler 2007, 301, zu *Alkibiades* I vgl. *ebd.*, 291).
[2] Vgl. zum Stellenbefund Dixsaut 2001, 384.
[3] Vgl. Hentschke 1971, 37: Durch die Verschmelzung von Person und Gesprächsthema geschieht eine Doppelung der Darstellung. Das gestaltete Verhalten der Partner ist der plastische Ausdruck der Lebensweisen, über die gesprochen wird.

4. Protreptik philosophischen Lebens? Der prüfende Sokrates

gut ist, auch als die sokratische Frage bezeichnen.«[4] Weil sich Platon diese sokratische Frage aber nicht nur in den frühen Dialogen, sondern fast durch sein gesamtes Werk hindurch zu eigen macht[5], kann man guten Gewissens mit M. Erler von einer »Grundfrage Platons«[6] sprechen.

Zunächst soll anhand von *Apologie* und *Laches* gezeigt werden, wie und warum Sokrates seine Gesprächspartner dazu auffordert, sich überhaupt der Frage nach dem guten Leben zuzuwenden. Er zwingt sie dazu, innezuhalten, zu reflektieren, den Kurs ihres Lebens und ihre näher oder weiter entfernten Ziele zu rechtfertigen. Zweitens geht es um den Zusammenhang von Worten, Meinungen und Leben, um Konsistenz, Einheit und Authentizität, die durch die sokratische Lebensprüfung erreicht werden sollen[7]. Dieser Aspekt tritt im *Laches* besonders deutlich heraus. Abstrahiert man ganz davon und begreift den *elenchos* nur als Methode zur Prüfung von Thesen, wie es P. Stemmer im Anschluss an G. Ryle vorgeschlagen hat[8], so entfernt man sich zumindest vom Anliegen des Sokrates[9]. Der *elenchos* als Lebensprüfung (*elenchon tou biou*, Apol. 39c7) mit unmittelbaren Auswirkungen auf die geprüfte Person wird an vielen Stellen erwähnt[10]. Am ausführlichsten wird er jedoch von Sokrates in der *Apologie* geschildert und gerechtfertigt, mit der ich deshalb beginnen möchte.

---

[4] Wolf 1996, 15.
[5] Man denke an *Politeia, Philebos* und auch Stellen in den *Nomoi* wie Lg. 770c7–d6, die auf die Wichtigkeit persönlicher Lebensführung aufmerksam machen.
[6] Erler 2007, IX.
[7] P. Hadot schreibt von »einer inneren Beschaffenheit, in der Denken, Wille und Begehren eins sind«, die auf einer »Erkenntnis, die sich entscheidet und das Gute will« beruht (Hadot 1999, 86). Sie entspricht, so Hadot, dem Tugendwissen, das Sokrates suchte.
[8] Vgl. Stemmer 1992, 102f.
[9] Stemmer macht z. B. darauf aufmerksam, dass Glaukon stellvertretend für Thrasymachos spricht – es also nicht mehr relevant ist, was Glaukon selbst davon hält (vgl. Stemmer 1992, 103–105). Allerdings geht dieser Art von *elenchos*, die eine platonische Fortführung sein mag, ein gescheiterter sokratischer *elenchos* im Sinne der Lebensprüfung voraus. Die Aussage in Rep. 349a9, dass Sokrates nichts daran liegt, was Thrasymachos selbst von der Sache hält, interpretiere ich im Unterschied zu Stemmer als ironische Bemerkung.
[10] Etwa Apol. 29e2–30a2 und 38a5–6, Lach. 187e6–188b7 und in den späten Dialogen Soph. 230c3–e3.

4. Protreptik philosophischen Lebens? Der prüfende Sokrates

4.1. *Apologie* – Lebensprüfung und die ›Weisheit‹ des Sokrates

In seiner Verteidigungsrede nimmt Sokrates ausführlich Stellung zu Ursprung und Art seiner philosophischen Tätigkeit, weil er der gleichen Dinge angeklagt wird, die gegen alle Weisheitsliebenden (*kata pantôn tôn philosophountôn*, 23d3–4[11]) vorgebracht werden. Philosophieren (*philosophein*) bedeutet für Sokrates zunächst schlicht, in Athen herumzulaufen, Menschen zu treffen und sich mit ihnen zu unterhalten. Die Weisheit zu lieben (in der ursprünglichen Wortbedeutung: sich intensiv mit ihr zu befassen und mit ihr umzugehen[12]) heißt, sie gemäß seines göttlichen Auftrags bei anderen Menschen zu suchen; und zwar vorrangig bei denen, die behaupten, weise zu sein. Unterredungen zu führen, in denen eine Lebensprüfung geschieht, ist das »Geschäft« (*pragma*, 20c4–5) des Sokrates. *Pragma* meint hier eine Beschäftigung, die wie der Beruf des unmittelbar zuvor genannten, für Entgelt unterrichtenden Euenos (vgl. zu seiner Person 6.2.1) den ganzen Tag ausfüllt[13]. Sie ist Hauptbestandteil von Sokrates' Leben.

4.1.1. Sokrates' göttlicher Auftrag: Entlarvung des menschlichen Nichtwissens

Wie kommt er darauf, gerade dies zu tun, gerade so zu leben? Als scheinbarer Auslöser gilt die Frage Chairephons, ob jemand weiser sei als Sokrates, die vom Orakel verneint wird (20c4–24b2). In Sokrates' Reaktion spiegelt sich bereits viel von seiner Persönlichkeit. Er nimmt das Urteil nicht zufrieden hin, sondern bezweifelt es. Um die Aussage der Pythia, dass niemand weiser als er selbst sei (21a6–7), zu prüfen, wird sie zwangsläufig gleichzeitig zum Anlass der Fremd- wie auch der Selbstprüfung. Der Wortlaut der Frage stammt allerdings von Chairephon, den vielleicht gerade dieser Zug, Aussagen nicht unhinterfragt hinzunehmen, beeindruckt hat. Sokrates scheint also nicht erst durch

---

[11] Gemeint sind sowohl Sophisten als auch Naturphilosophen, wie die Beispiele im Kontext der Stelle zeigen.
[12] Vgl. Burkert 1960, 172f.
[13] Vgl. 1.5. Dass Sokrates hier *pragma*, und nicht den Begriff *ergon* verwendet, der in engem Zusammenhang mit einer bestimmten *technê* gebraucht wird, deutet auf ein neuartiges Tun hin (vgl. Wolf 1996, 37).

den Orakelspruch zum Philosophieren im Sinne des Prüfens von Aussagen veranlasst worden zu sein[14]. Dennoch führt er zumindest zu einer wesentlich intensiveren Bemühung, einem spezifischen Projekt der Weisheitssuche[15]. Der Spruch des Orakels müsste einerseits wahr sein, da es ihm nicht gestattet ist, zu lügen (21b6), andererseits ist sich Sokrates bewusst, weder im Großen noch im Kleinen weise zu sein (21b4–5[16]). Seine Absicht ist, das Orakel angesichts dieses eklatanten Widerspruchs zu rehabilitieren[17]. Er wendet sich dazu an Bevölkerungsgruppen bzw. deren Vertreter in Athen, die für weise gehalten werden (21c1), an Politiker, Dichter und Handwerker. Die Prüfung im Gespräch entlarvt ihr Nichtwissen in mehrfacher Hinsicht. Die Politiker wissen nichts Schönes und Gutes, wiewohl sie selbst und andere es von ihnen glauben[18]. Die Dichter sagen zwar in ihren Werken »viel Schönes«, sind sich aber nicht dessen bewusst, *was* sie darin eigentlich sagen (22b4–8, 22c3). Ihre sprachlichen Erzeugnisse mögen Weises enthalten, beruhen aber nicht auf Weisheit, sondern auf Naturgabe und Begeisterung (*physei tini kai enthousiazontes*, 22c1–2). Verleitet durch die Qualität ihrer Dichtkunst meinen sie zudem, auch in allem Übrigen sehr weise zu sein, was sie aber nicht sind[19]. Einem ähnlichen Unverstand erliegen die Handwerker, die zwar

---

[14] Vgl. ähnlich auch Heitsch 2002, 75f. sowie Wolf 1996, 38 und Müller 1975, 8.

[15] Als Anlässe des sokratischen Philosophierens werden im Verlauf späterer Dialoge noch weitere genannt, z. B. die Unterredung mit Diotima *(Symposion)* oder die Enttäuschung durch Anaxagoras (Phd. 97b8–99d3). Auch die Auseinandersetzung mit Parmenides könnte ein Anstoß gewesen sein (so Ferber 1989, 143). Zuckert geht von drei Stadien *(Phaidon, Symposion, Parmenides)* aus; der Orakelspruch wäre dagegen nur die öffentliche Erklärung der Tätigkeit des Sokrates (vgl. Zuckert 2009, 180–182).

[16] Die Übersetzung Schleiermachers, dass Sokrates sich bewusst ist, »weder viel noch wenig« weise zu sein, ist hier nicht sehr treffend. Sokrates meint ja nicht, dass er ›durchschnittlich‹ weise sei, sondern dass er es überhaupt nicht sei. Vgl. auch vorher 19c5: οὐδὲν οὔτε μέγα οὔτε σμικρόν – wegen οὐδὲν wäre die Übersetzung »weder viel noch wenig« hier eher möglich. Gemeint ist aber eindeutig, da es um das Wissen darum geht, in der Luft umherzuwandern, dass Sokrates hiervon gar nichts versteht (vgl. ebenso 24a5).

[17] Zuerst erwägt er, das Orakel, sobald sich ein weiserer Mensch als er gefunden hat, mit diesem Ergebnis zu konfrontieren (21c2–3), dann aber tritt mehr und mehr das Anliegen, das Orakel als unwiderlegt (*anelegktos*, 22a8) darzustellen, in den Vordergrund – ein Resultat, das schließlich laut 22e6–23b4 auch erreicht wird.

[18] Sicher sollen die Richter an dieser Stelle an einen der Ankläger des Sokrates, den Handwerker und Politiker Anytos denken.

[19] Worauf bezieht sich »alles übrige« *(talla, 22c5)*? Annehmen könnte man hier, dass es

4. Protreptik philosophischen Lebens? Der prüfende Sokrates

viel Schönes verstehen *(epistamai)*, außer in ihrer Kunst *(technê)* aber auch in »den anderen, den wichtigsten Dingen« (22d7) sehr weise sein möchten[20]. Auffällig ist, dass lange Zeit kein Objekt der gesuchten Weisheit oder des Wissens[21] genannt wird. In *was* die Befragten nicht Bescheid wissen, d. h. auf was genau sich »viel Schönes« (in 22c3[22]) oder die »wichtigsten Dinge« (22d7) bezieht, bleibt zunächst offen.

Von den Gesprächspartnern wird Sokrates ungewollt im Sinne eines objektbezogenen Wissens für weise gehalten. Alles zu wissen, was andere nicht wissen, ist jedoch, wie er beteuert, gar nicht notwendige Bedingung für die Durchführung der Prüfung (des *elenchos*). Sokrates weiß tatsächlich selbst nicht um die Dinge und deutet das Urteil des Orakels daher so, dass wirklich weise nur der Gott ist (*tô onti ho theos sophos einai*, 23a5–6). Letztendlich, was sein Bericht vor den Richtern herausstreichen soll, bleibt das Orakel unwiderlegt. Gerade weil Sokrates sich von Anfang an *nicht* über sich selbst getäuscht hat,

---

sich auf alle möglichen Wissensbereiche bezieht, z. B. auf handwerkliches Wissen. Dass das Verfassen von Gedichten mit einem breiten *technê*-Wissen Hand in Hand gehen müsste, wird im *Ion* deutlich. Wäre Ion weise, so wüsste er tatsächlich auch in den praktischen Dingen Bescheid, von denen Homer schreibt. Ion ist aber lediglich Rhapsode, nicht Urheber der Werke. Homer selbst müsste in dieser Hinsicht weise, d. h. kundig wie die Handwerker sein (Ion 538a7–9) und dieses *technê*-Wissen wird ihm im *Ion* zugestanden. Dass es Sokrates aber nicht um *technê*-Wissen geht, zeigt sich an der Kritik der falschen Darstellung der Götter. Dieser Bereich gehört zu den »anderen, den wichtigsten Dingen« (22d7: τἆλλα τὰ μέγιστα), in denen auch die Dichter nicht weise sind bzw. nur zufällig Weises dichten. Auch in der *Apologie* wird deutlich, dass Sokrates' Kritikpunkt nicht das mangelnde Fachwissen sein kann, da die Handwerker, die dieses anerkanntermaßen besitzen, direkt nach den Dichtern ebenfalls kritisiert werden. Sie begehen denselben Fehler wie die Dichter und dehnen ihr *technê*-Wissen auf andere Bereiche, die »wichtigsten Dinge« aus. Letztlich meint dieser feststehende Ausdruck alles, was mit dem Guten zusammenhängt (vgl. unten zu 29e2–30a2 und Heitsch 2002, 86, Fußnote 117).

[20] So beansprucht Homer in Od. VIII, 61–64, der Dichter könne »the good and bad of human life« lehren (darauf weist Zuckert 2009, 282 hin; die Übersetzung passt hier gut, auch wenn im griechischen Text verkürzt davon die Rede ist, dass die Muse dem Dichter »Gutes und Schlimmes« schenkt: δίδου δ' ἀγαθόν τε κακόν τε).

[21] In der *Apologie* findet sich keine feste Terminologie, häufig wechselt Platon zwischen *eidenai, epistamai* und *sophôn einai* (z. B. 21a1, d1–2, d4 usw.), bisweilen spricht er auch von *phronimôs echein* (22a5). Daher ist es auch problematisch, wenn in der Interpretation zwischen verschiedenen Termini unterschieden wird, wie King 2008 es tut, der argumentiert, dass Sokrates zwar keine *epistêmê*, aber *sophia* besitzt, die als *sôphrosynê* verstanden werden kann.

[22] Diese Wendung muss nicht notwendig das Gleiche wie das »viele Schöne« der Handwerker in 22d2 bezeichnen (vgl. vorhin Fußnote 19).

ist er weiser als andere Menschen. Auf einer zweiten Reflexionsstufe, die nicht auf Objekte des Wissens, sondern auf das Wissen bzw. den Wissenden selbst reflektiert, besteht seine Weisheit eben darin, dass er sich nicht für weise hält. In diesem Sinne ist jeder, der einsieht, dass die menschliche Weisheit wenig oder gar nichts wert ist (23a6), außerordentlich weise[23]. Dass der Gott diese Erkenntnis offensichtlich auch allen Menschen mitteilen will, versteht Sokrates als Auftrag (23b4–6). Interessant ist hierbei, dass die Prüfung des Orakelspruchs sehr rasch zur Einsicht in das, was der Gott sagen wollte, führt und damit eigentlich abgeschlossen wäre (23a5–7). Erst durch die direkt darauffolgende Interpretation durch Sokrates, seine Einsicht an alle anderen weitergeben zu müssen, wird sie zur Lebensaufgabe.

Eigentlich müsste er den *elenchos* aber schon deshalb ein Leben lang fortführen, weil ihm ein weiserer oder ebenso weiser Gesprächspartner ja immer noch begegnen könnte. Bereits nach seinem, wie es scheint allerersten, ›Rundgang‹ schließt er jedoch auf die Erkenntnis in 23a6, die dem Anliegen des Gottes zudem mehr Gewicht verleiht. Vielleicht wurde er dazu auch durch weitere ›göttliche‹ Hinweise, wie sie in 33c4–7 angedeutet werden, veranlasst. Vorher ging es lediglich um die Rehabilitation des Orakels in seinem Urteil über einen einzigen Menschen, jetzt aber geht es darum, eine Erkenntnis weiterzugeben, die alle Menschen betrifft. Sokrates stellt »die Sache des Gottes über alles andere« (21e4–5) und führt den *elenchos* fort, obwohl er sich bei den Befragten verhasst macht, darüber betrübt ist und Angst hat (*kai lypoumenos kai dediôs*, 21e4)[24]. Sein ganzes Leben lang zu philosophieren, sich selbst und andere zu prüfen (28e5–6), entspricht seinem von Gott angewiesenen Platz in einer gewissen »Ordnung« (*taxis*, 29a1)[25]. Dass er ihm in jedem Falle (weiter) gehorchen wird, wird von Sokrates auch an

---

[23] Die Übersetzung »der Weiseste« in 23b2 ist etwas irreführend, da ja durchaus mehrere Menschen diese Einsicht haben könnten – dann sind es mindestens zwei, Sokrates und derjenige, der dies dieser einsieht.
[24] Der Hass der Menge wird von ihm letztlich als Hauptursache der drohenden Niederlage im Prozess vermutet (28a7–8).
[25] Vgl. ähnlich Phd. 62b6–c6, wo die Götter als Hüter der Menschen dargestellt werden. Dass das Wort *exetazein* dem militärischen Bereich entstammt und es Sokrates daher hauptsächlich auf den rechten, nicht zu hinterfragenden Platz des Menschen, nicht auf den *elenchos* oder die moralische Dimension ankommt, vertritt Goldman 2004, 32f. Gegen diese These spricht freilich eine Vielzahl von Stellen, wie im Folgenden noch argumentiert werden soll.

späterer Stelle, in 29d3, nochmals betont[26]. Sokrates hilft dem Gott und erweist ihm einen Dienst (*tên tou theou latreian*, 23c1), indem er fortan allen Bürgern wie auch Fremden[27], nicht mehr nur ausgewählten Gruppen zeigt, dass sie nicht weise sind (23b5–6[28]). Ab diesem Zeitpunkt ist er – autorisiert durch die göttliche ›Offenbarung‹ dieses Sachverhalts – auch nicht mehr unvoreingenommen, sondern erwartet ein bestimmtes Resultat der Prüfung, nämlich die Aufdeckung des allgemein verbreiteten, menschlichen Nichtwissens.

4.1.2. Prüft Sokrates nur andere oder auch sich selbst?

Die Prüfung schließt dabei ihn selbst mit ein, was explizit in 28e6 gesagt und auch bereits in der Orakelspruch-Erzählung deutlich wurde[29]. Dennoch ist nicht leicht zu entscheiden, ob sich Sokrates tatsächlich selbst der Prüfung aussetzt, sieht er doch sein anfängliches Selbstverständnis durchwegs bestätigt. Wird Sokrates überhaupt in irgendeiner Weise zu einer tieferen Selbsterkenntnis geführt, obwohl er sich seines Nichtwissens von Anfang an bewusst ist? Dies ist allerdings der Fall, und zwar dadurch, dass sein Wissen in Bezug gesetzt wird zu dem anderer Menschen. Der Anstoß hierzu kommt von einer übergeordneten Instanz und muss auch von daher kommen, da allein aus einer ›göttlichen‹ Außenperspektive heraus ein objektives Urteil gefällt werden kann. Erst durch sie erhält Sokrates Einblick in die Verfassheit der Menschheit insgesamt, in die *conditio humana* und ihre Grenzen, die gleichzeitig ihr Verhältnis zum Bereich des Göttlichen definieren. Sein Fazit, dass er zumindest weiser ist als diejenigen, die sich für weise halten (21d6–7), wird gefolgt von der Einsicht, dass seine Existenz als beispielhaft begriffen werden kann (23a8–b1). Er selbst ist der allererste, der nicht

---

[26] Sicher auch unter dem Gesichtspunkt des sich durch die ganze *Apologie* ziehenden Anliegens, dem Asebie-Vorwurf zu begegnen.

[27] Hier ist vermutlich auch an die – in der Regel nicht aus Athen stammenden – Sophisten gedacht.

[28] Und zwar denen, so Sokrates an dieser Stelle, die er für weise hält. Sicherlich wäre hier zu ergänzen »und die sich selbst für weise halten«, da sonst der Nachweis ja überflüssig wäre.

[29] In gewissem Sinne wird es – wenn auch mit ironischem Unterton, schließlich erklärt Sokrates dann ausführlich, warum das nicht der Fall ist – auch durch seine mutige Aussage in 26a2–6 demonstriert: Es besteht die Möglichkeit, dass Sokrates die Jugend tatsächlich, ohne es zu wissen, verdirbt und belehrt werden muss.

weise scheinen will, ohne es zu sein (29a4–5), und darin, dies darzulegen, besteht ein Ziel der gesamten Verteidigungsrede. Weise ist Sokrates nur im Sinne der menschlichen Weisheit (20d7).

4.1.3. Was ist die »menschliche Weisheit«? Worauf versteht sich Sokrates?

Worin besteht die in 20d7 genannte »menschliche Weisheit« *(anthrôpinê sophia)* des Sokrates? Sie dürfte zunächst, negativ, in der geschilderten Einsicht zweiter Stufe bestehen, dass die dem Menschen erreichbare Weisheit im Vergleich zur göttlichen wertlos ist[30]. Unter diesem Gesichtspunkt ist eine problematische Stelle zu interpretieren. Wenn *diese* Einsicht der menschlichen Weisheit entspricht, ist sie dann, wie nur wenig später bemerkt wird, »wenig oder gar nichts wert« (23a7)? Hier scheint Platon die gleiche Wendung in einem anderen, allgemeineren Sinne zu verwenden. Gemeint ist nicht die gewisse (menschliche) Weisheit des Sokrates, sondern die menschliche Weisheit ganz allgemein, wie sie sich in der Befragung zeigt. Die Einsicht in den Unwert menschlichen Wissens *im Vergleich zum göttlichen Wissen* entspricht einem tieferen Verständnis der *conditio humana*. Sie *ist* wertvoll und wird auch vom Gott wertgeschätzt – macht sie Sokrates doch zumindest weiser als alle übrigen Menschen.

Worin bestünde die »nicht dem Menschen angemessene« oder »weniger« dem Menschen angemessene *(meizô,* 20e1) Weisheit, in der Sokrates *nicht* weise ist? Diejenigen, die darin weise sein mögen und die Sokrates »eben erwähnt« hat, sind die Sophisten Gorgias, Prodikos, Hippias und vor allem der Parier Euenos[31] (19d1–20c3). Sie erziehen Menschen (19d9), was mittels einer lehrbaren *technê* geschieht. Als

---

[30] Diese Interpretation ist naheliegend aufgrund des Kontexts der Aussage, vor allem wegen des direkt darauf folgenden Verweises auf die Orakelerzählung in 20e6–8: »Über meine Weisheit nämlich, ob sie wohl eine ist und was für eine, will ich euch zum Zeugen stellen den Gott in Delphi.« Ich folge hier eher Kato 1991, 363 und Voigtländer 1989, 28 als Wolf 1996, 37f. oder Ricken 2007, 68, auch wenn ich letzterem darin zustimme, dass sich die *anthrôpinê sophia* sicher noch nicht in dieser negativen Komponente erschöpft.

[31] Euenos ist eine umstrittene und für unsere Thematik interessante Gestalt, weil er von Sokrates in Phd. 61c5 als »Philosoph« bezeichnet wird. Allerdings bezeichnet Sokrates in der *Apologie* auch die Sophisten pauschal als »Philosophierende« (23d4); der Anspruch des Euenos ist sicher nicht berechtigt. Nach der Darstellung im *Phaidon* hat er eigentlich nur Sorge, dass Sokrates besser dichten könne als er (vgl. genauer dazu 6.2.1).

4. Protreptik philosophischen Lebens? Der prüfende Sokrates

Sachverständiger *(epistatês)* in der menschlichen (hier ähnlich wie in 20b2 gegen die der Tiere abgegrenzten) und bürgerlichen Tugend besitzt Euenos die Fähigkeit, die Söhne des Kallias »gut und tüchtig« *(kalô te kagathô,* 20b1) zu machen[32]. Dies versteht Sokrates nicht (20c2–3).
Seine (menschliche) Weisheit scheint sich aber auch nicht im negativen Wissen um die *conditio humana* zu erschöpfen. Was er versteht, ist die Prüfung seiner selbst und anderer, wie sie in 38a4–6 geschildert wird. Drei Stellen, in denen die Konjunktion *kai,* die hier nicht im Sinne eines »und auch« verstanden werden sollte, zeigen die Identifikation seines Philosophierens mit dem *elenchos*[33]. Wie aber wird, so die wichtigste Frage dieses Kapitels, die sokratische Weisheitssuche zur *Lebens*prüfung? Wird nicht lediglich das geprüft, was die Gesprächspartner zu wissen behaupten? Hier hilft nun wieder die Differenzierung der beiden Ebenen des Wissens. Auf der zweiten, formalen Reflexionsebene (dem Wissen um das, was man weiß und was man nicht weiß) zerstört Sokrates das Selbstverständnis der Gesprächspartner, indem er aufdeckt, dass jemand nicht weise ist, wiewohl er sich dafür hält[34]. Der Glaube, etwas bzw. jemand – in diesem Fall ein Weiser – zu sein oder als solcher zu leben, wird durch den *elenchos* zunichte gemacht. Nicht partikuläre Wissensinhalte, sondern ein zentraler Aspekt des Selbstver-

---

[32] Diese Aussage erinnert an Prot. 328e1–3: Sokrates dachte bisher, es wären keine menschlichen Bemühungen (οὐκ εἶναι ἀνθρωπίνην ἐπιμέλειαν), wodurch die Guten gut werden. Ähnlich Prot. 348e3–4: Protagoras ist nicht wie andere, die selbst »ganz rechtlich« (ἐπιεικεῖς) sein mögen, aber andere nicht dazu machen können.

[33] Es handelt sich um die Stellen 28e5–6: »... damit ich in Aufsuchung der Weisheit mein Leben hinbrächte (φιλοσοφοῦντά με δεῖν ζῆν) und (καὶ) in Prüfung meiner selbst und anderer ...«, 29c8–9: »... daß du diese Nachforschung (τῇ ζητήσει) nicht mehr betreibst und (καὶ) nicht mehr nach Weisheit suchst (φιλοσοφεῖν) ...« und 29d4–5: »... werde ich nicht aufhören, nach Weisheit zu suchen und (καὶ) euch zu ermahnen und zu beweisen ...«. Brisson versteht interessanterweise, worauf mich B. Schur hinwies, keine dieser Stellen, in denen φιλοσοφεῖν mit anderen Verben verbunden wird, als Aufzählung, sondern übersetzt das in den Zitaten angemerkte καὶ jeweils mit »das heißt« (*c'est-à-dire;* vgl. Brisson 2008, 79).
Auch an anderen Stellen werden die beiden Glieder der Konjunktion eigentlich gleichgesetzt. Vgl. zum Beispiel καί δεδιὼς θάνατον καί οἰόμενος σοφὸς εἶναι οὐκ ὤν in 29a4 und die Erläuterung kurz darauf in 29a6–7. Den Tod zu fürchten (δεδιὼς θάνατον) entspricht laut Sokrates dem Glauben, weise zu sein, wiewohl man es nicht ist (οἰόμενος σοφὸς εἶναι οὐκ ὤν).

[34] Es gibt auch Ausnahmen, d. h. vergleichsweise vernünftige (22a5–6: ἐπιεικέστεροι εἶναι ἄνδρες πρὸς τὸ φρονίμως ἔχειν) Menschen, die sich vermutlich von vornherein richtig(er) einschätzen (22a5).

ständnisses der Gesprächspartner, das ihr Leben prägt, werden in Frage gestellt (vgl. auch 4.3). Woran merkt Sokrates, dass seine Gesprächspartner keine Weisen sind? Hier kommt nun erstmals der Inhalt der Gespräche ins Spiel.

Sokrates unterhält sich über die Tugend, was in noch eindeutigerem Sinne als das Wissen zur *conditio humana* mit dem menschlichen Leben zu tun hat[35]. Die Einsicht, nicht weise zu sein, wird direkt gefolgt von der weiteren, sich fortan um Weisheit zu kümmern und sie suchen zu müssen[36]. Und spätestens hier wird die formale Ebene verlassen. Weisheit und Wissen besitzen immer ein Objekt oder einen Gegenstandsbereich, ein ›etwas‹, das man wissen oder in dem man weise *(sophos)* sein kann[37]. Dieses Objekt ist hier die Tugend, ein Wissen um den besten Zustand der menschlichen Seele – auch wenn das in der *Apologie* kaum explizit gemacht wird. Sokrates spricht zwar von der Suche nach Weisheit in engem Zusammenhang mit der Sorge um die Tugend, führt diesen aber kaum genauer aus. Geradezu unmerklich wird in 29d4–e2 zum Inhalt der Gespräche übergegangen, indem Sokrates ein Beispiel dafür gibt, wie er »philosophiert, ermahnt und darlegt« (29d4–5[38]). Wen auch immer er von den Athenern antrifft[39], dem wird er vorwerfen, dass er als ein Angehöriger der für Weisheit und Macht berühmten Stadt[40] sich um Geld, Ruhm und Ehre zwar sorgt, »für Einsicht aber

---

[35] Auch G. Vlastos bringt die Frage danach, wie man leben soll, direkt mit derjenigen nach der Tugend, nach »truth in the moral domain« zusammen (vgl. Vlastos 1994a, 5).
[36] Die Einsicht, dass allein der Gott weise ist, muss die Suche nicht verunmöglichen. Vielleicht ist auch die Annäherung ein erstrebenswertes Ziel (vgl. die Gedanken zur *homoiôsis theô* in Tht. 176b1–3). Grundsätzliche Anfragen lassen sich, aufgrund des faktischen Scheiterns des *elenchos*, dennoch stellen (vgl. 4.3 und 4.4).
[37] Vgl. die Diskussion im *Charmides*, wo die Frage nach dem Wissen des Wissens in einen Zirkel gerät (Charm. 175b5–d4). Platon bewegt sich allerdings auch häufig im Horizont der ursprünglichen Bedeutung des Wortes (vgl. 3.1), des *sophos*-Seins als Können, des mit handwerklichem Wissen verbundenen Expertenwissens (vgl. hierzu Snell 1978, 32–34). In dieser Untersuchung werde ich vertreten, dass bei ihm jedoch nicht ein solches *know-how* anstelle des *know-that* im Vordergrund steht (anders Wieland 1999, 69).
[38] φιλοσοφῶν καὶ ὑμῖν παρακελευόμενός τε καὶ ἐνδεικνύμενος (29d4–5).
[39] Diese prüft Sokrates, wie er sagt, eher als die Fremden, weil sie ihm näher stehen. Im Unterschied zum vaterlandsliebenden (24b5: φιλόπολιν) Meletos ist er den Athenern wirklich zugetan und freund (29d2–3: ἀσπάζομαι μὲν καὶ φιλῶ).
[40] Hier zeigt sich ein spezifischer Anspruch, der an den Angesprochenen ›als Athener‹ erhoben wird – er wirkt als zusätzliches motivierendes Moment (vgl. 4.3). Freilich sollten sich aber letztlich alle Menschen, unabhängig von ihrer Herkunft, so verhalten.

4. Protreptik philosophischen Lebens? Der prüfende Sokrates

und Wahrheit und für seine Seele, dass sie sich aufs Beste befinde« (29e1–2) jedoch nicht. An dieser Stelle werden Einsicht, Wahrheit und – als neues Moment – der beste Zustand der Seele in einem Atemzug genannt und gegen die Sorge um Geld/Besitz *(chrêmata)* und Ruhm bzw. Ehre *(doxa* bzw. *timê)* abgegrenzt (29d8–9). Das Philosophieren des Sokrates besteht, so nochmals an etwas späterer Stelle, darin, dass er die Athener ermahnt, sich weniger um Reichtum und den Leib zu kümmern als um die Seele (30b2–3[41] und ähnlich 41e3–7). Die Sorge um sich selbst (36c6; 39d7–8), das Streben danach, vernünftiger und besser zu werden, sollte Vorrang haben vor der Sorge um das »Seinige« (36c5–6), zu dem neben dem Vermögen auch der eigene Leib gezählt wird (30a8–b2[42]). Laut dieser Darstellung geht es in den Gesprächen inhaltlich um das Setzen von Prioritäten, d. h. darum, worum man sich in seinem Leben vor allem kümmern soll. Drei Bereiche stehen zur Diskussion: Die Trias a) Besitz bzw. Geld, b) Ehre bzw. Ruhm und c) Weisheit und Tugend, welche uns in Kapitel 5[43] und 6 dann hauptsächlich beschäftigen wird. Die menschliche Weisheit besitzt zusammenfassend also zwei Komponenten: Sie besteht, negativ, darin, sein Nichtwissen im Vergleich zur göttlichen Weisheit einzugestehen, darüber hinaus

---

[41] Diese vieldiskutierte Stelle (»… zeigend, wie nicht aus dem Reichtum die Tugend entsteht, sondern aus der Tugend der Reichtum und alle anderen menschlichen Güter insgesamt, eigentümliche und gemeinschaftliche.«) kann m. E. durchaus wörtlich genommen werden (vgl. ausführlicher zur Diskussion Ricken 2004c). Auch in Rep. 612a8–613e4 ist Sokrates ja der Ansicht, dass der Gerechte später faktisch Lohn erlangt. Entweder trotz seiner Armut von den Göttern (613a4–5) *oder aber* von den Menschen. Es ist anzunehmen, dass zumindest die Anerkennung von anderen, die Ämter und glückliche Heiraten zur Folge hat (Rep. 613d2–4), dann auch mit materiellem Besitz einhergeht. Auch könnte die Stelle dahingehend interpretiert werden, dass nur ein Staat von Tugendhaften dann auch Güter hervorbringt (vgl. die pragmatische Argumentation in Rep. 422d1–7: Eine magere, aber starke *polis* hat viel mehr Chancen, gegen Feinde zu bestehen; vgl. auch die Kritik an Perikles, der, so muss Gorg. 515e1–5 interpretiert werden, lediglich die Prioritäten vertauscht hat). Dass der Philosoph innerlich unabhängig von materiellen Gütern und sozialer Anerkennung ist, muss nicht heißen, dass er auch – wie Sokrates – faktisch in Armut bzw. Ehrlosigkeit lebt.

[42] Vgl. Alk. I 129e7–8: Der Mensch ist verschieden von seinem Leib *(sôma),* den er nur gebraucht.

[43] Hier freilich nur mittelbar, insofern das Streben nach Geld und Besitz mit dem Streben nach Lust zusammenhängt (5.4.1). Das dritte Glied der Trias taucht außerdem nicht als eigenes Kapitel, sondern, wie schon in 3.4 erwähnt, als Kontrastfolie in den Abschnitten 5.8 und 6.3–6.6 auf.

aber, positiv, im Wissen um die Prioritäten im Leben, besonders um den Wert der Tugend als höchstes Gut.

Wenn es Sokrates in der Prüfung scheint, jemand besitze keine Tugend (29e5[44]), behauptet es aber, so wird er ihm vorhalten, das Wichtigste am Geringsten zu achten. Der Wortlaut dieser Stelle ähnelt dem in 23b5–6, wo es statt um Tugendbesitz um Weisheit geht[45]. Mit den »wichtigsten Dingen« ist erstens, wie aus 29e5–30a1 hervorgeht, die Sorge um die Tugend gemeint. Zweitens ließe sich aufgrund des parallelen Wortlauts von 23b5–6 und 29e5 vermuten, worin der nicht näher erklärte Zusammenhang zwischen Weisheit und Tugend besteht: Der beste Zustand der Seele ist derjenige der tugendhaften Seele, und diese Eigenschaft zu besitzen bedeutet nichts anderes, als weise zu sein.

4.1.4. Nicht weise, aber gut?

Sofort stellen sich an diese Interpretation, die Identifikation von Weisheit und Tugend[46], jedoch mehrere Fragen. Falls Tugend zu besitzen gleichbedeutend damit sein sollte, weise zu sein, besitzt Sokrates, da er letzteres leugnet, dann selbst keine Tugend? Mehr noch, wirkt nicht die Einsicht, weise sei allein der Gott, demotivierend und verhindert dadurch die Suche nach der – ohnehin für den Menschen unerreichbaren – Weisheit wie auch, bei einer Gleichsetzung, diejenige nach der Tugend?

Hier ist wiederum ein Ansatz bei dem, was Sokrates *nicht* weiß, sinnvoll. Das Objekt des Nichtwissens kann nicht die richtige Reihenfolge der Prioritäten sein, denn gerade um diese weiß Sokrates und fordert sie auch von anderen ein. Es bliebe dann nur ein, eventuell darüber hinausgehender, Inhalt des Wissens um die Tugend selbst. Wird nun auch in Bezug auf die Tugend entschieden, dass hierüber kein Wissen möglich ist[47]? Dies ist nicht der Fall, denn mit der Frage nach der Tugend verhält es sich anders als mit der Frage nach Weisheit allgemein.

---

[44] καὶ ἐάν μοι μὴ δοκῇ κεκτῆσθαι ἀρετήν (29e5).
[45] ἐρευνῶ ... ἄν τινα οἴωμαι σοφὸν εἶναι· καὶ ἐπειδάν μοι μὴ δοκῇ (23b5–6).
[46] Bei Xenophon ist der Zusammenhang von Tugend und Wissen nicht mehr so deutlich. Durch seine Abmilderung der Paradoxa geht allerdings das spezifisch Sokratische, so Vlastos, verloren (vgl. Vlastos 1994a, 14–17).
[47] Es gibt etliche Forscher, die diese Position vertreten. A. Patzer spricht vom »tapfere[n] und tätige[n] Ausharren im Horizonte des als unerreichbar Erkannten« (Patzer 2000, 72)

4. Protreptik philosophischen Lebens? Der prüfende Sokrates

Von Beginn an, bereits im ersten Beispiel in 20b4, geht es um eine »menschliche« Tugend, der keine, unter Umständen unerreichbare, ›göttliche‹ Tugend gegenübersteht (vgl. 4.2.4). Die Erreichbarkeit *dieses* Ziels, menschliche Tugend zu erwerben und somit ein gutes Leben zu führen, ist nicht von vornherein ausgeschlossen. Sokrates gehorcht dem Gott, wenn er zur Sorge um die Tugend auffordert (29d3[48]). Trotz der Parallelität einiger Stellen, unter anderem auch 29a6–7 und 29e5–30a1, ist der Besitz der Tugend nicht gleichzusetzen mit dem Besitz von Weisheit. Auch die Aufforderung, den ›bestmöglichen‹ Zustand der Seele anzustreben (36c7, 29e1–2, 30b2, 39d8) ist kein Argument für die Interpretation, es handle sich um ein ewiges Streben, das nie zum Besitz der Tugend gelangt. Denn wie aus Sokrates' Frage in 29e1–2 (»... für deine Seele, dass sie sich aufs beste befinde, hierauf willst du nicht denken?«[49]) und seiner Reaktion auf die Antwort in 29e5 (»... und wenn mich dünkt, er besitze keine Tugend ...«) hervorgeht, besteht der beste Zustand der Seele im Besitz der Tugend. Das gute Leben ist nicht identisch mit dem Leben eines Weisen[50], sondern kann durchaus dem Leben des Philosophen entsprechen. Nicht nur der Weise ist gut – und damit Gott, da er allein weise ist[51] –, sondern auch der Philosoph. Sokrates selbst bezeichnet sich zunächst als »besseren Mann«, dem vom Schlechteren kein Übel widerfährt (30c9–d1), zuletzt aber implizit als ›guten‹ Menschen (41d1[52]). Sein Gutsein ist allerdings kein passiver Zu-

---

und vom Skandalon der Unerreichbarkeit des Guten. Ähnlich äußert sich U. Wolf (vgl. z. B. Wolf 1992, 124 und Wolf 1999, 22).

[48] Freilich ruft er in diesem Kontext auch zur Sorge um Einsicht und Wahrheit auf (29e1). Es handelt sich bei der folgenden Interpretation um die Untersuchung von Nuancen, deren Beachtung aber entscheidend ist für das gesamte sokratische Projekt und die Frage danach, ob das philosophische Leben, mag es auch nicht das Leben des Weisen sein, einem guten Leben entspricht.

[49] τῆς ψυχῆς ὅπως ὡς βελτίστη ἔσται οὐκ ἐπιμελῇ οὐδὲ φροντίζεις; (29e1–2).

[50] Der Weise könnte sich dadurch auszeichnen, dass er ein umfassendes Wissen über die Entstehung alles Guten besitzt, einen Überblick über Vergangenes, Gegenwärtiges und Zukünftiges, wie es in Lach. 199c3–e2 entworfen wird. Gerade dieses Wissen würde Einzeltugenden, wie sie Sokrates besitzt (vgl. auch seine, in 7.2.5 diskutierte, Charakterisierung im *Symposion*), aber eigentlich überflüssig machen.

[51] Die Gutheit Gottes war in der griechischen Tradition keineswegs selbstverständlich. Platon führt diese Bestimmung Gottes vermutlich als erster ein (vgl. Bordt 2006a, 96–120 zu Rep. II).

[52] Was seine Freunde von ihm halten, wird im Schlusssatz des *Phaidon* deutlich: Er war der »beste und auch sonst vernünftigste und gerechteste« (Phd. 118a15) von allen Menschen, mit denen sie umgegangen sind. Dass der Philosoph ›zwischen‹ gut und böse bzw.

Apologie – Lebensprüfung und die ›Weisheit‹ des Sokrates

stand, der einmal erreicht wird und dann immer fortbesteht, sondern ständig neu herzustellende Ausrichtung der Seele[53]. Die Unmöglichkeit, weise zu werden, zieht nicht die Unmöglichkeit, gut zu werden, nach sich. Aufgrund der Einsicht, dass man a) Weisheit nicht besitzt und sich b) stets auf sie hin ausrichten sollte, führt der Philosoph, wenn er der Einsicht folgt und sich tatsächlich auf sie hin ausrichtet, ein gutes, tugendhaftes Leben.

In der *Apologie* wird die Unmöglichkeit eines sicheren und formulierbaren Wissens davon, wie genau zu leben richtig oder gut ist, angedeutet[54]. Ein solches, leicht vermittelbares Wissen, mit dem Sokrates andere belehren könnte[55], ist »vielleicht nicht dem Menschen angemessen« (20e1). Verstärkt wird dieser Eindruck noch in der Erwähnung des *daimonion*, das Sokrates in nicht vernünftig-reflektierter, unmittelbarer Weise beisteht und Hinweise – zumindest in Form des ›Vetos‹ – für die richtige Entscheidung in konkreten Situationen gibt (31d1–5). Auf übergeordneter Ebene weiß Sokrates allerdings, dass man auf dem als »besten« (28d7) erkannten Platz bleiben, dem »Besseren« (Gott oder Menschen, 29d7) gehorchen müsse[56]. Auch weiß er durchaus, dass Unrecht tun schlecht ist (29b6–8[57]) und er weiß es nicht nur, sondern tut

---

gut und schlecht stehen könnte wie er ›zwischen‹ Weisheit und Unverstand steht (was mit Blick auf das *Symposion* noch genauer zu untersuchen ist; vgl. 7.2), wird im *Lysis* erwägt (218b1–3), aber bleibt letztlich Hypothese (vgl. 7.5.3). In der *Politeia* wird Tugend dagegen als richtige Ordnung der seelischen Vermögen definiert, die bei Sokrates zweifellos vorhanden ist.

[53] Vgl. Voigtländer 1989, 29 und 38, der feststellt, dass Sokrates erst im *Gorgias* unmittelbar nach dem Guten fragt; in den meisten Frühdialogen dagegen geht es um Tugend, die das als Haltung *(hexis)* verstandene Gute ist.

[54] Vgl. Döring 1996, 186, der zwei Arten des Tugendwissens unterscheidet: ein »unfehlbares«, das unanfechtbare Normen des Handelns zur Verfügung stellt und ein partielles und vorläufiges. Dennoch steht und fällt diese Interpretation mit dem Verständnis des Begriffs der »Norm«. Sokrates kennt durchaus allgemeine und unanfechtbare Normen, die sich auf das Setzen von Prioritäten beziehen wie z. B. die, dass Unrecht zu leiden besser ist als Unrecht zu tun. Die Unsicherheit kommt erst bei konkreten Entscheidungen ins Spiel. Auch wenn der Wille, das Gute zu tun, bereits vorhanden ist, muss noch gefragt werden, was hier und jetzt gut oder recht ist.

[55] K. Gaiser bemerkt dazu treffend: »Wenn Sokrates nichts zu lehren weiß, so ist das eben der Ausdruck dafür, dass das *aretê*-Wissen insofern von jedem anderen Wissen verschieden ist, als es einen ganzen *bios* ausmacht.« (Gaiser 1959, 197).

[56] Mehr als ein Handeln nach dem ›besten Satz‹ wird auch im *Kriton* nicht beansprucht (Krit. 46b4–6).

[57] Schleiermacher übersetzt *adikein*, sicher aus dem situativen Kontext heraus, hier mit »gesetzwidrig handeln«.

4. Protreptik philosophischen Lebens? Der prüfende Sokrates

eben auch kein Unrecht. Sokrates lebt die Tugend und lebt daher als guter, wenn auch nur vergleichsweise weiser Mensch.

4.1.5. Der Ertrag der Apologie für die Frage nach dem philosophischen Leben

4.1.5.1. Selbstprüfung und die Sorge um Tugend als Weg zum glücklichen Leben

Was lässt sich als Ertrag der *Apologie* für die Thematik herausarbeiten? In erster Linie geht es Sokrates um das Wissen darum, was man weiß und besonders, was man nicht weiß. In zweiter Linie geht es ihm um das Setzen von Prioritäten, die auch inhaltlich angegeben werden: Man solle sich vorrangig um die Tugend sorgen. Diese Sorge besteht im nächsten Schritt freilich genau im Bemühen, herauszufinden, *was* Tugend bzw. tugendhaft ist, wie es in einer ganzen Reihe früher Dialoge dargestellt wird[58]. In der *Apologie* erwähnt Sokrates aber nicht ausdrücklich, dass er danach fragt, worin Tugend eigentlich besteht – allenfalls 38a1–6 kann in diese Richtung ausgelegt werden. Er unterhält sich täglich über die Tugend und über andere, an dieser Stelle nicht näher spezifizierte Gegenstände. Hierunter könnten aufgrund des bereits Gesagten z. B. Ehre und Reichtum fallen.

Wie hoch der Wert des Philosophierens – und zwar für alle Menschen, nicht nur für Sokrates persönlich – anzusetzen ist, wird deutlich in der Zurückweisung eines möglichen Angebots der Richter. Sokrates wird lieber sterben als unter der Auflage, das Philosophieren künftig zu unterlassen, »still und ruhig zu leben« (37e3–4)[59]. Die Unterredungen sind das größte Gut des Menschen (*megiston agathon anthrôpô*, 38a2). Auch diese Aussage impliziert, dass der Philosoph ›am Ziel‹ ist, was das gute Leben anbetrifft, verwirklicht er doch bereits das höchste Gut. Ein ungeprüftes Leben ist dagegen nicht lebenswert (38a5–6). Sokrates ist der Wohltäter, der Einzelnen die größte Wohltat *(tên megistên euergesian)* verschafft, und sie – nicht nur scheinbar, sondern wirklich! – glücklich macht (36d9–e1). Die Begründung dafür, die vorgeschlagene Reihenfolge der Prioritäten einzuhalten, ist einfach: Dies zu tun macht

---

[58] Vgl. Lach. 190b7–8, aber auch *Protagoras, Menon* etc.
[59] Ein rein fiktives Angebot, da eine Freilassung unter dieser Auflage von der damaligen Rechtsordnung her ausgeschlossen war (vgl. Heitsch 2002, 124).

glücklich. Selbst im Angesicht des Todes äußert Sokrates die Hoffnung auf die »wunderbare Beschäftigung« (*thaumastê diatribê*, 41b1), nach dem Tod mit den Verstorbenen zu sprechen *(dialegesthai)*, mit ihnen umzugehen *(syneinai)* und sie auszuforschen *(exetazein*, 41c3). Ein solcherart, als philosophisches Leben mit den Verstorbenen im Jenseits verstandener Tod, fällt unter die größten Güter (40e6–7). Alle diese Aussagen zeigen, dass das aktiv umgesetzte Wissen um die Prioritäten, die ständige Selbstprüfung und das Kümmern um die Tugend das menschliche Leben bereits in einem wesentlichen Sinne verändert, ja, es zu nichts geringerem als einem guten und glücklichen Leben macht[60].

4.1.5.2. Sokrates als Vorbild – Ermutigung anderer als Aufgabe eines jeden Menschen?

Der ungewöhnliche, ›göttliche‹ Auftrag des Sokrates (33c4–7) spricht allerdings dagegen, dass das gute Leben für jeden Menschen wesentlich darin besteht, genau wie Sokrates den ganzen Tag lang auch *andere* zu dieser Sorge zu ermutigen, seine eigenen Angelegenheiten zurückzustellen und in Armut zu leben (31b1–c3). Vom politischen Engagement der Philosophen wird in Kapitel 6 noch genauer zu sprechen sein. Das Tun des Sokrates, der sich als ›Gabe Gottes‹ an Athen (30e2–31b1) bezeichnet, die so schnell nicht wieder geschenkt werden mag (31a1–2), ist etwas Neuartiges, Besonderes (20c6), das nicht viele Menschen betreiben. Deutlich wird im Bild von der Pferdebremse (*myôps*, 30e6; Schleiermacher übersetzt freier »Sporn«) getrennt zwischen dem einem, der mahnt (der Bremse, die für Sokrates steht) und vielen, die ermahnt werden (dem »großen und edlen Rosse«, das für die *polis* steht), falls sie nicht richtig leben (*orthôs zête*, 39d5). Später, in 39c6–d5, wird diese Aussage relativiert – vermutlich, weil sie die Richter sonst dazu motivieren könnte, sich der seltenen und vielleicht einzigartigen ›Gabe‹ endgültig zu entledigen. Die Athener sind nicht der Re-

---

[60] Freilich ist die Nebenbemerkung in 36d9–e1: Ὁ μὲν γὰρ ὑμᾶς ποιεῖ εὐδαίμονας δοκεῖν εἶναι, ἐγὼ δὲ εἶναι als Beleg für die These, dass Sokrates anderen zur *eudaimonia* verhilft, noch etwas dürftig. Dennoch ist interessant, dass diese Stelle und der mit ihr verbundene Anspruch, die Frage nach der *eudaimonia* in der Tat beantworten zu können, oft überhaupt nicht beachtet wird. Stattdessen liegt der Fokus der Interpretation ganz auf dem Kontext, dem provozierenden ›Gegenantrag‹, im Prytaneion gespeist zu werden (vgl. z. B. Heitsch 2002, 146–148).

4. Protreptik philosophischen Lebens? Der prüfende Sokrates

chenschaftsabgabe über ihr Leben entledigt, wenn sie Sokrates töten. Mehrere werden nach ihm kommen, ja, sie sind im Verborgenen sogar bereits da und werden den *elenchos* weiterführen (39c7–d2[61]). Auch an dieser Stelle hat es aber nicht den Anschein, als wäre diese Aktivität eine Sache aller[62]. Sie lässt vielmehr an eine kleine Gruppe denken, die den Auftrag des Gottes erfüllt[63]. Die *pleious* (39c8) sind nicht viele, sondern lediglich »mehrere«, wie auch Schleiermacher an dieser Stelle übersetzt. Evtl. wird hier auch auf Platon selbst und seine Schüler angespielt[64]. Gewiss wird der *elenchos* normalerweise nicht allein, sondern zu zweit durchgeführt. Jedoch handelt es sich dabei um eine wechselseitige Selbstprüfung. Eine systematische Prüfung aller möglichen Menschen nach dem Vorbild des Sokrates und deren Ermutigung, die Prioritäten in ihrem Leben zu hinterfragen, ist nicht Aufgabe eines jeden Menschen.

4.1.5.3. Einsicht in das eigene Nichtwissen als Motivation zur Lebensänderung

Was genau ist das Neuartige des sokratischen Philosophierens? Zunächst setzt sich Sokrates durch die Fragestellung, wie zu leben gut ist, vom Interessensgebiet der Naturphilosophen ab (18b8–10: weder untersucht er *ta meteôra* noch *ta hypo gês*). Die Frage nach dem guten Leben, nach der Tugend und die Beschäftigung damit ist jedoch noch

---

[61] Die Aussage, dass die Nachfolger bisher von den Richtern »nicht bemerkt wurden« (39d1–2) dient sicherlich dem Schutz der anwesenden Mitglieder des Kreises um Sokrates. Ihre Motivation wird im Verlauf der *Apologie* als immer harmloser dargestellt. Zunächst spricht er davon, dass reiche Jünglinge, die Zeit und Muße haben, ihm freiwillig *(automatoi)* folgen, um bei den Unterredungen zuzuhören und ihn dann aber auch nachahmen, wobei sie das Nichtwissen anderer aufdecken (23c1–5). Später wird von ihnen nur noch erwähnt, sie »freuten sich« an der in der Tat nicht unerfreulichen Prüfung anderer (33c1–4).
[62] McPherran weist auf die Aufforderung an die Richter in 41e-42a hin, Sokrates' Söhne so zu behandeln, wie er die Athener behandelt hat (vgl. McPherran 1986, 548). Dies spräche dafür, dass alle wie Sokrates auch andere prüfen sollten. Abgesehen von dieser Stelle, die eher die Ehrlichkeit des Anliegens des Sokrates (weder er selbst noch seine Familie sind von der Prüfung auszunehmen) illustrieren soll, weisen die angeführten Belege im Text jedoch darauf hin, dass ganz vorrangig an eine Selbstprüfung gedacht ist.
[63] Heitsch nimmt an, dass sie den *elenchos* nicht mündlich weitergeführt haben, da darüber nichts bekannt ist; stattdessen werde hier auf Texte, vor allem auf bereits vorhandene Dialoge Platons wie den *Gorgias* angespielt (vgl. Heitsch 2004, 164).
[64] Vgl. Weber 1990, 137.

nichts, was Sokrates von seinem geistigen Umfeld unterscheidet[65]. Genau dies nehmen die Sophisten seiner Zeit auch in Anspruch. Sie verhelfen anderen zur Tugend (20b1–2), woher erst der Vorwurf stammt, Sokrates verderbe die Jugend durch eine ebensolche Lehre, ein ebensolches Tun. Von den Sophisten setzt sich Sokrates zunächst durch die Kostenfreiheit der Gespräche ab, an denen teilzunehmen prinzipiell jedem offen steht; was auch die niedrige Priorität der Sorge um Geld und Reichtum unterstreicht. Wesentliches Merkmal sokratischen Philosophierens ist jedoch das geschilderte Nichtwissen, das Offenlassen von Fragen und der Aufruf, verstärkt selbst nach Tugend zu suchen, statt sie bei jemandem zu erlernen (vgl. auch Euthyd. 307b6–c4[66]). Sokrates betont, nie Lehrer gewesen zu sein (33a5) und keine Tugend zu lehren (19d9), weiß er doch gar nichts »Edles und Tüchtiges« (*kalon kagathon*, 21d4). Er überschreitet nicht – wie es die Sophisten seiner Meinung nach tun – die menschlichen Grenzen und lehrt Weisheit. Wer nichts weiß, kann auch nichts lehren, wohl aber zur Weisheitssuche motivieren, die das ganze Leben verändert. Die Einsicht des eigenen Nichtwissens löst eine Verunsicherung des Gesprächspartners aus, die idealerweise in eine starke Eigeninitiative mündet. Sie motiviert dazu, sich selbst auf den Weg zu machen[67]. Wie der Suche nach Weisheit als notwendige Bedingung die Einsicht vorausgehen muss, nicht bereits weise zu sein, so geht der Sorge um die Tugend die Einsicht, sie nicht zu besitzen oder zumindest der Zweifel daran voraus. Das Bewusstsein, etwas bereits zu wissen und die daraus resultierende Selbsttäuschung verdecken das Potential des Menschen. Es verhindert die aktive Sorge um

---

[65] Anders als das bekannte Urteil Ciceros in Tusc. V 4, 10, Sokrates habe die Philosophie als erster vom Himmel auf die Erde gerufen, suggeriert.
[66] Gegen Ende des *Laches* findet sich freilich der gegenteilige Aufruf, sich doch gute Lehrer zu suchen (Lach. 201a2–b5). Dieser ist aber nicht ganz ernst gemeint bzw. zielt darauf ab, die Feldherren dazu zu bewegen, sich später weiter mit Sokrates über das Thema zu unterhalten; was letztlich dann aber nur von Lysimachos angekündigt wird (vgl. 4.2.2).
[67] Daher ist es auch verfehlt, die Weisheit *(sophia)* des Sokrates als Besonnenheit *(sôphrosynê)* im Bereich des Wissens zu rekonstruieren wie C. King es tut, der schreibt: »Socrates practices epistemic temperance.« (King 2008, 352). Sokrates ruft zwar zur Bescheidenheit in Wissensansprüchen auf, was einen Teilaspekt der Besonnenheit ausmachen mag, jedoch nicht zum Maßhalten im Bezug auf das Streben nach Wissen. Die motivierende Kraft des *elenchos* wird ausgeblendet, wenn man ihn wie ebd., 361 auf Übung in Besonnenheit reduziert. Im Gegenteil führt die Widerlegung der Meinung, man sei bereits weise, erst zum intensiven Streben nach Wissen.

4. Protreptik philosophischen Lebens? Der prüfende Sokrates

das gute Leben, lässt ihn träge werden und sein Leben letztlich ›verschlafen‹ (vgl. das Bild in 31a3–7). Daher muss er, damit er überhaupt beginnt, nach Weisheit oder Tugend zu fragen, zunächst sein Bedürfnis erkennen und von der lähmenden Selbsttäuschung befreit werden.[68]

Dennoch ist die Lebensänderung nicht nach Art einer Wirkung zu denken, die durch die sokratische Prüfung ›automatisch‹ ausgelöst wird. Andere Reaktionen – sogar die, sich des unliebsamen Fragers zu entledigen – sind denkbar. Wie es Sokrates überhaupt gelingen kann, Menschen zu einer Lebensänderung zu motivieren, wird gleich anhand des *Laches* untersucht.

Wir haben in diesem Abschnitt (4.1) erstens gesehen, dass Sokrates nach eigener Aussage durch einen göttlichen Auftrag dazu veranlasst worden ist (4.1.1), sein eigenes und das Leben anderer (4.1.2) zu prüfen, d. h. zu philosophieren. Auch vorher allerdings muss er in irgendeiner Weise philosophisch tätig gewesen sein, was Chairephon erst dazu gebracht hat, das Orakel zu befragen. Zweitens wird diese Prüfung durch Gespräche erreicht, in denen Sokrates nach den Prioritäten fragt, die man in seinem Leben setzt, und inhaltlich dazu aufruft, sich vorrangig um Weisheit und Tugend zu kümmern. Tugend ist im Unterschied zu einer den Göttern vorbehaltenen Weisheit erreichbar, aber nicht als statischer Zustand, sondern in ständiger Ausübung der Weisheitssuche (4.1.4), die durch die ›menschliche Weisheit‹ motiviert ist. Diese ›menschliche Weisheit‹ hat zwei Komponenten: Einerseits besteht sie, negativ, darin, sein Nichtwissen und damit seine eigene Bedürftigkeit zu erkennen, andererseits besteht sie, positiv, darin, um die Prioritäten im Leben zu wissen, besonders um die Bewertung der Tugend als höchstes Gut (4.1.3). Der in diesem Bewusstsein mit anderen Philosophierende führt – ohne dass er dies systematisch, den ganzen Tag lang tun müsste wie Sokrates (4.1.5.2) – ein gutes, glückliches Leben (4.1.5.1). Auch wenn Sokrates keine Weisheit beansprucht in dem Sinne, dass er anderen konkretes Wissen vom Guten lehrend vermitteln kann, so kann er sie doch dazu motivieren, sich selbst auf einen Weg zu begeben, der dem guten Leben entspricht (4.1.5.3). Genauer Ablauf,

---

[68] Lähmend ist die Selbsttäuschung freilich nicht im Hinblick auf ein tätiges Leben überhaupt. Die Sophisten sind durchaus motiviert dazu, ihr vermeintliches Wissen weiterzugeben und die Gier nach Reichtum, die in ihrem Fall zusätzlich eine Rolle spielt, ist ein starker Ansporn dazu, ein bestimmtes, sehr aktives Leben zu führen.

Sinn und Auswirkungen der Lebensprüfung werden in der *Apologie* nur angedeutet. So zeigt sich in Sokrates' Auftreten vor Gericht z. B. ein Festhalten an der Wahrheit in Form des Bemühens, Leben und Worte zu verbinden. Er wird sich nicht selbst Unrecht tun und ›gegen sich reden‹ (37b4) oder auch seiner Unwürdiges oder Unedles reden (*anaxia*, 38e1; *aneleutheron*, 28e4). Dieser Punkt, der die Integrität der Persönlichkeit betrifft, wird jedoch in anderen Dialogen, besonders in Platons *Laches*, genauer ausgeführt.

4.2. Laches – Die Diskrepanz von Taten und Worten und der Zusammenhang zum Selbstverständnis

4.2.1. Von der Frage nach dem sachkundigen Urteil zur Lebensprüfung

Auf das Wortfeld zu *philosophia/philosophein* wird im *Laches* nirgends zurückgegriffen. Methodisch ist es daher sinnvoll, die Person des »philosophierenden« (Apol. 28e5) Sokrates und die Darstellung seines Verhaltens im Dialog zu betrachten. Die Feldherren Nikias und Laches werden von Lysimachos und Melesias, beide Väter junger Athener, um Rat gebeten. Da sie in der Frage, ob das Fechten in voller Rüstung einen jungen Mann tapfer mache, verschiedener Meinung sind, soll Sokrates entscheiden. Der aber wehrt ab und zeigt, dass nicht die Mehrheit, sondern im Gegenteil nur ein Sachkundiger hier Entscheidungskompetenz hätte[69]. Sokrates stellt dann zunächst das (Fach-)wissen *(epistêmê)* der beiden Feldherren[70] zur Diskussion, indem er danach fragt, welches grundlegendere Wissen notwendig ist, um ein Urteil fällen zu können. Sie müssten wissen, was nützlich und schädlich für die Seele ist, d. h. letztlich, was diese besser macht (185d6)[71].

---

[69] Wiewohl Lysimachos darin vermutlich zustimmen würde. Schließlich empfiehlt Laches zu Anfang den Sokrates aufgrund seiner Tapferkeit und nur aufgrund dieses Lobes – man kann hier durchaus vermuten: wegen seines vermeintlichen Sachverstands – wird er von Lysimachos zur Beratung dazu gezogen (181a7–d3). Dann steht aber nicht mehr die Mehrheit der Laien dem »guten Lehrer« (184e3) gegenüber wie im Beispiel des Sokrates, sondern Expertenmeinung steht gegen Expertenmeinung.

[70] Als Hinweis darauf, dass es mit diesem nicht weit her sein kann, wertet Sokrates bereits, dass ihre Urteile nicht übereinstimmen (186d4).

[71] Dieses Wissen gehört »zum Größten«, weil von der Tugendhaftigkeit der Söhne abhängt, wie das Haus ihrer Väter verwaltet wird (185a3–8). Es wird also ganz unter dem

4. Protreptik philosophischen Lebens? Der prüfende Sokrates

Ein Weg, um den eigenen Sachverstand auf diesem Feld zu beweisen, wäre, gute Lehrer anzuführen, die einen in dieser Kunst unterrichtet haben (Kriterium 1) oder, wenn man keine Lehrer darin hatte, zumindest Menschen, die man bereits besser gemacht hat (Kriterium 2). Sokrates selbst erfüllt das erste Kriterium nicht. Von Jugend an trachtet er zwar »der Sache« nach, hatte aber keine Lehrer (186c1–3). Er fragt danach, wie die Seele gebessert werden kann, beherrscht die Kunst der guten Behandlung der Seele *(kalôs therapeusai,* 185e4) aber noch nicht selbst. Er ist, so fasst er zusammen, weder jemand, der – so übersetzt Schleiermacher treffend – »ausgelernt« hat, noch hat er es selbst gefunden *(oute gar heuretês oute mathêtês,* 186e2–3). Damit wird auch das zweite Kriterium obsolet: Sokrates braucht niemanden anzuführen, der durch ihn tugendhaft geworden ist. Nun wären Nikias und Laches an der Reihe, Rede und Antwort zu stehen *(logon didonai).*

An dieser Stelle deckt Nikias jedoch auf, was Sokrates tut (187e6–188b7)[72]. Stets würde er den Gesprächspartner dazu bringen, Rechenschaft über sein eigenes Leben und Handeln abzulegen. Tatsächlich hat sich die Diskussion verschoben von der allgemeinen Frage, ob junge Menschen fechten lernen sollten, hin zur persönlicheren Frage nach Lehrern und erfolgreich unterrichteten Schülern der beiden Feldherren. Der sokratischen Lebensprüfung steht Nikias jedoch positiv gegenüber. Sie mache einen »umsichtiger« *(promêthesteron,* 188b1[73]) im späteren Leben. Sokrates freut sich über die Bereitschaft zur Untersuchung (189c1–2[74]), führt sie dann aber überraschenderweise sofort von den beiden eben aufgestellten Kriterien weg. Einig sind sich die Gesprächspartner darin, dass die Seele durch Tugend besser wird (190b3–5) sowie darin, dass die Tapferkeit ein Teil der Tugend ist (190c7–d5). Zu untersuchen wäre die noch ungeklärte Frage, *was* Tapferkeit eigentlich ist. Dies führe, so Sokrates, zum gleichen Ziel wie die Anführung von Leh-

---

Gesichtspunkt betrachtet, es für die Beratung und Erziehung anderer einzusetzen (189e6).

[72] Aufgrund dieses ›erklärenden‹ Abschnitts wird der *Laches* von einigen Interpreten sehr früh datiert (vgl. Manuwald 1999, 84). Von den meisten Interpreten wird er zumindest früh angesetzt (vgl. Erler 2007, 152).

[73] Vgl. 197b1–2, wo die Vorsicht von Nikias in einem Zug mit der Tapferkeit genannt wird und ebenso 185a10: *promêthia* ist wichtig bei der Erziehung der Söhne.

[74] Ein weiterer Hinweis auf die ideale Gesprächssituation, die sich Sokrates im Folgenden evtl. zunutze macht, wird schon zu Anfang von Lysimachos gegeben: Nikias und Laches reden normalerweise aufrichtig (178a5–179a1), deshalb fragt er diese um Rat.

rern oder Beweisen für erfolgreiche Lehre (189e1–3) und könne das Expertenwissen der Feldherren belegen. Nachdem Nikias und Laches zugestimmt haben, sich prüfen zu lassen, zerstört Sokrates rasch ihr Selbstvertrauen[75]. Ihre Definitionsversuche enden aporetisch; sie haben nicht gefunden, was sie suchten (199e12).

4.2.2. Die Reaktion der Gesprächspartner

Zunächst soll uns lediglich interessieren, welche Reaktionen der Gesprächsverlauf auf Seiten der Gesprächspartner hervorruft. Entscheidend ist eine Bemerkung des Laches zum Ideal des Redners in 188c4–e4: Reden *(logoi)* und Redender, Worte und Werke sollten in einem Leben übereinstimmen *(symphônon)*. Erst dann ist der Redner »dorisch gestimmt« und Laches ein Freund seiner Reden *(philologos)*[76]. Die Diskrepanz zwischen dem Besitz der Tapferkeit, welcher bei allen dreien vorausgesetzt wird[77] und dem Nichtwissen um ihre Definition wird schmerzlich empfunden (von Sokrates in 201a3–7, von Laches in 194a6–b4 und von Nikias in 199e12–200c1). Der Grund dafür liegt erstens in der Verfehlung eines persönlichen Ideals. Die Erkenntnis, nicht

---

[75] Welches er zunächst bei ihnen voraussetzt (186d3: εἰ μὴ αὐτοῖς ἐπίστευον ἱκανῶς εἰδέναι). Laches bestätigt seine Annahme, indem er auf die Frage des Sokrates, was die Tapferkeit sei (190d8: ἀνδρεία τί ποτ' ἐστίν) hinausruft, das sei wohl gar nicht schwer zu sagen (190e4: οὐ χαλεπὸν εἰπεῖν). Auch auf das Selbstvertrauen des Nikias wird angespielt, wenn Sokrates ihn später dazu auffordert, Tapferkeit zu definieren, um auch (für) *sich selbst* fester zu begründen, was er im Sinne hat (194c4).

[76] Dass diese ›musikalische‹ Analogie nicht nur Laches persönliches Ideal ist, zeigt sich an anderen Dialogen. So wird z. B. auch Kallikles von Sokrates aufgefordert, mit sich selbst zusammenzustimmen, um nicht »misszutönen« *(diaphônêsei,* Gorg. 482b4–5). Vgl. allgemein zu dieser Art von Homologie Geiger 2006, 94f.

[77] Sokrates hat Laches im Krieg einen Beweis seiner Tugend gegeben (189b6). Dem Sokrates und Laches, so wird erwähnt, würde wohl einer *(tis)* die Tapferkeit zusprechen (193e2–3). Über die Tapferkeit des Nikias erfahren wir nichts. Sicherlich wird er sie als Feldherr, wie schon einleitend deutlich wird, zumindest für sich *beanspruchen* (Laches spielt auf die Tapferkeit des Nikias an in 195e4).
Einen interessanten Gedanken nennt Gaiser 1959, 162f. Auch bereits im Dialog zeige sich bei den Gesprächspartnern das »tapfere Aushalten«. Ob das *aretê*-Wissen bereits im Dialog verwirklicht wird, ist allerdings fraglich, handelt es sich bei der Fähigkeit, hartnäckig einen Diskurs zu verfolgen, doch nur um eine ›Tapferkeit‹ im übertragenen Sinne oder einen Aspekt dieser Tugend (wiewohl er bei der Aufzählung der Eigenschaften einer philosophischen Natur eine große Rolle spielt, vgl. 9.4.1.2).

4. Protreptik philosophischen Lebens? Der prüfende Sokrates

genau sagen zu können, was Tapferkeit ist, kann Zweifel daran wecken, überhaupt tapfer zu sein. Das Nichtwissen um die Tapferkeit erschüttert aber, zweitens, auch die Voraussetzungen für die eigene Position in der *polis* – wer dem Staat vorsteht, so wird erwartet, muss eigentlich die »größte Weisheit« (*phronêsis*, 197e1–2) besitzen. Es reicht nicht aus, nur selbst tapfer zu sein, um ein Heer oder auch nur die eigenen Söhne auszubilden (zu den Konsequenzen für das eigene Haus siehe 185a3–8). Spätestens, wenn Tapferkeit sprachlich vermittelt werden soll oder Urteile über Tätigkeiten, die tapfer machen, gefällt werden sollen[78], muss man darum wissen. Ein bestimmter Anspruch, sei es, lehren und urteilen zu wollen, sei es, eine bestimmte gesellschaftliche Position erfüllen zu wollen, ist bereits beim Gesprächspartner vorhanden. Diesen Anspruch aufgreifend gelingt es Sokrates, das Leiden an der Unwissenheit bewusst zu provozieren, indem er die Bewegung der Gesprächspartner mitvollzieht und mit ihnen zusammen in die Aporie gerät (deutlich z. B. in 200e5)[79]. Hierdurch könnte dann auch die Liebe zur Weisheit geweckt werden.

Die Reaktionen sind jedoch sehr unterschiedlich. Von Sokrates wird mit Rekurs auf Laches' Ideal festgestellt, dass sie selbst wohl nicht »dorisch gestimmt« sind (193e6). Laches folgt dieser Erkenntnis nur teilweise. Er sieht zwar ein, dass er sein eigenes Ziel der Übereinstimmung von Taten und *logos* verfehlt hat, beharrt aber darauf, die Definition (den *logos*), wenn auch nicht artikulierbar, so doch »in Gedanken« zu haben (194b1). Damit nimmt er freilich seine Zustimmung zu Sokrates' Satz in 190c5 zurück, dass man von dem, wovon man weiß, auch sagen können müsse, was es ist. Auch Nikias soll versuchen, seine Meinung über die Tapferkeit fester zu begründen (*bebaiôsai*, 194c5). Laches, gekränkt durch sein Scheitern, bemüht sich nach Kräften, ihm ebenfalls Unwissenheit oder zumindest Unfähigkeit, sein Wissen auszudrücken, nachzuweisen. Er wisse ebenfalls nicht, was ein Mann, der glaubt, »etwas zu sein« (200a8; und von dem es auch andere glauben, vgl. die Wertschätzung durch die *polis* in 197d7–8) eigentlich wissen müsste.

Gelingt es Sokrates, die Gesprächspartner in eine aporetische Erkenntnissituation hinein zu ziehen, die die Liebe zur Weisheit weckt?

---

[78] Selbst Übungen (*epitêdeumata*), setzen so immer Kenntnisse (*mathêmata*) voraus; die Kombination lernen-üben/Kenntnisse-Beschäftigungen wird im Dialog häufig genannt (z. B. in 180c4 und 185b3).

[79] Vgl. hierzu auch Hadot 1999, 46.

Laches und Nikias sind vom Satz des Solon überzeugt, dass es darum geht, lebenslang zu lernen (188b2–3 und 189a4). Dieser wird aber eigentlich nur von Lysimachos ernst genommen, der mit seinen Söhnen[80] lernen und die Unterredung mit Sokrates gleich am nächsten Tag fortsetzen möchte. Laches wird sich vermutlich erst, wenn seine Söhne älter sind, an Sokrates wenden (200c5–6), bezieht den Satz also nicht auf sich. Nikias, der schon öfter mit Sokrates zu tun hatte und seine Bereitschaft zur Lebensprüfung betont hat, will der Frage nach der Tapferkeit weiter nachgehen. Allerdings meint er, dass nur noch wenig fehlt, was sich, z. B. mit dem Sophisten Damon zusammen, leicht herausfinden lasse (200b3–c1). Mit dieser Wahl verfehlt er nicht nur das von Laches in 189a5–6 aufgestellte Kriterium, nur von guten Lehrern lernen zu wollen[81]. Hätte Nikias den Wert der Unterredungen mit Sokrates erkannt, müsste er sich überhaupt nicht für einen Lehrer, sondern wie Lysimachos entscheiden. Dem Sokrates würde Nikias aber lediglich seine Söhne gerne anvertrauen, was dieser früher schon abgelehnt hat.

4.2.3. Inwiefern ist Sokrates' Haltung authentischer als die der Gesprächspartner?

Was unterscheidet Sokrates von den Gesprächspartnern, d. h. vor allem von Laches und Nikias, und was kennzeichnet sein Verhalten – das seine Lebensweise prägt – als philosophisch? Wichtig ist der Hinweis, dass er sich von Jugend an selbst um die Kenntnis des für die Seele Nützlichen bemüht. Der Philosoph lebt in stetiger Bemühung um die Weisheit und erwartet diese, wenn überhaupt, dann selbst zu finden. Der abschließende Rat, sich gemeinsam einen möglichst guten Lehrer zu suchen (201a4–5), wäre zu prüfen (*skepsasthe*, 201a2). Zumindest Lysimachos, dessen Söhne und Sokrates werden das, wie zuletzt angedeutet wird, nicht tun, sondern die nächste Unterredung miteinander weiterführen.

Auch im *Laches* stellt sich die Frage, ob Tugend mit *sophia* (bzw.

---

[80] Die sich vermutlich bereits im Kreis um Sokrates aufhalten, worauf ihr Reden von ihm und Rühmen in 180e5–181a3 hindeutet.
[81] Wiewohl Damons Theorien mitunter positiv aufgegriffen werden. So etwa in der *Politeia* im Kontext der musischen Ausbildung der Wächter in Buch III (400b1) und IV (424c6), die aber nur den Beginn des Curriculum bildet (vgl. zu allen Anspielungen auf seine Person genauer Morrison 1958, 204–206).

4. Protreptik philosophischen Lebens? Der prüfende Sokrates

epistêmê[82]) identifiziert werden kann (194d8–9). Sokrates würde der These, dass Wissen vorhanden, aber nicht aussprechbar ist, wohl nicht zustimmen. Er macht eher den Eindruck, als hätte er es schlicht ›nicht gefunden‹. Dann jedoch entsteht die schon in der *Apologie* festgestellte (vgl. 4.1.4) Diskrepanz: Wie kann jemand nicht wissen, was Tugend ist, und dennoch tugendhaft leben? Sokrates handelt tapfer, weiß aber nicht um die Definition der Tapferkeit. Was unterscheidet seine Haltung von derjenigen der Feldherren? Laches kann als Typ für den Menschen stehen, dem Tapferkeit zugesprochen wird, der aber zusätzlich glaubt, um ihre Definition zu wissen, obwohl er sie nicht weiß. Nikias kann – unter Umständen[83] – als Typ für den Menschen stehen, der weder tapfer ist, noch darum weiß, aber glaubt, tapfer zu sein und darum zu wissen. Bei allen dreien besteht eine Diskrepanz zwischen Taten und Worten, die Auswirkungen auf das Selbstverständnis hat[84]. Der Unterschied zwischen Sokrates und den Feldherren liegt darin, dass letztere nicht um diese Spannung wissen (wollen) und sie dadurch auf übergeordneter Ebene nochmals vergrößern. Sie handeln unter einem falschen Selbstbild. Sokrates ist sich dagegen seiner Grenzen bewusst, was ihn nicht nur authentisch macht, sondern auch zur philosophischen Lebensweise motiviert. Aus dem Bewusstsein der Disharmonie entspringt das Bestreben, Harmonie zwischen Verhalten und Worten herzustellen und die Weisheit zu suchen. Anders, als Nikias es erwartet, erinnert Sokrates nicht daran,»wo wir etwa nicht schön gehandelt haben oder noch handeln« (188a8). Statt einzelne Taten zu bewerten, wirft er vielmehr das grundsätzliche Problem auf, das eigene Handeln – das an einer Stelle geradezu gleichgesetzt wird mit der Lebensweise (*hontina tropon … zê*, 188a1) – und das Reden bzw. Urteilen in Übereinstimmung zu bringen[85].

---

[82] Diese beiden Termini werden im Dialog, wie schon in der *Apologie*, nicht unterschieden (z. B. in 194e3–8).

[83] Dass er tapfer ist, wird jedenfalls im Unterschied zu Laches und Sokrates nie explizit erwähnt. Ob Nikias im Dialog regelrecht ›verspottet‹ wird, ist umstritten (vgl. Joël 1906). Erler 2007, 153 schreibt ihm mehr Begabung zu als dem Laches, aber weniger Aufgeschlossenheit für die Belehrung durch Sokrates.

[84] Es geht daher nicht um das berühmte »tun, was man sagt« wie es in Lg. 729c2–5 in Bezug auf die Erziehung gefordert wird (das, was man anderen als Weisung gibt, muss man auch sein ganzes Leben hindurch tun). Das Problem liegt tiefer, im Bewusstsein, grundsätzlich nicht zu wissen, wie z. B. tapferes Verhalten zu definieren ist und nach welchen Kriterien man es beurteilen kann.

[85] Vgl. Kahn 1983, 75f., der am Beispiel der *elenchi* im *Gorgias* darauf aufmerksam

Laches – Die Diskrepanz von Taten und Worten

Inhaltlich scheint Sokrates die Frage, was jemand weiß, völlig zu entkoppeln von ›äußerlichen‹ Beweisen des eigenen Wissens wie den beiden anfangs genannten Kriterien[86]. Äußere Umstände werden vielmehr ironisch aufgegriffen in der Vermutung, Lysimachos und Melesias hätten aufgrund ihres Reichtums bessere Chancen, gute Lehrer zu finden (186c8), in dem verwunderten Hinweis des Laches auf Autodidakten (185c7) und in der Bemerkung, dass ihr Alter sie dafür prädestiniere, es schon selbst gefunden zu haben (186c9)[87].

Erfolglos gesucht wurde ein satzhaftes, lehrbares Wissen darüber, was Tapferkeit ist. Durch sein beharrliches Fragen erschüttert Sokrates das Vertrauen der Gesprächspartner in ihr Wissen und damit in sich selbst (186d3), das von Nikias nur mühsam wieder erlangt wird. Der *elenchos* soll das Selbstverständnis insofern verändern, als sich die Gesprächspartner nicht mehr als Lehrende, sondern wie Sokrates als Lernende verstehen sollten; auch sie würden dadurch authentischer wirken. Die vorgebliche Bereitschaft zu lebenslangem Lernen wird von den Feldherren aber letztlich nicht gezeigt, was einer weiteren Diskrepanz zwischen Worten und Verhalten entspricht, die aber, im Unterschied zu derjenigen in Bezug auf die Tapferkeit, nicht ganz aufgedeckt wird.

4.2.4. Ertrag des Laches: *Was soll gelernt, wie soll gelebt werden?*

Kritik geübt wird im *Laches* unter anderem an der Lebensweise der Politiker. Dies geschieht schon allein durch die Darstellung der Person des

---

macht, dass deshalb in der Interpretation nicht nur auf philosophische Analyse, sondern auf die Dramatik der Dialoge, die Persönlichkeiten der Gesprächspartner geachtet werden müsse. Ebenfalls mit Bezug auf den *Gorgias* bemerkt T. Kobusch, dass die Weise, wie man miteinander redet, schon offenbare, was man für ein Leben führt (vgl. Kobusch 1996, 47).

[86] Diese mögen wohl eher dem *common sense* unter gebildeten Athenern seiner Zeit entsprechen. So sind Lysimachos und Melesias der Überzeugung, dass ihr Nichtwissen durch Versäumnisse ihrer Väter bedingt ist, die sie hätten lehren sollen, wie man schöne Taten vollbringt (179c2–d2).

[87] Die Rolle des Alters wird – bis zuletzt – immer mehr relativiert. Auch Nikias stellt in Bezug auf den Spruch des Solon (188b3) fest, dass Alter nicht automatisch Verstand mit sich bringt (189a5–6; Laches stimmt dem zu in 201a8). Sokrates fasst zuletzt zusammen, dass sie »so alt schon« (201a8) doch Lehrer suchen wollen und Lysimachos will gar als der älteste auch am bereitwilligsten lernen.

4. Protreptik philosophischen Lebens? Der prüfende Sokrates

Nikias[88], aber auch beiläufig im Gespräch. Wer sich um öffentliche Geschäfte kümmert, vernachlässigt seine eigenen Angelegenheiten, etwa die Erziehung der Kinder, so Laches. Selbstkritisch bemerkt er, dass das »nicht nur über jene, sondern auch über uns« richtig bemerkt ist (180b3–4). Die Lebensweise des Philosophen ist dagegen davon geprägt, sich zuallererst um seine eigene Tugend und Weisheit zu sorgen[89]; jeder hat lebenslang zu lernen. Worauf bezieht sich das lebenslange Lernen genauer? Da Sokrates bereits tapfer ist, kann sich sein Streben danach, besser zu werden, nicht auf den Erwerb von Tapferkeit beziehen. Es kann sich höchstens darauf richten, besser zu beurteilen und im Gespräch mit anderen rechtfertigen zu können, was tapfer ist und was nicht. Eine *sophia*, die das ermöglicht, droht aber rasch ins Ideale, Übermenschliche zu rücken. Interessant ist die These des Nikias, dass der Tapfere wissen müsste, für wen es besser ist, zu leben als zu sterben (195d1–2). Dies wissen jedoch allenfalls die Wahrsager und, so wird die Extension weiter eingeschränkt, letztlich nicht einmal diese. Zuletzt führt Sokrates aus, dass Tapferkeit ein Wissen von jedwedem Guten sein müsse, wie es entsteht, entstanden ist und entstehen wird, und ebenso auch vom Schlechten. Der Tapfere wüsste dann, wie er sich gegen Götter und Menschen recht zu verhalten hat (199d4–e2). Er besäße, so das aporetische Fazit, die ganze Tugend und würde der übrigen Tugenden nicht mehr bedürfen. Diese Beschreibung erinnert an das Gegenstück der ›menschlichen Weisheit‹ der *Apologie* (vgl. 4.1.3 und 4.1.4), an eine Art ›göttliches‹ Tugendwissen, das nicht Ziel menschlichen Strebens sein kann[90].

---

[88] Dass Nikias unter die Staatsmänner gezählt wird, erfahren wir aus 197d7–8: Er ist jemand, den »die Stadt für wert achtet, ihr vorzustehen«. In 197e1–2 mutmaßt Sokrates, dass ihm, »dem das Größte anvertraut ist, auch gebührt, die größte Weisheit *(phronêsis)* zu besitzen«. Eben diese Vermutung zeigt sich aber im Verlauf des Dialogs als unzutreffend.

[89] Die Erziehung der Kinder steht aber auch bei ihm allenfalls an zweiter Stelle. So bemerkt Nikias treffend, dass doch »von den Knaben nicht die Rede sein würde, wenn Sokrates zugegen wäre, sondern von uns selbst« (187b6–7).

[90] Die »gesamte Tugend« (199e5: σύμπασα ἀρετή) wird nicht als »göttlich« bezeichnet, unterscheidet sich aber wesentlich von Einzeltugenden wie der Besonnenheit, die sich auf verschiedene Seelenvermögen beziehen und diese miteinander vermitteln. Folgt man dem Bild für die göttliche Natur in Phdr. 246a8–b1, so bestehen in ihr nur zwei Seelenvermögen, die von Natur aus harmonisch zusammenwirken; es gibt nur den guten Wagenlenker und zwei gute Pferde, die diesem ohnehin folgen. Dazu passt die Bemerkung,

Laches – Die Diskrepanz von Taten und Worten

Trotz der Betonung eigenständiger Suche versucht Sokrates, nicht für sich alleine weiser zu werden, sondern gemeinsam im Gespräch mit anderen. Die Selbstsorge wird verknüpft mit der Prüfung anderer, die bei der Integrität einer Person ansetzt. Wie gezeigt wurde (4.2.3), sieht die Diskrepanz zwischen Taten und Worten je nach Reflexionsebene unterschiedlich aus. Auf erster Ebene kann jemand tapfer sein, weiß aber nicht um die Definition der Tapferkeit (Typ »Sokrates«). Auf zweiter Ebene ist jemand tapfer, weiß nicht um die Definition, meint aber darum zu wissen (Typ »Laches«) oder er ist nicht tapfer, weiß nicht um die Definition, meint aber darum zu wissen sowie auch selbst tapfer zu sein (Typ »Nikias«). Der sokratische *elenchos* soll die Selbsttäuschung aufdecken, ins Nachdenken bringen und zur Sehnsucht führen, weise(r) zu werden, was dann zu einer Lebensänderung führt. Ein neues Selbstverständnis stellt Integrität und Authentizität[91] der Person insofern wieder her, als man nicht (wie Laches) behauptet, etwas zu wissen, was man nicht weiß oder (wie Nikias) zusätzlich meint, etwas – z. B. tapfer – zu sein, was man nicht ist. Im *Laches* werden außerdem mögliche Hindernisse und Einwände gegen den philosophischen Weg ausgeräumt. Weder zu hohes Alter noch fehlende finanzielle Möglichkeiten oder schlechte Lehrer können als Entschuldigung dafür dienen, ihn nicht einzuschlagen.

Wie schon in der *Apologie* scheint die fortwährende Suche nach Weisheit mit einem guten Leben, dem Besitz von Tugend, vereinbar zu sein. Sokrates *ist* tapfer, sein philosophisches Leben ist ein gutes Leben. Nur für eine Belehrung anderer scheint es einer formulierbaren und vermittelbaren Weisheit zu bedürfen. Auffällig ist, dass mit Lysimachos nur einer der Anwesenden – noch dazu ein am Kerngespräch, dem eigentlichen *elenchos*, überhaupt nicht beteiligter – auf den Aufruf zur Weisheitssuche reagiert (4.2.2). Lysimachos' Nichtwissen musste jedoch im Unterschied zu Laches und Nikias gar nicht aufgedeckt werden, weil er von vornherein in der Rolle des Ratsuchenden war. Funktionsweise und Erfolgsaussichten des *elenchos* sollen daher im Folgenden mit Blick auf beide bisher besprochenen Werke und die frühen Dialoge allgemein diskutiert werden.

---

dass man schon ganz »allein« (Lach. 199d8), geradezu notwendig richtig handle. Von »Tugend« kann hier nur noch in analoger Weise gesprochen werden.

[91] Während mit dem Begriff »Integrität« die Einheit der Person betont wird, die sich ihrer selbst bewusst ist und entsprechend ihrer Einsichten lebt, so betont »Authentizität« eher die Ehrlichkeit im Auftreten nach außen hin.

4.3. Ansprüche an sich selbst und die darauf aufsetzende Motivation zur Weisheitssuche in den frühen Dialogen

Dass Sokrates ein philosophisches Leben führt, bedeutet, so war anhand der *Apologie* festzustellen, dass er sich im Bewusstsein seines Nichtwissens um Weisheit und Tugend kümmert und auch andere dazu aufruft, indem er sein Leben und das anderer einer Prüfung unterzieht. Im Zuge des *elenchos* ermahnt er sie a) zur Bescheidenheit, was den Anspruch, etwas zu wissen angeht und b) dazu, die Prioritäten ihres Lebens richtig zu setzen.

Im *Laches* wurde genauer gezeigt, worin dieser Aufruf zur Bescheidenheit besteht. Sokrates destruiert ein vermeintliches, anderen sprachlich vermittelbares (Fach)wissen in Bezug auf die Tapferkeit. Wie gelangt er zum zweiten Schritt, d. h. wie motiviert er die Gesprächspartner, sich an allererster Stelle ihres Lebens um Tugend und Weisheit zu kümmern? Sein Vorgehen lässt sich nicht nur im *Laches*, sondern durch alle frühen Dialoge hindurch beobachten. Die Gesprächspartner treten auch in anderen frühen Dialogen wie dem *Protagoras* mit einem bestimmten Anspruch auf, der herausgearbeitet und häufig von Sokrates noch zusätzlich bekräftigt wird[92]. Sie stehen dann stets vor der Aufgabe, das argumentativ zu verteidigen, was sie zu sein, zu wissen und zu können vorgeben. Der Anspruch kann Expertenwissen in den »göttlichen Dingen« bzw. dem Frommen *(Euthyphron)* beinhalten, in der Lehre der Wohlberatenheit oder Tugend *(Protagoras, Euthydemos)*, in der Rhetorik *(Gorgias)* oder in der Homerinterpretation *(Ion)* bestehen. Er kann sogar umfassen »alles zu wissen« bzw. »alles zu beantworten« *(Euthydemos, Hippias* I) oder beinhalten, sich darauf zu verstehen, ein guter Freund zu sein (Lys. 223b8[93]).

Rechenschaft hierüber ablegen *(logon didonai)* zu können, wird

---

[92] Sokrates gelingt es im *Protagoras* erst nach einiger Zeit, mit dem *elenchos* zu beginnen. Nach einer ausführlichen, aber ergebnislosen Gedichtinterpretation drängt er darauf, sich statt mit einer ›fremden Stimme‹ mit den anwesenden Weisen selbst zu unterhalten und sie zu prüfen. Viel spannender wäre es, die Wahrheit *und* zugleich sich selbst zu erforschen (Prot. 348a5). Protagoras nun hält sich für gut und edel und rühmt sich im Vertrauen auf sich selbst *(pepisteukas sautô*, Prot. 348e6), ein Lehrer der Tugend zu sein. Also müsste er alles, worüber ein guter Mann nachdenkt und besonders die Tugend erklären können. (Prot. 348d5–349a6).

[93] Im *Lysis* wird allerdings kein *elenchos* im strengen Sinne durchgeführt (vgl. Vlastos 1994a, 30f.).

spätestens dann relevant, wenn es zu unterschiedlichen Urteilen über das gute Leben und das ihm entsprechende Handeln kommt. Beispielsweise beurteilt Euthyphron unter Rekurs auf sein, wie sich rasch zeigt, nicht vorhandenes Fachwissen ein Handeln als fromm, das innerhalb der *polis* und von Angehörigen als ganz und gar nicht fromm bewertet wird[94]. Weil die Diskrepanz zwischen dem vermeintlichen oder wirklichen Besitz einer Tugend und dem Wissen um ihre Definition, wie im *Laches* deutlich wurde, schmerzlich empfunden wird, ist die Suche nach Weisheit teilweise negativen Ursprungs. Philosophieren entspringt dem Bewusstsein eines Mangels und gleichzeitig dem Bewusstsein der Notwendigkeit, diesen Mangel zu beheben. Gelingt es Sokrates, in anderen dieses Bewusstsein – mit seinen zwei Komponenten – zu wecken, werden sie ebenfalls zu Philosophen.

Dass Sokrates andere Menschen durch den *elenchos* meist auch des Beifalls und der Anerkennung der Zuhörer und, schlimmer noch, potentieller Schüler beraubt, rechtfertigt er – was ihm zumindest Platon zuschreibt – mit der Notwendigkeit der Zerstörung des Scheins (z. B. in Men. 84c5–11). Er fordert von seinen Gesprächspartnern, sich selbst zu erkennen[95], was ohne Wahrhaftigkeit, eine Ehrlichkeit sich selbst und seinem Leben gegenüber, nicht möglich ist[96]. Die Entdeckung der Wahrheit über sich selbst – dass etwa Taten und Worte nicht übereinstimmen – besitzt, wenn sie mit einem vorhandenen Anspruch in Konflikt gerät, motivierende Kraft. Erst wenn das Vertrauen in die eigene Weisheit, die man selbst oder andere von einem erwarten, zerstört ist, wird nach Weisheit gesucht. Erst wenn das eigene Leben als disharmonisch empfunden wird, besteht die Notwendigkeit der aktiven Bemühung um Harmonie durch die Beantwortung der ungeklärten Fragen. Dass diese Notwendigkeit dann dennoch oft nicht zur Lebensänderung führt (vgl. 4.2.2), könnte eine tiefere Problematik bergen – der *elenchos* allein genügt noch nicht, sondern ist nur Teil philosophischer Lebensweise (vgl. 4.4)[97].

---

[94] Vgl. Heitsch 2004, 153.
[95] Vgl. Chroust 1947, 29, der hierin ein wesentliches Merkmal sokratischen Philosophierens sieht und Karl 2010, 121–164, die Selbsterkenntnis auch anhand von *Alkibiades* I untersucht (vgl. *ebd.*, 143–164).
[96] Wenn jemand nicht seine eigene, ehrliche Meinung vertritt, funktioniert auch der *elenchos* nicht (vgl. Gorg. 500b8–9, Rep. 346a3–4, Prot. 331c6–d1 und Krit. 49c11–d1).
[97] Neben der Vermutung in 4.4, dass unerreichbare Ziele demotivierend wirken, argumentiere ich in Schwartz 2012 dafür, dass auch übermäßiges Ehrstreben Ursache für das

4. Protreptik philosophischen Lebens? Der prüfende Sokrates

Wie steht es nun mit dem Anspruch, den Sokrates an sich selbst erhebt? Den mit dem Orakelspruch von außen an ihn herangetragenen legt er nicht, wie vielleicht Chairephon und andere Freunde, dahingehend aus, dass er weise ist. Wie gezeigt wurde, ist der Spruch auch nicht Ursprung seiner Tätigkeit, sondern nur vergleichsweise rasch abgehandelte Episode, die dann in eine weitere, neue Motivation zum Philosophieren, die Wahrnehmung eines göttlichen Auftrags, mündet. Innerhalb der Gespräche ist Sokrates in gewissem Sinne unangreifbar, da er von Beginn an selbst keinen bestimmten Anspruch erhebt, und somit auch keinen einlösen muss. Durch sein von Anfang an eingestandenes Nichtwissen ist er in der Lage, anders und freier zu diskutieren als beispielsweise Nikias und Laches. Er muss nicht um jeden Preis eine These verteidigen, kein Wissen beweisen und sich nicht davor schützen, sein Ansehen zu verlieren. Verpflichtet ist er allein der Logik, der Übereinstimmung der Gesprächspartner und letztlich der Wahrheit, dem formalen Ziel der Untersuchung, die aufgeworfene Frage zu beantworten. Sokrates achtet auf die Gemeinschaft der Rede (Lach. 196c7; 197e7), er vermittelt (Lach. 195a7) und bemüht sich, sie zu einem von allen Beteiligten vernünftig akzeptierbaren Ergebnis zu bringen[98]. Dabei werden bestimmte, sophistische Methoden ausgeschlossen. Eine bloße Umdeutung der Bedeutung von Worten, spitzfindige Unterscheidungen wie die zwischen »tapfer« und »kühn« in Lach. 197b1–d5 werden nicht helfen, um die Definition der Tapferkeit zu finden[99]. Die souveräne Gesprächsführung gelingt Sokrates bis zu dem Punkt, an dem ihm sein Nichtwissen als Verstellung und Teil des ironischen ›Programms‹ vorgeworfen wird – z. B. von Thrasymachos in Rep. 337a3–8 oder Alkibiades in Symp. 216e3–6. Ist dieser Vorwurf berechtigt? Vermutlich ver-

---

Scheitern des *elenchos* sein könnte. Geht es nur um die Ansprüche und Anerkennung anderer, so genügt es, sich statt der Lebensänderung schlicht nicht mehr der Prüfung auszusetzen und vor diesen den Schein des Wissens zu wahren.

[98] Eine ausführliche Untersuchung zu Arten und Rolle der Homologie in den Dialogen hat Geiger 2006, bes. 78–95 unternommen. Dass die dialogische Wahrheitssuche an die Homologie gebunden wird, ist laut Voigtländer deutlichster Ausdruck dafür, dass Sokrates die Fähigkeit der Einsicht in die Wahrheit bei jedem seiner Dialogpartner voraussetzt (vgl. Voigtländer 1980, 130).

[99] Weil, so ließe sich ergänzen, der Gesprächspartner eben dadurch die »Gemeinschaft der Rede« auf subtilere Weise verlässt als durch Abbruch der Diskussion, wie ihn Laches in 196c5–6 androht. Verlassen wird vielmehr die gemeinsame sprachliche Basis (vgl. Wieland 1999, 189: Die populäre Vorstellung von Tapferkeit vermengt die von Nikias getrennten Begriffe).

Der *elenchos* als Protreptik oder Bestandteil philosophischen Lebens?

stellt sich der platonische Sokrates nicht, wenn es um die Klärung ernster Fragen wie der nach dem guten Leben geht – würde er sich doch damit selbst betrügen[100].

Nachdem das sokratische Verständnis philosophischen Lebens und die Funktionsweise des *elenchos* deutlich wurden, soll im nächsten und abschließenden Schritt gefragt werden, welchen Stellenwert der *elenchos* in Bezug auf das philosophische Leben besitzt, wenn man auf weitere und spätere Dialoge Platons sieht. Dies kann freilich nur ein vorläufiger, skizzenhafter Befund sein, der in 9.3, nach genauer Untersuchung besonders der mittleren Dialoge, noch erweitert wird.

4.4. Der *elenchos* als Protreptik oder Bestandteil philosophischen Lebens?

Sind die frühen Dialoge nur Protreptik philosophischen Lebens, insofern sie die Gesprächspartner auf den richtigen Weg bringen, ihre Neugier wecken sollen? Nicht nur der unmittelbar zwischen zwei Gesprächspartnern geführte, lebendige Dialog, sondern auch das Lesen (bzw. Hören im Falle des Vorlesens) und Mitvollziehen der niedergeschriebenen Dialoge kann durchaus diese Wirkung haben. In der umstrittenen Frage, welche Funktion die aporetischen Dialoge zur Zeit Platons erfüllt haben, ist einerseits K. Gaiser und H. J. Krämer Recht zu geben, dass sie als Werbeschriften für die Akademie gedient haben können[101]. Andererseits wird ihre Diskussion aber sicher auch eine wichtige Rolle im Unterricht der Akademie, dem Kreis der Schüler gespielt haben[102].

Ein protreptischer Charakter kann besonders der *Apologie* nicht

---

[100] Vgl. Vlastos 1991, 135 und 155f.
[101] Vgl. Gaiser 1959, 16–18 und Krämer 1964, 80, die dies allerdings für alle Dialoge annehmen.
[102] Vgl. Erler 1987, bes. 18 und 290–298. Worin diese Rolle genau bestand, wäre freilich zu klären. Während Erler die aporetischen Dialoge vorrangig, in Anlehnung an Phdr. 278a1, als »Erinnerungshilfe« begreift, die das Wissen der mit der platonischen Grundlehre Vertrauten festigt, vermute ich den Schwerpunkt eher auf der verstörenden und motivierenden Funktion der Dialoge, der Anregung zum Nachdenken und zur Diskussion (welche von ihm ebenfalls erwähnt wird, vgl. Erler 1987, 291). Unabhängig davon, ob die Schüler bereits ein platonisches Vorwissen besitzen oder nicht, werden sie – vermutlich nur an jeweils anderen Punkten – aufmerksam und immer wieder dazu herausgefordert, sich um eine Lösung zu bemühen. Auch und gerade dort, wo man sich noch nicht an

4. Protreptik philosophischen Lebens? Der prüfende Sokrates

abgesprochen werden. Sokrates vergleicht sich einer »Pferdebremse«, sein Fragen verstört die Menschen. Wie gezeigt wurde, soll der *elenchos* zu einer Lebensänderung führen, Menschen zur Weisheitssuche, zur Ausrichtung an anderen Lebenszielen als bisher bewegen. Das sokratische Anliegen, die Menschen zum Nachdenken zu bringen[103], spiegelt sich im Anliegen, das Platon als Autor zweifellos mit den Dialogen verfolgt. An vielen Stellen, besonders den scheinbar aporetischen, ist der Leser aufgerufen, selbst weiterzudenken[104]. Die Frage nach dem protreptischen Charakter lässt sich mit Blick auf das Gesamtwerk dennoch nicht leicht beantworten. Zwei Gesichtspunkte dazu:

1) Der *elenchos* allein genügt nicht. Ein gutes, philosophisches Leben erschöpft sich nicht in der fortwährenden Durchführung des *elenchos*, was einer Interpretation entspricht, die beispielsweise U. Wolf in ihrer Untersuchung der Frühdialoge Platons vertritt[105]. Ohne die Hoffnung auf Existenz des gesuchten Guten würde hier ein erhebliches Motivationsproblem bestehen[106]. Es ist auch nicht anzunehmen, dass der

---

bereits Gehörtes erinnern kann. Platon muss bewusst gewesen sein, dass die Dialoge, einmal niedergeschrieben, weit über die Akademie hinaus Verbreitung finden könnten.

[103] Dass ein ungeprüftes, unreflektiertes Leben nicht lebenswert ist, zeigt sich mitunter auch an den mythischen Negativfolien für die *conditio humana* (vgl. Pol. 271e3–d2 zum mühelosen Leben unter Kronos oder die Schilderung des »Schweinestaats« in Rep. 372a5–d3).

[104] So Ebert 2004, 417–420 in seiner Interpretation des *Phaidon*, allgemein auch Kutschera 2002, 41 und Frede 1992, 217–219.

[105] Wenn auch zögerlich bzw. vorsichtig (vgl. Wolf 1996, 91, 94, 146, 151 und 171). Im abschließenden »Ausblick« (vgl. *ebd.*, 173–175) wird die These nicht mehr aufgegriffen. Es bleibt also bei der Vermutung auf S. 171, dass das Leben der dauernden Selbstprüfung ein Moment von subjektivem Glück enthalten *könnte*. Vgl. auch Wolf 1999, 41, wo das Leben der *aretê* als ständiger Vollzug des *elenchos* begriffen, allerdings dann Sokrates zugeordnet wird (vgl. *ebd.*, 42).

[106] Was Wolf ebenfalls anmerkt (vgl. Wolf 1996, 127, 149 und Wolf 1999, 41). Anhand des *Lysis* rekonstruiert sie Platons Lösung dieses Problems unter Rückgriff auf den philosophischen Eros. Andere, m. E. zentralere Lösungsvorschläge Platons, die z. B. auf der Anamnesislehre basieren, werden als zu »suggestiv-bildhaft« und daher weniger relevant abgelehnt (vgl. Wolf 1996, 127). Ob ein Verweis auf den Eros aber höhere Erklärungskraft besitzt, und nicht lediglich die Tatsache beschreibt, *dass* Menschen eben motiviert sind, wäre zu fragen. Zumal ihn Wolf dann letztlich wieder auf Sokrates, der »als Vorbild, Liebhaber und Erzieher andere Menschen zur Imitation seiner Lebensweise anregt« (Wolf 1996, 151) und eben nicht direkt auf das gesuchte Gute bezieht. Wäre die Liebe zu Sokrates aber die einzige Motivation zur Philosophie, so würden alle Philosophierenden, bis auf Sokrates selbst, auf den unteren der im *Symposion* geschilderten Stufen verharren.

Der *elenchos* als Protreptik oder Bestandteil philosophischen Lebens?

geschilderte negative Ursprung der Motivation, sich allein aus der Erfahrung des Nichtwissens heraus auf die Suche nach Wissen zu begeben, auf die Dauer ausreicht. Wenn überhaupt kein Ziel in Sicht wäre, wäre Resignation die angemessenere Reaktion. Sich zwar dessen bewusst zu sein, dass einem etwas sehr Wichtiges fehlt, gleichzeitig aber gar keine Hoffnung zu haben, es zu finden, dürfte eher existentielle Verzweiflung hervorrufen als Glück[107]. Die fortwährende Anwendung des *elenchos* kann nicht alles sein[108], ja, sie ist vermutlich nicht einmal möglich ohne eine wie auch immer geartete Vorkenntnis der Ziele, der Kriterien, auf die hin geprüft wird.

Sokrates lässt die Thesen anderer ›herumwandern‹ und übt damit die ›Kunst des Daidalos‹ aus, in der er, wie er einmal bemerkt, leider wider Willen weise ist (Euthyphr. 11b6–d2). Dabei bleibt es aber, zumindest in der Interpretation Platons, nicht. Die Philosophie »sagt immer das Gleiche« (Gorg. 482a9), sie sucht nach feststehenden, unumstößlichen Sätzen. Im Bemühen, sowohl an der sokratischen Aussage des Nichtwissens festzuhalten als auch die Funktionsweise des *elenchos* zu verstehen, werden später Szenarien entworfen, die dem historischen Sokrates[109] vermutlich »fantastisch« vorgekommen wären[110]. Wie die platonische Ausweitung und Interpretation der sokratischen Tätigkeit einzuordnen ist, wird Thema des letzten Kapitels (bes. 9.3) sein.

2) Genauso verfehlt wäre es aber, die frühen Dialoge nur als Vorbereitung einer ganz anderen, eigentlich philosophischen Tätigkeit, etwa der dialektischen Untersuchung, zu verbuchen. Es verhält sich vielmehr so, dass ein und dasselbe Tun des Sokrates später[111] durch Platon reinterpretiert wird. Der *elenchos* fügt sich gut ein in die Schilderung der höheren Stufen des Aufstiegs im *Symposion* (vgl. 7.2.3). Bis in die späten Dialoge hinein (man denke an den *Theaitetos* oder, wie D. Davidson 1993 gezeigt hat, den *Philebos*) wird der *elenchos* wieder aufgegrif-

---

[107] Und dass Sokrates die Menschen glücklich macht, wurde bereits unter Berufung auf Apol. 36d9–e1 gezeigt.
[108] Sie dient laut Wolf der Ordnung der Seele in Bezug auf ihre praktischen Meinungen – eine Ordnung, die die Suche nach dem guten Leben erst ermöglicht (vgl. Wolf 1999, 39). Dem *elenchos* geht aber wiederum noch die Ordnung der Affekte voraus (vgl. Wolf 1996, 168; zum Status dieses Unterfangens siehe das gesamte Kapitel 5).
[109] Zu einer ganzen Reihe von Kriterien und Positionen, die diesem im Unterschied zum ›platonischen‹ Sokrates zuzuschreiben wären, vgl. Vlastos 1991, 45–80.
[110] So G. Vlastos 1994a, 29 zur Anamnesiskonzeption im *Menon*.
[111] Nach Meinung etlicher Interpreten geschieht eine ›platonische‹ Deutung bereits in der *Apologie* (vgl. Müller 1975 und Kato 1991).

4. Protreptik philosophischen Lebens? Der prüfende Sokrates

fen. Es gibt in antiken Quellen keine Hinweise darauf, dass Platon seine Ansichten irgendwann radikal geändert hätte[112]. Auch in späteren Dialogen geschieht stets eine Integration, Diskussion und Weiterentwicklung der Fragen, die durch das dem Philosophieren gewidmete Leben des Sokrates ausgelöst wurden. Dabei ist die konsequente Durchführung des *elenchos* im Sinne der Prüfung seiner selbst und unter Umständen auch anderer[113], zumindest wesentlicher und lebenslang bleibender, wenn auch laut Platon nicht ausschließlicher Teil philosophischen Lebens[114].

In den nächsten beiden, umfangreichen Kapiteln soll der philosophische *bios* im Verhältnis zu zwei bestimmten, anderen *bioi* betrachtet werden: zu dem auf Lust ausgerichteten (Kapitel 5) und zu dem auf Ehre oder Anerkennung ausgerichteten (Kapitel 6) Leben[115].

---

[112] Vgl. Zuckert 2009, 3f., die es mit einer interessanten Methodik unternommen hat, Anliegen und dialogübergreifende Linien platonischen Denkens vom *dramatischen* Datum der Dialoge ausgehend herauszuarbeiten. Allerdings ist ihre daraus entspringende These, dass Sokrates mit dem Aufruf anderer zum philosophischen Leben nur zeigen wolle, wie intelligible Ideen die Erfahrungswelt beeinflussen können, ziemlich gewagt (vgl. Zuckert 2009, 182 und 212f.). Hier geben die Dialoge für sich genommen doch andere Begründungen; auch im Blick auf das Gesamtwerk kann ich dieses Anliegen nicht sehen (vgl. Kapitel 9).

[113] Dass die Prüfung anderer fester Bestandteil philosophischen Lebens sein könnte, wurde in 4.1.5.2 verneint. Mit Blick auf weitere und besonders die mittleren Dialoge ist diese Frage aber natürlich neu zu stellen.

[114] Auch K. Gaiser weist darauf hin, dass das Eingeständnis des Nichtwissens nicht nur etwas »bloß Vorbereitendes« (Gaiser 1959, 18), sondern wesentlicher Schritt zur philosophischen *paideia* selbst sei. Es sei eins mit der Hinkehr zum Wahren und zu echtem Lernen. Der *elenchos* kann als Teil der von Gaiser ebenfalls betonten Lebensführung und Seelenhaltung verstanden werden, ohne die sich auch die (letzte) philosophische Erkenntnis nicht einstellen wird.

[115] Dass ich neben dem philosophischen genau diese beiden *bioi* behandle, wird – wie in 3.4 erwähnt – von der in der *Politeia* entwickelten Seelentheorie (vgl. 5.4), besonders von den Aussagen zu den drei Menschenarten in Rep. 581c4–5, gestützt.

5. Das philosophische Leben und die Rolle der Lust

Aus dem Stellenbefund (3.3) ging hervor, dass die Frage nach dem philosophischen Leben von Platon erstaunlich häufig in engem Zusammenhang mit der Lustthematik erörtert wird. Lust ist, so der Grundtenor, nicht das höchste Gut des Lebens. Die Auseinandersetzung mit der Gegenposition, dem Hedonismus, spielt bis in die späten Dialoge hinein, z. B. im *Philebos*, eine große Rolle. Als historischer Grund dafür wird oft die philosophische Konkurrenz in Platons Umfeld, etwa die hedonistische Position seines Zeitgenossen Eudoxos von Knidos[1], genannt. Was könnte ein systematischer Grund dafür sein? Schmerz wirkt natürlicherweise als Aufforderung an denjenigen, der ihn empfindet, so rasch wie möglich wieder in einen schmerzfreien Zustand zu gelangen. Bei starken Schmerzen treten alle anderen Ziele dahinter zurück. Aber auch Begierden und Bedürfnisse[2], die erfüllt werden wollen, sind Quelle von Handlungsaufforderungen. Je mehr Zeit ihre Erfüllung in Anspruch nimmt, desto mehr können sie ein gesamtes Leben prägen. Ein naheliegendes Ziel des Handelns und evtl. des ganzen Lebens ist, sich selbst nicht nur in einen schmerzfreien, sondern möglichst angenehmen Zustand zu versetzen. Dieses Ziel ist – als Hauptziel des Lebens – unvereinbar mit der Konzeption eines philosophischen Lebens.

Welche Rolle spielen Begierden, deren Erfüllung Lust verspricht[3],

---

[1] Vgl. Gosling/Taylor 1982, 167 und Frede 1997a, 174f.
[2] Zur Unterscheidung der beiden Begriffe: »Bedürfnis« wird im Folgenden eher für die notwendigen Begierden, d. h. solche, auf deren Erfüllung nicht verzichtet werden kann (wie das nach Essen und Trinken) verwendet. Eine ganz klare terminologische Trennung ist nicht möglich, weil bei entsprechender Ausformung auch nicht-notwendige Begierden als »Bedürfnis« empfunden werden können. Auch von einem »Bedürfnis« nach Anerkennung kann m. E. gesprochen werden, wenn die Unabweisbarkeit mit ausgedrückt werden soll. Von Platon selbst wird meist von »Begierde« bzw. einem »Verlangen« *(epithymia)* und eher selten von einem »Bedürfnis« *(endeia/chreia)* gesprochen.
[3] Zum Zusammenhang von Lust und Begierden vgl. 5.4.4. Primär ist der Begriff der Begierde oder des Verlangens. Lust wird normalerweise als Emotion verstanden, die auftritt, wenn Begierden erfüllt werden.

5. Das philosophische Leben und die Rolle der Lust

aber dann im Leben des Philosophen? Favorisiert Platon ein asketisches Leben? Und könnte man nicht auch das Philosophieren als Ausdruck einer Begierde beschreiben? Was unterscheidet philosophische Lust dann noch von jeder beliebigen anderen? In der Tat wird der Begriff der Lust *(hêdonê)* nicht rein negativ gewertet. Der Philosoph kennt eine geistige Lust (vgl. 5.4.8 zur *Politeia* und 5.5 zum *Philebos*), auch andere, notwendige Lüste lässt er zu; ansonsten aber führt er ein besonnenes, maßvolles Leben. Es ist gekennzeichnet von der Unabhängigkeit von den eigenen, insbesondere körperlichen Begierden (d. h. etwa denjenigen nach Essen, Trinken, Sexualität) und von äußeren Gütern, die zu ihrer Befriedigung dienen. In diesem Kapitel sollen sechs Dialoge Platons sowie der *VII. Brief* auf die Rolle der Lust im philosophischen Leben hin befragt werden. Überraschenderweise wird die Hedonismusthematik kaum im Zusammenhang mit dem philosophischen Eros diskutiert (vgl. dazu 5.8.5). Daher finden sich Überlegungen zu *Symposion* und *Phaidros* erst im Zusammenhang mit der Diskussion des Stellenwerts von Beziehungen in Kapitel 7.

5.1. *Gorgias* – Die Zurückweisung des ›kruden‹[4] Hedonismus

Eine klare Aussage zur hedonistischen Grundthese der Identifikation von Angenehmem und Gutem erhalten wir im *Gorgias,* in dem zwei Lebensweisen gegenübergestellt werden (vgl. 3.3.1). Sokrates unterhält sich nacheinander mit dem Rhetoriklehrer Gorgias und zwei seiner Schüler, dem jungen Polos und Kallikles. Im ersten Teil des Dialogs befragt er Gorgias über die Art und Weise seiner Kunst, im zweiten Polos zum Nutzen der Rhetorik, ihrem Verhältnis zu anderen Künsten und daraufhin, ob ein ungerechtes Leben glücklich ist. Ausgehend vom Unrechtsproblem diskutiert er zuletzt mit Kallikles weiter über die richtige Lebensweise. Nur dieser dritte Teil soll im Folgenden unter dem Aspekt der Rolle der Lust betrachtet werden.[5]

Nicht die körperlich Stärkeren, so lässt Sokrates den Kallikles zu-

---

[4] Vgl. Kahn 1988, 94f., der ebenfalls die krudere *(cruder)* Version des Hedonismus im *Gorgias* mit der durchdachten, ausgefeilten *(sophisticated)* Version im *Protagoras* vergleicht.
[5] Wiewohl sich die Hedonismuskritik bereits vorher ankündigt, z. B. in der Gegenüberstellung der Künste (464e1–2–465a1): Die Kochkunst ist schlecht, sie trifft nur das Angenehme ohne das Gute. Polos lässt sich letztlich dazu hinreißen, als Befürworter der Identifikation von Angenehmem und Gutem aufzutreten (475a2–3).

gestehen, sollten in der *polis* herrschen, sondern die Einsichtsvolleren (*phronimôteron*, 490a6–8). Dann führt er das Gespräch – wie so oft recht unvermittelt[6] – auf die Frage, ob man nicht zuallererst über sich selbst herrschen solle (491d2), über die eigenen Lüste und Begierden (*hêdonôn kai epithymiôn*). Wie schon im Gespräch mit Polos (470c4–471d2) löst diese Frage einen emotionalen, längeren Redeschwall aus, in dem Kallikles seine Vorstellung des richtigen Lebens preisgibt. Während er zunächst die Frage nicht versteht, so fern liegt ihm die bekannte Definition der Besonnenheit[7], so meint er dann, Sokrates scheine wohl die Besonnenen zu meinen, die »Einfältigen« (491e2). Von der Selbstbeherrschung hält er nichts, frei müsse man vielmehr sein und niemandem dienstbar. Wer richtig leben will, muss seine Begierden groß werden lassen, um sie dann lustvoll zu befriedigen. Tugend und Glückseligkeit bestehen in Üppigkeit, Ungebundenheit und Freiheit (*tryphê kai akolasia kai eleutheria*, 492c5). Mithilfe anschaulicher Bilder verteidigen Sokrates und Kallikles daraufhin den ihnen jeweils am besten scheinenden Umgang mit Lust und Unlust. Die Lebensweise des Philosophen wird zunächst nicht erwähnt – gegenübergestellt werden einerseits die Lebensweise des Besonnenen, der seine Lüste kontrolliert und andererseits die des Zügellosen, der ihnen freien Lauf lässt (493d8). Ein erster Schritt zur Verteidigung des besonnenen Lebens besteht darin, zu zeigen, dass es angenehmer (da mit weniger Stress verbunden) oder mindestens genauso angenehm ist wie das Leben des Zügellosen. Der Besonnene lebt ruhig, die Fässer seiner Seele – so das verwendete Bild aus vermutlich orphisch-pythagoreischer Quelle – sind unter anderem mit Honig, Wein und Milch angefüllt. Er leitet nichts weiter hinein und sie geben, genau wie auch beim Zügellosen (493e6), nur mit Mühe und Arbeit etwas her. Während Kallikles dieses Leben als ›Leben eines Steins‹ (oder der Toten) charakterisiert, der gar keine Lust mehr empfindet, bezeichnet Sokrates dessen Gegenentwurf als ›Leben einer Ente‹. Wer eine Seele von der Natur eines lecken Fasses besitzt, ist stets unerfüllt und damit beschäftigt, Begierden zu erfüllen, die sich aber nie vollends befriedigen lassen. Bilder und der Hinweis auf die drastischen

---

[6] Wolf 1996, 164 stellt die gleiche Sprunghaftigkeit der Argumentation auch im *Protagoras* fest.
[7] Vgl. Dalfen 2004, 360f. Hier wird außerdem erwähnt, dass die Sophisten, wie auch der *Protagoras* zeigt, sehr wohl etwas mit Besonnenheit (*sôphrosynê*) anfangen konnten, zumindest wenn darunter verstanden wird, stärker als die augenblickliche Lust zu sein.

5. Das philosophische Leben und die Rolle der Lust

Konsequenzen der Identifikation von Lust und Gutem – wäre doch dann auch das Leben des Knabenschänders ein gutes Leben –, vermögen Kallikles jedoch nicht umzustimmen (493d1–3; 494a6; 495a5). Sokrates geht daher über zur begrifflichen Untersuchung der These, dass das Angenehme und das Gute identisch sind. Warum wird diese philosophische Untersuchung nicht von vornherein durchgeführt, sondern auf mythische Bilder, die allgemeine Meinung und ein Euripides-Zitat zurückgegriffen?

Dies liegt nicht daran, dass man auf argumentativem Wege nicht zu einer Bewertung der Lust gelangen könnte, sondern, ähnlich wie im *Protagoras* (vgl. 5.2), am Argumentationsstil der Gesprächspartner. Den bildlich-suggestiven Elementen des Rhetors setzt Sokrates ebensolche entgegen. In ihnen soll Kallikles seine eigene Unerfülltheit wiedererkennen und spüren. Unter Umständen könnte diese Methode sogar genügen, um gegen eine kaum ernst zu nehmende[8], krudhedonistische These anzugehen. Bei Kallikles zeigt sie jedoch nicht die erhoffte Wirkung. Sokrates nennt dann u. a. die Tapferen als Beispiel dafür, dass – auch nach Meinung des Kallikles – gute Menschen weniger oder genauso viel Lust empfinden wie schlechte, hier, die feigen. Lust zu empfinden *(chairein)* kann nicht schon das gute Leben ausmachen und Unlust zu empfinden ist nicht immer schlecht (497a3–5). Kallikles gibt zuletzt zu, dass es schlechtere und bessere Lust gebe (499b6–8). Auf die Niederlage reagiert er, indem er sich dem Gespräch entzieht und nur noch von Gorgias zum Antworten gedrängt wird. Sokrates stellt fest, dass man um des Guten willen alles tun müsse; es ist Ziel *(telos)* des Lebens bzw. aller Handlungen (499e11–12). Zur Unterscheidung von Gutem und Schlechten bedürfe es aber eines Sachverständigen. Hier benennt er nochmals das Thema des gesamten Gesprächs. Es geht um die ernsthafteste Frage für jeden vernünftigen Menschen: darum, auf welche Weise man leben solle *(hontina tropon zên,* 500c3[9]). Statt nun weiter die Lebensweise des Besonnenen und des Zügellosen zu diskutieren, geht er unvermittelt anders vor. Kallikles hat kurz vorher das zurückgezogene Leben der Philosophen, wie etwa das des Sokrates, scharf kritisiert und das der Rhetoren und Politiker (wozu er selbst, Gorgias

---

[8] Vgl. die Rückfrage des Sokrates in 495c1: »Sollen wir also auf den Satz losgehen, als wäre es dir Ernst damit?«

[9] Die gleiche Wendung wird, unter ähnlicher Betonung der Bedeutung der Frage, wie erwähnt auch in Rep. 352d7 verwendet (ὄντινα τρόπον χρὴ ζῆν).

und Polos gehören) als eigentlich wahres gelobt (484c4–486d2). Dieser Vorgabe des Kallikles folgend stellt Sokrates zwei Lebenskonzepte *(bioi)* zur Diskussion: a) vor dem Volk zu reden und sich in der Rhetorik zu üben, um den Staat zu verwalten, wie ihn Kallikles und die übrigen Gesprächspartner verwalten und b) die Lebensweise in der Philosophie *(ton bion ton en philosophia,* 500c7), für die Sokrates steht. Um zwischen ihnen zu entscheiden, müsste man freilich zuerst wissen, worin sich die beiden unterscheiden, und dazu müsste man sie genauer bestimmen (bzw. abteilen, *diaireisthai,* 500d1)[10].

Die Bestimmung wird an dieser Stelle aber *nicht* unternommen, das Gespräch kehrt sofort zur Lustthematik zurück. Je nachdem, ob man Angenehmes oder Lust zu erlangen wünscht, bemüht man sich darum in verschiedener Weise; man geht verschiedenen Tätigkeiten nach (500d6–e1). Welche Beschäftigungen, die sich auf die Seele beziehen, bewirken Lust und welche erkennen, was gut ist und was schlecht? Sokrates greift die früher bereits erwähnten, kunstlosen Geschicklichkeiten *(empeiriai)* wie die Koch-»kunst« wieder auf. Sie sind völlig vernunftlos, erforschen weder die Natur der Lust noch ihre Ursachen, sondern orientieren sich an der Erinnerung eines Handgriffs, der schon einmal Lust bewirkt hat (500e4–501c5). Andere Beschäftigungen sorgen für das Beste der Seele, nicht nur für die Lust (sie sind fürsorglich oder vorausschauend, *promêthian,* 501b4). Hier wird nun ein möglicher Zusammenhang der Lustthematik mit den Tätigkeiten von Rhetoren und Philosophen deutlich. Die Rhetorik, wie Kallikles sie betreibt, fällt nicht unter die fürsorglichen Tätigkeiten wie die Philosophie, die nach dem Besten für die Seele fragt. Sie ist Volksbearbeitung *(dêmêgoria),* eine Art Dichtung ohne Versmaß, die aber ebenso wie die Dichtung lediglich Wohlgefallen erregen will und dazu auch Mittel wie die Lüge einsetzt[11].

Worin zeichnet sich ihr gegenüber die philosophische Lebensweise aus? In einem für unsere Thematik wichtigen Nebensatz wird deutlich, dass es nicht darum geht, *gar keine* Begierden zu befriedigen, sondern

---

[10] Die Reihenfolge, sich zunächst um die Klärung und Definition des Gegenstandes, dann erst um dessen Bewertung zu kümmern, wird auch an anderen Stellen betont (z. B. 448e2–4; 459c3–8; 462c8–d2; 463b7–c6). Diese Mahnungen sind Zeichen für das regellose Verhalten der Gesprächspartner.

[11] Zum Beispiel warnt sie nach 502b5 nicht, wenn etwas Angenehmes zugleich auch verderblich ist – denkbar ist, dass dies entweder nicht erkannt oder auch, wiewohl erkannt, ignoriert wird.

5. Das philosophische Leben und die Rolle der Lust

zwischen guten und schlechten zu unterscheiden (501b7–8) bzw. die zu erfüllen, die den Menschen besser machen (503c8–9)[12]. Bereits in 465a1–2 tadelt Sokrates lediglich, das Angenehme zu treffen *ohne* das Beste. Weiterhin ist es abhängig vom Zustand der Seele, wie strikt die Begierden zurückgehalten werden müssen. Es gelten andere Regeln für die tugendhafte als für die mit Lastern behaftete Seele (504b2–6). Der Gesunde darf – zumindest in den meisten Fällen, sofern es sich nicht um schlechte Begierden handelt – seine Begierden befriedigen, der Kranke dagegen nicht. Vor allem die schlechte, d. h. sowohl ungerechte als auch unwissende Seele muss in Zaum gehalten werden. Dieser individuelle Zug, das Achten des Philosophen auf die spezifischen Bedürfnisse der Seele des Einzelnen, macht ihn auch ungeeignet zum Redner für die Masse. Wie die philosophische Tätigkeit sich genauer zu derjenigen der Rhetoren und den anderen im *Gorgias* genannten Künsten verhält, ob sie etwa von gesellschaftlichem Rückzug oder ebenfalls von politischer Aktivität gekennzeichnet ist, wird in Kapitel 6 noch diskutiert (vgl. 6.1.2, 6.2.3).

Sokrates verteidigt zuletzt – in einem längeren Monolog, in dem er sowohl fragt als auch an Kallikles' Stelle antwortet – die Einheit der Tugenden in der Seele des Guten (507a10–c7). Der Besonnene zeichnet sich aus durch eine aller Tugend zugrundeliegende und, wie es scheint, diese auch verursachende (506d2–e5) Ordnung in der Seele. Er tut gegen Menschen und Götter, was sich gebührt. Dies macht ihn nicht nur zu einem gerechten (das hier als ›tun, was sich gegen Menschen gebührt‹ bestimmt wird), sondern auch zu einem frommen Menschen. Zugleich ist er tapfer, da er dasjenige sucht und meidet, was er soll – seien es Lust bzw. Unlust oder auch Ereignisse und Menschen. Ein solchermaßen vollkommen Guter wird im Gegensatz zum Zügellosen schließlich auch gut leben und vollkommen glücklich sein (*makarion te kai eudaimona einai*, 507c4). Um glücklich zu werden, ist es am besten, sich in Besonnenheit zu üben, die Zügellosigkeit dagegen zu fliehen; dies ist das Ziel des Lebens[13]. Das wichtigste, auf das man bei der Lebensführung achten muss, ist die Bewahrung von Besonnenheit und

---

[12] Dies passt zur Feststellung im *Philebos*, die sich hier bereits ankündigt – ein Leben ohne Lust wäre nicht erstrebenswert.

[13] *Houtos* in 507d7 scheint sich auf den vorherigen Abschnitt zu beziehen, besonders auf 507c9–d2. Erst in 507e1 wird der Gedanke dann noch um das Streben nach der Gerechtigkeit ergänzt.

Gerechtigkeit (507d7–e2). Wer die Kontrolle über seine Begierden verliert, lebt dagegen das Leben – so ein weiteres Bild – eines Räubers. Weil er unfähig zu jeglicher Gemeinschaft *(koinônein)* ist, Gemeinschaftsfähigkeit aber die Voraussetzung für Freundschaften ist, ist er auch unfähig zur Freundschaft mit Menschen oder Gott (vgl. 7.1).

Das ideale, glückliche Leben des Tugendhaften wird jedoch, wie auch umgekehrt die Schilderung des Unglücks des Zügellosen, nur dargestellt und wenig begründet. Den Status seiner These führt Sokrates so aus, dass er nicht *weiß*, wie es sich verhält (509a6), aber es auch noch niemandem gelungen ist, sie zu widerlegen. Die Philosophie sagt ihm, so Sokrates bereits früher zu Kallikles (482a3–9), dass es sich so verhalte. Und was sie sagt, wird ihm zunehmend bestätigt, da sich seine Position im Unterschied zu vielen anderen Reden (527b3–4) mit Argumenten nicht widerlegen lässt[14]. Ironisch bemerkt Sokrates, dass dies ja selbst seinen Gesprächspartnern als den »weisesten der Hellenen« (527a8) nicht gelungen sei.

Ist das philosophische Leben identisch mit dem des Besonnenen bzw., die in 507a10–c7 geschilderte Einheit der Tugenden vorausgesetzt, des Tugendhaften? Im *Gorgias* wird nirgends ausdrücklich gesagt, dass das Leben des Philosophen ein besonnenes ist. Die zentrale Gegenüberstellung des Lebens des Rhetors und des Philosophen in 500c1–8[15] wird nur lose mit der Lustthematik, um die es in der Diskussion vorher und nachher geht, verbunden. Auch diese lockere Verbindung ist jedoch aufschlussreich. Der Passus findet sich direkt nach der Gegenüberstellung der Kunstverständigen, die Besseres und Schlechteres unterscheiden können und der Geschickten, die nur Lust hervorrufen können (500b1–2). Das Thema der Frage nach der richtigen Lebensweise wird eingeführt als das, wovon »die Rede unter uns ist« (500c1). Die Philosophie gehört, so legt dieser Kontext nahe, zu den Kunstfertigkeiten, die es ermöglichen, zwischen guter und schlechter Lust zu unterscheiden. Außerdem ist sie stets der Hintergrund, vor dem Sokrates argumentiert (482a3–9). Sie ist Quelle der Erkenntnis

---

[14] Wiewohl Kallikles ihm deshalb Rechthaberei *(philonikia)* vorwirft (515b5). Vlastos spricht vom »elenktischen Wissen« (»elenctic knowledge«), das sich auf ethische Fragen bezieht im Unterschied zu einem Wissen, das höheren Standards genügen muss und z. B. von unfehlbarer Sicherheit gekennzeichnet ist (vgl. Vlastos 1994b, 55–58).

[15] Danach wird auf das Wortfeld zu *philosophia/philosophein* insgesamt nur noch einmal in 526c3–4, innerhalb des Schlussmythos', zurückgegriffen.

5. Das philosophische Leben und die Rolle der Lust

der richtigen – nämlich besonnenen und in jeder anderen Hinsicht tugendhaften – Lebensweise.

Die Kontrolle über die eigenen Lüste und Begierden ist, so das Ergebnis des *Gorgias*, Voraussetzung für ein gutes und glückliches Leben. Angedeutet wird, dass der mit »gesunder« Seele sich sogar mehr Freiheiten in der Befriedigung von Begierden gestatten kann als der Maßlose und ein insgesamt lustvolleres Leben lebt. Im langen Monolog des Sokrates über das gute Leben des Besonnenen wird das philosophische Leben nicht wörtlich erwähnt. Allein daraus, dass die Lebensweise des Besonnenen von Sokrates verteidigt wird, kann man jedoch – sogar ohne das gerade genannte Argument in Betracht zu ziehen – schließen, dass sie zur in 500c7 genannten Lebensweise »in der Philosophie« gehören muss. Der Philosoph in Gestalt des Sokrates folgt nicht der jeweils sich einstellenden Lust, er lässt seine Begierden nicht »groß werden« wie Kallikles fordert, sondern unterscheidet entsprechend des Zustands der Seele zwischen guter und schlechter Lust bzw. guten und schlechten Begierden. Ob die Lebensweise »in der Philosophie« aber die einzige Form des glücklichen Lebens ist, bleibt offen – genannt wird z. B. in 504d5–e4 auch das Ideal eines kunstfertigen, guten Redners. Das besonnene Leben wird außerdem der sehr einfachen, undifferenziert-hedonistischen Konzeption des Kallikles entgegengesetzt. Es bleibt daher ebenfalls offen, wie Sokrates auf einen differenzierteren Hedonismus antworten würde. Um diesen geht es in der Diskussion mit Protagoras.

5.2. *Protagoras* – Differenzierter Hedonismus als Weg zum glücklichen Leben?

Nach längerer Debatte darüber, ob es nur eine (ungeteilte) Tugend gibt oder ob sie Teile hat (329c6–8), versucht Sokrates, den Protagoras durch etliche, nicht durchwegs plausible Argumentationsschritte in Verlegenheit zu bringen. Dann wechselt er unvermittelt zur Frage, ob das gute Leben denn mit dem angenehmen Leben gleichzusetzen sei (351b4: *legeis de tinas ...*). An dieser Stelle beginnt die für uns interessante, sogenannte »hedonistische Erörterung«[16] (351b4–359a1). Protagoras antwortet zunächst bedacht, dass einiges Angenehme wohl auch schlecht

---

[16] So bezeichnet z. B. von Manuwald 1999, 379 und Voigtländer 1980, 189.

sei – dies anzunehmen wäre, so eine wichtige Nebenbemerkung, auch für sein restliches Leben sicherer (351d2–4). Im Folgenden argumentiert Sokrates fast etwas ungehalten und streitbar[17]. Er möchte wissen, ob Protagoras dem Wissen *(epistêmê)* zutraut, stärker als Lust *(hêdonê)*, Zorn *(thymos)* und andere Begierden[18] zu sein. Als dieser auch das bejaht, wechselt Sokrates die Methode. Mit Protagoras zusammen will er die Meinung der Leute (352b3; 352d4) untersuchen, dass man, wiewohl man das Bessere weiß, von der dann stärkeren Lust überwunden werden kann. Besser wäre es, so deuten Sokrates und Protagoras den Satz, auf die langfristige Lust zu sehen, überwunden wird man aber von der des Augenblicks. Unangenehme Dinge sind gut, weil und wenn sie langfristig Lust oder Abwendung von Unlust versprechen. Diese Deutung wird nur flüchtig hinterfragt: Sollte nicht das gute Leben mehr sein als die Freiheit von Unlust bzw. ein angenehmes Leben (354e8–355a3)? Auf die fiktive Frage an die »Leute«, die schließlich auch nicht anwesend sind, geht aber niemand ein, woraufhin Sokrates rasch fortfährt mit den Worten: »Wenn euch das nun genug ist und ihr nichts anderes zu sagen wißt …« (355a3–4). Diese Stelle besitzt Signalcharakter. Die These, dass das angenehme Leben bereits dem guten Leben entspricht, würde Sokrates selbst nicht vertreten. Konsequenz dieser Auffassung ist, dass die Messkunst *(metrêtikê technê)* zur wichtigsten Kunst wird; sie ist »Heil des Lebens« *(sôteria … tou biou,* 356d3–4; auch 357a5–6). In der richtigen Auswahl von Lust und Unlust besteht dann das Wissen, das dem Unverstand einer falschen Einschätzung momentaner Lust entgegenwirkt. Hier setzt der Unterricht der Sophisten an. Durch das von ihnen vermittelte Wissen werden die Schüler stärker als ihre momentane Lust, aber nur dadurch, dass es sich wiederum auf (größere) Lust bezieht, die sie stattdessen erstreben. Ist Lust identisch mit dem Guten und Unlust identisch mit dem Schlechten (354c3–5), so führt der Satz vom Überwunden werden durch das Bessere in Widersprüche (355a6; b3). Protagoras, Prodikos und Hippias sind mit diesem Ergebnis einverstanden und stimmen auch der Charakterisierung ihrer Kunst überschwänglich *(hyperphyôs,* 358a4) und wohlwollend *(gela-*

---

[17] Vgl. z. B. 351e7–8: »Willst nun, sprach ich, du die Untersuchung führen, oder soll ich sie führen?« oder 352a8–b2: »Komm her, Protagoras! Enthülle mir von deiner Gesinnung auch noch dieses, was du vom Wissen hältst …«.
[18] Eine Dreiteilung der Seele oder Sonderstellung des *thymos* spielt im *Protagoras* noch keine Rolle.

5. Das philosophische Leben und die Rolle der Lust

sas, 358b2) zu. Diese Art der Zustimmung ist, wie auch an anderen Stellen in den Dialogen (vgl. die Reaktion der Zuhörer auf Agathons Rede in Symp. 198a1–3), ein weiteres deutliches Signal an den Leser, dass das Gesagte mit Vorsicht zu bewerten ist. Die Behauptung des Protagoras, dass es Angenehmes gibt, das nicht gut ist (351d4–5), bleibt gültig, kann aber, genau wie die Leute *(hoi polloi)* meinen, unter der Prämisse der Gleichsetzung von angenehmem und gutem Leben verstanden werden. Die Lust selbst ist gut (351e2–3; 358a5–6); die Kunst besteht lediglich darin, sie quantitativ und zukunftsbezogen abzuwägen. Sokrates' anfängliche Frage, ob vergnügt leben gut, unangenehm leben schlecht ist, beantwortet Protagoras somit positiv. Erst im abschließenden Passus führt ihn Sokrates in die Aporie. Die anfänglichen Standpunkte verschieben sich: Sokrates verteidigt Tugend als Wissen, womit sie lehrbar sein müsste, Protagoras dagegen die Gegenposition. Am besten wäre nun, so Sokrates, noch einmal zu beginnen mit der Frage nach der »Tugend selbst, was sie wohl ist« (361c5) und die Reihenfolge besser einzuhalten, d.h. erst nach der Klärung des Gegenstands zu erörtern, ob dieser lehrbar ist[19]. Dem jungen Hippokrates, der zu Beginn des Dialogs Schüler des Protagoras werden wollte, sollte durch diesen Gesprächsverlauf immerhin sowohl die Unterlegenheit des Protagoras im Disput mit Sokrates als auch eine Fähigkeit, die er überhaupt von Protagoras lernen *könnte*, die Abwägung von Lust und Unlust, deutlich geworden sein.

Was erfahren wir aus dem *Protagoras*, speziell aus der hedonistischen Erörterung, über den philosophischen *bios* und dessen Verhältnis zum Leben des Hedonisten? Im dargestellten Abschnitt wird eine bestimmte Weise erörtert, das gute Leben inhaltlich zu bestimmen. Wäre die einzige Bedeutung von »gut« »angenehm«, so wäre Tugend lehrbar. Sie bestünde in der freilich nicht trivialen, aber doch erlernbaren, lebensrettenden Kunst der richtigen Auswahl von Lust und Unlust, so dass langfristig die Lust überwiegt. Ob die augenblickliche Lust gewählt wer-

---

[19] Vgl. dialogübergreifend zur Reihenfolge in Untersuchungen und zur Frage, was etwas ist (τί ἐστίν / τί ποτ' ἐστίν), neben Prot. 361c4–6 auch Lach. 185b6–c1 (s. o.), Euthyphr. 6d1–2 (Was ist das Fromme?) und Lys. 223b8 (die Frage, was ein Freund ist, wurde nicht beantwortet). Analog dazu trennt Rep. 354b3–c5 Definition und Bewertung: Vor der Entscheidung, ob das Gerechte gut (bzw. eine Tugend) ist oder nicht, muss geklärt werden, was es ist. Ähnlich auch Symp. 199c5–7: Zunächst muss man Eros selbst darstellen, was er ist (τίς ἐστιν ὁ Ἔρως), dann erst seine Werke.

den soll, kann nicht losgelöst vom Telos des gesamten Lebens betrachtet werden – sogar dann nicht, wenn dieses wiederum die Lust sein sollte[20]. Auch, dass es Protagoras für sein eigenes Leben sicherer scheint, nicht alle Lust für gut zu halten, kann man dahingehend verstehen. Er stellt die hedonistische Position nicht in Frage[21], sondern präzisiert sie. Ein angenehmes Leben zu führen, bedeutet nicht, auch in jedem Moment Lust zu empfinden und, wie Kallikles noch vorschlug, alle möglichen Begierden zu befriedigen. Auch im Leben des Hedonisten geht es darum, mit Klugheit und Voraussicht zu agieren, statt stets die Lust des Augenblicks zu wählen. Die Lust bleibt jedoch das oberste handlungsleitende Ziel des Lebens. Alle Handlungen, die sich auf ein schmerzloses und angenehmes Leben beziehen, sind schön (358b4–5). Dieses Urteil freilich bedeutet, jede übergeordnete ethische Dimension auszublenden. Auch z. B. ein aussichtsreicher Banküberfall oder Betrug mag große Lust im Hinblick auf das restliche Leben versprechen.

Das Wortfeld zu *philosophia/philosophein* ist im Dialog nur spärlich vertreten. Diesmal jedoch kann methodisch nicht einfach davon ausgegangen werden, dass Sokrates als Philosoph seine eigene Lebensweise verteidigt, da er scheinbar auf Seiten des Protagoras steht. Die Darstellung enthält etliche Hinweise darauf, dass Sokrates selbst die Frage, ob das gute Leben mit dem angenehmen Leben identisch sei, verneinen würde[22]. Zwei Signalstellen, die fiktive Frage an die Leute und die Reaktion der Zuhörer, wurden bereits genannt. Auch das aporetische Ende und der Vorschlag, die gesamte Diskussion von vorne aufzurollen, deuten darauf hin. In der gesamten hedonistischen Erörterung geht es nicht um Sokrates' Meinung, sondern darum – sicher auch mit Rücksicht auf Hippokrates –, die Gesinnung des Protagoras zu »enthüllen« (352b1). Zusammenfassend lässt sich schließen, dass auch ein dif-

---

[20] Vgl. Manuwald 1999, 378. Präzise fasst es H.-D. Voigtländer, der den Aspekt der Ordnung betont: »Das τέλος der Menge ist die Lust, die ihm zugehörige Ordnung ist quantitativ bestimmt, das τέλος des Sokrates ist das … Gute, und die ihm zugehörige Ordnung ist qualitativ bestimmt.« (Voigtländer 1960, 88)
[21] Gegen Allen 1996, 127.
[22] Vgl. z. B. Irwin 1995, 85ff., Frede, in: Platon-Handbuch 2009, 306, Wolf 1996, 121f. und Voigtländer 1980, 189 sowie 1960, 50–52, die diese Interpretation unterstützen. Eine Liste mit weiteren, neueren Beiträgen, die gegen eine hedonistische Deutung argumentieren, findet sich bei Manuwald 1999, 379. Gosling/Taylor 1982, 67f. treten für eine hedonistische Deutung ein, allerdings mit der Begründung, dass im *Protagoras* eine Darstellung der ›sokratischen‹ Position geschieht, aus der heraus sich sukzessive Platons eigene, davon unabhängige Position entwickelt habe.

5. Das philosophische Leben und die Rolle der Lust

ferenzierter Hedonismus, der die ständige Abwägung von Lust und Unlust mit Blick auf größere Lust in der Zukunft oder auf die des gesamten Lebens beinhaltet, nicht dem philosophischen Leben entspricht. Dieses Urteil ist jedoch keineswegs so offenkundig wie die Ablehnung des Hedonismus in anderen Dialogen wie dem eben besprochenen *Gorgias*[23]. Im *Protagoras* findet sich im Unterschied zum *Gorgias* auch kein positiver Gegenentwurf zu einem an der *hêdonê* ausgerichteten Leben. Ein solcher wird – diesmal unter ausgesprochen häufigem Rückgriff auf das Wortfeld zu *philosophia/philosophein*[24] – im *Phaidon* dargestellt.

5.3. *Phaidon* – Die Absetzung des philosophischen Lebens vom differenzierten Hedonismus

Das philosophische Leben wird im *Phaidon* ganz vor dem Hintergrund des Todes des Sokrates betrachtet. Seine Hoffnung, im Jenseits angemessen aufgenommen zu werden, gründet sich darauf, dass er ein wahrhaft philosophisches Leben, bzw. dem Wortlaut nach, ein Leben geprägt von der Beschäftigung mit Philosophie (63e9[25]) geführt hat. Was dies genauer heißt, wird fast ausschließlich im Zusammenhang des Umgangs mit der Lust erläutert. Sokrates spricht mit zwei Pythagoreern, denen sowohl die Frage nach dem philosophischen Leben als auch dessen Ausgestaltung als asketisches Leben wohl vertraut ist[26]. In der Forschung wird diskutiert, ob die geschilderte »asketische Leibverachtung«[27] mit Platons Position identifiziert werden kann oder nur der

---

[23] Daher wird in der Interpretation auch gerne auf die ›eigentliche Meinung‹ Platons, wie sie in anderen Dialogen deutlich wird, zurückgegriffen (vgl. Manuwald 1999, 379, Voigtländer 1980, 191, Fußnote 272 und Kahn 1996, 248–253). Systematisch rekonstruiert D. C. Russell Platons Konzeption der Lust *(pleasure)* als bedingtes Gut, das erst dadurch wertvoll wird, dass ihm innerhalb eines guten Lebens eine gute Richtung gegeben wird. Wenn Platon tatsächlich – auch nur in einer Phase seines Lebens – Hedonist gewesen wäre, würde dies nicht nur eine Änderung in seiner Einstellung zur Lust, sondern einen radikalen Wandel in seiner gesamten Ethik und Wertauffassung bedeuten (vgl. Russell 2005, 239f.).

[24] Während sich im *Protagoras* nur 4 Vorkommnisse fanden, ist im *Phaidon* 40 Mal von *philosophia, philosophos* oder *philosophein* die Rede (vgl. Dixsaut 2001, 384f.).

[25] τῷ ὄντι ἐν φιλοσοφίᾳ διατρίψας τὸν βίον (63e9).

[26] Vgl. dazu Ebert 2004, 127.

[27] So Ebert 2004, 274. Vgl. auch *ebd.*, 271: Die Philosophen erscheinen in 82c als »asketische Weltverächter«.

Diskussion pythagoreischer Positionen dient[28]. Es wird deutlich werden, dass weder das eine noch das andere der Fall ist. Zentral für unsere Thematik sind in diesem Dialog zwei Abschnitte: erstens die »Apologie« des Sokrates (63e7–69e4) – seine Hoffnung soll diesmal zwar vor Freunden, aber »wie vor den Richtern« verteidigt werden. Zweitens wird die Beschaffenheit des philosophischen Lebens später, im Zuge der Beschreibung des Schicksals der Seelen, nochmals aufgegriffen (80e3–84b7).

Bereits in 58e7–59a9 und 60b3–8 wird die Diskussion um Lust und Unlust angekündigt. Phaidon bemerkt, dass sich alle im Gefängnis anwesenden Freunde, kurz vor der Hinrichtung des Sokrates, in einer seltsam gemischten Stimmung aus Lust und Traurigkeit befanden. Sokrates äußert sich beim Lösen der Fesseln über den untrennbaren Zusammenhang von Angenehmem *(to hêdy)* und Unangenehmem *(to lyperon)*. Dies ist keine triviale Bemerkung, wenn man an systematische Ausführungen wie im *Philebos* denkt[29]. Im folgenden Gespräch geht es dann explizit um die »sogenannten Lüste« (64d4).

5.3.1. Die Abwendung vom Leib und die Ausrichtung auf Erkenntnis

Was für einen Stellenwert hat die Lust im Leben der Philosophen? Paradoxerweise einen viel geringeren als üblich. Unverstanden und verspottet von anderen (64b2–9; 65a2–6) bemühen sie sich darum, sich aller körperlichen Lust, die für die meisten Menschen notwendiger Bestandteil eines lebenswerten Lebens ist *(axion einai zên, 65a4)*, zu enthalten. Darunter fallen laut 64d4–10 die Lust am Essen, am Trinken, sexuelle Lust *(tôn aphrodisiôn)* und die Lust am ›Schmuck des Leibes‹ *(kallopismous;* gemeint sind z. B. Kleidung und Schuhe). Um all diese leiblichen Begierden und Bedürfnisse kümmern sie sich nur, soweit es irgend notwendig ist – eine Beschreibung philosophischen Lebens, die durchaus als »asketisch« bezeichnet werden kann (vgl. besonders 64d3–e5 und 67a1–6). Aus den mit dem Leib verbundenen tausenderlei Be-

---

[28] Stark in diese Richtung interpretiert Bordt 2006b, 104f. T. Ebert vermutet sogar hinter den im Jenseitsmythos erwähnten glücklichen Philosophen die Anhänger des Pythagoras (vgl. Ebert 2002, 268). Dagegen aber Alt 1982, 292.

[29] »Lust und Unlust scheinen mir von Natur aus beide zugleich in der gemeinsamen Gattung zu entstehen.« (Phil. 31c2–3). Vgl. auch Gorg. 496e10–11 und Rep. 586b7–9.

5. Das philosophische Leben und die Rolle der Lust

schwerlichkeiten *(myrias ... ascholias,* 66b8–9), die sich durch Askese zumindest etwas reduzieren lassen, werden in 66b8–c4 folgende herausgegriffen: die Sorge um notwendige Nahrung, Krankheiten, die die ›Jagd nach dem Seienden‹ verhindern, erotische Begierden *(erôtôn),* sonstige Begierden *(epithymiôn),* Furcht *(phobôn),* wechselhafte Schattenbilder *(eidôlôn pantodapôn)* und unnützes Geschwätz *(phlyarias).* Während Kallikles im *Gorgias* noch spottend auf die Frage des Sokrates, ob die nichts Bedürfenden nicht glückselig sind, erwidert hatte, dass die Toten dann wohl am glückseligsten wären (Gorg. 492e5–6), greift Sokrates diesen Gedanken jetzt selbst auf. Tatsächlich kann die Abwendung vom Leib als Streben danach, zu sterben und tot zu sein, interpretiert werden, da der Tod definitionsgemäß die Trennung der Seele vom Leib ist (64c2–3)[30]. Die Philosophen leben in dieser Hinsicht tatsächlich »so nahe wie möglich an dem Gestorbensein« (67d10–e1).

Es geht jedoch nicht nur rein negativ darum, sich vom Leib abzuwenden. Dieser Gedanke ist eingebettet in einen begründenden, erkenntnistheoretischen Kontext. Wohin wenden sich die Philosophen stattdessen, womit beschäftigen sie sich? Ein wesentliches Kennzeichen ist, dass sie »wirklich Lernbegierige« *(orthôs philomatheis)* sind, was in 67b4 (und auch später, in 83a2) fast synonym zu den, z. B. in 67e3 genannten, »wirklich Philosophierenden« *(orthôs philosophountes)* gebraucht wird. Sie suchen nach der Wahrheit, d. h. nach der Offenbarung des Seienden (65c1–2) oder nach dem »Wesen, was jedes ist« (65d9–e1). Die Offenbarung des Seienden kann, wenn überhaupt, dann nur im Denken geschehen. Was ist das »Seiende«? Platon nennt vor allem Werterkenntnisse wie die des Gerechten, Schönen und Guten. Genannt werden außerdem als – zwar am Körper sichtbare und erfahrbare, aber dennoch begrifflich nicht leicht zu definierende – Beispiele noch Größe, Stärke und Gesundheit (65d8–9). Die Seele erfasst die Wahrheit, sie ist es, die Einsicht erwirbt in das, was Dinge »wirklich« sind. Es ist hier unproblematisch, wie Schleiermacher der Wendung »was jegliches ist«[31] in der Übersetzung ein »wirklich« hinzuzufügen, weil irgendeine, unter Umständen nicht die Wirklichkeit treffende Meinung darüber eben bereits vorliegt. Sowohl in Bezug auf die Tugenden[32] als auch in

---

[30] Eine Definition freilich, die im folgenden Dialogverlauf von den Gesprächspartnern hinterfragt wird.
[31] ὃ τυγχάνει ἕκαστον ὄν (65d9–e1).
[32] Wo z. B. im Falle der Besonnenheit sogar eine Definition vorliegt, aber dann nicht

Bezug auf Werte wie Gesundheit und Stärke ist das anzunehmen. Der Leib erschwert nun aber mindestens die Wesenserkenntnis, wenn er sie nicht gar ganz verhindert. Die durch die Sinne erfassten Wahrnehmungen trügen (65b9) und heftige Affekte – nicht nur Lust, sondern auch Unlust und Trauer – verleiten zur Meinung, die sichtbaren Dinge wären »das Wirksamste und das Wahrste« (83c6). Die Abwendung vom Leib dient dem Zweck, »dem Erkennen *(tou eidenai)* am nächsten zu sein« (67a2). Zu diesem Zweck versuchen die Philosophen, ihre Seele bereits im Leben »daran zu gewöhnen, sich zu sammeln aus allen Teilen des Leibes und ganz für sich selbst beisammen zu sein *(monên kath' hautên)*, und, soweit sie eben kann, in der Gegenwart wie in der Zukunft allein für sich zu leben, vom Leibe wie von einer Fessel losgelöst« (67c5–d2; Übersetzung: T. Ebert). Diese Ausrichtung auf Erkenntnis wird dann in Bezug gesetzt zur Hoffnung auf das Erlangen der gesuchten Erkenntnis nach dem Tod. Die Hoffnung darauf ist umso größer, je mehr das Philosophieren schon im irdischen Leben gelungen ist (vgl. 8.1.3).

Kurz darauf werden zwei Typen von Menschen, und damit verbunden zwei Lebenskonzeptionen, gegenübergestellt: Entweder man ist ein *philosophos* oder ein *philosômatos* (68b9), ein Liebhaber des Leibes, der dann gleichzeitig auch ein *philochrêmatos* oder *philotimos* (oder beides) ist, eine Aussage, die in 6.1.1 noch näher betrachtet werden soll. »In der Philosophie zu leben« *(en philosophia zôsin,* 68d1) beinhaltet im *Phaidon* ganz vorrangig, Kontrolle über die Begierden zu besitzen und eine Haltung der Gleichgültigkeit oder sogar Geringschätzung *(oligôrôs,* 68c7[33]) ihnen gegenüber einzunehmen. Die spezifische Aufgabe der Philosophen, ihre Beschäftigung *(ta meleta)* ist die Befreiung und Absonderung der Seele vom Leib (67d4–8).[34] Diese Befreiung ist aber nicht Selbstzweck, sondern wird durch den erkenntnistheoreti-

---

erkannt wird, dass man nur in Bezug auf bestimmte Lüste, nicht aber schlechthin besonnen ist.

[33] Schleiermacher übersetzt kurz darauf *oligôrousi* (was sich auf den Leib bezieht; 68c8–d1) mit »geringschätzen«. Das Bedeutungsspektrum von *oligôrôs* kann von Gleichgültigkeit bis Verachtung reichen (vgl. LSJ s. v. I und II).

[34] Diese Charakterisierung der Philosophie ist den pythagoreischen Gesprächspartnern wohl bekannt. Ob jedoch schon der Gedanke, Philosophie als Lebensform zu begreifen, ein spezifisch pythagoreischer Ansatz ist, wie T. Ebert annimmt (vgl. Ebert 2004, 126–127), wäre zu fragen. Schließlich kommt das Leben »in der Philosophie« auch andernorts, z. B. in Gorg. 500c7, vor.

5. Das philosophische Leben und die Rolle der Lust

schen Kontext und ein damit zusammenhängendes, positives Bild des Todes begründet. Das Hauptmerkmal der Lebensweise der Philosophen ist nicht seine Loslösung vom Leib, sondern die Hinwendung zur Erkenntnis, der die Loslösung als ›Kehrseite‹ entspricht (vgl. auch die in 5.4.5 erläuterte Metapher des »Stromes« in Rep. 485d6–e1). Zweitens muss die Abwendung vom Leib nicht der ständigen, faktischen Enthaltsamkeit von Begierden entsprechen. Die Schilderung könnte methodischen Charakter haben, und eigentlich auf eine nur innerlich-geistige Haltung der Indifferenz abzielen. Die Darstellung des Lebens des Sokrates, das von Platon durchwegs *nicht* als asketisches Leben geschildert wird, spricht für diese Interpretation[35].

5.3.2. Die Zurückweisung des differenzierten Hedonismus als relative Tugend

Unabhängig von der Frage nach der konkreten Ausgestaltung philosophischen Lebens und der Reichweite der Askese geschieht im *Phaidon* eine eindeutige Zurückweisung des differenzierten Hedonismus. Gerade nicht, wie im *Protagoras* nahegelegt (Prot. 353c1–355e4), geht es darum, sich um anderer Lust willen bestimmter Lust zu enthalten – der in 68d2–69b8 geschilderte »Tausch« (69a6) der Lüste ist nur das Schattenbild der Tugend. Das einzige, was gegen Lust und Furcht getauscht zu wahrer Tugend führt, ist die Vernünftigkeit (*phronêsis*, 69a9). Hier wie auch an anderen Stellen[36] werden *hêdonê* und *phronêsis* gegenübergestellt. Es ist möglich, in einer minderwertigen Form, nämlich ›relativ‹ tapfer zu sein. Nur aus Furcht vor noch größerem Übel wird der Tod von diesen scheinbar Tapferen erduldet. Philosophen zeichnen sich dagegen – so wieder der scharf gezeichnete Kontrast – dadurch aus, dass sie den Tod nicht nur nicht fürchten, sondern sogar begrüßen aus der positiven Erwartung heraus, in der Unterwelt die Weisheit zu erlangen (67e2–68b4).

Was ist von den ›relativ‹ Tugendhaften, die nur um einer stärkeren

---

[35] Vgl. Woolf 2004, 100f., der eine »evaluative« statt »asketische« Lesart des *Phaidon* vorschlägt. D. h. der Philosoph soll keinen großen Wert auf den Körper legen, was aber nicht ausschließt, dennoch an der ganzen Bandbreite menschlicher Aktivitäten teilzunehmen. Dass das Leben des Sokrates keineswegs als asketisch dargestellt wird (vgl. *ebd.*, 104), bemerkt außer ihm auch Russel 2005, 85–87.
[36] Beispielsweise in Rep. 505b6–8 und Phil. 11b4–6.

Phaidon – Absetzung des philosophischen Lebens vom differenzierten Hedonismus

Neigung oder Furcht willen besonnen oder tapfer sind, zu halten? Später wird eine »gemeine und bürgerliche Tugend« *(dêmotikên kai politikên aretên,* 82a9–b1) erwähnt, die durch Gewöhnung und Übung erworben wird und vermutlich der geschilderten, nur scheinbaren Tugend entspricht. Da alle in unphilosophischer Weise Tapferen nur aus Furcht tapfer sind, werden diese auch hier gemeint sein. Die allgemeine Tapferkeit macht die Menschen zu den relativ »glücklichsten« (82a8). Dass dieses Glück aber zweifelhaft ist, zeigt sich bei näherer Betrachtung des Wiedergeburtsszenarios. Neben den philosophisch- und den politisch-Tugendhaften werden nur noch zwei Gruppen von Menschen genannt, die ein schlimmeres Schicksal erwartet als die politisch-Tugendhaften: die vollkommen Zügellosen, die der Völlerei *(gastrimargia),* Überheblichkeit/Stolz *(hybris)* und Trunksucht *(philoposia)* verfallen sind oder aber die, die der Ungerechtigkeit *(adikia),* Herrschsucht *(tyrannis)* und Räuberei *(harpax)* erliegen[37] (81e5–82a3). Die relative Selbstbeherrschung und Tapferkeit ist zwar mehr wert als Zügellosigkeit und andere Laster, entspricht aber noch nicht der wahren Tugend und Freiheit der Philosophen (hier: *philomatheis),* die allein nach dem Tod zu den Göttern gelangen (82b8–c1). Der dauerhafte Aufenthalt bei ihnen bezeichnet nicht nur eine Jenseitshoffnung, sondern dient als Metapher für den Wert der philosophischen Lebensweise und ihre Konsequenzen (vgl. Kapitel 8). Für den allgemein tugendhaften Menschen gibt es keinen Fortschritt – sein Leben beginnt nach dem Tod entweder in gleicher Gestalt erneut oder aber er wird zur Ameise bzw. Biene. Auch diese Metapher hat wichtige Konnotationen. Der ›mittelmäßig‹ tugendhafte Mensch verwirklicht unter Umständen nicht einmal das eigentlich Menschliche, er ergreift seine Möglichkeiten nicht. Wie die Biene ist er »gesellig und zahm« *(politikon kai hêmeron,* 82b5), also keineswegs unfähig zur Gemeinschaft oder gefährlich für die *polis.* Aber er gleicht doch letztlich nur einem gut funktionierenden, da fleißigen und anspruchslosen Insekt.

Interessant für unsere Thematik ist nun, dass die in *Protagoras* und *Phaidon* geschilderte, ›relative‹ Tugend der Lebenseinstellung der

---

[37] Wie sich Tyrannen und Räuber zueinander verhalten, ist nicht ganz klar. Die Merkmale der zweiten Gruppe könnten jedoch Konsequenzen der Begierden darstellen, die die erste Gruppe kennzeichnen. Um ausschweifende Begierden zu befriedigen, kann jemand zum Räuber werden, um seiner Ehrsucht zu genügen, kann jemand zum Tyrannen werden (vgl. differenzierter dazu Kapitel 6).

5. Das philosophische Leben und die Rolle der Lust

meisten Menschen entsprechen dürfte – nicht die hemmungslose Bejahung der jeweiligen, augenblicklichen Lust, wie sie Kallikles vertritt. Der Philosoph aber will mehr als die allgemein akzeptierte, politische Tugend des Protagoras; er will mehr als eine Technik, die das Unglück des zügellosen Hedonisten (wie es dem Kallikles von Sokrates vorgehalten wird) vermeidet.

5.3.3. Die Erlösungsfunktion der Philosophie und ihre lebensverändernde Dynamik

Wie geschieht die philosophische Reinigung der Seele, die letztlich zum wahren Glück führt? Dass es nicht um einen einmaligen Akt geht, sondern um die Wahl einer Lebensweise, eine das ganze Leben hindurch kontinuierlich und hartnäckig zu vollziehende Loslösung, wird in 84a1–b7 deutlich. Es genügt nicht, sich ein einziges Mal von der Philosophie ›erlösen‹ zu lassen, sondern gilt, der Vernunft zu folgen und immer in ihr zu sein[38]. Wie sich an dieser Wortwahl zeigt, handelt es sich nicht um einen rein aktiven Prozess. Die Philosophie erscheint als autoritative Macht, welche die Erlösungs- und Reinigungsfunktion ausübt (82c2–d7)[39] und ebenso wie die Begierden eine Anziehungskraft besitzt. Sie »überredet« die Seele dazu, sich von den Vorschlägen der sinnlichen Vermögen[40] zu distanzieren und stattdessen dem, was die Seele selbst als wahr erkennt, zu folgen (83a6). Durch die philosophische Beschäftigung verändert sich das Verhältnis von Leib und Seele. Die wachsende Unabhängigkeit vom Körper und seinen Affekten, die die Betrachtung des Seins ermöglicht, wird als »Befreiung« erlebt, der man nicht widerstreben darf (83b5). Verständlich wird dieser Prozess auch dadurch, dass die Seele den Dingen, mit denen sie umgeht, ähnlich wird. Konzentriert sie sich ganz auf sich selbst (83a8), so gelangt sie zum Wahren, Unsichtbaren. Geht sie mit Göttlichem, Reinem und Eingestaltigem (*monoeidous*, 83e2[41]) um, so müsste sie dadurch ebenfalls

---

[38] ἑπομένη τῷ λογισμῷ καὶ ἀεὶ ἐν τούτῳ οὖσα (84a7).
[39] Vgl. ausführlicher dazu Ebert 2004, 271.
[40] Zu diesen Vermögen gehören neben Lust und Begierden – was öfter betont wird, vermutlich, weil es selbstverständlicher scheint, dass ›negative‹ Affekte zu meiden sind – auch Unlust und Furcht (83b7; auch später z. B. 84a4).
[41] Inwiefern das Göttliche »eingestaltig« ist, ist aus dem Kontext kaum verständlich. Angespielt wird hier aber sicher auf das Gegenteil, die Natur des begehrlichen Seelen-

Phaidon – Absetzung des philosophischen Lebens vom differenzierten Hedonismus

göttlich werden. Ähnlich wie schon in 67c4–d2 wird an dieser Stelle das notwendige »in sich selbst sammeln und zusammenhalten« (*eis hautên syllegesthai kai hathroizesthai*, 83a8) der Seele betont. Diskutiert wird aber nicht nur der Gedanke der Angleichung an das Geistige[42], mit dem man umgeht. Die Seele, so warnt Sokrates, kann sich auch umgekehrt so mit dem Körper verbinden, dass sie dadurch selbst leibartig (*sômatoeidês*, 83d3) wird und der irdischen Welt verhaftet bleibt.

Wie schon in der *Apologie*, so wird auch im *Phaidon* festgestellt, dass der Philosoph ein im Rahmen des Menschenmöglichen gutes, ja sogar das beste Leben lebt, das zum vollkommenen Glück führt. Jedoch scheint dieses Glück in der Zukunft zu liegen, wenn es darin besteht, endgültig Weisheit zu erlangen und von menschlichen Übeln (84b4), zu denen neben den Affekten auch Irrtum und Unwissenheit gehören (81a5–6), befreit zu werden. Der Philosoph ist sich, was exemplarisch an der Haltung des Sokrates dargestellt wird, bewusst, dass er die Weisheit erst nach dem Tod vollständig erlangen wird. Denn erst im Jenseits lebt er ja »gänzlich ohne Leib« (114c4), der ihn vorher daran hindert (vgl. 66e1–6). Auch ein rein pragmatischer Grund wird noch genannt: Die Philosophie erfordert Muße, wofür die Sorge um den Leib und seine Bedürfnisse jedoch wenig Zeit lassen (66c6–d2).

Warum soll und will der Philosoph also asketisch leben? Die Motivation dafür kommt a) wie gezeigt aus der Philosophie, dem Streben nach Erkenntnis selbst und der Bindung an sie, die eine gleichzeitige enge Bindung an leibliche Begierden und Bedürfnisse ausschließt, b) mit Blick auf den Tod aus der Hoffnung auf ein glückliches Leben im Jenseits und c) aus dem Wissen um die Natur der Lust.

Zu b): Das sokratische Nichtwissen in Bezug darauf, ob der Tod ein Übel ist (Apol. 29a6–b3) und die dort kaum begründete Hoffnung, dass er dies nicht ist, wird im *Phaidon* durch positive Vorstellungen ergänzt. Sokrates ist davon überzeugt, leicht sterben zu können (80e7) und später von Übeln befreit bei den Göttern zu wohnen (69c6). Allerdings wird diese Hoffnung weniger durch einen stringenten Beweis der Unsterblichkeit der Seele (im Gegenteil bleibt es beim Beweisversuch) gefestigt als durch ihr »Besprechen« (77e2–78a9) bis hin zur Erzählung

---

vermögens mit seinen vielen verschiedenen, wechselnden Begierden, die in alle Richtungen ziehen (vgl. das Bild vom bunten, vielgestaltigen Tier in Rep. 588c2–10).

[42] Am deutlichsten in 79d1–7. Vgl. auch ausführlicher zum Gedanken Tim. 90b2–d7.

5. Das philosophische Leben und die Rolle der Lust

des Mythos[43]. T. Ebert interpretiert den aporetischen Charakter des Gesprächs als Aufforderung an die Pythagoreer, sich selbst auf die Suche zu machen, Dialektik zu treiben und die unvollendeten Argumente zu Ende zu führen[44].

Zu c): Das Leben der Lust ist, was schon zu Anfang beiläufig erwähnt wird, stets auch von Unlust gezeichnet (vgl. auch 69a6, 83b7, 83d2). Ein Leben unter den Bedingungen der nur scheinbaren Tugend entspricht einem knechtischen, unfreien Leben (69b7). Der Philosoph dagegen ist nicht nur von der ständigen Sorge um die Vermeidung von Unlust, sondern auch von der Furcht vor Armut, Ehrlosigkeit (82c6) und natürlich der Furcht vor dem Tod befreit. Dass jeder in diesem Sinne frei sein möchte, wird vorausgesetzt.

Die Gleichgültigkeit des Philosophen gegenüber körperlichen Affekten wird nicht nur theoretisch im Gespräch behauptet, sondern auch an Sokrates' Verhalten in der kleinen Episode in 63d4–e6 illustriert. Er ignoriert die Warnung des Henkers, sich nicht durch das Reden zu erhitzen, weil er keine Furcht davor hat, den Schierlingsbecher mehrmals trinken zu müssen und dadurch einen langwierigeren, schmerzhafteren Tod zu erleiden.

5.3.4. Systematische Einordnung der Darstellung des philosophischen als asketisches Leben im Phaidon

In *Protagoras* und *Gorgias* wurden insgesamt drei Vorschläge, mit Lust umzugehen, diskutiert: Die von Kallikles vertretene Position eines zügellosen Hedonismus, die von Sokrates abgelehnt wird, die des ›vernünftigen‹ Hedonismus des Protagoras, die nicht in offensichtlicher Weise, aber doch implizit abgelehnt wird und die des philosophischen, besonnenen Lebens, das im *Gorgias* von Sokrates dargestellt, aber wenig begründet wurde. Wie dort von Kallikles die Extremposition eines zügellosen Lebens propagiert wurde, innerhalb dessen jegliche Lust

---

[43] Auf den religiösen, nicht-argumentativen Charakter des Abschnitts 80–84 weist z. B. Ebert 2004, 269 hin.

[44] Vgl. Ebert 2004, 417–420. Allgemeiner noch Kutschera 2002, 41, der auf die Tradition des historischen Sokrates verweist und dahinter eine Aufforderung an den Leser vermutet, selbst am Problem zu arbeiten, was sich auch in 107b zeige. Wichtige Lebensentscheidungen blieben ein Wagnis (114d), da Argumente nie die Sicherheit gewähren, die man sich für diese eigentlich wünschen würde.

Phaidon – Absetzung des philosophischen Lebens vom differenzierten Hedonismus

ihren Raum hat, so wird im *Phaidon* nun – als scharf gezeichnete Gegenfolie – ein asketisches Leben als philosophisches geschildert. Der Wert des philosophischen Lebens wird dabei nicht auf Basis des auf lange Sicht gesehenen angenehmeren Lebens begründet, wie man etwa den Verweis auf das eigentlich freudlose Leben des Zügellosen im *Gorgias* verstehen könnte (Gorg. 493b4–7). Diese Kritik würde den ›gemäßigten‹ Hedonisten, der dem Philosophen in Gorg. 501b2–c7 insofern ähnelt, dass er ebenfalls auf die richtige Auswahl von Lust und Unlust achtet, auch nicht treffen.

Erst der *Phaidon* macht zweifellos deutlich, dass die Hauptbeschäftigung des Philosophen, die zum Glück führt, nicht in der richtigen Auswahl von Lust und Unlust bestehen kann. Um der Erkenntnis willen geht es ihm vielmehr um eine Loslösung und Unabhängigkeit von ihnen bzw. auch vom Leib als ihrem Ursprung. Der gemäßigt Tugendhafte, der den ›Tausch der Lüste‹ betreibt, kann zwar relativ besonnen scheinen, ist aber im Grunde dem Leib verhaftet[45]. Er hat ein anderes Lebensziel, das sein Handeln beeinflusst, als das des Philosophen, nämlich möglichst angenehm zu leben. Erst die Absonderung der Seele vom Leib und seinen Begierden führt aber dazu, frei für die Erkenntnis des Seienden zu werden, für die Suche nach Wahrheit, die das Leben des Philosophen entscheidend verändert und für ihn oberste Priorität hat. Erst durch die Schilderung der asketischen Lebensweise kann der Unterschied des philosophischen Lebens zu dem des gemäßigten Hedonismus deutlich werden. Daher wäre es verkürzt, die Ausführungen zum Leben des Philosophen im *Phaidon* unter dem Stichwort »pythagoreische Askese« zu verbuchen. Der Dialog steht thematisch in unmittelbarem Zusammenhang zum *Protagoras*, in dem ein Grundziel, an dem sich die Lebensführung der meisten Menschen orientiert, diskutiert wird. Der *Phaidon* argumentiert dagegen, dass auch das völlige Absehen von diesem Ziel, das ›Totsein‹ des Philosophen, das im *Gorgias* als absurd wahrgenommen wird, in einem bestimmten, erkenntnistheoretischen Kontext seinen Sinn und seine Begründung hat. Entspricht das Leben des Philosophen aber notwendig einem rein asketischen, ent-

---

[45] Ein Schachzug, der dem Hedonisten noch offen stünde, wäre, nicht zwischen kurz- und langfristiger Lust zu unterscheiden, sondern zwischen geistiger und körperlicher. Dies wird aber in den bisher betrachteten Dialogen nicht unternommen. Platon wird zur Lust an geistigen Dingen bzw. der Lust des Philosophen in der *Politeia* und im *Philebos* Stellung nehmen.

5. Das philosophische Leben und die Rolle der Lust

haltsamen Leben? Bereits im *Gorgias* wurde angedeutet, dass Askese in unterschiedlichem Maße sinnvoll sein kann. Die kranke Seele muss enthaltsamer leben als die gesunde. Sokrates selbst wird im *Symposion* als Philosoph geschildert, der sich z. B. des Alkohols nicht zu enthalten braucht (Symp. 176c4–6, 223c4–6; vgl. 7.2.5). Auch im *Phaidon* ist sehr fraglich, ob es die Lebensaufgabe des Philosophen sein kann, Askese zu üben (wie man 67d4–8 interpretieren könnte) oder ob die Unabhängigkeit von Lust und Unlust nicht eher notwendige Konsequenz wie auch Voraussetzung[46] der positiven Ausrichtung auf die Wahrheit ist. Letztlich wird diese Frage aber erst in anderen Dialogen, insbesondere in der *Politeia* und im *Philebos* beantwortet, in denen die Lust und ihr Stellenwert im philosophischen Leben ausführlich thematisiert werden.

5.4. *Politeia* – Einfaches, maßvolles Leben und die wahre Lust der Philosophen

Zunächst eine Vorbemerkung zum Charakter der *Politeia*. Nicht nur ist sie zweifellos eines der zentralsten Werke Platons, in dem seine Gedanken umfangreicher und klarer als in vielen anderen Dialogen ausgearbeitet sind, sondern auch eines der zentralsten Werke für unsere Thematik. Die Grundfragestellung der langen Untersuchung, die sich über die zehn Bücher der *Politeia* erstreckt, ist die Frage danach, wie man sein Leben verbringen soll, d. h. was ein gutes und was ein schlechtes Leben ausmacht (352d6–7).[47] Sokrates betont, wie auch in anderen Dialogen, häufig die existentielle Wichtigkeit dieser Fragestellung (344d8–

---

[46] Es handelt sich um ein Wechselverhältnis – je größer die Unabhängigkeit ist, desto besser gelingt die Erkenntnis, je besser die Erkenntnis gelingt, desto mehr festigt dies die Unabhängigkeit (vgl. auch die Diskussion der »Strom«-Metapher in 5.4.5).

[47] Erler 2007, 443 erwähnt die Vermutung, dass nicht Verfassungen im historischen Sinne, sondern Lebensformen erörtert werden. Vgl. hierzu auch Blößner 1997, 205–207 und 91–98, der ferner darauf aufmerksam macht, dass es sich mit der *Politeia* um ein »großangelegtes einheitliches Argument mit einem klar formulierten Beweisziel« (*ebd.*, 8), nicht um einen Lehrvortrag handle. Die argumentative Priorität des Analogieverfahrens liegt dabei eindeutig bei der Seele (*ebd.*, 166). Zur Interpretation des Grundcharakters der *Politeia* als vorrangig ethisches statt politisches Werk Platons seit Schleiermacher vgl. Erler 2007, 207f. Zur Verschränkung verschiedener Darstellungsabsichten vgl. Schmitt 2000, der aber auch den Schwerpunkt auf die »vollendete Entfaltung des jeweils Einzelnen« (*ebd.*, 39; vgl. auch 73–75) legt. Deutlicher betonen die *Nomoi* die Gleichberechtigung beider Komponenten: Erkannt werden soll sowohl, wie der Staat

Politeia – Einfaches, maßvolles Leben und die wahre Lust der Philosophen

e2; 352d6–7; 608b4–8; 618b6–619b1). Es handelt sich also nicht, wie vor allem von K. Popper angenommen wurde[48], um Platons politisches Programm, sondern um eine komplizierte Verschachtelung von Analogien, Entsprechungen zwischen der in der Rede entworfenen *kallipolis* (527c2) und der Verfassung der menschlichen Seele. Dass es im Wesentlichen um das gute Leben und Glück des Einzelnen geht, das sich freilich unter verschiedenen gesellschaftlichen Rahmenbedingungen auch verschieden gestaltet[49], wird durch das gesamte Werk hindurch deutlich – von Beginn an im Gespräch mit Kephalos bis zuletzt bei der Wahl der Lebensweisen (618b6–619a1)[50]. Wie schon im *Gorgias* stehen die Wahl der richtigen Lebensweise und ihre Bewertung außerdem in engem Zusammenhang zur Lustthematik. Daher geschieht die Interpretation der *Politeia* zu einem Großteil in diesem Kapitel.

Der Zusammenhang von Philosophie und Lebensweise wird erst in den späteren Büchern der *Politeia* deutlich. Daher wird in den folgenden Abschnitten zunächst das gute Leben allgemein unter dem Aspekt der Lust, ab 5.4.3 spezieller die Lebensweise der Wächter im Vordergrund stehen. Da aus den Wächtern später die Philosophenherrscher rekrutiert werden, haben sie auch deren Lebensweise zu weiten Teilen gemeinsam.

5.4.1. Kephalos – Das Glück im Alter, der Zusammenhang von Reichtum und Lust

Die Rahmenfrage der *Politeia* wird vom jungen, politisch ambitionierten Thrasymachos aufgeworfen. Diskutiert wird im Dialogverlauf, ob

---

am besten verwaltet wird, als auch, wie der Einzelne sein Leben am besten führt (Lg. 702a7–b1).
[48] Vgl. Popper 1992, 104.
[49] Auch das Unglück der Verfallsformen wird erst unter politischen Rahmenbedingungen richtig deutlich, die es erlauben, den entsprechenden Charakter auszuleben (vgl. Blößner 1997, 185).
[50] J. Annas macht auf die Vorrangigkeit der Darstellung des Seelenzustands in der Analogie aufmerksam, indem sie auf die Fiktivität der beschriebenen Verfassungen hinweist. Die in Buch VIII kritisierte *dêmokratia* (557a2) etwa hat nichts mit dem zeitgenössischen Athen, dem »Paradebeispiel« für Demokratie zu tun (vgl. Annas 1981, 300). Auch die Ausführungen zum Tyrannen können nicht auf eine realistische Darstellung politischer Verhältnisse abzielen: »Plato's tyrant would not last one week« (*ebd.*, 304). Ähnlich lautet die Argumentation von D. Frede (vgl. Frede 1997b, bes. 259 und 262f.).

5. Das philosophische Leben und die Rolle der Lust

das Leben des Gerechten oder das des Ungerechten, wobei der Tyrann für den vollendet Ungerechten steht, besser ist. Ein Argument des Thrasymachos für das glückselige Leben des Tyrannen lautet, dass dieser sich unrechtmäßig Reichtum erwirbt, ohne dafür bestraft zu werden (zu anderen Gesichtspunkten wie Macht und Anerkennung vgl. Kapitel 6). Er raubt anderen seinen Besitz und will allgemein immer mehr haben als andere (349c6). Worin besteht der Zusammenhang zur Lust? Dass der Reichtum nicht (nur[51]) Selbstzweck ist, sondern dem Tyrannen dazu dient, alle möglichen Begierden zu befriedigen – was Lust mit sich bringt (vgl. 5.4.4) –, wird anfangs noch nicht besonders deutlich, wohl aber später, bei der Beschreibung des begehrlichen Seelenteils (*epithymêtikon*, 580e2–581a2)[52]:

> Das Begehrliche nannten wir es wegen der Heftigkeit der auf Speise und Trank und Liebessachen und was hiermit sonst noch zusammenhängt bezüglichen Begierden, und das Geldliebende auch, *weil vorzüglich durch Geld die Begierden dieser Art befriedigt werden*. (Rep. 580e2–581a2; eig. Hervorhebung)

Gegenübergestellt werden in Buch I die Geld- und Machtgier des Thrasymachos, dessen Auftreten an das des Kallikles erinnert, und die abgeklärte, eher asketisch geprägte Position des greisen Kephalos. Seine ›Askese‹ scheint ihren Ursprung allerdings darin zu haben, dass seine körperlichen Bedürfnisse aufgrund seines Alters deutlich schwächer geworden sind (328d2–4). Während andere Greise das bedauern, vergleicht er die Begierden mit Sophokles einem »tollen und wilden Herrn« (329c4–5) und lobt den Gesprächspartnern gegenüber seine neu erworbene Freiheit. Um welche Begierden handelt es sich dabei,

---

[51] Die Lust an der bloßen Anhäufung von Reichtümern kennt Platon durchaus auch, sie wird z. B. in 554a10–b3 erwähnt.
[52] Aufgegriffen wird dieser Gedanke auch im *Phaidon:* Geld und Gut muss man des Leibes wegen haben (66c6–d1), dessen Pflege man dienstbar ist. Alle Kriege entstehen um Güter, aber wegen dieses Zusammenhanges letztlich aufgrund des Leibes und seiner Begierden (66c6–8). In Lg. 687b5–9 wird der Zweck des Reichtums dann allgemein auf Wunscherfüllung ausgeweitet, die aber im Unterschied zur Vernunft nicht das Wichtigste ist. Auf die Gefahren des Reichtums wird in Lg. 742e6–7 aufmerksam gemacht: Gleichzeitig reich und gut zu sein sei unmöglich. Im Zusammenhang mit Motiven für Mord wird die Macht des Geldes als Ursache einer Vervielfältigung der Begierden, einer unersättlichen Besitzgier genannt, die sowohl bei natürlicher Neigung wie auch schlechter Erziehung ansetzt (Lg. 870a4–6). Die Chancen, dieser Dynamik zu entgehen, schätzt Platon sehr negativ ein.

wovon wurde er befreit? Beispielhaft werden in 329a6–7 die drei Bereiche körperlicher Begierden genannt, die im Verlauf des Werks – und auch in anderen Dialogen[53] – immer wieder auftauchen: die Liebeslust, die Lust am Trinken von Alkohol und die am Essen bzw. an Gastmählern. Eine andere Beschäftigung tritt an ihre Stelle. Statt diesen Begierden nachzugehen, hat er inzwischen Freude an Reden (*tous logous epithymiai kai hêdonai*, 328d4). Auf den Charakter, d. h. in diesem Fall die Einstellung zum Alter, käme es eben an, so Kephalos. Er ist nun allerdings jemand, bei dem die Sache, wie in 5.4.5 noch deutlicher werden wird, geradezu ›umgekehrt‹ funktioniert, wie sie sollte – nicht die Begierden sollten als erstes schwächer werden (was erst im Alter geschieht), zuallererst sollte die Liebe zur Weisheit gepflegt werden. Die Abschwächung der Begierden sollte Folge, nicht Ursache der Beschäftigung mit den *logoi* sein. Kephalos wirkt daher nicht wie jemand, der sein Leben aktiv formt, sondern nur Stellung dazu nimmt, wie es sich ohne sein Zutun verändert.

Ebenso abgeklärt und etwas ›müde‹ wie seine Haltung gegenüber der Lust wirkt die zu seinem – zumindest teilweise ererbtem (330b1–7) – Vermögen. Nicht sein edler Charakter, sondern sein Reichtum ermögliche ihm die Zufriedenheit im Alter, so der Vorwurf, mit dem ihn Sokrates konfrontiert. Kephalos reagiert ausweichend. Der Reichtum sei zwar notwendige Bedingung für ein glückliches Alter, weil der Arme sicher weniger glücklich lebt, nicht jedoch hinreichende Bedingung, da es auch unglückliche Reiche gäbe. Der Hauptvorteil eines großen Vermögens sei, dass es ermögliche, den Göttern zu opfern und vor bestimmten Formen der Ungerechtigkeit gegen andere schütze wie der, seine Schulden nicht begleichen zu können. Dies aber befreie den Menschen von der Sorge vor Strafe in der Unterwelt. An diesem Punkt leitet Sokrates über zur Frage nach der Gerechtigkeit. Würde sich die im Jenseits beurteilte Gerechtigkeit im Zurückzahlen von Schulden und

---

[53] Vgl. die in Phd. 64d3–e1 aufgezählten Lüste und ihre Charakterisierung als »Lüste … welche durch den Leib kommen« in 65a5–6. In Lg. 782d10–783a4 werden drei der heftigsten Begierden genannt und der menschlichen Entwicklung zugeordnet: Von Geburt an die nach Essen und Trinken, später, als dritte und letzte, das sexuelle Verlangen. Diese drei muss man durch Furcht und Gesetz und wahre Vernunft als die drei kräftigsten Mittel niederzuhalten suchen. Auch in Lg. 835c1–836e5 zählt die sexuelle Lust zu den größten Begierden. Der Sieg über die Lust ist der schönste Sieg (840b10), er führt zum glücklichen Leben, die Niederlage zum Gegenteil (840c4–5).

5. Das philosophische Leben und die Rolle der Lust

Opfern für die Götter erschöpfen, so wäre, wie es Glaukon wenig später (362c2–7) konsequent weiterführt, der reiche, aber verbrecherische Tyrann auch auf der sicheren Seite. Vorgestellt wurden, verkörpert in der Person des Kephalos, zwei weit verbreitete Meinungen zum Thema Reichtum und Lust: 1) Vermögen zu haben ist wichtig für ein gutes Leben. 2) Begierden und Bedürfnissen wird entsprochen, bis sie sich irgendwann ändern. So wie Kephalos würden sich vermutlich die meisten Athener äußern. Radikaleren Positionen, wie sie von Thrasymachos vorgetragen und von Glaukon durch die Schilderung des Lebens des vollendet Ungerechten noch verschärft werden, hätte Kephalos aber nicht viel entgegenzusetzen. Dem ungerechten Tyrannen gelingt es, mit verbrecherischen Mitteln reich zu werden und all seine Begierden ohne negative Konsequenzen zu befriedigen. Die Frage bleibt, warum man ein solches Leben nicht anstreben sollte, wenn doch das Glück in Reichtum und erfolgreicher Befriedigung von Begierden besteht. Will man entscheiden, ob der Ungerechte glücklich ist oder nur ein gerechtes Leben glücklich macht, wofür Sokrates plädiert, so muss gefragt werden, was Gerechtigkeit ist.

5.4.2. Der »Schweinestaat« und seine Erweiterung als Bild für den Ausgangszustand der menschlichen Seele

Um herauszufinden, was die Tugend der Gerechtigkeit in der Seele des Einzelnen bedeutet, soll sie methodisch zunächst »im Größeren«, anhand der *polis* betrachtet werden (368b8–369a11). Sokrates beginnt dazu mit dem Ursprung von Staaten und schildert deren fiktive Genese. In Bezug auf den Umgang mit der Lust ist die erste für uns interessante Stelle 372a5–d3: Die Menschen haben die Arbeitsteilung eingeführt, um die notwendigen Bedürfnisse befriedigen zu können; sie leben in Häusern, tragen, zumindest im Winter, Kleidung und ernähren sich einfach. Auf Streu liegend essen sie mit ihren Kindern zusammen, trinken Wein und singen den Göttern. Sie pflanzen sich sehr vergnügt *(hêdeôs)* fort, ohne jedoch so viele Kinder zu zeugen, dass der Bevölkerungszuwachs Armut und Krieg zur Folge hätte. Alles in allem führen sie ein friedliches und gesundes Leben (372d2). Doch hier interveniert Glaukon: Diese *polis* sei eine Stadt für Schweine – die Bürger benötigen wesentlich mehr Luxus. Sokrates hält daraufhin daran fest, dass die geschilderte *polis* eine rechte (oder »wahrhafte«, *alêthinê*) und gesunde

Stadt ist, man wolle aber offensichtlich eine üppige *(tryphôsan)*, aufgeschwemmte *(phlegmainousan)* Stadt betrachten (372e3–9).
Wie ist diese Aussage zu bewerten? Sicher kann der dargestellte Zustand des »Schweinestaates« nicht dem Ideal des guten Lebens entsprechen – die Bewohner scheinen bis auf das Lob der Götter keinerlei kulturellen oder geistigen Tätigkeiten wie z. B. Gesprächen nachzugehen[54]. Dass Sokrates aber jedenfalls eine Lebensweise favorisiert, die nur das Notwendige an Bedürfnissen *(tanangkaia,* 373a5) erfüllt, wird schon anhand der folgenden, negativ gefärbten Aufzählung deutlich. Um Glaukons Forderung zu erfüllen, müssen laut Sokrates ›Freudenmädchen und bunte Kleider, Gold und Elfenbein‹ in die Stadt. Schausteller und Dichter sowie Diener werden gebraucht und schließlich auch Ärzte, da nicht nur die Stadt nicht mehr gesund ist (373b3), sondern auch die Menschen in ihr viel öfter krank sein werden. Als nächstes wird der zur Verfügung stehende Boden nicht mehr ausreichen, die *polis* wird Soldaten ausbilden und Krieg mit ihren Nachbarn führen (373d1–e9). Aus dieser Ausgangsposition heraus entsteht schließlich auch die Notwendigkeit, einen Stand der Wächter *(phylakoi)* zu haben, der den Staat nach außen hin verteidigt und nach innen hin eine Art ›Polizeifunktion‹ ausübt[55]. Diese neue Ausgangsposition ist jedoch zumindest realistisch[56]; daher beharrt Glaukon vermutlich auch darauf, dass ein bisschen Luxus[57] zu einem »nicht ganz jämmerlichen« (372d8) Leben einfach dazugehört.

Die Erweiterung des »Schweinestaates« lässt sich aus der Analogie zur menschlichen Seele heraus erklären[58]. Analog zu den Bedürfnissen

---

[54] G. Seeck bemerkt, dass die Bezeichnung der Ur-*polis* als »Schweinestaat« wohl auch darauf abzielt, die Unreflektiertheit der Menschen zu problematisieren (vgl. Seeck 1994, 111). An anderer Stelle, im Kronos-Mythos des *Politikos,* wird ein ähnlicher ›Urzustand‹ geschildert. Im goldenen Zeitalter unter Kronos führen die Menschen zumindest mit den Tieren philosophische Gespräche – die allerdings auch eher ins Lächerliche gezogen werden durch die Vermutung, sie erzählten sich vielleicht nur Geschichten »wie sie auch jetzt von ihnen erzählt werden« (Pol. 272c7–d1; vgl. Ricken 2008, 123).
[55] Und letztlich die Notwendigkeit von Tugenden wie der Gerechtigkeit, die im »Schweinestaat«, in dem es nur eine einzige Klasse gibt, keinen Sinn ergeben würde (vgl. Sprague 1976, 78).
[56] Vgl. Schubert 1995, 39.
[57] Von Hetären, auf die Sokrates sofort hinweist, hat er freilich nicht gesprochen (wiewohl diese faktisch Bestandteil vieler Athener Symposien waren), sondern von Tischen und Polstern.
[58] Gegen Smith 1999, der den platonischen Gerechtigkeitsbegriff bereits in der Ur-

5. Das philosophische Leben und die Rolle der Lust

der Ur-*polis* und ihrer Bürger nimmt Platon auch in Bezug auf die menschlichen Seelen an, dass von vornherein nicht nur notwendige, für das Überleben wichtige Begierden wie die nach Nahrung (369d1–2), sondern weitergehende Begierden in ihnen existieren. Sogar gesetzwidrige Begierden entstehen in allen Menschen, wie man an ihren Träumen sehen kann (571b6–7; 572b6)[59]. Durch Erziehung müssen diese dann, einigermaßen mühsam, eingeschränkt bzw. geformt und mit denen anderer Menschen vermittelt werden. Ebenso bedarf auch die ›üppige‹ Stadt im Unterschied zur ursprünglichen, in der automatisch Frieden herrscht, der Ordnung und der Leitung[60]. Es genügt nicht, wie Kephalos andeutet, auf eine Änderung bzw. das Schwächerwerden der Begierden zu warten, die Seele muss aktiv geformt und geordnet werden. Zuletzt wird die *polis* dann doch als »vollkommen gut« bezeichnet (427e6–7; die Einschränkung, »wenn sie richtig angelegt ist« hat an dieser Stelle kaum eine relativierende Konnotation). Ihre Gutheit ist Voraussetzung für die Bestimmung und Erläuterung der Gerechtigkeit, die ja qua Tugend nur die gute Seele, und analog den guten Staat kennzeichnet.

---

sprungspolis vermutet und – auch aufgrund einer wenig überzeugenden methodischen Kritik an der Unterscheidung der Seelenvermögen (vgl. *ebd.*, 33–38) – die weitreichende Folgerung zieht, dass die Analogie zur Seele nicht in der Dreiteilung bestehe (bzw. der Teilung generell; laut 443e1–2 deutet darauf hin, dass durchaus noch mehr Seelenvermögen bestehen könnten; die in 611b1–3 angedeutete Einheit der Seele steht dagegen m. E. in eschatologischem Kontext).

[59] Dass diese bei unterschiedlichen Ständen in der *polis* von Natur aus unterschiedlich sind, aber auch durch Erziehung so geraten, wird deutlich in 431b10–c7: Hier wird das Gesinde genannt und die Frauen, bei denen viele Begierden, Lust und Unlust vorhanden sind. Bei den »Bestgearteten und Besterzogenen« (431c7: τοῖς βέλτιστα μὲν φῦσιν, βέλτιστα δὲ παιδευθεῖσιν) ist das nicht der Fall. Später findet sich allerdings die klare Feststellung der Gleichheit der Natur (*physis*) von Frauen und Männern (456a10; in 453b7–c6 wurde noch vermutet, sie sei verschieden). Evtl. besitzt die *paideia* also doch mehr Gewicht als die *physis* und die in 431c2 genannten Frauen können unter die Gruppe, die faktisch keinen Anteil an der *paideia* hatte, gezählt werden. Zum Wechselverhältnis von Erziehung und Veranlagung vgl. 9.4.2.

[60] Wiewohl die ursprüngliche Stadt wohl, anders als Sokrates es vorauszusetzen scheint, wie auch die erweiterte *polis*, zumindest eine Art Verwaltung benötigt, um funktionieren zu können (vgl. Seeck 1994, 111).

Politeia – Einfaches, maßvolles Leben und die wahre Lust der Philosophen

5.4.3. Die Lebensweise der Wächter/Gehilfen – ein allgemeingültiges Konzept?

5.4.3.1. Musik, Gymnastik und maßvolle Lebensweise

Wie wird die Ordnung der Begierden erreicht und wie sieht eine Erziehung bzw. Ausbildung[61] aus, die zu ihrer Mäßigung[62] und Kontrolle führt? Ein ausgefeiltes Erziehungsprogramm wird innerhalb des Bildes, anhand der Klasse der Wächter im gerade entworfenen Staat, vorgestellt. Zunächst erhalten die Wächter, einerseits, eine ›musische‹ Ausbildung, wozu im Sinne griechischer *musikê* alle Bereiche gehören, die mit den Musen zu tun haben wie Dichtung, Tanz und Musik. Andererseits erhalten sie eine gymnastische Ausbildung (376e4–5). Beide Arten der Erziehung, auch die gymnastische, zielen letztlich auf die Seele, besonders auf die Formung des »muthaften« Seelenvermögens *(thymoeides)*[63]. Durch die Ausbildung wird die Seele der Wächter besonnen und tapfer (410e10–411a1). Erreicht werden soll nicht nur eine Standhaftigkeit gegenüber Schmerz und Furcht (so der Gegenbegriff zur Begierde), sondern auch gegenüber Lust und Begierde (429c9–d1; 430a7–b2).

Als heftigste Lust wird, wie auch in den *Nomoi*, die sexuelle Lust bestimmt, interessanterweise aber nicht als leiblich geprägte Lust der Gymnastik zugeordnet, sondern der Musik (403a4–8). Sie zählt unter die »überschwänglichen Lüste« (*hêdonê hyperballousê*, 402e3), die zur Besinnungslosigkeit *(ekphrona)* führen, und derer sich die Wächter enthalten[64]. Genau wie üppige Speise schadet, so Sokrates in 404d5–6, z. B. die Liebe zu Hetären außerdem der Stärke des Leibes. Warum wird die sexuelle Lust dennoch zuerst im Zusammenhang mit der musischen

---

[61] Das griechische *paideia* kann beides bedeuten, während im Deutschen nur in Bezug auf Kinder von »Erziehung« gesprochen wird. Die Erziehung der Wächter beginnt im Kindesalter und wird dann jahrzehntelang fortgeführt.
[62] Platon betrachtet die Lust vor allem deshalb mit Skepsis, weil sie, zumindest in ihren meisten Formen, zur Maßlosigkeit verleitet (vgl. Voigtländer 1960, 159).
[63] Zum tieferen Sinn der Gymnastik siehe 410b5–8. In zweiter Linie geht es bei der musisch-gymnastischen Erziehung auch um die Stärkung des *philosophon* bzw. das richtige Verhältnis beider Vermögen, vgl. 411a5–412a2, bes. 411e7. Da Besonnenheit entstehen soll, bleibt auch das *epithymêtikon* nicht unberührt.
[64] Zumindest enthalten sie sich davon in Bezug auf gleichgeschlechtliche sexuelle Beziehungen, da sie ja alle Frauen gemeinsam haben, mit denen sie auch Kinder zeugen. Was freilich auch nicht willkürlich, nach dem Lustprinzip geschieht, sondern strikt nach eugenischen Prinzipien geregelt ist.

5. Das philosophische Leben und die Rolle der Lust

Ausbildung erwähnt? Das Thema wird folgendermaßen weiterentwickelt: Der *orthos erôs*, der nichts »Tolles« *(manikon*[65]*)* mehr enthält, ist den Wächtern erlaubt. Um des Schönen willen und wie einen Sohn soll der Liebhaber seinen (entsprechend der allgemeinen Praxis oft jüngeren) Geliebten behandeln (403b5–7). Idealerweise ist dieser schön an Leib und Seele, wobei nur die seelische Schönheit notwendige Bedingung ist (402d10–12). Das Ziel der gesamten musikalischen Ausbildung ist, die Liebe zum Schönen zu wecken (*tou kalou erôtika*, 403c6–7). Vermutlich ist hier an einen Aufstieg wie den im *Symposion* gedacht, den die musische Ausbildung erleichtert. In 402d8–9 etwa scheint der Musikalische fast zwangsläufig nur Menschen mit guter Gesinnung zu lieben. Außer in diesem Kontext wird in der *Politeia* kaum in positiver Weise vom Eros gesprochen (vgl. dazu 5.8.5). Der Stellenwert der musikalischen Erziehung wird an späterer Stelle bekräftigt: Allein die mit Musik vereinigte Rede kann die Tugend ein Leben lang bewahren (549b6–7). Die sexuelle Lust wandelt sich im Zuge dieser Erziehung zu einer gemäßigten, nicht sexuell bestimmten Liebe zu den Geliebten und mündet schließlich in die Liebe zum Schönen. Wie sieht es mit den übrigen Lüsten aus? Auch hier ist jede Heftigkeit, jedes Übermaß zu vermeiden. Die Werke der Dichter, die bisher wesentlicher Bestandteil der zeitgenössischen ›musischen‹ Ausbildung waren, werden von Platon harscher Kritik unterzogen. Sie schildern handelnde Menschen, jedoch vermitteln sie ein falsches Sittenbild und besitzen sogar die Fähigkeit, gute Naturen zu verderben. Sie stellen eine »gereizte und wechselreiche Gemütsstimmung« (*aganaktêtikon te kai poikilon êthos*, 605a5) dar, weil diese leichter nachzubilden ist und mehr Beifall bei der Menge hervorruft. Das Ziel, so wird aus Buch X deutlich, ist stattdessen eine gemäßigte Gemütsstimmung, frei von heftigen Affekten und Reaktionen auf kontingente Ereignisse, wie sie besonders in Tragödien (605d1), aber auch in Komödien (606c3) dargestellt werden. Genau wie Ehre, Geld und Macht kann auch die Aufregung durch die Dichtkunst zur Vernachlässigung der Tugend führen (608b4–8).

Der kürzere Abschnitt zur gymnastischen Erziehung beginnt mit einer methodischen Bemerkung: Platon zeichnet nur die Grundzüge *(typoi)* dessen, was für den Leib gut ist (403e1), weil die gut ausgebildete Seele

---

[65] Irritieren mag hier, dass die philosophisch-erotische Liebe im *Phaidros* (z. B. 245b1–c1) durchaus als *mania* bestimmt wurde (vgl. 7.3).

Politeia – Einfaches, maßvolles Leben und die wahre Lust der Philosophen

automatisch auch das für den Körper Richtige erkennt. In der Beschreibung der Lebensweise der Wächter tauchen dann Komponenten der Lebensweise der Menschen in der »gesunden« Ursprungspolis wieder auf. In Bezug auf die Befriedigung körperlicher Begierden führen sie, und dadurch auch die später aus ihnen rekrutierten Philosophen (412b8–414b7 und 535a3–536d5), ein einfaches Leben. Als Gegenbegriff verwendet Platon hier – wie auch sonst gern[66] – die *poikilia* (404e4), das bunte, mit vielfachen Vergnügungen angefüllte Leben, das zur Ungebundenheit oder Zügellosigkeit *(akolasia)* führt. Bei den leiblichen Begierden scheint Platon wiederum vor allem an Essen und Trinken zu denken. Die Wächter enthalten sich der Trunkenheit (403e4–6), auch süße oder mannigfaltige Speisen, reichhaltig wie in Syrakus, benötigen sie nicht (404d1–3). Eine Lebensweise, innerhalb derer den genannten Begierden nachgegangen wird, führt zu Krankheit und Schlechtigkeit. Die Einfachheit *(haplotês)* dagegen zieht ›musische‹ Besonnenheit der Seele und ›gymnastische‹ Gesundheit des Körpers nach sich (404e5–6). Wer mit der Verwaltung eines Hauses, mit Kriegsdienst oder der Verwaltung der *polis* betraut ist, sollte sich nicht über die notwendige Gymnastik hinaus mit dem Körper beschäftigen (407b4–7). Die übermäßige Sorge für den Körper könnte sogar das Philosophietreiben und Lernen aus Furcht vor Kopfschmerzen verhindern. Wozu ist es aber dann notwendig, überhaupt Gymnastik zu treiben? Auch die körperliche Ertüchtigung ist ganz auf die Ausbildung der Seele hingeordnet; sie geschieht, um den »natürlichen Mut« *(thymoeides*, 410b5–6) zu wecken. Man mag hier eine Spannung zu 403d2–5 bemerken: Die vollkommene Seele bildet den Leib, so hat Sokrates dort gerade gesagt, auf das bestmöglichste aus, nicht umgekehrt. Vermutlich ist aber an ein Wechselverhältnis ähnlich dem von Anlage und Erziehung (vgl. 9.4.2) gedacht. Die Seele gibt den Impuls zur Ausbildung des Leibes, welche wiederum auf sie zurückwirkt.

Die beiden Komponenten der Ausbildung stehen in komplementärem Verhältnis zueinander: Ein wenig Musik macht den muthaften Teil der Seele erst nützlich und geschmeidig, so erklärt Sokrates am Beispiel rohen Eisens, das vor Gebrauch erst bearbeitet und geformt werden muss. Zu viel musische Beschäftigung bringt ihn jedoch zum »Schmel-

---

[66] Von einer Krankheit, die »bunter« und größer wird, spricht Sokrates beispielsweise in 426a2.

5. Das philosophische Leben und die Rolle der Lust

zen«[67] und der Mensch wird weichlich. Die Gymnastik stärkt ihn dagegen, der Mensch wird tapfer. Wenn er lediglich Sport treibt, wird das Lernbegierige (*to philomathes*, das in 376b8 mit dem *philosophon* gleichgesetzt wird) verkümmern. Dann würde er zum Feind der Reden *(misologos)*, der mit Worten nichts mehr auszurichten weiß, sondern nur noch mit Gewalt. Eine aus Musik und Gymnastik gemischte (412a4) Erziehung ist am besten, wobei die philosophische Natur von vornherein etwas »Mildes« an sich hat, dem nicht zu viel nachgegeben werden soll (410d2–412a7)[68].

Anders als im *Phaidon* wird in der *Politeia* nicht die Gleichgültigkeit des Philosophen[69] gegenüber Begierden gefordert, eine möglichst weitreichende Askese. Ausgehend vom realistischen Ausgangszustand, dem Vorhandensein aller möglichen Begierden, wird ein Erziehungskonzept vorgeschlagen, das Gymnastik und Musik umfasst, Leib und Seele vermitteln soll und vor allem das Maßhalten einübt. Maßvoll zu leben bedeutet nicht, die Begierden unerfüllt zu lassen, sie dürfen jedoch auch nicht »überfüllt« werden (571e1–3). Konkret kann sich dieser Rat auf eine breite Palette von Dingen und Lebensbereichen beziehen[70]. Einseitige körperliche oder auch seelisch-musische Beschäftigungen sind zu vermeiden. Der Reichtum wird genauso wie die Armut abgelehnt. Im Bereich der Beziehungen ist die philosophisch-erotische Liebe statt der »überschwänglichen« zu wählen. Letztere kennzeichnet später den *erôs tyrannikos*, der Menschen mit dem »Stachel der Sehnsucht« (573a8–9), hier ganz im Sinne von »Sucht« gemeint, vorantreibt. Aber auch die im Folgenden noch zu diskutierende, »kleinliche Lebensordnung« (406d4),

---

[67] Vgl. 411a5–b5. Eine seltsame Aussage – auch im Bild zu den drei Seelenvermögen ist vom gegenseitigen Verzehren von »vielgestaltigem Tier« und »Löwen« die Rede (589a4). Dass das *thymoeides* aber völlig verschwinden kann, ist nicht anzunehmen. Auch der versklavte »innere Mensch«, der im Bild für das vernünftige Vermögen steht, stirbt anscheinend nicht, sondern wird nur geschwächt (589a1).

[68] Vgl. auch später 535d6–7 sowie Tim. 87e7–88a7, wo übertriebene, einseitig-geistige Beschäftigung ebenfalls getadelt wird.

[69] Die aus der Wächterklasse rekrutierten Philosophen (413e6–414b6) erhalten die gleiche musisch-gymnastische Ausbildung; sie ist daher Teil philosophischen Lebens, wie es in der *Politeia* dargestellt wird.

[70] Später finden sich sogar sehr konkrete (wenn auch als »Abschweifung« gekennzeichnete) Anweisungen; so wird in Rep. 571d6–572b2 geschildert, wie man Alpträume vermeidet. In Lg. 808b3–c3 wird allgemein geraten, nur so viel wie für die Gesundheit notwendig zu schlafen.

ein Leben innerhalb zu enger Grenzen, ist schädlich, weil dann auch der philosophische Eros nicht mehr wirken kann, der zum Schönen führt.

5.4.3.2. Die allgemeingültige Begründung maßvollen Lebens

Ist die geschilderte, maßvolle Lebensweise für alle Menschen geeignet? Dies wäre nicht der Fall, wenn die Lebensweise der Wächter allein mit ihrer Aufgabe als Klasse begründet wird. Sie könnte darauf abzielen, lediglich den Mut des Kriegerstandes zu stärken, zu dessen Aufgabe die Verteidigung der Stadt gehört. Eine maßvolle Lebensweise wird aber nur unter anderem mit der besonderen Aufgabe der Wächter[71] und hauptsächlich unter Verweis auf allgemein-seelische Auswirkungen begründet[72]. Spätestens mit Blick auf die Übertragung des gesamten Bildes auf die menschliche Seele (vgl. 5.4.6) müsste sie als für jeden Menschen sinnvoll betrachtet werden. Gibt es auch vor der Übertragung schon Anhaltspunkte für allgemeingültige Begründungen?

Es geht in den Büchern III und IV um die Ordnung in der Seele, insbesondere den Erwerb von Tapferkeit (429e7–430c7), aber auch um den Erwerb von Besonnenheit *(sôphrosynê):* »Und des so Gestimmten Seele ist dann besonnen sowohl als tapfer.« (410e10–411a1)[73] Die zentrale Stelle, in der ganz allgemein von »den Menschen« gesprochen wird, deren Seele durch Gymnastik und Musik in rechter Weise gebildet wird, findet sich kurz darauf:

Für dieses beides also scheint ein Gott, werde ich sagen, den Menschen zwei Künste gegeben zu haben, die Musik und die Gymnastik, für das Mutige *(to thymoeides)* in uns und das Wißbegierige *(to philosophon)* ... damit sie zusammenstimmen, angespannt und nachgelassen, soweit es sich gebührt. (Rep. 411e5–412a2)

Auch dem Abschnitt über Asklepios und die Rolle der Medizin (405c8–408c5) kann entnommen werden, dass eine maßvolle Lebensweise die

---

[71] Dies geschieht auch, z.B. sind die Konsequenzen schlechter Wächter für die gesamte *polis* bei diesem (Berufs-)stand besonders gravierend (421a3–8).
[72] Daher greift die Interpretation von R. Weiss, die annimmt, bei den Krieger-Philosophen handle es sich um einen besonderen Typ von Mensch, um »philosophic hybrids«, die vor allem Sokrates' Gesprächspartner Glaukon gefallen sollen, auch zu kurz (vgl. Weiss 2012, 51–55; 78f.). Vielmehr zeichnet sich hier die Grundüberzeugung Platons ab, dass der philosophische *bios* nicht mit dem *bios theôrêtikos* gleichzusetzen ist.
[73] Vgl. auch 404e5–6, 410a8–9 und z.B. Halliwell 1997, 316.

5. Das philosophische Leben und die Rolle der Lust

Aufgabe eines Menschen, worin auch immer diese bestehen mag, fördert[74]. Platon macht dort deutlich, dass man sich keine »kleinliche Lebensordnung« (406d4) auferlegen solle wie einem Kranken, der nur weiterlebt, sofern er nicht davon abweicht und dabei auf die Ausübung seiner täglichen Aufgaben verzichten muss. Dieser hält sein Leben dann nämlich selbst nicht mehr für lebenswert (407a1–2[75]). Für so jemanden wäre es besser, zu seiner gewohnten Lebensweise – die, wie aus 408a5–b5 und auch 426a1–b2 hervorgeht, natürlich von vornherein eine maßvolle sein muss – zurückzukehren. Er lebt dann ein weniger langes, aber dafür gutes Leben (407d6–7) in weniger engen Grenzen[76]. Was macht dieses Leben gut? An dieser Stelle scheint die Möglichkeit, eine nützliche Beschäftigung auszuüben, das Hauptkriterium zu sein. Ein Leben ist gut, wenn man dazu in der Lage ist, dem Staat oder wenigstens sich selbst – damit könnte der gesamte *oikos*, d. h. die gesamte Hausgemeinschaft, gemeint sein – zu nützen (407e1–2). Jedem, der eine nützliche Aufgabe in der *polis* zu erfüllen hat, müsste die einfache Lebensweise und mindestens die gymnastische Erziehung (welche idealerweise die Funktion hat, Medizin überflüssig zu machen[77]) daher zuträglich sein.

Auch später (421d1–e5) wird dies unversehens am Beispiel von Handwerkern, Angehörigen des sonst eher als »Menge« (*hoi polloi*, 426d6; 493a8; 500b2 u. v. m.) *ad acta* gelegten dritten Standes, und im Verhältnis zu Reichtum und Armut deutlich gemacht. Der Reiche, der Arme und der Kranke führen ganz allgemein kein gutes Leben. Auch wenn Platon an der Zuordnung einer bestimmten Lebensweise und Erziehung für den jeweiligen Stand festhält, ist seine Begründung für die

---

[74] Wiewohl dies eine Interpretation ist, die evtl. nicht der Intention Platons entspricht. Es wird im Erziehungspassus *nicht* gesagt, dass jeder Mensch so leben bzw. erzogen werden solle und kann dort auch nicht gesagt werden, da das Bild von den getrennten Ständen damit verlassen wäre. Der dritte Stand erhält lediglich eine dem jeweiligen Beruf entsprechende Ausbildung, so z. B. nach 456d10–11 der Schuster eine »schusterhafte«.

[75] Dies gilt nicht nur für den Armen, der auf die Ausübung seines Berufs aus finanziellen Gründen angewiesen ist, sondern auch für den Reichen und seine Beschäftigungen (407b4–c6). Der Gedanke, es wäre besser, gar nicht zu leben als in durch Krankheit eingeschränkter Weise, kommt als populäre Meinung des Öfteren vor (vgl. Lach. 195c10–d6, Rep. 445a6–8, Krit. 47e4–5 und Gorg. 512a2–4). In den *Nomoi* wird auch psychische Krankheit wie der Wahnsinn dazu gezählt (Lg. 926b4–6).

[76] Vgl. auch Lg. 728d7–e5: Wer sich zu wenig um seinen Körper kümmert, wird genau wie der Arme »unfrei«, er lebt in zu engen Grenzen.

[77] Vgl. Canto-Sperber/Brisson 1997, 106–108.

Politeia – Einfaches, maßvolles Leben und die wahre Lust der Philosophen

musisch-gymnastische Erziehung allgemeingültig[78]. Nur die richtige *Mischung* aus musischer und gymnastischer Tätigkeit hängt dagegen, so ist anzunehmen, von der konkreten Aufgabe des Menschen ab. Für einen Sportler oder Rhapsoden ist es vermutlich weniger schlimm, wenn das jeweilige Seelenvermögen zu »hart« bzw. »weichlich« wird, wobei Platon sich über beide Berufsstände, in denen die Vermögen im Ungleichgewicht stehen, nicht gerade freundlich äußert[79].

Die Allgemeingültigkeit zeigt sich zuletzt auch, und vielleicht sogar am deutlichsten, am Verweis auf die *eudaimonia*, die von jedem Menschen erstrebte Glückseligkeit. Die Lebensweise der Wächter wird in Buch V als »mäßige« *(metrios)*, »sichere« und insgesamt gesehen als beste Lebensweise bezeichnet (466b7). Nur eine unvernünftige *(anoêtos)* und kindische *(meirakiôdês*[80]*)* Vorstellung der *eudaimonia*, die dahin geht, das gesamte Staatsvermögen für sich zu beanspruchen, könnte zu einer abweichenden Bewertung führen. Auch ganz zu Ende der *Politeia*, in 619a6–b1, wird festgestellt, dass der Mensch dann am glücklichsten ist[81], wenn er ein »mittleres« Leben wählt, was das Übermäßige nach beiden Seiten hin vermeidet.

5.4.3.3. Gütergemeinschaft, das Glück der Wächter und die gesellschaftlichen Rahmenbedingungen in *Politeia* und *Nomoi*

Eine einfache Lebensweise zu führen sowie Musik und Gymnastik zu betreiben kann also – aus systematischen Überlegungen heraus, Platon erwähnt nirgends, dass der dritte Stand innerhalb der entworfenen *polis* diese Ausbildung erhalten solle[82] – nicht allein für die Wächter (und

---

[78] Wie H.-D. Voigtländer betont, fragt Platon durchgängig nach *der* Glückseligkeit des Menschen, wie *das* menschliche Leben geführt werden soll etc. (vgl. Voigtländer 1980, 157).
[79] So wird das strikte Trainingsprogramm der Berufsathleten genannt, denen Platon vorwirft, bei der geringsten Abweichung davon krank zu werden und allgemein ihr Leben zu »verschlafen« (404a4–7). Den Rhapsoden wird im *Ion* zwar göttliche Begeisterung zu-, eine Kunstfertigkeit jedoch abgesprochen (Ion 533e5–534a7).
[80] Evtl. wird hier auf den jungen Thrasymachos angespielt.
[81] Wie sich noch zeigen wird, ist das maßvolle Leben allerdings notwendige, nicht bereits hinreichende Bedingung für die Glückseligkeit (vgl. 5.8.2 und 5.8.4).
[82] Allerdings könnten die *Nomoi* in diese Richtung weisen, vgl. z. B. das Plädoyer für eine von der Meinung der Eltern unabhängige, sogar für Frauen geltende allgemeine Schulpflicht, wo die für den Krieg und für die Musenkunst nötigen Kenntnisse gelehrt werden (Lg. 804d2–e2). Ackerbau und Viehzucht sind Sache der Sklaven (Lg. 805e1–2;

5. Das philosophische Leben und die Rolle der Lust

späteren Herrscher) sinnvoll sein. Der Einwand des Adeimantos in 419a1–420a1 trifft dagegen klar eine Besonderheit der Wächterklasse. Sokrates scheint die Männer nicht gerade glücklich zu machen, so Adeimantos, und zwar vor allem durch die Forderung des Verzichts auf eigenen Besitz. Dieser würde ja immerhin ermöglichen, den Göttern Opfer zu bringen (so auch bereits das Argument des Kephalos in 331b2–3), Fremde einzuladen, zu verreisen und den Mädchen Geschenke zu machen – so tragen Sokrates und Adeimantos die harmlosen und erlaubten Vorzüge und Vergnügungen zusammen. Die sokratische Antwort darauf ist, erstens, dass die Wächter dennoch sehr glücklich sein könnten (420b5[83]), aber dass, zweitens, ganz abgesehen davon ohnehin das Glück der ganzen *polis* in Frage steht, nicht das eines einzelnen Standes. Ebenso wie die Frauen- und Kindergemeinschaft sichert der gemeinsame Besitz die größtmögliche Einmütigkeit (464b1–d5) und damit Handlungsfähigkeit der Wächterklasse.

Wieso die Wächter aber – eben nicht nur aufgrund des Glücks der gesamten *polis*, sondern als Einzelne[84] – glücklich sind, wird in 465d2–466c3 erklärt. Glückseliger sogar als Olympiasieger sind sie, da sie mit dem Verzicht auf Besitz nicht nur vieler kleiner Mühen enthoben sind, die dieser mit sich bringt, sondern auch dem Staat das Heil verschaffen, der sie zum Dank ehrt und reichlicher noch als die Sieger unterhält. Der Aspekt des Unterhalts hängt allerdings eng mit der gesamtgesellschaftlichen Struktur zusammen. Die Gütergemeinschaft der Wächter scheint kein Konzept für eine gesamte *polis* zu sein, sondern setzt einen anderen Bevölkerungsteil voraus, der die Lebensweise dieses speziellen Standes und seine für den Staat wichtige Aufgabe unterstützt. Für das Glück jedes einzelnen Bürgers und das der ganzen *polis* gilt dagegen generell, dass sowohl Reichtum zu vermeiden ist, der Aufwand *(tryphê)*, Faulheit *(argia)* und ›Neuerungssucht‹[85] nach sich zieht, als auch

---

806d7–e2), das Handwerk die von Fremden und Metöken (d. h. die in Lg. 806d8–9 genannten »anderen«), die dann faktisch den 3. Stand der *Politeia* bilden.

[83] Besonders, wenn man einen nicht-hedonistischen Glücksbegriff zugrunde legt. Denn Sokrates zeichnet – u. U. unfair gegenüber Adeimantos – als ›glückliches‹ Leben, das weniger erstrebenswert ist, sofort wieder ein ausschweifendes Leben in 420e1–8.

[84] Vgl. hierzu auch Blößner 1997, 262–264.

[85] Dieser Ausdruck ist treffender als die Übersetzung Schleiermachers »nach Neuerung begierig« *(neôterismou erôntes,* 555d11–12). Der Begriff *neôterismos* hat eine revolutionäre, die vorhandene staatliche Ordnung bedrohende Konnotation. Die bestehende Ordnung, angefangen bei der Erziehung, muss um jeden Preis bewahrt werden (424b3–c8; 426b8–426c3). Auch in Lg. 797a7–798e8 wird vor Neuerungen gewarnt. Selbst in den

Politeia – Einfaches, maßvolles Leben und die wahre Lust der Philosophen

Armut, die zu Niederträchtigkeit oder Unfreiheit *(aneleutheria)*, Untauglichkeit *(kakoergia)* und, wiederum, zu Neuerungssucht führt (422a1–3).

Wie weit geht die Unabhängigkeit von Geldmitteln innerhalb der Wächterklasse? Die Wächter leben zwar ein einfaches Leben, allerdings darf es nicht so einfach sein, dass sie Hunger leiden (416a2–7) und anderen Übles tun. Man mag hier an Mundraub denken, auch schlechte Charakterzüge wie die Bestechlichkeit entspringen einem Mangel an Geld (390d7–8). Später wird die Notwendigkeit, Armut zu vermeiden, vor allem damit begründet, dass sie die Ausübung der beruflichen Beschäftigung verhindert (421d1–e5). Während Reichtum träge macht, verhindert Armut die Anschaffung notwendiger Arbeitsmittel. Die Wächter also leben in Gütergemeinschaft, sie sind nicht arm, aber besitzen weder Land noch Gold. Der Besitz von Gold wird von Sokrates als Ursache von »vielem und Unheiligem« beschrieben (416e9). Die Geldgier *(philochrêmatia)* scheint eine nicht-angeborene Leidenschaft zu sein, der man verfallen kann.

In den *Nomoi*, auf die an dieser Stelle kurz eingegangen werden soll, finden sich Bemerkungen zum Umgang mit Reichtum, die die Beobachtungen in der *Politeia* gut ergänzen. Es wird festgestellt, dass in einer Gesellschaft, in der weder Reichtum noch Armut herrscht, die edelsten Gesinnungen entstehen (Lg. 679b6–8). Der Sorge um Geld und Gut gebührt in der Rangordnung dessen, was zu ehren ist, die letzte Stelle. An erster steht die Seele, an zweiter der Leib und erst an dritter dann Geld und Güter (Lg. 743e1–6). Sogar was die Heiraten angeht, soll die »ärmlichere Partie« gewählt werden (Lg. 773a2–5; wiewohl jeder faktisch das ihm Ähnliche sucht, so der Kontext in 773b6–7). Zu den Gefährdungen des Reichtums ist in Lg. 831c4–e3 zu lesen, dass er erstens die Muße für wichtigere Dinge verhindere, zweitens nur für die tierische Bedürfnisbefriedigung gebraucht werde. Öfter in diesem Zusammenhang fällt der Verweis auf die *pleonexia*, z. B. in Lg. 906c1. Das »Immer-Mehr-Haben-Wollen«, das dieses Wort bezeichnet, kann sich einerseits auf die Anhäufung von Geld beziehen, andererseits auf Güter allgemein. Bereits in Gorg. 508a4–8 wird es ja dem Kallikles zum Vor-

---

Spielen der Kinder darf es keine geben, weil aus ihnen sonst Männer werden, die nach einer anderen Lebensweise trachten und dementsprechend auch nach anderen Einrichtungen und Gesetzen (Lg. 798b6–c6).

5. Das philosophische Leben und die Rolle der Lust

wurf gemacht und der Messkunst, d. h. hier dem Maßhalten, gegenüber gestellt. Und zum Maßhalten rät Platon in jeder Hinsicht[86]. Konkret wird in Lg. 913b1–8 z. B. gefordert, auf das Heben von Schätzen um der Tugend willen zu verzichten. In Lg. 919b4–c2 wird vom Kampf gegen *zwei* Gegner gesprochen, nicht nur gegen den Reichtum, sondern auch gegen die Armut. Das rechte Maß zu kennen meint, zwar nicht zu viel, aber auch nicht zu wenig zu besitzen. Der Reichtum verdirbt die Seele durch Üppigkeit, die Armut treibt sie durch Kummer zur Schamlosigkeit. Im wohlgeordneten Staat schließlich gibt es überhaupt keine Armen und Bettler – sollte ein Tugendhafter verarmen, so wird er von den Mitbürgern versorgt (Lg. 936b4–8).

Hier schließt sich der Kreis zur Frage nach der Möglichkeit des Verzichts auf Besitz oder Etablierung einer Gütergemeinschaft. Eine solche setzt in jedem Fall eine bestimmte Gesellschaftsordnung voraus. Ist diese Möglichkeit gegeben, weil die Wächter wie in den *Nomoi* geschildert versorgt werden und nicht in Armut verfallen, so könnten sie ein ebenso glückliches Leben führen. Reichtum ist hierfür nicht konstitutiv, ja, er ist sogar hinderlich.

5.4.3.4. Frauen- und Kindergemeinschaft

Ein weiterer und besonders umstrittener Punkt wurde bisher ausgespart: Die Wächter leben nicht nur in Gütergemeinschaft, sondern haben auch Frauen und Kinder gemeinsam. Sie können mit mehreren Frauen Kinder zeugen und werden darüber im Unklaren gelassen, welche der gezeugten Kinder ihre sind. Zudem gilt ein eugenisches Auswahlsystem. Nur die Besten zeugen miteinander Kinder, von diesen werden wiederum nur die ›guten‹ von den Wächterinnen aufgezogen. Um ihr Amt auszuüben, geben die Frauen der Wächter die Hauptsorge für die Kinder an Ammen ab. Was ist der Sinn dieser Idee, deren Nützlichkeit in Frage steht und über deren Durchführbarkeit sich Sokrates selbst nicht im Klaren ist (450c6–451c3; 457d4–10)? Der Hauptzweck der Frauen- und Kindergemeinschaft besteht, wie auch schon derjenige

---

[86] Dieses Maßhalten hat nichts gemein mit der in 5.2 mit Bezug auf den *Protagoras* als unzureichend kritisierten »Messkunst«. Denn letztere beinhaltet nicht, um der Tugend willen in allen Dingen Maß zu halten, sondern so zu handeln, dass langfristig die größtmöglichste Lust erzielt wird – wozu vielleicht sogar gelegentliche Ausschweifungen beitragen können.

der Gütergemeinschaft, in der Bewahrung der Einheit des Staates, die gleichzeitig das größte Gut für diesen darstellt (462a2–b3). Was die Bürger verbindet, ist nicht etwa eine geistige Idee, sondern die »Gemeinschaft der Lust und Unlust« (462b4). Was sie trennt ist, wenn das gleiche Ereignis die einen betrübt, die anderen aber erfreut. Dies wiederum findet laut Sokrates dann statt, wenn sie verschiedene Dinge als eigene und fremde betrachten – betrifft einen doch das eigene stets viel mehr als das fremde, das Schicksal von Familienmitgliedern und Freunden mehr als das von Fremden. Der Verzicht auf eine eigene Frau ist ebenso wichtig wie der Verzicht auf eigenen Besitz. Alle ›Privatangelegenheiten‹ zerstören die Einheit des Staates; der Staat betrachtet vielmehr alles, was den Bürger bewegt, als seine Angelegenheit (462d8–e2). Lust und Unlust sollten geteilt werden. Leidet ein Teil der Gemeinschaft, so leiden auch die anderen Teile mit.

Illustriert wird dieser Gedanke anhand von Seele/Leib des einzelnen Menschen, wobei der herrschende Seelenteil eine Sonderstellung besitzt. Der Rest der Seele sowie der Körper stehen ihm »als einer« (462c13) gegenüber und warten, so scheint es, auf Anweisungen. Auffällig ist an dieser Stelle außerdem, dass plötzlich zur Rede von den »Bürgern« (462d8, vgl. ebenso 464a4–5) und ihrem gemeinsamen Fühlen übergegangen wird. Die Frauen- und Kindergemeinschaft gilt aber, wie auch die Gütergemeinschaft, eigentlich nur unter den Wächtern (464a8–9; 464b8–c3 und auch schon 416d3–417b9), die sich alle als Verwandte betrachten (463b10–d9), sowie für die später aus ihnen rekrutierten Herrscher[87].

Vermutlich ist die Verfassung des Staates entscheidend dafür, in welcher Gruppe die Bewahrung der Einheit besonders wichtig ist. Als Kriegerklasse besitzen die Wächter genug Macht, um die entworfene *polis* zu zerstören. Daher sind Gewalttätigkeit und (Rechts-) Streitigkeiten, die um Privatbesitz entstehen (464d7–e7), unter ihnen in jedem

---

[87] Die Philosophenkönige teilen die Frauen- und Kindergemeinschaft ebenso wie die Gütergemeinschaft, wobei die Einheit bei ihnen allein aufgrund der geringeren Zahl von Menschen, die sich zerstreiten könnten, weniger gefährdet ist. Die Undurchführbarkeit des Unternehmens wird von Aristoteles ausführlich in Pol. II, 1–5 dargelegt. In Pol. 1262a40–b3 bemerkt er ironisch, dass sich die Frauen- und Kindergemeinschaft, wenn überhaupt, dann am besten für den dritten Stand eignen würde. Dieser wäre dann leichter zu regieren, weil sich durch diese Maßnahme eben gerade keine freundschaftlichen Beziehungen zwischen den Bauern entwickeln würden.

5. Das philosophische Leben und die Rolle der Lust

Fall auszuschließen. Als Konzeption für jeden Menschen ist jedoch weder die Güter- noch die Frauen- und Kindergemeinschaft geeignet[88].

Zusammenfassend wurde für den Stand der Wächter ein einfaches, maßvolles Leben, das durch eine musische und gymnastische Erziehung gestützt wird, vorgeschlagen. Armut wie auch Reichtum sind zu meiden. Letzterer gehört nicht, wie am Konzept der Gütergemeinschaft innerhalb der Wächterklasse deutlich wird, notwendig zu einem glücklichen Leben. Ebenso wenig allerdings die Güter- sowie die Frauen- und Kindergemeinschaft, was auch daran ersichtlich ist, dass beide in den *Nomoi* nicht mehr aufgegriffen werden.

Ob das allgemein empfehlenswerte, maßvolle Leben nun dem philosophischen entspricht, ist noch nicht ausgemacht. Zunächst befähigt es einen jeden Menschen, innerhalb des Staates gut zu funktionieren und seine Aufgabe zu erfüllen[89]. Sowohl die Kontrolle der Begierden als auch die Mäßigung in Bezug auf Geld und Besitz, die zur Bedürfnisbefriedigung dienen, sind Voraussetzung für ein gutes Leben. Wenn wie bisher Lebensverhältnisse (z. B. Armut oder Reichtum) und das Erziehungsprogramm beschrieben werden, so handelt es sich um eine eher ›soziologische‹ Betrachtung, jedenfalls aber um eine Außensicht, die nur mittelbar auf die Seele Bezug nimmt. Im nächsten Abschnitt wechseln wir die Perspektive, weg von der Lebensweise einzelner Stände in der *polis* hin zur Betrachtung der Seele des Einzelnen.

5.4.4. Besonnenheit und das Verhältnis von Begierde und Lust

Die lange Beschreibung der Lebensweise der Wächter wird ergänzt durch die Ausdifferenzierung der Seelenteile und der Tugenden. Nicht

---

[88] Das Konzept der Frauengemeinschaft könnte sogar die Ordnung in der Seele der Wächter gefährden und zur Ausbildung tyrannischer Begierden führen, wie Howland 1998, 647f. zu bedenken gibt. Erst die kurz darauf eingeführte Philosophenherrschaft gewährleistet – durch eugenisch motivierte Regeln für den sexuellen Verkehr – dass das nicht der Fall ist. Burnyeat schließlich weist auf die Parallelen zu den *Ekklesiazusai* des Aristophanes hin. Platon könnte an dieses, seinen Lesern aus der Literatur bekannte Szenario bewusst die Frage nach der Umsetzung gestellt haben, um einen absoluten, von den Zwängen des Herkömmlichen befreiten Standpunkt zu erreichen, von dem aus sich auch die Gleichnisse besser verstehen lassen (vgl. Burnyeat 1999, 302–306).

[89] Wobei sich Arbeiter und Handwerker vermutlich sogar mit weniger zufrieden geben müssen – musische und gymnastische Ausbildung erhalten sie nicht, auch für sie gilt aber wohl, dass keiner in Armut lebt.

Politeia – Einfaches, maßvolles Leben und die wahre Lust der Philosophen

nur von der Beschaffenheit des Körpers (vgl. die bereits erwähnte fehlende Lebensqualität des Kranken in 407d6–7), sondern vor allem von derjenigen der Seele hängt es ab, ob das Leben lebenswert ist. Denn sie ist es, mit der man eigentlich lebt (445a9).

Zunächst eine terminologische Klärung: Wie verhalten sich Begierden und Lust zueinander? Ganz allgemein entspricht dem dritten Seelenvermögen all jene Lust, die mit Ernährung, Fortpflanzung und Ähnlichem verbunden ist (436a8–b3). Durst und Hunger werden als stärkste Begierden *(epithymiai)* genannt. Diese Klassifikation steht nicht im Widerspruch zu 403a4–5, wo die *aphrodisia* als stärkste Lust *(hêdonê)* bezeichnet wurde[90]. Durchwegs wird zwischen Lüsten und Begierden unterschieden. Als Gegenbegriff zur »Lust« wird an einer Stelle der »Schmerz« genannt, als Gegenbegriff zur »Begierde« die »Furcht« (429c9–d1). Das als »Furchtbares« *(deinon,* 442c2) Bezeichnete kann allgemein etwas zu Meidendes bedeuten. Später wird deutlich, dass Lust auf die Erfüllung eines Begehrens folgt, Schmerz auf dessen Nichterfüllung bzw., dass dieser auch bereits das Begehren begleitet (439c9–d8)[91].

Gibt es eine Tugend, die sich auf den Aspekt der Lust/Unlust bzw. auf das dazugehörige Vermögen bezieht? Zwei Seelenvermögen, dem muthaften und dem vernünftigen, wird jeweils eine Tugend zugeordnet: Tapferkeit *(andreia,* 429a8–430c7) bzw. Weisheit *(sophia,* 428b1–429a7). Das begehrende Seelenvermögen *(epithymêtikon)* besitzt dagegen *keine* spezifische Tugend. Die Besonnenheit, die ihm zugeordnet werden könnte, bezieht sich auf zwei Vermögen gleichzeitig. In der besonnenen Seele sind sich der vernünftige und der begehrende Teil darüber einig, wer herrschen soll. Die Aufgabe des begehrenden Teils scheint nur eine einzige zu sein: Er soll gehorchen[92]. Der muthafte Teil dagegen gehorcht dem vernünftigen nicht nur, sondern ist mit ihm ver-

---

[90] Hunger und Durst zu stillen ruft zwar nicht die stärkste *Lust* hervor, als lebensnotwendige *Begierden* können sie aber dennoch, durch den Schmerz, der entsteht, wenn sie nicht befriedigt werden, am stärksten wirken.
[91] Dass Hunger und Durst den »Anfüllungen« und Lüsten nur befreundet *(hetairon,* 439d8) sind, wird vermutlich deshalb festgestellt, weil die Lüste erst auf diese Begierden folgen und sie dabei gleichzeitig eliminieren.
[92] Görgemanns 1994, 143 bemerkt, dass es für das *epithymêtikon* im Gegensatz zum *logistikon* und *thymoeides* kein Erziehungsprogramm gebe. Wobei das nicht ganz richtig ist, da es durch die musisch-gymnastische Erziehung zumindest indirekt geformt wird.

5. Das philosophische Leben und die Rolle der Lust

bündet (vgl. genauer 6.1.4). Gemeinsam stehen beide dem begehrenden Vermögen vor (441e6; 442a5[93]).

Angesetzt wird in 430e6–431b2 beim allgemeinen Sprachgebrauch: Unter »Besonnenheit« wird gemeinhin eine gewisse Ordnung *(kosmos)*, die Herrschaft über Lüste und Begierden verstanden. Sokrates bestimmt die Begierden als a) den größeren (vgl. auch 442a5–6) und b) den von Natur aus schlechteren Teil der Seele (431a4–c3). Im Staat entsprechen sie der Masse des Volkes, die von der kleinsten, philosophischen Gruppe (428e7–429a3), mit Unterstützung der tapferen Wächter, beherrscht wird. Selbst bei den stärksten Begierden scheint es (aufgrund des Satzes vom Widerspruch, der in 436b8–9 als Prinzip erwähnt wird) etwas anderes zu geben, was bewirken kann, dass man ihnen nicht nachgibt. Diese befehlende Kraft in der Seele ist das überlegende und beratende *logistikon*. Das begehrende Vermögen wird dagegen als vernunftlos *(alogistikon)* und vollkommen passiv beschrieben. Sokrates vergleicht es interessanterweise mit Krankheiten (439d2), die auch unkontrollierbar (und unerwünscht!) über einen kommen. Wird das Begehrliche zu stark, so tut es nicht mehr das Seinige, sondern ›verwirrt das ganze Leben‹ (442b2).

Wie ist die Herrschaft des *logistikon* zu verstehen? In der *polis* wie auch im Einzelnen bezeichnet »Besonnenheit« die »Einmütigkeit des von Natur Besseren und Schlechteren darüber, wer herrschen soll« (432a7–b1). Es handelt sich also nicht, das scheint Platon hier wichtig zu sein, um eine Unterdrückung der Begierden, eine despotische Herrschaft. Die Besonnenheit wird stattdessen als Einmütigkeit *(homonoia,* 432a7), Einklang *(symphônia,* 430e4; 432a8) und Zusammenstimmung *(harmonia,* 430e4; 431e9) gekennzeichnet. Diese Harmonie entsteht nicht durch bewusste Zustimmung des begehrenden Seelenteils, der nicht an der Vernunft teilhat oder Urteile fällen kann[94], sondern dadurch, dass er, sofern nur mäßige Begierden in ihm herrschen, der Herrschaft der Vernunft nichts entgegensetzt[95]. Die Philosophen im Staat

---

[93] Daher ist in 442d1 sicherlich besser zu lesen τὼ ἀρχομένω (Wenn das Herrschende mit »dem Beherrschten« einmütig ist ...) als τῶν ἀρχομένων (Stob.; mit »den beiden beherrschten Teilen«).

[94] Hier besteht eine Problematik bei der Übertragung des Bildes auf den Staat – unter dieser Lesart der Besonnenheit wird auch dem Volk im Staat nicht zugestanden, der Herrschaft aktiv zuzustimmen (vgl. Ricken 2007, 130).

[95] Durch Formung der Begierden und das Verschwinden bestimmter, allzu heftiger und rebellischer Begierden wird der Rest lenkbar und geneigt, fast von selbst der Vernunft zu

besitzen nicht mehr viele und verschiedenste Begierden wie das Volk, sondern nur einfache und mäßige (431b10–c7). Als Beste herrschen sie nicht nur über sich selbst, sondern auch über andere (431c9–431d2).

Auch in den *Nomoi* kommt Platon auf die Besonnenheit zurück und erwähnt einen im *Phaidon* behandelten (vgl. 5.3.2), in der *Politeia* jedoch wenig beleuchteten Aspekt. Es gibt eine »volkstümliche« (Lg. 710a5), mindere Form der Besonnenheit, gemäß derer auch Tiere und Kinder, je nach Veranlagung, von Natur aus der Lust gegenüber beherrscht sind. Diese ist jedoch nur eine hilfreiche Anlage für den Erwerb von Tugend. Nur eine Seele, die wirklich besonnen ist, soll vom Staat geehrt werden (Lg. 697b3–6). Besonnenheit allein nützt allerdings auch noch nichts ohne andere seelische Güter (Lg. 696d3–697c4).

Was haben die Philosophenherrscher im Staat nun mit den Wächtern gemeinsam? Da sie aus den Wächtern rekrutiert werden, wird ihnen die gleiche Ausbildung zuteil. Bei den Herrschern führt sie sogar in besonderem Maße zu einer Kontrolle der Begierden, die der Besonnenheit entspricht. Bei der Auswahl der Herrscher aus den Wächtern (die von da an als »Gehilfen« bezeichnet werden) ist der richtige Umgang mit Lust und Unlust ein Hauptkriterium; vor allem ihre Selbstbeherrschung wird geprüft. Weder Schmerz noch Lust noch Furcht dürfen sie davon abhalten, das Nützliche für die *polis* zu tun und die »erlernte Musik« (413e3–4) zu vergessen.

Für das philosophische Leben der Philosophenherrscher[96], so ein Zwischenergebnis der *Politeia*-Interpretation, ist Besonnenheit, die ebenso wie die Tapferkeit durch entsprechende Erziehung erworben wird, eine unumgehbare Voraussetzung. Äußerlich ist ihr Leben, genau wie das der Wächter, von der Frauen- und Kinder- sowie Gütergemeinschaft geprägt, die aber, wie gezeigt wurde, im Unterschied zur musisch-gymnastischen Erziehung keine allgemeingültige, auf die Seele bezogene Begründung erfährt.

---

folgen. Denkbar ist zudem, dass sich ein Verlangen in der geordneten Seele erst dann äußert, wenn die Vernunft es auch für gut hält, ihm zu entsprechen (sich also z. B. das Schlafbedürfnis nicht schon morgens um 11 Uhr, sondern abends einstellt).
[96] Von einem philosophischen *bios* kann zunächst nur in Bezug auf diese Klasse gesprochen werden. In Kürze wird die Extension jedoch erweitert (vgl. 5.4.6).

5. Das philosophische Leben und die Rolle der Lust

5.4.5. Die Metapher des Stromes (485d6–e1) und die Lust der Philosophen

Was unterscheidet die Philosophenherrscher von den Wächtern, außer dass sie in ausgezeichneter Weise besonnen sind? In Buch VI taucht ein passives Moment auf, ein Begehren, das im Unterschied zu vielen anderen Begierden nicht negativ beurteilt wird. Erstmals wird eine rein ›seelische‹ Lust erwähnt: die philosophische Lust an Kenntnissen. Sokrates schildert ein entscheidendes Prinzip mithilfe der Metapher des Stromes[97]:

> Aber wem sich die Begierden *(epithymiai)* sehr nach einem einzigen Gegenstande hinneigen, dem, wissen wir, sind sie nach anderen Seiten hin desto schwächer, weil der Strom gleichsam dorthin abgeleitet ist. ... Wem sie also nach Kenntnissen *(mathêmata)* und allem dergleichen hinströmen, dem gehen sie, denke ich, auf die Lust, welche der Seele für sich allein zukommt, und halten sich dagegen von der durch den Leib vermittelten zurück, wenn einer nicht zum Schein, sondern wahrhaft philosophisch ist. (Rep. 485d6–e1)

Wenn sich die Begierden einem Gegenstand zuneigen, so werden sie zu allen anderen hin schwächer. Das Streben nach Geistigem bewirkt notwendig und sozusagen ›automatisch‹ die Zurückhaltung von anderen, leibgebundenen Lüsten. Die metaphysische Erklärung für den Lebenswandel der Philosophen in 519a8–b6, dass das dem Werden und der Zeitlichkeit Verwandte »ausgeschnitten« werde, wird durch die pragmatische Beobachtung ergänzt, dass schlicht keine Zeit *(scholê)* bleibt für das übrige Treiben (vgl. auch 500b8–c1[98]). Die Philosophen formen ihre Begierden nicht nur durch Beschäftigungen wie Musik und Gymnastik, sondern verlieren deshalb das Interesse an ihnen, weil sie sich auf Geistiges konzentrieren. Die positive Beschäftigung der Weisheitssuche macht ihnen die Selbstbeherrschung leichter.

In der Metapher zeigt sich eine erweiterte Konzeption des Begehrens. Unter *epithymiai* werden nicht mehr, wie allein die Bezeichnung des entsprechenden Seelenteils als *epithymêtikon* schon nahelegt, nur körperliche Begierden verstanden. Im Bild vom Strom erscheint

---

[97] In der angelsächsischen Literatur wird das Argument ähnlich »channel argument« (Scott 2008a, 136) oder »hydraulic argument« (Beatty 1976, 554) genannt.

[98] Vielleicht liegt hier ein noch grundsätzlicheres Prinzip vor, wie es auch in Lg. 732b7–8 erwähnt wird. Wenn etwas abfließt, muss stets etwas aus entgegengesetzter Richtung zufließen. Die Erinnerung z. B. ist ein Zufluss von Einsicht, die geschwunden war.

das Begehren als neutrale[99] Grundkraft, die sich in diese oder jene Richtung ausdifferenzieren kann. Im neunten Buch werden dann schließlich jedem Seelenvermögen eigene Begierden und Lüste zugeordnet (581c7)[100]. Dem begehrlichen Vermögen entspringen die körperlichen Begierden, wobei im Gleichnis vom Gärtner oder Bauern vom Vorhandensein wilder und zahmer Begierden ausgegangen wird (589b2–6). Die wilden Triebe werden – mithilfe der Kraft des *thymos*[101] – am Wachstum gehindert, die feinen kultiviert, so dass die vitale Kraft des Weinstocks ganz der Traube zugute kommt[102]. Diese Kultivierung geschieht auf der Ebene des begehrlichen Seelenteils, der nie ganz ›einer‹ ist, sondern in vielfache und wechselnde Begierden zerfällt[103]. Betrachtet man die gesamte Seele, so kommen noch zwei weitere, einheitliche Grundkräfte hinzu: die Begierde nach gesellschaftlicher Anerkennung und der philosophische Eros, der sich aus der Liebe zum Lernen und dazu, Wissen zu erwerben, der *philomathia*, entwickelt.

Es scheint nicht möglich zu sein, vieles zu lieben, beispielsweise gleichzeitig ein ehrliebender und ein (wahrhaft, nicht nur scheinbar) philosophischer Mensch zu sein. Man muss sich entscheiden. Dies gilt für alle Begierden, kommt doch die unechte Tugend gerade durch die Entscheidung, einer anderen Begierde nachzugeben und hierfür andere zu unterdrücken, zustande (vgl. etwa den Oligarchen in 5.4.7.4). Wer sich der Philosophie in einem wissenschaftlichen Sinne, nicht nur gelegentlich widmet, kann dies nicht mit allen möglichen anderen Beschäftigungen vereinbaren. In 500b8–c1 wird ein ebensolch ›pragmatischer‹

---

[99] Ein völlig ›neutraler‹ Zustand bleibt freilich ein Ideal, weist doch bereits die Ausgangsposition des Staates, der für die Seele steht, auf das Vorhandensein aller möglichen Begierden hin (vgl. 5.4.2). Auch in 571b4–d4 und 572b4–10 wird festgestellt, dass gesetzwidrige Begierden in jedem Menschen wohnen.

[100] Ob der Gedanke einer einheitlichen Grundkraft hier wieder verlassen wird, ist fraglich. Ob man sagt, dass sich das Begehren in eine Richtung besonders ausformt (*ohne* dass dabei die schwächeren Ströme völlig versiegen; auch der Philosoph wird essen, wenn er Hunger hat) oder eine von drei Kräften immer dominanter wird, läuft aber letztlich auf die gleiche Sache hinaus.

[101] Die Frage drängt sich auf, wie der *thymos* hierzu beitragen sollte. Denkbar ist, dass die Furcht vor der Meinung anderer, die ihn kennzeichnet, als Druckmittel eingesetzt wird. Ein gewisser Stolz hilft bei der Zügelung von verwerflichen Begierden.

[102] So die schöne Zusammenfassung des Basileios in Dörrie 1987, 555 (35.3).

[103] Lorenz diskutiert, ob dieser Seelenteil buchstäblich in weitere zerfallen könnte, wenn er ein- und dasselbe gleichzeitig ablehnt und begehrt (vgl. Lorenz 2006, 41–52). Eine Dreiteilung scheint aber für Platon ohnehin nicht zwingend zu sein, da in 443e1–2 erwähnt wird, dass noch mehr Seelenvermögen bestehen könnten.

5. Das philosophische Leben und die Rolle der Lust

Grund dafür gegeben, sich nicht mit Neid und menschlichen Streitereien abzugeben (vgl. 6.4.3.2).

Die Enthaltsamkeit von Lüsten wird allerdings sowohl im *Phaidon* (81c2–4[104]) als auch in Rep. 519a8–b6 anders und tiefer begründet. Die Sorge um körperliche Lust ist nicht nur aus pragmatischen, etwa Zeitgründen unvereinbar mit philosophischer Tätigkeit, sondern verändert auch die gesamte Seele. Sie macht sie unter Umständen sogar unfähig, in geistige Höhen aufzusteigen, weil das Prinzip des Stromes eben auch umgekehrt gilt. Wird körperlichen Begierden übermäßig entsprochen, so verändern sie sich, werden stärker und nehmen immer mehr Raum ein. Gleichzeitig verkümmern die geistigen, die philosophische Tätigkeit wird schwieriger bis unmöglich. Je schwächer der philosophische Eros wird, desto mehr versiegt auch seine motivierende Kraft[105]. Zu diesem Prinzip passt die Aussage in 518c4–d1, die gesamte Seele, zu der auch das untere, begehrliche Seelenvermögen gehört, müsse sich umwenden. Erst von verschiedenen Lüsten befreit – genannt wird als Beispiel die ›Gaumenlust‹ *(edôdais)* – kann sie sich zum Wahren wenden (519a8–b6).

Die Metapher eines einzigen Stromes des Begehrens, der in verschiedene Richtungen fließen kann, ist wesentlich für das Verständnis der Ausgestaltung einer Lebensweise. Der Schwerpunkt liegt hier viel deutlicher auf einer positiven Konzeption als noch im *Phaidon*, in dem es den Anschein hatte, als sei die direkt angezielte, beschwerliche Übung der Askese das Hauptgeschäft der Philosophen (Phd. 76d4–8). Je nachdem, mit welchen Dingen man sich beschäftigt, werden dadurch vielmehr zwangsläufig und ohne größere Anstrengung andere Beschäftigungen ausgeschlossen. Häufig, z. B. in 550e7–8, kehrt dieser Gedanke in Form eines »je ... desto ...« *(hosô ... tosoutô)* Satzes wieder: »... je mehr sie auf dieses [den Gelderwerb; eig. Anm.] Wert legen ... desto weniger auf die Tugend«.

Wie stark ist der Einfluss der geistigen Lust, welchen Raum nimmt sie ein im Leben der Philosophen? Den Philosophenherrschern wird nicht erlaubt, ihr ständig zu entsprechen. Sie führen dadurch – was nicht relativiert wird wie in Bezug auf das Glück der Wächter, die letzt-

---

[104] Die Seele ist durchzogen vom Körperlichen und mit ihm zusammengewachsen.
[105] Die Frage, wie eine Umkehr dann jemals gelingen soll, wird im Höhlengleichnis damit beantwortet, dass andere, vom philosophischen Eros beseelte Menschen, versuchen, ihn bei den gefesselten Höhleninsassen zu wecken.

lich doch sehr glücklich sind[106] – ein weniger gutes Leben, als wenn sie das könnten (519d9–10). Folglich ist die geistige Lust wesentlicher Bestandteil eines guten Lebens. Die Einsicht in das Gerechte erfordert jedoch, die Lust an geistigen Dingen, die immer nur der empfindet, der sich mit ihnen beschäftigt, hintanzusetzen zugunsten einer Staatsordnung, die möglichst allen Bürgern ein gutes Leben ermöglicht (vgl. zu diesem Argument ausführlicher 6.4.3.2). Es ist ja auch nicht die philosophische Lust, die über andere Lüste herrscht, wie das Bild vom Strom leicht suggerieren mag. Lust kann nicht, selbst nicht in ihrer reinen, ›philosophischen‹ Form, das entscheidende handlungsleitende Moment des Lebens sein, sondern ist dem als gut und gerecht Erkannten untergeordnet. Die »Harmonie« von Triebstruktur und vernünftigem Seelenteil des Menschen ist nicht als gleichberechtigtes, sondern nur als Unterordnungsverhältnis zu begreifen. Selbst wenn sich alle oder zumindest die stärksten Begierden auf Geistiges richten, darf ihnen nicht immer nachgegeben werden[107]. Die geistige Lust jedoch völlig aufzugeben, wird auch den Philosophenherrschern nicht zugemutet. Ab einem Alter von 50 Jahren regieren sie abwechselnd, bilden Nachfolger aus und beschäftigen sich dabei doch »die meiste Zeit« mit Philosophie (540b2; vgl. auch 520d10).

An dieser Stelle wieder ein kurzer Rückblick. Was sind die bisher aus der *Politeia* erarbeiteten Ergebnisse für unsere Thematik? Das philosophische Leben besteht, wenn man allein das Leben der Philosophenherrscher im Staat betrachtet, aus mehreren Komponenten. Erstens aus einer musischen und gymnastischen Ausbildung, die zur Besonnenheit führt. Aus vielen, verschiedenartigen und teilweise heftigen Begierden werden wenige, einfache und mäßige. Dies geschieht Hand in Hand mit der Ausbildung des muthaften Vermögens, dem Erwerb von Tapferkeit. Zweitens besteht es aus der philosophischen Beschäftigung, der Diskussion und dem Ringen um die Erkenntnis geistiger Inhalte. Die Philosophenherrscher erkennen das Wesen von Ideen wie der Gerechtigkeit, zuletzt auch die Idee des Guten. Zu dieser Beschäftigung gehört ein in diesem Kapitel, in dem der zentrale Gesichtspunkt der Umgang mit der

---

[106] Dies wird in 420b4–5 vermutet und in 465d4–5 dann bestätigt.
[107] Nicht nur aus dem einfachen Grund, dass der ausschließlich Philosophie Betreibende rasch verhungern würde, sondern auch wegen der daraus folgenden Untauglichkeit zu politischer Tätigkeit (vgl. die Theaitetos-Digression, Tht. 172c8–177c5).

5. Das philosophische Leben und die Rolle der Lust

Lust ist, ausgespartes wissenschaftliches Ausbildungsprogramm, auf das in 9.4.4 noch eingegangen werden soll. Und schließlich besteht ihr Leben, drittens, aus einer politischen Tätigkeit, die sie das Erkannte in der *polis* verwirklichen lässt. Das Leben der Philosophen ist gekennzeichnet von der Lust an geistiger Beschäftigung, wobei diese, so wird aus den Bemerkungen zur Glückseligkeit und der Seelentheorie der *Politeia* deutlich, nicht Hauptkennzeichen ihres Lebens ist.

Es wird betont, dass die Philosophenherrscher den kleinsten Teil der Bürger ausmachen und nur die Besten hierfür in Frage kommen. Im Folgenden möchte ich dafür argumentieren, dass aber nicht nur ihre musisch-gymnastische Ausbildung (vgl. 5.4.3.2), sondern auch die philosophierende Beschäftigung mit geistigen Werten eine allgemeingültige Begründung erfährt. Sie ist letztlich konstitutiv für das gute Leben eines jeden Menschen. Anders verhält es sich mit der spezifischen Aufgabe der ausgezeichnet Selbstbeherrschten und Philosophischen. In der Kallipolis zu herrschen ist eine notwendige Aufgabe, die die ausgebildeten Philosophenherrscher übernehmen, weil sie am besten dazu befähigt sind[108] (vgl. 6.4).

5.4.6. Die Erweiterung der philosophischen Lebensweise auf alle Menschen durch die Übertragung des Bildes vom Staat auf die Seele des Einzelnen

Durch die Übertragung der gerechten Ordnung in der *polis* auf die Seele des Einzelnen geschieht notwendig eine Erweiterung der philosophischen Lebensweise auf alle Menschen[109]. Für das gerechte Leben, das, wie in Beantwortung der zentralen Frage der *Politeia* (544a6–8) gezeigt

---

[108] Warum Platon den Philosophen gar keine Lust bzw. Freude an der politischen Verwirklichung des geschauten Guten zugesteht, die doch naheliegend wäre, ist nicht einsichtig. Vielleicht möchte er sich in jedem Fall versichern, dass der größtmöglichste Abstand zu den Ehrliebenden gewahrt bleibt. War für die jungen Athener die politische Laufbahn das höchste, erstrebenswerteste Ziel, so entwirft Platon hier ein klares Gegenbild zugunsten der philosophischen Tätigkeit. Zusätzlich mag dies durch seine eigenen negativen Erfahrungen der Widrigkeiten, die gerade dem ›guten‹ Politiker begegnen, bedingt sein. In der Kallipolis allerdings bestehen diese Hindernisse nicht, und z. B. später in 592a7–8 hat es folglich auch den Anschein, als wolle der Philosophenherrscher dort sehr gerne politisch tätig sein.

[109] Wenn diese auch nicht, wie in 5.4.3 und 5.4.5 festgestellt, sämtliche Aspekte der Lebensweise der Philosophenherrscher beinhalten muss.

Politeia – Einfaches, maßvolles Leben und die wahre Lust der Philosophen

wird, gleichzeitig dem glücklichen Leben entspricht, ist die richtige Ordnung der Seelenvermögen entscheidend[110]. Der Gerechte wird, worin sich die meisten Interpreten einig sind[111], in der *Politeia* sukzessive mit dem Philosophen identifiziert. Wird die gerechte Ordnung der Seele aber durch die Herrschaft des vernünftigen, weisheitsliebenden Vermögens erreicht, so ist jeder Gerechte – schon allein in dem Sinne, dass in ihm das Philosophische (*philosophon*, 581b9) herrscht – auch ein Philosoph und umgekehrt.

Wenn diese Herrschaft aber nur durch philosophische Übung gelingt[112], und diese wiederum durch die Kontrolle der Begierden erst ermöglicht wird, so erweitert sich, was auch im Höhlengleichnis deutlich wird[113], der Kreis der Betroffenen. Unter diesem Gesichtspunkt kann, sachlich betrachtet, nicht unterschieden werden zwischen verschiedenen Ständen, von denen die Arbeiterklasse keiner besonderen Erziehung, die Wächterklasse keiner philosophischen Betätigung bedarf. Jeder Mensch ist *qua Mensch* mit drei Seelenvermögen ausgestattet und *jeder* sollte das vernünftige Vermögen in der Seele herrschen lassen[114]. Die Herrschaft des *logistikon* in der Seele scheint keineswegs

---

[110] Die Übertragung des Bildes geschieht an dieser Stelle nicht erstmals, sondern erfolgte bereits öfter, z. B. schon in Buch IV im Zusammenhang mit der Bestimmung der Tugenden (z. B. 432b1). Ich nehme hier, anders als Aronson 1972, 387 an, dass ein Individuum mit geordneter Seele auch so glücklich wie möglich ist.

[111] Dies bemerken z. B. Kahn 1987, 88, Cross/Woozley 1966, 236f. und Schubert 1995, 144.

[112] Dass sie auch durch die Ausübung eines Berufs gelingen könnte (eine »nicht-normative« Herrschaft der Vernunft), wie Kraut 1973 vorschlägt, besitzt keine Basis im Text (vgl. dagegen auch Cooper 1977, 152, Fußnote 4).

[113] Das innerhalb der Ausbildung der Herrscher verortete Gleichnis signalisiert, dass es für alle Menschen wünschenswert und gut wäre, aus der Höhle zu kommen. Wiewohl es dann nur wenige tun, die aber – wiederum unterschiedslos – versuchen, die anderen Gefesselten ebenfalls dazu zu bewegen. Der egalitäre Ansatz des Höhlengleichnisses wird auch von R. Weiss betont, die diesen allerdings so interpretiert, dass Platon hier von einer völlig anderen Art von Philosophen spreche als noch wenige Absätze zuvor (vgl. Weiss 2012, 55–77). In dieser Untersuchung wird die gegenteilige These zu der von Weiss unternommenen Atomisierung des Begriffs der Philosophen in der *Politeia* vertreten. Dass die Charakterisierung der Philosophen Brüche aufweist, liegt m. E. am Bildcharakter der Kallipolis, welcher zwischendurch – z. B. in der Schilderung des Höhlengleichnisses – immer wieder verlassen wird. Der der *Politeia* zugrundeliegende, einheitliche Begriff philosophischen Lebens entspricht dem des philosophischen Gerechten, der in Buch IX entwickelt wird und dessen ganze Seele dem Weisheitsliebenden folgt (586e3).

[114] Vgl. Hall 1963, 163–186, der aus dieser allen Menschen gemeinsamen Natur der

5. Das philosophische Leben und die Rolle der Lust

eine Besonderheit der Philosophen zu sein. Sobald die Gerechtigkeit innerhalb des entworfenen Staates auf die Gerechtigkeit in der Seele des Einzelnen übertragen wird, steht dies in Spannung zum Ständekonzept der früher entworfenen *polis* und der unterschiedlichen oder auch fehlenden Ausbildung der Angehörigen verschiedener Stände[115]. Um seine Seelenteile miteinander zu vermitteln, über sich selbst zu herrschen und unter dem Gesichtspunkt des Guten (nicht für die ganze *polis*, aber doch zumindest des für sich selbst und seines *oikos* Guten) Entscheidungen zu treffen, müsste eigentlich jeder Mensch Anteil an Erziehung und Beschäftigung des ›obersten‹ Standes, dem der Philosophen, bekommen.

Die Übertragung des Bildes auf die Seele geschieht allerdings, wie sich im folgenden Abschnitt 5.4.7 zeigen wird, in nicht unkomplizierter Weise. Die verschiedenen *bioi* werden einerseits innerhalb der *polis* beschrieben, andererseits am Gesamtzustand der Seele festgemacht, was abwechselnd und nicht ohne Überblendungen stattfindet. Die Einheit der Seele und dann auch des Staates (422e7–9; 462a2–b3) ist dabei, wie bereits in Buch I angesprochen wird, schon aus rein pragmatischen Gründen der wichtigste Punkt. Ein innerlich gespaltener Mensch ist ebenso wie ein in sich zerstrittener, etwa von einem Bürgerkrieg heimgesuchter Staat handlungsunfähig.

Seele ebenfalls folgert, dass jedes Individuum zur Gerechtigkeit gelangen kann und muss. Hall allerdings führt dann weiter aus, dass es genüge, in der gerechten *polis* zu leben, um die richtige Ordnung der Seelenvermögen zu erreichen. Auch die Mitglieder der begehrlichen und muthaften Klasse in der idealen *polis* besitzen innere Gerechtigkeit. Die Herrschaft der Vernunft in ihrer Seele wird durch richtige Meinung erreicht, die einer Art »how-to«-Wissen entspricht (vgl. *ebd.*, 182). Zur Erkenntnis der Ideen zu gelangen und die *sophia* der Philosophen zu besitzen, ist hierfür nicht notwendig (vgl. *ebd.*, 175f.). Wie diese Interpretation zu platonischen Aussagen passt wie der, dass ein Leben nach der Schau der Ideen, insbesondere der Idee des Guten, erst lebenswert wäre (Symp. 211d1–3) oder alle, die sich nur an richtiger Meinung orientieren, ihr Leben verschlafen (Rep. 476c3–d4, 534c7–d2), wird in 9.4.5 noch ausführlich diskutiert werden.
[115] Diese Folgerung deutet sich auch an bei Williams 1973, der bemerkt, dass das Bild bzw. der gesamte entworfene Staat nicht mehr funktionieren würde, wenn man annimmt, dass die Stände aus Individuen mit thymetischen und epithymetischen Charakteren zusammen gesetzt sind (ihm folgt Wilberding 2009, der besonders für die Unterscheidung von Timokraten und Helferklasse argumentiert, vgl. *ebd.*, 354–361).

5.4.7. Vier Verfallsstadien der Seele und die mit ihnen zusammenhängenden Lebensweisen

5.4.7.1. Die Dynamik des Verfalls und die Zuordnung der Stadien zu den Seelenvermögen

In Buch VIII der *Politeia* wird das bisher geradezu statische Idealbild einzelner glücklicher und unglücklicher Lebensweisen und Stände verlassen. Es kommt Bewegung in die Wächterklasse und ihre anfangs noch gute Gemeinschaft verändert sich.

Analog zum Verfall der Verfassungen im Staat werden verschiedene Verfallsstadien der Seele geschildert, die zur Herrschaft eines der drei bzw. zwei Vermögen (die Herrschaft des vernünftigen gilt nicht als Verfallsstadium) in Relation gesetzt werden. Auch in der Bewertung der Stadien wird die gerade diskutierte Erweiterung der Extension deutlich. Nur das ›aristokratische‹ Leben der Philosophen ist erstrebenswert, nur ihr Seelenzustand macht einen Menschen wahrhaft gerecht und gut (544e7–8)[116]. Alle anderen Lebensweisen entspringen Verfallsformen der Seele. Es handelt sich dabei nicht schlicht um die Darstellung von drei Lebensweisen der Lust, der Ehre und des Philosophen[117]; Platon zeichnet ein differenzierteres Bild. Die erste Verfallsstufe entspricht der Herrschaft des *thymoeides* (das auch nicht nur als Streben nach Ehre dargestellt wird, sondern weitaus mehr Funktionen besitzt) und wird daher im nächsten Kapitel 6 noch genauer betrachtet. Die zweite bis vierte Stufe ist von der Herrschaft des begehrlichen Seelenvermögens und seiner Lust geprägt. Entsprechend der Vielfalt und Unterschiedlichkeit der Begierden sind hier mehrere Formen möglich. Der Geld- und Besitzgierige[118] wird abgesondert vom verschwenderischen, allen mög-

---

[116] Es ist daher vermutlich nicht, wie Hall 1963, 141, annimmt, die Seelenlehre im *Phaidon* verantwortlich für die Unterscheidung zwischen gemeiner Tugend und philosophischer. Diese Unterscheidung kann unter Annahme einer komplexeren Seelenstruktur ebenso formuliert werden. Sie wird in der *Politeia* ja auch nicht fallengelassen, sondern im Gegenteil, z. B. bei der Erwähnung der unbedachten Lebenswahl der allgemein Tugendhaften im Jenseitsmythos (619c6–d2), noch verstärkt.
[117] Wie oft verkürzt und evtl. beeinflusst von Aristoteles bemerkt wird (vgl. Niehues-Pröbsting 2004, 162f.).
[118] Dass »Besitz« viel mehr als nur Geld umfasst, und dementsprechend der *philochrêmatos* auch nach Erwerb und Bewahrung aller möglichen Güter strebt, wird häufig deutlich, z. B. Phd. 82c5–6, wo neben der Armut der Verderb des Hauswesens (*oikophtorian*, 82c5) gefürchtet wird.

5. Das philosophische Leben und die Rolle der Lust

lichen Lüsten ergebenen Menschen und schließlich vom Tyrannen, der unter der Herrschaft des Eros das Leben eines pathologisch abhängigen Verbrechers lebt, der sich in keiner Weise mehr unter Kontrolle hat.

In 580d11–e2 bemerkt Platon zur Vielartigkeit des begehrlichen Vermögens, dass es nach dem jeweils stärksten Begehren benannt wird, das es beinhaltet. »Begehrlich« kann es genannt werden, weil es sich generell auf Essen, Trinken und Sexuelles richtet; »geldgierig« ist es, weil sich mit Geld derartige Bedürfnisse befriedigen lassen (581a1–2). Allerdings passt diese Erklärung nicht ganz zum Timokraten und Oligarchen, die anscheinend Geld um des Geldes willen anhäufen (548a6–b2 und 554a10–b3). Letztlich wird die Lust, die dem begehrlichen Seelenteil zugeordnet ist, als auf Gewinn und Nutzen gehend bestimmt – daher wird er auch »nutzenliebender« bzw. wie Schleiermacher interpretierend übersetzt, »eigennütziger« *(philokerdes)* Seelenteil genannt. Um die Bewertung der Lebensweisen zu verstehen (5.4.8), soll im Folgenden zunächst nach den Ursachen des Verfalls gefragt werden (5.4.7.2). Dann werden die aus den verschiedenen Seelenzuständen resultierenden Lebensweisen dargestellt (5.4.7.3–5.4.7.6).

5.4.7.2. Die unterschiedlichen Ursachen des Verfalls von Staaten und Einzelnen

Wie kann es zum Verfall von Staaten und einzelnen Menschen, besonders zum Verfall der ersten, doch eigentlich vollkommen guten Verfassung, kommen? Die gute Verfassung des Staates verfällt aufgrund naturgesetzlicher, dem Menschen entzogener Ursachen. Alles Entstandene, so die lapidare Aussage, muss eben auch vergehen (546a2). Für den Verfall der Wächterklasse macht Sokrates einen Irrtum bei der Bestimmung des Zeitpunktes ihrer Erzeugung und daraus entstehende mangelhafte Anlagen verantwortlich. Einige der zur Unzeit geborenen jungen Wächter sind »unmusischer« geraten[119] und vernachlässigen daher die ›wahre Muse‹, die es mit Reden *(logoi)* und Philosophie zu tun hat (546a1–547a2).

---

[119] Es wurde bereits geschildert, dass die musische Erziehung zur Mäßigung der Begierden führen soll. Was das »unmusischer werden« bedeutet, wird unter Umständen in Lg. 700a3–701c5 geschildert. Aus der Verachtung der Gesetze in Bezug auf die Musik entsteht die Verachtung der Gesetze allgemein. Schon früher bemerkt der Athener, dass sich der, der Schlechtes hört, diesem angleicht (Lg. 656b4–6).

Politeia – Einfaches, maßvolles Leben und die wahre Lust der Philosophen

Diese unmusischen Wächter wählen dann im Erwachsenenalter wiederum Wächter mit ungeeigneten Anlagen aus, wobei sie gute Anlagen aufgrund mangelnder *mousikê* nicht mehr zu erkennen scheinen. Sie selbst wie auch die ungeeignete zweite Generation neigen mehr der Gymnastik zu und sind weniger an Reden interessiert (zumindest nicht daran, selbst welche zu führen). Stattdessen sind sie geprägt vom Ehrgeiz und von der Begierde, zu herrschen. Die Jüngeren erziehen sie mit Gewalt, nicht mehr mittels »Überredung« (*peithous*, 548b7) – und wie in 536e1-4 schon bemerkt wurde, bleiben erzwungene Kenntnisse eben nicht in der Seele. Schließlich entsteht Streit zwischen alten und neuen Wächtern. Streit und Konflikte sind Grundmerkmale aller Verfallsformen, bis in der Oligarchie endgültig »nicht einer, ... sondern zwei« Staaten existieren (551d6-7). Die neuen Wächter verlassen die Gütergemeinschaft, streben nach Besitz, Gold, Land und Häusern und versklaven zuletzt die noch übrigen, tugendhaften Wächter.

In der Verfallsgeschichte der Staatsverfassungen wird die Natur und damit zusammenhängend die Auswahl ungeeigneter Menschen für den jeweiligen Stand als auslösender Faktor angeführt. Handelt es sich nach der Übertragung des Bildes auf den Einzelnen um die gleiche Ursache? Dies scheint nicht der Fall zu sein; vielmehr scheinen bestimmte, grundlegende Entscheidungen, die der Einzelne trifft, den Charakter zu verderben. Als Hauptfaktor werden ungünstige Umstände des familiären und sonstigen sozialen Umfelds genannt, angefangen mit dem »nicht gut verwalteten Staat« (549c2-3). Auf diese Umstände wird dann nicht angemessen reagiert. Platon beschreibt allerdings auch in diesen ›Nahaufnahmen‹ weniger den Charakterverfall innerhalb des Lebens eines einzelnen Menschen (der dann überhaupt nicht durch dessen Natur bedingt sein könnte), sondern den von einer Generation zur anderen, also etwa den Wandel in der Lebensweise des Sohnes im Vergleich zu der seines Vaters. Das mag darin gründen, dass es für Platon nicht vorstellbar ist, wie ein ›Guter‹, also sowohl gut veranlagter als auch gut erzogener Mensch, sich je zum Negativen hin verändern sollte[120].

---

[120] Zwar bestehen auch für die philosophische Natur Gefahren, die aber vor der Erziehung anzusiedeln sind (491e1-6). Auch scheint umgekehrt der Rückweg, eine ›Heilung‹ des unheilbaren Tyrannen, undenkbar – für den Schlechtesten und den Besten besteht, einmal zu seinem Nachteil, einmal zu seinem Vorteil, keine Möglichkeit der Charakteränderung (vgl. zum Los der Tyrannen im Jenseits Kapitel 8).

5. Das philosophische Leben und die Rolle der Lust

5.4.7.3. Erstes Verfallsstadium: Das Leben des Timokraten

Die Entstehung des ›timokratischen‹ Menschen – so die Bezeichnung der ersten Verfallsform – wird nicht mit einer einfach vorhandenen, ungünstigen Natur begründet. Er wird zunächst von der Mutter und dann von anderen überredet, nicht der Lebensweise seines Vaters, der gut ist und das Seinige tut, allerdings eben auch arm ist und keine Ämter im Staat innehat[121], zu folgen (549e5–550b7). Die ›Natur des Schlechten‹ hat er nicht an sich (550b3), was gegen das andernorts angenommene Wechselspiel zwischen Veranlagung und Erziehung (vgl. 9.4.2) spricht. Schließlich übergibt er aber doch, hin- und hergerissen zwischen dem Einfluss des Vaters, der auf das Vernünftige zielt und dem anderer Menschen, die sich an das ehrbegierige bzw. zornartige und begehrliche Seelenvermögen richten, die Herrschaft dem Ehrbegierigen. Er hat eine Vorliebe für alles Kriegerische, z. B. für martialische Hobbies wie die Jagd (549a4–7), liebt den Wettkampf und strebt nach Ämtern im Staat.

Auffällig ist, dass der Timokrat dafür, dass bei ihm immerhin eines der drei Seelenvermögen herrscht, nicht besonders eigenständig oder ausführlich geschildert wird[122]. Seine Seelenverfassung erscheint wie ein ›Durchgangsstadium‹, bevor die Begierden die Macht ergreifen. Befindet sich der Mensch bereits in einem seelischen Verfallsstadium, so ist es wahrscheinlicher als für den Guten, dass er in das jeweils nächste übergeht und sich zum Schlechten verändert. Diese Instabilität kennzeichnet alle Verfallsformen mit Ausnahme des schlechtesten, tyrannischen Charakters, der sich nicht weiter verschlechtern kann[123]. Je älter der Timokrat wird, desto mehr liebt er das Geld, wobei er seine Reich-

---

[121] Es ist nicht anzunehmen, dass dies seine Schuld ist, weil er es z. B. mit der geistigen Tätigkeit übertreibt – wäre er doch dann nicht mehr gut und vor allem nicht besonnen. Man könnte vielmehr auf ungünstige soziale Umstände als noch tieferliegende, der ganzen Familie entzogene Ursache schließen. Im idealen Staat, der Kallipolis, wäre der Gerechte weder arm, noch ermangelte er der gebührenden Ehre.

[122] Und zwar von 548d7–550c3, während Oligarchie (550c4–555b2) und Demokratie (555b3–562a3) mehr als doppelt so viel, die Tyrannis (562a4–576b9) ein Vielfaches an Diskussionsraum einnimmt.

[123] Vgl. Schubert 1995, 129, der »durchgängig destabilisierende Strukturmerkmale« bei den Verfallsformen feststellt. Nicht notwendig scheint allerdings, einen Verfassungskreislauf anzunehmen, den Platon laut Schubert eigentlich bräuchte (vgl. ebd., 130). Weder ist einsichtig, warum sich die Tyrannis zum (noch) Schlechteren hin verändern können muss noch, warum sich der Idealstaat aus einer anderen Verfassung heraus entwickelt haben muss.

tümer heimlich anhäuft (548a7–9). Die Verwendung (fremder) Güter für die Befriedigung körperlicher Begierden deutet darauf hin, dass das *thymoeides* nicht besonders fest im Sattel sitzt (548a6–548c2)[124]. Die mit Musik vereinigte Rede allein hätte, als »vollkommenster Wächter« (549b4), die Tugend des Timokraten lebenslang bewahren können, doch diese hat er längst verloren. Seine Lebensweise und der Zusammenhang des Strebens nach Ehre mit dem nach Geld und Besitz werden in 6.1.5 noch ausführlicher diskutiert.

5.4.7.4. Zweites Verfallsstadium: Das Leben des Oligarchen

Ungünstige natürliche Anlagen führen also – ebenso wenig wie die günstigen des Philosophen (vgl. die Gefahr der ausgezeichneten Schlechtigkeit in 491e1–6) – nicht zwangsläufig zu einer entsprechenden Lebensweise. Auch der Oligarch entsteht erst »aus Furcht« (553b9) angesichts des Scheiterns seines timokratischen Vaters (553a1–c8). Er dient nicht mehr dem Zornartigen, sondern überlässt dem begehrenden Seelenteil die Führung. In seinem Fall meint das, den Reichtum am höchsten zu schätzen, sparsam zu sein und dadurch dennoch nur die notwendigsten Begierden zu befriedigen. Die Herrschaft über sie entspringt jedoch nicht mehr der Vernunft, sondern lediglich dem Anliegen, möglichst viel Geld und Besitz zu erwerben. Die besseren Begierden[125] herrschen über die schlechteren. Geld um des Geldes willen zu besitzen wird hier als eigenes, in der Seele des Oligarchen vorherrschendes Verlangen begriffen (553c2–4; 554a10–b3)[126]. Woher es stammt, bleibt letztlich im Dunkeln. Geld ist nicht Mittel zum Zweck (der darin besteht, Lust zu erlangen), weil damit faktisch ja keine Begierden befriedigt werden. Denkbar ist höchstens, dass eine Art Sicherheitsbedürfnis dahinter steckt. Bereits die Möglichkeit zu haben, prin-

---

[124] Der Timokrat ist daher schwächer als Irwin 1977, 227 meint. Weder setzt er Geld für den Ehrgewinn ein noch kann man sagen, dass er sein Ehrstreben »steadyfastly« verfolgt, auch wenn Begierden damit konfligieren. Vgl. auch Annas 1981, 297: Der Timokrat ist *nicht* ausreichend motiviert dazu, wirklich nach seinen Idealen zu leben.
[125] Also wohl die notwendigen im Vergleich zu überflüssigen oder gar verbrecherischen. Dass Platon die Gier nach Geld als »bessere« Begierde bezeichnet, wie man hier auch meinen könnte, ist schwerlich anzunehmen.
[126] Joly scheint so weit zu gehen, dieser Begierde eine dritte Lebensweise der »Geizigen« neben derjenigen der Ehrliebenden und der Hedonisten zuzuordnen (vgl. Joly 1956, 98).

5. Das philosophische Leben und die Rolle der Lust

zipiell Begierden befriedigen und etwaigen Nöten in der Zukunft abhelfen zu können, mag attraktiv sein[127].

Genau wie im oligarchischen Staat die Kluft zwischen arm und reich wächst, ist aber auch der Oligarch innerlich gespalten. Aus seiner Unbildung *(apaideusia)* entstehen ›bettelhafte‹ und ›drohnenhafte‹ Begierden – vermutlich würde er auch zu unlauteren Mitteln greifen (554d6), wenn er diese nicht gewaltsam zurückhielte. An dieser Stelle zeigt sich der unterschiedliche Charakter des Herrschaftsverhältnisses im Vergleich zur Besonnenheit. Die Harmonie von guten Begierden und *logistikon* wird nur durch eine ›Zähmung‹ der Begierden durch Vernunft aufgrund eigener Überzeugung erreicht (554d2). Werden Begierden dagegen von Begierden beherrscht, so hat dies etwas Gewaltsames. Die Seele ist dann lediglich im bereits in 5.3.2 geschilderten, abgeleiteten Sinne ›besonnen‹. Die Unterdrückung der schlechten Begierden, die erfüllt werden möchten, bringt den Oligarchen in seelischen Zwiespalt (554d9–e2).

5.4.7.5. Drittes Verfallsstadium: Das Leben des Demokraten

Dann beschreibt Sokrates die demokratische Stadt als »Stadt voll Freiheit«, in der jeder Einzelne tun kann, was er will – diese *polis* könnte leicht als schönste erscheinen (557c4–9). Regieren darf in ihr jeder, unabhängig davon, welche Ausbildung er besitzt. Analog dazu herrschen im Einzelnen, dessen Lebensweise ebenso für schön gehalten und beneidet wird (561e1–7; auch er selbst hält sie für seligmachend, 561d7), abwechselnd alle möglichen Begierden. Er befriedigt sowohl notwendige[128] als auch nicht-notwendige, die man – ein wichtiger Hinweis gegen eine Determiniertheit durch die Natur –, zumindest noch in der Jugend loswerden hätte können (559a3–6). Unterschieden werden sie nicht mehr generell nach z. B. Esslust und sexuellen Begierden, sondern nach dem Kriterium, welche verschwenderisch sind und welche gewinnbringend (559c4).

Wie entsteht der Demokrat? Auch bei ihm ist der äußere Einfluss

---

[127] In neueren, empirisch-psychologischen Untersuchungen wird die Lust am Sammeln und Sparen als eigenes »Lebensmotiv« festgestellt (vgl. Reiss, Steven: Who am I? The 16 basic desires that motivate our behavior and define our personalities, New York 2000).

[128] D. h. nach 558d12–e3 alle Begierden, die man nicht abweisen kann und die, deren Befriedigung einem nützt.

Politeia – Einfaches, maßvolles Leben und die wahre Lust der Philosophen

ein starker, wenn nicht gar der stärkste Auslöser[129]. Den schlechten Begierden in ihm kommen ähnliche, nämlich diejenigen in anderen Menschen, die diese bereits ausleben, zu Hilfe (559e4–7). Wiederum entsteht Streit in der Seele, weil sie an der Herrschaft gehindert werden – und zwar ebenfalls von außen, vom Vater und von Verwandten. Schließlich siegen die schlechten Begierden jedoch durch den Mangel an Einsicht, der bereits die väterliche Erziehung kennzeichnet, aber auch mangels schöner Kenntnisse, Bestrebungen und wahrer *logoi* in der Seele des Demokraten (560b1; 560b7–9). Diese wahren *logoi* allein hätten verhindern können, dass falsche *logoi* und Meinungen einziehen und die schlechte Gesellschaft, in die er geraten ist, die erlernten Tugenden pejorativ umdeutet (560d2–8[130]). Schließlich findet in der Seele des Demokratischen eine geradezu umgekehrte »Reinigung« (560d10) wie die der Philosophenherrscher in 501a2–7 statt. ›Entleert‹ von den Tugenden hält der demokratische Mensch alle Lüste für ähnlich. Daher bewertet er sie alle gleich. Es existieren zwar noch edle und gute Begierden in ihm (561c1), aber er befriedigt sie und andere abwechselnd, wie es sich gerade trifft. In seinem Leben gibt es keine Ordnung oder Notwendigkeit (561d5–8). Während sich der oligarchische Mensch noch im Zwiespalt zwischen zwei Bestrebungen befand, vereinigt der demokratische gleich mehrere Sitten und Gemütsstimmungen in sich und ist ein »mannigfaltiger« (*pantodapon*, 561e3). Er befindet sich damit bereits nahe an der schlechtesten Lebensweise, ist doch das Hauptkriterium der guten bzw. schlechten Seele ihre Ein- bzw. Vielgestaltigkeit (612a4–5). Er lebt zwar kein völlig gesetzloses oder »schmutziges« Leben, wie später nochmals betont wird (572d1–4), sondern bleibt in der Mitte zwischen diesem und dem des sparsamen Vaters. Aber diese Mitte ist nicht zu verwechseln mit dem maßvollen Leben der Philosophen. Der demokratische Mensch ist einem Wechselspiel von Scham und Begierde (560a7) unterworfen und lebt ein unstetes, zielloses Leben.

Während in den bisherigen Verfallsformen das Streben nach

---

[129] Und zwar vermutlich deshalb, weil es nur wenig innere Gründe für seine Lebensweise gibt. Begierden unterschiedslos auszuleben wird zudem auch von der gesellschaftlichen Umgebung im Normalfall negativ sanktioniert, es sei denn, man hat wie im vorliegenden Fall einen Kreis von Gleichgesinnten.

[130] Interessanterweise geschieht das bereits auf begrifflicher Ebene, so wird die »Scham« z. B. als »Dummheit« bezeichnet (560d3). Analog dazu vgl. 572e1–3 (was Ruchlosigkeit ist, wird »Freiheit« genannt) und das Verhalten des Kallikles im *Gorgias*, der die Besonnenen dort als »Einfältige« tituliert (Gorg. 491e2).

5. Das philosophische Leben und die Rolle der Lust

Reichtum hohes (im Fall des Timokraten) und höchstes (im Fall des Oligarchen) Gut war, wird in der Demokratie nun die Freiheit als solches gesetzt (562b12). Was für die Gier nach Reichtum zutrifft, dass sie unersättlich ist (*aplêstia*, 562b10) und nie erfüllt werden kann, trifft ebenso für den Freiheitsdrang zu. Die Demokraten wehren sich gegen jegliche Einschränkung der Freiheit durch Autoritäten, seien es Lehrer, Ältere, Herrscher oder auch die Gesetze (563d7–e1). Der Staat versinkt in der Anarchie. Nach dem Prinzip, dass Extreme leicht in ihr Gegenteil umschlagen, verwandelt sich solch ein Staat schließlich in eine Tyrannis.

5.4.7.6. Viertes Verfallsstadium: Das Leben des Tyrannen

Ein für unsere Thematik besonders interessanter Punkt ist die Übertragung des Verfalls der Verfassungen auf den Einzelnen. Bei der vierten Verfallsstufe fällt diese leicht, da sie eigentlich gar nicht notwendig ist. Der Tyrann, dessen Glück oder Unglück betrachtet wird, ist ein Einzelner. Genau solch ein Einzelner herrscht aber auch im tyrannischen Staat und prägt diesen[131]. Unterschieden wird dann – wie bei den Philosophen – vor allem zwischen Tyrannen, die herrschen und solchen, die nicht zur Herrschaft gelangen. Gibt es mehrere von ihnen im Staat, wird sogar vorrangig unter ihnen als Herrscher eingesetzt, wer den größten Tyrannen in seiner Seele hat (575c9–d1). Die Seele des Tyrannen wird von einer bestimmten Art des Eros beherrscht (573a2), der alle gutartigen Bestrebungen und Meinungen aus der Seele hinauswirft. Während der Demokrat auch der Ehrbegierde und bisweilen der philosophischen Beschäftigung (561d2) einen Platz eingeräumt hat, weil er alle Lüste gleich bewertet, so setzt der Tyrann den begehrlichen Seelenteil absolut. Zu vergleichen ist er einem Wahnsinnigen, Alkoholiker, Satyriasten oder Depressiven. Das gemeinsame Merkmal all dieser pathologischen Gemütsverfassungen ist, dass man, in Bezug auf bestimmte

---

[131] Der Vergleichspunkt ist hier nur die Art und Weise der Herrschaft. Der Zwang, den der Tyrann auf die Bürger ausübt, seine gewaltsame Herrschaft entspricht derjenigen des Eros in seiner eigenen Seele. Dass die geschilderte Seelenverfassung eines Tyrannen kaum realistisches Bild für die eines erfolgreichen Diktators sein kann, stellt Annas 1981, 304f. fest: »Plato's tyrant would not last a week«. Wie schon zu Beginn (5.4) erwähnt, ist dies außerdem ein Beleg dafür, dass es Platon in *Politeia* vor allem um die Seele des Einzelnen geht.

Bereiche oder generell wie im Fall des Depressiven, keine Kontrolle mehr über sich selbst ausüben kann.

Der Tyrann lebt nicht bewusst und wach in der ihn umgebenden Welt, sondern wie im Traum. Das Fehlen der Besonnenheit verändert – nicht nur bei Aristoteles[132], sondern auch hier in der Schilderung Platons – vernünftiges Denken und Wahrnehmung. Wie lebt ein Träumender, was kennzeichnet den Psychotiker? Sein Erleben ist anders als das von Menschen, die aufmerksam mit der Realität und anderen Menschen interagieren. Er ist ganz von seiner eigenen Innenwelt, den eigenen Begierden und Bedürfnissen geprägt, die ihn völlig einnehmen. Die zur Sucht gewordene Begierde bestimmt sein gesamtes Handeln. Der Eros steht hier *nicht*, wie bisweilen angenommen[133], für eine bestimmte, nämlich die sexuelle Begierde, die ihn vorrangig antreibt. Der Tyrann kann zwar dem Satyriasten entsprechen, aber dies ist nur ein Beispiel unter anderen. Eros wird vielmehr, so die hier vertretene Interpretation, als abstraktes Prinzip, als Bezeichnung für den verselbstständigten begehrlichen Seelenteil verwendet.[134] Da der Eros als einziger herrscht, könnte man meinen, dass seine Seele, wenn auch in negativer Hinsicht, eine innere Einheit und gewisse Stabilität besitzt[135]. In der Tat erscheint das Handeln des Tyrannen zielgerichteter als das des unsteten Demokraten, dessen drei Seelenteile abwechselnd die Herrschaft ergreifen. Aber der Eros will eben dem begehrlichen Seelenteil Geltung verschaffen, der in sich bereits vielfältig ist und eine ganze Fülle körperlicher Begierden umfasst[136]. Das Leben des Tyrannen wird ausführlich in 573c11–576b9 geschildert: Um den »Schwarm von Lüsten« (574d3) zu befriedigen, verschwendet er zunächst sein eigenes Vermögen und vergreift sich dann am Besitz anderer. Er bestiehlt die eigenen Eltern, schreckt vor Morden, Tempelraub und sonstigen Verbrechen nicht zu-

---

[132] Laut EN 1140b11–12 bewahrt die Besonnenheit die *phronêsis*.
[133] Vgl. etwa Ludwig 2007, 203 und Frede 1997b, 263; dagegen aber Irwin 1995, 302, Schubert 1995, 137, Price 1989, 63 u. a. Sicher erwähnt auch Kephalos ganz zu Beginn, dass die sexuellen Begierden einem »tollen und wilden Herrn« (329c4–5) glichen; aber gerade hier spricht er eben nicht vom *erôs*, sondern ausdrücklich von sexuellen Begierden (*aphrodisia*, 392c2).
[134] Er ist also keineswegs vollkommen neue, nur nicht als solche deklarierte Triebkraft neben anderen Kräften wie dem *epithymêtikon* und dem *logistikon*, wie N. Blößner annimmt (vgl. Blößner 1997, 239, Fußnote 682).
[135] Vgl. dazu Korsgaard 1999.
[136] Gerade nicht entspricht die Herrschaft des Eros über die Begierden daher schon der Besonnenheit, wie Agathon in Symp. 196c5–9 vermutet.

5. Das philosophische Leben und die Rolle der Lust

rück (575b6–9). Die Begierden müssen, anders als beim Demokraten, der die Gesetze der *polis* noch als Grenzen seines Handelns anerkennt, um jeden Preis erfüllt werden. Nicht mehr der Lustgewinn ist das Ziel, sondern die Abwendung von Schmerzen (574a3–4). Dieses Kennzeichen einer fortgeschrittenen Sucht macht sie zur stärksten Handlungsmotivation. Der Tyrann unterscheidet sich, was in 6.2.4.3 noch ausführlicher begründet werden soll, vom Ehrbegierigen dadurch, dass gesellschaftliche Positionen eine nur untergeordnete Rolle spielen. Er könnte auch ein Leben als Söldner wählen, innerhalb dessen er, wie anzunehmen ist, seine Begierden noch am ehesten erfüllen kann. Oder er lebt als Bürger in der *polis*, wobei er diese aber in jedem Fall, etwa durch Betrug und Diebstahl, schädigt.

Bereits in 567d4–568a6 wurde festgestellt, dass der Tyrann ehemalige Sklaven und Verbrecher als seine »Freunde« um sich schart, die ihn vor dem Unmut des Volkes schützen, das ihn wegen seiner Taten und der von ihm ausgeübten Unterdrückung (569c3–4) hasst. Er kann nur unter Schlechten oder gar nicht leben (567c10–d2). Den Tod jedoch fürchtet er und tut alles um seiner und seiner Lüste Erhaltung willen (575a2–7). Dieses Thema wird in 576a4–6 wieder aufgegriffen: Der Tyrann hat genauso wenig echte Freunde wie er echte Freiheit besitzt[137]. Er ist nicht zur Freundschaft fähig, weil er keine gleichwertigen Beziehungen kennt. Als Größenwahnsinniger herrscht er über andere und hält sich nicht nur für fähig, über Menschen, sondern auch über Götter zu herrschen (573c3–5). Bisweilen lässt er sich aber auch beherrschen, sobald er nämlich etwas von anderen möchte. Er übernimmt dann jede Rolle und verlässt sie wieder, sobald er das Gewünschte erlangt hat. Ihm kann man nicht vertrauen.

---

[137] Den Aspekt des Zwanges, unter dem der Tyrann steht, hat z. B. E. Gavrielides herausgearbeitet (vgl. Gavrielides 2010) und hält diesen mit Recht für entscheidender für die negative Bewertung des Seelenzustands als den der Instabilität – der auf den Tyrannen ja garnicht zutreffen muss. Allerdings geht der Aspekt des Zwanges Hand in Hand mit dem Verlust der Selbstkontrolle, der Herrschaft des ›eigentlichen‹ Ichs. Es gibt daher m. E. gar nicht mehr denjenigen, der objektiv darüber entscheiden kann, ob er lieber mit einer durch Zwang oder Überzeugung bewirkten Einheit der Seele leben möchte oder welche er attraktiver findet (wie es bei Gavrielides, *ebd.*, 222f. scheint). Dieser ›jemand‹ steht im Falle des Tyrannen längst unter dem besagten Zwang und kann, ähnlich wie der Süchtige, mit dem Platon ihn vergleicht, diesem Zustand ohne Hilfe von außen auch nicht mehr entkommen.

5.4.7.7. Die Ausprägung der Herrschaft des *epithymêtikon* in den Verfallsstadien zwei bis vier und der Zusammenhang zur Hedonismusthematik

Die drei Verfallsformen der Oligarchie, Demokratie und Tyrannis sind gekennzeichnet durch verschiedene Arten der Herrschaft des begehrlichen Seelenteils. Aus ihnen resultieren Lebensweisen, die in den bereits besprochenen Dialogen zur Hedonismusthematik schon vorkamen. Eine »gemeine« Tugend, wie sie im *Phaidon* dargestellt wurde, kennzeichnet den Oligarchen. Er setzt eine ganz bestimmte Lust, die am Gelderwerb, höher an als andere Lüste und führt dadurch ein vergleichsweise maßvolles Leben, welches von Arbeit, aber auch ständiger Sorge um sein Geld, um dessen Anlage und Verwaltung geprägt ist.

Die Lebensweise des Demokraten entspricht dagegen der hedonistischen, die Kallikles im *Gorgias* und Thrasymachos in *Politeia* I favorisieren[138]. Der Demokrat nimmt sich die Freiheit, allen möglichen Begierden, guten wie schlechten, nachzugehen, allerdings ohne dabei zum Verbrecher zu werden. Davon unterscheidet Sokrates, was im *Gorgias* noch nicht geschah, den Tyrannen. Dessen scheinbare Freiheit im Umgang mit Lüsten ist in Wahrheit Unfreiheit. Erst bei ihm besteht eine Herrschaft des begehrlichen Seelenteils in Reinform. Das verselbstständigte *epithymêtikon* schildert Platon als eigene Größe mit Hilfe der Vorstellung des Eros als Vorsteher in der Seele des Tyrannen. Ohne mehr Herr seiner selbst zu sein, wird er vom Eros, der wie eine fremde Macht empfunden wird, dazu getrieben, mit allen Mitteln seine übermäßig groß gewordenen Begierden zu befriedigen. Dass die Herrschaft des begehrlichen Seelenteils zu defizitären Lebensweisen führt, sowie deren Vergleich mit der Lebensweise von Tieren, kann auch als Hinweis darauf gelten, dass dieses Vermögen dem Menschen vielleicht gar nicht so angehört wie das *logistikon*. Letzteres wird in Buch IX einem »inneren Menschen« (589b1) im Menschen verglichen – ein Bild, das keine Homunkulus-Theorie suggerieren soll, sondern eben die Möglichkeit der Selbstherrschaft und inneren Einheit der Person. Die wahre Natur einer unsterblichen Seele kann überhaupt nicht, so wird später vermutet, vielgestaltig und zusammengesetzt sein, da Zusammengesetztes zerstört werden kann (611b5–612a6)[139]. Nur die ein-

---

[138] Sie schreiben diese Lebensweise – anders als Sokrates es tut, der ein wesentlich negativeres Bild von diesen zeichnet – aber den Tyrannen zu.

[139] Vgl. dazu Ricken 2007, 120f.

5. Das philosophische Leben und die Rolle der Lust

fache Seele ist unzerstörbar. Diese eschatologische Perspektive soll in Kapitel 8 noch zur Sprache kommen. Das Bild von den drei Seelenvermögen, so Sokrates, ist jedenfalls der Betrachtung des menschlichen Lebens, seiner Zustände und Formen (*pathê te kai eidê*, 612a5–6) angemessen.

5.4.8. Die Bewertung der Lebensweisen: Verschiedene Arten der Lust und die Beweise für das unglückliche Leben des Tyrannen

5.4.8.1. Die Beweise für das unglückliche Leben des Tyrannen: Beweis 1 (577c5–580c10)

Nach der Schilderung der Lebensweisen steht im nächsten Schritt ihre Bewertung an. Ob der Tyrann ein glückliches oder unglückliches Leben führt, kann aus der bisherigen Darstellung, so Sokrates, noch nicht ersehen werden – weitere und tiefgreifendere Argumente folgen. Diese Feststellung scheint seltsam, da Glaukon die tyrannische *polis* klar für unseliger hält als die von Königen beherrschte. Dass Sokrates ihm trotzdem nicht einfach beistimmt, liegt vermutlich an der Gegenposition, auf die zu antworten ist. Sympathisanten der Lebensweise des Tyrannen, wie etwa Thrasymachos oder Kallikles, würden vielleicht immer noch für die Befriedigung aller möglichen Begierden, auch mittels verbrecherischer Methoden, plädieren. Überzeugende Argumente hiergegen zu finden ist unabdingbar, denn schließlich steht damit, ob der Tyrann gut lebt oder schlecht, das »Wichtigste« in Frage (578c7–8). Das Glück des Tyrannen kann, so Sokrates, nur derjenige beurteilen, der mit ihm als Mensch näheren Umgang gehabt hat (577a2–3); dass sie selbst schon auf solche Menschen getroffen sind, wollen die am Gespräch Beteiligten nun einfach einmal hypothetisch annehmen[140].

Im ersten Beweis wird festgestellt, dass der Tyrann Sklave des kleinen[141], aber zugleich ausschweifendsten (*manikôtatos*) und schlechtesten Seelenteils ist und letztlich »ärmlich«, weil sich seine Begierden nie

---

[140] Wobei im Hintergrund Platons eigene Erfahrungen in Syrakus stehen könnten. Die ›Annahme‹ muss dem Leser, dem diese bekannt sind, daher nicht als Hypothese erscheinen.

[141] Das *mikron* in 577d4 steht in Spannung zu anderen Stellen, wo der begehrliche durchwegs als größter Seelenteil bezeichnet wird (z. B. 431a8–10, 442a5–6 und 588d4–5).

Politeia – Einfaches, maßvolles Leben und die wahre Lust der Philosophen

befriedigen lassen (577d1–578a2 und 579d9–e6). Neben der fehlenden inneren Freiheit besteht aber auch ein erheblicher Mangel an äußerer Freiheit. Statt von Freunden ist er von Feinden umgeben (vgl. 7.1), bleibt stets zuhause und unternimmt aus Furcht vor ihnen (578e6) keine Reisen[142]. Die Freudlosigkeit seines Lebens wird nur nebenbei, als Folge erwähnt[143]. Vor allem die mangelnde Freiheit und der Umgang mit Beziehungen sind für das Unglück des Tyrannen ausschlaggebend. Das Scheitern im Erwerb von Lust spielt, als Argument, das die Lobredner der Tyrannei vielleicht noch am ehesten überzeugen könnte[144], in den folgenden beiden Beweisen eine größere Rolle.

5.4.8.2. Beweis 2 – Der Philosoph als kompetent Urteilender in Bezug auf die angenehmste Lust (580c11–583b1)

Der zweite Beweis ist für unsere Thematik besonders wichtig, weil in ihm drei Lebensweisen unterschieden und in Bezug auf Angenehmes und Unangenehmes beurteilt werden. Er beginnt mit der Unterscheidung von drei Arten der Lust entsprechend der drei Seelenvermögen, des lernbegierigen, des eifrigen und des begehrlichen (580d7–9), wobei eine Reihe verschiedener und teilweise neuer Bezeichnungen für die Vermögen vorgeschlagen werden. Das Begehrliche richtet sich auf Speise, Trank, Sexualität und alles damit Verwandte. Bisweilen heißt es »Geldliebendes« (*philochrêmaton;* auch: »Besitzliebendes«), *weil* diese Begierden vor allem mit Geld befriedigt werden können (581a1–2)[145]. Die zugehörige Lust und *philia* geht auf den Profit oder Nutzen

---

[142] Reisen zu können scheint einigermaßen glückszuträglich zu sein – vgl. auch die bedauernden Worte des Sokrates zur Lage der Wächter, die dies aus Geldmangel auch nicht können (420a3–4).
[143] Allerdings mit gleich mehreren Klagewörtern, *odyrmos, stenagmos* und *thrênos,* die alle in etwa »Wehklage« bedeuten, sowie der Erwähnung von Schmerzen (*algedonas,* 578a7–8).
[144] Es muss nicht unbedingt gezeigt werden, dass Lust für das Glück eine bedeutende Rolle spielt, wie Schubert 1995, 149 bemängelt. Diese Voraussetzung machen die Gesprächspartner, gegen die Sokrates argumentiert, selbst. Bereits Kephalos erwähnt die landläufige Meinung, bar aller Vergnügungen würde man nicht mehr gut leben, sondern kaum noch leben (329a1–9). Wenn Lust eine bedeutende Rolle spielen sollte, so die Stoßrichtung des Arguments, so ist sie jedenfalls auch beim philosophisch Lebenden vorhanden.
[145] Vgl. 5.4.1. Diese Begründung klammert die Geldliebe des Oligarchen, der Geld unabhängig von seinem Einsatz zu lieben scheint, allerdings aus.

5. Das philosophische Leben und die Rolle der Lust

(kerdos) – und zwar auf den eigenen, wie Schleiermacher durch die Übersetzung des *philokerdes* mit »eigennützig« deutlich macht. Das Begehren des Zornartigen richtet sich auf Macht, Sieg und Berühmtheit. Es heißt daher auch das siegliebende oder streitlustige *(philonikon)* und ehrliebende *(philotimon)*. Das *logistikon* als drittes Vermögen in der Seele wird in Buch IX als »lernbegierig« *(philomathês)* und »philosophisch« *(philosophon)* gekennzeichnet (581b9). Es kümmert sich am wenigsten um Geld und Ruhm. Dementsprechend lassen sich drei Menschenarten unterscheiden: Weisheitsliebende, streitlustige und eigennützige bzw. gewinnliebende (581c4–5). Ihre Lebensweisen befinden sich miteinander im Streit, d. h. dass jeder seine Lebensweise, die des Gelderwerbs, des Erlangens von möglichst viel Anerkennung und die des stetigen Lernens und der Beschäftigung mit der Weisheit für die angenehmste *(hêdystos)* hält und die anderen Lüste geringschätzt. Nicht geht es bei dem Streitpunkt also darum, schlechter oder besser zu leben, edler oder schändlicher, sondern angenehmer oder unangenehmer. Die Ausgangsfrage, ob der Gerechte oder der Ungerechte besser lebt, hat sich scheinbar verschoben hin zur Frage, ob der Philosoph angenehmer lebt als der Tyrann. Dass der Gerechte schließlich mit dem Philosophen identifiziert wird, ergibt sich aus der These, dass Gerechtigkeit in der richtigen Ordnung der Seelenteile besteht (vgl. 5.4.6).

Nur der Philosoph ist in der Lage, eine Beurteilung der Lebensweisen in Bezug auf das Angenehme durchzuführen, da nur er über das richtige »Hilfsmittel« *(kritêrion)*, d. h. Erfahrung *(empeiria)*, Einsicht *(phronêsis)* und Vernunftgründe *(logos)* für eine Abwägung und Beurteilung verfügt (582a5–6). Warum mangelt es den anderen beiden Charakteren an Erfahrung? Interessanterweise macht der Eigennützige, selbst wenn er »lernt, wie das Seiende geartet ist« (582b4–5), nicht notwendig die Erfahrung des Philosophen und hat Freude daran. Aufgrund seiner Lebensweise tut er sich schwer damit, zu ihr vorzudringen. Denkbar ist, dass er von den Lüsten daran gehindert wird, die notwendige Konzentration zum Lernen zu finden und sich schlicht nicht ausdauernd genug damit beschäftigt[146]. Umgekehrt macht der Philosoph

---

[146] Die Formulierung im Perfekt in 582b4–5 deutet daraufhin, dass es sich bei ihm um eine nur einmalige oder abgeschlossene Beschäftigung handelt, während der Philosoph »immer lernend« mit dem Seienden umgeht (581e2: ἀεὶ εἶναι μανθάνοντα). Ohne Gewöhnung an die dialektische Beschäftigung sieht man eben nichts von den Ideen (516a4: Συνηθείας δή, οἶμαι, δέοιτ' ἄν, εἰ μέλλοι τὰ ἄνω ὄψεσθαι).

aber notwendig, von Jugend an, Bekanntschaft mit den Lüsten der anderen beiden Lebensweisen (582b3–7). Auch er kennt die Lust, die der Erfüllung von körperlichen Bedürfnissen folgt, und alle drei werden geehrt, wenn sie das Erstrebte (Geld, Weisheit oder Ämter) erlangen[147]. Der Philosoph allein aber kennt nicht nur die anderen Lüste, sondern auch die Lust an der Anschauung des Wahren (582c8). Dass er als einziger die Hilfsmittel für die Beurteilung besitzt, meint unter anderem, dass er aufgrund seiner *empeiria* alle Vergleichsobjekte kennt[148]. Seinem Urteil, dass die philosophische Lebensweise die angenehmste ist, ist daher am meisten zu trauen. In 583b2 wird daran erinnert, dass der Vernünftige dem Gerechten entspricht, der den Begierden verfallene Tyrann dagegen dem Ungerechten, der auch im zweiten Beweis unterliegt.

5.4.8.3. Beweis 3 – Gemischte Lust, reine Lust und die Nahrungsmetapher (583b2–588b1)

Der letzte und dritte Beweis ist, entsprechend grundlegender rhetorischer Regeln, und wie auch Sokrates betont, der schlagkräftigste und bedeutendste (583b7). In ihm dreht sich ebenfalls alles um die Lust, und zwar diesmal genauer um die unterschiedliche Art und Qualität der Lüste. Er wirkt wie eine Ergänzung des zweiten Beweises. Denn wenn der Philosoph vernünftig darüber urteilt, dass seine Lust die angenehmste ist, so sollte er dieses Urteil auch begründen können. Die

---

[147] Dieses letzte, recht optimistische Postulat wird nur teilweise relativiert durch die Bemerkung, zumindest die Götter würden den Gerechten nicht verkennen und nach seinem Tod belohnen (612e2–613b10). Das anfängliche Szenario des unglücklichen und von Göttern wie Menschen verkannten Gerechten wird somit als unrealistisch zurückgewiesen.
[148] Zum Einwand von Schubert 1995, 143f., dass der Philosoph parteiisch wäre und die anderen Lüste eben nur *als* Philosoph erlebt vgl. Annas 1981, 307–310, die darauf hinweist, dass er die anderen Lebensformen nicht im Vollsinne durchlebt haben muss, um darüber urteilen zu können. Eine Anfangserfahrung mag genügen, um den Charakter sinnlicher Lust zu erfassen. Im umgekehrten Falle der geistigen Lust, die sich erst nach intensiver Bemühung einstellt, trifft dies dagegen nicht zu. Außerdem ist *empeiria* nicht das einzige Mittel der Beurteilung. Der Philosoph allein besitzt den übergeordneten Standpunkt, die durch die Vernunft erst mögliche Distanz zu sich selbst (dieser Aspekt ist evtl. mit dem Verweis auf die *phronêsis* gemeint), um überhaupt zwischen allen drei Lebensformen abwägen zu können – wenn jemand dazu fähig ist, seine eigene Lebensweise kritisch zu reflektieren, dann er.

5. Das philosophische Leben und die Rolle der Lust

Vernunftgründe (582e7), nach denen er urteilt, stützen sich auf ontologische Überlegungen, die im dritten Beweis dargelegt werden. Gezeigt werden soll, dass die Lüste des Ehrbegierigen wie auch des Gewinnliebenden weder »ganz wahr« *(panalêthês)* noch »rein« sind (583b3–b6). Was heißt das? Sokrates erläutert es mithilfe einer Skala – zwischen Lust und Schmerz liegt eine Art »Ruhe« der Seele, während der weder Lust noch Schmerz empfunden wird. Je nachdem, ob man, wie etwa ein Kranker, vorher Schmerzen hatte oder Lust empfand, wird diese Ruhe dann doch als angenehm (wenn der Schmerz aufhört) oder unangenehm (wenn man aufhört, sich zu freuen) empfunden. Was rational betrachtet nur ein Zustand der »Stille« (583e2) der Gefühle ist, kann je nach Vergleichspunkt und Perspektive gegensätzlich, sowohl lustvoll wie auch schmerzhaft, empfunden werden. Der Kranke nun verwechselt diesen mittleren Zustand der Schmerzlosigkeit (583d8) damit, wahrhaft Lust zu empfinden – er hält eine bloß scheinbare für wahre Lust. Als Beispiel für Lüste, die nicht nur dem Aufhören von Schmerzen entsprechen, wird ein angenehmer Geruch genannt, der ohne vorherige Unlust als angenehm empfunden wird und keine Unlust zurücklässt, wenn er aufhört. Dennoch fallen die allermeisten und stärksten körperlichen Lüste in die erste Kategorie. Sie sind lediglich Befreiung von Unlust. Auch die Vorfreude auf Zukünftiges (584c9–11)[149] – ohne dies explizit anzumerken, wohl ein Beispiel für seelische Lust –, zählt Platon unter solche unreinen oder falschen Lüste. Zwei weitere Bilder und Metaphern schließen sich an: Wer sich vom unteren Ende der Skala zur Mitte hin bewegt, wird denken, er bewege sich nach oben. Unter Umständen wird er ›vorzeitig‹ in der Mitte stehenbleiben in der Meinung, er sei nun ganz oben bzw. sich dann höchstens wieder nach unten bewegen. Das wahrhafte »oben« (584e5; 586a4–5), das der wahren Lust entspricht, bleibt ihm so aber verborgen. Im Vergleich zum »Schwarzen« (der Unlust) erscheint das »Grau« der Schmerzlosigkeit wie Weiß; freilich aber nur, weil man das echte Weiß, das für die wahre Lust steht, nicht kennt (585a3–6).

Es folgt ein neues Bild, das erläutern soll, warum geistig-seelische Lust befriedigender ist als körperliche. Wie in Bezug auf den Körper durch Nahrung einem Mangel, einer Leerheit abgeholfen wird, so gilt der Unverstand als Hunger der Seele, die durch Kenntnisse erfüllt wird.

---

[149] Bei dieser Bemerkung besteht eine Spannung zu Phil. 32b9–d6, wo die Erwartung des Angenehmen als seelische und reine, nicht als unreine Lust gekennzeichnet wird.

Politeia – Einfaches, maßvolles Leben und die wahre Lust der Philosophen

Die »Nahrung« der Seele ist aber von anderer Natur als die des Körpers, sie besitzt höheren ontologischen Rang. Dass Kenntnisse »mehr seiend« sind, bedeutet, dass sie sich immer gleich verhalten, nicht ändern oder schwinden. Ihre Beständigkeit und Unveränderlichkeit garantiert, dass sie die Seele dauerhaft erfüllen. Die dazugehörige Lust, die das Leben des Philosophen kennzeichnet, wird als »beständig« oder »dauerhaft« (*bebaios*, 585e3; 586a6) beschrieben. Die Lebensweise der Menge dagegen, die sich ganz im Bereich der körperlichen Lust bewegt, wird in 586a1–b4 mit der von Tieren verglichen. Ihre Lust an Nahrung und Sexualität ist aber, ebenso wie die an Ehre und Ruhm, unzuverlässig (*apistoteras*) und nicht von Dauer – sie sättigt nicht lange. Verbunden mit dem vorhergehenden Bild lässt sich feststellen, dass die meisten Menschen sich nur im unteren Bereich der Skala bewegen. Die »Schattenbilder« der wahren Lust, mit denen sie umgehen, sind zudem nicht rein, sondern immer mit Unlust vermischt (586b7–9)[150].

An diese Erklärung lassen sich allerdings etliche Fragen stellen. Eine Problematik der qualitativen Unterscheidung verschiedener Lüste liegt darin, dass nicht ganz einsichtig ist, inwiefern die philosophische Lust »rein« sein soll, wenn auch der Philosoph einem intellektuellen ›Hunger‹ nach Wissen abhilft. Denkbar ist, dass dieser ebenfalls von Unlust begleitet wird, die einer Sehnsucht ähnlich der im *Phaidros* geschilderten, unerfüllten Liebe zum Geliebten entspringt (Phdr. 251a2–252c3). Zweitens könnte die Seele das erlangte Wissen auch wieder vergessen, was die Dauerhaftigkeit der seelischen Lust in Frage stellt. Drittens ließe sich fragen, ob nicht auch der Sybarit eine ganze Reihe von Lüsten kennt, die nicht der Behebung von Unlust entsprechen[151]. Nicht nur beim angenehmen Geruch, sondern auch bei Lüsten wie der an exklusiven Speisen oder Alkohol wird einem Appetit entsprochen, der ebenso wie das Verlangen nach Weisheit nicht durch vorausgehende Unlust bedingt sein muss[152].

---

[150] Die Anspielung auf das Höhlengleichnis ist hier, wie auch in der Rede vom »wahren Oben«, unverkennbar.
[151] Auf diesen Punkt und entsprechende Beispiele geht bereits Aristoteles in EN 1173b7–20 ein.
[152] Zu diesen Einwänden vgl. auch Schubert 1995, 147–148. Seine Kritik an Platons Voraussetzungen, ob Lust etwa notwendig als Prozess verstanden werden muss (vgl. *ebd.*, 145–147), trifft aber m. E. nicht. Es geht ja gerade – durch die Nahrungsmetapher zwar leider etwas verschleiert – darum, dies im Falle der geistigen Lust nicht anzunehmen.

5. Das philosophische Leben und die Rolle der Lust

Beim Tyrannen freilich ist der Fall klar: Aufgrund seiner pathologischen Bedürfnisstruktur kennt er tatsächlich keine ›reinen‹ Lüste mehr, im seelischen Bereich ohnehin nicht, aber auch nicht im körperlichen. Er befindet sich »jenseits« der unechten Lüste (587c1–2), was bedeuten könnte, dass er ganz überwiegend Schmerzen empfindet. Wenn die Lust auf Alkohol Suchtcharakter annimmt, so besteht kein Zustand der Ruhe, auf dessen Hintergrund die attraktive Idee entsteht, z. B. Wein zu trinken (die man auch wieder fallen lassen könnte), sondern ein schmerzhaftes, unwiderstehliches Verlangen danach. Hätte der Philosoph ein solch unwiderstehliches Verlangen nach Kenntnissen, dass er diesem um jeden Preis entsprechen muss (und sich im Falle der Philosophenherrscher dann z. B. weigert, politisch tätig zu sein), so wäre seine Lust daran ebenfalls nicht rein. Es bliebe aber immer noch die Frage, wie sich die Lust des Philosophen von derjenigen des Demokraten oder Ehrbegierigen unterscheidet. Hier nimmt Platon anscheinend an, dass im Falle des Philosophen zwar ein Verlangen vorliegt, das aber nicht von Unlust begleitet ist.[153]

Fraglich ist außerdem die scharfe Trennung zwischen körperlicher und geistiger Lust. Das Kriterium der Reinheit/Unreinheit der Lust scheint nicht auszureichen, da es gleichermaßen reine wie unreine körperliche Lüste gibt. Hilfreicher ist dagegen das Kriterium der Dauerhaftigkeit. Leider diskutiert Platon kaum, was darunter zu verstehen ist[154]. Denkbar wäre, dass die wahrhafte Erkenntnis des Guten die Seele des Menschen verändert und prägt. Sie ist nicht von solcher Art, dass sie vergessen werden könnte. Und auch für weniger prägende Kenntnisse, bei denen das der Fall ist, bleibt die Erinnerung. Während die Erinnerung an körperliche Lust in keiner Weise deren tatsächlicher Erfahrung entspricht, so macht die Erinnerung an Kenntnisse diese im Vollsinne wieder präsent[155]. Solange der Mensch bei Verstand ist, kann er diese

---

[153] Was der Lösung des Problems im *Philebos* entspricht. Die Lust an Kenntnissen wird nicht von Unlust begleitet (Phil. 52a1–4), die reinen Lüste entstammen einem »unmerklichen und schmerzlosem Bedürfnis« (Phil. 51b5–6).

[154] Er wird dieses Merkmal im *Philebos* auch nicht mehr, wie in Rep. 586a6, der Lust zuordnen und stattdessen betonen, dass Lust von ihrem Charakter her ein bloßes Werden und ganz abhängig von einem anderen, Seienden ist (Phil. 53c4–55c4). Beharrlich und fest ist allein das immer Seiende (Phil. 59a7–b6).

[155] Wobei Sokrates in Phil. 35e2–36b10 zwar die Entstehung von Lust bei der Erinnerung an vergangenes Angenehmes zugesteht (die begleitende sehnsüchtige Wehmut der Erinnerung, die Protarchos anführt, lässt er nicht gelten), es gerade dadurch aber dann zu seltsam gemischten Zuständen, z. B. bei aktuell bestehender Unlust kommt.

kaum verlieren, während körperliche Lust immer wieder neu produziert werden muss. Zweifellos ist das flüchtige Moment körperlicher Lust, die kommt und geht, im Unterschied zur Lust am Erwerb von Wissen *und* dessen Besitz stärker.

Wie sind die Metapher der geistigen »Nahrung« und der Gedanke der Erfülltheit also zu verstehen? Während körperliche Lust *nur* im Verlauf oder unmittelbar nach der Befriedigung von Begierden entsteht, so scheint es bei geistiger Lust sowohl eine Lust am Erwerb, am Lernen selbst, wie auch am Besitz desjenigen Wissens zu geben, das der eigentlichen, ewigen Natur der Seele angemessen ist (585d7–e4). Der Tyrann, der dieser Nahrung entbehrt, leidet dagegen an innerer Unerfülltheit (578a1–2). Dass Wissen die Seele ›nährt‹, könnte bedeuten, dass sie z. B. durch die Erkenntnis des Gerechten zur gerechten Seele wird. Und mit gerechter Seele zu leben ist wiederum lustvoll. Auch die Aussage, dass die Lust an der Wahrheit den Menschen im Unterschied zu anderen Lüsten angehörig sei (585d9–e2), weist darauf hin, dass es um etwas geht, dass man nicht leicht verlieren kann. Diese Art von Lust ist nicht abhängig von äußeren Umständen oder anderen Menschen wie die Lust am Erlangen von Ehre. Leider erwähnt Platon nicht, oder nur in sehr versteckter Weise – siehe etwa 592a7–8: »in seinem eigenen Staate gar sehr« –, die Lust an der Anwendung des Geschauten, die notwendige Folge der Schau sein müsste[156]. Der Philosoph kennt aber jedenfalls eine befriedigende, da dauerhafte Art von Lust, die dem Tyrannen vorenthalten bleibt. Der im *Gorgias* nur bildhaft angedeutete Charakter beider Lüste (Gorg. 493a1–494a5) wird in den Beweisen der *Politeia* argumentativ eingeholt.

Überzeugender noch als der Hinweis auf den Charakter der philosophischen Lust scheint mir eine weitere Überlegung zu sein, die auf das ganzheitliche, alle Seelenteile berücksichtigende Leben des Philosophen zielt. Sie schließt an die Lustdiskussion an, hätte jedoch auch als eigener, vierter Beweis gefasst werden können; zumal sie dann, scheinbar nach Abschluss der Beweisführung, noch im Bild von der Seele weiter ausgeführt wird.

Die Argumentation gliedert sich in zwei Gedanken. Erstens können auch die anderen Seelenvermögen nur, wenn sie sich an der Ver-

---

[156] Vgl. z. B. Wolf 1999, 45f., die den Charakter des praktischen Wissens, d. h. die Einsicht in Tugenden als unmittelbar lebensverändernd betont.

5. Das philosophische Leben und die Rolle der Lust

nunft ausrichten, die ihnen angemessene Lust erreichen (586d4–587a1) – was nicht ohne weiteres einsichtig ist. Eine mögliche Interpretation dieser Stelle lautet, dass die Vermögen, wenn sie nicht von der Vernunft gelenkt werden, die Güter, auf die sie ausgerichtet sind, verfehlen könnten[157]. Nur die Vernunft kann vorausschauen und abwägen, ob etwa das Bedürfnis des Kranken, für ihn schädliche Dinge zu essen, erfüllt werden sollte. Allerdings könnte man sich die ›Herrschaft‹ des begehrlichen Vermögens ja so vorstellen, dass zumindest das vernünftige Kalkül in seinen Dienst genommen wird. So erwähnt Sokrates in 519a1–6 die scharfsichtige Seele des »bösen, aber klugen« Menschen. Dieser »kluge« Mensch entspricht nicht dem in 5.4.7.6 geschilderten Tyrannen, der offensichtlich von seinen Begierden überwältigt wird, ohne in irgendeiner Weise noch auf die Vernunft zu hören. Dem Klugen ist zuzutrauen, im Sinne eines differenzierten Hedonismus' (5.2) nicht vollkommen ›unvernünftig‹ seiner Lust nachzugehen.

Unmittelbar einleuchtend ist dagegen der zweite Gedanke, dass unter der Herrschaft eines eigentlich untergeordneten Seelenvermögens die anderen beiden gezwungen werden, sich von »fremder« Lust zu ernähren. Die der Seele, wenn sie denn ewig ist, eigentlich angemessene Beschäftigung ist der Erwerb von zeitlosem, unveränderlichem Wissen. Die Entfaltung der vernünftigen Natur des Menschen, die ihn – was auch in der Metapher vom »inneren Menschen« (589b1), dem der vernünftige Seelenteil entspricht, deutlich wird – erst zum Menschen macht, wird durch die Herrschaft der anderen beiden Vermögen stark eingeschränkt, während umgekehrt die Vernunft für den ganzen Menschen sorgt. Sie unterscheidet, was schon in 558d8–559d1 geschildert wird, zwischen notwendigen und nicht notwendigen Begierden. Den notwendigen Begierden wird selbstverständlich auch vom Philosophen entsprochen, wiewohl er darauf verzichten würde, wenn keine Notwendigkeit bestünde (581e4–5).

Inwiefern diese Sorge der Vernunft immer lustvoll ist, und nicht faktisch das Bedürfnis nach Anerkennung sowie körperliche Bedürfnisse stärker vernachlässigt werden (müssen), als dieses sehr harmonische Bild suggeriert, ist zu fragen. Der Philosoph besitzt durch seine Erziehung nur gemäßigte Begierden, die leichter erfüllt oder auch zurückgestellt werden können. Aber schließlich werden diese nur dadurch mä-

---

[157] Vgl. Ricken 2007, 120.

ßig, dass ihnen die Erfüllung versagt bleibt, was notwendig, mindestens während der Zeit der Erziehung, von Unlust begleitet ist. Wichtig ist bei dieser Art von Einwänden allerdings, dass es Platon wohl nicht darum geht, den Philosophen als dauerhaft in höchster Lust und vollkommener Harmonie seiner Seelenvermögen lebend zu schildern[158], sondern darum, zu zeigen, dass er *im Vergleich* zu den konkurrierenden anderen Lebensweisen besser und angenehmer lebt. Die Lust an Ehre wird – da es um das Unglück des Tyrannen und dessen Lüste geht – eher stiefmütterlich behandelt. Sie wird genau wie die Lust des Eigennützigen als »unechte« Lust bezeichnet (587b15–c2). Ihr flüchtiger Charakter, auf den Platon an dieser Stelle nicht weiter eingeht, mag daher rühren, dass andere Menschen sie gewähren müssen und auch jederzeit wieder entziehen können (vgl. Kapitel 6).

Zuletzt werden die drei Arten der Lust (an Geld, Ehre und Wissen) in Bezug gesetzt zu den verschiedenen, den Verfallsformen der Seele entsprechenden Charakteren. Bewertet werden sie je nach ihrem Abstand zu Philosophie und Vernunft (587a7). Knapp wird erwähnt, dass der Oligarch angenehmer lebt als der Demokrat, dieser wiederum angenehmer als der Tyrann – dass der Timokrat in der Rangfolge der Lebensweisen an zweiter Stelle steht, kann aus der Reihenfolge der Darstellung geschlossen werden. Der königliche bzw. aristokratische Mensch, der dem philosophischen entspricht, lebt am angenehmsten. Der Tyrann, so das Fazit, ist am weitesten (sogar exorbitant weit, der Philosoph lebt 729mal angenehmer als er; 587e1–5) von der wahrhaften Lust entfernt und lebt am unerfreulichsten.

5.4.9. Ertrag der Politeia: *Der Stellenwert der Lust im Leben des philosophischen Gerechten*

Was können wir den Beweisen im Hinblick auf das Leben des Philosophen entnehmen? Es finden sich neben dem Gesichtspunkt der Lust noch eine Reihe anderer Eigenschaften, die dem gerechten Philosophen aufgrund seiner geordneten Seele zukommen, und die dem ungerechten Tyrannen fehlen. Der Philosoph ist 1) frei und kann tun, was er wirklich will (ein Gedanke, der im *Gorgias* schon entscheidend wichtig

---

[158] Dies ist auch bereits im *Gorgias* nicht der Fall: Mit viel »Mühe und Arbeit« geben die Fässer seiner Seele etwas her (Gorg. 493e3–4).

5. Das philosophische Leben und die Rolle der Lust

war), 2) kennt er die angenehmste Lust, die der Natur der Seele angemessene Lust an geistigen Dingen, 3) vernachlässigt er neben dem geistigen auch keinen seiner anderen Seelenteile, 4) hat er Freunde und lebt nicht in permanenter Furcht vor seinen Feinden (so kann im Umkehrschluss vermutet werden, vgl. zur Argumentation aber Kapitel 7). Unter dem Gesichtspunkt des Guten lässt er nur die Lust zu, die ihn besser macht und lehnt diejenige ab, die die seelische Ordnung zerstören könnte (592a1–4). Daher lebt er im Unterschied zum Eigennützigen und Ehrliebenden als einziger ein zufriedenes, erfülltes und angenehmes Leben.

Besteht das Glück des Gerechten aber schon darin, dass er am angenehmsten lebt? Dass dies nicht der Fall sein kann, wurde bereits im Zusammenhang mit der Regierungstätigkeit der guten Herrscher angedeutet (vgl. 5.4.5). Die geistige Lust, die die philosophische Tätigkeit begleitet, ist nicht das oberste handlungsleitende Ziel. In 588a7–10 wird dies nochmals klarer festgestellt. Wenn der Gerechte den Ungerechten bereits an Lust übertrifft, so wird er ihn wohl in Bezug auf ein wohlgestaltetes, schönes und tugendhaftes Leben noch mehr übertreffen. Eigentlich ist es daher die Gerechtigkeit, die glücklich macht, die richtige Ordnung der Seelenvermögen. Die mit einem gerechten Leben einhergehende Lust sollte dagegen eher als Begleiterscheinung verstanden werden, was sich auch an den auf die Beweise folgenden Metaphern für die Seelenvermögen zeigt. Die Gerechtigkeit nützt dem »inneren Menschen« (*entos anthrôpos*, 589b1), dem das ›Tierische‹ der anderen beiden Seelenteile, das vielgestaltige Tier und der Löwe, untergeordnet werden muss. Der vernünftige Gerechte lebt so, dass er die Kenntnisse sucht, die seine Seele zu einer edlen, geordneten, besonnenen und gerechten machen. Er ordnet alle dem Leib dienenden Beschäftigungen der Seele unter, vermeidet Überfluss wie auch Mangel an Besitz. Er nimmt Ehren an, aber nur, soweit sie nicht seine innere Verfassung zerstören. Außerdem enthält er sich, zumindest im nicht-idealen Staat, sofern kein ›göttliches Geschick‹ ihm hilft, der Staatsangelegenheiten (592a5–9).

Lust ist aber deshalb nicht, wie die Mehrzahl der Interpreten meint[159], irrelevant für die Entscheidung, ob der Gerechte oder der Ungerechte glücklicher lebt. Die anfängliche Vermutung, dass der Gerechte unter ungünstigen Umständen schlechter lebt als der Ungerechte

---

[159] So die Einschätzung von Annas 1981, 307.

Politeia – Einfaches, maßvolles Leben und die wahre Lust der Philosophen

(362c5–7) wird zumindest *auch* mit Hinweis auf die philosophische Lust widerlegt, die ihm ganz unabhängig von äußeren Umständen zuzukommen scheint[160]. Vorausgesetzt, dass seine Seele gut geordnet ist, er also gerecht lebt, führt er auch das angenehmste Leben, während der Tyrann am Zustand seiner Seele, auch unter günstigsten Umständen, inmitten von scheinbar erstrebenswerten Gütern, leidet. Die Lust ist nicht Hauptkriterium des glücklichen Lebens, scheint aber doch – in ihrer reinsten, geistigen Form – untrennbar damit verbunden. Im zweiten und dritten Beweis für das Glück des Gerechten wird ausschließlich auf ihrer Grundlage argumentiert. Im ersten Beweis, der den Bereich der Beziehungen anspricht, wird angemerkt, dass ein freundloses Leben eben auch ein freudloses Leben bedeutet. Wenn jedem Seelenteil eine Begierde oder Liebe und eine dazugehörige Lust zugestanden wird, wie es in 580d3–581c8 geschieht, so wird mit der Herrschaft eines jeden Teils auch dessen Begierde erfüllt, der Liebe entsprochen und die entsprechende Lust entstehen.

Es herrscht in der Seele dann aber nicht die (geistige) Lust, sondern die Vernunft, genau wie in der *polis* weder Lust noch Unlust herrschen, sondern die Gesetze und der jeweils für am besten gehaltene *logos* (607a6–8). Der Philosoph muss *nicht*, wie man meinen könnte, unablässig geistig tätig sein, um geistige Lust zu empfinden, da die erworbenen Kenntnisse die Seele dauerhaft erfüllen. Zeitweise wird freiwillig[161] von der geistigen Tätigkeit und der mit ihr verbundenen Lust abgelassen, um sich politischer Tätigkeit zu widmen. Auch befriedigt der Philosoph sowohl körperliche Bedürfnisse als auch das Bedürfnis nach Ehre in angemessenem Rahmen (591c1–592a4) ohne dadurch – weil er gleichzeitig keine Philosophie betreiben kann – unglücklich zu werden. Dies ist aber in tieferer Weise dadurch begründet, dass die geistige Lust nicht auf diejenige Lust beschränkt ist, die während der philosophischen Tätigkeit, etwa beim Fassen einer Erkenntnis oder Einsicht in eine Argumentation entsteht. Zur Lust des Philosophen im weiteren Sinne zählt eine grundsätzliche Lebenszufriedenheit und Erfülltheit, die vor allem durch die Bewahrung der als richtig erkannten Ordnung der gesamten Seele erreicht wird.

---

[160] Bei Platon scheinen die Bedenken des Aristoteles, ob unglückliche Umstände nicht doch die Seligkeit einschränken (EN 1100a1–9), zu fehlen (vgl. Annas 1981, 316).
[161] Und auch nicht ganz betrübt, wie aus 592a7–8 deutlich wird.

5. Das philosophische Leben und die Rolle der Lust

Ich fasse die wichtigsten Ergebnisse der *Politeia* zusammen. Es besteht ein Zusammenhang zwischen Lust und Reichtum – mit Reichtum lassen sich alle möglichen Begierden erfüllen (5.4.1). Das Streben nach Reichtum kann aufgrund dieser Funktion oder sogar als Selbstzweck (wie im Fall des oligarchischen Charakters) ein Leben entscheidend prägen. Der Philosoph zeichnet sich dem gegenüber dadurch aus, dass er in allen Dingen, besonders was die Erfüllung von Begierden betrifft, Maß hält. Er vermeidet sowohl Armut als auch Reichtum und führt insgesamt ein einfaches Leben. In 5.4.2 wurde anhand der Schilderung der Entstehung des Staates und in Bezug auf die Inhalte von Träumen deutlich, dass der Mensch natürlicherweise eine Disposition zu vielen verschiedenen, auch gesetzlosen und ausschweifenden Begierden besitzt. Es bedarf daher einer bestimmten Erziehung, um diese zu formen und einzuschränken. Platon schlägt eine musisch-gymnastische Ausbildung vor, die das bewirkt und zum Erwerb von Besonnenheit und Tapferkeit führt – was einer allgemeingültigen Begründung entspricht (5.4.3.2). Ein maßvolles Leben fördert die Aufgabe, die man hat, unabhängig davon, worin diese besteht. Der Verzicht auf eigenen Besitz und das Leben in der Frauen- und Kindergemeinschaft stellt dagegen ein Spezifikum der Lebensweise der Wächterklasse im Staat dar (5.4.3.3 und 5.4.3.4).

Dem Besonnenen gelingt es, die richtige Ordnung in der Seele zu bewahren. Diese besteht in der Herrschaft des vernünftigen oder philosophischen (581b9) Seelenvermögens, das dabei vom *thymoeides* unterstützt wird (5.4.4). Es handelt sich nicht um eine gewaltsame und instabile Herrschaft, wie die einer körperlichen Begierde über eine andere; sie wird vielmehr als Harmonie begriffen. Die Metapher des Stromes in Buch VI zeigt: Je mehr sich die Begierden auf Geistiges richten, desto weniger Raum bleibt für andere und desto leichter fällt die Beschränkung auf die Erfüllung der notwendigen Begierden (5.4.5). Der begehrende Seelenteil, der aufgrund seiner Erziehung nur noch mäßige Begierden umfasst, setzt der Herrschaft des vernünftigen Seelenteils – der die Erfüllung dieser mäßigen Begierden zum richtigen Zeitpunkt zulässt – nichts entgegen. In der Verfallsgeschichte der anderen seelischen Verfassungen wird deren Instabilität sichtbar sowie ein zunehmender Verlust von Freiheit und Selbstbestimmung, der besonders die letzte Stufe, das Leben des Tyrannen, kennzeichnet (5.4.7). Der Philosoph bewahrt sich die vernünftige Entscheidung, die volle Herrschergewalt über seine Lebensgestaltung. Der Tyrann dagegen wird vom Eros als dem Menschen fremder, seine Selbstbestimmung verhindernde Macht bestimmt. Während der Tyrann das unglücklichste und unfreieste Leben unter der Herrschaft seiner körperlichen Begierden lebt, führt der Philosoph das glücklichste, freieste und zugleich angenehmste. Neben den anderen Lüsten kennt er auch die geistige Lust, die Lust am Lernen, am Erwerb von Wissen und an der Erkenntnis der Wahrheit, die nicht nur momentan besteht, sondern sich in einer dauerhaften Erfülltheit des gesamten Lebens äußert (5.4.8). Dieses philosophische Leben entspricht dem Leben des Gerechten, der allein wirklich glücklich ist. Daher ist es letztlich – ein Gedanke, der in Kapitel 9 noch ausführlich diskutiert wird – für jeden Menschen erstrebenswert (5.4.6).

5.5. *Philebos* – Niederlage und Notwendigkeit der Lust

Trotz der umfangreichen Erörterung der Arten und des Charakters der Lust in Buch IX findet sich in der *Politeia* – auch aufgrund der Rahmenfragestellung, die ja eigentlich die nach dem gerechten Leben ist – noch nicht die am tiefsten greifende Diskussion zur Lustthematik. Diese wird im *Philebos* unternommen, in dem zunächst zwei Lebensweisen, die der Vernunft und die der Lust, gegenübergestellt werden. Wie eine Lebensweise aussieht, wird, wie bereits in der *Politeia* ausgeführt, vom Zustand der Seele des Menschen bestimmt. Gefragt wird, welcher »Zustand *(hexis)* oder eine Verfassung *(diathesis)* der Seele ... allen Menschen zu einem glücklichen Leben verhelfen kann« (11d4–6).

Die Frage nach der zu wählenden Lebensweise wird auf sehr abstraktem Niveau verhandelt. Dass der Philosoph, so Sokrates in Rep. 582a5–6, die richtigen Hilfsmittel zur Beurteilung besitzt, wird hier einmal mehr demonstriert. Unterscheiden und urteilen kann er deshalb, weil und indem er die Natur der Dinge feststellt. Er greift auf allgemeinste ontologische Kategorien zurück, die er dann, z. B. auf verschiedene Arten der Lust, anwendet. Zuletzt wird die Frage dann auch beantwortet und – evtl. endgültig, 66e1–67b10 liest sich fast wie ein ›Schlusswort‹ Platons zu diesem Thema – entschieden[162]. Auffällig ist,

---

[162] Schon der Beginn deutet darauf hin: Protarchos möchte nicht in Aporien geführt werden, sondern zu einem Ergebnis (20a1–8). Zuletzt verleiht Sokrates der Untersuchung dann feierlich einen »Kopf« (so wörtlich *kephalên* in 66c10–d2, D. Frede übersetzt »Schlußstein«, Schleiermacher/Müller »Krone«) und macht sie damit vollständig –

5. Das philosophische Leben und die Rolle der Lust

dass die politische und soziale Dimension bei der Frage nach dem guten, glückseligen Leben in diesem Dialog keine Rolle spielt. Wie D. Frede bemerkt, ist *Philebos* der einzige Text, in dem das gute Leben allein mit Blick auf das einzelne Individuum und dessen Privatsphäre behandelt wird[163]. Platon möchte einen laufenden, unter anderem in der Akademie geführten Diskurs[164], so scheint es, möglichst fokussiert und auf höchstem Niveau klären. Die Untersuchung gestaltet sich dann zwar als so kompliziert, dass Protarchos und Philebos zwischendurch verwundert fragen, was der Verlauf nun eigentlich mit der Ausgangsfrage zu tun hat (18a1–2, 18d4–9, 52d9). Zuletzt kann aber aufgrund der Argumentation jeder über die beste Lebensweise urteilen (65b5–6).

5.5.1. *Philebos und Sokrates*

Aufschlussreich ist bereits die Betrachtung des Charakters der Gesprächspartner. Eine Prüfung des Dialogpartners spielt, ebenso wie in der *Politeia* (zumindest was die Hauptgesprächspartner, Glaukon und Adeimantos, angeht), keine Rolle mehr. Die zu behandelnde Frage steht im Vordergrund. Protarchos vertritt nicht einmal seine eigene, sondern die (hedonistische) These des Philebos. Als Gesprächspartner ist er kein

---

in besserer Weise als noch im *Gorgias*, wo der Rede ebenfalls der Kopf fehlte (505d1–4) und Sokrates diese gezwungenermaßen allein beenden musste. Trotz der Beantwortung der Frage gibt es aber sicherlich Anschlussfragen, auf die die Bemerkung, »eine Kleinigkeit« sei noch übrig, im Schlusssatz des Protarchos in 67b11 hindeutet. Die Tragweite dieser Bemerkung wird unterschiedlich bewertet. Ob die Untersuchung dessen, was wirklich gut für uns ist, notwendig immer unabgeschlossen bleibt (so Zuckert 2009, 384, Fußnote 185 mit Verweis auf B. Seth und J. Klein), ist zu fragen. Selbst wenn dies zutrifft, könnte es z. B. auch das rechte Maß im Einzelnen betreffen (vgl. Frede 1997a, 371–375), nicht aber notwendig auch die gefundenen Grundeinsichten und Hierarchien, d.h. die Lebensweise als ganze.

[163] Vgl. Frede 1997a, 376 und ähnlich Zuckert 2009, 384, Fußnote 185 und 386f.
[164] Im Hintergrund der gesamten Diskussion stehen des Öfteren von anderen vertretene Thesen: Eine von »klugen Köpfen«, die übernommen wird (Lust ist ein Werden, 53c4–7) und eine von »sehr Fähigen/Gewaltigen«, die abgelehnt wird (es gibt gar keine Lust, nur Freiheit von Unlust, 44b1–3). Auch dass »ein anderes Drittes« besser ist, hat Sokrates gehört (20b6–9). Ideale »Alte« kommen vor, die die Dialektik beherrscht haben, die jetzigen Weisen dagegen beherrschen sie nicht mehr (16c5–17a5). Auf wen all diese Anspielungen sich beziehen, ist nicht leicht zu klären. Wie zu vermuten ist, setzen sich Platon wie auch Aristoteles mit dem Hedonismus des Eudoxos von Knidos auseinander (vgl. Frede 1997a, 174f. und Gosling/Taylor 1982, 167).

›echter‹, von seiner These überzeugter Gegenspieler des Sokrates. Philebos dagegen lebt seine These in Reinform: Bezeichnenderweise erliegt er seiner Müdigkeit und steigt schon ganz zu Anfang aus der Diskussion aus. Sein Verhalten bzw. seine Passivität kann als direkte Konsequenz der hedonistischen Auffassung interpretiert werden[165]: Nimmt man sie ernst, so ist es, wenn die Lust dazu fehlt, nicht einmal wichtig, seine Position vor anderen zu verteidigen oder in irgendeiner Weise die Diskussion zu bestimmen (12a10–12). Philebos ist daher sogar ein authentischerer Vertreter der hedonistischen Lebensweise als Kallikles im *Gorgias* – der statt körperlichen Begierden vermutlich eher seiner Ehrbegierde nachgeht (vgl. 6.2.3). Mit Protagoras war ein Gespräch wenigstens einigermaßen möglich *(Protagoras)*, während Kallikles eher unbedarft argumentiert. Er verweigert sich allerdings erst der weiteren Diskussion, als er zu unterliegen droht *(Gorgias)*. Philebos dagegen wird im *Philebos* von Beginn an als weitgehend Unbeteiligter dargestellt. Die Favorisierung körperlicher Lust hindert das Denken und letztlich den Diskurs[166], sie macht sprachlos wie auch handlungsunfähig. Der von Müdigkeit, wenn nicht übermannte[167], so doch ermattete Philebos steht in konträrem Gegensatz zu Sokrates, der im *Symposion* mühelos die ganze Nacht und den folgenden Tag hindurch wach bleibt (Symp. 223c2–d8).

5.5.2. Die Alternativen – chairein, phronein *und die gemischte Lebensweise*

Was kennzeichnet die beiden zur Diskussion stehenden Lebensweisen genauer? Zur Lebensweise der Vernunft gehören laut Sokrates Einsicht *(phronein)*, Vernunft *(noein)*, Erinnerung *(memnêsthai)* und, mit diesen drei Dingen zusammenhängend, die richtige Meinung *(doxan orthên)* und die zutreffende Überlegung *(alêtheis logismous)*. Die Lebensweise der Lust umfasst, sich zu freuen *(chairein)*, Lust *(hêdonê)*, Vergnügen *(terpsin)* und was sonst dazu passt.

---

[165] Vgl. Wieland 1999, 73: Philebos vertritt eine strikt hedonistische Position, die aber dialogunfähig ist. Vgl. auch Gadamer 1968a, 83f.
[166] Vgl. auch Frede 1997a, 94–97.
[167] Er meldet sich zumindest ab und zu zu Wort, wenn auch nicht sonderlich interessiert und z. B. in 28b6 auch widerstrebend.

5. Das philosophische Leben und die Rolle der Lust

Rasch wird allerdings entschieden, dass weder der *bios* der Lust noch der ›rein theoretische‹ *bios* der Vernunft für sich gesehen das gute Leben ausmachen können. Keiner der beiden ist, sofern sie völlig voneinander abgesondert werden, dem Menschen (und zwar *allen* Menschen laut 11d5–6) angemessen oder für ihn erstrebenswert. Sie sind nicht vollendet *(teleos)* und auch nicht ausreichend *(hikanon)* – wer ein gutes Leben führt, dem darf nichts zu seinem Glück fehlen[168]. Ein Leben der bloß augenblicklichen Lust ohne jegliche intellektuelle Reflexion oder auch Erinnerung an vergangene Lust entspräche eher dem eines Meerestieres und ist, so gibt auch Protarchos ob dieses Vergleichs zu[169], nicht erstrebens- bzw. wählenswert (21d2–5). Auch ein rein vernünftiges Leben ohne jegliche Lust[170] würde, so wird von beiden festgestellt, niemand wählen. Damit wird die Diskussion gleich zu Beginn des Dialogs auf eine neue Grundlage gestellt. Eine in irgendeiner Art gemischte Lebensweise muss an erster Stelle stehen, denn diese würde jeder eher als die beiden unvermischten wählen (22a5–6).

Illustriert wird diese Feststellung gegen Ende des Dialoges durch Bilder und Metaphern, die auf die *conditio humana* verweisen. Der Mensch ist weder Tier noch Gott. Tiere gehen andauernd dem Vergnügen nach, eine Lebensweise, die sich außerhalb der Vernunft und damit außerhalb des spezifisch menschlichen Bereichs befindet[171]. Auf der anderen Seite steht als gegensätzliches Extrem die Lebensweise der Götter. Sie empfinden überhaupt keine Lust[172] und auch dies ist einem menschlichen Leben nicht angemessen. Der Mensch lebt weder in der idealen Sphäre der Götter[173] noch in der profanen der Tiere. Auch wenn ein

---

[168] Vgl. Annas 1999, 36f., Fußnote 23.
[169] Philebos scheint hier fast intuitiv zu entscheiden (vgl. Frede 1997a, 181; ausführlich diskutiert wird der Begründungsverzicht *ebd.*, 173–181.)
[170] Damit, dass es in diesem Leben weder große noch kleine Lust gibt (21e2), ist nicht, wie man denken könnte, ein gesundes Mittelmaß an Lust gemeint, sondern, wie im nächsten Halbsatz deutlich wird, eine Unempfindlichkeit ihr gegenüber (man ist *apathês*, 21e3).
[171] 67b1–7. Dazu passt die im *Gorgias* beschworene Metapher der Lebensweise der Ente (Gorg. 494b7–8).
[172] Vgl. auch den Vergleich mit den Muscheln, die kein Gedächtnis besitzen (21c1–d1). Mit dieser Art von Vernunftlosigkeit, dem völligen Verzicht auf Wahrnehmung und Erinnerung, wird freilich die hedonistische Position ins Absurde ausgeweitet. Kein Hedonist würde diese Voraussetzung machen.
[173] Was auch der Hinweis auf das schwache Feuer der Vernunft, das in den Menschen ist, zeigen soll (29c1–2).

einseitiges Leben ohne jegliche Lust oder Vernunfttätigkeit ausgeschlossen wird, stellt sich im Anschluss daran aber die Frage, welche Rolle der Lust bzw. dem Wissen im gemischten Leben zukommt. Sokrates fragt nach der Ursache *(aitia)* des guten Lebens, d.h. dem Grund dafür, warum es wählenswert und gut ist. Diese Ursache wird, so vermutet er, der Vernunft *(nous)* ähnlicher sein als der Lust, welche dann in der Rangfolge der erstrebenswerten Güter nur den dritten Platz einnehmen würde.

5.5.3. Der Charakter der Lust und die Bewertung des ›neutralen‹ (weder angenehmen noch unangenehmen) bios

Protarchos ahnt bereits, was sich gegen Ende des Dialogs bestätigt: Die Lust verliert und könnte noch weiter absteigen als nur auf den dritten Platz der Rangfolge. Am Ende wird sie ihren Vertretern vielleicht nicht mehr so schön erscheinen wie zuvor (23a2–5). Wie kommt es dazu? Die Frage, die ich an dieser Stelle zunächst beantworten möchte, ist, welcher Lustbegriff im *Philebos* herausgearbeitet wird. Wird beispielsweise die philosophische Lust, die in der *Politeia* noch eine wichtige Funktion hatte (vgl. 5.4.9), ausgeklammert? Dies ist nicht der Fall – im Gegenteil wird gleich zu Beginn festgestellt, dass sich sowohl der Zügellose als auch der Besonnene zu freuen scheinen. Letzterer freut sich an seiner Besonnenheit, genau wie sich der Vernünftige an seinem Vernünftigsein freut (12d1–4). Lust kann anhand ihrer Gegenstände unterschieden werden, sie hat intentionalen Gehalt – was Protarchos allerdings gleich gegen Sokrates' These, einige Lüste seien einander entgegengesetzt, anführt. Man freue sich zwar an entgegengesetzten Dingen, so Protarchos, die Lust selbst sei aber immer ähnlich (13c6–8). Auf eine genauere dialektische Untersuchung der verschiedenen Arten von Lust wird zunächst verzichtet (20c4–9). Später werden die verschiedenen Arten dennoch, aber weitgehend mithilfe anderer als dialektischer Methoden[174], unterschieden (31b2–55c4). Lust gehört generell zur Kategorie des Unbegrenzten, sowohl der Menge als auch dem Grade nach. Philebos hält sie daher für »das ganz und gar Gute« *(pan agathon,* 27e8), was Sokrates sofort zurückweist, da auch der Schmerz beliebig steigerungsfähig ist. Schmerz entsteht, wenn die Harmonie in den Lebewesen auf-

---

[174] Vgl. Frede 1997a, 171f. und 230.

5. Das philosophische Leben und die Rolle der Lust

gelöst wird, Lust entsteht, wenn sie wiederhergestellt wird (31d4–10). In dieser Beschreibung ist Lust eine Begleiterscheinung bei der Wiederherstellung eines defizitären Zustandes, der zerstörten natürlichen Harmonie. Dabei ist das Ausmaß der Zerstörung und Wiederherstellung entscheidend. Je größer die Veränderung, desto heftiger ist die Lust bzw. bei Auflösung die Unlust.

Neben dem Zustand der Lust und der Unlust wird ein dritter angenommen, der besteht, wenn keine Wiederherstellung oder Zerstörung erfolgt – er ist weder angenehm noch unangenehm. Hier findet sich ein für unsere Thematik wichtiger Einschub. Sokrates bemerkt, dass es nicht verwunderlich wäre, wenn in diesem Zustand zu leben der »gottähnlichsten« Lebensweise entspräche (33b6–7). Da die Götter glücklich sind, wäre die Lust kein notwendiges Element glücklichen Lebens. Ein derart ›neutraler‹ Zustand ist dem Menschen aber vermutlich unzugänglich, woraus dann direkt das Plädoyer für ein aus Vernunft und Lust gemischtes Leben folgt[175]. Die heraklitische Position, dass er auf menschlicher Ebene deshalb nicht erreichbar ist, weil immer alles in Bewegung ist, Lust und Unlust sich ständig abwechseln (43a1–3), wird nicht abschließend diskutiert (43a6–8). Wenn man die heraklitische Metaphysik für zutreffend hält, könnte immerhin ein Zustand erreicht werden, in dem man die Veränderung, da sie so gering ist, nicht bemerkt. In dieser Interpretation verliert sich die Exklusivität des Zustands, der bei den Göttern im reinen Denken *(phronein)* besteht, nicht, vielmehr ist zwischen zweierlei Arten neutralen Lebens zu unterscheiden[176]. In 43c13–d2 werden dementsprechend drei mögliche Lebensweisen *(bioi)* unterschieden: ein Leben der Lust, ein Leben der Unlust und eine mittlere Lebensweise *(ho mesos bios,* 43e8), die weder Lust noch Unlust enthält, d. h. weder angenehm noch unangenehm ist.

Sokrates verteidigt diese Dreiteilung im nächsten Schritt gegen Positionen, die die Abwesenheit von Schmerz für die einzige Lust halten, wonach es strenggenommen eigentlich gar keinen Zustand der Lust, sondern nur einen des Schmerzes und der Schmerzfreiheit gäbe. Um diese These zu verstehen, wird die Natur der Lust anhand von Extrembeispielen untersucht. Aus der Befriedigung der größten Begierden, und zwar vorrangig der körperlichen (45a4–5), entsteht die größte Lust. Paradigmatisch für den, der die meiste und heftigste Lust empfin-

---

[175] Vgl. *ebd.,* 266f.
[176] Vgl. Frede 1999, 347.

det, weil er die meisten Bedürfnisse hat, wäre dann der Kranke[177]. Auch die Lebensweise der Unbeherrschten und Ausschweifenden (45e2) bringt heftigere Lust mit sich als die der Besonnenen. Diese entsteht jedoch dadurch, dass Lust mit Unlust gemischt wird, wodurch starke Reize entstehen. Verbundenes wird gewaltsam getrennt, Getrenntes zusammengefügt (46e5–47a2). Eine Verdorbenheit an Leib und Seele führt zur quantitativ größten bzw. mindestens zur intensivsten Lust (45e5–7)[178]. Wer in ihr lebt, wird von der Menge für glücklich gehalten (47b2–c1). Geht es bei diesen heftigsten, gemischten Lüsten schwerpunktmäßig um körperliche Lüste? Die Aufgabe der einigermaßen klaren Zuordnung »reiner« und »unreiner« Lüste zum seelischen und körperlichen Bereich bildet einen gegenüber der *Politeia* neuen Aspekt. Sokrates nimmt an,

> … daß sowohl der Körper ohne die Seele als auch die Seele ohne den Körper, aber auch beide zusammen Erfahrungen machen, bei denen sie von einer Mischung aus Lust und Unlust erfüllt sind. (Phil. 50d4–5)

Schon im Bereich der zugrundeliegenden Begierden wird die Trennung hinterfragt. Begierde wird definiert als Begehren des Zustandes, der dem aktuellen entgegengesetzt ist, was ohne Erinnerung an diesen aber nicht möglich ist. Paradoxerweise würde die Begierde dann aber grundsätzlich der Seele angehören – der Leib kann überhaupt nicht hungern oder durstig sein (35d5–6). Dass die seelischen Lüste nicht alle rein sind, wird anhand von Zuständen seelischer Unlust erläutert. Zorn, Furcht, Sehnsucht, Trauer, Liebesverlangen, Eifersucht und Missgunst zählt Platon unter seelische Unlust (47e1–3), die sich mit Lust, etwa am Leid anderer im Falle des Neides, mischen kann. Wenn aber körperliche wie auch seelische Zustände gemischte Lust enthalten können, schließt sich die Frage an, ob reine Lust überhaupt existiert. Gemischte Zustände von Lust und Unlust scheinen tatsächlich jede »Tragödie und Komödie des Lebens« zu prägen (50b1–4). Wenn dies zutrifft, so würde die mittlere, weder unangenehme noch angenehme Lebensweise, die Lust wie Schmerz gleichermaßen vermeidet, an Attraktivität gewinnen, auch wenn sie beim Menschen im Vergleich zu den Göttern nur in abgeleiteter Form vorliegt. Bei diesem Ergebnis bleibt es aber nicht.

---

[177] Ebenso wie in Gorg. 494c6–9 nennt Sokrates auch hier, in Phil. 46a8, das Beispiel der Krätze.
[178] Vgl. Frede 1997a, 276.

5. Das philosophische Leben und die Rolle der Lust

Sokrates nennt im Zuge der Widerlegung der These, Lust sei nur ein Aufhören der Unlust (51a3–4), Beispiele reiner Lust. Die Lust an schönen Formen und Farben, an Musik und Gerüchen ist nicht mit Unlust gemischt. Ihr mag ein Mangel zugrundeliegen, dieser ist aber »unmerkbar und schmerzlos« (51b5–6)[179]. Auch die Lust am Lernen ist reine Lust – sie bringt ebenso wenig wie das Vergessen Schmerzen mit sich (52a1–b10). Diese Art von Lust ist besser als die gemischte, auch wenn sie quantitativ weniger oder von ihrer Intensität her geringer sein sollte (53b8–c2). Die reinen Lüste zählen zu den abgemessenen, nur die unreinen, heftigen kennen kein Maß (52c3–4). Wenn es nun einen Zustand der reinen, maßvollen Lust gibt, so gibt es auch eine von diesem Zustand geprägte, angenehme Lebensweise. Sie ist für den Menschen besser oder zumindest derjenigen gleichgeordnet, in der sich möglichst wenig Veränderung ereignet. Große Veränderungen im Bereich der mit Schmerz gemischten Lust führen dagegen nur zu einem Zustand scheinbarer Lust. Unterscheidet sich der Zustand reiner Lust aber grundsätzlich von dem anderer Lüste und ist er es, der das Leben wertvoll macht?

Das ist nicht der Fall, denn wiewohl man die Lüste in reine und unreine unterteilen kann, so bleibt doch ihr gemeinsamer Charakter als stetiges Werden (53c4–7), das um eines anderen willen geschieht. Hier verliert sich auch der Eindruck, der noch in der *Politeia* nahelag, dass der Besitz von Kenntnissen dauerhaft angenehm ist[180].

Platon geht es im *Philebos* trotz der Annahme reiner Lüste vor allem darum, klar festzustellen, dass Lust nicht das Gute sein kann, da sie nur instrumentell gut ist. Weil sie auf einem Begehren basiert, erhält sie ihre Qualität vom begehrten Gegenstand her. Während es in der *Politeia* noch rein geistige und – ganz überwiegend gemischte – körperliche Lüste zu geben schien, steht im *Philebos* die Unterscheidung von reinen (geistigen oder körperlichen) und gemischten (geistigen oder körperlichen) Lüsten im Vordergrund. Das Maß wird zuletzt zur wertvollsten Kategorie (66a7). Ein Leben im zwischendurch erwähnten ›neutralen‹, weder angenehmen noch unangenehmen Zustand, mag er

---

[179] Zur Plausibilität dieses Zustandes vgl. Frede 1997a, 296–298. Sowohl das Phänomen, manchmal nicht in der »Stimmung« für Eindrücke zu sein als auch die eintretende Sättigung (irgendwann ist es genug der schönen Gemälde) lässt sich mit der Hypothese eines ungefühlten Bedarfs gut fassen. Auch die künstliche Steigerung solcher Lüste ist, wenn das Bedürfnis nicht manipuliert werden kann, ausgeschlossen.
[180] Vgl. 5.4.9 und Frede 1997a, 300–302 sowie Frede 1999, 344–346.

auch göttlich sein, kann nicht die für den Menschen beste Lebensweise ausmachen. Sowohl die Abgemessenheit und Begrenztheit, die zumindest die reinen Arten der Lüste auszeichnet, als auch die richtige Mischung von Vernunft und Lust – was mit der Metapher der Mischung von »Honig« und »gesundem Wasser« erläutert wird (61c4–8) – ist entscheidend für das gute Leben.

5.5.4. Der gemischte bios und die zugelassenen Arten von Kenntnissen und Lüsten

Was beinhaltet der gemischte *bios* nun genauer, welche Arten von Erkenntnis und welche Arten von Lust werden aufgenommen?

In einem kürzeren Part unterscheidet Sokrates zwischen verschiedenen Arten von Kenntnissen (55c5–59b10). Innerhalb des zu wählenden *bios* wird das Streben nach jeglicher Kenntnis zugelassen: Man solle sich auch um die »unreinen«, menschlichen Kenntnisse kümmern (wie etwa die Musik), wenn das Leben, so merkt Protarchos an, »auch nur irgendwie ein *Leben* sein soll« (62c4–5). Kenntnisse, die sich auf Ideen wie die der Gerechtigkeit (62a2) beziehen, haben allerdings Priorität (62a7–6 mit 62d2–3). Besitzt der Mensch diese »ersten« Kenntnisse, so schaden auch die anderen, profaneren nichts, im Gegenteil sind sie notwendig für ein menschliches Leben. Wichtig ist aber, die Philosophie als wahre und genaue Kunst, die sich mit dem Seienden beschäftigt, nicht zugunsten der Beschäftigung mit den Dingen in der Welt und dem Gewordenen zu vernachlässigen. Letzteres sein ganzes Leben lang zu untersuchen und z. B. nur untergeordnete Künste wie die Rhetorik zu betreiben, hieße ebenfalls, sein Leben zu verfehlen.

Im Bereich der Lust werden selbstverständlich die gerade beschriebenen reinen Lüste, unter die auch die Lust am Lernen fällt, zugelassen. Aber auch die notwendigen Lüste sind unverzichtbar und analog zu den untergeordneten Künsten nützlich für das Leben. Ausgeschlossen werden zuletzt lediglich die größten und heftigsten Lüste. Sokrates lässt die Vernunft selbst auftreten und feststellen, dass sie nicht mit einem vernünftigen Leben vereinbar sind (63d1–e2). Sie bringen die Seele in Unordnung und führen zum Vergessen der »erzeugten Kinder« (wohl: der Erkenntnisse). Jedoch gibt es im Unterschied zur Darstellung im *Phaidon* (Phd. 65a6–67b5) eben auch Lüste, die die Vernunfttätigkeit nicht beeinträchtigen. Reine Lüste wie die an Sinneserfahrungen und der

5. Das philosophische Leben und die Rolle der Lust

Freude am Lernen sind der Vernunft »verwandt« (63e3), sie folgen den Wissenschaften bzw. Kenntnissen *(epistêmais)* und Wahrnehmungen (66c5–6). Zu ihnen kommen »die mit Gesundheit und Besonnenheit einhergehen, und überhaupt alle, die jeder Tugend überallhin folgen wie Gefolgsleute einem Gott.« (63e4–6).

Auch diese letzteren Stellen sind aber vermutlich nicht als Hinweise darauf zu verstehen, dass Platon hier eine Freude am Besitz von Gesundheit und Tugend annimmt. Mit dem Halbsatz, diese Freuden würden »wie Gefolgsleute einem Gott« folgen, könnte sowohl der Erwerb von Tugend als auch die Freude an einzelnen tugendhaften Handlungen gemeint sein[181].

5.5.5. Der Stellenwert der Lust für das gute Leben und der Zusammenhang zum Leben des Philosophen

Im *Philebos* wird die Lust positiver als in *Gorgias* und *Phaidon* bewertet[182]. Die im *Phaidon* erwähnte Meinung der meisten Menschen, dass Lust für ein lebenswertes Leben notwendig ist (Phd. 65a2–6), wird bestätigt. Neben notwendigen werden auch reine Lüste aufgenommen. Allerdings bleibt es dabei, dass auch die reine Lust in der Rangfolge dessen, was das Leben zum guten Leben macht (66a5–e5), an letzter Stelle steht. Pro Kategorie werden oft mehrere Beispiele genannt: 1) Maß, Verhältnismäßigkeit, Rechtzeitigkeit *(metron kai to metrion kai kairion)* und alles damit Zusammenhängende, 2) Angemessenes, Schönes, Vollkommenes, Genügendes *(to symmetron kai kalon kai to teleon kai hikanon)* und alles damit Zusammenhängende, 3) Vernunft und Einsicht *(noun kai phronêsin)*, 4) Wissenschaften, Künste und

---

[181] Vgl. Frede 1997a, 354. Auch mir scheint es, ebenso wie D. Frede, zu weitreichend gefolgert, dass Platon im Unterschied zur *Politeia* im *Philebos* eine größere Bandbreite an Lüsten aufnehme, wie es Gosling/Taylor 1982, 139–142 aufgrund von 63e2–6 und 66c4–6 vermuten.

[182] Vgl. Frede 1997a, 376, die darin, dass der Lust ein angemessener Platz im Leben eingeräumt wird, einen positiven Ertrag des Dialogs sieht. Sie macht allerdings auch auf die weniger positive Bewertung aufmerksam: Die Lust ist nur ein Werden (Phil. 54d1–7) und hat nur in der Mängelkompensation eine berechtigte Funktion. Eine wesentliche Änderung in Platons Einstellung gegenüber der Lust sieht Frede daher nicht und fragt sogar, warum die Lust überhaupt auf der Rangliste des Guten steht, wenn sie doch offensichtlich kein eigenständiges Gut ist (vgl. *ebd.*, 367). Immerhin ist die Lust aber notwendige Bedingung (nicht nur »erlaubt«, wie sie *ebd.*, 377 schreibt) für ein gutes Leben.

Philebos – Niederlage und Notwendigkeit der Lust

wahre Meinungen *(epistêmas te kai technas kai doxas orthas)*, 5) reine Lüste *(katharas hêdonas)*. Bereits in der Politeia wurde trotz der Wertschätzung bestimmter Lust als integralem Bestandteil des guten Lebens deutlich, dass sie nicht Hauptkriterium dafür sein kann. Im *Philebos* wird betont, dass Lust von zugrundeliegenden Begierden abhängt, welche sich wiederum auf bestimmte, qualitativ höher- oder minderwertige Objekte richten[183].

Dass Platon im *Philebos* ein bestes Leben schildern will, das nicht den Philosophen privilegiert, sondern einen Menschen wie Protarchos zufrieden stellen soll[184], ist unwahrscheinlich. Die Aufnahme aller möglichen Beschäftigungen und »menschlichen« Kenntnisse, deren Bedeutung und Notwendigkeit festgestellt wird, ist m. E. vielmehr als Korrektiv der Karikatur des weltfremden Philosophen im *Theaitetos* zu verstehen. Deutlich weist Protarchos in Phil. 62b5–9 darauf hin, dass, wer nur die göttliche Kenntnis beherrscht, ›den Weg nach Hause nicht findet‹. Die Priorität der spezifisch philosophischen Tätigkeit, der Beschäftigung mit den »ersten« Kenntnissen, wird ausdrücklich betont. Auch die Zulassung derjenigen Lüste, die der Befriedigung von zur Selbsterhaltung notwendigen Bedürfnissen entspringen, passt zu allem, was bereits in *Politeia* (5.4.3) und *Gorgias* (5.1) zur Lebensweise der Philosophen gesagt wurde.

Gegenüber der *Politeia* werden jedoch Abstriche an der Attraktivität der Lust an Erkenntnissen gemacht. Zunächst wird diese enger gefasst und auf die Lust am Lernen und Forschen begrenzt (statt etwa die Freude am Besitz des Wissens einzubeziehen[185]). So etwas wie Freude an der gerechten Seele, eine in 5.4.8.3 diskutierte, dauerhafte oder beständige *(bebaios,* Rep. 586a6) Lust, lässt sich gar nicht mehr ausmachen. Lust wird stattdessen ganz im Bereich der werdenden und vergehenden Dinge verortet. Dass die Lust am Lernen – als unvermischte, reine Lust – dann auch noch auf »ganz wenige« Menschen (Phil. 52b9) beschränkt wird, kann seinen Grund darin haben, dass das Lernen den meisten als mühseliger Prozess erscheint, der keineswegs immer ange-

---

[183] Vgl. Irwin 1995, 345.
[184] Vgl. zu dieser Vermutung Frede 1997a, 350. Sie selbst revidiert dies jedoch in Frede 1999, 346f. und 354: Nicht, um junge Leute trotz ihrer hedonistischen Neigungen für die sokratische Sache zu gewinnen, wird der Kompromiss eingegangen, sondern wegen der notwendigerweise unvollkommenen menschlichen Natur.
[185] Anders, wie oben erwähnt, Gosling/Taylor 1982, 139 und 141.

5. Das philosophische Leben und die Rolle der Lust

nehm ist[186]. Dies mag auch an äußeren Umständen, Erfolgs- und Zeitdruck liegen, die den Philosophen, wenn er Muße hat, nicht beunruhigen. Dass Muße aber wiederum nur der geistigen Elite vergönnt ist, erklärt dann die Einschränkung der Extension. Die Abwertung geistiger Lust hängt wohl auch mit dem Ideal des göttlichen Zustands zusammen. Mag Lust für den Menschen auch unverzichtbar sein, so empfinden die Götter doch weder Lust noch Unlust. Ihre Vernunft könnte, im Unterschied zur menschlichen, sogar das Gute sein (Phil. 22c3–6).

Die Ergebnisse des *Philebos* zur Rolle der Lust im philosophischen Leben lassen sich folgendermaßen zusammenfassen: Es ist dem philosophisch Lebenden erlaubt, mit der Vernunft vereinbare notwendige sowie sämtliche reinen Lüste zu genießen. Er ist sich seiner Natur als Bedürfniswesen bewusst, achtet bei der Mängelkompensation aber stets auf das rechte Maß und weiß um den bloß instrumentellen Wert dieser Kompensation für das Leben. Lust zu empfinden bereichert das Leben, rangiert in der Rangfolge der Güter aber an letzter Stelle. Die Hauptaufgabe des Menschen ist nicht der Erwerb von Lust, sondern der Erwerb von Kenntnissen, was, sofern er die notwendige Muße dazu hat, auch Lust nach sich zieht.

5.6. Notwendigkeit der Lust und ihre Auswirkungen in Platons *Nomoi*

Auch in einem der spätesten Werke Platons, den *Nomoi*, wird die Natur des Menschen als Bedürfniswesen, die Notwendigkeit der Lust und des richtigen Umgangs mit ihr betont. Wie Marionetten hängen die Menschen an den eisernen Fäden von Lust und Schmerz (644c4–645c6). Aber sie hängen auch an den »goldenen«, zwar schönen, aber weniger zwingenden Fäden der Vernunft, die deshalb nur mit »Helfern« leitend wirken können[187] (wie etwa dem *thymos*, könnte man mit Blick auf die *Politeia* ergänzen; in den *Nomoi* ist aber wohl eher die Erziehung gemeint[188]). In 733a3–4 schildert der Athener die natürliche, lebenslange

---

[186] Vgl., auch zum Folgenden, Frede 1997a, 301f. Positiver schätzt die Bewertung der Lust im *Philebos* Voigtländer 1960, 163 ein, dem ich in diesem Punkt aber nicht zustimmen kann.
[187] Vgl. Frede 1997a, 379. Komplett »ersetzt« werden können sie wohl nicht.
[188] Vgl. Schöpsdau 2003, 232.

Suche eines jeden Menschen danach, mehr Freude und weniger Schmerz zu empfinden. Lust und Schmerz sowie die Begierden sind das »wesenhaft Menschliche«, das jedem mit Notwendigkeit angehört (732e4–7). Auch in den *Nomoi* werden drei Zustände genannt: Ein lustvoller, ein neutraler der Schmerzfreiheit (der oft fälschlicherweise mit dem angenehmen verwechselt wird) und der schmerzvolle, den niemand begehrt (733a7–b3). Nur das tugendhafte Leben führt zu einer Art von Lust, die sowohl qualitativ besser ist als andere Lüste, die der bloßen Abwesenheit von Schmerz entsprechen, als auch – anders als im *Philebos*[189] – quantitativ häufiger (734a7–8) ist als diejenige Lust, die lasterhafte Lebensweisen begleitet. Ebenso wie in der *Politeia* wird das, was natürlicherweise gesucht und gewollt wird (733d4), erreicht, ohne deshalb gleich Hauptziel des Lebens zu sein. Die Lebensweisen werden wiederum danach bewertet, in welchen die Lust überwiegt. Es werden vier Aspekte angeführt: Das besonnene Leben ist angenehmer als das zügellose, das verständige angenehmer als das unverständige, das tapfere angenehmer als das feige und das gesunde angenehmer als das von Krankheit gezeichnete Leben (734d2–4). In 734d4–e2 wird dann ein umfassenderer Glücksbegriff geschildert:

... ein Leben, das sich mit dem Leib oder auch mit der Seele an die Tugend hält, ist lustvoller als das an der Schlechtigkeit festhaltende Leben und ist ihm auch durch die andern Vorzüge um ein Vielfaches überlegen, nämlich durch Schönheit, Richtigkeit, Tugend und guten Ruf *(eudoxia)*, so daß es seinen Besitzer in jeder Beziehung glücklicher leben läßt als das entgegengesetzte Leben. (Nomoi 734d4–e2)

Auch der Gedanke des Maßhaltens, der vor allem in der *Politeia* herausgearbeitet wurde, wird wieder aufgegriffen. Der Lust nachjagen oder den Schmerz völlig fliehen darf ein richtiges Leben nicht, sondern muss die Mitte vorziehen (792c9–d2). Diese Mitte, so der Athener, ist von einer »heiteren« *(hileôn,* 792d2) Gemütsstimmung gekennzeichnet. Allerdings bringen nur wenige Menschen die Kraft der Mäßigung auf, wenn sie ein Verlangen nach irgendwelchen Dingen haben. Es gelingt nur denen, die zusätzlich zur natürlichen Anlage eine hervorragende Erziehung genossen haben (918c8–d4). Die Mehrheit ist maßlos in ihren Begierden. Die drei heftigsten Begierden (nach Essen, Trinken und Sexualität) muss man dementsprechend auch einerseits durch die

---

[189] Vgl. Schöpsdau 2003, 283.

5. Das philosophische Leben und die Rolle der Lust

drei kräftigsten Mittel, genannt werden Furcht, Gesetz und wahre Vernunft *(alêthei logô)*, niederzuhalten suchen *(katechein,* 783a6), andererseits an der vermeintlichen Lust vorbei zum Besten hinlenken (783a4–5). Gelingt dies, entsteht Tugend, gelingt es nicht, das Gegenteil (782d10–e1). Der Sieg über die Lust wird bereits Kindern in Geschichten als »schönster Sieg« nahegebracht und führt zum glücklichen Leben – eine Niederlage dagegen ins Unglück (840b6–c8). Nicht nur die Tugend der Besonnenheit, sondern auch die der Tapferkeit wird der Überwindung der Lust zugeordnet. Letztere wird nicht nur dem *common sense* entsprechend als Ankämpfen gegen Furcht und Schmerz verstanden, sondern auch gegen Sehnsüchte, Lüste und Verlockungen (633d9–e6)[190].

An manchen Stellen der *Nomoi* scheint der rechte Umgang mit Lust und Schmerz bereits gleichbedeutend mit dem glücklichen Leben zu sein (besonders 636d5–e3), was einem differenzierten Hedonismus entsprechen würde. In der Begründung findet sich jedoch eine andere, noch kaum diskutierte Überlegung von der Art des Gegenstands der Lust ausgehend. Entscheidend ist, woran man sich freut, und zwar – so ein neuer Aspekt gegenüber der Erwähnung des Gedankens im *Philebos* – wegen der Auswirkungen auf die Seele. Wer sich etwa an schlechten Menschen freut, wird ihnen ähnlich, weil man dem ähnlich wird, an dem man sich freut (656b4–6). Daher sollte selbst in Bezug auf die Künste im Staat, auf den gesamten Bereich der *musikê*, eine Auswahl getroffen werden. Freut sich die Menge an edlen Charakteren, an tugendhaften Vorbildern, so empfindet sie bessere Lust und wird unter Umständen selbst edler. Die Auswahl treffen die bereits am weitesten in der Tugend Fortgeschrittenen. Auf den ersten Blick scheint die Lust, die sie empfinden, Kriterium der Beurteilung zu sein (658e6–659a1). Jedoch weist der Athener wenig später zurück, dass die Musik nach der Lust beurteilt werden kann (668a9–b2). Alle Dinge, die ein angenehmer Reiz begleitet (der der Lust entspricht), werden entweder wegen des Reizes, wegen einer Richtigkeit oder ihres Nutzens erstrebt (667b5–8). Die Experten urteilen nun nicht aufgrund des Reizes, sondern mittels der beiden anderen Kriterien, die sich auch vernünftig begründen lassen.

Wie wichtig die Formung der Begierden ist, die dazu führt, an den

---

[190] Und dies nicht nur in den *Nomoi*, sondern auch in Lach. 191d6–e1 und Rep. 429c9–d1.

richtigen Dingen Lust zu empfinden, wird in 689a1–c3 festgestellt. Im Missklang *(diaphônia)* zwischen Schmerz/Lust und vernunftgemäßer Meinung besteht, so der Athener, die größte Unwissenheit, die den größten Teil der Seele betrifft (welcher wiederum der großen Masse in der *polis* entspricht). Von einem rein vernünftigen Leben ohne jegliche Lust daran kann nicht die Rede sein. Wenn jemand zwar eine richtige Meinung darüber hat, was gut ist, aber es nicht liebt und mit seiner Seele dahintersteht, bei dem können die *logoi* nichts bewirken. Es scheint, als kennzeichne Platon hier – wie sonst selten – die Lust sogar als hauptsächlichen motivationalen Faktor, der über eine bloße Begleiterscheinung hinausgeht.

In den *Nomoi* werden bis auf diesen letzteren Aspekt größtenteils Resultate aufgegriffen, die in anderen Dialogen bereits erarbeitet wurden. Teilweise werden diese aber nochmals auf anderem Wege begründet, bekräftigt oder illustriert. Festzuhalten bleibt, dass

a) Lust aufgrund der *conditio humana* und vielleicht sogar als motivationaler Faktor notwendig und die Suche nach ihr legitimer Bestandteil des Lebens ist, wenn auch nicht Hauptziel des Menschen oder Hauptbestandteil seines Glücks,

b) sie nur innerhalb eines tugendhaften Lebens im Vollsinne erreicht werden kann und

c) dieses tugendhafte Leben darin besteht, Maß zu halten, was durch Übung und eine entsprechende Erziehung am besten gelingen kann.

Lust wird in den *Nomoi* oft eher eingeschränkt im Sinne körperlicher Lust verstanden. Eine auch im *Philebos* vermisste, grundlegende Lebenszufriedenheit und Freude am Maßhalten (vgl. 5.5.5) könnte höchstens in der »heiteren« Gemütsstimmung (792b7, 792d2) vermutet werden. Das Gespräch betrifft »nicht etwas Geringfügiges« (*ou smikrou*, 792c7); dieser Punkt scheint also existentiell relevant zu sein[191]. Das Adjektiv *hileôs* (das für diesen Zustand neben *euthymos* verwendet wird; 792b7), so der Athener, wird auch für die Gemütsstimmung des Gottes gebraucht (und normalerweise mit »gnädig« übersetzt). Laut

---

[191] Häufig wird der Verweis auf ein *smikron*, ohne Verneinung und in ironischer Absicht, zur Bezeichnung wichtiger Sachverhalte genutzt. So wünscht Sokrates z. B. in Charm. 154d6–e1, dass sich nur »eine Kleinigkeit« noch finden möge, dass nämlich auch Charmides' Seele, nicht nur sein Körper schön sei. In Symp. 201c1 wird mit dem Zugeständnis der »Kleinigkeit«, dass das Gute auch schön sei, die Widerlegung des Agathon vollendet.

5. Das philosophische Leben und die Rolle der Lust

Schöpsdau[192] gehört diese Bemerkung mit Blick auf 716c1–d4 zur Möglichkeit der Angleichung an Gott, dem der Besonnene lieb ist *aufgrund seiner Ähnlichkeit mit ihm*. Der Vergleichspunkt scheint aber, ähnlich wie im *Philebos*, nicht das angenehmste, unvermischte Lustempfinden oder das aus maßvollen Lust- und Unlustgefühlen zusammengesetzte Leben zu sein, sondern die Mäßigung selbst im Sinne einer Unbetroffenheit von Affekten, der Ataraxie[193]. Diese kann nicht der philosophischen Lust entsprechen, da die Ausbildung des Gemüts (*eupsychia*, 791c10) im Kontext des Umgangs mit Neugeborenen und der Erziehung von Kleinkindern geschildert wird. Der Verweis auf die heitere Gemütsstimmung ist daher eher im Kontext der rudimentären, ›vernunftfreien‹ Tugenden der Tapferkeit bzw. Besonnenheit zu verorten, die einerseits durch Gewöhnung entstehen, andererseits aufgrund guter Anlagen bereits vorhanden sind (963e1–8, 710a5–b2). Diese Tugenden können allenfalls Grundlage der Ausbildung reflektierter, wahrer Besonnenheit sein, die Voraussetzung für ein philosophisches Leben ist.

Eine zentrale Frage dieser Untersuchung ist die nach dem Zusammenhang der für das Leben notwendigen und glückverheißenden Elemente – wozu die Lust und der rechte Umgang mit ihr gehören – mit der philosophischen Tätigkeit. Dieser Zusammenhang lässt sich anhand des *VII. Briefes*, in dem es um die Konfrontation des Tyrannen Dionysios mit der Philosophie und Platons Bemühungen um dessen Bildung geht, noch besser erschließen.

5.7. *VII. Brief* – Die »dorische« Lebensweise als Voraussetzung für das philosophische Leben

Die Echtheit des *VII. Briefs* ist umstritten. Die Autorschaft Platons oder zumindest eine indirekte Authentizität kann jedoch als wahrscheinlich angesehen werden[194]. Die Beschreibung der Reisen nach Sizilien, wo Platon sich auf Einladung des Tyrannen Dionysios, der ein reges Interesse für die Philosophie bekundet, an dessen Hof aufhält, wird unter-

---

[192] Vgl. Schöpsdau 2003, 514.
[193] Dafür spricht auch die für Platon ungewöhnliche Verwendung von *euthymos*, die auf Demokrits *euthymia* verweist. Bei diesem wird mit *euthymia* klar ein Zustand der Ataraxie bezeichnet (vgl. Schöpsdau 2003, 515).
[194] Vgl. 2.2. Im Folgenden wird meist vereinfacht von »Platon« gesprochen, wenn der Autor des *VII. Briefs* gemeint ist.

brochen von einem grundsätzlichen Hinweis an die Adressaten (330c10–d2): Der erste Schritt zur Genesung eines Kranken, der für ihn schädliche Lebensgewohnheiten hat, besteht darin, dass er seine Lebensweise ändert. Nur dann lohnt sich eine weitere Behandlung. Dies ist nicht nur bei körperlichen Krankheiten der Fall, sondern bei einem jeglichen Ratschlag, der die wichtigsten Dinge im Leben betrifft, seien es Geldangelegenheiten, die Sorge um den Leib oder auch um die Seele (331a8–b1)[195].

5.7.1. Die zwei Lebensweisen und der Philosophentest

Worin besteht eine schädliche Lebensweise? Abzulehnen ist der *bios eudaimôn*, das in Italien und Sizilien gepflegte, ausschweifende Leben, das in allen möglichen hedonistischen Tätigkeiten besteht: Sich zweimal am Tag den Magen zu füllen, niemals allein zu schlafen, möglichst untätig zu sein, kurz, sich vor allem um gutes Essen, Getränke und die Liebeslust zu kümmern (326b-d). Dieses Leben steht jedoch sowohl dem Erwerb von Vernunft als auch von Besonnenheit im Wege. Gegenübergestellt wird ihm die »dorische Lebensart«[196] der Väter (336c6–d1). Man muss das »tägliche Leben« *(zên to kath' hêmeran)* so einrichten, dass man sich selbst in der Gewalt hat (331d8–9) und mit Vernunft und Gerechtigkeit sein Leben führen. Wenn ein Herrscher das tut, so bestehen gute Chancen, dass alle – etwas überschwänglich bemerkt Platon »Griechen und Barbaren« (335d3) – zu dieser wahren Ansicht gebracht werden. Die Überlegenheit über sich selbst zeigt sich äußerlich daran, dass man sich auch selbst an die Gesetze hält (337a1–7).

Im *VII. Brief* wird angenommen, dass nicht alle Menschen eine philosophische Natur besitzen. Klar wie vielleicht sonst nur noch in der *Politeia* (Rep. 412b8–414b7) wird geschildert, wie man herausfindet, wer philosophisch begabt ist und wer nicht. Platon schlägt einen

---

[195] Das Gleiche gilt für den politischen Bereich. Einer Stadt, die nicht bereit ist, ihre Verfassung den Vorschlägen eines Beraters gemäß zu ändern, kann nicht geholfen werden. Der Rat wendet sich aber dann sofort wieder an den Einzelnen (331d7–e2). Er bezieht sich auf das individuelle Leben, auf das daher in der Interpretation schwerpunktmäßig eingegangen werden soll.

[196] Gemeint ist die besonders karge, insbesondere spartanische Lebensweise im Gegensatz zur sprichwörtlichen ›sizilianischen‹ (vgl. Fußnoten 73 und 101 der WBG-Ausgabe sowie Rep. 404d1–3 und Gorg. 518b5–7).

5. Das philosophische Leben und die Rolle der Lust

›Philosophentest‹ vor: Man malt dem Gegenüber aus, was für Anstrengungen und Mühen ein philosophisches Leben mit sich bringt – nur wer die richtige Reaktion darauf zeigt, ist von der Philosophie »wie von einem Feuer« entzündet. Die Reaktion des wirklich Philosophischen, der der Sache gewachsen ist, besteht darin, seine Kräfte zu sammeln, sie mit denen seines Führers bzw. Lehrers zu vereinigen und sich auf den »wunderbaren Weg« zu begeben:

> Wer das nun hört und wirklich philosophisch ist, der Sache gewachsen und würdig, weil gottbegnadet, der glaubt, von einem wunderbaren *(thaumastên)* Weg gehört zu haben und jetzt seine Kräfte sammeln zu müssen, denn anders könne er nicht leben. … Er geht den Aufgaben nach, die er hat, doch neben allem hält er sich stets an die Philosophie und an die tägliche Lebensweise, die am meisten seine Lernfähigkeit, sein Gedächtnis und sein Vermögen, bei nüchterner Besinnung zu denken, fördert … (Ep. VII 340c2–5 und d2–6)

Hier werden mehrere Punkte deutlich. Erstens glaubt der Philosoph, anders könne er nicht leben (340c4–5). Philosophie zu treiben wird zur Notwendigkeit. Wer philosophisch lebt, lässt aber, zweitens, nicht alles stehen und liegen, sondern kann den täglichen – wie anzunehmen ist, nicht wissenschaftlichen[197] – Aufgaben nachgehen, die er hat (vgl. 6.4.3). Seine tägliche Lebensweise wird jedoch, drittens, so gestaltet, dass sie die geistige Tätigkeit fördert. Die Mäßigung in Leidenschaften ist nicht Selbstzweck, sondern um der Förderung der anderen, geistigen Vermögen willen wird so gelebt.

Die Reaktion der Un- bzw. nur scheinbar Philosophischen ist gegenteilig. Sie halten alles für zu schwierig und scheuen die Mühe und die Ordnung der täglichen Lebensweise. Besonders zuverlässig sondert diese Methode die »Weichlichen« aus, die sich nichts abverlangen können. »Einige« reden sich auch ein, dass sie bereits genug gehört haben – dass hierbei an die Äußerungen des Dionysios gedacht ist, wird kurz darauf deutlich (341b1–3). In der Folge nennt Platon drei mögliche Gründe dafür, dass Dionysios so schnell aufgegeben hat: Er könnte erstens gedacht haben, alles bereits verstanden zu haben, wie er es auch verkündet hat, zweitens einfach zu schwach gewesen sein für ein Leben in der Sorge um Einsicht und Tugend und drittens das Gehörte nicht wertgeschätzt haben, wiewohl er mit dieser Ansicht im Widerspruch

---

[197] Dieser Punkt ergibt sich schon durch den historischen Kontext. Schließlich geht es darum, den vielbeschäftigten Tyrannen zum (in rechter Weise verstandenen) Philosophieren zu bringen.

zu vielen anderen stünde (345a1–b5). Dass die Sache über seine Kräfte ging und nicht »für ihn geeignet« war, ist zweifellos der eigentliche Grund, den ihm der Verfasser des *VII. Briefs* unterstellt.

5.7.2. Die Erkenntnis des Guten als höchstes Ziel des philosophischen Lebens und die Voraussetzungen ihrer Erreichbarkeit

Um was geht es in der Philosophie, was ist das Ziel eines philosophischen Lebens? Dionysios jedenfalls kann »das bedeutendste« (*ta megista*, 341b2) unmöglich erfasst haben. Es fehlen ihm etliche Voraussetzungen dafür. Man muss sich gemeinsam, häufig um die Sache bemühen und gemeinsam leben (*syzên*, 341d1)[198]. Dann springt irgendwann der Funke über und das in der Seele entstandene »Feuer« bzw. »Licht« (*phôs*, 341d2) bleibt, wie es scheint, ein Leben lang. Die zuversichtliche Bemerkung, es »nährt sich dann schon aus sich heraus weiter« (*auto heauto êdê trephei*, 341d2) deutet darauf hin, dass es sich nicht um beliebiges Wissen wie z. B. historische Daten handelt, die man auch wieder vergessen könnte. Es ist zudem eine sichere, keine nur vermeintliche Erkenntnis, die später wieder bezweifelt werden könnte. Unter anderem mit Blick auf ihren systematischen Ort kann sie mit der Schau des Guten identifiziert werden (vgl. 7.4 und 9.2).

Das Leben des Philosophen, das zu diesem Ziel führt, wird trotz dem Verweis auf die täglichen Aufgaben, die er daneben noch hat, als wissenschaftliches Leben charakterisiert. Es wird erheblicher Zeiteinsatz vorausgesetzt, um gemeinsam Benennungen, Definitionen und Wahrnehmungen (344b5) zu prüfen. Zwei Gruppen werden davon ausgeschlossen: Die Müßiggänger, die sich von Kindheit an an ein ausschweifendes Leben gewöhnt haben, sind zwar gänzlich »untätig« (*argos*, 326d1), aber dennoch nicht dazu in der Lage, ihre Zeit für die Philosophie einzusetzen. Zweitens scheint es Menschen zu geben, die zwar maßvoll leben, aber denen die geistige Fähigkeit zu abstrakten Erörterungen fehlt. Etwaige natürliche, charakterliche und intellektuel-

---

[198] In einem Nebensatz erwähnt Platon, dass man Tugend entweder autodidaktisch erwirbt (auch hier mag an Sokrates gedacht sein, der nach Lach. 186c1–3 keine Lehrer hatte) oder auch von »frommen Männern«, von denen man aufgezogen und in Bezug auf das Recht gebildet wird (335d6–e1). In 7.4 werden wir sehen, dass im *VII. Brief* der Gedanke des gemeinsamen Philosophierens aber deutlich stärker gemacht wird.

5. Das philosophische Leben und die Rolle der Lust

le Voraussetzungen für ein philosophisches Leben (344a2–b1; vgl. auch Rep. 486a4–487a5) werden in 9.4.1 noch ausführlich thematisiert. In diesem Abschnitt ist zunächst nur der Stellenwert der dorischen Lebensweise, die derjenigen der Müßiggänger entgegengesetzt ist, interessant. Wer zur höchsten Erkenntnis gelangen möchte, muss sich darum bemühen und eine geistige Anstrengung unternehmen. Die dorische, gemäßigte Lebensweise ermöglicht diese geistige Anstrengung, indem sie die Ausbildung des Gedächtnisses und allgemein die Fähigkeit, etwas zu lernen, fördert (vgl. oben 340d4–6).

Eine maßvolle Lebensführung ist allerdings *bloße* Voraussetzung. Wenn unter dem philosophischen Leben, wie es im *VII. Brief* der Fall ist, ein mit Tugend verbundenes wissenschaftliches Leben verstanden wird, so lebt jeder Philosoph auch gut und beispielsweise besonnen, aber nicht jeder, der besonnen lebt und die *aretê* lebensmäßig verwirklicht, führt ein philosophisches Leben. Es ist allerdings zu fragen, ob es sich bei dieser Besonnenheit dann um echte *aretê* handelt. Wie ein ›unphilosophisch‹ tugendhaftes Leben bewertet wird, soll im Folgenden, vor allem im letzten Kapitel (9.4.5), noch diskutiert werden. Die Entkopplung von Tugendhaftigkeit und philosophisch-wissenschaftlichem Leben hätte gravierende Konsequenzen. Im rechten Sinne zu philosophieren wäre zwar hinreichend, aber nicht notwendig, um ein gutes Leben zu führen.

Ob das philosophische Leben angenehmer ist als andere Lebensweisen, bleibt im *VII. Brief* unentschieden. Ähnlich wie im *Phaidon* wird vor allem der Aspekt der Einschränkung und der Abkehr von der »sizilianischen« Lebensweise betont. Allerdings bedeutet diese Einschränkung um der Philosophie willen, jedenfalls für eine kleine Gruppe von Menschen, keine Last. Philosophie zu treiben wird für sie zum Verlangen und zu einer Notwendigkeit, ohne die nicht gelebt werden kann.

5.8. Fazit: Die Rolle der Lust im philosophischen Leben

Was kann zusammenfassend über die Rolle der Lust im philosophischen Leben gesagt werden? Kann überhaupt eine ›einheitliche‹ Position Platons zu dieser Frage herausgearbeitet werden[199]? Bei allen Un-

---

[199] Annas 1999, 138f. stellt fest, dass beginnend mit antiken Autoren wie Aulus Gellius

terschieden und Schwerpunkten in einzelnen Dialogen zeichnet sich zumindest eine Linie ab, was die Bewertung angeht.

5.8.1. Gorgias – Protagoras – Phaidon: *Die Zurückweisung des Hedonismus*

Im *Gorgias* wird der Hedonismus abgelehnt und ein Plädoyer für die Besonnenheit geführt. Angenehmes und Gutes sind strikt zu trennen. Der Philosoph kann zwischen guter und schlechter Lust unterscheiden – undifferenziert alle Lust zuzulassen führt nicht zu einem guten, erfüllten Leben, für das Kontrolle und Auswahl der Lüste Voraussetzungen sind.

Protagoras argumentiert im gleichnamigen Dialog für eine differenziertere Art des Hedonismus, innerhalb dessen nicht alle Lust zugelassen wird. Durch die Abwägung von Lüsten soll das langfristig lustvollste Leben erreicht werden. Auch diese Spielart des Hedonismus wird von Sokrates – zwar nicht eindeutig, aber doch implizit – abgelehnt. Eine Art Messkunst zu beherrschen und Lüste mit Blick auf die langfristig angenehmste abwägen zu können, ist nicht ausreichend für ein gutes Leben. Im *Phaidon* wird dies bestätigt und ein positiver, scharf gezeichneter Gegenentwurf vorgestellt. Der Philosoph lebt asketisch. Er besitzt nicht nur Kontrolle über seine Begierden, sondern schätzt den Leib gering, dessen Bedürfnisse ihn daran hindern, zur Wahrheit zu gelangen, die allein mit der Seele erfasst wird. So weit wie möglich hat sich der Philosoph der Lust, die freilich ganz im Sinne körperlicher Lust verstanden wird, zu enthalten, jedoch nicht als Selbstzweck, sondern um seiner geistigen Tätigkeit willen.

5.8.2. Politeia – *Die philosophische Lebensweise als konkurrenzlose Alternative*

Im Rahmen des großen gedanklichen Entwurfs der besten *polis* in der *Politeia* schildert Platon ausführlich, wie die aufgrund der *conditio hu-*

---

viele Interpreten in *Protagoras, Gorgias, Politeia, Philebos* und *Nomoi* fünf verschiedene Theorien der Lust vermuten. Eine einheitliche Interpretation unternimmt dagegen z. B. Russell 2005.

5. Das philosophische Leben und die Rolle der Lust

mana notwendige Kontrolle der Begierden erreicht werden kann. Kein asketisches, aber doch ein einfaches, maßvolles Leben unter Leitung der Vernunft ist für den Menschen am besten. Extreme nach beiden Seiten hin, z. B. Reichtum wie auch Armut, sind in allen Lebensbereichen zu vermeiden. Die Seelenvermögen so zu ordnen, dass die Vernunft leitend wirken kann, erfordert eine Ausbildung, zu der *musikê* und Gymnastik gehören. Eine geordnete Seele ist Voraussetzung dafür, die je eigene Aufgabe in der *polis* zu erfüllen (vgl. 5.4.3.2). Die Philosophen, d. h. zunächst nur ein kleiner Teil von Forschern und intensiv geistig Tätigen im Staat, sind in besonderem Maße beherrscht. Die philosophische Beschäftigung und die mit ihr zusammenhängende geistige Lust lässt andere Lüste und Begierden automatisch in den Hintergrund treten.

In der Übertragung des Bildes von der besten Verfassung für die *polis* auf die Seele des Einzelnen wird dann deutlich, dass ein philosophisches Leben im Sinne der Herrschaft des vernünftigen Seelenteils dem gerechten und für jeden Menschen besten Leben entspricht (Rep. 544e7–8). Alle anderen Lebensweisen werden als defizitär und instabil dargestellt. Herrscht etwas anderes als die auf das Gute ausgerichtete Vernunft in der Seele des Menschen, so führt er kein dauerhaft gutes Leben. Negativer noch als die Herrschaft des *thymoeides*, des ehrliebenden Teils, werden verschiedene Verfallsformen der Seele unter der Herrschaft des begehrlichen Seelenteils bewertet. Verliert der Mensch die Kontrolle über den begehrlichen Teil gar völlig, so verselbstständigt dieser sich und erscheint als fremde Macht in Gestalt des Eros, unter dessen tyrannischer Herrschaft man das schlechtmöglichste Leben führt. Was im *Gorgias* schon bildlich geschildert wurde, wird in der *Politeia* genauer begründet: Das Leben des Tyrannen, das scheinbar größte Lust beinhaltet, wird als unangenehmstes gekennzeichnet. Anders als im *Gorgias* werden etliche Zwischenstadien zwischen schlechtester und bester Lebensweise dargestellt, die aber keine Alternativen, sondern sämtlich abzulehnende Verfallsformen der Seele sind. Es gibt keine Alternative zur Herrschaft des *logistikon* in der Seele – diese Herrschaft und die mit ihr zusammenhängende Ernährung der Seele mit Geistigem allein gewährt das beste und zugleich angenehmste Leben. Dies liegt nicht nur daran, dass es geistige Lust enthält oder dass die philosophischen Bedürfnisse die einzigen wären, die überhaupt befriedigt werden können[200]. Auch für die Bedürfnisse der anderen Seelenteile sorgt der

---

[200] Letzteres nehmen Gosling/Taylor 1982, 106 an.

Philosoph – sie lassen sich deshalb erfüllen, weil sie in der Seele des Gerechten von vornherein nicht so stark ausgeprägt sind oder in Einklang mit der Vernunft auftreten. In den defizitären Lebensweisen wird dagegen mindestens der rationale Part vernachlässigt. Die Seele als Ganze bleibt unerfüllt, wenn sie der notwendigen geistigen Nahrung entbehrt. Immer wieder macht Platon außerdem darauf aufmerksam, dass der Philosoph allein fähig ist, zwischen besseren und schlechteren Formen der Lust (vgl. auch Gorg. 501b7–8) und letztlich über die gesamte richtige Lebensweise (Rep. 618c4–6) begründet zu entscheiden.

Dass der richtige Umgang mit der Lust aber nicht das einzige oder auch zentrale Merkmal philosophischen Lebens sein kann, zeigt sich daran, dass sich Platon nicht mit dem maßvollen Leben zufrieden gibt. Es mag abgeleitete Formen des tugendhaften, maßvollen Lebens – aus Gewöhnung, aufgrund einer Meinung oder zugunsten einer bestimmten Begierde – geben. Diese aber sind, da ihnen eine vernünftige Begründung fehlt[201], fragil und instabil. Stabilität gewährleistet nur die Schau des Guten, die im *VII. Brief* einem unauslöschlichen Feuer in der Seele des Philosophen verglichen wird (Ep. VII 341d1–2). Besonders drastisch wird die Fragilität der allgemeinen Tugend, was später in Kapitel 8 noch zu behandeln ist, im Kontext von Jenseitsszenarien geschildert. Nur der Philosoph kennt das Gute selbst, um dessentwillen er auch selbst ein möglichst gutes Leben führen will. Ohne die Sehnsucht nach dem Guten als etwas, das an die Stelle der Lust als Hauptziel des Lebens treten kann, wäre außerdem nicht verständlich, warum man keinen – differenzierten, etwa langfristige und geistige Lüste umfassenden – Hedonismus leben sollte.

5.8.3. Die Gefahren der Lust und die Notwendigkeit der Abgrenzung des philosophischen zum hedonistischen Leben

Wir sehen in der *Politeia*, warum die Klärung des Stellenwerts der Lust im philosophischen Leben und dessen Abgrenzung von einem hedonis-

---

[201] Für das Handeln nach bloßer Meinung gilt die kritische Bewertung in Men. 97e6–98a4: »[D]ie richtigen Vorstellungen sind eine schöne Sache, solange sie bleiben, und bewirken alles Gute; lange Zeit aber pflegen sie nicht zu bleiben, sondern gehen davon aus der Seele des Menschen, so daß sie doch nicht viel wert sind, bis man sie bindet durch Aufweisen ihrer Begründung.«

5. Das philosophische Leben und die Rolle der Lust

tischen Leben so entscheidend ist. Die Triebstruktur des Menschen ist außerordentlich flexibel und formbar. Platon vertraut auf die Gestaltbarkeit des begehrlichen Vermögens, welches sich nicht nur zum Schlechten, sondern auch zum Guten hin verändern lässt. Die meisten Menschen halten die Lust für das Gute (Rep. 505b6–8). Wenn man diesem Irrtum erliegt, die Lust wie im ›kruden‹ Hedonismus undifferenziert als Kriterium des guten Lebens betrachtet und dementsprechend handelt, so verändert dies die Seele, entmündigt den Menschen und führt durch die Entstehung unersättlicher Begierden ins größte Unglück. Mit dem philosophischen Leben, das gleichzeitig dem gerechten Leben entspricht (5.4.6), ist zwar Lust verbunden, aber diese entsteht gerade durch vernünftige Auswahl und Kontrolle, nicht durch undifferenziertes Zulassen aller Begierden.

Dass Platon keine Form des differenzierten Hedonismus, etwa den Vorzug der geistigen vor der sonstigen Lust, vertreten möchte, wird im *Philebos* deutlich. Hier wird nicht nur (anders als z. B. in den *Nomoi*) vermutet, dass Unbesonnene und Kranke die heftigste und zumindest quantitativ größte Lust empfinden, sondern auch der Stellenwert der Lust im Vergleich zu dem der Vernunft als gering eingeschätzt. Ursache des guten Lebens, so wird klarer noch als in der *Politeia* festgestellt[202], ist nicht die Lust, sondern die Vernunft. Für die Auswahl der Lüste gilt, dass die notwendigen sowie die »reinen«, nicht mit Unlust vermischten Lüste zugelassen werden. Lust ist zwar notwendige Begleiterscheinung des menschlichen und sogar des glücklichen Lebens, aber nur aufgrund dieser Notwendigkeit zu rechtfertigen. Unter Umständen, worauf in den *Nomoi* hingewiesen wird, ist sie wichtiger motivationaler Faktor (Lg. 689a1–c3), insgesamt gehört sie jedoch zum Bereich des Werdens und Vergehens, während der Mensch am besten daran tut, sich mit dem Seienden und Beständigen zu befassen.

Durch ein tugendhaftes, maßvolles Leben wird auch das natürliche Ziel des Menschen, möglichst viel Freude und möglichst wenig Schmerz zu empfinden, erreicht. Ist ein solches Leben aber immer auch gleich ein philosophisches Leben?

---

[202] Vgl. zu dieser Beobachtung auch Murphy 1938, 116, die den *Philebos* außerdem als Korrektiv der allzu positiven Bewertung der Lust in der *Politeia* sieht.

5.8.4. Besonnenheit als Voraussetzung des philosophischen Lebens und die untergeordnete Rolle der Lust

Eine Antwort gibt der *VII. Brief*. Kontrolle der Begierden, Besonnenheit und ein insgesamt maßvolles Leben ist unabdingbare, notwendige, nicht aber hinreichende Bedingung für ein philosophisches Leben. Der Kreis derjenigen, die für diese Lebensweise in Frage kommen, wird im *VII. Brief* stark eingeschränkt. Das Ziel philosophischer Tätigkeit besteht darin, zum höchsten Erkenntnisgegenstand, der ein ethischer ist, vorzudringen. Dies kann aber nicht losgelöst von theoretischen Fragen gelingen – im Gegenteil wird die höchste Erkenntnis nur zusammen mit der Untersuchung metaphysischer und ontologischer Fragen erfasst. Diese wissenschaftliche Tätigkeit erfordert aber einerseits viel Zeit, andererseits bestimmte intellektuelle und charakterliche Voraussetzungen. Dieser letztere Aspekt deutet darauf hin, dass Tugendhafte und Philosophen nicht, wie es in der *Politeia* schien (5.4.6), einfach zu identifizieren sind.

Platon gesteht – was auch mit der Dialogsituation und den Gesprächspartnern zusammenhängt (man vergleiche *Phaidon* und *Politeia*) – der Lust eine bisweilen mehr, bisweilen weniger wichtige, jedenfalls aber untergeordnete Rolle im philosophischen Leben zu. Wichtiger als die philosophische Lust, die philosophische Tätigkeit begleitet[203], ist ihm der begründete Ausschluss bestimmter Lustformen und Begierden sowie die Formung der zugelassenen Begierden, indem bei ihrer Erfüllung das rechte Maß beachtet wird. Dass das philosophische Leben das bei weitem angenehmste ist, wird nur in der *Politeia* eindeutig festgestellt – und auch dies ist eben nur vergleichsweise der Fall. Das Leben des Philosophen schreitet nicht von einer emotionalen Höhe zur nächsten fort. Im Bild des *Gorgias* wird geschildert, dass auch die gefüllten Fässer des Philosophen nur mit »Mühe und Arbeit« etwas hergeben (Gorg. 493e3–4). In den meisten Dialogen wird Lust kritisch gesehen, betont werden die Gefahren des falschen Umgangs mit ihr. Der Philosoph entgeht diesen Gefahren, indem er in seiner Seele, durch seine maßvolle Lebensweise, gar nicht erst die ausufernden Leidenschaften

---

[203] Auch in den *Nomoi* wird bemerkt, dass das Lernen von der Lust als angenehmem Reiz begleitet wird. Die Wahrheit des Gelernten ist es jedoch, die Richtigkeit, Nutzen, Gutes und Schönes daran bewirkt (Lg. 667c5–8).

5. Das philosophische Leben und die Rolle der Lust

und Begierden entstehen lässt, die den Hedonisten schließlich unglücklich machen müssen, weil sie sich nicht mehr befriedigen lassen.

Diejenige Lust, die schließlich mit dem philosophischen Leben einhergeht, ist verschieden von der von den meisten Menschen gesuchten Lust, die qualitativ schlechter und (zumindest laut der *Politeia*) unbeständiger ist. Sie kann nur aus der Perspektive des Philosophen heraus überhaupt geschätzt werden. Der philosophisch Lebende erreicht das natürliche Ziel des Menschen, ein möglichst angenehmes Leben zu führen, sogar im Vollsinne. Aber es kommt ihm nicht darauf an, d.h. er richtet sich nicht nach ihm aus[204]. Sein Ziel ist vielmehr, zur Erkenntnis zu gelangen und das Gute im Kontext des gesamten Seins zu erkennen. Wie das nächste Kapitel 6 (und später 9.2) zeigen wird, ist die Folge dieser Erkenntnis, es dann in möglichst großem Stil, d.h. in Politik und Pädagogik, umzusetzen und andere dafür zu begeistern.

5.8.5. Wo bleibt der philosophische Eros?

Warum fehlt in diesem Kapitel eine Diskussion des philosophischen Eros[205]? Könnte man nicht ein weniger nüchternes Bild des philosophischen Lebens zeichnen, wenn man das *Symposion* und den *Phaidros* betrachtet? Müsste das Philosophieren für den vom Eros beseelten Philosophen nicht eine Notwendigkeit sein? Müsste es nicht außerdem in höchstem Maße lustvoll sein, der Liebe zur Weisheit nicht nur nachzugehen, sondern auch, was im *Symposion* vertreten wird, zu ihrer Erfüllung zu gelangen?

a) Zum Aspekt der Notwendigkeit: Im *VII. Brief* wird festgestellt, dass der Philosoph meint, nicht anders leben zu können als in permanenter, intensiver philosophischer Diskussion (Ep. VII 340c2–5).

---

[204] Wie J. Annas es ausdrückt: »The best pleasure comes only to those who don't seek it« (Annas 1999, 147). Die höchste Lust superveniert, so Annas, über dem Leben des tugendhaften Philosophen. Zumindest lassen sich *Nomoi* und *Politeia* so interpretieren, in *Gorgias* und *Philebos* finden sich nur Ansatzpunkte dafür (vgl. Annas 1999, 157).
[205] Sie fehlt auch in anderen Studien zur Lust bei Platon bzw. wird nur am Rande geführt. Vgl. etwa Voigtländer 1960, der nicht auf das *Symposion* eingeht, oder Gosling/Taylor 1982, die auch den *Phaidros* außen vor lassen. Im *Phaidros* findet sich zwar zweifellos auch eine Auseinandersetzung mit (sexueller) Lust (vgl. Voigtländer 1960, 99–101), der »Schwung des Eros, jener Kraft, die den Menschen zum Göttlichen treibt«, trägt aber, so Voigtländer, »gleichsam über das ἡδονή-Problem hinweg ...« (*ebd.*, 90).

Fazit: Die Rolle der Lust im philosophischen Leben

Aber diese wird ja doch erst ermöglicht durch ein maßvolles Leben fern von Extremen. Was immer die Zugkraft des philosophischen Eros ausmacht, es ist nicht einfachhin *hêdonê* als Lust am Philosophieren oder an der Weisheit. In der *Politeia* wird der Eros bis auf wenige Stellen, z. B. Rep. 403a7–c8, im negativen Kontext des tyrannischen Eros beschrieben. Der tyrannische Eros aber steht für die Gesamtheit der ungezügelten Begierden und für eine Notwendigkeit, diese zu erfüllen, der der Philosoph gerade nicht unterliegt. Anders als manche Interpreten suggerieren[206], ist die in Rep. 573b1 genannte *mania* nicht die gleiche, die den Philosophen begleitet. Das philosophische Leben ist immer ein ›auch-anders-können‹, ein ›sich-selbst-beschränken-können‹. Sobald ein Mensch in eine Richtung, und sei es hin zur philosophischen Tätigkeit wie beim exzessiv und auf Kosten seiner körperlichen Gesundheit Forschenden in Tim. 87e7–88a7, fortgerissen wird, ist fraglich, ob dies mit der Herrschaft der Vernunft zu vereinbaren ist[207]. Einen Hinweis auf die innere Freiheit des Philosophen gibt auch der *VII. Brief*. Das Feuer oder Licht in der Seele brennt, einmal entzündet, fort ohne ständig – durch z. B. philosophische Tätigkeit – neu entfacht werden zu müssen; es »nährt sich dann schon aus sich heraus weiter«[208].

b) Zur höchsten Lust als Konsequenz der Erfüllung des philosophischen Eros: Dass niemand etwas begehrt, von dem er nicht glaubt, dass er dessen bedürfe (Symp. 204a5-7), passt zur im *Philebos* entwickelten Konzeption sowohl der »gemischten« als auch der »reinen« Lust als Folge des Ausgleichs eines Defizits. Zweifellos ist das philosophische Leben angenehm und geprägt von geistiger Lust, die auch als

---

[206] Vgl. Dixsaut 2001, 138: »... tyran ou philosophe, il s'accompagne toujours de *mania*.«

[207] Vgl. Ferrari 2009, 131–132: Eine alles andere überspülende Passion für die Philosophie würde die Ordnung in der Seele zerstören und eher dem tyrannischen Eros als der Liebe zur Philosophie entsprechen. Patterson geht sogar so weit, einen Tugendkatalog innerhalb des Bereichs der Vernunft anzunehmen und dementsprechend Aspekte bzw. Teile der Vernunft (vgl. Patterson 1987, 334). Dass Platon intellektuelle Tugenden annimmt, ist richtig (vgl. 9.4.1.3). Eine weitere Unterteilung des rationalen Seelenvermögens aufgrund von Tim. 87e7–88a7 ist m. E. aber nicht notwendig, da sich die übertriebene wissenschaftliche Beschäftigung an dieser Stelle auf den Einfluss des ehrliebenden Seelenvermögens zurückführen lässt. Auch die von Patterson diskutierte positive »intellectual spiritedness« (vgl. *ebd.*, 345–350) kann aus dem Zusammenspiel beider Vermögen erklärt werden.

[208] αὐτὸ ἑαυτὸ ἤδη τρέφει (Ep. VII 341d2).

5. Das philosophische Leben und die Rolle der Lust

Folge der Erfüllung der philosophischen Liebe beschrieben werden kann. Platon selbst scheint aber Wert darauf zu legen, die Überlegungen zur Natur der Lust, die sich ganz überwiegend in fünf der bisher behandelten Werke *(Gorgias, Protagoras, Phaidon, Politeia* und *Philebos)* finden, von denen zum philosophischen Eros zu trennen. Nicht nur ist der Begriff *erôs* in der *Politeia* überwiegend negativ besetzt, umgekehrt kommt auch *hêdonê* als Terminus in *Symposion* und *Phaidros* kaum vor, und wenn, dann nicht als Lust an geistiger Betätigung, sondern ebenfalls in negativem Kontext[209]. Agathon verfehlt mit seiner unbedachten Definition der Besonnenheit – Eros beherrsche als stärkste Lust die anderen Lüste (Symp. 196c5–9) – genau den Sachverhalt, auf den es Platon ankommt. Nicht nur als Tausch der Lüste beschreibt Agathon den Eros, sondern, was den tyrannischen Eros der *Politeia* kennzeichnet, als eine beherrschende Macht. Der Ansatzpunkt in der positiven Diskussion des Eros ist dagegen, so lässt sich das Fehlen des Terminus' in der Lustdiskussion erklären, nicht die Lust als gefühlsmäßiger Zustand, Folge eines körperlichen Begehrens, das schnellstmöglicher Erfüllung bedarf. Es ist, erstens, die seelisch-geistige Interaktion mit anderen Menschen, von der bereits die unterste Stufe der Erfahrung des Schönen gekennzeichnet ist[210]. Zweitens ist der Eros gekennzeichnet von einem starken Aspekt des Verlangens nach Dauerhaftigkeit und Ewigkeit, die den vorrangig unter *hêdonê* gefassten, flüchtigen Lüsten nicht eigen ist[211].

Die Diskussion des philosophischen Eros soll daher zunächst aufgeschoben und, wie Platon selbst es tut, im Kontext der Diskussion von Beziehungen unternommen werden (Kapitel 7). In den Erörterungen zu Natur und Stellenwert der Lust wurde eine der naheliegendsten Ausrichtungen des menschlichen Lebens, möglichst angenehm zu leben, zwar als notwendiger Teil des guten, philosophischen Lebens ak-

---

[209] In der Diotima-Rede wird *hêdonê* nur einmal beiläufig, im Rahmen einer Aufzählung seelischer Eigenschaften gebraucht – und lapidar bemerkt, dass Lüste, gehörten sie auch offenkundig der Seele an, entstehen und vergehen (Symp. 207e2–5). Auch im *Phaidros* kommt die Lust allenfalls in negativem Kontext vor, vgl. z. B. die Verbindung von *hêdonê* und *erôs* in Phdr. 237d4–239c2.
[210] Vgl. 7.2.3. Wie noch gezeigt werden soll, spielt körperliche, rein sexuell bestimmte Lust im *Symposion* von Beginn an keine Rolle (vgl. 7.2.1).
[211] Die Charakterisierung der philosophischen Lust als fest oder dauerhaft *(bebaios)* in Buch IX der *Politeia* (585e3; 586a6), wird andernorts nicht mehr weiter diskutiert.

Fazit: Die Rolle der Lust im philosophischen Leben

zeptiert, als Hauptziel aber zurückgewiesen[212]. Wie sieht es aus mit weiteren Zielen? Nicht jeder, der maßvoll oder sogar asketisch lebt, tut dies um der Philosophie willen.

---

[212] Was auch die historische Gegenfolie, die vermutlich (eher als die des Aristipp von Kyrene) die Position des Eudoxos bildete, ahnen lässt. Zurückgewiesen werden soll demnach die These »… that man's goal is a *life* of pleasure« (Gosling/Taylor 1982, 167).

6. Die Rolle der Ehre – Der Philosoph und die soziale Anerkennung

Ein zweiter großer Faktor, nach dem Menschen ihr Leben ausrichten und der dann den ganzen *bios* prägt, scheint die Ehre oder, in modernerer Terminologie, die soziale Anerkennung zu sein. Dies liegt nicht von vornherein auf der Hand. Wie der Stellenbefund ergeben hat, unterscheidet Platon vor allem zwischen dem *bios* der Lust einerseits und einem wie auch immer ausgestalteten tugendhaften oder vernünftigen Leben andererseits[1]. Das Streben nach Ehre gewinnt allerdings in etlichen Dialogen an Wichtigkeit: Im *Phaidros* und dann besonders der *Politeia* wird es einer eigenen Lebensweise zugeordnet (bzw. einer Art von Mensch, die ihr Leben in bestimmter Weise gestaltet; Rep. 581c4–7), in den *Nomoi* schließlich ist die richtige Zuteilung von Ehre wesentlicher Bestandteil einer gut verwalteten *polis*[2]. Die Ehrbegierde *(philotimia)*, die eng mit der Streitlust *(philonikia)* zusammenhängt, wird zunehmend ausgesondert und für sich betrachtet. Während im *Phaidon* noch zwei *bioi* mit dazugehörigen Seelenvermögen unterschieden wurden, sind es in der *Politeia* drei Seelenvermögen. Das Eifrige *(thymoeides* oder *thymos*[3]*)*, dem die Ehrbegierde zugeordnet wird, bildet ein drittes Vermögen neben dem vernünftigen und dem begehrenden Seelenteil. In der Schilderung des Verfalls der Charaktere begegnen wir dann auch dem Ehrliebenden oder Ehrbegierigen *(philotimos)*, der in *Politeia* IX (580d3–583a11) einer der drei Menschenarten entspricht. Auch im Schlussmythos in Buch X werden die *bioi* berühmter und weniger be-

---

[1] Zum Beispiel zwischen *chairein* und *phronein* im *Philebos,* unbesonnenem und besonnenem Leben im *Gorgias* und sizilianischer und dorischer Lebensweise im *VII. Brief* (vgl. 3.3).
[2] Vgl. Lg. 631e2–3, Lg. 738e2–5 und allgemeiner auf die Wertung aller Güter bezogen Lg. 697a10–c2.
[3] In der *Politeia* ist überwiegend vom *thymoeides* die Rede, während andernorts, z. B. Soph. 228b2, in gleicher Bedeutung von *thymos* gesprochen wird. In den *Nomoi* wird mit *thymos* allerdings nicht mehr das Seelenvermögen, sondern meist »Zorn« als Emotion bezeichnet (z. B. in Lg. 649d5).

rühmter Männer erwähnt (Rep. 617d4–618b6). Nicht unter wörtlicher Erwähnung des *bios*, aber wenn Hauptziele menschlichen Strebens aufgezählt werden, nennt Platon außerdem bisweilen die Trias Lust/Reichtum – Ehre/Ruhm – Philosophie/Gutes[4].

Die Ehrbegierde scheint daher nicht einfach nur eine weitere der vielen körperlichen Begierden zu sein, auch wenn sie bisweilen in engem Zusammenhang mit diesen erwähnt wird. Wie sich das Verhältnis von Lust, Ehre und Besitzstreben genauer darstellt, ist Thema des folgenden Abschnitts 6.1, bevor die Ehre im Kontext von Wettkampf und Macht (6.2), Sokrates' Projekt der Bescheidenheit als Gegenentwurf (6.3), die Frage nach der öffentlichen Tätigkeit der Philosophen (6.4) und die Rehabilitation der Ehre in *Politeia* und *Nomoi* (6.5) diskutiert werden.

6.1. Ehre, körperliche Lust und Besitzstreben

6.1.1. Phaidon – philosômatos *und* philotimos

An zwei Stellen des *Phaidon,* in dem ansonsten überwiegend das Leben der Lust mit dem der Vernunft kontrastiert wird, spricht Sokrates *en passant* von einem Zusammenhang zwischen begehrendem und ehrliebendem Seelenvermögen, und zwar anhand der Objekte, auf die sich das jeweilige Vermögen richtet. Die grundsätzliche Alternative besteht dabei darin, ein *philosophos* zu sein oder ein *philosômatos:*

Also, sagte er, ist dir auch das wohl ein hinlänglicher Beweis von einem Manne, wenn du ihn unwillig siehst, indem er sterben soll, daß er nicht die Weisheit liebte *(ên philosophos),* sondern den Leib irgendwie *(tis philosômatos)?* Denn wer den liebt, derselbe ist auch geldsüchtig *(philochrêmatos)* und ehrsüchtig *(philotimos),* entweder eines von beiden oder beides. (Phd. 68b7–c2)

Interessanterweise kann der hier erwähnte *philosômatos* entweder gleichzeitig *philochrêmatos* und *philotimos* sein oder aber nur einer von beiden, zum Beispiel ein Ehrliebender, der zwar auch »irgendwie den Leib« liebt, sich aber nichts aus Besitz macht. Richtet sich die Ehr-

---

[4] Etwa in Apol. 28a5–30a7, in Rep. 347b5–6 und besonders dann Rep. 580d3–581e5. Reichtum und Ruhm werden ferner in Gorg. 486d2 erwähnt, Reichtum und Ehrliebe in Lg. 632c7, Reichtum, Ehren und körperliche Schönheit in Lg. 716a5–6.

6. Die Rolle der Ehre – Der Philosoph und die soziale Anerkennung

begierde wie die Besitzgier auf körperliche Lust (vgl. auch 5.4.1) oder hängt eng mit ihr zusammen, wie diese Stelle nahelegt?

Auch ein ähnlicher Abschnitt in 82c beginnt mit der Gegenüberstellung derer, die sich leiblichen Begierden hingeben und der Philosophen, die sich dieser enthalten – einer Dichotomie, die sich, wie in 5.3 schon festgestellt, durch den gesamten Dialog zieht:

> Eben deshalb nun, o lieber Simmias und Kebes, enthalten sich die wahrhaften Philosophen aller von dem Leibe herrührenden Begierden *(tôn kata to sôma epithymiôn)* und harren aus und geben sich ihnen nicht hin, weil[5] sie ja auch nicht Verderb des Hauswesens *(oikophthorian)* und Armut fürchten wie die meisten Geldsüchtigen *(philochrêmatoi)* oder die Ehrlosigkeit *(atimian)* und Schmach der Schlechtigkeit *(adoxian mochthêrias)* scheuen wie die Herrschsüchtigen *(philarchoi)* und Ehrsüchtigen *(philotimoi)*; also enthalten sie sich ihrer. (Phd. 82c2–8)

Unter diejenigen, die sich den Begierden hingeben, scheinen wiederum zwei Arten von Menschen zu fallen, unterschieden nach den Objekten, die sie zu verfehlen bzw. wieder zu verlieren fürchten. Die erste Gruppe der Geld/Besitzliebenden *(philochrêmatoi)* fürchtet den Verderb des Hauswesens *(oikophthorian)* und die Armut, die zweite der Herrschsüchtigen und Ehrsüchtigen fürchtet Ehrlosigkeit und die Schande der Schlechtigkeit *(adoxian mochthêrias)*. Dass Schleiermacher hier durchgehend Geld-, Herrsch- und Ehr*sucht* übersetzt statt etwa »Geld*liebe*«, ist angemessen. Denn selbst die Furcht vor der »Schmach der Schlechtigkeit«, der im Umkehrschluss ja ein Begehren entsprechen müsste, das sich auf Ehre richtet, die man von anderen für tugendhaftes Verhalten erhält, wird hier negativ, eher wie eine Sucht denn eine legitime ›Liebe‹ dargestellt, was auch übermäßige leibliche Begierden kennzeichnet.

---

[5] Das Part. Med. φοβούμενοι (82c5–6) wird anders übersetzt von T. Ebert: »... und liefern sich ihnen nicht aus, *nicht aus* Furcht vor Vermögensverlust und Armut ...« (Ebert 2004, 45; *eig. Hervorhebung*). In diesem Fall würde es sich um eine Anspielung auf eine ›oligarchische‹ Gruppe (vgl. 5.4.7.4) handeln, die sich zwar der Begierde nach Geld ausliefert, gerade deshalb aber nicht den (übrigen) körperlichen Begierden. Im vorangegangene Abschnitt, auf den sich Ἀλλὰ τούτων ἕνεκα (82c2) bezieht, findet sich die Begründung für die Enthaltsamkeit der Philosophen: Weil sie um das in 80e3–82c1 ausgeführte Schicksal der schlechten Seelen wissen bzw. ein solches vermuten, vermeiden sie eine an leibliche Begierden gebundene Lebensweise.

6.1.2. Gorgias – *Ehre als Lust zweiter Ordnung: Die Lebensweise in der Politik und das Ziel der Rhetorik*

Im *Gorgias* wird das Verständnis der Ehrbegierde um einen wichtigen Aspekt ergänzt. Zwei Lebensweisen werden gegenübergestellt und bewertet. Sokrates fasst die von Kallikles favorisierte und verteidigte politische Lebensweise zusammen (500c1–8): Sie beinhaltet, vor dem Volk zu reden, sich in Rhetorik zu üben und allgemein für den Staat tätig zu sein *(politeuomenon*[6]*)*. Die Alternative hierzu ist das Leben »in der Philosophie« *(ton bion ton en philosophia)*, wobei diese nach Kallikles' Auffassung zwar sinnvoll für Jugendliche ist, die des Redners (und Politikers[7]) aber eigentlich »einem Mann gebührt« *(ta tou andros,* 500c4[8]). Die Tätigkeit des Rhetors hängt nun mit der Lustthematik und dem Thema der Ehre gleichermaßen zusammen. Sokrates vergleicht sie mit der Kunstfertigkeit *(technê)* des Kochs, der weiß, wie er Bedürfnisse befriedigt, ohne dabei allerdings auf die Gesundheit der Gäste zu sehen. Sie nehmen wie Kinder alles Wohlschmeckende, aber Ungesunde zu sich, was er ihnen anbietet. Der Rhetor befriedigt in analoger Weise die Bedürfnisse des Volkes. Er weiß den Menschen zu schmeicheln, und zwar kann er dies ebenso wie der Koch, der dabei nicht auf das (hier im Sinne des Gesunden verstandene) Gute zu sehen braucht, sondern lediglich auf das Angenehme. Was hat er davon? Gelingt es ihm, beim Volk Lust und ein »gewisses Wohlgefallen« *(charitos tinos,* 462c7) hervorzurufen, so ehrt es den Rhetor, bekundet z. B. Beifall und jubelt. Die Befriedigung der eigenen Ehrbegierde wird dadurch erwirkt, dass man die Erwartungen und Begierden anderer befriedigt. Sie könnte daher als Lust höherer Stufe, eine Lust ›zweiter Ordnung‹ verstanden werden, die erst entsteht, wenn man anderen Lust verschafft. Die in der Reaktion erhaltenen Ehrbezeugungen bringen dann Lust für den Gelobten mit sich, die allerdings, wie Sokrates anprangert, unverdient ist, wenn der Redner nicht auf das Wohl des Volkes sieht (502e5–503a2).

---

[6] Das Wort kann sowohl die Verwaltung der *polis* im engeren Sinne des Innehabens von Ämtern bezeichnen als auch ganz allgemein ein am öffentlichen Leben interessiertes im Vergleich zum zurückgezogenen Leben *(idiôteuein),* vgl. LSJ s. v. B. II.
[7] Jeder Politiker in der direkten Demokratie Athens zur Zeit Platons musste sich intensiv mit Rhetorik befassen, umgekehrt waren Redner nur selten nicht auch politisch tätig.
[8] An dieser Stelle wird Kallikles' Position von Sokrates wiedergegeben, der aber wohl auf dessen Vorwurf der Unmännlichkeit in 484c2 anspielt.

6. Die Rolle der Ehre – Der Philosoph und die soziale Anerkennung

Nicht die politische Lebensweise generell, die Hand in Hand mit der Ausübung der Rhetorik geht, wird hier negativ bewertet, sondern eine gewisse Art und Weise, sie zu betreiben. Genau wie Musiker und Dichter scheinen die Redner nur auf die Lust (501e2–3) ihres Publikums zu sehen, dem sie gefällig sind (*charizesthai*, 502b3 und c2). Sie wissen, wie sie eigene Begierden *und die anderer* befriedigen (503c6–7). Dies ist der einzige Grund, warum sie Anerkennung erhalten, und nicht, dass sie in irgendeiner Hinsicht besser sind als die anderen, wie sich Kallikles zu zeigen bemüht (483c7–484c3). Nur letzteres würde aber die Anerkennung rechtfertigen. Politiker geben sich nicht damit zufrieden, für sich zu leben (*idiôteuontos*, 515a4), sondern treten öffentlich als Redner auf. Sie bereiten dem Volk, so der Vorwurf des Sokrates, immerzu Lust, und dies nicht um des Volkes willen. Denn dann müssten sie ihm ab und zu auch Unlust bereiten wie ein Arzt, der um der Gesundheit seiner Patienten willen schmerzhafte Behandlungen durchführt. Sie möchten sich das Volk »gefällig machen«, wie Schleiermacher *charizesthai* hier treffend übersetzt, und treiben Rhetorik letztlich um ihres eigenen Vorteils willen (502e6). Dieser Vorteil kann anscheinend nicht allein in Reichtum bestehen oder durch ihn erkauft werden[9]. Auch in der Aufzählung in 486d2 wird das Streben nach Ehre gesondert aufgeführt: Man solle sich Reichtum (hier: *bios*), Ehre *(doxa)* und viele andere Güter erwerben.

Nach der Verortung der Ehrbegierde unter die leiblichen Begierden im *Phaidon* hat sich im *Gorgias* nun ihr spezifisches Charakteristikum gezeigt: Anerkennung oder Ehre erhält man von anderen Menschen, und zwar – als hinreichende, nicht notwendige Bedingung – dann, wenn man ihnen Lust bereitet.

6.1.3. Phaidros – *Zwei Lebensweisen und die Rolle des »edlen« Pferdes im Seelengespann*

In einem Abschnitt des *Phaidros* (256a7–e2) werden ebenfalls, diesmal im Kontext der Beziehung zwischen Liebhaber und Geliebtem, zwei Le-

---

[9] Wiewohl er eine Bedingung für den Erwerb von Ruhm darstellen kann. In der *Politeia* kennzeichnet der Erwerb von Ruhm *mittels* Reichtum aber den Übergang vom timokratischen zum oligarchischen Staat, in dem schließlich das Streben nach Reichtum und Besitz das Streben nach Ruhm, dem es anfänglich noch diente, verdrängt (vgl. 6.1.5).

Ehre, körperliche Lust und Besitzstreben

bensweisen (*diaitê* in 256a7, 256b8 und *bios* in 256b1) einander gegenübergestellt: Einerseits die wohlgeordnete *(tetagmenên)* und philosophische, andererseits die der ehrliebenden *(philotimoi)* Freunde, die wie die Philosophen ein gemeinsames, aber minder edles, unphilosophisches Leben führen (*diaitê ... aphilosophô*, 256b8–9). Im Unterschied zu den selbstbeherrschten, seelisch geordneten und letztlich bereits im Diesseits schon seligen Philosophen gelingt es ihnen nicht immer, in Beziehungen sexuell enthaltsam zu bleiben (256a7–d4[10]). Es scheint also auch hier ein Zusammenhang zu bestehen zwischen dem Streben nach Ehre und dem Leben der Lust, der durch das Bild vom geflügelten Seelenwagen, wie im Folgenden gezeigt werden soll, noch verstärkt wird. Beide Seelenvermögen, begehrliches und ehrliebendes, werden als »roßgestaltig« (*hippomorphô*, 253c9) gekennzeichnet. Sie besitzen, so die Aussage dieser Metapher, im Prinzip dieselbe Natur, oder haben zumindest mehr miteinander gemeinsam als mit dem dritten Vermögen, das dem Wagenlenker gleicht (253c9–d1). Der *thymos* wird im Bild vom Seelenwagen einem Pferd zugeordnet, das die Ehre liebt (*timês erastês*, 253d6). Es lässt sich zwar besser lenken als das Pferd, das für die Begierden steht, aber kann genau wie dieses den Wagen wohl nicht selbstständig lenken[11]. Hierfür ist allein der Wagenlenker zuständig, die Rosse machen ihm seine Aufgabe lediglich leichter oder schwerer. In 248a4–5 hat es sogar den Anschein, dass *beide* Rosse sich dagegen sträuben, das Gute zu sehen, was allein im Interesse des Lenkers zu liegen scheint. Allerdings könnte sich die Rede von »den Rossen« (248a4 und a6) auch nur auf die jeweils unedlen Tiere mehrerer Seelen beziehen. Das ehrliebende Ross wird immerhin zumindest als »wahrhafter Meinung Freund« gekennzeichnet (*alêthinês doxês hetairos*,

---

[10] Und zwar trifft dies, unüblicherweise, da es sich bei den in Athen verbreiteten päderastischen Beziehungen meist um asymmetrische Beziehungen handelt (vgl. Görgemanns 1994, 145f.), für beide zu, wobei der Geliebte nach wie vor eine eher passive Rolle einnimmt (255d3–256a6).

[11] Es kann auch keine Entscheidungen widerrufen oder als falsch erkennen, wie es der Lenker tut, den der Anblick des Lieblings an Schönheit und Besonnenheit erinnert, woraufhin er beide Pferde zurückzieht (254b9–c4). Freilich weist Platon in 246b1–4 explizit darauf hin, dass im Unterschied zu den Göttergespannen der Wagenlenker bei Menschen das Gespann führt. Auch wird die Lenkung erschwert durch die unterschiedliche Beschaffenheit der Rosse. Ob der gänzliche Verzicht auf Lenkung jedoch auf die Gutartigkeit der Rosse der Götter zurückzuführen ist, wird durch die Aufteilung der beiden Sätze (*prôton ... eita*, 246b2) zumindest offengelassen, wenn nicht, da ein begründendes ›weil‹ oder Ähnliches fehlt, verneint.

6. Die Rolle der Ehre – Der Philosoph und die soziale Anerkennung

253d7[12]). Was bedeutet das aber – besitzt das edle Pferd in irgendeiner Weise ›intellektuelle‹ Kapazitäten? Den Lenker kennzeichnet die Fähigkeit zur Erinnerung an das Wesen der Schönheit, die durch den Anblick der Schönheit des Lieblings ausgelöst wird. Bei der Erinnerung an die Schönheit bleibt es jedoch nicht, sofort sieht er diese zusammen mit der Besonnenheit »auf heiligem Boden stehen« (254b8). Diese Erinnerung, hier fast wie eine Wiederholung der vorgeburtlichen Schau beschrieben, löst Furcht aus[13]. Sie bringt ihn dazu, besonnen zu reagieren und die Pferde zu zügeln. Das gute Pferd hat diese Fähigkeit nicht. Es wäre weitergelaufen, lässt sich aber mühelos stoppen und empfindet dabei sozusagen ›nachträglich‹ Scham und Bewunderung für die Entscheidung des Wagenlenkers (254c6), Gefühle, die dem schlechten Pferd völlig fremd sind. Das ehrliebende Pferd scheint sich als Freund der wahren Meinung eher instinktiv, gefühlsmäßig zu bewegen, vielleicht sogar in die richtige Richtung, sofern noch kein Befehl vorliegt. Hat es aber dann einmal einen Befehl erhalten, so gehorcht es diesem geradezu blind, ohne ihn zu hinterfragen (dies mag auch der Ursprung der Zurückhaltung in 254a2 sein: ein früher ergangener Befehl, in Situationen wie dieser Besonnenheit zu üben).

Auch die Seelen der Götter werden geflügelten Wagen mit Wagenlenkern verglichen, die aber ausschließlich von gutartigen Pferden gezogen werden. Zumindest dem Seelenvermögen, für welches das gutartige Pferd steht, wird dadurch eine notwendige, sogar in göttlichen Seelen vorhandene Funktion zugesprochen. Damit sich der Wagen

---

[12] Ich folge nicht Heitsch 1997, 94, Fußnote 136, der stattdessen »Freund echten Ruhmes« übersetzt (dagegen auch Graeser 1969, 43). Auch andernorts wird dem Ehrliebenden die wahre Meinung zugeordnet. Das schlechte Pferd dagegen scheint, weil es »taub« oder zumindest schwerhörig (nach der alternativen Lesart *lasiokôphos* statt *kôphos*) ist, nur Peitsche und Stachel, eben nicht »Befehl und Worten« (253d8) gehorchen, d. h. weder falscher – wie Heitsch annimmt – noch wahrer Meinung zugänglich zu sein. Im Bild in 254c4–d6 wird es höchstens als einseitig kommunikativ (schimpfend, erinnernd), nicht aber hörend dargestellt. Die von Heitsch für einen Dualismus (gutes Pferd und Lenker vs. schlechtes Pferd) angeführte Stelle in 256a7–c5 steht außerdem im Kontext der Unterscheidung von zwei Lebensweisen, philosophischer und ehrliebender. Eine dritte Lebensweise, wo nicht nur ab und zu, sondern ständig dem schlechten Pferd nachgegeben wird, steht hier im Hintergrund, die bereits in der ersten Rede erwähnt wurde.
[13] »Furcht« wird häufig als Gegenbegriff zum »Begehren« genannt (vgl. Rep. 429c9–d1). Der Liebende fürchtet sich an dieser Stelle (254b9) nicht im Sinne eines Angstgefühls, sondern in dem Sinne, dass er etwas meidet.

überhaupt vorwärts bewegen kann, benötigt er Pferde, wobei der Wagenlenker freilich auf schlechte verzichten könnte[14].

Das Bild vom Seelenwagen sollte in seinen Details nicht überinterpretiert werden[15], da, wie E. Heitsch schreibt, »[n]icht eine Gestalt mit ihren Teilen, sondern Kräfte, die in einer verkümmernden oder über sich hinauswachsenden Seele zur Wirkung kommen«[16] dargestellt werden. Inwieweit sich diese Darstellung mit der Seelentheorie der *Politeia* deckt und in ihr überhaupt eine Dreiteilung statt eines Dualismus intendiert wird, ist umstritten. In ihren Grundzügen stimmen die beiden Konzeptionen m. E., durchaus auch im Sinne einer Trichotomie begehrliches – ehrliebendes – vernünftiges Seelenvermögen, überein[17].

Der *thymos* kann die Begierden nicht so beherrschen, wie er es unter Leitung der Vernunft könnte. Der in *Politeia* IX beschriebene timokratische Mensch ist charakterlich instabil (vgl. 5.4.7.3). Dies verbindet ihn mit dem ehrliebenden Liebhaber im *Phaidros*, der in Beziehungen seiner sexuellen Begierde ab und zu nachgibt, was durch das schwächere Begehren auf Seiten des Lieblings begünstigt wird, in dessen Seele ebenfalls Liebe entsteht (255d2[18]). Sein wildes, unbändiges

---

[14] Dass das begehrliche Vermögen eine klare und legitimierte Rolle in Bezug auf die gute Funktionsweise der Seele hat (vgl. Robinson 1995, 117), trifft nicht zu. Hierfür scheint es im Gegenteil, anders als das gute Pferd, doch nur hinderlich zu sein. Auch Graeser 1969, 45 spricht ähnlich wie Robinson von *thymos* und *epithymia*, die das Formale mit Ergriffenheit aufnehmen – er argumentiert hier aber ganz von der Analogie in der *Politeia* her.
[15] Unklar ist z. B. ferner die Rolle des Wagens, der – analog zu z. B. dem Gefährt in Tim. 44e2 – für den Körper stehen könnte. Allerdings ist diese Interpretation unwahrscheinlich, da die Seelen ja erst durch den Fall in bestimmte Körper eingepflanzt werden (248c3–d2), während sie im Himmel noch körperlos sind. Auch müsste dann ebenso den Göttern ein Körper zugesprochen werden.
[16] Heitsch 1997, 93.
[17] Vgl. dazu auch Graeser 1969, 42–44 und Erler 2007, 376 und 383. Robinson hält die Dreiteilung im *Phaidros* für ein »Lippenbekenntnis« Platons, weil es keinen Hinweis auf eine Rebellion des *thymos* wie in der *Politeia* gäbe. Ziele und Begierden von Lenker und gutem Pferd seien identisch (vgl. Robinson 1995, 117). Ein »fundamental lack of distinction« zwischen gutem Pferd und Wagenlenker kann m. E. jedoch nicht bemerkt werden. Die Wesensverschiedenheit wird schon allein dadurch betont, dass der Wagenlenker als menschlich, das Pferd als Tier dargestellt wird. Auch die Rollenverteilung ist klar unterschieden: Der Wagenlenker erkennt und befiehlt, das Tier ›empfindet‹ und gehorcht. Spätestens in der Schilderung des Lebens der ehrliebenden und der philosophischen Freunde sowie dessen Auswirkung auf Glück und Schicksal der Seelen werden weitere, wesentliche Unterschiede deutlich.
[18] Wenn der Geliebte auch die Beziehung – wie es scheint, ganz unreflektiert – nicht als »Liebe«, sondern »Freundschaft« begreift (255e2–e4).

6. Die Rolle der Ehre – Der Philosoph und die soziale Anerkennung

Ross strebt genau wie das des Liebhabers, gegen den Willen von Lenker und anderem Pferd, zum Liebenden (255e5–256a6). In unbewachten Momenten, etwa, wenn sie betrunken sind (256c1–2), erreicht es dann auch sein Ziel. In diesem Beispiel macht Platon die Dämpfung der intellektuellen Fähigkeiten, eine verminderte Leistungsfähigkeit des vernünftigen Seelenvermögens, dafür verantwortlich. Wie so oft zeigt sich dann ein Gewöhnungseffekt; die Hemmschwelle ist nach dem erstmaligen Überschreiten der Grenze niedriger. Wurde dem Streben einmal entsprochen, so wird das in der Folge noch öfter geschehen (256c5–7). Denkbar wäre, dass das sexuelle Begehren auch durch das Streben, die größtmögliche Anerkennung des Geliebten zu erhalten, motiviert ist. Aus dem Bild erfahren wir jedoch lediglich, dass sich die beiden ungebändigten (*akolastô*, 256c2) Rosse verselbstständigen und die Seelen (durchaus die *ganze* Seele, da das andere Pferd wie auch der Lenker nachgeben; 254b3) zusammenführen. Sie sind daher die Hauptursache für die Vereinigung, nicht die edlen Pferde.

Das ehrliebende Vermögen, für das das edle Pferd steht, spielt normalerweise eine konstitutive, nützliche Rolle innerhalb der richtig geordneten Seele. Es nimmt, wie in 254b5–e10 ausführlich geschildert wird, unter Leitung des Wagenlenkers, aber eher von gefühlsmäßiger, nicht erkenntnismäßiger Seite her (es kann der Vernunft gehorchen, ohne selbst Wissen um das Gute zu besitzen), die Aufgabe des Wächters über die Begierden wahr.

Wie kann es nun dazu kommen, dass das ehrliebende Vermögen an Macht gewinnt und die Seele des Menschen sich dahingehend verändert, dass er zum »Ehrliebenden« wird? Platon schildert, wiederum im Bild, dass sich die Charaktere der Menschen entsprechend denen der verschiedenen Götter bilden, die sie nachahmen und deren Wagen sie noch vor der ersten Geburt folgen. Der Charakter des Gottes ist während des ersten Lebens, in dem sie noch unverdorben sind (252d3[19]), ihr einziger Orientierungspunkt, ein Vorbild, nach dem sie auch den Geliebten zu formen versuchen. Der Ehrliebende wird, was nicht ausdrücklich gesagt wird, vermutlich dem Ares gefolgt sein. Des-

---

[19] Das ›Verdorbensein‹ kann noch nicht darin bestehen, bei einer der Ausfahrten *nichts* von den Ideen gesehen zu haben – dieses Schicksal hat *alle* Seelen ereilt, die dadurch zum ersten Mal und zwar »noch in keine tierische Natur eingepflanzt« (248d1) geboren werden.

sen Nachfolger reagieren – wofür nach Rep. 440c1–d6 der *thymos* zuständig ist – heftig auf (vermeintlich) erlittenes Unrecht, gefühlsmäßig-impulsiv und übertrieben: Der Gekränkte ist bereit, sich selbst und den Liebling zu opfern (252c6–9). Die Philosophen scheinen dagegen sämtlich Nachfolger des Zeus gewesen zu sein – suchen diese sich doch einen Geliebten mit philosophischer (und anführender) Natur (*philosophos te kai hêgemonikos tên physin*, 252e3).

Neben dem Vorbild der Götter findet sich ein zweites Kriterium, das entscheidend für die Ausprägung des Charakters ist. Gelingt es den ihrem jeweiligen Gott folgenden Seelen einmal nicht, die Ideen zu sehen, so fallen sie zur Erde. Je nachdem, wie viel sie bei den früheren Ausfahrten von den Ideen erblickt haben – so das zweite Kriterium – gehen sie in Keime (*gonê*, 248d2) verschiedener Menschen ein, die dann auch ihr Leben in verschiedener Weise führen (*bion ... hexousan*, 248e1). Hier könnte die zweitbeste Natur des »verfassungsmäßigen Königs *(basileôs ennomou)* oder eines Kriegerischen und Herrschenden« (248d4–5) und auch die an dritter Stelle genannte des Politikers vom Ehrliebenden gewählt werden. Irritierend ist allerdings, dass zu dieser dritten Gruppe auch der Hausverwalter und der Händler gezählt werden (vgl. dazu 6.1.5).

In welchem Zusammenhang erstes und zweites Kriterium stehen, wird nicht erwähnt. Anzunehmen ist aus der Entsprechung der Charaktereigenschaften, die beim Liebling gesucht werden (die Nachfolger des Zeus suchen einen philosophisch veranlagten Geliebten, die der Hera den königlichen; 253a4–b8) und denen, die in 248d2–e4 genannt werden (in die erste Klasse fallen u. a. die Philosophischen, in die zweite die verfassungsmäßigen Könige), dass die Nachfolger des Zeus am meisten von den Ideen gesehen haben. Ob und wie viel man von den Ideen sieht, ist also zumindest unter anderem davon abhängig, wessen Zug man folgt. Darauf deutet auch der explizite Zusatz in 248c3–4 hin: »Als des Gottes Begleiterin« erblickt die Seele etwas von dem Wahrhaften. Wie E. Heitsch bemerkt[20], verschiebt sich durch beide Ansätze aber lediglich das Problem. Dass Menschen bestimmte Charaktere annehmen, scheint auf einer Wahl zu beruhen[21], die davon abhängt, wie viel sie gesehen

---

[20] Vgl. Heitsch 1997, 95–97. Er hält das Faktum, in wessen Gottes Gefolge man war, ebenfalls für entscheidend für die Ausprägung des Charakters.
[21] Wörtlich spricht Platon, wohl auf die Lebenswahl in *Politeia* X anspielend, davon in 249a3: ἐὰν ἕλωνται ... τὸν βίον.

6. Die Rolle der Ehre – Der Philosoph und die soziale Anerkennung

haben. Das wiederum scheint aber einerseits von einer vorgegebenen Konstitution der Seele, der Natur der Pferde und der Fähigkeit des Lenkers[22] abzuhängen, auf die nicht weiter eingegangen wird. Ebenso bleibt offen, wodurch andererseits die Entscheidung, sich dem Zug eines bestimmten Gottes anzuschließen, begründet ist. E. Heitsch schreibt unter Verweis auf 269d5 (zu »rednerischen Anlagen« müssen noch Wissenschaft und Übung hinzukommen):

> Für diese Deutung menschlichen Lebens, wie Sokrates sie hier in mythologischer Form entwickelt, ist charakteristisch das mehrfach wiederholte Nebeneinander von Los und Wahl, von Vorbestimmung und eigener Entscheidung und Leistung. Darin spricht offensichtlich auch Platons eigene Überzeugung. (Heitsch 1997, 105).

Das Wechselspiel von Veranlagung und Erziehung soll in 9.4.2 noch ausführlicher diskutiert werden. Jeder Mensch besitzt jedenfalls, wie aus dem Bild im *Phaidros* hervorgeht, zwei emotional geprägte Seelenvermögen, von denen das eine sich nicht um die Anweisungen der Vernunft kümmert, während das andere ihr idealerweise dabei hilft, dessen Begierden unter Kontrolle zu halten. Bestimmten Menschen, deren Lebensweise vom Begehren des zweiten, ehrliebenden Vermögens derart geprägt ist, dass die Vernunft an Macht verliert, gelingt das schlechter als anderen. Als Ursachen hierfür kommen sowohl natürliche Disposition als auch Gewöhnung und Erziehung in Frage. Wiewohl sie im Bild von den Pferden noch scheinbar in die gleiche Kategorie fällt wie die Begierden, scheint die Ehrbegierde bzw. das ehrliebende Vermögen durch die Fähigkeit, auf die Vernunft zu hören und diese dadurch (mit-) kontrollieren zu können[23], klar von diesen unterschieden zu sein. Noch deutlicher wird diese Unterscheidung in der *Politeia*.

6.1.4. Politeia *IV/IX* – Das »Eifrige« als gesondertes Seelenvermögen

Die philosophische Lebensweise unterscheidet sich, wie anhand des *Phaidros* deutlich wurde, von derjenigen des Ehrliebenden. Der Philosoph ist nicht ehrbegierig, auch gelingt es ihm besser als dem Ehrliebenden, die Begierden unter Kontrolle zu halten. In der *Politeia* wird dies

---

[22] Die Schuld der »schlechten Führer« wird in 248b3 erwähnt.
[23] Es handelt sich hierbei um eine andere Form von ›Kontrolle‹ als das Übermächtigwerden einer Begierde wie beim im *Protagoras* diskutierten »Tausch der Lüste« (vgl. 5.2).

nun mittels einer genaueren, begrifflichen Analyse seiner seelischen Verfassung begründet, die nicht mehr nur auf Bildern und Analogien beruht. Zunächst scheint es wiederum, wie schon die Bemerkung im *Phaidon* suggerierte (vgl. 6.1.1), als wäre die Ehrbegierde nur eine Begierde unter anderen. In Rep. 475a3–b10 werden unter all diejenigen, die etwas begehren (*an tinos epithymêtikon legômen*, 475b5), z. B. die Weinliebenden *(philoinous)*, aber auch die Ehrliebenden *(philotimous*, 475a9) gezählt. Der Philosoph ist Herr über den gesamten begehrlichen Seelenteil und daher auch, so könnte eine Begründung lauten, über die Ehrbegierde. Auch Glaukon schlägt auf die Frage, welchem Seelenteil der Mut gleichartig *(homophyes)* wäre, den begehrlichen Seelenteil vor (439e3–5), was nahe liegt, da das *thymoeides* eine emotionale Reaktion (vgl. *dyscherainoi* in 439e9[24]) auf bestimmte Situationen zeigt.

Dennoch unterscheidet Platon kurz darauf den Eifer *(thymos)*, der eng mit dem Verlangen nach Ehre *(philotimia)* zusammenhängt, als drittes Seelenvermögen von den Begierden. Er kann sich mit der Vernunft verbünden und sich, indem er sich »ereifert«, auch gegen die Begierden richten (440a10–b7). Weitere Übersetzungen sind möglich: Vom Seelenteil als »Mut« zu sprechen, weckt positive Konnotationen. Schleiermacher gebraucht diese Übersetzung vor allem im Kontext der musischen Ausbildung der Seele[25]. Vom »Zornartigen« zu sprechen ist dagegen eher negativ konnotiert. Für diese Übersetzung entscheidet sich Schleiermacher, vermutlich aus genau diesem Grund, im Zusammenhang mit dem Verfall der Seele in den Büchern VIII und IX[26]. Die Ambivalenz des Vermögens wird durch die unterschiedlichen Möglichkeiten in der Übersetzung bereits deutlich[27]. Die im Folgenden verwendete Variante: »eifriger« Seelenteil, ist weitestgehend neutral[28]. Alle Übersetzungen streichen die bewegende, motivationale Kraft heraus,

---

[24] Das Verb kann sowohl bedeuten, zornig zu sein als auch, etwas zu verabscheuen oder zu hassen.
[25] Etwa in 411b9, 411e7 und 410b5–6.
[26] Vgl. 550b6, 553c2, 572a4, 581a10 und 586c6.
[27] Dass Platon das Bedeutungsspektrum von *thymos*, das sich zu seiner Zeit auf Zorn und Mut (im Sinne der Bereitschaft zum Kampf) beschränkt, erweitert bzw. auf das noch bei Homer und Hesiod vorhandene, weitere Begriffsfeld zurückgreift, bemerkt Brinker 2008, 18–19 und 29–30. Rufener weist auf die Bedeutungsvielfalt hin (vgl. Rufener 1974, 529, Anm. 4 zu S. 142), übersetzt selbst dann aber recht konsequent »Mut«, »mutig« bzw. »muthaft«.
[28] Von Schleiermacher wird sie eher selten gebraucht, z. B. bei der Charakterisierung der Natur der Wächter in 375a11 und 376c4.

6. Die Rolle der Ehre – Der Philosoph und die soziale Anerkennung

die diesem Seelenteil innewohnt. Vielleicht kann man von einem höherstufigen, da abstrakteren[29] Verlangen sprechen, das Macht besitzt, selbst starken Begierden wie Hunger und Durst (Rep. 440c7–9) entgegenzutreten.

Am Beispiel des Leontios, der trotz besseren Wissens und eigentlich auch Wollens[30] seiner Sensationslust erliegt[31] und sich die Leichen am Schafott ansieht (439e2–440a5), schildert Platon die Äußerung des *thymos* zunächst in Form einer Art von Ärger über sich selbst, darüber, dass man von den Begierden überwunden wird. Er hat mehr von sich erwartet und möchte, auch vor sich selbst, gut dastehen. Wäre es Leontios gelungen, sich die Leichen nicht anzusehen, hätte er stolz auf sich sein können, so aber ärgert er sich. Andere würden sein Verhalten nicht ehren, und er selbst tut es auch nicht.

Der Eifer tritt außerdem, so das zweite Beispiel, auf den Plan, sobald jemand meint, zu Unrecht etwas zu erleiden (440c7–d6). Ehre und Gerechtigkeit hängen eng miteinander zusammen. Wie in der Gegenkonzeption der *Apologie* (6.3) noch deutlich werden wird, läge ein objektiver Grund dafür vor, geehrt zu werden *oder* es gibt zumindest keinen dafür, bestraft zu werden. Man hat es nicht verdient, etwas zu erleiden. Der *thymos* kämpft hier ganz allgemein dafür, alles ins rechte Lot zu bringen, Angemessenheit (wieder-)herzustellen. Während die Vernunft weiß, was gerecht ist, so scheint das *thymoeides* eine Art ›Sinn‹ für Gerechtigkeit zu sein – welchen unter Umständen bereits Kinder besitzen, bei denen die Vernunft noch wenig ausgeprägt ist[32].

---

[29] Was hinter dem Wunsch steckt, vor anderen gut dazustehen, ist u. U. unauflösbar. Es scheint hier einfach ein angeborenes, sozial ausgerichtetes Bedürfnis vorzuliegen.

[30] Manche Interpreten beschreiben das *thymoeides* als voluntatives Vermögen. Dieser Interpretation folge ich nicht. Das Wollen scheint mir vielmehr je nach gewolltem Objekt (z. B. Essen/Trinken, Anerkennung, Kenntnisse) sowohl vom begehrlichen, eifrigen als auch vom vernünftigen Seelenvermögen initiiert werden zu können. Vgl. dazu Schmitt 2000, 45–63, der von »drei verschiedene[n] Formen des Willens« (*ebd.*, 60) spricht, sowie auch Erler 2007, 384: Allen drei Seelenteilen werden Akte des Erkennens, Fühlens und Wollens zugesprochen.

[31] Dass hinter diesem Bedürfnis letztlich ein sexuelles Begehren steckt, da Leontios in einem Tragödienfragment als Liebhaber junger Männer, die »bleich wie Leichname« wären, dargestellt wird, scheint doch sehr weit hergeholt (vgl. Annas 1981, 129).

[32] Es besteht nur scheinbar eine Spannung zwischen 441a8–b2 – eben geboren sind die Kinder schon voll Eifer – und der Aussage, dass es ›von Natur mutlose‹ (411b7: ἐξ ἀρχῆς φύσει ἄθυμον) gibt, weil an letzterer Stelle auf die leichter oder schwerer zu erlangende Tugend des Seelenteils, die Tapferkeit, abgezielt wird.

Sofern der *thymos* auf Seiten der Vernunft streitet und sie unterstützt, nimmt er seine natürliche, primäre Funktion wahr, was auch durch Wendungen wie »natürlicher Mut« (410b5–6) deutlich wird. Verselbstständigt er sich jedoch, was durch schlechte Erziehung (vgl. 441a8–b2 und 411c10–d6) geschehen kann, so kennt er entweder das Maß, die Angemessenheit nicht mehr[33], oder aber er kennt es, aber überschreitet es bewusst. Ist er einmal gekränkt oder benachteiligt worden, so will der Ehrgeizige seine Reputation um jeden Preis wiederherstellen, »bis er es entweder durchgeführt hat oder draufgeht« (440d2). In dieser Verselbstständigung, der Wandlung gesunden Eifers in Zorn *(orgê)* und Rachbegierde, besteht neben der mangelnden Kontrolle über die Begierden die zweite Gefährdung des Ehrgeizigen. In *Nomoi* IX wird angenommen, dass der Zorn sowohl für Morde im Affekt als auch für die länger geplante Tötung aus Rache verantwortlich ist (Lg. 866d8–866e7). Rache zeichnet sich dadurch aus, dass die gerechte Ordnung, ein Ausgleich, auch über gesetzliche Grenzen hinweg wiederhergestellt werden muss – gesetzliche Grenzen, die Sokrates, wie er im *Kriton* deutlich macht, auf keinen Fall verletzen möchte. Auch im *VII. Brief* wendet sich Platon ausdrücklich gegen das Rächen (Ep. VII 336e2–337a1). Die »Gesinnung einer ehrgeizigen Seele« (Lg. 870c5), die von Neidgefühlen getrieben wird, wird als zweithäufigste Ursache für Mord genannt. Der begleitende Neid, der seelischer Unlust entspricht, macht auch die Lust, die der Ehrgeizige empfindet, zur gemischten und unreinen Lust (Phil. 47e1–48b12)[34], die sich sogar zur Freude am Unglück anderer wandelt (Phil. 48b11–12).

Der Philosoph strebt dagegen nicht, und hätte er es tausendmal verdient, nach Ämtern und Herrschaft im Staat, nach Gleich- oder Besserstellung um jeden Preis. Ihm ist es im Gegenteil möglich, selbst ungerechte Behandlung, unverdiente Verachtung der Mitbürger – wenn auch nicht zu akzeptieren[35] – so doch nicht gewaltsam darauf zu reagieren. Dem »gedankenlosen« (441c2) Fanatismus des *thymos* hat nur die Vernunft etwas entgegenzusetzen; sie allein kann den *thymos* besänfti-

---

[33] Wie schon im *Phaidros* dargestellt (vgl. 6.1.3) oder auch am Beispiel des Timokraten zu sehen, der Ämter um der Ämter willen erstrebt.
[34] Diese Erklärung im *Philebos* ergänzt die in *Politeia* nur erwähnte, aber nicht weiter behandelte Lust des Ehrbegierigen um eine detailliertere Analyse (vgl. Gosling/Taylor 1982, 138 und 142).
[35] Wie Bordt 2008, 151 nahelegt, der unter Bezug auf Lg. 903b4–905e1 eine eher fatalistische Interpretation vertritt.

6. Die Rolle der Ehre – Der Philosoph und die soziale Anerkennung

gen (440d2–3). Steht er unter Kontrolle der Vernunft, so besitzt er, wie bereits anhand der Seelenwagen-Analogie im *Phaidros* gezeigt, eine nützliche, konstitutive Funktion innerhalb der Seele. In der *Politeia* wird diese Funktion schon allein am Vergleich dieses Seelenvermögens mit den »Helfern«, den Kriegern, die die Stadt verteidigen, deutlich (440e2–5). Die ihm angemessene Tugend ist die Tapferkeit (582e4), d. h. die Aufrechterhaltung der richtigen Meinung über das zu Fürchtende.

In *Politeia* IX wird dann wiederum der Bogen zur Lust geschlagen: Erreicht der Ehrgeizige sein Ziel, so entsteht eine eigentümliche Lust, die von derjenigen an Philosophie und Reichtum verschieden ist (581c5). Dabei kann die Lust an Ehre und Anerkennung von Kaufleuten genauso wenig nachvollzogen werden wie umgekehrt die am Geldverdienen von den Ehrbegierigen (581c4–d8). Wird sie absolut gesetzt, so prägt sie eine ganze Lebensweise, die mit zwei anderen, der philosophischen und der geldliebenden, konkurriert (581e6–582a2).

6.1.5. Politeia *VIII/IX – Das Eifrige in Lebensweisen und Verfassungen und der Zusammenhang zur Geld-/Besitzliebe*

Diese Lebensweise und besonders ihr Verhältnis zu der des Geldliebenden, das sich nicht allein in der gerade festgestellten Konkurrenzbeziehung erschöpft, gilt es nun genauer zu betrachten. Was sind die Auswirkungen der Herrschaft des Eifers für die Seele, und die der Eifrigen für den Staat? In der entsprechenden lakonischen oder kretischen Verfassung der *polis* nehmen Ehre und Kampf den höchsten Stellenwert ein (544c3; 545a2–3; 548c5–7). Die herrschenden Mutigen, Zornartigen werden gleichzeitig als »einfachere« Menschen (547e4) bezeichnet – eine Eigenschaft, die nicht wie die ›Einfachheit‹ der Weisen (547e2; vgl. auch 5.4) positiv gewertet wird, sondern vermutlich darauf anspielt, dass sie eine differenzierte, intellektuelle Ausbildung ablehnen. Sie schätzen die Musik, d. h. Rede und Philosophie (548b8–c1) gering und bevorzugen stattdessen die Gymnastik[36]. In der Übertragung der Verfassung auf den timokratischen Menschen erfahren wir Ähnliches: Er ist dem Wetteifer, der *philonikia* verfallen, achtet sehr genau auf sein Selbstbild (*authadesteron*, 548e4), liebt die Jagd und die Gymnastik so-

---

[36] Was in 546d3–6 noch nicht ganz deutlich wird, dann aber in 548c1–2.

wie, solange er sie nicht aktiv ausüben muss, die Musen. Selbst zu reden und mit *logoi* umzugehen, liebt er nicht – ein Hauptindiz dafür, dass die Vernunft nicht in der Seele herrscht.

Wie schon in *Gorgias* und *Phaidon* besteht eine enge Nähe zur Geld- und Besitzliebe: Geldgierig sind die Timokraten obendrein (548a6–b2). Warum der Ehrliebende »an der Natur des Geldliebenden Teil hat« (549b2–3), ist nicht leicht zu erklären. In der Entstehungsgeschichte des timokratischen Charakters wird erwähnt, dass sein Vater nicht auf seinen Ruf achtet. Er erfüllt, so die Erläuterung, die Erwartungen, die an einen ›echten Mann‹ gestellt werden, weder durch das Streben nach Ämtern noch nach Vermögen (549c7–e2). An dieser Stelle scheint das Vermögen im Dienst des Rufes zu stehen. Der Vater verzichtet sogar darauf, Geld einzutreiben, das ihm gerechterweise eigentlich zustehen würde (549e7–8). Bei solch offensichtlicher Ungerechtigkeit, wie sie häufig im Zusammenhang mit Vermögensverhältnissen auftritt, regt sich nun der *thymos*. Übernimmt das – hier berechtigterweise aufgeregte – Zornartige in der Seele des Sohnes jedoch die Herrschaft ganz, so richtet es sich nicht nur auf die Wiederherstellung gerechter Verhältnismäßigkeiten, sondern übertreibt. Der junge Mann wird hochmütig (550b7), hält sehr viel von sich und erhebt sich grundlos über andere Menschen. Aus dem äußersten Mangel an Ehre, unter dem er in seiner Familie gelitten hat, entsteht das gegenteilige Extrem[37]: Die Begierde nach größtmöglichen Ehren, nach Sieg und Gewinn.

Auch in Bezug auf den Erwerb von Vermögen überschreitet er jedes Maß, wobei es verwundert, dass der Reichtum nicht für den Erwerb von Anerkennung eingesetzt wird. Die Anhäufung von Reichtümern geschieht heimlich (548a7–9); fremdes Geld wird, was auf die Instabilität der Seele des Ehrgeizigen hinweist (vgl. 5.4.7.3), für die Befriedigung von Begierden verwendet. Vielleicht zählen im timokratischen Staat nur (militärische) Erfolge (vgl. 6.2) und eine disziplinierte Persönlichkeit. Als leichteres und zuverlässigeres Mittel, Ehre und Anerkennung zu erlangen, scheinen Reichtum und Besitz aber auch in diesem Staat immer wichtiger zu werden (551a7–10). Sie sind Garant und äußerliches Zeichen des Erfolgs zugleich.

In der nächsten Generation wird Reichtum jedoch endgültig vom Mittel zum Selbstzweck. Durch die Niederlage im Krieg oder durch

---

[37] Das Prinzip des Umschwungs von einem Extrem ins andere, nach dem die Verfallsformen ineinander übergehen, wird von Platon in 563e9–10 geschildert.

6. Die Rolle der Ehre – Der Philosoph und die soziale Anerkennung

Verleumdung verliert der Ehrgeizige nicht nur bürgerliche Ehren, sondern unversehens auch sein gesamtes Vermögen (553b5–6). Dessen Sohn fürchtet jetzt die Ehrliebe des Vaters und hält nichts mehr von einem riskanten Lebensstil, der die Teilnahme an Feldzügen beinhaltet. Er zieht das ›ungefährlichere‹ Sammeln und Sparen (554a5) vor. Wieder entsteht rasch aus einem Extrem das andere. Der Mangel an Reichtum, die äußerste Armut, die Folge eines bestimmten Lebensstils war, führt zu einem übermäßigen Verlangen danach, bis sie schließlich zum zentralen Lebensinhalt wird (553d1–7). Der »Löwe«, so die Metapher, die Platon später für das eifrige Seelenvermögen gebrauchte, beginnt an Kraft und Einfluss zu verlieren, die Begierden werden stärker. Nur unter Leitung der Vernunft – die durch weniger wagemutiges Vorgehen den äußersten Mangel vielleicht gar nicht erst hätte entstehen lassen – hätte man diese am Wachsen hindern können (589a7–b6). Sie allein hätte auch den neuen Maßstab des Handelns, das Ziel, möglichst reich zu werden, an dem sich alle Tätigkeiten ausrichten, in Frage stellen können. So aber gelingt es dem »vielgestaltigen Tier«, das Zornartige zu überwältigen und zum »Affen« zu machen (590b9–12), ein Bild, das erneut die Instabilität des Ehrliebenden verdeutlicht.

In gewissem Sinne scheint das *thymoeides* das am kompliziertesten zu behandelnde Seelenvermögen zu sein. Es darf weder einen zu hohen noch einen zu geringen Stellenwert im Leben eines Menschen bekommen. Ersteres führt zu Selbstgefälligkeit und Stolz[38], was bereits für sich betrachtet Nachteile bringt und dazu noch leicht ins andere Extrem umschlagen kann. Seine Vernachlässigung aber führt auf direktem Wege zu Weichlichkeit und Feigheit (590b5–7). Als Helfer der Vernunft muss der thymetische Seelenteil sich dieser einerseits unterordnen, andererseits aber noch genügend Raum bekommen, um seine Aufgabe sinnvoll ausführen zu können.

---

[38] Der Hochmut wird in 550b7 im Zusammenhang mit dem timokratischen Menschen erwähnt. In 590b1 wird vom »anmaßenden und unfreundlichen Wesen« (αὐθάδεια καὶ δυσκολία) gesprochen. Wer δύσκολος ist, ist ein schwieriger Mensch, der nicht leicht zufrieden zu stellen ist (vgl. LSJ s. v. I). δυσκολία kann daher auch soziale Unverträglichkeit oder Unfreundlichkeit bezeichnen.

6.2. Ehre im Kontext von Wettkampf und Macht – *philotimia* und *philonikia*

6.2.1. Wege, Ehre zu erhalten: Philotimia *und* philonikia *in Gorgias, Symposion, Phaidon und Timaios*

Anhand des *Gorgias* wurde bereits ein Weg, Ehre und Anerkennung zu erhalten, deutlich. Als Redner gilt es, die Lust des Volkes anzusprechen, als Politiker[39], dessen Bedürfnisse zu erfüllen. Ein weiterer wurde in 6.1.5 erwähnt: Reichtum und sonstiger Besitz kann dazu eingesetzt werden, in gesellschaftliche Positionen zu gelangen und Anerkennung zu erhalten. Auf eine dritte Möglichkeit, die im Zusammenhang mit der Lebensweise des Tyrannen eine entscheidende Rolle spielt, deutet schon eine sprachliche Beobachtung hin. Schleiermacher begreift mitunter auch das griechische *philonikia* als Eifer (Gorg. 457d5), an einer Stelle des *Timaios* übersetzt er es mit »Ehrgeiz« (Tim. 90b2–3[40]). Im *Phaidros* fällt auf, dass »Kriegerischer« und »Herrschender« in einem Atemzug genannt werden (Phdr. 248d5: *polemikou kai archikou*), ebenso geht es in Rep. 550b6 um das »Streitsüchtige und Zornartige« *(philonikô kai thymoeidei)*. Eine noch klarere, knappe Charakterisierung findet sich etwas später, in 581a10–11: Das Zornartige (Ehrliebende, Streitlustige) geht auf das Herrschen, Siegen und Berühmtsein. Dabei werden in Rep. 586c7–d1 verschiedene Spielarten des *thymos* unterschieden: Dem Ehrgeiz *(philotimia)* wird als begleitendes Gefühl der Neid zugeordnet, der *philonikia* als Mittel ihrer Umsetzung die Gewalt[41].

Warum scheinen eine kämpferische Natur, die Streitsucht bzw. wörtlich das Verlangen, zu siegen *(philonikia)* eng mit Ehrgeiz (eigentlich *philotimia*) in Zusammenhang zu stehen? Die Antwort liegt auf der Hand: Ehre und Lob gebührt den Siegern, sei es in Disputen, in der

---

[39] Wobei diese beiden Professionen, wie schon in 6.1.2 erwähnt, meist zusammenfallen.
[40] An dieser Stelle wird die *philonikia* den *epithymiai* gegenübergestellt und von Schleiermacher, vielleicht analog zur Gegenüberstellung von *thymoeides* und *epithymêtikon* in der *Politeia*, mit »Ehrgeiz« übersetzt (dafür entscheidet sich auch Schöpsdau in Lg. 677b7, wo sie zusammen mit *pleonexia* genannt wird). An anderen Stellen wird *philonikia* etwa mit »Streitlust« (Parm. 128d7), ebenso wie der *thymos* mit »Eifer« (Lach. 194a8), »Recht behalten« (Gorg. 515b5) oder »Wetteifer« (Pol. 294d6; so Schleiermacher; in der Übertragung von Friedo Ricken findet sich »Ehrgeiz«) wiedergegeben.
[41] Eine dritte, bisweilen mit dem Zorn verknüpfte Eigenschaft, die *dyskolia* als »Ungeschlachtheit« (586c8) oder »unfreundliches Wesen« (590b1) wird weniger häufig erwähnt.

6. Die Rolle der Ehre – Der Philosoph und die soziale Anerkennung

Politik, im sportlichen oder kriegerischen (Wett-)Kampf. Ruhm erhält der Bessere, derjenige, der sich vor anderen durch eine bestimmte Leistung auszeichnet[42].

Zunächst zum Sieg im Disput: Im *Gorgias* wird das Streben nach Ehre (hier: *philonikia*) im Zusammenhang des Sinns und Zwecks von Gesprächen *(logoi)* erwähnt:

> Ich denke, Gorgias, auch du wirst schon vielen Unterredungen beigewohnt und dieses dabei bemerkt haben, daß nicht leicht eine Zusammenkunft so auseinander gehen kann, daß sie dasjenige, worüber sie zu sprechen unternahmen, gemeinschaftlich bestimmt und so einander belehrt und voneinander gelernt hätten; vielmehr, wenn sie über etwas uneins sind und einer den anderen beschuldigt, er rede nicht richtig oder nicht bestimmt, so erzürnen sie sich und meinen, der andere sage so etwas aus Mißgunst gegen sie, weil er nämlich nur um seine Ehre sich ereifere *(philonikountas)* beim Gespräch, nicht aber den vorliegenden Gegenstand suche. (Gorg. 457c5–d5)

Entweder hat der im Gespräch behandelte Gegenstand höchste Priorität – dann müsste man eigene Meinungen darüber aufgeben, sobald sie nicht der Wahrheit entsprechen. Oder man verteidigt die eigene Meinung unabhängig von ihrer Richtigkeit, weil man siegen bzw. Recht behalten will. Sich der Widerlegung der eigenen, falschen Meinungen zu entziehen, verhindert jedoch, dass man von ihnen befreit werden kann – was laut Sokrates ein höheres Gut wäre, als andere davon zu befreien. Gorgias stimmt ihm an dieser Stelle zu, Kallikles stellt später allerdings sogar Sokrates' eigene Intentionen in Frage: Auch er sei *philonikos*, erliege der Sieg- oder Ehrbegierde (Gorg. 515b5) und strebe nach dem Sieg in Gesprächen wie in demjenigen, das sie gerade führen. Gegen diesen Vorwurf kann Sokrates lediglich beteuern, dass es ihm um die Sache geht; er will tatsächlich die Meinung des Kallikles in Bezug auf die Verwaltung der *polis* erfahren.

---

[42] Eine Feinabstufung und Bewertung innerhalb verschiedener Arten von Leistungen auszumachen, fällt schwer. Der timokratische Mensch in Rep. 549a4–7 möchte »nicht wegen des Redens« – wofür er auch keine Begabung hat –, sondern wegen kriegerischer Taten herrschen. Hier spiegelt sich unter Umständen die gleiche Differenzierung wie im *Phaidros*. Der hauptsächlich mit Reden befasste Politiker wird erst an dritter Stelle genannt, während der Kriegerische oder Herrschende an zweiter Stelle steht (Phdr. 248d4–5). Wenn man aber die Geldliebe – zumindest des älter gewordenen (Rep. 549b1) – Timokraten betrachtet, würde er sich dann doch auf die Stufe der Politiker im *Phaidros* – auf der nämlich außerdem die Händler stehen (Phdr. 248d6), hinab begeben.

Ehre im Kontext von Wettkampf und Macht – *philotimia* und *philonikia*

Im *Symposion* werden noch weitere, friedliche Wege genannt, um Ehre, und zwar möglichst in Form *unsterblichen* Ruhms, zu erwerben (Symp. 208c1–e2). Die Menschen besitzen einen gewaltigen Trieb (*deinôs erôti*, Symp. 208c5), berühmt zu werden und sich einen unsterblichen Namen zu machen. Ebenso wie der tyrannische Eros kann dieser Trieb außerordentlich stark werden, stärker als die Liebe zu den Kindern, die Liebe zum Besitz und die Furcht vor dem Tod: Die Ehrliebenden, so Diotima, nehmen mehr Gefahren auf sich, als sie es für ihre Kinder tun würden, veräußern ihren Besitz, um Ehre zu erlangen, und sterben sogar für dieses Ziel (Symp. 208c6–d2). Es scheint nicht in erster Linie um die Tugend zu gehen (in diesem Falle wohl die Tapferkeit), sondern vor allem um die Erinnerung, den Ruhm, den ihre Tugend mit sich bringt (Symp. 208d6). In Symp. 209c8–e5 werden ferner geistige Erzeugnisse, beispielsweise die der Dichter (wie Homer und Hesiod) und Gesetzgeber (wie Lykurg und Solon), genannt, die ihren Schöpfern unsterblichen Ruhm und Andenken sichern.

Sogar die Philosophie kann leicht dem Streben nach Ehre untergeordnet werden. Eine interessante Gestalt in diesem Zusammenhang ist der schon erwähnte Euenos, der für Geld Tugend lehrt (Apol. 20b4–c1), Gedichte schreibt und Sokrates' Konkurrenz zu fürchten scheint (Phd. 60d8–e1) – ebenso wie auch den Tod, was ihn als Philosoph diskreditiert (vgl. 8.1), wiewohl er zunächst als solcher vorgestellt wurde. Unter Umständen steht er hier, ganz im Kontrast zu Sokrates, für einen der ehrliebenden ›Möchtegern-Philosophen‹, der die existentielle Dimension und den Stellenwert, den Philosophie eigentlich haben sollte, nicht verstanden hat.[43]

Eine aufschlussreiche Stelle zum Thema findet sich außerdem in

---

[43] Vgl. zur Diskussion Ebert 2001 und Ebert 2004, 111–113. Wird Euenos insgesamt positiv dargestellt, z. B. schon durch die Erwähnung des vergleichsweise niedrigen Honorars, das er von seinen Schülern fordert? Laut Apol. 20b9 nahm er 5 Minen. Diogenes Laertios berichtet, dass Protagoras 100 Minen nahm (Diog. Laert. IX 52); auch Zenon nahm, wie aus Alk. I 119a5–6 hervorgeht, 100 Minen. T. Ebert hält ein Honorar von 5 Minen für einen »Newcomer« wie Euenos jedoch für »durchaus erklecklich« (vgl. Ebert 2004, 111, Fußnote 27). Dafür, dass Euenos kein wahrer Philosoph ist, spricht vieles. In der *Apologie* bezeichnet Sokrates auch die Sophisten pauschal als »Philosophierende« (Apol. 23d4). In Phdr. 267a2–6 wird Euenos eher negativ unter die findigen Redner gezählt. Selbst wenn er formell zur pythagoreischen Gemeinschaft gehört haben könnte (so Ebert 2001, 427), bleibt die Interpretation, dass seine Person als Negativfolie für die des Sokrates dient, gültig. Ganz im Gegensatz zu ihm lebt Euenos übrigens auch an pythagoreisch-philosophischen Standards vorbei (vgl. *ebd.*, 428).

6. Die Rolle der Ehre – Der Philosoph und die soziale Anerkennung

Tim. 87e7–88a7: Derjenige, bei dem die Seele stärker als der Körper und von sehr heftiger/zorniger *(perithymôs)* Natur ist, scheint es mit Studien und Untersuchungen zu übertreiben. Er unterrichtet, öffentlich oder privat und kämpft solange »mit Zank und Ehrgeiz« (*di' eridôn kai philonikias*, Tim. 88a4), bis er krank wird. Selbst das eigentlich »göttlichste« (Tim. 88b2) Verlangen im Menschen, das nach Einsicht, kann, unter Mitwirkung oder sogar Leitung der sich verselbstständigenden Ehrbegierde, wie die Wortwahl in Tim. 88a1 *(perithymôs)* und Tim. 88a4 *(philonikias)* ahnen lässt, schädlich werden. Es zeigt sich hier eine erste, harmlosere Variante übersteigerter Ehrbegierde: Erfolge werden unter Aufbietung aller Kräfte erzielt, ohne Rücksicht auf z. B. die Gesundheit des Ehrliebenden. Die nicht so harmlose, zweite Variante besteht in der Verselbstständigung des Strebens nach Ehre, das sich zum Machtstreben wandelt. Wie das Streben nach Macht, d. h. danach, über andere Menschen zu herrschen, mit dem Verlangen nach Ehre zusammenhängt, ist allerdings schwerer zu begreifen.

6.2.2. Philarchoi kai philotimoi – *Das Streben nach Macht um der Macht willen*

Die Ehrbegierde scheint ihre Erfüllung nicht nur in Erfolgen wie einem Sieg im Wettkampf oder einem gewonnenen Krieg zu finden, sondern bereits in der bloßen Fähigkeit, Menschen dem eigenen Willen unterwerfen zu können bzw. in der Besetzung einer gesellschaftlichen Machtposition. Sie richtet sich auf das Herrschen (*kratein*, Rep. 581a10). Auch in Phd. 82c7–8 werden die »Herrschsüchtigen und Ehrsüchtigen« *(philarchoi kai philotimoi)*[44] in einem Atemzug genannt. Wie in 6.1.3 vermutet, kann der in Phdr. 248d5 genannte »Kriegerische und Herrschende« mit dem Ehrliebenden identifiziert werden, der in der Rangfolge immerhin an zweiter Stelle steht. Er scheint jedenfalls nicht identisch zu sein mit dem an letzter Stelle genannten Tyrannen (Phdr. 248e4), welcher, wie in der *Politeia* geschildert wird[45], zwar herrschen möchte, aber eigentlich nicht dazu fähig ist. Mehrere Motive für

---

[44] Diese Wendung kommt bei Platon nur noch einmal vor, in adjektivischer Form bei der Beschreibung des timokratischen Menschen in *Politeia* VIII, welcher »ehrgeizig und begierig nach obrigkeitlichen Ämtern« (Rep. 549a4: φίλαρχος δὲ καὶ φιλότιμος) ist.
[45] Vgl. die ausführliche Diskussion im nächsten Abschnitt 6.2.4. sowie 6.5.1.

das Anstreben einer Machtposition und mehrere Weisen, diese zu besetzen, sind denkbar:

a) Echte Erfolge, größeres Publikum. Grundsätzlich ist eine hohe gesellschaftliche Position dazu geeignet, mehr Ehrbezeugungen von anderen zu erhalten, weil Erfolge von einer größeren Menge von Menschen wahrgenommen werden.

b) Keine Erfolge, bloße Wirkung der Position. Auch bereits das bloße *Innehaben* einer solchen Position hat Anerkennung zur Folge, gilt anderen als Erfolg, als Auszeichnung schlechthin. Der Aristokrat muss nichts leisten, von Geburt an nimmt er eine von anderen bewunderte und bisweilen beneidete Stellung ein[46]. Hierin aber liegt eine Gefahr. Verselbstständigt sich das Streben nach Macht, so werden überhaupt keine tapferen Leistungen mehr vollbracht, keine geistigen Erzeugnisse (wie die in Symp. 209c8–e5 genannten) mehr produziert. Erfolge werden vielmehr, falls nötig, vorgespiegelt, es wird gekämpft, bestochen, notfalls werden die Rivalen getötet, um schließlich die gewünschte Position, die gewünschte Auszeichnung zu erreichen.

c) Keine Erfolge, erzwungene Anerkennung. In der tyrannischen Seele kann das Streben danach, eine herausgehobene Stellung in der Gesellschaft zu erreichen, in noch höherem Maße pervertiert werden und überborden in das Ziel, den Willen anderer Menschen seinem eigenen Willen zu unterwerfen. Für den Tyrannen gibt es nur noch ihn selbst und seine Zwecke. Die anderen haben ihn nicht nur als Gleichberechtigten anzuerkennen, sondern sich ihm, als dem in jeder Hinsicht Besten, unterzuordnen, ihm gehorsam zu sein. Ihren Respekt, ihre ›Anerkennung‹ möchte er sich gewaltsam erwerben. Er fordert sie durch eine Furcht- und Schreckensherrschaft ein. Allein, dass andere ihm dienen, scheint ihn glücklich zu machen (so Thrasymachos in Rep. 343c7–8), wenn sie ihm dabei auch sicherlich keine aufrichtige Anerkennung zollen[47]. Erkaufte oder erzwungene Anerkennung ist aber auf Dauer

---

[46] Auch den Stolz auf die familiäre Herkunft greift Platon des Öfteren an (z.B. in Tht. 173d6–8).
[47] Ausgenommen ›Tyrannen *in spe*‹ wie Thrasymachos oder Kallikles, die den Tyrannen als bewundernswert darstellen (Rep. 344a1–c9). Allerdings sind auch sie weit davon ent-

6. Die Rolle der Ehre – Der Philosoph und die soziale Anerkennung

nicht befriedigend. Verzweifelt und erfolglos versucht z. B. Dionysios II., der als äußerst ehrgeizig und auf seinen Ruf bedacht dargestellt wird (Ep. VII 338d6–e4), sich die »echte«, d. h. freiwillige Anerkennung und Freundschaft Platons zu erwerben:

> Ja, er behandelte mich mit der Zeit immer freundlicher … wollte jedoch, daß ich ihn mehr als Dion anerkenne *(epainein)* und ihn mit Abstand vor ihm für meinen Freund halte, und ein Sieg in dieser Hinsicht war ihm erstaunlich wichtig. (Ep. VII 330a3–7)

Dionysios hat zudem keine Skrupel, sich mit Erkenntnissen und Werken anderer zu brüsten (Ep. VII 341b3–5) – wiewohl die Schülerschaft bei Platon bekannt war (Ep. VII 338d5–6). Sich deutlich zu distanzieren von den Schriften des Dionysios[48] mag vielleicht sogar das Hauptanliegen der von den Interpreten zu Platons Schriftkritik gezählten Stellen sein.

Von anderen mit seinen Leistungen und seiner Persönlichkeit wahrgenommen werden zu wollen, ist ein berechtigtes, vielleicht sogar angeborenes Bedürfnis. Eine Anerkennung, der gar keine Leistung entspricht, gründet sich aber auf nur Scheinbares, eigentlich nicht Vorhandenes. Oft müssen andere getäuscht werden, um sie zu erhalten. Diese Leerheit, die fehlende Grundlage der Anerkennung, macht b) und c) zur moralisch fragwürdigen Motivation; es handelt sich um Betrug. Auch hinter a) kann allerdings übersteigerte Ehrbegierde stecken. Für den Philosophen ist nicht die Quantität der Ehrbezeugung, sondern die Qualität, die Quelle der Anerkennung entscheidend (vgl. 6.1.3). Eine Position dagegen um ihrer selbst willen zu erstreben oder gar deshalb, weil sie einem Macht gibt, über andere zu gebieten, ist Kennzeichen einer Verkehrung der Prioritäten in der Seele, einer Herrschaft des *thymos*.

---

fernt, ihm zu dienen oder seine Herrschaft anzuerkennen. Im Gegenteil dient er ihnen als Vorbild, selbst zum Tyrannen zu werden ist ihr Ziel.

[48] Auf diesen wichtigen Kontext macht auch v. Fritz 1966, 118f. aufmerksam. Die Schriftkritik folgt direkt auf die Kritik an Tätigkeit und Verhalten des Dionysios.

6.2.3. Gorgias – *Grenzen der Ehrbegierde und der Umschlag in die Tyrannei (Archelaos)*

Ein gutes Beispiel dafür, ganz unabhängig von seinen Leistungen herrschen zu wollen, verkörpert Kallikles im *Gorgias*[49]. Er kann nicht einmal begründen, worin genau sich der »Bessere«, dem Herrschaft und Reichtum seiner Meinung nach mehr als anderen gebühren, auszeichnen sollte – die Natur selbst offenbare dies, so Kallikles (*physis autê apophainei*, 483d1–4). Anders als das »mehr haben wollen« des Besitzgierigen, das er freilich auch für sich in Anspruch nimmt *(ebd.)*, steht beim Streben nach Ämtern das – vor allem in den Augen anderer – ›mehr *sein* wollen‹ im Vordergrund. Gerade wenn es objektiv gesehen keinen Grund für eine Auszeichnung gibt, ist es umso wichtiger, dass sie von außen – in diesem Falle vom Volk – immer wieder bestätigt wird. Dem Ehrbegierigen bleibt nur die Ehre, die ihm von anderen entgegengebracht wird, und genau diese fragile Hülle der Anerkennung von außen wird von Sokrates immer wieder auf ihre Berechtigung hin hinterfragt (vgl. Kapitel 4). Wird die Redekunst tatsächlich als Schmeichelei entlarvt[50], so wäre die Anerkennung dahin, worauf Polos, bereits etwas gereizt, auch abzielt in seiner Frage:

Scheinen dir denn in den Staaten die ausgezeichneten Redner wie Schmeichler schlecht geachtet *(phauloi nomizesthai)* zu werden? (Gorg. 466a9–10)

Sokrates behauptet daraufhin, sie würden überhaupt nicht geachtet – sondern lediglich gefürchtet, möchte man ihn ergänzen[51], da Polos gleich entgegnet, sie hätten doch immerhin »wie die Tyrannen« (466b12) Macht, zu töten, wen sie wollen, zu verbannen und zu berauben. Hier scheint sich unversehens das Ziel, wenn nicht gar die Art und Weise des Strebens zu verändern. Das Streben nach Ehre und Anerkennung mag zwar hinter dem Streben nach Herrschaft und Machtaus-

---

[49] Kallikles ist daher kaum, wie A. J. Festugière annimmt, als Person zu sehen, die Platon insgeheim – da er die gleichen inneren Kämpfe ausgefochten hat wie dieser – sympathisch ist (vgl. Festugière 1936, 386f.).

[50] Wie es Gorgias in ihrer Beschreibung als Überredung der Menge in 452e7 bereits selbst andeutet, und Kallikles in 484d3–7 mehr oder weniger offen propagiert.

[51] Dass die Diskussion leider rasch wieder weggeführt vom Thema der Anerkennung, liegt daran, dass sich Platon an dieser Stelle entscheidet, anhand der Aussage des Polos, die Tyrannen könnten tun, was sie wollen (466b12–c2) zu ihm vermutlich wichtigeren Thematik der Besonnenheit überzugehen.

6. Die Rolle der Ehre – Der Philosoph und die soziale Anerkennung

übung stecken, führt aber nicht zum Ziel. Machtausübung bringt andere auf offene, Schmeichelei auf subtilere Weise dazu, zu tun, was man will – beides resultiert aber kaum in echter Anerkennung. Denkbar ist ein gradueller Übergang: Bleiben die Leistungen aus, die Anerkennung zur Folge hätten, so wird zu unlauteren Mitteln gegriffen. Sind subtilere Mittel wie Bestechung oder Schmeichelei zu schwach, so wird die eigene Position in der Gesellschaft mit Gewalt gesichert. Polos' Idealbild, der Tyrann Archelaos, der sich vom Knecht zum Herrscher hocharbeitet, gelangt zu nur zweifelhaftem ›Ruhm‹, der sich in Form von Furcht und Schrecken äußert. Die freiwillige Anerkennung, die einem ›Besseren‹ oder ›Klügeren‹ zu Teil wird, wird durch die erzwungene des ›Stärkeren‹ ersetzt. Dass der Ehrliebende und der Tyrann, wiewohl er zu Beginn seiner Entwicklung noch von Ehrbegierde gekennzeichnet sein mag, keineswegs identisch sind, möchte ich im Folgenden anhand der *Politeia* zeigen.

6.2.4. Politeia – *Der verkannte Gerechte und das Ansehen des Tyrannen*

Zu Beginn des ersten Buches der *Politeia* wird das gute Leben in Bezug gesetzt zum gerechten Leben: Wer gerecht und fromm gelebt hat (331a4), so die verbreitete Meinung, die Kephalos unter Rückgriff auf Pindar vertritt, wird im Jenseits keine Strafe leiden. Reich zu sein ist demgegenüber für ein gutes, glückliches Leben sekundär (vgl. 5.4.1).

6.2.4.1. Das Glück des Tyrannen laut Thrasymachos

Dass der Gerechte glücklicher lebt als der Ungerechte, wird vom jungen Thrasymachos kurz darauf anhand des Beispiels eines »vollendet« Ungerechten, eben des Tyrannen, bestritten (343e1–344c9). Warum das Leben des Tyrannen erstrebenswert ist, begründet er ähnlich wie schon Kallikles im *Gorgias:* Der Tyrann ist mächtig, reich und anerkannt in der *polis*. Es lässt sich jedoch eine Akzentverschiebung gegenüber der Schilderung der tyrannischen Lebensweise im *Gorgias* beobachten: Das Thema Ehre bzw. Ruhm spielt in dieser und der darauf folgenden Erzählung vom Ring des Gyges eine größere Rolle.

Der Tyrann, so Thrasymachos, bewahrt das Wohlwollen seines häuslichen und verwandtschaftlichen Umfelds, da er den Menschen, die ihn umgeben, ohne Rücksicht auf Gerechtigkeit gefällig sein kann (343e5–7). Er geht nicht wie der von Polos bewunderte Archelaos gegen die eigenen Verwandten vor (Gorg. 471b1–c6), sein Reichtum ermöglicht ihm vielmehr, ihnen Geschenke zu machen. Er greift damit zum bereits erwähnten Mittel der subtileren Einflussnahme, der Schmeichelei. Aber auch er eignet sich fremde Güter (wohl die von ihm weniger nahestehenden Personen) an, beherrscht und versklavt seine Mitbürger. So erlangt er Reichtum, ohne dafür bestraft zu werden und alle erdenklichen Vorteile für sich (343d1–344b3). Dies macht ihn zu einem äußerst glückseligen (*eudaimones kai makarioi*, 344b8) Menschen. Sowohl die Anerkennung, zumindest seines engeren Umfeldes, die Macht über die übrigen Bürger, als auch sein Reichtum werden hierfür als Hauptursachen genannt.

Sokrates greift in seiner Antwort nur zwei Gesichtspunkte heraus: Nicht aus Ehrgeiz *(philotimia)* oder Geldgier *(philargyron)*[52] – zwei Charakterzüge, die allgemein als schändlich gelten (347b1–3) – möchten die Guten herrschen. Sie machen sich nichts daraus und müssen sogar gezwungen werden, zu regieren (vgl. 6.4.3.2). Geld verschmähen sie, wie es scheint, nicht nur aus moralischen Gründen, sondern auch aus Freiheitsliebe: Sie wollen weder Betrüger, die unter der Hand Gewinn machen, noch Söldner sein. Dass sie nicht nach Ehre streben, liegt daran, so bemerkt Sokrates hier lapidar, dass sie eben nicht ehrgeizig sind (347b9).

Warum aber das Leben der Gerechten besser, d. h. an dieser Stelle vor allem förderlicher oder nützlicher (348b9) sein soll als dasjenige der Ungerechten (347e4–5), bleibt vorerst ungeklärt. Glaukon und Adeimantos machen die These des Thrasymachos aus methodischen Gründen (358d2–7) sogar zunächst noch stärker. Um zu zeigen, dass Gerechtigkeit um ihrer selbst willen gewählt werden sollte, müssen ihr Lohn und ihre Folgen ausgeklammert werden (358b6–7). Was wäre, wenn, so das Gedankenexperiment des Glaukon, der Gerechte von seiner Umgebung keinerlei Lohn, sondern im Gegenteil nur Nachteile erfahren würde, der Ungerechte andererseits alle erdenklichen Vorteile? Diese Frage führt zu einer – nach Archelaos und dem Tyrannen des Thrasymachos dritten – Schilderung einer tyrannischen Lebensweise.

---

[52] Geld (bzw. Gaben) und Ehren werden oft in einem Atemzug genannt. Wenn es darum geht, jemanden zu belohnen, erhält dieser beides (361c1).

6. Die Rolle der Ehre – Der Philosoph und die soziale Anerkennung

6.2.4.2. Der Ring des Gyges (359b7–360d8) – Verborgen vor den Augen der andern

In dem von Thrasymachos gezeichneten Idealbild des Tyrannen führt die Versklavung der Bürger nur zu einer zweifelhaften Sicherheit, einer Anerkennung, die auf Furcht und Schrecken beruht. Sie ist ebenso fragil wie die des im *Gorgias* gepriesenen Tyrannen Archelaos. Die Unterdrückten könnten sich wehren und diese Tyrannen für ihre Frevel strafen, sobald sie die Möglichkeit dazu hätten. Im nun von Glaukon zur Diskussion gestellten Gedankenexperiment, der Erzählung vom Ring des Gyges, entzieht sich der Ungerechte dagegen jeglicher Strafe. Der Ring besitzt die Kraft, seinen Träger unsichtbar zu machen – alles, was Gyges tut, bleibt anderen verborgen. Und prompt begeht er, der vorher als unscheinbarer Hirte gelebt hat, eine Reihe von Verbrechen bis hin zum Königsmord, der ihm schließlich die der Tyrannis entsprechende[53] Herrschaftsposition sichert. Die Gerechten, so die damit begründete These (359a8–c1 und 360c5–8), handeln nur aufgrund der Umstände gerecht, wenn und weil sie unfähig sind, das Ungerechte zu tun. Eigentlich sind aber auch sie der jedem Menschen eigenen und scheinbar angeborenen *pleonexia*, dem Mehrhabenwollen (359c5), verfallen. Sie würden, besäßen sie einen Ring wie Gyges, ebenso handeln wie er.

Wie schon bei der Schilderung des Thrasymachos ist im Hinblick auf unsere Thematik zu fragen, warum das Leben des ungerechten Tyrannen glücklicher ist als das des Gerechten. Interessanterweise begründet Glaukon dies ganz ausdrücklich mit Bezug auf Ruhm und Anerkennung, die neben den Gaben den Lohn des unbemerkt Ungerechten ausmachen (*timai kai dôreai*, 361c1). Gyges handelt ungerecht, wird von den Menschen aber dennoch geachtet, ja sogar geehrt. Dies geschieht aber weder, weil er sie versklavt (worauf Kallikles den Akzent setzte), noch weil er sie – zumindest, was sein nächstes Umfeld angeht – besticht (wie der Tyrann des Thrasymachos), sondern weil er ihnen tatsächlich ein Gerechter zu sein *scheint*. Hier erst ist die Täuschung gelungen, die entgegengebrachte Anerkennung echt. Und hier erst wird die äußerste Form der Ungerechtigkeit erreicht (361a5–6). Der Ungerechte stellt, vor anderen, das Gegenteil dar von dem, was er tatsächlich ist. Sein Ruf als Gerechter ist es, der auch seine Herrschaft in der *polis*

---

[53] Vom Tyrannen wird im Absatz nicht wörtlich gesprochen. Unter die Definition der Tyrannei in 344a6–b1, sich nicht im Kleinen fremde Güter anzueignen, sondern »gleich insgesamt alles«, fällt das Vorgehen des Gyges aber in jedem Fall.

stützt (362b2). Wie schon der Tyrann des Thrasymachos nutzt er zudem die Möglichkeit, seine Freunde zu begünstigen und seinen Feinden zu schaden. Er kann sich aussuchen, mit wem und auf welche Weise er seine Zeit verbringen will (362b3–4[54]). Die Meinung anderer, der gute Ruf, den bereits der Schein der Gerechtigkeit bewirkt, wird allgemein gelobt, nicht die Gerechtigkeit selbst (363a2–3). Doch der Ruf bei anderen Menschen stellt, so interveniert Adeimantos, noch nicht den wichtigsten Gesichtspunkt dar. Was die Götter von jemandem halten, wie sie ihn beurteilen, ist außerdem entscheidend (364b2–6). Die Götter aber sind, so ergänzt er unter Berufung auf die Dichter, selbst nicht immer gerecht und teilen dem Guten auch bisweilen Übles zu. Auch sie sind bestechlich und wer nur genug opfert, entgeht der Strafe. Das Wichtigste für ein glückliches, »göttliches« Leben ist, so das Fazit, sich den Schein der Gerechtigkeit (365b7–8) zu verschaffen, der wiederum Anerkennung bei Menschen und Göttern nach sich zieht. Umgekehrt bewirkt die *kakodoxia* (361c5), die üble Nachrede, dass der Gerechte sein ganzes Leben lang erscheint wie ein Ungerechter, der schließlich grausam gefoltert und umgebracht wird (361e3–362a3). Die Frage nach Ansehen und der eigenen Stellung in der *polis* wird hier zur existentiellen Frage. Ein guter oder schlechter Ruf kann über Leben und Tod entscheiden. Warum ist der Tyrann aber, wofür im Folgenden argumentiert werden soll, dennoch nicht identisch mit dem Ehrbegierigen?

6.2.4.3. Das Streben des Tyrannen – Ehre oder Lust?

Als eines der entscheidenden Merkmale des timokratischen Menschen wurde in 5.4.7.3 und 6.1.5 seine Instabilität herausgearbeitet. Ein charakterlicher Verfall könnte sich ohne weiteres auch innerhalb eines Lebens, nicht nur zwischen Generationen, ereignen. Der Timokrat neigt dazu, irgendwann die Begierden, zunächst die nach Reichtum, dann, der Sparsamkeit überdrüssig, alle möglichen Begierden an die oberste Stelle zu setzen. Erst die Herrschaft des tyrannischen Eros als alleinigem, durch nichts mehr zurückgehaltenen Selbstherrscher (*monarchos*, 575a3) in der Seele kennzeichnet aber den Tiefpunkt des Verfalls. Während der Demokrat noch eine gewisse Freiheit darin hatte, welche Be-

---

[54] Diese Darstellung richtet sich vermutlich gegen den vorherigen Einwand des Sokrates, dass der Ungerechte unfähig zur Freundschaft sei, oder auch nur dazu, gemeinschaftlich etwas auszurichten (351d4–352b3).

6. Die Rolle der Ehre – Der Philosoph und die soziale Anerkennung

gierde er zuerst befriedigt, gute Begierden sowie ein Schambewusstsein besitzt, fehlt all dies der Seele des Tyrannen (560d3–8 und 573b2–5). Schamlos befriedigt er, ohne mehr Herr seiner selbst zu sein, all seine niedersten Begierden. Hat die tyrannische Lebensweise, wie sie in diesem Kontext geschildert wird, noch etwas mit dem Streben nach Ehre zu tun, und wenn ja, welchen Stellenwert nimmt die Ehre ein[55]? Es wurde bereits bemerkt, dass der Tyrann unter Umständen einer pervertierten Ehrbegierde unterliegt, die sich als Herrschsucht äußert. Die Hybris des Größenwahnsinnigen, der sich wähnt, nicht nur über Menschen, sondern sogar über Götter herrschen zu können (573c3–5) und dessen Gemütszustand dem tyrannischen Gemüt entspricht, ist hierfür ein Indiz. Im von Glaukon entworfenen Bild des Tyrannen hatte es noch den Anschein, als gehöre Ehre wesentlich zu seinem Glück.

In der Untersuchung in Buch IX korrigiert Sokrates dieses Bild. Dass dem Tyrannen Ehre im Sinne einer Anerkennung seiner selbst oder durch andere eigentlich nichts bedeutet, zeigt sich an seiner Wandelbarkeit. Er kämpft nicht für bestimmte Ämter, sondern unterliegt wechselnden, körperbezogenen Leidenschaften, die er auch unter Anwendung von Gewalt befriedigt. Gelingt dies nicht in einer Machtposition, kann er nicht Despot sein, so lässt er sich auch dazu herab, zu dienen (576a5). Wenn er die Herrschaft im Staat nicht erlangt, so zieht er zumindest im Dienst eines anderen in den Krieg; dort kann er seine Leidenschaften in weitgehend gesetzlosem Rahmen ausleben. Nicht also das Machtstreben nimmt im Fall des Tyrannen den obersten Stellenwert ein. Schmeichelei und Unterordnung sind, wie auch das Herrschen, äquivalente Mittel zum Zweck (576a4–6). Prädestiniert ist er für die Laufbahn eines Verbrechers (575b6–9); herrscht er aber tatsächlich im Staat, dann gleichzeitig als Sklave wie Tyrann (579d9–10).

Die Ehre und das ihr in der *Politeia* zugeordnete Seelenvermögen, das *thymoeides*, besitzen in der tyrannischen Seele einen ebenso untergeordneten Stellenwert wie die Vernunft. Das Verlangen nach Ehre spielt keine Rolle mehr, da es bereits – worauf die Erwähnung der Empfänglichkeit für Scham, die dem *thymos* außerdem zuzuordnen ist, hinweist – zu Beginn der Entstehung des tyrannischen Charakters mit den anderen, »gutartigen« Begierden aus der Seele geworfen wurde (573b2–5). Der bis zur Unkenntlichkeit umgestaltete *thymos*, vormals

---

[55] Dass man bei der Beschreibung des Tyrannen auch den *thymos* als Herrscher in der Seele erwarten könnte, bemerkt Ludwig 2007, 203.

noch Helfer der Vernunft, fungiert in Form des Machtstrebens nur noch als bloßes, leicht austauschbares Mittel zur Befriedigung übermächtiger, suchtartiger Begierden in der Seele. Weder ist der Tyrann also, wie von Thrasymachos anfangs angenommen, faktisch geachtet – im Gegenteil hat er viel damit zu tun, die ihn umgebenden Feinde zu besänftigen (579a1–e6) – noch wird diese Achtung von ihm selbst besonders hoch gewertet[56]. Er könnte genauso gut ein anderes Leben führen, das eines Söldners oder eines Verbrechers. Der Ehrliebende unterscheidet sich daher erheblich vom Tyrannen, der ein in exzessiver Weise auf Lust ausgerichtetes Leben führt[57]. Das Leben des Ehrliebenden ist, wie aus der Bewertung des Timokraten in *Politeia* (6.1.5) und der Rangfolge der *bioi* im *Phaidros* (6.1.3) gleichermaßen deutlich wird, nicht das am schlechtesten bewertete Leben, allerdings auch nicht das beste.

6.3. Der Gegenentwurf: Sokrates' Projekt der Bescheidenheit

6.3.1. Die Frage nach der Quelle der Anerkennung

Bisher wurde das Leben des Ehrliebenden vom Leben des Hedonisten (6.1), insbesondere auch vom Leben des Tyrannen (6.2), abgegrenzt. Um nun die Abgrenzung zur anderen, positiven Seite hin, den Unterschied zwischen Ehrliebendem und Philosophen, genauer zu bestimmen, möchte ich zunächst auf die Quelle der Anerkennung, dann auf Sokrates' eigenes Verhalten eingehen. Nicht nur die bereits besprochene, mangelnde Differenzierung in Bezug auf die Art und Weise, *wie* man Anerkennung erhält (6.2.1, 6.2.2), sondern auch die mangelnde Differenzierung in Bezug auf die Quelle der Anerkennung, d. h. *von wem* man sie erhält, unterscheidet Ehrliebende von Philosophen[58].

---

[56] Vermutlich wird der Tyrann daher auch nicht von Selbstzweifeln und Selbstverachtung geplagt, wie Pfannkuche annimmt (vgl. Pfannkuche 1988, 207). Dies würde die Fähigkeit zur Selbstreflexion nach den Maßstäben des *thymoeides*, die in seiner Seele aber nicht mehr vorhanden bzw. intakt sind, voraussetzen.

[57] Dieser Befund passt auch zur historischen Beobachtung A. Alföldis, dass das Tyrannenbild in Athen orientalisch gefärbt sei (vgl. Alföldi 1953, 11f.). Es wird häufig mit ausschweifendem Reichtum und weichlicher Lebensart assoziiert, die mit Grausamkeit gepaart ist wie beim von Aristoteles in EN 1095b22 erwähnten Sardanapal.

[58] Genau hier sieht auch Wilberding das spezifische Kennzeichen der Timokraten: »The *philotimos* is indeed someone who desires all kinds of honor from all kinds of people.«

6. Die Rolle der Ehre – Der Philosoph und die soziale Anerkennung

Wer verleiht Anerkennung? Häufig wird das Volk genannt, die Menge der Bürger, die diese dem Politiker zukommen lässt (z. B. von Alkibiades in Symp. 216b5). Sokrates kritisiert das Streben nach Anerkennung aus dieser Quelle, ebenso häufig, scharf. Die Meinung der Menge hat den Philosophen wenig zu kümmern. Das richtige Streben nach Ehre zeichnet sich unter anderem dadurch aus, dass man nicht von jedem Menschen geehrt werden möchte – wie es die *philotimoi* tun, die nicht differenzieren (Rep. 475a10–b3). Nicht vor dem Urteil der Vielen sollte man Furcht haben, sondern, wenn überhaupt, dann davor, vor wenigen Weisen schlecht dazustehen (Symp. 194c5–d1; vgl. auch Krit. 44c6–9). Den Agathon hält Sokrates für jemanden, der – zumindest in dieser Hinsicht – die Prioritäten richtig setzt. Er weiß zu unterscheiden zwischen dem Urteil der Menge und dem der »wenigen Einsichtsvollen« (Symp. 194b6–c1). Das Urteil der Menge ist vergleichsweise leicht zu verdienen, da hier eine Reihe an kontingenten Faktoren eine Rolle spielt. Ehrlosigkeit und Armut sind miteinander verknüpft: Der Arme lebt ehrlos im Staat (Gorg. 486c1–3), Reichtum führt dagegen oft schon durch sein bloßes Vorhandensein, genau wie das Besetzen einer gesellschaftlichen Machtposition, zu Anerkennung (vgl. 6.1.5). Sokrates' faktische Armut illustriert, aufgrund dieses Zusammenhangs, zumindest *auch* seine Unabhängigkeit von gesellschaftlichen Erwartungen, nicht nur von körperlichen Begierden, die sich mit Geld befriedigen ließen (vgl. 5.4.1). Neben der Anerkennung der Bürger in der *polis* steht in diesem Fall auch besonders die von Nachbarn und Verwandten in Frage, die Armut als erste sanktionieren (zumindest selbstverschuldete; beim ungerechtfertigt Verschuldeten zeigen sie Mitleid, vgl. Lg. 936b4–8).

Im *Symposion* schildert Phaidros Anerkennung im vorerst ›kleinsten Kreis‹. Das Streben nach sozialer Anerkennung kann sich in Zweierbeziehungen positiv auf das moralische Verhalten auswirken: Aus Scham, vom Liebhaber gesehen zu werden, unterlassen die Liebenden das Schändliche (Symp. 178d1–179b1). Ein nur aus Liebhabern bestehendes Heer – wie es in der »Heiligen Schar« der Thebaner tatsächlich existiert hat[59] – wäre daher am besten. Eine ähnlich ›tugendförderliche Scham‹ wird in Rep. 604a1–8 erwähnt: Wenn man gesehen wird, reagiert man gemäßigter auf Unglück. Die Selbstbeherrschung gelingt

---

(Wilberding 2009, 357) Dies unterscheidet sie nicht nur von den Herrschern, sondern auch von der Klasse der Helfer in der Kallipolis.
[59] Vgl. Dover 1989, 192 (hier: »Sacred Band«).

Der Gegenentwurf: Sokrates' Projekt der Bescheidenheit

dann besser als in der Einsamkeit. Was ist Scham? Das Schamgefühl entsteht immer dann, wenn eigenen oder fremden Erwartungen nicht entsprochen wird. Umgekehrt wird von »Schamlosigkeit« gesprochen, wenn jemanden die Erwartungen anderer überhaupt nicht kümmern (vgl. Lg. 941b2–3 im Zusammenhang mit dem Diebstahl). »Scham« *(aidôs)* wird in den *Nomoi* als eine Art von Furcht definiert, und zwar vor der Meinung der Leute. Der Gesetzgeber und »überhaupt jeder, der nur ein bißchen etwas taugt« (Lg. 647a8–9) hält diese Furcht in höchsten Ehren. Der Begriff wird aber auch gebraucht bei der geringsten Zahl derer, vor denen man sich schämen kann: Leontios schämt sich angesichts seines Verhaltens nicht vor anderen Leuten, sondern vor sich selbst (vgl. 6.1.4). Auf dieser Art von Schamgefühl, das nur der Selbsterkenntnis entspringen kann, beruht, wie in Kapitel 4 gezeigt wurde, auch die motivationale Kraft des sokratischen *elenchos*. Die Selbstachtung, die der Konsistenz der eigenen Meinungen und besonders der Übereinstimmung dieser Meinungen mit dem eigenen Handeln (vgl. 4.2) entspringt, hat höheren Stellenwert als die Meinung anderer.

Die Unabhängigkeit des Philosophen von gesellschaftlicher Anerkennung ist also nicht so zu verstehen, dass er völlig frei davon und in dem Sinne ›schamlos‹ ist, dass ihm egal ist, was andere von ihm halten. Diese Beschreibung passt nicht einmal zum Gedankenexperiment Glaukons, dem von allen Menschen verkannten Gerechten in Buch II der *Politeia* (Rep. 361c2–d4). Neben seiner Selbstachtung, die der Philosoph stets bewahrt und dem Urteil der wenigen Weisen oder Besten geht es ihm außerdem um die Anerkennung der Götter. Sie ist, wie Sokrates das Szenario Glaukons letztlich korrigiert (Rep. 612e2–613b10), auch dem verkannten Gerechten nicht abzusprechen[60].

Besonders die *Apologie* macht dazu und vor allem zur Berechtigung der Anerkennung, die Sokrates auch sich selbst zugesteht, weitere Aussagen.

---

[60] Dass Platon in den *Nomoi* bemerkt, es wäre das Wichtigste, über die Götter eine richtige Ansicht zu haben und infolgedessen schön zu leben (Lg. 888b3–4), bezieht sich zumindest auch, wenn nicht vor allem auf diesen Punkt (vgl. auch Lg. 948c2–7: Schlechte Menschen nehmen an, die Götter seien bestechlich).

6. Die Rolle der Ehre – Der Philosoph und die soziale Anerkennung

6.3.2. Apologie *und* Kriton[61] *– Ein Projekt der Bescheidenheit als Grundlage der Anerkennung*

Die *Apologie*, die bisher vor allem unter dem Gesichtspunkt der sokratischen Lebensprüfung diskutiert wurde, kann als große Abrechnung mit dem Verständnis von Ehre und gesellschaftlicher Anerkennung unter den Athener Bürgern verstanden werden. Weit davon entfernt, das Streben nach Anerkennung generell zu verdammen, führt Sokrates sie anhand seiner eigenen Person auf das rechte Maß, die Angemessenheit an die Leistung eines Menschen zurück. Das Orakel bestätigt, dass er der vergleichsweise weiseste Mensch ist. Er zeichnet sich dadurch vor anderen Menschen aus (*diapherein tini tôn pollôn anthrôpôn*, 35a1–2), und dieser sein Ruf wird von ihm nicht relativiert, im Gegenteil. Selbstbewusst erhebt er die Forderung, statt Strafe müsse er vielmehr eine Auszeichnung, und zwar die Speisung im Prytaneion als höchste Auszeichnung Athens, erhalten (36d1–9). Er versteht sich als (einzig) wahrer Politiker (Gorg. 521d6–8; vgl. 6.4), als Gabe des Gottes an die *polis* (31a8). Worin besteht die politische Leistung des Sokrates? Sein Stolz gründet sich paradoxerweise darauf, ein ›Projekt der Bescheidenheit[62]‹ durchzuführen. Im Auftrag des Gottes weist er allen Menschen ihren angestammten Platz zu (vgl. 4.1) und beraubt sie ihrer nur angemaßten Ehren.

Ähnlich wie der Philosoph in der Theaitetos-Digression (vgl. 6.4.1) macht er sich nichts aus den vom Großteil der Athener Oberschicht umkämpften und geachteten politischen Ämtern. Er übt diese, wenn überhaupt, dann aus Pflichtbewusstsein aus[63] und kümmert sich ansonsten nicht, wie die meisten, um das »Reichwerden und den Hausstand, um Kriegswesen und Volksrednerei, und sonst um Ämter, um Verschwörungen und Parteien« (36b6–8). Auch in den Gesprächen

---

[61] Stellenangaben ohne Sigel beziehen sich in diesem Abschnitt auf die *Apologie*.
[62] Man könnte es auch als ›Projekt der Demut‹ bezeichnen. Das griechische *tapeinos* wird in Lg. 716a4 in diesem Sinne, als Gegenbegriff zur *hybris*, verwendet. An anderen Stellen hat es aber die wesentlich negativere Konnotation von »sich klein machen«, »kriechen«, so z. B. in Lg. 728e4–5: »... denn die einen machen die Seelen aufgeblasen und dreist, die anderen aber niedrig *(tapeinas)* und unfrei.« Eine Konzeption der Demut im christlichen Sinne gab es, was sich bereits an der fehlenden klaren Begrifflichkeit dafür zeigt, in Platons Umfeld nicht.
[63] Zum Beispiel das Amt des Prytanen. Jede Phyle schickt pro Jahr 50 Bürger, die im Rat als Prytanen (»Ratsherren«) tätig sind. Sokrates war zweimal Ratsherr laut Heitsch 2002, 132, Fußnote 246 (anders aber Dodds 1959, 247f.).

Der Gegenentwurf: Sokrates' Projekt der Bescheidenheit

mit Einzelnen (31b4) legt er keinen Wert auf Lob und Anerkennung – im Gegenteil provoziert er, sobald die vermeintliche Überlegenheit des Gesprächspartners als Unwissenheit entlarvt wird, heftige Reaktionen. Dass die Ehrgeizigen (*philotimoi*, 23e1) der Grundlage ihrer gesellschaftlichen Stellung, dem Anspruch, weise zu sein, beraubt werden, zieht Sokrates den Hass der Geprüften zu und letztlich dann auch den der Menge, da sich sein Ruf weiter verbreitet (28a7–8).

Stellenweise scheint die Tätigkeit des Prüfens und Entlarvens Selbstzweck zu sein: Der Gott hat befohlen, dass Bescheidenheit walte, und diese soll nun auch walten. Wie in 4.4 geschildert, kann das aber nicht alles sein. Das Aufgeben von Ansprüchen und Abhängigkeiten ist nur Voraussetzung für die Suche nach Weisheit und die Sorge um die Tugend (31b5)[64]. Diese Suche anzustoßen, ist die wertvolle Leistung für die *polis*, für die Sokrates eigentlich belohnt werden müsste. Damit nun die ethische Absicht des *elenchos* erreicht wird, muss von äußerlicher Anerkennung abgesehen werden. Sokrates' Entscheidungen gründen sich allein auf Gesetz und Recht (32b9–c1). Dass einem die Anerkennung der Menge oder der Herrschenden nicht über die Maßen wichtig ist, ist Voraussetzung dafür, Unrecht zu verhindern. Als konkretes Beispiel aus Sokrates' Leben wird seine Rolle im Arginusenprozess sowie im Prozess um Leon von Salamis angeführt: Er widersetzt sich als einziger (32b6–7; 32d6–7). Die Anerkennung durch die Götter bzw. den Gott besitzt – was freilich nicht explizit erwähnt, aber aus Stellen wie 29d2–30a7 deutlich wird – für Sokrates den höchsten Stellenwert.

Im *Kriton* lässt er dagegen die personifizierten Gesetze auftreten und zu einer möglichen Flucht Stellung nehmen. Sie gilt es nicht zu enttäuschen, ihren Ermahnungen zu folgen. Beides, der Verweis auf Götter wie auch auf Gesetze weist auf einen übergeordneten, geistigen Maßstab hin (vgl. auch Krit. 28b7–9[65]). Dieser ist, da das Bewusstsein

---

[64] Es ist anzunehmen, dass diese Sorge beim wahrhaft Tugendhaften dennoch nicht aufhört, selbst wenn er, wie in den *Nomoi* vorgeschlagen, berechtigte Ehren empfängt (vgl. 6.5.2).

[65] Der, wie an dieser Stelle deutlich wird, letztlich ein ethischer ist. Im überempirischen Bereich des Ethischen suchen die Philosophen die Kriterien ihres Handelns (vgl. Voigtländer 1980, 118f.). In den (gerechten) Gesetzen sieht Voigtländer die »objektivierten« Athener, die außerhalb der Antithese der Vielen *(polloi)* einerseits und Sokrates als Philosophen andererseits stehen. Die *nomoi* unterhalten sich als in allen Menschen lebendiger *logos* mit Sokrates, wie sie es auch mit jedem beliebigen anderen Athener tun könnten (vgl. ebd., 121).

6. Die Rolle der Ehre – Der Philosoph und die soziale Anerkennung

dieses Maßstabs in der Seele verankert ist, eng verknüpft mit der Selbstachtung, die der in 4.2 diskutierten Integrität entspringt. Sie möchte Sokrates in jedem Fall, nach bestem Wissen und Gewissen, wahren (Krit. 28d6–7). Aufgrund dieses Maßstabs sind dann auch nicht menschliche Meinungen generell zurückzuweisen, sondern nur die der Unvernünftigen (Krit. 47a7–11; vgl. auch Apol. 29b6–8: dem Besseren, Gott *oder Mensch*, ungehorsam zu sein, ist schlecht). Kriton appelliert bei seinem Besuch im Gefängnis klugerweise an Sokrates' altruistische Ader. Mit dem Hinweis auf den Ruf der Freunde versucht er, ihn dazu zu bewegen, deren Hilfe zur Flucht anzunehmen. Auch hier differenziert Sokrates jedoch und verweist darauf, dass der eine Sachverständige, der sich auf »Gerechtes und Ungerechtes … und die Wahrheit selbst« (Krit. 48a6–7) versteht, mehr zählt als die Ansicht der Menge. Selbst seinen eigenen beiden Söhnen solle man, so mahnt er gegen Ende *Apologie*, entgegentreten, wenn sie sich »dünken, etwas zu sein, sind aber nichts« (Apol. 41e1–42a1). Dabei ist in Bezug auf die Ehre aber genauso zu differenzieren wie schon im letzten Kapitel[66] in Bezug auf die Lust. Genau wie nicht alle Arten von Lust zurückzuweisen sind, sind auch nicht alle Arten von Ehre zurückzuweisen. Wer tatsächlich ›etwas ist‹, so der Umkehrschluss, kann sich auch dünken, etwas bzw. jemand zu sein und Anspruch auf entsprechende Anerkennung erheben.

Der *thymos* spielt, so kann vermutet werden, in elenktischem Kontext, als Helfer der Vernunft, der um die Verhältnismäßigkeiten weiß, eine wichtige Rolle. Wer dahin kommt, Unwissen zuzugeben und sich um Tugend zu bemühen, der wäre wirklich zu ehren und zu belohnen, nicht aber die selbsternannten Weisen und Tugendhaften. Dennoch lässt die *Apologie* den Leser, der außerdem mit der *Politeia* vertraut ist, etwas ratlos zurück. Die Aufgabe des *thymos* erschöpft sich nicht in der Enttarnung von Hybris oder einer Haltung der Bescheidenheit. Wenn man danach fragt, wie die Lebensweise all jener, die sich auf das sokratisch-philosophische Projekt einlassen, konkret aussieht, scheint sie sich aber auch nicht im Streben nach persönlicher Tugend zu erschöpfen. Lebt der Philosoph zurückgezogen, rein für sich, oder ist er politisch tätig?

---

[66] Vgl. 5.4.5, 5.4.8, 5.5.5 und 5.8.

6.4. Die Lebensweise der Philosophen – zurückgezogen oder öffentlich? *(Theaitetos, Gorgias, Politeia* und *VII. Brief)*

6.4.1. Theaitetos – *Der Philosoph in den Höhen*

Eine Radikalisierung der Unabhängigkeit von der Meinung anderer findet sich in der sogenannten ›Theaitetos-Digression‹ in 172c8–177c5. Der Exkurs beginnt mit der Feststellung des Sokrates, dass sich die Philosophen in den meisten Fällen *(eikotôs)* als Redner vor Gericht lächerlich machen (172c3–6)[67]. Die positive Deutung dieser Tatsache folgt im nächsten Satz: Wer sich mit Philosophie beschäftigt, ist frei, während die anderen nur Knechte sind. Die Freiheit des Philosophen äußert sich darin, dass er nicht abhängig ist vom Urteil der Zuhörer, den Vorgaben der Richter oder seines Gegners vor Gericht. Er muss sich keinem eng begrenzten Zeitrahmen unterwerfen, sondern hat normalerweise Muße für seine Untersuchungen (172d4–5) – was gleich an Ort und Stelle demonstriert wird, da die Beschreibung der Lebensweise der Philosophen vom bisher diskutierten Thema wegführt (173b5–7)[68].

Dass ihm die in der *polis* verbreiteten Vorstellungen darüber, was ehrenvoll ist, nichts bedeuten, wird an zwei Beispielen deutlich. Er kümmert sich nicht um Regierungsämter (173d4) oder um edle oder unedle Familienherkunft (173d6–8). Hierfür wird, ähnlich wie schon im Zusammenhang der Unabhängigkeit von Lust[69], ein fast schon pragmatischer Grund angeführt. Er wohnt nur mit dem Körper im Staat, seine Seele wandert umher (173e2–4); sie kennt Besseres. Nicht das Konkrete, das Einzelne interessiert ihn (175b7), sondern die Natur all dessen, was ist. Wie Thales kümmert er sich um die Tiefen der Erde und die Sterne am Himmel. Was vor seinen Füßen liegt, bemerkt er nicht, sondern ist vielmehr gewohnt, die ganze Erde zu überblicken (174e4–

---

[67] Vielleicht ein *vaticinium ex eventu* und gleichzeitig Vorrede zur *Apologie*, spielt der *Theaitetos* doch vor der Königshalle, in der Sokrates bald darauf seine elenktische Tätigkeit rechtfertigen muss.
[68] Erler 2007, 498 weist allgemein auf die Muße des Philosophen als Erklärung für die zahlreichen Exkurse in den Dialogen hin. Vgl. auch Barker 1976, 458, der dazu aber zeigt, dass sich die Beziehung zwischen der Digression und ihrem Kontext in noch gehaltvollerer Weise begründen lässt.
[69] Vgl. die schon in 5.4.5 diskutierte Metapher in Rep. 485d6–e1: Wenn die Begierden sich auf einen bestimmten Gegenstand richten, werden sie automatisch nach anderen Seiten hin schwächer.

6. Die Rolle der Ehre – Der Philosoph und die soziale Anerkennung

5). Was von einzelnen Dingen gilt, gilt auch von Menschen: Der Philosoph kennt nur den Menschen an sich, nicht seinen Nächsten (174b1–6). Er versagt deshalb vor Gericht und in Alltagsangelegenheiten, weil er eigentlich das »Leben der seligen Götter und Menschen« (176a1) anstrebt. Dem Bereich der sterblichen Natur (176a6), in dem das Böse notwendig umherwandert, zu entfliehen, ist sein Ziel. Dieses Ziel sucht er durch die Verähnlichung mit Gott (*homoiôsis theô*, 176b1) – soweit sie im Rahmen der menschlichen Möglichkeiten liegt – zu erreichen. Die *homoiôsis* besteht allerdings nicht, wie man nach dieser Analogie meinen könnte, darin, immer mehr Dinge zu wissen, sondern darin, wirklich gerecht und fromm zu werden[70]. Diese Tugenden zu erwerben ist allerdings nicht ohne Einsicht (176b2) möglich. Welche Einsicht ist gemeint? Nicht, wer wem im konkreten Fall Unrecht getan hat, sondern was Gerechtigkeit grundsätzlich ist (175c1–3), interessiert den Philosophen. Dies ist die Weisheit, die er erwerben möchte, während andere sich nur weise (und fähig) wähnen (173b3). Durch dieses Anliegen wirken alle, die philosophisch leben, lächerlich und ziehen Spott auf sich.

Wird derjenige, der wahre Philosophie treibt, jedoch hier lediglich parodiert, als weltfremder Kauz gezeichnet, der all seine Zeit der Wissenschaft widmet? Sicherlich ist der Exkurs mit Vorsicht zu lesen[71]. Nur von denen, die »an der Spitze stehen« *(tôn koryphaiôn)* ist laut 173c6–7 die Rede. Sokrates spricht hier nicht so, als würde er sich mit diesen, von ihm geschilderten Philosophen »an der Spitze« identifizieren. Nicht umsonst wird ausgerechnet Thales als Beispiel genannt, dessen Philosophieren ein ganz anderes war als das des Sokrates[72]. Dass der

---

[70] Selbst die Flucht »von hier dorthin« (176a7–b1) ist ethisch motiviert – bei den Göttern gibt es kein Böses (176a5–6). Dieser ethische Kontext wird häufig übersehen; so scheint es z. B. bei S. Gastaldi, dass die *homoiôsis* im *Theaitetos* vor allem darin besteht, ein Leben der *theôria* zu führen (vgl. Gastaldi 2004, 150). Dies wäre aber eher mit Blick auf den *Timaios* und die *Nomoi* festzustellen (vgl. dazu auch Bordt, in: Platon-Handbuch 2009, 253–255).

[71] Schon aus rein literarischen Gründen, da einige Punkte, was vermutlich von Platon intendiert ist, frappierend an die »Wolken« des Aristophanes erinnern (vgl. Waymack 1985, 483). Zu unkritisch beurteilt daher Jaeger 1957, 487f. die Digression als Darstellung des Typus des theoretischen Philosophen, wie man ihn auch bei Aristoteles verkörpert sieht. Thales ist laut Jaeger Symbol für Platons eigenes Ideal philosophischen Lebens (dagegen vgl. aber ebenfalls Waymack 1985, 483f.).

[72] Das Pindar-Zitat, das Platon an dieser Stelle anführt, erinnert sogar an die gegen Sokrates erhobene und von ihm zurückgewiesene Anklage (vgl. Tht. 173e5–174a2 mit Apol. 18b9–10, 19b4–c1 und 23d1–6).

Die Lebensweise der Philosophen – zurückgezogen oder öffentlich?

überzeichnet scheinende Passus dennoch nicht *nur* als Parodie zu verstehen ist, zeigt sich an Bemerkungen wie derjenigen, dass das philosophische Projekt in der Frage nach dem Menschen selbst oder dem Königtum selbst besteht. Diese Aussage passt sowohl zum sokratischen als auch zum platonischen Philosophieren. Es wird zudem auch Positives über den Philosophen ausgesagt, das nichts Lächerliches an sich hat. Der Philosoph ist in einem guten Sinne ›naiv‹ – er versteht es nicht, andere zu schmähen (174c6–7) oder mit seinen Vorfahren zu prahlen (174e5–175b7). Das verdeutlicht aber lediglich, dass er um die wahren Werte weiß – lächerlich ist eigentlich die Mehrheit der Bürger, die eine lange Ahnenreihe für etwas Großartiges hält. Er besitzt weiterhin keine der Fähigkeiten, die leichte gesellschaftliche Anerkennung versprechen: Er kann nicht kochen, bewegt sich nicht elegant und ist kein guter Redner (175e2–176a1). All diese Künste zählen jedoch auch im *Gorgias* zu den nur ›scheinbaren‹ und sogar mitunter schädlichen Künsten (Gorg. 463a6–b7). Auch scheint mindestens der abschließende Passus (176a4–177a7) sehr ernst gemeint zu sein: Es gibt nur zwei Möglichkeiten, zwei »Vorbilder« *(paradeigmata)*, das göttliche der Glückseligkeit und das ungöttliche des Elends. Auch eine Verähnlichung im negativen Sinn ist möglich, eine Angleichung an das falsche Vorbild. Sie zieht nicht etwa physische Strafe, d.h. Schläge und Tod nach sich, was nur für schlimm gehalten wird (176d8), sondern verhindert die Aufnahme im »von allen Übeln gereinigten Ort« (177a5). Der Mensch wird wiedergeboren und lebt fortwährend im Bösen. Wird im Vorangegangenen aber tatsächlich das »wahrhafte Leben *(bion alêthê)* der glücklichen Menschen und Götter« (176a1) geschildert?

Der Exkurs liefert zunächst eine Erklärung für das mangelnde Ansehen der Philosophen. Weit weniger kritisch als in der *Politeia* wird seine gesellschaftliche und politische Passivität geschildert, die dem von ihm gelebten, besseren Leben zwangsläufig zu entspringen scheint. Die Perspektive des ›Oben-Seins‹, diejenige ›außerhalb der Höhle‹, überwiegt[73]. Der Philosoph hat Besseres zu tun als die kleinlichen Alltagsdinge, die Streitereien und Kämpfe um Anerkennung, derer ihn die Philosophie enthebt. Er allein sieht, dass selbst der von anderen gepriesene Herrscher »eingezwängt in seine Mauern« (174e1–2) lebt und unglücklich ist, weil er das Volk wie ein boshaftes Tier zu hüten hat

---

[73] Vgl. etwa 175b9: »Zieht er selbst aber einen zu sich hinauf, Lieber, ...« (Ὅταν δέ γέ τινα αὐτός, ὦ φίλε, ἑλκύσῃ ἄνω ...).

6. Die Rolle der Ehre – Der Philosoph und die soziale Anerkennung

(174d6–7). Der Philosoph ist frei vom Streben nach Ehre und Besitz. Beides kann er nicht wertschätzen (174d1–e5), weil es ihm von seiner Warte aus nichtig scheint, das ist die Hauptaussage des Exkurses.

Dennoch scheinen in der Theaitetos-Episode, schroffer noch als im *Gorgias* (vgl. gleich 6.4.2), die beiden Lebensweisen, die der gesellschaftlich-politischen Betätigung und die der Philosophie, getrennt zu werden. Das Leben des ›ungeschickten‹, nicht nur faktisch politisch untätigen, sondern gar nicht zu dieser Tätigkeit fähigen Philosophen, mag nicht überzeugen.

Vermutlich hat Platon Bedarf gesehen, die Karikatur des ›weltfremden‹ Philosophen in anderen Werken deutlich zu relativieren, sogar zu kontrastieren. In der *Politeia* ist das dem Alltag enthobene Leben ›oben‹ nur eine Etappe. Es ist Teil der Ausbildung und allenfalls im Alter wieder erlaubt. Normalerweise kehrt der Philosoph in die Höhle zurück und kann dort umso besser die Schatten deuten (Rep. 520c4–7; vgl. zur Argumentation dafür 6.4.3.2). Im *Theaitetos* muss dieser Zusammenhang, die ›Rückkehr in die Höhle‹ vom Leser selbst hergestellt werden. Es liegt z. B. nahe, dass das Wissen, was Gerechtigkeit ist, sehr wohl dazu führen müsste, sagen zu können, wer im konkreten Fall wem Unrecht getan hat[74].

In den *Nomoi* wird an einer Stelle für die Ehe argumentiert, deren Zweck darin bestehe, der Gottheit fortlaufend neue Diener an eigener Statt zu übergeben. Wer das nicht einsieht, ehelos bleibt, sich absondert und – so die hier wichtige Begründung – »ein fremdartiges und gemeinschaftsfeindliches Verhalten in der Stadt an den Tag legt«, wird mit Sanktionen belegt (Lg. 773e5–774c2). Auch im *Philebos* wird mit der Aufnahme aller möglichen Beschäftigungen und ›menschlichen‹ Kenntnisse auf die strikte Konzeption des *Theaitetos* geantwortet (vgl. 5.5.4). Eindeutig wirkt auch z. B. die Aussage von Protarchos in Phil. 62b8–9: Wer nur die göttlichen Kenntnisse beherrschen sollte, findet den Weg nach Hause nicht.

---

[74] Vgl. P. Stern, der zu dem Ergebnis kommt, dass die Digression vor allem dazu dient, Theaitetos und anderen die Wichtigkeit philosophischer Untersuchung zu verdeutlichen. Letztere ist nicht von politischer Tätigkeit zu trennen, sondern spielt ihr gegenüber sogar eine richtungsweisende Rolle (vgl. Stern 2002, bes. 288).

6.4.2. Gorgias – *Der Philosoph als wahrer Politiker*

Wer in undifferenzierter Weise, unter rein quantitativen Gesichtspunkten, nach Ehre sucht, sucht die Öffentlichkeit. Die im *Gorgias* diskutierten Redner können hier als Paradebeispiel dienen. Was schon der *Theaitetos* nahelegte, könnte nun auch in diesem Dialog vermutet werden: Dass Philosophen, die sich nichts aus Ehre machen, im Umkehrschluss ganz für sich leben[75]. Wie Kallikles ihnen vorwirft, entziehen sie sich ihren gesellschaftlichen Pflichten und fliehen die Öffentlichkeit (485d3–e2). Sokrates' Antwort darauf ist eindeutig: Die Orientierung an Gerechtigkeit und Besonnenheit in eigenen *und* gemeinschaftlichen *(ta tês poleôs)* Angelegenheiten ist das Ziel des Lebens (507d7–e2). Nicht die Tätigkeit des Redners ist zu meiden, sondern ein bestimmter Zweck, auf den hin sie ausgeführt wird (dem Volk Lust zu verschaffen), der wiederum Auswirkungen auf die Art und Weise der Ausübung dieser Tätigkeit hat: Rhetorik wird dann zur bloßen Kunst, andern zu schmeicheln. Wie sich im Kapitel zur Lust bereits gezeigt hat (vgl. 5.1), geht es dem Philosophen nicht darum, Lust gänzlich zu vermeiden, sondern zwischen Lust und Unlust auszuwählen (507b6–7). Dass man unterscheiden muss, welche Begierden zu befriedigen besser, und welche schlechter macht (503c8–d2), gilt nicht nur für die eigenen Begierden, sondern in analoger Weise auch für diejenigen des Volkes. Perikles beispielsweise, so der Vorwurf des Sokrates, habe das Volk durch die Einführung des Richtersoldes nur »zu einem faulen, feigen, geschwätzigen, geldgierigen Volk« (515e4–5) gemacht. Das Gegenteil zu bewirken, wäre Kennzeichen des guten Politikers.

Sokrates zieht sich nicht aus den Staatsangelegenheiten zurück, weil er kein Interesse am Wohl des Staates hätte. Er erwartet sogar, un-

---

[75] So die Interpretation von Hall 1963, 128. In Gorg. 507d-513c werde, so Hall, ein isoliertes philosophisches Leben geschildert, das sich von dem des wahren Staatsmannes und Rhetors unterscheide. Allein in der *Politeia* fielen politisches und philosophisches Leben in Gestalt der Philosophenherrscher zusammen. Hier wird demgegenüber vertreten, dass die Konzeption eines politisch tätigen Philosophen im *Gorgias* bereits angelegt ist. Dies ist nicht nur damit zu begründen, wie Morrison 1958 vertritt, dass Platon im *Gorgias* und in der *Politeia* pythagoreisches Gedankengut aufgreift. In 9.2 und 9.4.5.4 wird noch deutlicher werden, dass sich die politische Tätigkeit notwendig aus der platonischen Konzeption philosophischen Lebens ergibt – gerade auch wegen der Beschäftigung mit Dialektik, die Morrison für »not Pythagorean at all« hält (vgl. Morrison 1958, 212).

6. Die Rolle der Ehre – Der Philosoph und die soziale Anerkennung

gerecht angeklagt zu werden, weil er, wie er sagt, »mit einigen anderen wenigen Athenern, damit ich nicht sage ganz allein, mich der wahren Staatskunst *(alethôs politikê technê)* befleißige und die Staatssachen betreibe ganz allein heutzutage.« (521d6–8) Ganz ohne Amt – er ist kein Politiker (473e7) – ist Sokrates dennoch politisch tätig und betreibt sogar die »wahre Staatskunst«. Indem er versucht, die Bürger zu bessern, tut er das, was eigentlich Aufgabe der Politiker wäre[76]. Unter ungünstigen Bedingungen wird diese Aufgabe aber erheblich erschwert. Bereits in der *Apologie* wurde der Hinweis des *daimonion*, das Sokrates von (direkter) politischer Betätigung abrät (Apol. 31c4–d5), argumentativ gestützt. Spätestens, wenn das Leben des Philosophen bedroht ist, ist es aus pragmatischen Gründen – er hat keine Furcht vor dem Tod, könnte sein Projekt aber dann nicht mehr verwirklichen – tatsächlich besser, ein zurückgezogenes Leben *(idiôteuein,* Apol. 32a3) zu führen.

6.4.3. Politeia – *Die positive Gegenkonzeption und die Macht der Menge*

In der *Politeia* kann das politische Wirken der Philosophen, *hätten* sie denn die Möglichkeit dazu, durch den Entwurf der Kallipolis in einzigartiger Weise geschildert werden. Platon entwickelt hier eine fiktive, positive Gegenkonzeption zum Bild des politisch untätigen Philosophen der Theaitetos–Digression. Ebenso wie im *Gorgias* wird auch in der *Politeia* vertreten, dass der Philosoph politisch tätig sein sollte. Der *topos* von der notwendigen Rückkehr in die Höhle und seine Begründung unterstreicht dies deutlicher als je zuvor (520a5–521b11). Auch der in 6.3 herausgearbeitete Gedanke findet sich wieder: Eine bestimmte Stellung innerhalb der *polis* zu erhalten, muss in irgendeiner Weise objektiv begründet sein. Das Lob der Menge beispielsweise führt lediglich dazu, dass man sich *einbildet,* ein guter Staatsmann zu sein (426d3–6). Das muss aber natürlich nicht der Fall sein.

---

[76] Vgl. Festugière 1936, 382. Auch Mara bemerkt in der Person des Sokrates das Zusammenfallen der andernorts für unvereinbar gehaltenen politischen und philosophischen Lebensweise (vgl. Mara 1981, 379–381).

6.4.3.1. Ehre als Gefährdung der Philosophen

Schon der Zeitpunkt, zu dem eine angetragene Stellung angenommen wird, kann nicht beliebig gewählt werden. Die Menge hat Macht, die jungen Leute mitzureißen; das Volk stellt eine größere Versuchung dar als die Sophisten (492b5–d2). Es ist und kann nicht philosophisch sein (494a3–5), sondern nimmt die Menschen mit philosophischer Natur, mit guten Anlagen in ihren Dienst, bevor sie eine Chance hatten, diese voll zu entwickeln und Vernunft zu erwerben. Das Lockmittel, der Grund, warum sich die Jugend von der Philosophie ablenken lässt, scheint – neben materiellen Gütern – die Ehre zu sein (494c7; 494c1). Der Einfluss der Umgebung macht den Großteil der »ungünstigen Nahrung« (495a5–6) aus, die ebenso wie der Reichtum die Seele verdirbt und von der Philosophie wegführt. Er ist vielleicht noch gefährlicher als materielle Güter, da er die geistigen, philosophischen Fähigkeiten selbst anspricht. Zwar richtet er sich nicht an diese in ihrer Gesamtheit, aber an die »einzelnen Teile der philosophischen Natur« (495a5). In diesem Kontext wird auch klar wie, was ›äußerst verwunderlich‹ ist (*thaumastotaton*, 491b7[77]), sogar einzelne Tugenden wie Tapferkeit und Mäßigung die Seele verderben können. Genau wie eine schnelle Auffassungsgabe und ein gutes Gedächtnis können auch sie dafür verantwortlich sein, überall der erste zu sein und stolz zu werden (494b5–7). Die größte Gefahr der philosophisch Begabten ist die Eitelkeit (494d1–3). Wer sich dem Volk dagegen widersetzt, dessen Ehre, aber auch sein Besitz und vielleicht sogar Leben ist bedroht (492d7–8). Selbst in der fortgeschrittenen philosophischen Ausbildung, der in dialektischer Untersuchung, besteht noch die Gefahr des Missbrauchs der erworbenen Fähigkeiten (537e1–539d7). Die Dialektik regt an zur Rebellion gegen Autoritäten, selbst gegen die Gesetzgeber der Kallipolis – wird dieser nachgegeben, so führt sie zu einer »schmeichlerischen« Lebensweise (*bion ... ton kolakeuonta*, 539a1[78]).

---

[77] Die Übersetzung Schleiermachers von *thaumastotaton* mit »am wunderbarsten« verdeckt, zumindest mit der modernen Konnotation des Wortes »wunderbar«, hier den Sinn der Wendung.

[78] Dieser Ausdruck passt nicht so ganz zur Rebellion gegen herkömmliche Autoritäten. Geschmeichelt wird vielleicht anderen, die diesen ebenfalls kritisch gegenüberstehen. Zudem strebt der verdorbene Dialektiker vermutlich nach Anerkennung bei den Zuhörern, die seine eristische Kunst bewundern sollen.

6. Die Rolle der Ehre – Der Philosoph und die soziale Anerkennung

Möglichst ›ernst‹ und schon älter muss der sein, der sich in der Dialektik übt[79].

6.4.3.2. Der Zwang der Philosophenherrscher und die Rolle der Gerechtigkeit

Was geschieht aber, wenn die Anlagen entwickelt, die Ausbildung der Philosophen abgeschlossen ist? Platon greift in Buch VII (520d2–6) die schon in der anfänglichen Schilderung des Gerechten beschriebene Einstellung wieder auf. Während die Herrschaft von vielen für das größte Gut gehalten wird (wie es etwa Polos und Kallikles im *Gorgias* und Thrasymachos in der *Politeia* vertreten), haben die Philosophen am allerwenigsten Lust dazu, zu regieren. Die philosophische Lebensweise zeichnet sich vor allen anderen darin aus, dass sie sich aus politischer Macht nichts macht (521b1–2), kennen die Philosophen doch ein besseres Leben. Warum herrschen sie dennoch und opfern zumindest einen zeitlich begrenzten Teil dieses Lebens? Warum wird ihnen zugemutet, ein weniger ideales Leben zu führen als ihnen eigentlich möglich wäre? Ein vieldiskutiertes Thema ist der »Zwang« (347c1), der später auf sie ausgeübt wird[80]. Handelt es sich hierbei um äußere Repressionen, wie 347b9–c2[81] nahelegt, wo sogar eine Strafe erwähnt wird? Dann wäre fraglich, ob die politische Tätigkeit tatsächlich integraler Teil philosophischen Lebens ist. Allerdings geht es, wie im Folgenden gezeigt werden soll, eben nicht nur um eine äußere, sondern innere Notwendigkeit[82], da

---

[79] Nämlich älter als Dreißig (537d4). Vermutet werden kann, dass Glaukon wie auch Adeimantos zum Zeitpunkt des Gesprächs jünger sind. In diesem Fall wäre ihr Alter eine mögliche Erklärung für die Aussparungsstellen.

[80] Vgl. z. B. Brickhouse 1981, Szlezák 1985 (Kap. 18), Mahoney 1992 und Weiss 2012, 74–77.

[81] »Also muss ein Zwang für sie vorhanden sein und eine Strafe, wenn sie sollen regieren wollen ...« (347b9–c2: Δεῖ δὴ αὐτοῖς ἀνάγκην προσεῖναι καὶ ζημίαν, εἰ μέλλουσιν ἐθέλειν ἄρχειν). Die Rede von der »Strafe« bringt Schleiermacher vermutlich auch erst dazu, *anagkê* hier statt mit »Notwendigkeit« (wie er es kurz darauf in 347c3 und auch später, etwa 499b6 tut) mit »Zwang« zu übersetzen.

[82] Vgl. auch Andrew 1983, 513f., der gegen L. Strauss argumentiert, dass der Philosoph qua Erotiker und Lehrer überhaupt nicht selbstgenügsam ›oben‹ bleiben *kann*, sondern aus innerer Notwendigkeit heraus zu den ›Schülern‹ zurückkehrt. Diese Vermutung bestätigt sich aus dialogübergreifender Perspektive, etwa in Bezug auf das *Symposion* (vgl. 9.2), allein mit Blick auf *Politeia* lässt sie sich schwer begründen.

sich der Aufruf zum Regieren, vor allem von seiner Begründung her, an die Einsicht der Philosophen richtet[83].

Bereits während ihrer Ausbildung waren die Philosophenherrscher diejenigen Wächter, deren Einsatz gezeigt hat, dass ihnen das Wohl der *polis* besonders am Herzen liegt (412d2–e8). Während in 346e7–d1 eine negative Motivation für die Herrschaft der Guten genannt wurde – sie wollen nicht von Schlechteren regiert werden – wird als positive auf ihre Gerechtigkeit verwiesen. Sie werden in der *polis* politisch tätig sein, sofern sie darum gebeten werden, weil sie wissen, dass es gerecht ist, dies zu tun[84]. »Gerecht« ist es einerseits im Sinne der kommutativen Gerechtigkeit: Es wurde viel in sie investiert, was sie nun in anderer Form, aus Dankbarkeit für ihre Erziehung (520b1–c2), zurückgeben. Auch wenn sie keine Lust dazu haben, gehorchen sie und betreiben es, *weil* sie einsehen, dass es gerecht ist, die vom Staat erhaltene Ausbildung – die z. B. durch öffentliche Speisungen ermöglicht wurde (vgl. 416e4–5 und bes. 547d7) –, später auch für diesen einzusetzen und »für die anderen Sorge zu tragen« (520a7–8). Andererseits ist es »gerecht« in dem weiteren Sinne, dass diese Tätigkeit ihrer Natur und Ausbildung entspricht. Weil sie nunmehr am besten von

---

[83] Es scheint nicht auszureichen, die Idee der Gerechtigkeit zu sehen, um daraufhin gleich politisch tätig zu sein. Die Philosophen müssen scheinbar daran ›erinnert‹ werden, was aus der Schau des Gerechten folgt. Dass sie teilweise genötigt, teilweise aber auch *überzeugt* werden, wird gesagt in 519e4 und gestützt von 554c11–d3, wo die Oligarchen als Negativbeispiel genannt werden, die in Bezug auf die eigene Seele nicht mit Überzeugung, sondern mit Zwang arbeiten. [Den Stellenhinweis verdanke ich Johannes Hübner, der auch darauf aufmerksam macht, dass laut 519e1 ein Gesetz aufgestellt wird, dem die Philosophen folgen, vgl. Hübner 2011, *unveröffentl.*] Und schließlich wird in 536e1–4 bemerkt, dass unter Zwang erworbene Kenntnisse nicht in der Seele bleiben.

[84] Vgl. z. B. 496c8–d1: Die wahren Philosophen haben durchaus ein Interesse daran, wenn irgend möglich, eine gerechte Sache zu realisieren (vgl. auch den bei Brickhouse 1981 referierten Gedanken des »free riders«, dem der Philosoph sonst entspräche). Sie wählen im Vergleich zur Freude an der Kontemplation ein noch höheres Gut, was sie glücklich machen könnte (vgl. Mahoney 1992, 270). Es geht also nicht mehr, wie Cross/Woozley 1966, 101f. vermuten, nur um das Eigeninteresse, der Herrschaft Schlechterer zu entgehen (347c3–d1). Auch ist es nicht der Fall, dass es außerhalb der Kallipolis gar keine Möglichkeit für ein rein der Philosophie gewidmetes Leben gibt, wie Reeve annimmt (vgl. Reeve 1988, 203 und 6.4.3.3). Wie J. Cooper treffend feststellt, ist die Frage des Philosophen stets »How can I maximize the total amount of rational order in the world as whole?« (Cooper 1977, 156). Sie entspringt seiner Ausrichtung auf die Ideen, insbesondere auf die Idee des Guten. Je nachdem, wie die Antwort ausfällt, werden eigene Interessen verfolgt oder auch zurückgestellt. Vgl. ähnlich auch Beatty 1976.

6. Die Rolle der Ehre – Der Philosoph und die soziale Anerkennung

allen dazu befähigt sind, übernehmen sie die Herrschaft. Dass jeder Bürger genau für *eine* Beschäftigung, für eine bestimmte Aufgabe geeignet ist, scheint Platon in der *Politeia* ernst zu meinen (423d4–5). Nicht jeder kann herrschen und nicht jeder dazu ausgebildet werden. Es wird ein Wechselspiel von vorhandener Natur und entsprechender Erziehung angenommen, das letztlich dann auch erst den Philosophen (-herrscher) macht (vgl. 9.4.2).

Worin besteht die politische Befähigung der Philosophen? Zunächst können sie die Schatten am besten deuten, da sie auch das Schöne, Gerechte und Gute selbst gesehen haben (520c4–7)[85]. Vielleicht werden sie, zur Herrschaft gelangt, das Spiel des Schattenratens sogar abschaffen, da sie besser um die Verwaltung des Staates wissen. Zweitens äußert sich in ihrem mangelnden Willen zu herrschen die Unabhängigkeit von äußerer Ehre und Macht – ein Gesichtspunkt, zu dessen Verdeutlichung die Betonung des Zwanges hauptsächlich dienen könnte. Ebenso wie schon in Bezug auf die Gerechten bemerkt wurde, sind Philosophen nicht ehrgeizig (347b9). Ein fast pragmatischer Grund dafür wird in 500b8–d2 genannt: Die Beschäftigung des Philosophen mit dem Seienden lässt ihm keine Zeit *(scholê)* für Neid und das menschliche Treiben insgesamt. Der tiefere Grund ist aber wohl, dass er sich dem Geregelten und Göttlichen nachbildet (500c4–6; der ganze Abschnitt in 500b8–c7 erinnert an Soph. 216c4–d2) und dies dann nicht mit Neid und Ehrgeiz zusammenpassen kann – vorausgesetzt, dass die Götter selbst nicht neidisch sind[86]. Die vollzogene Angleichung befähigt ihn dazu, auch andere zu bilden, was er aber nur dann tut, wenn die Notwendigkeit besteht

---

[85] Warum sie dies können, ist nicht leicht zu beantworten. Dass der Philosoph die Schatten deshalb erkennt, weil er sich umgedreht und die Bildsäulen gesehen hat (und diese wiederum den Gegenständen an der Oberfläche nachgebildet sind), wäre naheliegend, die Begründung lautet aber, er hätte das »Schöne, Gute und Gerechte selbst« gesehen (520c6–7). Umstritten ist außerdem, wofür die in 514b8–515a3 genannten Geräte, Bildsäulen usw. eigentlich stehen. K. Bormann argumentiert mit Verweis auf 533d4 ff., wo sich Sokrates im Kontext der Dialektik, d.h. eigentlich der Erläuterung des Höhlengleichnisses plötzlich wieder auf das Liniengleichnis (511d6 ff.) beziehe, für die Entsprechung von Linien- und Höhlengleichnis (vgl. Bormann 1961, 9). Er ordnet die vor dem Feuer vorübergetragenen Gegenstände dem Bereich der *pistis* zu, ihre Schatten und die Schatten der Höhlenbewohner dem der *eikasia*.
[86] Platon vollzieht hier wie auch an anderen Stellen eine Abkehr von beliebten *topoi* der Dichtung, an denen den Göttern Charaktereigenschaften zugeschrieben werden (vgl. Bordt 2008, 148).

(500d4). Der wahre Philosoph gleicht dem Schiffsherrn, der allein das Wissen besitzt, das Schiff zu steuern. Das einzige, was ihn daran hindert, dies auch zu tun, ist, dass er faktisch von der Mannschaft, die für das Volk in den *poleis* steht, nicht geachtet wird (487e8–489b3).

In der Kallipolis, wo ihrer Herrschaft nichts entgegen steht, wird ihnen aber nicht abverlangt, sie dann ständig oder dauerhaft auszuüben. »Viel Zeit« (*polyn chronon*, 520d10) bleibt den Philosophen trotzdem dafür, miteinander »im Reinen« zu wohnen, d. h. sich der Philosophie zu widmen und damit der eigentlich besseren Lebensweise gegenüber derjenigen des Herrschens und Regierens (520e4). Diese bessere Lebensweise wird von ihnen nur zeitweise aufgegeben, weil das Glück der gesamten *polis* in Frage steht (519e1–520a4). Gerade dadurch, dass sie dies trotz ihrer Unlust tun – was in Kapitel 5 auch als Argument gegen einen allzu hohen Stellenwert selbst der geistigen Lust gewertet wurde (vgl. 5.4.5 und 5.4.9) –, wird der Staat am besten verwaltet (520d2–11). Dass es die Einsicht in die Idee der Gerechtigkeit ist, die sie das Glück der *polis* höher bewerten lässt als das Glück des Einzelnen (wie es Sokrates und die Gesprächspartner als ›Gesetzgeber‹ der fiktiven *polis* tun), kann Abschnitten wie 519e1–520a4 nur indirekt entnommen werden. Wie gezeigt wurde, wird diese Interpretation aber durch den Appell an ihre Gerechtigkeit (520a7–8) gestützt.

6.4.3.3. Das philosophische Leben abseits der Politik – eine Möglichkeit für Philosophen?

Stellenweise scheint es nun, als gäbe es neben den politisch Befähigten auch »Nur-Philosophierende«, die ausschließlich zur Philosophie neigen. Wie die »Nur-Politischen«, die vornehmlich nach der Herrschaft streben, muss man sie von dieser ausschließen (473d3–5[87]). Denkbar ist, dass die »Nur-Philosophierenden« den Menschen entsprechen, die ihre – für die Philosophie freilich notwendige – Arbeitslust *(philoponia)* nur auf das Geistige konzentrieren, dabei aber »hinken«, weil sie den Leib vernachlässigen (535d6–7). Platon spricht sich hier wie auch sonst häufig (vgl. 5.4) gegen Extreme aus. Philosophie zu treiben ist eine Sache, die körperliche Ertüchtigung eine andere, die deshalb nicht vernachlässigt werden darf; sie gehört zur Ausbildung dazu. Und ganz ge-

---

[87] Freilich ist der ›Ausschluss‹ der ersteren leicht, da sie sowieso keine Herrschaftsambitionen haben.

6. Die Rolle der Ehre – Der Philosoph und die soziale Anerkennung

nauso, in der richtigen Reihenfolge innerhalb bzw. nach der philosophischen Ausbildung, gehört die tätige Anwesenheit, das politische Engagement in der *polis* zum Leben der Philosophen. Diejenigen, die man sich »immerwährend mit den Wissenschaften beschäftigen läßt« weilen eigentlich auf den Inseln der Seligen (519b8–c6). Ein ganz der *theôria* gewidmetes Leben ist den Philosophen lediglich im Alter erlaubt, nur dann ist es gut. Laut 474c1–3 gibt es überhaupt nur zwei Gruppen: Einige Menschen sind von Natur aus zum Philosophieren *und* Herrschen geeignet, alle anderen befassen sich nicht mit Philosophie und werden beherrscht. Ihre Wissbegierde, Wahrheitsliebe, Unbestechlichkeit und Besonnenheit, sowie dass sie keine Furcht vor dem Tod haben (vgl. Kapitel 8), qualifiziert die Philosophen am besten für die Politik (485a10–487a8). Ein Rückzug, zumindest derjenigen mittleren Alters, ist nicht vorgesehen.

Allerdings gilt dies nur innerhalb der in der *Politeia* entworfenen, idealen Kallipolis. Sokrates betont den fiktiven Charakter des Entwurfs und seine Funktion. Auch wenn ein solcher Staat nicht verwirklicht werden kann, so kann er doch als Musterbild (*paradeigma*, 472e1) dienen, dem man möglichst nahe kommen sollte. Die Möglichkeit der *polis* hängt von der Herrschaft der Philosophen ab (473c2–e5), ohne die weder der Einzelne noch die Gesellschaft *(dêmosia)* zur Glückseligkeit gelangen (473e4–5). Nur im idealen Staat aber erhalten die Philosophen eine geeignete Ausbildung und herrschen. Im nicht-idealen Staat scheint es für sie im Wesentlichen drei Möglichkeiten zu geben. Die Philosophen werden, erstens, verdorben, indem sie sich von der Menge zum Einsatz für deren Interessen überreden lassen oder sie leben, zweitens, zurückgezogen und halten sich von den Angelegenheiten der *polis* fern (496d8–e3). Sie beschäftigen sich auch unabhängig von einer staatlich gewährleisteten Ausbildung mit Philosophie, was mit der Lust daran zusammenhängen mag (vgl. 5.4.5). Eine dritte, interessante Möglichkeit wird in 496c8–d1 angedeutet: Man findet Verbündete, mit denen zusammen sich eine gerechte Sache durchsetzen lässt (vgl. dazu 6.4.4.2).

Interessant ist außerdem, dass es durchaus möglich scheint, sich selbst zum Philosophen auszubilden (*automatoi emphyontai ... autophyes*, 520b1–5). Wer das im nicht-idealen Staat tut, ist diesem gegenüber nicht zu politischem Engagement verpflichtet. Die Situation der nicht-idealen *polis*, in der sich, wie anzunehmen ist, Sokrates zum fiktiven Zeitpunkt des Dialogs selbst befindet, wird von ihm in 519d5–10 geschildert. Den Philosophen wird erlaubt, ›oben‹ zu bleiben und sich

Die Lebensweise der Philosophen – zurückgezogen oder öffentlich?

von Mühen und Ehren der politischen Ämter fernzuhalten. Als Beispiel könnte der tugendhafte Vater des timokratischen Menschen dienen, der neben Ämtern und Ehren auch Rechtsstreitigkeiten aus dem Weg geht (549c1–5). Es ist jedoch nicht ausgeschlossen, wie Sokrates zu versuchen, außerhalb eines Amtes die öffentliche Meinung, und zwar über die Beeinflussung Einzelner, zu prägen. Besonders der Zeitpunkt einer solch indirekten politischen Tätigkeit scheint entscheidend zu sein, um nicht in Gefahr zu geraten. Im Höhlengleichnis wird der Zurückkehrende vor allem deshalb ausgelacht und bedroht, weil er zu rasch versucht, die Schatten zu deuten, nämlich während es ihm noch »vor Augen flimmert« (516e8–517a7).

Ein zurückgezogenes Leben ist den Philosophen also möglich, aber, wie schon die Aussage zur Glückseligkeit in 473e4–5 zeigt, als bloße Notlösung zu bewerten. Es ist nicht das Geringste, selbst gerecht zu leben und in guter Hoffnung zu sterben, wenn man keinen tauglichen Staat hat; aber das »Größte« ist es eben auch nicht (497a1–5).

6.4.4. Der VII. Brief – *Motivation und Scheitern des Philosophen an der Reform*

6.4.4.1. Platons Lebenserfahrung und seine Bewertung politischer Tätigkeit

Nach der in der *Politeia* vertretenen Konzeption müsste der Philosoph politisch tätig sein, erziehen oder sogar herrschen – wenn er denn gelassen wird. Der *VII. Brief* unterstützt, unabhängig davon, ob er von Platon oder einem Schüler verfasst wurde (vgl. 2.2), diese Konzeption durch eine persönliche Perspektive. Der Philosoph Platon ist durchdrungen vom Anliegen, nicht »nur ein Gedanke« zu sein (*logos monon*, 328c6), sondern seine Einsichten, was Gesetze und Verfassungen angeht, auch durch Taten zu verwirklichen (328b6–c2). Als ›Tat‹ zählt dabei offensichtlich auch die Beratung in politischen Dingen, die Erziehung von politisch Tätigen, nicht nur die eigene, direkte politische Betätigung. Platon bleibt seinem Programm der Einheit von Theorie und Praxis treu. Wenn es Gelegenheit dafür gibt, so muss der Philosoph sie zur Verwirklichung der Gerechtigkeit nutzen. Allerdings muss er dies nicht notwendig unter Einsatz seines Lebens tun und auch nicht dann, wenn keine Erfolgsaussichten bestehen (331d1–2).

6. Die Rolle der Ehre – Der Philosoph und die soziale Anerkennung

Zweitens gibt der *VII. Brief* aber auch eine Erklärung für das Schwanken Platons in der Einschätzung des Erfolgs der politischen Tätigkeit der Philosophen, das sich sogar innerhalb einzelner Dialoge zeigt[88]. Dies mag mit den Erfahrungen seines eigenen Lebens zusammenhängen. So ist der – vielleicht in unmittelbarer Nähe zum Tod des Sokrates entstandene[89] – *Gorgias* voll von scharfer Kritik an Politikern im Allgemeinen und berühmten Staatsmännern im Besonderen. Selbst Perikles wird hier nicht ausgespart, konnte er doch kein Volk erziehen, das zu gerechten Urteilen – in Prozessen wie, so könnte man ergänzen, viel später dem des Sokrates – fähig war (Gorg. 515e1–516b3). Politiker werden kritisiert, denen es nicht nur an philosophischer Begabung mangelt, sondern die letztlich auch die – im weiteren Sinne – politische Tätigkeit von Philosophen wie Sokrates verunmöglichen. Ebenso mögen Schilderungen wie im Theaitetos-Exkurs in Phasen entstanden sein, wo Platon das Scheitern noch unmittelbar vor Augen hatte[90].

6.4.4.2. Freunde und Verbündete – Das Scheitern der Reform und ihre Voraussetzungen

Woran nun scheiterten die Reformbemühungen Platons? Während H. Görgemanns ihm mangelndes menschliches Urteilsvermögen vorwirft[91], macht der Autor des *VII. Briefs* gleich zu Beginn widrige äußere Umstände geltend (325d1–e3). Nachdem sich Platon voller jugend-

---

[88] Vgl. z. B. Rep. 502a4–c7, wo die Möglichkeit der Kallipolis noch wesentlich positiver bewertet wird als später in Rep. 592a10–b7, wo sie nur noch als Muster im Himmel (Rep. 592b3: ἐν οὐρανῷ ... παράδειγμα) gilt, nach dem die eigene Seele eingerichtet wird. An gleicher Stelle (und auch schon vorher in Rep. 472e4–6) bezeichnet Sokrates die Frage ihrer Realität als ganz nebensächlich (Rep. 592b5–6). »[A]n aura of ›Platonic pessimism‹« stellt auch Aronson 1972, 398 fest, der diese ebenfalls auf die Erfahrungen in Sizilien zurückführt.

[89] Vgl. zu Argumenten für die Frühdatierung Kahn 1988 (der den *Gorgias* früh, aber nach *Apologie* und *Kriton* als den beiden frühesten Werken ansetzt; vgl. ebd., 74f. und 78) und Kahn 1996, 128: Die aporetischen Dialoge wie *Laches* und *Charmides* folgen auf die noch früheren, nicht-aporetischen Dialoge wie *Kriton, Ion, Hippias minor* und eben auch den *Gorgias*.

[90] Was natürlich nicht zwangsläufig der Fall sein muss; denkbar ist auch die Erinnerung und Aufarbeitung dieser Erfahrung. Als Entstehungszeit des *Theaitetos* werden die frühen 360er Jahre vermutet, meist wird er nach der *Politeia* und dem *Phaidros* angesetzt (vgl. Erler 2007, 232). Trifft diese Hypothese zu, so gingen wahrscheinlich die Erfahrungen der zweiten Sizilienreise, vielleicht sogar der dritten Reise darin ein.

[91] Vgl. Görgemanns 1994, 32f.

Die Lebensweise der Philosophen – zurückgezogen oder öffentlich?

lichen Tatendrangs den öffentlichen Aufgaben widmen wollte (324b9–c1), wird er rasch enttäuscht. Dann ergreift ihn ein zweites Mal das, nun etwas schwächer gewordene, Verlangen danach, Politik zu treiben (325b1). Dieses Ansinnen wird ihm aber endgültig vergällt durch den ungerechten Prozess gegen Sokrates, der Auslöser für seinen politischen Rückzug in Athen ist. Ein wichtiger Begleitumstand für diese Entscheidung wird außerdem genannt: Sokrates ist tot, seine Anhänger in Ungnade gefallen, zerstreut oder mindestens entmutigt. Was in Rep. 496c8–d1 erwähnt wurde, wird im *VII. Brief* noch deutlicher gesagt: Eine erfolgreiche (Neu-)Ordnung der Stadt ist ohne Freunde und treue Verbündete aussichtslos (325d1–2). Dennoch hört Platon nicht auf, nachzudenken – ein wesentliches Kennzeichen des Philosophen – und wartet auf Gelegenheit zum erneuten Handeln (326a2)[92].

Die ergibt sich dann nicht in Athen, sondern anderswo. Auf seiner ersten Reise nach Sizilien (zwischen 390 und 388 v. Chr.), wird er vorrangig von einer Einsicht geleitet. Die Philosophie lässt ihn erkennen, dass alle bestehenden Verfassungen schlecht sind. Nur durch sie kann außerdem erkannt werden, was im öffentlichen wie im privaten Leben gerecht ist. Abhilfe könnte daher allein das an dieser Stelle wiederholte Motto aus Buch V der *Politeia* (Rep. 473c11–d3) schaffen: Die auf rechte[93] Art Philosophierenden müssen an die Herrschaft gelangen oder aber die Herrschenden philosophieren. Sie müssten dann damit beginnen, die – in Athen wie in Sizilien gleichermaßen verdorbenen (325d5–e1; 326c1–2) – Sitten, die Lebensweise der Bürger zu ändern. Diese Vorgehensweise erinnert an das ›tabula rasa-Unternehmen‹ der Philosophen in Rep. 501a2–7. In Sizilien herrscht Dionysios. Platon begegnet aber zunächst dem jungen Dion, der aufgrund der Begegnung ein philosophisch-asketisches Leben beginnt und auch andere dazu ermutigt (327a2–c5). Wiewohl es Dion als Hintergedanke seines Tuns später unterstellt wird (333c1), will er nicht selbst herrschen, sondern möchte, dass Dionysios II., Sohn des mittlerweile gestorbenen Dionysios, die neu entdeckte Lebensweise annimmt – sowie in der Folge alle Syrakusaner, die dadurch genau wie er selbst zur Glückseligkeit gelangen wür-

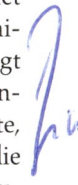

---

[92] Im Höhlengleichnis findet sich eine versteckte Kritik am zu raschen Handeln. Der zurückgekehrte Gerechte versucht, die Schatten in der Höhle zu deuten, ohne die »nicht ganz kurze« Zeit der Gewöhnung an die Umgebung abzuwarten (Rep. 517a1–2); die Reaktion auf sein Scheitern sind Spott und Drohungen.
[93] Im Unterschied zu den vielen ›auf falsche Art‹ Philosophierenden, gegen die sich Platon hier nochmals abhebt (zu denken ist hier sicher z. B. an Isokrates).

6. Die Rolle der Ehre – Der Philosoph und die soziale Anerkennung

den (327c7). Wie Platon ist Dion der Ansicht, dass »nur einen einzigen Mann« (*hena monon*, 328c1; natürlich ist damit gemeint, *diesen* Mann in seiner besonderen Position als Herrscher) zu überzeugen hinreichende Bedingung für alles Weitere wäre.

Mit diesem Vorhaben ist er nicht allein, womit die Grundvoraussetzung für eine Änderung der *polis* gegeben ist: Platon kommt auf seine Bitte hin als Verbündeter Dions und seiner Anhänger nochmals nach Sizilien (327d1). Weitere Verbündete, die auf Dionysios II. einwirken könnten, werden in Aussicht gestellt (328a3–6). Trotz aller Bemühungen gelingt es Platon jedoch nicht, den Tyrannen zum Philosophen zu machen, da dieser ungerührt fortfährt, sich zu bereichern und seine Vorteile zu suchen, wobei ihn vor allem sein Ehrgeiz antreibt (vgl. 338d6–e4 und 6.2.2). Letztendlich wird Dion die Herrschaft – was Platon nicht befürwortet (331b4–d6) – mit Gewalt übernehmen. Sie währt jedoch nicht lange, da er selbst einem Staatsstreich zum Opfer fällt und ermordet wird.

Platon rät Dion, Dionysios und zuletzt auch den Verwandten Dions drei Dinge, die für jegliche Tätigkeit in der *polis*, in Syrakus, aber auch allgemein (z. B. *mêde allên polin*, 334c8), essentiell wichtig sind. Zuerst müsse man sich, was in 5.7 ausführlich betrachtet wurde, um das persönliche, tägliche Leben kümmern und besonnen werden (331d8–9; 336c1–4). Zweitens, das wurde in diesem Abschnitt deutlich, hat man sich zuverlässige Freunde und Vertraute zu erwerben (331e1–2). Wer niemandem vertraut, dessen Position ist brüchig wie die des Dionysios (332c4). An den Freunden in der näheren Umgebung zeige sich sogar Tugend oder Schlechtigkeit eines Menschen (332c5[94]).

6.4.4.3. Dions Persönlichkeit und seine Aufgaben im Verhältnis zu den Philosophenherrschern

Der dritte Rat Platons lautet, dass eine Stadt nicht menschlichen Herrschern untertan sein solle, sondern den Gesetzen (334c7–9)[95]. Falls es sich im *VII. Brief* nun um die tätige Umsetzung des erwähnten ›Mottos‹

---

[94] Diese Aussage passt freilich nicht ganz zu den späteren, falschen ›Freunden‹ des Dion, die es trotz dessen Tugend schafften, in seine Umgebung zu gelangen. Platon macht hierfür eine Fehleinschätzung ihres Charakters, besonders, was das Ausmaß ihrer Schlechtigkeit angeht, verantwortlich (351d7–e2).

[95] Dieser Gedanke wird in den *Nomoi* noch genauer, und zwar mit der Schwäche eines jeden Menschen begründet (Lg. 875b2–d5).

der *Politeia* handeln sollte, wäre zu fragen, ob Dions Persönlichkeit sowie seine Aufgaben den dort geschilderten Philosophenherrschern entsprechen. Dies ist in mehrfacher Weise, bereits seine Aufgaben betreffend, nicht der Fall. Der ›irdische‹ Philosophenherrscher, den Platon in Gestalt des Dionysios auszubilden versucht, was ihm dann aber letztlich nur bei Dion gelingt, sollte sich in seinem politischen Handeln um die Ausarbeitung gerechter Gesetze (336a4–6; 351c4–5) kümmern, an die er sich dann auch selbst hält. Er ist nicht autarker Richter, entscheidet nicht eigenständig über gut und böse. Dies mag daran liegen, dass, wenn auch in seiner Seele nach viel Mühe »Einsicht und Verständnis über jeden Gegenstand« aufleuchten, dies doch nur im Rahmen menschlicher Möglichkeit geschieht (344b8–c1). Dion hat die Ideen, insbesondere die Idee des Guten, nicht in der Vollständigkeit gesehen, wie es die Philosophenherrscher tun. Dass er – wiewohl von philosophischer Natur – nicht unfehlbar ist, zeigt sich an seinem gewaltsamen Tod, an dem ihm der Autor des *VII. Briefes* eine Mitschuld zuspricht. Unvorsichtig in der Wahl seiner Freunde, so eine Erklärung, hat er Menschen vertraut, die er nicht im Zuge der gemeinsamen Bemühung um die Philosophie kennengelernt hat, und die ihn zuletzt verraten haben (333d1–334c3)[96].

Dion reicht aufgrund seiner Begabung und Lebensweise dennoch nahe an das Ideal des Philosophen heran. Er hätte als solcher eine gute Herrschaft beginnen, einen grundsätzlichen Wandel herbeiführen können (335e4–336a9).

Wenn Philosophie und Macht zusammenkommen, wird die Verbreitung des wahren Weges zum Glück, der darin besteht, dass man mit Vernunft *(phronêsis)* und Gerechtigkeit sein Leben führt (335d1–e1), fast zwangsläufig erfolgreich sein. Der Grund dafür, dass philosophische Herrscher auf Vergeltung verzichten (336e2–337a1) und gerechte Gesetze erlassen, ist ihre Lebensweise, vor allem ihre Besonnenheit. Weder Racheimpulse noch das Bestreben, Vorteile vor anderen haben zu wollen (z. B. mehr Genuss als sie, 337a1–3) können sie davon abhalten, sich an die Gesetze zu halten. Aber damit ihre politisch-gesellschaftliche Tätigkeit gelingt, braucht es nicht nur einen entsprechenden Lebenswandel, sondern zudem Verbündete.

---

[96] Wiewohl Platon so viel von Dion hält, dass er dazu neigt, den ganzen Vorgang einem *daimôn* zuzuschreiben, d. h. an dieser Stelle schicksalhaften unglücklichen Umständen (336b4–9).

6. Die Rolle der Ehre – Der Philosoph und die soziale Anerkennung

6.5. *Politeia* und *Nomoi* – Die Rehabilitation der Ehre in Bezug auf individuelles und gesellschaftliches Leben

6.5.1. Politeia – *Ehrlosigkeit als methodische Hypothese und die langfristige Sicht*

Die Ehre scheint in jeder Hinsicht eine Zwischenstellung zu besitzen. Wie wir gesehen haben, kennzeichnet das Streben danach weder den Philosophen noch den vollendeten Tyrannen. Für den Philosophen ist der *thymos* ein wichtiger Helfer – er kann Hinweise auf richtige Verhältnismäßigkeiten geben und richtige Reaktionen vorzeichnen. Nie aber erzwingt er Anerkennung, die Vernunft hat das letzte Wort. Selbst wenn der Philosoph nicht die Ehre erhält, die ihm begründeterweise zustehen würde, versucht er nicht, den Ausgleich um jeden Preis zu erreichen. Was gegen Ende der *Politeia* festgestellt wird, ist eindeutig: Auch wenn es allen Menschen und Göttern entgehen sollte (580c7–9), d. h. das Ansehen vor anderen in keinster Weise in Betracht gezogen wird, so ist der Gerechte, der Tugendhafte, sich selbst Beherrschende dennoch der Glücklichste. Dass Ehre dennoch nicht irrelevant ist, wurde bereits in der Diskussion der *Apologie* deutlich. Auch in der *Politeia* taucht die Ehre kurz nach der Aussage in 580c7–9, im zweiten Beweis für das Glück des Gerechten, wieder auf: »Ehre folgt ja doch«, wenn man erreicht, was man erstrebt, sei es Weisheit oder Besitz (582c2–7). Der Weise kennt genau wie der Reiche und der Tapfere die Lust an Ehre und Anerkennung. Allen dreien wird diese Lust, sofern sich ihr Handeln im Rahmen der Gerechtigkeit bewegt, auch zugestanden. Im dritten Beweis für das Glück des Gerechten – er kennt im Unterschied zu anderen die ›reine Lust‹ – wird sie nochmals erwähnt und bewertet. Wenn sich das Streben nach Ehre, Sieg und Wiedervergeltung ohne Nachdenken und Vernunft abspielt, so führt seine Befriedigung immer nur zu einer mit Unlust gemischten Lust, die nicht dauerhaft erfüllend ist (vgl. 5.4.8.3). Allerdings erfüllt sie ihn immer noch mehr als die Befriedigung der Begierden, mit denen der Tyrann beschäftigt ist (587e1–5). Das Streben nach Ehre wird in der *Politeia*, bei aller Vorsicht, im richtigen Rahmen, zum richtigen Zeitpunkt, mit der richtigen Einstellung – ähnlich wie schon in der *Apologie* – positiv gewertet. Das richtige Maß ist entscheidend: Der »Löwe« in der Seele ist ein wichtiger Verbündeter der Vernunft, dem weder zu viel noch zu wenig Raum gegeben werden darf (590b1–12). Die Wendung in 592a1–4, dass an einiger Ehre teilzunehmen und zu genießen gut ist, an derjenigen nämlich, die besser macht, erinnert an die Differenzierung der Lüste im *Philebos* (vgl. 5.5.4). Nur das, was die innere Verfassung *(hexis)* aufzulösen droht, ist zu meiden (592a3).

In Buch X der *Politeia* wird das Erlangen von Ehre fast wie eine Art ›Krönung‹ des guten Lebens beschrieben. Dass jemand von Menschen und Göttern unbemerkt gerecht sein kann, wurde lediglich aus methodischen Gründen angenommen. Auch in diesem Fall wäre der Gerechte zwar glücklich; Gerechtigkeit ist für sich selbst erstrebenswert. Aber damit wurde Unmögliches angenommen (612c8), d.h. die Annahme war rein hypothetisch. Faktisch wird dem Gerechten zuletzt doch Ehre zuteil, da er von den Göttern aufgrund seiner Gerechtigkeit, die diesen nicht verborgen bleiben *kann*, geliebt wird *(theophilei)*. Mag er auch in Armut oder Krankheit leben, so wird ihm spätestens nach dem Tod Gutes widerfahren (was im Mythos des Er genauer ausgeführt wird, vgl. 615b7–c1), weil sich die Götter um ihn kümmern (612e2–613b10). Schließlich scheint es aber nur eine Frage der Zeit und der langfristigen Perspektive zu sein, bis auch Menschen den Gerechten preisen. Ist er erst älter geworden, so erhält er die Gelegenheit, Ämter anzunehmen, während der Ungerechte spätestens im Alter entlarvt, geschmäht und bestraft wird (613d1–e3).

6.5.2. Nomoi – Ehre im Kontext von Belohnung und Strafe

In den *Nomoi* findet sich eine ganze Reihe von an die *Politeia* anschließenden, klärenden Gedanken. Zur Seelentheorie wird dort nicht nur wie in Rep. 441a3 festgestellt, dass das *thymoeides* der Vernunft beisteht, sondern weitergehend, dass dies auch notwendig ist, weil der *logismos* sanft ist und von sich aus keinen Zwang ausüben kann (Lg. 645a5–6). Er ist daher auf Helfer angewiesen. Jeder im Staat muss zugleich sanft und zornmütig sein (Lg. 731b3–4; ganz ähnlich wie die Wächter in Rep. 375c6–7; 410c8). Der Zorn ist wichtig für die Bestrafung der Ungerechten. Bereits im Rahmen der Erziehung von 3–6jährigen Kleinkindern soll man strafen ohne ihr Ehrgefühl, das offensichtlich bereits in diesem Alter vorhanden ist, zu verletzen (Lg. 793e5–6[97]). Straft man übermäßig, d.h. über das Maß hinaus, dem das *thymoeides*

---

[97] Im Folgenden sind die ohne Sigel angegebenen Stellen alle den *Nomoi* entnommen.

6. Die Rolle der Ehre – Der Philosoph und die soziale Anerkennung

zustimmen kann, so entsteht Zorn (*orgê*, 793e7), straft man zu wenig, führt dies zur Verweichlichung (*tryphê*, 794a1). Dass das Urteilsvermögen, Gerechtes und Ungerechtes betreffend, tief im Menschen verankert ist, zeigt auch eine Stelle in Buch XII der *Nomoi*: Eine Art »göttliche Treffsicherheit« wohnt selbst den schlechten Menschen inne. Die Menge kann darüber befinden, wer schlecht und wer gut ist (950b6–c3[98]).

Die negativen Seiten des *thymos*, seine Wandlungsfähigkeit, werden nicht unterschlagen. Zu Beginn der Ansprache an die Siedler wird festgestellt: Wer stolz ist auf Reichtum, Ehren oder körperliche Vorzüge statt demütig und bescheiden zu sein, der kann nicht glücklich werden, sondern richtet sich zugrunde (716a4–b5). Das der *philonikia* entspringende, häufige Prozessieren soll im Staat unter Strafe gestellt werden (938a8–b8). Auch das Verbot von Beleidigungen und Schmähungen nimmt auf den *thymos* Bezug: Wer dem Zorn mit Reden gefällig ist, riskiert, dass die Seele und alles Gezähmte in ihr verwildert. Der *thymos* wandelt sich dann in »Erbitterung« (wie *orgê* hier von K. Schöpsdau übersetzt wird; 935a3) und durch ein Leben voller Unverträglichkeit wird der Mensch zum Tier. In der Beschreibung des – auf eine Überschwemmungskatastrophe folgenden – ›Urzustands‹ in Lg. 677b5–8 wird die Ehrbegierde ebenso in negativem Kontext, in einem Atemzug mit der Gewinnsucht genannt. Die überlebenden Berghirten waren nicht vertraut mit Künsten, aber auch nicht mit »Kunstgriffen« zur Befriedigung der Gewinnsucht *(pleonexia)* und des Ehrgeizes *(philonikia)*, wie sie später in den Städten gebraucht werden.

Trotz all dieser Bemerkungen betonen die *Nomoi* aber außerdem die positive Funktion und Wichtigkeit einer gerechten Zuteilung von Ehren. In Lg. 631e2–3 wird als Aufgabe des Gesetzgebers genannt, Ehren richtig zuzuteilen und zu entziehen[99]. Dabei ist nicht gemäß der arithmetischen, sondern der proportionalen Gerechtigkeit vorzugehen: Ehre

---

[98] Vermutlich nach richtiger Vorstellung, wie in Men. 99b11–c4 beschrieben.
[99] Der Gedanke wird noch grundsätzlicher gefasst in Buch III der *Nomoi*: Jeder Staat, der Bestand haben und glücklich sein soll, muss Ehre und Unehre richtig verteilen (697a10–b2). Hier geht es nun allerdings nicht – wie im vorliegenden Kapitel – um die Auszeichnung von Menschen, sondern im weiteren Sinne um die Wertung von Gütern allgemein. An erster Stelle stehen die Güter der (richtig geordneten) Seele, an zweiter die leiblichen Güter, an dritter Besitz und Vermögen. Später erläutert der Athener zum »göttlichen Gut« (*theion agathon*, 727a3) der Ehre eine weitere Rangfolge: An erster Stelle sind die

wird je nach Tugend und Bildung der Bürger verteilt (757b1–758a2[100]). Das »Richtigste und Wichtigste« (950c5) besteht wie schon in der *Politeia* darin, den Schein zu vermeiden. Für den Ruf bezüglich der Tugend gilt: Nur, wenn man wahrhaft gut ist, soll man auch einem als gut angesehenen Leben nachjagen (950c5–6). Nach den Tugendhaften, die die Vorschriften der guten Gesetzgeber in Ehren gehalten haben, werden an zweiter Stelle auch den Soldaten und allen Tapferen als »Rettern des Staates« Ehrungen zugestanden (922a1–5). Besondere Ehrungen erhalten ferner die Euthynen (946e6–947e6) und der Beobachter *(theôros)*, eine Art Botschafter, der die Sitten in anderen Ländern untersucht (952b9–c4; Voraussetzung für die Ehrung ist, dass er seine Tugend bewahrt oder sogar steigert). Lobpreisungen in Gesängen sind allerdings erst angebracht bei Bürgern, die das Ziel ihres Lebens bereits erreicht haben (801e7–10)[101]. Ruhm und Lob seitens der Götter und Menschen ist etwas Lustvolles, Gutes und Schönes (663a2–4 im Kontext von 662e8–663c5). Die Scham *(aidôs)* als Furcht vor schlechtem Ruf kann sogar bewirken, dass man den Gesetzen gehorcht (699c1–d2). Wichtig für die *polis* ist die Balance zwischen völliger Freiheit und völliger Knechtschaft. Das Volk wie auch die Herrscher sollen durchaus ›Sklaven‹ sein, und zwar der Gesetze. Neben der Zuteilung von Ehrungen ist auch der Entzug von Ehren, wie im Falle der Heiratsunwilligen (721b2–3; 784d1–2), fester Bestandteil des Strafrechts der fiktiven Verfassung.

Genau wie Reichtum kann Anerkennung zur Folge haben, dass einem alles – oder, so der einschränkende Einschub, zumindest das Wichtigste – zuteil wird, was man sich wünscht (Lg. 687b5–9). Aber auch dies ist nicht problematisch, sofern die Erfüllung der Wünsche berechtigt ist. Der *nous* ist, wie in Buch III (687b5–689e3) ausführlich besprochen wird, die Grundbedingung dafür, das Richtige zu wünschen. Er ist daher nach wie vor als allererstes zu erstreben (687e8–9).

Ehre zählt in den *Nomoi*, genau wie in der *Politeia*, also durchaus zum guten Leben. Die richtige Verteilung von Ehren und Auszeichnungen

---

Götter zu ehren, dann die ihnen folgenden Wesen (Dämonen und Heroen), dann die Seele.

[100] Eine Verteilung per Los wird zwar zugelassen, aber nur notgedrungen, »wegen der Unzufriedenheit der Masse« (757e3–4).

[101] Zwei Gründe hierfür sind denkbar. Erstens könnte die Ehrung zu Lebzeiten zu Neid führen, zweitens kann laut 802a1–3 erst nach dem Tod ein endgültiges Urteil über einen Menschen gefällt werden (vgl. Schöpsdau 2003, 541).

6. Die Rolle der Ehre – Der Philosoph und die soziale Anerkennung

ist sogar konstitutiver Teil einer gut verwalteten *polis*. Der Philosoph mit der richtig geordneten Seele nutzt nicht nur die Hinweise des *thymos* als eine Art ›Sinn für Recht und Unrecht‹, sondern auch dessen motivationale Kraft, ohne dabei abhängig von der Meinung anderer Menschen zu sein. Dieses Seelenvermögen zu achten, es nicht zu vernachlässigen, sondern zu formen, ist Bestandteil des guten Lebens – besonders aber eines Lebens, das gesellschaftliche Wirkung haben soll, da die Vernunft allein zu schwach wäre, um Vorhaben umzusetzen.

6.6. Der Stellenwert der Ehre im philosophischen Leben – Ein Fazit

Wir haben in diesem Kapitel zunächst gesehen, dass es sinnvoll ist, eine Lebensweise des Ehrliebenden von der des Hedonisten zu unterscheiden. Obwohl zwischen Ehre und Lust (6.1.1 und 6.1.2) sowie zwischen dem Streben nach Reichtum und dem nach Ehre (6.1.5) Zusammenhänge bestehen können, wird das Leben der Ehrliebenden von einem an der Lust ausgerichteten Leben nicht nur unterschieden, sondern auch positiver als dieses bewertet (6.1.3 und 6.1.4). Ein überraschendes Ergebnis ist, dass das Verlangen nach Ehre zwar mit dem Streben nach politischen Ämtern verknüpft ist, jedoch versiegt, sobald die Ausübung dieser Ämter in die Tyrannei umschlägt. Im Leben des Tyrannen, wie es Platon in der *Politeia* schildert, spielt Ehre so gut wie keine Rolle mehr. Es ist vielmehr ganz von der Ausrichtung an Lüsten geprägt (6.2.3 und 6.2.4).

Das philosophische Leben ist, wie sich am Verhalten des Sokrates zeigen ließ (6.3), gekennzeichnet von der Unabhängigkeit von der Anerkennung der Masse, jedoch nicht von der Ausrichtung an Ehre allgemein. Die Quelle der Anerkennung, ihre Berechtigung ist entscheidend. Am wichtigsten ist die Anerkennung der Götter – im Vergleich zu ihrer Weisheit gilt es außerdem, bescheiden zu sein. Indem Sokrates geistige Maßstäbe ansetzt und die Berechtigung von Ehrbezeugungen prüft, gelingt es ihm, nicht nur Verhältnismäßigkeiten zwischen Menschen und Göttern, sondern auch zwischen verschiedenen Menschen richtig zu stellen.

Sokrates bezeichnet sich im *Gorgias* als ›wahrer Politiker‹ (Gorg. 521d6–8; vgl. 6.4.2), auch ohne eine bestimmte politische Position einzunehmen. Philosophisches Leben findet aber laut Platon nicht grund-

Der Stellenwert der Ehre im philosophischen Leben – Ein Fazit

sätzlich fern von Positionen statt, die gesellschaftliche Anerkennung mit sich bringen. Der Philosoph ist im Gegenteil für Aufgaben des öffentlichen Lebens, eine politische Tätigkeit im engeren Sinne, von allen Bürgern am besten geeignet. Erst unter einer philosophischen Herrschaft besteht die Möglichkeit, dass eine gesamte *polis*, d. h. alle Bürger in ihr, zu einem glücklichen Leben gelangen können. Nur unter günstigen Bedingungen kann er diese Aufgaben jedoch auch wahrnehmen (6.4). Dass diese Bedingungen in der gesellschaftlichen Umgebung Platons keineswegs gegeben waren[102], prägt die Dialoge. Der Theaitetos-Exkurs, in dem das weltabgewandte Leben des Philosophen beschrieben wird, kann größtenteils als Parodie verstanden werden (6.4.1). Er illustriert allerdings, wenn auch in überzeichneter Weise, sowohl die prinzipielle Unabhängigkeit des Philosophen von der Anerkennung der Menge als auch sein Leben in einer *polis*, in der die Bedingungen für eine politische Betätigung ungünstig sind (6.4.3.3). Dieses Leben mag zwar vom einzelnen Philosophierenden als glücklich empfunden werden – er bedarf zu seinem Glück nur des Umgangs mit den Ideen –, dennoch ist eine objektive Steigerung möglich. Der Idealzustand ist erst erreicht, wenn er Gelegenheit hat, seine Erkenntnisse einzusetzen, in der Orientierung am Guten und an der Gerechtigkeit gesellschaftliche Aufgaben zu erfüllen und – was laut *Politeia* X eine notwendige und berechtigte Konsequenz ist – Ehre zu erlangen (6.5.1). Das Ehrgefühl ist, wie in den *Nomoi* betont wird, tief in der Seele des Menschen verankert und erfüllt, wenn es gut ausgebildet ist, eine wichtige Funktion. Im gut verwalteten Staat wird daher auf die richtige Verteilung der Ehren unter den Bürgern geachtet (6.5.2).

---

[102] Die philosophische Lebensform war noch bis weit ins 3. Jh. v. Chr. hinein nicht anerkannt, keine der üblichen Aufgaben und Professionen der Bürger in der *polis* entsprach ihr. P. Scholz zieht Kallikles' Äußerungen über die Philosophie in Gorg. 484c4–485e2 als exemplarisch für die öffentliche Meinung in Bezug auf Philosophen heran (vgl. Scholz 1998, 43f.). Dass Platon allerdings eine »Unverträglichkeit« von politischer und philosophischer Lebensform vertrete, während erst Aristoteles diese vermittle (vgl. *ebd.*, 125–131) entspringt einer sehr einseitigen Interpretation, z. B. der Theaitetos-Digression als platonisches Ideal philosophischen Lebens.

7. Einsamkeit oder Philosophieren mit Freunden?

Dass die Freundschaft im Leben des Philosophen einen hohen Stellenwert besitzt, wurde bereits in politischem Kontext unter einem ersten, eher pragmatischen Gesichtspunkt deutlich: Der Philosoph braucht gleichgesinnte Freunde, um in der *polis* etwas ausrichten zu können – was unter guten Bedingungen fester Bestandteil seines Lebens ist. Alleine ist er dagegen zum Scheitern verurteilt (vgl. 6.4.4.2).

Zweitens bringt er aber im Unterschied zu anderen Menschen als einziger die inneren Voraussetzungen für echte Freundschaft mit. Dieser Gedanke soll in 7.1 kurz, besonders mit Blick auf die Diskussion zwischen Sokrates und Thrasymachos in *Politeia* I, begründet werden. Dann wird gefragt, wie die Aussagen in *Symposion, Phaidros, VII. Brief* und dem *Lysis* in Bezug auf den Stellenwert der Freundschaft zu anderen Menschen im Leben des Philosophen zu interpretieren sind.[1]

7.1. Die gerechte und besonnene Seele als Voraussetzung für Freundschaft zu anderen Menschen

Die Fähigkeit zur Freundschaft hängt, wie dem »Rat« des *VII. Briefs* zu entnehmen ist (331d7–333a5), unmittelbar mit einer bestimmten see-

---

[1] Abgesehen wird dabei von allgemeinen Aussagen wie in den *Nomoi*, die den Wert der Freundschaft in größerem, gesellschaftlichem Rahmen feststellen. Beispielsweise wird dort bemerkt, dass es kein größeres Gut für den Staat gibt, als wenn die Bürger miteinander bekannt sind. Dass die Gesinnungen *(tropoi)* gegenseitig bekannt sind, ist Fundament für die Aufrichtigkeit untereinander sowie für die gerechte Vergabe von Ehren im Staat (Lg. 738e1–8). Wenn die Bürger eines Staates einander freundschaftlich verbunden sind, so folgt daraus auch, dass jeder die Freunde und Feinde des Staates auch für seine eigenen Freunde bzw. Feinde ansieht (Lg. 955b9). Diese Art von Zusammengehörigkeit oder Bekanntheit ist aber noch keine Freundschaft, die das philosophische Leben kennzeichnet. In der *Politeia* wird ansatzweise versucht, den Gedanken der Einheit der Wächter mit dem philosophischer Freundschaft zu verbinden (Rep. 403a10–c2). Wesentlich ausführlicher behandeln jedoch *Symposion* und *Phaidros* diese Thematik.

Die gerechte und besonnene Seele als Voraussetzung für Freundschaft

lischen Verfassung zusammen, die sich wiederum in einer bestimmten Lebensweise äußert. Im *Gorgias* wird sogar – so ausdrücklich wie nirgends sonst – festgestellt, dass der Unbesonnene unfähig zu *jeglicher* Gemeinschaft (*koinônein gar adynatos*, 507e6) und dadurch auch unfähig zur Freundschaft ist (Gorg. 507e5–7). Nur der Besonnene ist im Umkehrschluss zur Freundschaft fähig. Auch in der *Politeia* wird auf den Zustand der Seele als Voraussetzung für echte Freundschaft verwiesen. Der ungerechte Tyrann ist, so heißt es im Rahmen des ersten Beweises für das Unglück des Tyrannen, unfähig zu »wahrer Freundschaft« (*philias alêthous*; Rep. 576a4–6).

Worin besteht »wahre« Freundschaft? Sie geht jedenfalls über die Fähigkeit hinaus, die Glaukon in seiner Charakterisierung des Tyrannen schildert. In Bezug auf jegliche – sexuell bestimmte, aber auch sonstige – Gemeinschaft könne dieser sich aussuchen, mit wem er umgehen will (*koinônein*, Rep. 362b3–4). Selbst wenn diese Aussage, was in Gorg. 507e6 verneint wird, auf den Tyrannen zuträfe, entspräche ein bloßes ›Zusammensein‹ *(koinônein)* oder ›Zeit miteinander verbringen‹ aber noch nicht der Freundschaft. Eine erzwungene Gemeinschaft, wie sie etwa Dionysios II. zu Platon herstellt, führt nicht einmal zu echter Anerkennung, geschweige denn zu wahrer Freundschaft (vgl. 6.2.2). Auch freiwillig eingegangene Gemeinschaft ist nur Voraussetzung für die Freundschaft, denn »wo keine Gemeinschaft ist, da kann auch keine Freundschaft sein« (Gorg. 507e6–7).

Inwiefern kann der Zustand der eigenen Seele Auswirkungen auf die Beziehung zu anderen Menschen haben und die Gemeinschaft mit ihnen zerstören? Bereits die bloße Zusammenarbeit mit anderen setzt ein Mindestmaß an Tugend in der Seele voraus – im *Gorgias* sowohl Gerechtigkeit als auch Besonnenheit (vgl. zur Einheit der Tugenden Gorg. 507a5–e4). Eine zerstrittene Räuberbande, so das dort angedeutete (Gorg. 507e4) und in der *Politeia* noch erweiterte Bild (Rep. 351c7–10), wird auch ihre Ziele nicht erreichen; sie wird nach außen hin nichts ausrichten. Die Gerechten zeigen sich als »weiser und besser und mächtiger« (Rep. 352b8) im Handeln. Allein hieraus könne man bereits ableiten, so Sokrates im Gespräch mit Thrasymachos, dass das Leben des völlig Ungerechten nicht glücklicher sein kann als das des Gerechten (Rep. 352d4–5).

Thrasymachos hätte freilich an dieser Stelle antworten können, dass die Loyalität des Umfelds ja durch die wenig vorher erwähnten »Gefälligkeiten« (Rep. 343e5–7), sichergestellt werden kann. Diese

7. Einsamkeit oder Philosophieren mit Freunden?

Loyalität genügt, um politische Anliegen durchzusetzen, zumal sich der Tyrann in einer entsprechenden Machtposition befindet; er ist nicht gleichberechtigter ›Räuber unter Räubern‹. Der Gedanke der Handlungsunfähigkeit des Tyrannen, der in *Politeia* I sowie im *Gorgias* stark gemacht wird, ist daher auf politischer Ebene nicht überzeugend[2]. Plausibler wird er durch die Schilderung des Zustands der tyrannischen Seele in den späteren Büchern der *Politeia*. Der Ungerechte lebt nicht nur in Zwietracht mit anderen Menschen und den Göttern, sondern auch mit sich selbst (Rep. 351d4–352b3). Die Ungerechtigkeit in seiner Seele macht ihn handlungsunfähig (*adynaton auton prattein poiêsei*, Rep. 352a6–8); auch die Seelenvermögen müssen miteinander ›befreundet‹ sein. Besonnenheit ist *philia kai symphônia* der Seelenvermögen (Rep. 442c10–d4), die der Freundschaft mit sich selbst (*philon heautô*, Rep. 443d6) entspricht. Der Tyrann, bei dem das nicht der Fall ist, handelt zwar – er ist also nicht in dem wörtlichen Sinne unfähig, etwas zu tun, dass er nur apathisch herumsitzt –, aber er tut nicht, was er wirklich, d. h. mit ganzer Seele will. Er ist nicht frei, gemäß einer von ihm eingesehenen Wahrheit zu handeln, sondern folgt stets seiner Begierde in die Richtung, die diese vorgibt (5.4.7.6). Diese innere Zwiespältigkeit macht ihn dann auch unfähig zu »wahrer« Freundschaft. Das Unglück des Tyrannen folgt aus Neid, Treulosigkeit, Ungerechtigkeit, dem Mangel an Freunden, seiner Gottlosigkeit und überhaupt »aller Schlechtigkeit« (Rep. 580a3–5). Explizit genannt werden hier gleich etliche Merkmale, die sich auf Beziehungen zu anderen (zu Menschen wie auch zu den Göttern) beziehen. Platon führt den Zusammenhang von eigenem Seelenzustand und der Fähigkeit zur Freundschaft nicht tiefer aus. Naheliegend ist jedoch, dass jemand, der nicht selbst vernünftig über seine Handlungen entscheiden kann, auch nicht die Zuverlässigkeit mitbringt, die Grundlage einer Freundschaft ist. Man kann ihm und seinen Worten nicht vertrauen, weil er gar nicht Herr seiner selbst ist (Rep. 579c7–8; vgl. auch 7.5.1 zum *Lysis*)[3].

---

[2] Dem Philosophenherrscher allerdings steht die Option, sich ungerechter Mittel zu bedienen, nicht offen. Seine Verbündeten muss er stattdessen vom Wert seiner Anliegen überzeugen, was ein freundschaftliches Verhältnis zumindest begünstigt, wenn es sie nicht sogar zu Freunden macht (vgl. 7.4). (Zumindest gilt dies auf höchster Ebene. Beim Volk genügt anscheinend die Erzählung eines Mythos wie in Rep. 414b8–414e6. Dieser enthält Wahres, entspricht aber letztlich einer nützlichen Lüge.)

[3] Wer sich über sich selbst täuscht und sich selbst belügt, täuscht automatisch auch andere, denen er gegenübertritt. In Lg. 730c6 wird darauf aufmerksam gemacht, dass

Die gerechte und besonnene Seele als Voraussetzung für Freundschaft

Das Unglück des Tyrannen besteht also letztlich nicht in seiner Unfähigkeit zum politischen Handeln oder zur Gemeinschaft – die andernorts auch unter Schlechten angenommen wird[4] –, sondern in der zur Freundschaft. Wenn die Tugend, insbesondere Gerechtigkeit und Besonnenheit der Seele, die Voraussetzung für Freundschaft darstellt, so ist allein der Philosoph, da nur er zu echter Tugend fähig ist, auch zu echter Freundschaft fähig. Der Tyrann befindet sich zusätzlich in der unangenehmen Situation, dass er – zwar nicht im allernächsten, aber im nächsten Umfeld[5] – sogar von Feinden umgeben ist (Rep. 578e1–579b2). Dies kann allerdings nicht zu den spezifischen Merkmalen gehören, weil der Philosoph sich unter ungünstigen Umständen, durch sein gerechtes Tun, ebenfalls Feinde schaffen kann.

Besteht also nur die Alternative zwischen dem Leben des freundschaftsunfähigen Tyrannen und der echten, philosophischen Freundschaft? Wir werden sehen, dass es entsprechend der unechten, nur abgeleiteten Formen der Tugend (vgl. 5.2 und 5.3.2; vgl. auch Kapitel 8 sowie 9.4.5.1), dazwischen eine Bandbreite an verschiedenen, weniger wertvollen Formen der Freundschaft gibt.

Ausgerechnet dem Dialog, dessen Zentralthema die Liebe bzw. der Eros ist, ist überraschenderweise noch ein ganz anderer Aspekt zu entnehmen. Wie ich im Folgenden argumentieren werde, wird im *Symposion* eine gewisse Unabhängigkeit des Philosophen von Beziehungen zu anderen Menschen betont, die aber, wie in 7.5.3 anhand des *Lysis* gezeigt werden soll, wesentlicher Bestandteil wahrer Freundschaft ist.

---

derjenige, der – sei es freiwillig oder unfreiwillig – lügt, ohne Freunde bleibt. Vertrauen ist die Grundlage für Freundschaft. Wer nicht vertrauenswürdig, wie im Falle der freiwillig Lügenden oder, wie im Falle der unfreiwillig Lügenden, vernunftlos *(anous)* ist, wird vereinsamen.

[4] Ohne jegliche Gemeinschaft könnte der eigene Seelenzustand auch keine negativen Auswirkungen auf andere Menschen haben, wie sie in der *Politeia* im Kontext des Seelenverfalls häufiger geschildert werden: Die schlechten Begierden des Demokraten z. B. werden von ähnlich gelagerten Begierden in anderen Menschen erst angefacht und unterstützt (Rep. 559e4–7).

[5] Die Loyalität des allernächsten Umfelds, im Bild in Rep. 578e1–579b2 die »Sklaven« des reichen Mannes, wird anscheinend erfolgreich durch Bestechung gesichert – bereits im näheren Umfeld lauern jedoch die Feinde (im Bild seine »Nachbarn«).

7. Einsamkeit oder Philosophieren mit Freunden?

7.2. *Symposion* – Einsamkeit des Philosophen oder Notwendigkeit gemeinsamen Philosophierens?

Bei Platons *Symposion* handelt es sich, so Thomas A. Slezák, um einen Dialog, in dem eines fast ganz fehle: Die gemeinsame Suche[6]. Das verbreitete – vor allem durch die frühen Dialoge geprägte – Sokratesbild des prüfenden, fragenden Philosophen, der sich auf der Agora mit den Menschen unterhält, passt nicht zu den Schilderungen des *Symposions*. Es passt nicht zum stundenlang meditierenden Sokrates, der seinen Gedanken nachhängt und sich nicht viel aus engeren oder gar erotischen Beziehungen zu anderen Menschen zu machen scheint. Ist es richtig, dass Philosophieren notwendigerweise im Dialog mit einem – idealerweise geliebten – Gegenüber stattfindet[7] oder nimmt Platon hier eine kritische Distanz zu dieser Auffassung ein[8]?

Die Thematik des *Symposions* ist – wie auch die meisten anderen Dialoge[9] – eingebettet in einen bestimmten historischen Kontext. Im Hintergrund stehen die zur Zeit Platons im Rahmen der Ausbildung attischer Jugendlicher üblichen homoerotischen Beziehungen zwischen einem älteren Liebhaber *(erastês)* und einem jüngeren Geliebten *(erômenos)*. Auf eine tiefere Auseinandersetzung mit der griechischen Knabenliebe anhand externer Quellen wird verzichtet[10]; ich beschränke mich auf das, was aus dem Dialog selbst, z. B. in Symp. 182a6–183d3, darüber deutlich wird.

---

[6] Vgl. Szlezák 1985, 254.
[7] So z. B. Rehn 1996, 91; auf die Notwendigkeit der Interaktion weist auch C. Zuckert hin: »... as Socrates repeatedly emphasizes, his form of philosophy cannot be practiced alone.« (Zuckert 2009, 275; vgl. auch ebd., 247).
[8] Die meisten Interpreten bemerken, dass der Aufstieg des *Symposions* vom Individuellen wegführt (vgl. Allen 1991, 79; Rehn 1996, 92–93 u. v. m.). Ob mit dem Terminus der ›platonischen Liebe‹ überhaupt eine personale Ich-Du-Beziehung gemeint sein kann, fragt z. B. H. Görgemanns (vgl. Görgemanns 1994, 150).
[9] Es ist richtig, wie G. Vlastos schreibt, dass Platon ganz vorrangig homo- nicht heterosexuelle Beziehungen im Blick hat (vgl. Vlastos 1981, 40–42). Interessanterweise münden diese aber zuletzt in eine Art »transcendental marriage« (ebd., 42) mit der Idee des Schönen (vgl. 7.2.3).
[10] Vgl. dazu z. B. Dover 1989 oder H. Patzer: Die griechische Knabenliebe, Wiesbaden 1982.

7.2.1. Erotische Beziehungen und körperliche Lust

Zunächst eine Klärung zur Grundthematik des Dialogs. Im *Symposion* geht es, so könnte man auf den ersten Blick meinen, um Fragen der körperlichen Lust. Schließlich ist das Thema der Reden, die beim Gastmahl gehalten werden, der Gott Eros. Der Dialog hätte in diesem Fall in Kapitel 5 zur *hêdonê* behandelt werden müssen. Die sexuelle Lust wird in Rep. 403a4–6 als größte und heftigste aller Lüste[11] bezeichnet. Häufig wird sie in einem Atemzug mit basalen Begierden wie Hunger und Durst erwähnt. Wir haben gesehen, dass der philosophisch Lebende der Lust, die auf die Erfüllung solcher Begierden folgt, nur einen untergeordneten Stellenwert einräumt. Bereits zu Beginn des *Symposions* erhalten wir, wie auch andernorts, z. B. im *Phaidon*[12], einen atmosphärischen Hinweis: Die beim Gastmahl des Dichters Agathon Versammelten werden Reden halten und dabei gemäßigt trinken, nicht bis zum Rausch[13]; auch die Flötenspielerin muss gehen (176e6–9). In den Reden, und zwar *auch denen der anderen Redner*, scheint der sexuelle tatsächlich der unwichtigste Aspekt der erotischen Liebe zu sein[14], was sogar in der Rede des Aristophanes, die die stärksten körperlich-sexuellen Komponenten aufweist, zu spüren ist. Wer seine wahre »eigene Hälfte« (192b7–8) gefunden hat, will sein ganzes Leben lang mit ihr verbunden bleiben – aber, so Aristophanes, wohl kaum um des Liebesgenusses *(hê tôn aphrodisiôn synousia)* willen (192c5–7). Jede Seele will vielmehr etwas anderes, was sie nicht aussprechen, sondern nur »raten« *(manteuetai)* oder dunkel »andeuten« *(ainittetai)* kann. Alle Anwesenden sind, wie Alkibiades später bemerkt, von der *mania* der Philosophie er-

---

[11] Ähnlich wird in Lg. 835c7–8 das sexuelle Begehren unter die größten Begierden subsumiert; aus der Erfüllung der Begierde folgt die entsprechende Lust (vgl. 5.4.4).

[12] Vgl. Phd. 58e7–59a9 und 60b3–8.

[13] Wenn auch aus je verschiedenen Gründen: Einige sind in keiner guter Verfassung wegen des Gelages am Vortag, sind zu schwach oder haben keine Lust. Der Arzt führt dagegen vernünftige, gesundheitliche Gründe dafür an, Maß zu halten. Und Sokrates ist erstaunlicherweise »auf beides eingerichtet« (176c5) – wie das genauer zu verstehen ist, wird gegen Ende des Dialogs noch deutlicher werden (vgl. 7.2.5).

[14] Er wird explizit angesprochen unter dem Stichwort τὸ χαρίζεσθαι ἐρασταῖς (182b3), in der Rede des Pausanias, der die strengen Sitten in anderen Staaten bedauert und im halbherzigen Rückverweis des Eryximachos auf eben diese Stelle (186b9–c1). Erstaunlich kritisch wird die sexuelle Thematik, wie im Folgenden erläutert wird, von Aristophanes gestreift (192c3–d2) und zuletzt in der Episode mit Alkibiades aufgegriffen (218b8–219e5).

7. Einsamkeit oder Philosophieren mit Freunden?

griffen (218b3–4). In den Lobreden auf den Eros ist von Philosophie und Tugend die Rede (z. B. in der Rede des Pausanias 184c3–e5). Die sexuelle Beziehung ist der geistig-seelischen immer untergeordnet, wie Pausanias den Phaidros ergänzt (181a8–c7), wenn auch dann wünschenswert und erlaubt (184e2–4). Auch der zuletzt hinzustoßende und schon reichlich betrunkene, freimütig plaudernde Alkibiades behauptet zumindest, dass sein sexuelles Verlangen seinen Ort, seine Funktion innerhalb seines Strebens nach Wissen und danach, besser zu werden, hat (217a5–6; 218d2). Eine von allem Geistig-Seelischem entkoppelte ›Erotik‹, die im modernen Gebrauch des Wortes mitschwingt und in der (prostitutiven) Lustbefriedigung[15] ihren einzigen Zweck sieht, liegt allen Gesprächspartnern fern[16]. Neu ist allerdings, dass Sokrates Beziehungen zu favorisieren scheint, die *überhaupt* keine sexuelle Komponente mehr besitzen. Nicht nur in diesem Punkt zeigt sich an ihm, wiewohl er faktisch von den anwesenden Jünglingen, allen voran von Alkibiades, aber auch von Agathon umworben wird, die Einsamkeit des Philosophen.

7.2.2. Worum geht es Phaidros, Pausanias, Eryximachos, Aristophanes und Agathon?

Der Gegenstand der Lobreden, die reihum gehalten werden sollen, wird vom Arzt Eryximachos auf die Bitte des jungen Phaidros hin vorgeschlagen[17]. Gelobt werden soll, endlich, da sie dies bisher versäumt haben, der Gott Eros. Seine Bezeichnung als »Gott« dient in der Mehrzahl der Reden nur als Metapher, als mythologisches Bild für die Diskussion einer Grundkraft, der erotischen Liebe, die zunächst zwei Menschen miteinander verbindet. Von den Vertretern unterschiedlichster Professionen der Athener Oberschicht erfahren wir viel zu den in der *polis* grassierenden Vorstellungen über erotische, insbesondere homo-

---

[15] Eine Abgrenzung zu diesem Eros wird auch von Pausanias, und zwar unter dem Aspekt der Willkür, unternommen: Der gemeine Eros bewirkt »was sich eben trifft« (181b1).

[16] Sie steht auch in anderen Dialogen wenig zur Diskussion, am deutlichsten noch im *Phaidros* (Phdr. 238b9–c4) und stellenweise innerhalb des Gesprächs mit Kallikles im *Gorgias* (z. B. Gorg. 494e1–6).

[17] B. Zehnpfennig vermutet, dass Phaidros in Eryximachos verliebt ist (vgl. Zehnpfennig 2000, X).

Symposion – Einsamkeit des Philosophen?

erotische Beziehungen. Die nicht rein sexuell-körperlich bestimmte Liebe zu einem anderen Menschen ist von anderer Qualität, von tieferer Kraft als das Streben nach Anerkennung (178c8), nach Macht und Ämtern in der *polis* (183a2–b1; 184a5–b4[18]). Sie kann selbst stärker sein als verwandtschaftliche Beziehungen wie der zu den Eltern (179b8–c1; 178d6–7). In Frage steht für die meisten der anwesenden Redner, mit wem man sein Leben verbringt und aus welchen Gründen. Die viel grundsätzlichere Frage, die durch Sokrates aufgeworfen und negativ beantwortet wird, ist aber, ob eine lebenslang währende, erotische Beziehung bereits das menschliche Glück ausmacht. Von den Interpreten werden Gewicht und philosophischer Gehalt der ersten fünf Reden häufig als gering eingeschätzt[19]. Ich möchte demgegenüber skizzieren, wie in Bezug auf die Frage nach der richtigen Lebensführung die Rede des Sokrates in der Rede eines jeden Vorgängers – durch Kontrastierung oder Vorgriff auf einzelne Elemente – vorbereitet wird.

Phaidros spricht als erster und verkündet freimütig, dass Eros diejenigen ihr ganzes Leben hindurch leiten sollte, die schön leben wollen – und zwar mehr als Verwandtschaft, Ehre oder Reichtum (178c6–d1), die hierfür anscheinend außerdem in Frage kommen. Einen wohlmeinenden Liebhaber zu besitzen, ist das höchste Gut (178c4). Wer jemanden liebt, der handelt auch tugendhaft, tapfer und selbstlos bis hin zur Opferung seines eigenen Lebens für den Geliebten. Eros ist es, der Glückseligkeit und Tugend bewirkt, nicht nur im Leben, sondern auch im Tod (180b6–8). Die Meinung des Phaidros darüber, worauf es im Leben hauptsächlich ankommt, bildet nicht nur den Hintergrund für die Sokrates-Rede, sondern wird auch von den folgenden Rednern aufgegriffen.

Pausanias fühlt sich angesichts des überschwänglichen Lobes zur Differenzierung genötigt und widerspricht: Der Eros derer, die Kinder (und Frauen) lieben, ist nicht zu loben. In jedem Fall ist es außerdem wichtig, die Seele und das Gemüt des Geliebten mehr zu lieben als seinen ohnehin vergänglichen Leib (183d4–e6) – alle andere Liebe ist schlecht und besitzt nicht die gewünschte, lebenslange Dauer. Ziel der Liebe ist, das ganze Leben gemeinsam zu verbringen. Auch Pausanias ordnet (wie Phaidros in 178c6–d1) das Streben nach Reichtum und

---

[18] Vgl. auch Phdr. 232a5–6, wo Lysias den Ruhm bei Menschen der Beziehung zum Geliebten unterordnet.
[19] Vgl. zur Literatur Erler 2007, 197.

7. Einsamkeit oder Philosophieren mit Freunden?

Macht der Liebe zwischen den Partnern unter. Es wäre eine Schande, nur um eines Amtes oder um Besitz willen einem Liebhaber gefällig zu sein (183a2–b1).

Ging es bisher, wie nur vermutet werden kann, da der Erzähler einige Reden übersprungen hat, allein um die Liebe zwischen Menschen, so weitet der Arzt Eryximachos, wiederum unter Rückbezug auf seinen Vorredner Pausanias (186e7), das Thema aus auf die gesamte Natur und auf die Wissenschaften wie Heilkunst, Tonkunst und Mantik. Auch in ihnen waltet der Eros. Seine Aufgabe ist die Befreundung von Entgegengesetztem, die Herstellung von Harmonie, Ordnung und Sittlichkeit.[20]

Die Aristophanes-Rede bildet hierzu das Gegengewicht (193d8); er möchte im Unterschied zu Eryximachos und Pausanias die enorme Kraft des Eros darstellen. Im Mythos von den zerschnittenen Kugelmenschen, die zeitlebens ihre andere Hälfte, und zwar den einen (192b7–8), ihnen eigentlich angehörigen heterosexuellen oder homosexuellen Partner suchen, schränkt Aristophanes den Eros wieder auf die zwischenmenschliche Ebene ein. Dass die Erfüllung der Liebe jedenfalls auch die sexuelle Vereinigung beinhaltet, ist deutlich allein aus der Beschreibung der Ursprungswesen und daraus, dass die zusammengehörigen »Hälften« am liebsten von Hephaistos zu einem Wesen, wie sie es auch ursprünglich waren, verschmolzen werden möchten (192d2–e5). Unmittelbar vor dieser Stelle, in 192c7, findet sich jedoch die schon in 7.2.1 erwähnte Relativierung: Es muss doch irgendetwas Unaussprechliches geben, das über den Liebesgenuss hinaus von der Seele erstrebt wird, aber völlig im Dunklen bleibt[21]. Da der sich auf die andere Hälfte beziehende Eros angeboren ist und der ursprünglichen Natur des Menschen entspricht (191d1), kann sich ihm niemand entziehen. Die homosexuelle Liebe wird von Aristophanes, ähnlich wie schon von den vorigen Rednern, am höchsten bewertet (192a6–b6). Dann ist Agathon an der Reihe, der endlich den Gott selbst preisen will, nicht wie die anderen Redner nur die Menschen aufgrund des Guten, das ihnen Eros verschafft. In seiner Lobrede stellt er fest, dass Eros sämtliche Tugenden besitzt, z. B. die Besonnenheit, da er schließlich stärker sei als alle ande-

---

[20] Eryximachos entwickelt hier eine Art metaphysische Grundlegung der übrigen Reden – wenn auch eine andere, als sie dann Sokrates präsentieren wird.
[21] Allen 1991, 35 sieht hier einen Vorgriff auf Diotimas These, dass alle eigentlich das Schöne selbst lieben.

ren Lüste – in 196c6 wird Eros als Lust verstanden – und über sie herrsche[22]. Sogar die Weisheit muss ihm der Vollständigkeit halber zugeschrieben werden, auch wenn diese Eigenschaft nicht auf der Hand zu liegen scheint (vgl. 196d6–7: *hoson oun dynaton* ...). So leer die Rede Agathons inhaltlich ist, so reich ist sie an rhetorischem Schmuck und Stilmitteln, die die Zuhörer zu Begeisterungsstürmen hinreißen (*anathorybêsai*, 198a2; sie erinnert Sokrates daher an Gorgias; 198c2).

Um welche Art von Beziehungen geht es den Vorrednern des Sokrates? Pausanias und Phaidros schildern die im Athen zur Zeit Platons verbreiteten, asymmetrischen Lehrer-Schülerbeziehungen zwischen einem älteren und einem jüngeren Partner. Bei diesen Beziehungen geht die Liebe vom älteren *erastês* aus, der *erômenos* erwidert diese jedoch nicht oder zumindest nicht auf gleicher Ebene[23]. Schon bei Aristophanes scheint es dann aber durchaus um eine wechselseitige Beziehung zu gehen (192b7–e9). Auch die Diotima-Rede setzt auf der ersten Stufe bei dem an, der in der Jugend (*neon onta*, 210a6) nach schönen Körpern strebt, also nicht bei der oft asymmetrischen Beziehung eines Älteren zu einem Jüngeren[24]. Eine symmetrische Beziehung wird auch kurz vorher, in 209c2–7 erwähnt und als *philia*, und zwar als festere Freundschaft als die eheliche beschrieben. Das Fundament einer Freundschaft, sei es zwischen Älteren und Jüngeren oder Gleichaltrigen, wird jedoch anders als bei den Vorrednern, bzw. erstmals überhaupt bestimmt, wie im Folgenden deutlich werden soll.

7.2.3. Die Unterredungen mit Diotima und der ›Stufenweg‹ des Philosophen

Als Sokrates an der Reihe ist, diskreditiert er zunächst die bisherigen Reden durch den Hinweis, dass *er* zumindest der Wahrheit verpflichtet

---

[22] Wie gezeigt wurde, handelt es sich bei dieser Definition aber um eine minderwertige, nur uneigentliche Form der Besonnenheit (vgl. 5.2 und 5.3.2); schlimmer noch erinnert der Wortlaut sogar an die Herrschaft des tyrannischen Eros aus *Politeia* IX.
[23] H. Görgemanns vergleicht das Verhältnis dem mittelalterlichen Minnedienst (vgl. Görgemanns 1994, 146, Fußnote 205).
[24] Auch in anderen Dialogen ist nicht nur von asymmetrischen Beziehungen die Rede – im *Phaidros* heißt es, dass der *erômenos* mit Gegenliebe antwortet (*anterôs*, Phdr. 255e1).

7. Einsamkeit oder Philosophieren mit Freunden?

wäre (198d2–e2)[25]. Die vorangegangenen Reden enthalten, so signalisiert diese Stelle, also auch Falsches, was sich kurz darauf im Dialog mit Agathon bestätigt. Sokrates gibt im Wortwechsel mit ihm bereits Auszüge aus seinen Unterredungen (wie unter anderem aus 207a5–6 hervorgeht, waren es mehrere Begegnungen) mit der weisen Priesterin Diotima wieder, die ein ebensolches Gespräch mit ihm geführt hat. Eros ist, so gibt Agathon zu, kein Gott, sondern steht als vermittelnder *daimôn* zwischen *(metaxy)* Gott und den Sterblichen (202d8–e7). Sein ganzes Leben lang philosophierend befindet er sich zwischen Weisen und Unverständigen (*sophoi* und *amatheis*, 204a1–3). Diese Zwischenstellung kommt jedem zu, der philosophiert. Als intentionale Kraft, als Begehren nach dem Guten und Schönen, ist Eros weder gut noch schön (dies trifft nicht auf den Liebenden, sondern das Geliebte zu), sondern des Schönen und Guten bedürftig. Mit der partnerschaftlichen Liebe wird außerdem nur eine ganz spezielle Art (*tou erôtos ti eidos*, 205b4) des Verlangens (*epithymia*) herausgegriffen, das mit dem viel umfassenderen Begriff »Liebe« (dem »des ganzen«, *tou holou*) bezeichnet wird. Nur von einigen Menschen wird diese spezielle Liebe empfunden, und, im Falle bloßer Verliebtheit, auch von diesen nur zeitweise. Der Eros richtet sich zudem nicht, so korrigiert Sokrates den Aristophanes, auf das einem Angehörige oder Seinige, wenn es nicht ein Gutes ist (205e5–7).

Es folgt ein weiterer Aspekt: Der Eros besitzt natürlicherweise eine produktive Komponente. Der Liebende will »zeugen«, sei es dem Leib oder der Seele nach. Der tiefere Grund hierfür ist jedoch, so Diotima, das Streben des Menschen nach Unsterblichkeit. Dieses wiederum hängt damit zusammen, das Gute *immer* – nach dieser Interpretation nicht nur das gesamte Leben lang, sondern ewig – haben zu wollen (206e5–207a4). In diesem Kontext erst taucht nun die Liebe zu bestimmten Menschen wieder auf. Der »der Seele nach Zeugende« freut sich an einem Menschen mit schöner Seele und unterhält sich mit diesem über die Tugend – dadurch entstehen eine festere Freundschaft als die eheliche und »schönere und unsterblichere« Kinder (209c2–d5).

---

[25] Womit er den philosophischen Anspruch herausstreicht. Vgl. dazu die These O. Gigons, dass die Abkehr von der Dichtung und die Wendung hin zur Philosophie bereits mit Hesiod geschahen, weil dieser mit dem Anspruch auftrat, die Wahrheit zu lehren. Dieser Wahrheitsanspruch sei es, der ihn zum »ersten Philosophen« mache (vgl. Gigon 1968, 13–15).

Symposion – Einsamkeit des Philosophen?

Sokrates lässt Diotima in diesem Gedankengang die Voraussetzungen der Vorredner hinterfragen. Phaidros und Aristophanes erwähnen Mythen, in denen es nach dem Tod weitergeht (180b3–5; 192e2–5) – ganz so, als wäre diese Vorstellung selbstverständlich. Die Menschen streben als Sterbliche aber zunächst nicht nach individueller Unsterblichkeit, sondern verfolgen ›uneigentliche‹ Formen von Unsterblichkeit, wie z. B. ihre Fortexistenz als Gattung durch das Zeugen von Nachkommen zu gewährleisten. Ehrliebende Menschen nutzen jede Möglichkeit, sich einen unsterblichen Namen zu erwerben. Nicht starb Alkestis (wie Phaidros in seiner Rede meinte), aus Liebe für Admet, so Diotima, sondern weil sie auf den Nachruhm ihrer Tat hoffte. Dabei wird das Streben nach Ruhm nicht negativ bewertet: Auch Dichter und Gesetzgeber haben bewundernswerte Werke hinterlassen. Der Eros ist eine produktive Kraft. Letztlich geht es aber darum, nicht dem Leib, sondern der Seele nach zu (er)zeugen, und zwar nicht Ruhm und geistig-literarische Werke, sondern Weisheit (*phronêsis*, 209a3[26]) und jede andere Tugend. Wer diese in seiner Seele trägt, »zeugt im Schönen«, indem er mit anderen Menschen, die eine schöne Seele besitzen, Reden über die Tugend führt (209b6–c6).

In zweifacher Hinsicht findet an dieser Stelle eine Einschränkung statt: Der solcherart Zeugende trägt Gerechtigkeit und Besonnenheit – wie vielleicht nicht jeder, so die erste Einschränkung – schon seit seiner Jugend in der Seele. Diotima nennt ihn, vermutlich aufgrund dieses Besitzes, »göttlich« (*theios ôn*, 209b2). Er kann daher anderen, aber nicht allen, so die zweite Einschränkung, sondern nur denen mit schönen Seelen mitteilen, nach was der gute Mann streben müsse. Die feste Freundschaft und Gemeinschaft, die sie verbindet, ist aber noch nicht, wie in den vorangegangenen Reden – auch Pausanias bemerkt, dass sehr feste Freundschaften entstehen (182c1–4) –, das alleinige Ziel. Gemeinsam erziehen sie das Erzeugte (209c6–7), womit die Tugenden, insbesondere die Weisheit *(phronêsis)*[27], aber auch Besonnenheit und Gerechtigkeit gemeint sind. Wie sehr sind die beiden Partner aufeinander

---

[26] Hier und an anderen Stellen hat man doch den Eindruck, dass Platon bewusst nicht von *sophia* spricht, sondern, ebenso wie im *Phaidros*, *phronêsis* gebraucht. Wiewohl die *phronêsis* erst bei Aristoteles einen von *sophia* unterschiedenen Sinn erhält (der sich aber auch nicht nur auf den Bereich praktischer Klugheit beschränkt, vgl. Mingay 1987, 23f.).

[27] Vielleicht ist es einseitig, darin den alleinigen Grund für die Freundschaft zu sehen. Allen 1991, 71 interpretiert die Äußerungen Diotimas an dieser Stelle als »rhetorical

7. Einsamkeit oder Philosophieren mit Freunden?

fixiert? Diotimas Ausführung könnte so verstanden werden, dass Liebhaber und Geliebter sich eben wechselseitig um ihre Tugend kümmern – und dann auch gemeinsam in der *polis* tätig sind. Dass diese gemeinsame Tätigkeit, die vielleicht auch die anderen Redner favorisieren würden, aber auch noch nicht den Lebensinhalt des Philosophen ausmacht, wird im zentralen Abschnitt der Diotima-Rede deutlich. Das Ziel des Philosophen ist ein geistiges: Er wird zum Schönen selbst als einer einzigen Erkenntnis (*epistêmên mian*, 210d7–8) gelangen, und zwar, nachdem er wie im Fortschreiten auf einer Art Stufenweg das viele Schöne in Körpern, Seelen und Erkenntnissen geliebt und gesucht hat. Erst dann kann er auch wahre Tugend in anderen Menschen hervorbringen (212a4), ja, erst nach der Schau dieses Schönen ist das Leben lebenswert (211d1–3[28]) und führt im wahrsten Sinne zur Unsterblichkeit (212a7–8).

Wird im Stufenweg eine Art ›typischer‹ philosophischer Lebensweg beschrieben und falls ja, wie sieht dieser aus? Eine Schwierigkeit der Interpretation besteht darin, den Passus über das »Erzeugen im Schönen« (206b1–209e5) in Bezug zu setzen zur Schilderung des Stufenwegs[29]. Je nachdem, wie das geschieht – ich werde ihn im Folgenden zu den Stufen 1–3 parallel setzen –, verändert sich die Einschätzung des Stellenwerts von Beziehungen im Leben des Philosophen. Der den Abschnitt zum Stufenweg einleitende Satz beginnt folgendermaßen: »Es muss *(dei)* nämlich, sagte sie, der richtig an die Sache herangehen will, wenn er jung ist, zu den schönen Körpern gehen und zuerst ... danach aber ...« (210a5–9; *eig. Übersetzung*). Ob *dei* hier im Sinne von »muss« oder »wird notwendig« zu verstehen ist (er also keine Stufe überspringen darf), oder vielmehr als Empfehlung (er »sollte«), wird diskutiert[30]. Es scheint aber, aufgrund der Betonung des richtigen Anfangs in 210a7,

---

overstatement«. Platon kommt es hier aber auch darauf an, das von Phaidros vorgebrachte Motiv (die Tapferkeit) zu relativieren.

[28] Hier wird, wie in Apol. 38a5–6, das Wort *biôtos* verwendet.

[29] Laut Diotima hängt ja beides miteinander zusammen; das eben Vorgetragene bezieht sich auf die nun kommenden »höchsten und heiligsten« Geheimnisse der Liebe (210a1–2). Zahl und Abgrenzung der Stufen sind unter den Interpreten umstritten; ich unterscheide insgesamt fünf.

[30] Wobei in aller Regel »muss« übersetzt wird. Unklar ist auch, auf was genau sich *dei* bezieht. So könnte es sich sogar auf den gesamten Abschnitt beziehen, wodurch das Weitergehen und Fortschreiten von Stufe zu Stufe betont würde. Will jemand die Sache richtig angehen, so sollte er die folgenden Schritte *durchlaufen* und nicht auf einer der Stufen stehenbleiben.

zumindest ein eindringlicher Rat zu sein, auf der ersten Stufe zu beginnen:

1) Zunächst werden schöne Körper geliebt (210a6), wobei der Jugendliche erst nur einen einzigen liebt und in ihm schöne Reden hervorbringt, d.h. wohl, sich mit ihm unterhält. Liebe löst den Wunsch nach Kontakt mit dem Geliebten aus und dies nicht nur im Handeln, sondern zunächst in Form von Gesprächen *(logoi)*. Sie möchte sich ausdrücken und mit dem Geliebten in Beziehung treten[31]. Die geistige, produktive (die *logoi* werden im Geliebten ›erzeugt‹: *gennan*, 210a8) Komponente gehört von Anfang an dazu.

2) Dann jedoch lässt die heftige Liebe zu einem Einzelnen nach. Sie wird für gering gehalten, weil der Liebende selbst erkennt (*auton katanoêsai*, 210a9), dass die gleiche Schönheit auch in anderen Leibern vorkommt. Er wird zum »Liebhaber aller schönen Leiber« und verlässt vielleicht, so mag man annehmen, seinen ersten Geliebten. Zu diesem Stadium, der bloß »horizontalen Zusammenschau«[32], wird nichts weiter bemerkt, es scheint relativ rasch in das nächste überzugehen.

3) Ihm folgt die Liebe zur Schönheit in den Seelen. Der Liebende belehrt, nun vermutlich schon älter geworden, alle möglichen Jünglinge[33], die gute Ansätze zeigen, mit Reden, die sie besser machen[34] –, um schließlich auch die Schönheit in Bestrebungen und Sitten *(epitêdeumata kai nomoi)* ansehen zu können. Der Liebende bringt, wiederum

---

[31] Vgl. z.B. die Werberede des Lysias im *Phaidros*. Wobei es auf der ersten Stufe im *Symposion*, so der schon bemerkte Unterschied, um gleichberechtigte Beziehungen zwischen Jüngeren (210a6) zu gehen scheint.

[32] Vgl. die Beschreibung bei Ricken 2007, 113f.

[33] Eine horizontale Zusammenschau wird auf dieser Ebene weniger deutlich gekennzeichnet; der Schritt von einem zu den vielen (Jünglingen) ist m.E. bereits in 210b5 vollzogen, wiewohl aus pragmatischen Gründen immer nur einer gleichzeitig »geliebt und gepflegt« (210c1) werden kann.

[34] Wie das vor der Schau des Guten/Schönen geschehen kann, bleibt an dieser Stelle unklar. Vielleicht werden die Menschen bereits durch richtige Intuitionen des Liebenden besser oder zumindest motiviert, sich mit ihm auf den Weg dorthin zu begeben. Zweitens ist die gesamte Beschreibung aber nicht völlig linear/chronologisch zu lesen. Derjenige, der das Schöne geschaut hat, kehrt – was seine Tätigkeit, nicht deren Motivation, die lediglich tiefer verankert ist, angeht – zur Stufe 3 zurück und bewegt sich fortan ständig zwischen den Stufen 3–5 (vgl. genauer dazu 7.2.5).

7. Einsamkeit oder Philosophieren mit Freunden?

produktiv, Neues hervor. Das Resultat seiner Liebe ist eine Veränderung und Verbesserung der Seelen, zu denen er spricht. Die Schönheit des Leibes wird auf dieser Stufe für etwas Geringes (*smikron*, 210c6) gehalten.

Die Stufen 1–3 entsprechen nun in etwa dem Zeugen im Schönen, das Diotima bereits in 209b1–e5 geschildert hat. Alle bis 209e5 genannten Beispiele lassen sich hier verorten; es ist noch keine Rede von der Erzeugung »wahrer Tugend«, die am Ende des Stufenwegs genannt wird (212a4). Bei allen drei Stufen handelt es sich aber bereits um ein Zeugen »der Seele nach«, denn bereits auf Stufe 1 werden ja Reden geführt (und die Fortpflanzung ist schon allein deshalb ausgeschlossen, weil es sich um homoerotische Beziehungen handelt). In Diotimas Schilderung der Zeugung war allerdings noch nicht genau geklärt, mit wem sich der Tugend-Erzeuger unterhält. Hier kommen wiederum eine körperliche und eine seelische Komponente der Attraktion in Frage, die in 209b7 noch undifferenziert nebeneinanderstehen: Besonders erfreulich sei, wenn beides zusammenkommt. In der Beschreibung der ersten drei Stufen verschiebt sich das Verhältnis nun zugunsten der seelischen Komponente. Diese Verschiebung ist nichts Neues, haben sie doch auch die anderen Redner, allen voran Pausanias, bereits gepriesen. Sokrates setzt hier beim schon Gesagten an und holt die Gesprächspartner scheinbar dort ab, wo sie stehen. Dass die Schönheit des Leibes für gering gehalten wird, würde jeder von ihnen bestätigen (vgl. 7.2.1 und 7.2.2). Neu ist jedoch die Ausweitung der Liebe auf mehrere Geliebte. Während sie in der Aristophanes-Rede die maximale Einschränkung erfährt (der Liebende sucht zwar bei mehreren, das Ziel der Suche ist jedoch erreicht, sobald er ›seine‹ Hälfte gefunden hat und mit diesem einzigen Geliebten – körperlich wie auch seelisch – verschmilzt), plädiert Diotima für die maximale Ausweitung.

4) Nachdem der Liebende nun schon mannigfaltiges Schönes gesehen hat, gelangt er schließlich dazu, die Schönheit in Erkenntnissen (*epistêmas*) zu lieben. Diese Stufe scheint qualitativ von den drei vorangehenden verschieden zu sein. Die Liebe zu den Erkenntnissen ist in keiner Weise mehr auf die zu einem einzigen »Knäblein« (210d2), auf irgendeinen Menschen oder auch eine einzige Beschäftigung eingeschränkt. Warum betont Diotima das an dieser Stelle – ist nicht der Übergang von einem Körper, einer Seele weg zu den mehreren längst geschehen?

Vermutlich nur teilweise, da selbst die Beschäftigungen immer nur an einem konkreten Menschen beobachtet werden können. All dies wird aber nun von Diotima als »dienend« bzw. »knechtisch« bezeichnet (*hôsper oiketês*, 210d2; *douleuôn*, 202d3). Also nicht bereits die Unabhängigkeit von Reichtum und Macht, wie Pausanias noch gemeint hatte (auch er gebraucht das Knecht/Sklavenbild in 183a6–7), sondern erst die von einem konkreten Menschen – so sehr die gemeinsame Beschäftigung auch auf seelische Tugend ausgerichtet sein mag – führt zu einer nichtknechtischen, freien Existenz. Es geht also gerade nicht darum, notwendig das ganze Leben zusammen zu verbringen, wie es Pausanias' Ideal entspricht (181d5; 183e5–6). Und hier erst, nicht schon in der Belehrung eines anderen, zeigt sich dann auch eine »neidlose« (210d6) Weisheitsliebe. Platon gebraucht hier *aphtonos* als Adjektiv, das deutlich auf die Liebe des von Neid erfüllten Alkibiades verweist[35]. Es ist daher nicht hilfreich, es wie Schleiermacher mit dem gebräuchlichen, aber nicht wörtlichen »ungemessen« zu übersetzen. Der Liebende wird, wie schon auf Stufe 3, produktiv, er erzeugt viele schöne Reden und Gedanken (210d5–6). Mit dieser maximalen Ausweitung der Extension im Bereich der Erkenntnisse – Platon gebraucht das Bild der »hohen See« des Schönen – ist jedoch immer noch nicht das Ziel des Aufstiegs erreicht. Sie bildet einen weiteren Ausgangspunkt für die eine, einzige Erkenntnis, um derentwillen er sich überhaupt bisher so angestrengt hat *(ebd.)*.

5) Warum also strebt der Philosoph nach Weisheit, schreitet fort von Stufe zu Stufe? Er tut dies alles, so erklärt Diotima, um eines von Natur aus Schönen willen, des ewigen Schönen an sich (211b1–2[36]), das plötzlich, nachdem er das viele Schöne richtig und geordnet[37] geschaut hat, erblickt wird. Zur Charakterisierung dieses einen Schönen werden überwiegend negativ-vergleichende Beschreibungen verwendet. Es ist immer und vergeht nicht. Nicht in einer bestimmten Hinsicht ist es

---

[35] Auch in der ersten Sokratesrede im *Phaidros* taucht der Gedanke auf, dass der neidische Liebhaber von der »göttlichen Weisheitsliebe« abgehalten werden kann (Phdr. 239a8–b6).

[36] Es erscheint »an und für und in sich selbst ewig überall dasselbe seiend«, αὐτὸ καθ' αὑτὸ μεθ' αὑτοῦ μονοειδὲς ἀεὶ ὄν (211b1–2).

[37] Das in 210e3 gebrauchte *ephexês* könnte auch – vielleicht besser – mit »der Reihe nach« übersetzt werden (vgl. LSJ s. v. I). Es bezieht sich vermutlich auf das Einhalten der Reihenfolge beim Beschreiten der Stufen, keine darf übersprungen werden (vgl. Zehnpfennig 2000, 158, Fußnote 189).

7. Einsamkeit oder Philosophieren mit Freunden?

schön (und z. B. in einer anderen hässlich), nicht nur für einige und für andere nicht. Alles andere einzelne Schöne in der Welt hat Anteil an ihm, ohne dass das viele Schöne durch sein Entstehen oder Vergehen das Schöne selbst betreffen würde (211b2–5). Es erscheint nicht in körperlicher Gestalt, aber auch *nicht* wie eine Erkenntnis oder eine Rede (211a7–8). Dennoch gibt es, wie Diotima zusammenfassend bemerkt, eine Kenntnis *(mathêma)*, die sich darauf bezieht. Für das wie auch immer geartete, geistige Erfassen des Schönen gebraucht sie das Verb *gignôskô* (*gnô*, 211c9).

Dann folgt die für unsere Thematik zentrale Aussage Diotimas, dass an dieser Stelle des Lebens, wenn irgendwo, das Leben für den Menschen erst lebenswert ist. Wer beginnt, das Schöne zu erblicken, berührt schon fast das Ziel (*schedon an ti haptoito tou telous*, 211b7) bzw. – so die Übersetzung Schleiermachers – gelangt beinahe zur Vollendung (vgl. aber 7.2.4). Zumindest aber führt er, wie die rhetorische Frage in 211e4–212a2 beantwortet werden will, ein gutes Leben.

Um die Frage zu klären, ob das philosophische Leben einsam oder vom Austausch mit anderen geprägt ist, muss nach der Rolle der vernünftigen Rede innerhalb des Stufenwegs gefragt werden. Wie gesehen spielen *logoi* auf allen der drei ersten Stufen eine Rolle, wobei sich die Liebe zu den Körpern die vernünftige Rede auch unterordnen könnte[38]. Die Liebe zu den Seelen äußert sich notwendig, da sie anders nicht erfahrbar ist[39], in Gesprächen, die wiederum das Handeln verändern und sich um das Schöne in den Sitten drehen. Es ist möglich, sein ganzes Leben lang auf einer der unteren Stufen zu verharren. Das Fortschreiten erfordert Anstrengung, nämlich die Lösung von der jeweils vorherigen Stufe; dieser Prozess ist kein rein passiver. Besteht die Zielvorstellung aber darin, letztlich autark zu sein und, während auf Stufe 3 noch mit anderen gesprochen wird, sobald Stufe 5 erreicht ist, nur noch das Schöne zu betrachten? Besteht in dieser kontemplativen Existenz das wahrhaft lebenswerte philosophische Leben?

Aufschlussreich ist hier die Betrachtung der Person des Sokrates und seines Verhaltens. Zunächst soll geklärt werden, wie weit Sokrates auf dem Weg fortgeschritten ist, d. h. vor allem, ob er, nach der Darstellung im Dialog zu urteilen, das Schöne geschaut hat. Dazu wird im Fol-

---

[38] Flirten etwa hat oft einen eng begrenzten Zweck.
[39] Vgl. Bordt 1999, 113.

genden gefragt, worin das für lebenswert gehaltene Leben besteht (7.2.4) und inwiefern das tugendhafte, philosophische Leben des Sokrates von Alkibiades als konträres Ideal zu dem nur scheinbar lebenswertem Leben dargestellt wird (7.2.5). Dann soll in einem ersten Schritt (7.2.6) der Aspekt der Einsamkeit herausgestellt werden, der im Zusammenhang mit der Schau des Schönen deutlich wird, in einem zweiten Schritt dann der Aspekt der gemeinsamen geistigen Tätigkeit (7.2.7), der nicht nur als Vorbereitung, sondern auch als Konsequenz der Schau das Leben des Philosophierenden prägt.

7.2.4. Das für lebenswert gehaltene Leben – Abbilder (eidôla) der Tugend, die der Bindung an andere Menschen entspringen

Formen ›uneigentlicher‹ Unsterblichkeit wurden bereits im letzten Abschnitt genannt. Worin besteht aber das im ›uneigentlichen‹ Sinne lebenswerte Leben, das im Unterschied zum eigentlich lebenswerten (*biôton*, 211d2) Leben nur für lebenswert gehalten wird? Es ist ein Leben unter dem Einfluss der »Abbilder der Tugend« (*eidôla aretês*, 212a4). Hierunter könnten solche Tugenden fallen, wie Phaidros und besonders Agathon sie geschildert haben: Um des Eros willen werden andere Lüste beherrscht. Die Liebe des Erasten führt zu einer gewissen Tapferkeit – diese kann sogar stärker sein als die Furcht vor dem Tod (vgl. dazu auch 8.2). Dass es sich aber hierbei nur um relative Tugend handelt, d. h. keine, die direkt[40] durch die Schau des Schönen motiviert ist, wird in Phaidros' Begründung deutlich. Aus Scham, vom Liebhaber gesehen zu werden, verhalten sich die Liebenden anständig (178d1–e3)[41]. Sie sind dazu motiviert, gut zu handeln, wenn die Gefahr besteht, von

---

[40] In indirekter Weise entspringt auch diese Tugend dem Schönen, weil alles einzelne Schöne an ihm Anteil hat – aber sie entspringt dann eben nur einem bestimmten Aspekt des Schönen bzw. dessen konkreter, kontingenter Realisierung in der Person des Geliebten. Daher geht auch der Vorschlag Wolfs, dass Sokrates als Vorbild und Liebhaber zur Imitation seiner Lebensweise anregt (vgl. Wolf 1996, 151), der Eros zu ihm statt zum Guten selbst dann also zur Philosophie motiviert, am Anliegen des *Symposions* vorbei. Dies ist lediglich auf den unteren Stufen der Fall, und würde eine nur unechte Tugend nach sich ziehen.

[41] Dass enge persönliche Bindungen nicht notwendig zur Tugend führen, sondern das ethische Urteil auch trüben können, steht hier kaum zur Debatte, wird aber z. B. beim Verfall der Charaktere in *Politeia* (5.4.7.2) oder in Bezug auf die ›falschen Freunde‹ des Dion im *VII. Brief* thematisiert (7.4).

einem anderen beim Tun des Schlechten gesehen zu werden. Was geschieht aber, wenn der Liebhaber nicht anwesend ist, wenn gar überhaupt niemand anwesend ist? Ist die Beziehung zu einem geliebten Menschen die einzige, extrinsische Motivation, so könnte man bedenkenlos schlecht handeln, wenn sichergestellt ist, dass die Beziehung nicht darunter leidet. Zudem sind – wenn man sich schon einmal nach anderen ausrichtet – immer auch konkurrierende Einflüsse verschiedener Menschen denkbar. Alkibiades richtet sich wieder nach der Meinung des Volkes, sobald er nicht unmittelbar mit Sokrates zusammen ist (216b3–5). Wenn er als eifersüchtiger (213c3–d7; 222c1–d3) Liebhaber kurz darauf bemerkt, dass Sokrates selbst und seine Reden »Götterbilder der Tugend« in sich tragen (*agalmata aretês*, 222a4; wie auch schon 215b3–4, 216e7), so kann diese Aussage als Kontrast zu den bloß menschlichen *eidôla* der Tugend verstanden werden. Ohne, dass ihm dies bewusst sein kann (schließlich hat er die Rede nicht gehört), bezieht Alkibiades sich in seiner Wortwahl auf Diotima, die Tugend auf eine höhere Bindung an das »göttlich Schöne selbst« (*auto to theon kalon*, 211e3–4) zurückführt, die nicht mit der Bindung an Menschen zu vergleichen ist.

7.2.5. Alkibiades und die Tugend des Sokrates als Konsequenz der Schau

Seit Sokrates die Reden der Diotima gehört und ihr geglaubt hat, so die seine Rede abschließende Bemerkung in 212b1–4, strebt er danach, das Gehörte weiterzugeben. Den Eros lobt er als einen guten, wenn nicht gar den besten ›Helfer der menschlichen Natur‹ (212b6). Wie weit Sokrates nun selbst auf dem Stufenweg fortgeschritten ist, können die Zuhörer dieser Bemerkung nicht entnehmen.

Doch genau dies wird im letzten Teil des Dialogs auf phantasievolle Weise dargestellt. Von Alkibiades als unbeeinflusstem, da bei der Sokratesrede nicht anwesendem Gewährsmann erfahren wir, welche Auswirkungen die Gespräche mit Diotima auf Sokrates hatten[42]. In betrun-

---

[42] Wie Bordt 2005, 165–167 schreibt, hängt die Glaubwürdigkeit der theoretisch geschilderten Konzeption auch vom Charakter dessen ab, der sie vertritt, d. h. hier von Diotima, der Sokrates laut 212b1–4 geglaubt hat. Allerdings bleibt die Gestalt der Diotima m. E. eher blass; als einflussreicherer Zeuge für die Erreichbarkeit des Ziels – laut Bordt die

kenem Zustand stößt Alkibiades nach der letzten Rede zur Gesellschaft hinzu und wechselt das Thema. Statt einer Lobrede auf den Eros hält er eine Lobrede auf Sokrates, welcher, so eine gängige Interpretation, daher im *Symposion* mit dem Eros identifiziert wird[43]. Diese Analogie und die zu den Philosophen allgemein, die sich von den bereits weisen Göttern unterscheiden, ist zweifellos in 203d7–8 und besonders 203e6–204b7 vorhanden. Sie wird aber spätestens dann wieder verlassen, wenn der Philosoph *mit Hilfe des Eros* zum Schönen selbst gelangt[44]. Er befindet sich dann nicht mehr »auf halbem Wege«[45], wie im nächsten Abschnitt noch unter anderen exegetischen Gesichtspunkten begründet werden soll. Die Erzählung über die Herkunft des Eros hat primär die Funktion, diesen aus dem Bereich des Göttlichen, des Schönen und Guten herauszulösen. Er ist zumindest ambivalent, was sich in der abschließenden Episode auch anhand von Alkibiades und Sokrates zeigt. Sokrates steht dort nicht in der ›Mitte‹, sondern auf der Seite des Guten. Gerade dadurch, dass er das Gute bzw. das mit diesem zu identifizierende Schöne[46] kennt, kann er es anderen vermitteln[47].

Erfüllung einer menschlichen Grundsehnsucht (vgl. *ebd.*, 154f. und 164f.) –, dem auch der Leser vertrauen soll, kann im *Symposion* sicherlich Sokrates selbst gelten.

[43] Vgl. Hadot 1999, 63–66 oder auch Zehnpfennig 2000, XX ff.

[44] Daher ist der Eros eben auch nicht »prototypischer Erzphilosoph«, an dem sich Platons programmatisches Verständnis von Philosophie am besten zeige (wie Schäfer 2008, 422, es interpretiert). Allgemein folgt dieser Bemerkung eine sehr von Plotin her geprägte Interpretation von Platons Philosophiebegriff – in Anlehnung an den *Phaidon* setze Weisheit, so Schäfer, »reine Vergeistigung« voraus (vgl. Schäfer 2008, 424).

[45] So Hadot 1999, 64.

[46] Dass das Schöne im *Symposion* der Idee des Guten in der *Politeia* entspricht, kann hier nur skizzenhaft begründet werden. Bereits in sprachlicher Hinsicht werden *kallon* (schön) und *agathon* (gut) im Athen zur Zeit Platons nahezu bedeutungsgleich verwendet. Zweitens lässt sich die Identität aus den Aussagen Diotimas über das Gute sowie aus der Funktion des Schönen im Aufstieg des *Symposions* im Vergleich mit den Gleichnissen der *Politeia*, besonders dem Höhlengleichnis, erschließen. Mit Blick auf andere Dialoge scheint dies, drittens, ebenfalls plausibel. In Rep. 518c9–10 wird die Idee des Guten z. B. als »glänzendstes unter dem Seienden« (τοῦ ὄντος τὸ φανότατον) beschrieben. Diese Beschreibung ist derjenigen der Idee des Schönen in Phdr. 250b6 (Κάλλος δὲ τότε ἦν ἰδεῖν λαμπρόν) zumindest sehr ähnlich. Nur wenn man all dies übersieht, kann man, wie Shusterman 2001, im *Symposion* ein »ästhetisches Modell von Kunst und Schönheit« sehen, das in enger Verbindung zur »Lebenskunst« des 19. und 20. Jh.s steht (vgl. *ebd.*, 31; dagegen argumentiert, wie in 1.2 bemerkt, dezidiert Kobusch 2009).

[47] Vgl. Albert 1989, 21–24, 1995, 17–19 und 2008, 30f. Selbst wenn Sokrates mit dem Eros identifiziert wird, so kann seine Funktion als Vermittler und »Dolmetscher«, die Diotima herausstreicht (202d8–e7), nicht darin bestehen, dass er sich, unentwegt stre-

7. Einsamkeit oder Philosophieren mit Freunden?

Alkibiades entwirft das Bild eines Sokrates, der fast übermenschliche (vgl. *atopia*-Stellen wie 215a2, 221c4–6: Er ist überhaupt keinem Menschen ähnlich) Tugenden besitzt – nicht einmal ein Heros wie Achilles taugt für einen würdigen Vergleich. Sokrates zeichnet sich laut 219d4–7 aus durch Besonnenheit *(sôphrosyne)*, Tapferkeit *(andreia)*, Weisheit *(phronêsis)* und Beharrlichkeit *(karteria)*. Alkibiades dagegen ist hin- und hergerissen zwischen der Ehre, die ihm das Volk entgegenbringt, wenn er Politik betreibt und den sokratischen Gesprächen, in denen ihm klar wird, dass er sich um sich selbst kümmern müsse (216b3–c4). Diese Wankelmütigkeit und auch, dass Alkibiades sich seiner Dürftigkeit bewusst ist *(pollou endeês*, 215a5), trifft der Analogie nach ebenfalls auf die Beschreibung des Eros und besonders auf die seiner Mutter Penia, der Armut zu (sie ist unerfüllt und bedürftig: *aporia*, 203b9; *endeia*, 203d4). Sokrates erscheint dagegen als der Reiche, der Part, der etwas zu geben hat.

Im Einzelnen wird er, besonders in Alkibiades' Erzählung über den gemeinsamen Kriegsdienst (beide waren Teilnehmer der Schlacht von Potidaia 432–429 v. Chr.; 219e6–221c1), folgenderweise charakterisiert:
- Sokrates ist zäh und gegen jede Witterung abgehärtet: Er erträgt Frost und läuft ohne Schuhe über das Eis (220b1–7).
- Er trinkt nur, wenn er dazu gezwungen wird (220a2–3), ist aber dennoch trinkfest (vgl. auch 176b4–5).
- Er hält lange Meditationen. Bisweilen bleibt er einfach, einmal 24 Stunden lang, an einer Stelle stehen und denkt nach *(phrontizôn*, 220c7). Dass sich an dieser Gewohnheit auch zum Zeitpunkt des Gastmahls nichts geändert hat, wird bereits zu Beginn in 175b2–3 deutlich (vgl. dazu gleich 7.2.6). Allgemein scheint er, im Unterschied zu allen anderen, gut eine Nacht lang auf Schlaf verzichten zu können (223d5–8).
- Er ist tapfer und treu. Den verwundeten Alkibiades lässt er in der Schlacht bei Potidaia (432 v. Chr.) nicht im Stich. Auch bei anderer Gelegenheit, der Niederlage von Delion (424 v. Chr.), erweist sich seine Tapferkeit: Als alle anderen schon fliehen, bleibt er mit Laches bis zuletzt. Vermutlich wird diese zweite Begebenheit zusätz-

---

bend, irgendwo in der Mitte zwischen Menschen und Göttern aufhält. Vielmehr muss ein Mittler wie ein Fährmann zwischen den Ufern hin- und her fahren im Sinne einer Dynamik, die ihr Ziel auch erreicht, aber dann immer wieder zum ›Menschlichen‹ zurückkehrt.

Symposion – Einsamkeit des Philosophen?

lich angeführt, um deutlich zu machen, dass Sokrates grundsätzlich, nicht nur gelegentlich oder in Bezug auf bestimmte Menschen so handelt[48].

– Er ist bescheiden, lehnt den Preis für seine Verdienste im Feld ab und setzt sich für Alkibiades ein, den die Strategen mit Rücksicht auf seine adlige Abstammung auszeichnen möchten (220e2–5).

Was Alkibiades hier veranschaulicht, wird in Buch II der *Politeia* abstrakter formuliert. Die Unveränderlichkeit durch äußere Einflüsse wird dort, bevor sie Gott zugeschrieben wird, allgemein als Merkmal der Vollkommenheit geschildert. Die tapferste und vernünftigste Seele, so ein Beispiel, wird am wenigsten von äußeren Einwirkungen erschüttert (Rep. 381a3–5). Die Tugend des Sokrates beweist sich in Situationen, in der das Objekt der Begierde auch tatsächlich vorhanden ist. Deutlich zeigt sich seine Unabhängigkeit an der Bemerkung, er sei es nicht gewohnt, zu trinken, werde aber, auch wenn er viel trinke, nicht betrunken[49]. Seine psychische Kraft besiegt,»was das allererstaunlichste ist« (220a4; *eig. Übersetzung*), selbst physisch-naturgesetzliche Zusammenhänge. Obwohl er allein versteht, zu genießen (220a2), bleibt er doch besonnen. So verkörpert Sokrates – ebenso wie in der *Politeia*[50] – das Ideal des Tugendhaften.

Auch in Bezug auf erotische Beziehungen umgibt sich Sokrates mit den Schönen (216a2–3; viele verlieben sich in ihn, 222b2–3), verfällt ihnen aber nicht. Sein Verhältnis zur sexuellen Lust schildert Alkibiades in seiner – schon aufgrund seines Zustands wahren (217e2–4) –

---

[48] Die Liebe zu Alkibiades wäre z. B. ein Motiv, das man Sokrates unterstellen könnte, wüsste man nur von einer einzigen Begebenheit, in der beide allein waren. Aber er ist eben nicht tapfer im Sinne der uneigentlichen Tapferkeit des Liebhabers, wie Phaidros sie beschrieben hat (vgl. 179a1–b3 und 7.2.4; vgl. zu diesem Gedanken auch Blondell 2006, 157, Fußnote 37).

[49] In Bezug auf die Frage nach dem Umgang mit den Begierden ist der Unterschied zwischen *Phaidon* und *Symposion*, die in dieser Frage oft als Gegenpole gesehen werden, nicht so groß, wie es den Anschein hat. Der *aphrodisia* enthält sich der Philosoph ganz, des Weines in aller Regel nicht. Für Platon entsteht nun das Problem, dass es Sokrates fern lag, sich körperlicher Lust völlig zu enthalten (immerhin war er z. B., wenn auch nicht unbedingt glücklich, verheiratet und hatte Kinder). So lässt er Alkibiades den Philosophen schildern, bei dem, wenn er auch faktisch keine Askese lebt, dann doch – wunderbarerweise oder durch die geschilderte geistige Kraft – die Wirkung z. B. des Alkohols ausbleibt. D. h. aber, dass sein Tun dennoch einer Askese gleichkommt.

[50] Vgl. Krämer 1990, 97 und Sedley 1995, 20 (bes. Fußnote 20): Im Gefangenen, der in die Höhle zurückkehrt, soll der Leser eindeutig den Sokrates erkennen.

7. Einsamkeit oder Philosophieren mit Freunden?

Erzählung in 218b8–219e5. Dass Sokrates sich aus Reichtum nichts macht, wusste er bereits, jedoch nahm Alkibiades an, dass er auf sexuellem Gebiet verwundbarer ist. Sein vorgebliches Ziel ist, zu erfahren, was Sokrates weiß (217a5–6) und möglichst gut zu werden (218d2), gerade so, wie Pausanias und Phaidros zuvor bereits Tugend und erotische Beziehungen verknüpft hatten. Er hat jedoch keinerlei Erfolg[51], sondern erhält, als er bereits neben Sokrates liegt, die ironische Antwort, er wolle wohl den »Schein« der Schönheit, d. h. die körperliche, gegen wahre Schönheit eintauschen (218e6–219a1).

Wenn Alkibiades ihm vorwirft, er gebe sich als Liebhaber aus (222a7–b4) und bewirke, dass er, Charmides, Euthydemos und »viele andere« sich in ihn verlieben, so wird dieser Vorwurf sofort bestätigt. Sokrates wehrt sich gegen die Rede, die wohl dazu diene, ihn und den Agathon zu entzweien (222c7–d1); Agathon wechselt daraufhin den Platz und legt sich ebenfalls neben Sokrates. Allerdings nimmt Sokrates die Rolle des Liebhabers nicht nur spaßeshalber an, sondern nutzt sie im Rahmen des pädagogischen Anliegens. Die »Versklavung« des Alkibiades (217a1–2; 219e3–4) scheint notwendig zu sein, vielleicht als erster Schritt, um ihn von der Meinung des Volkes zu lösen (216b2[52]). Sokrates nutzt seine Anziehungskraft, um eine Freiheit von z. B. Reichtum und falschen Ehrbezeugungen zu bewirken, die sich dann aber weiterentwickeln und auch von der Bindung an seine Person wieder lösen muss. Wie angedeutet wird, hat es Alkibiades letztlich nicht dorthin, und daher auch nicht weiter als bis zur ›uneigentlichen‹ (7.2.4) Tugend geschafft[53].

Entspringt die Tugend des Sokrates nun aber der Schau des Schö-

---

[51] Was hat ihn dazu gebracht, überhaupt auf Erfolg zu hoffen? Zunächst geht Sokrates durchaus, wie sich an vielen Stellen zeigt, freundschaftlich-liebevoll mit den ihn umgebenden jungen Leuten um (z. B. Phd. 89b2–4). Auch hindert er Alkibiades nicht daran, sich zu ihm zu legen. Nur allzu leicht könnte dieser Umgang falsch interpretiert werden. Zweitens hat er keine Scheu, sich als jemand, der »nichts als Liebesdinge« versteht, zu bezeichnen (177d7–e1; selbst andere bezeichnen ihn so, 193e4–5). Er spielt das allgemeine Sprachspiel ironischerweise, z. B. auch in 213c7–d7 mit, ohne dass die anderen die Ironie durchschauen.
[52] Er schämt sich vor Sokrates; diese Wirkung wird allerdings bereits von Phaidros beobachtet (178e1–3) – hier wird aber auch deutlich, dass die Scham von kurzer Dauer ist und die Anwesenheit des Liebhabers erfordert.
[53] Vgl. Blondell 2006, 158, die feststellt, dass Alkibiades dem Fehler erliegt, Sokrates mit dem Schönen zu verwechseln. Seiner Person schreibt er etliche der Eigenschaften zu, die eigentlich nur das Schöne selbst besitzt.

nen? Wenn man die Alkibiades-Episode weiterhin in engem Zusammenhang mit der ›theoretischen‹ Darstellung des Stufenwegs durch Diotima liest, lassen sich noch mehr Hinweise darauf finden, dass Sokrates – laut der Darstellung Platons – den Weg bis zum Ende gegangen ist.

7.2.6. Die Meditationen des Sokrates als einsame Begegnung mit dem Schönen

Diotima motiviert Sokrates dazu, nicht stehenzubleiben bei Gold, schönen Kleidern, schönen Knaben und Jünglingen (211d3–4). Neben der Unabhängigkeit von Lust und Ehre ist selbst die von den anderen Rednern gepriesene, erotisch-geistige Beziehung zu anderen Menschen nicht das höchste Gut[54]. Die Schönheit des Geliebten, die eine gewisse Askese und Tugend hervorrufen kann, ist mit derjenigen des göttlich Schönen selbst nicht vergleichbar (211e3). Erst sie führt zu wahrer Tugend. Erst in Bezug auf die höchste geistige Einsicht werden alle anderen Begierden zurückgestellt; man möchte immer mit dem Schönen selbst verbunden sein[55]. Dieser Gedanke des Zusammenseins mit dem Schönen wird deutlich aufgegriffen in der Schilderung des Verhaltens des Sokrates.

Unvermittelt, so Alkibiades, verfällt Sokrates in lange Meditationen, während derer er weder Menschen noch körperliche Bedürfnisse wahrzunehmen scheint (220c3–d5)[56]. Dass es sich dabei nicht um einen außergewöhnlichen Vorfall, sondern eine Gewohnheit handelt, wird

---

[54] Wie auch Th. A. Szlezák feststellt (vgl. Szlezák 1985, 254) gibt sich Sokrates höchstens als *erastês*, ist aber faktisch immer *erômenos* – und zwar, wie im Folgenden argumentiert werden soll, aufgrund seiner Liebe zum Schönen selbst.
[55] Erinnert fühlt man sich an das Bestreben der Philosophenherrscher in der *Politeia*, ›oben‹ zu bleiben (Rep. 519d5–10; vgl. auch Soph. 216c4–7). Scott bemerkt mit Verweis auf Phdr. 252a1–7, dass ein grundsätzliches Merkmal des Eros darin besteht, dass um des Geliebten willen alle (anderen) sozialen Beziehungen sowie Geldangelegenheiten, im Falle des Philosophen alle »human affairs«, vernachlässigt werden (vgl. Scott 2008a, 144–146).
[56] Th. A. Szlezák spricht von der »intellektuelle[n] Einsamkeit des Dialektikers« (Slezák 1985, 254). Allerdings erwähnt er an dieser Stelle nur Sokrates' Zurückbleiben vor Agathons Haus (174d4–175b3) und erst später die Schilderung der Meditations-Episoden durch Alkibiades (220c3–d5; vgl. Szlezák 1985, 268). Diese Schilderungen machen den Gedanken der Einsamkeit aber wesentlich stärker und wären daher auch gegen Rehn 1996, 90 anzuführen, der hierauf überhaupt nicht Bezug nimmt.

7. Einsamkeit oder Philosophieren mit Freunden?

belegt durch die Beschreibung einer ebensolchen Begebenheit gleich zu Beginn des Dialogs (174d4–175b3). Was geschieht während dieser Meditationen? Sokrates scheint höchstens Gedanken, keine anderen Menschen gegenüber artikulierbaren Reden zu produzieren. Es ist naheliegend, dass er beim Schönen verweilt[57]. Dass Diotima davon spricht, dass die Schau des Schönen in der Zukunft liegt (*katopsetai*, 210e3–5), ist nicht im Sinne einer Ungewissheit der Erreichbarkeit der Schau, sondern aus dem fiktiven Zeitpunkt der Erzählung heraus zu erklären. Sie schildert dem *jungen* Sokrates, was ihn erwartet, wenn er sich auf den Weg macht[58]. Ein hypothetischer Satz folgt kurz darauf. Wenn jemand so weit *wäre*, dass er anfinge, das Schöne zu erblicken, so *würde* er fast etwas vom Ziel erfassen (*schedon ti haptoito tou telous*, 211b7). Der Optativ in Bezug auf das Ziel ist nicht, wie R. Ferber annimmt[59], im Sinne einer grundsätzlich nur hypothetischen Erreichbarkeit der Schau zu erklären. Diotima erklärt, was es bedeutet, wenn jemand erstmals bis zum Schönen vordringt und damit am Anfang der Schau steht[60]. Dann ist er schon fast am Ziel seines Lebens bzw. kurz davor, etwas davon zu erfassen[61]. In diesen Kontext des Anfangs und der erstmaligen Schau gehört auch deren »Plötzlichkeit« (*exaiphnês*, 210e4), die nicht im Widerspruch dazu steht, dass man das Schöne nicht nur »ansieht«, sondern auch mit ihm »umgeht«/»zusammen ist« (*theômenou kai xynontos*, 212a2[62]). Diese Abfolge einer »plötzlichen« Schau und eines darauf folgenden ›Umgangs‹ mit dem Schönen besitzt direkte Parallelen zum Höhlengleichnis in der *Politeia*, wo sich die Augen ebenfalls erst an das blendende Licht der Sonne gewöhnen müssen, dann aber ein Aufenthalt oben möglich ist[63] (Rep. 516a4–c5).

---

[57] Dies vermutet u.a. Hadot 1999, 69; ebenso Blondell 2006, 155.
[58] Vgl. auch Albert 1995, 23, Fußnote 12.
[59] Vgl. Ferber 1992, 664.
[60] Vgl. Albert 2008, 34.
[61] Die Übersetzung »beinahe« ist daher nicht ganz glücklich, da »beinahe« nicht wie »fast« als »fast schon« ausgelegt werden kann, sondern häufiger im Sinne von »beinahe, aber eben doch nur beinahe, d.h. letztlich nicht« verstanden wird.
[62] Das Partizip *xynontos* wird unter anderem auch für die sexuelle Vereinigung gebraucht, die normalerweise einen dritten Partner ausschließt – ein weiterer Hinweis darauf, dass das »Zusammensein« mit dem Schönen nicht gemeinsam mit anderen geschieht.
[63] Gegen Steinthal 1993, 104 handelt es sich im Höhlengleichnis keineswegs um ein Erblinden, d.h. ein Scheitern der Erkenntnis. Im Gegenteil ist davon auszugehen, dass nach einer Zeit der Gewöhnung (Rep. 516a4; und nochmaliger Gewöhnung nach dem

Symposion – Einsamkeit des Philosophen?

Dass der junge Sokrates Diotima geglaubt und sich unverzüglich auf den Weg gemacht hat, kann seiner Aussage in 212b1–4 entnommen werden. Wenn dem – nunmehr älteren – Sokrates unmittelbar darauf, im zweiten Teil des *Symposions*, geradezu der gesamte Tugendkatalog mittels der Erzählung von Episoden aus seinem Leben zugeschrieben wird (7.2.5), liegt es nahe, dass er das Schöne schließlich geschaut hat und mit ihm umgeht. In der Schilderung der Meditationen (174d4–175b3; 220c3–d5) könnte dieser Umgang noch konkreter verortet werden. Es gibt etwas Weiteres, Höheres für ihn, welchem selbst erotische Beziehungen zu Menschen untergeordnet werden. Dieses Höhere wird zumindest *auch*, nämlich in den Meditationen, allein betrachtet[64]. Sokrates »erforscht« etwas (*skopôn*, 220c4), so heißt es aus der Perspektive des Alkibiades, und er tut dies nicht im Gespräch mit anderen. Er denkt nach, und ob seine Gedanken überhaupt jemandem mitgeteilt werden (können), bleibt offen. Das normale, äußerliche Leben, inklusive der Gemeinschaft mit anderen Menschen, kommt zum Erliegen. Wie dies aus der Außenperspektive wirken muss, zeigt sich besonders gut in der Metapher vom ›Leben des Steines‹ in Gorg. 494a8[65]. Es ›passiert nichts‹ in den Meditationen des Sokrates, er handelt nicht, er ist nicht mehr im Leben des Alltags zu Hause. Wie in Tht. 173e2–4 wäre es auch in Bezug auf die Meditationen nicht falsch, zu sagen, dass sich zu diesem Zeitpunkt nur noch sein Körper in der *polis* aufhält. Die *atopia*, die Unvergleichlichkeit und Nicht-Menschlichkeit, die Sokrates im *Symposion* besonders deutlich zugeschrieben wird, entspringt dem Aufenthalt an einem geistigen Ort, der ihn notwendig von den ihn umgebenden Menschen trennt. Dieses Moment, die einsame Kontemplation, kennzeichnet das philosophische Leben zumindest als eines unter anderen. Das geschaute Schöne ist, wie in den späteren Dialogen noch öfters angedeutet wird[66], letztlich kein mit vielen anderen geteiltes, kein ein-

---

Abstieg, die für den Erfolg politischer Tätigkeit entscheidend ist; Rep. 517a1–2) das Sehvermögen wiedererlangt wird. Die »Plötzlichkeit« sowie das darauf folgende, kurzzeitige Geblendetsein beziehen sich im Bild sogar bereits auf eine Vorstufe, den Blick ins Feuer und Erkennen der Gegenstände dahinter (Rep. 515c6–d1).

[64] Vgl. Blondell 2006, 155, die im Unterschied zu Rowe und Price behauptet: »The successful lover is alone at the top.«

[65] Oder auch in der Rede von den Philosophen, die so nahe wie möglich am Gestorbensein leben (Phd. 67d10–e1).

[66] Zum Beispiel, etwas überzogen dargestellt, in Tht. 174b1–6: Der in der Philosophie Lebende kennt den Menschen an sich, aber den Nachbarn nicht.

7. Einsamkeit oder Philosophieren mit Freunden?

fach vermittelbarer Inhalt. Dazu passt auch die Bemerkung von Agathon zu Beginn des *Symposions* in 175c8–d4, Sokrates möge sich neben ihn legen, damit er auch Anteil bekomme an seiner im Vorhof bei der Meditation gefundenen Weisheit. Die Neugier des Agathon ist unverkennbar: Er wüsste zu gern, *was* Sokrates dort gedacht und erkannt hat; dieser aber reagiert nur ausweichend und ironisch. Im Verlauf des *Symposions* gibt er Agathon dennoch eine Antwort auf dessen implizite Frage nach seiner Weisheit, indem er den gesamten Stufenweg schildert, auf den sich jeder selbst begeben muss.

Es ist nicht ausgeschlossen, dass die Schau der fünften Stufe gemeinsam geschieht, oder zumindest gemeinsamer Bemühung entspringt, wie dies der Autor des *VII. Briefs* nahelegt (vgl. Ep. VII 341c6–7 und 7.4). Im *Symposion* steht jedoch nichts davon. Es ist fraglich, ob die höchste Erkenntnis im Gespräch mit anderen gewonnen wird – selbst in Bezug auf Stufe vier (210c6–d8) bleibt offen, ob diese eine gemeinsame Komponente hat[67]. Die Erwähnung der sokratischen Meditationen könnte darauf hindeuten, dass der Philosoph der fünften Stufe einsam beim Schönen verweilt[68], und hier eine exklusive, von außen nicht mehr nachvollziehbare oder irgendwie zugängliche Erfahrung macht. Diese Erfahrung trennt den Philosophen von denjenigen, die sie nicht gemacht haben. Sie reagieren, was anhand des Agathon und in der Schilderung des Alkibiades (220c8–d3) illustriert wird, mit Neugier und Verwunderung, oft auch mit Unverständnis bis hin zur Feindseligkeit[69].

---

[67] Auch wenn dies wegen des nahtlosen Übergangs von den Bestrebungen des einzelnen zu den vielen Reden (210c6–d6) wahrscheinlich ist, so gibt es doch Stellen in anderen Dialogen wie dem längeren Monolog im *Gorgias* (506c4–509c7), die darauf hinweisen, dass Sokrates selbst nicht auf Gesprächspartner angewiesen ist.

[68] Es handelt sich nicht, wie A. Th. Szlezák etwas unglücklich schreibt, um den »denkenden Umgang mit sich selbst« (Szlezák 1985, 268), der die Grundlage allen philosophischen Tuns bildet, sondern um den Umgang mit den Ideen bzw. dem Schönen (211d8–212a2). Interessant ist aber die von ihm aufgeworfene Frage, wie Diotima selbst zu ihren Einsichten gekommen ist – wohl ebenfalls durch einsames Nachdenken (vgl. Szlezák 1985, 269). Neben der Autodidaktik, die Sokrates sich selbst zuschreibt (Lach. 186c1–3), spricht außerdem auch die *Politeia* von der autodidaktischen Ausbildung der Philosophen im nicht-idealen Staat (Rep. 520b3–4: αὐτόματοι γὰρ ἐμφύονται ... αὐτοφυὲς ...).

[69] Auch die Schilderung der Diotima-Rede bleibt unverstanden; zumindest aber erzielt sie nicht die gleiche Wirkung, die sie damals auf Sokrates selbst hatte (vgl. Zehnpfennig 2000, XIX). Feindseligkeit schlägt dem Philosophen im Gleichnis der *Politeia* bei seiner Rückkehr in die Höhle von den dort Gebliebenen entgegen, die ihn umbringen möchten (Rep. 516e3–517a7); eine eindeutige Reminiszenz an das Schicksal des Sokrates. Auch

7.2.7. Die erneute Wendung hin zu den anderen: Das Zeugen im Schönen als Konsequenz der Schau

Wie geht es nach der »Schau« weiter? Zentral ist die Bemerkung, dass der Philosoph, wenn er das Schöne selbst erblickt hat, keine »Abbilder der Tugend« (*eidôla aretês*, 212a4) erzeugt, sondern »wahre Tugend« (*aretên alêthê*, 212a6), da er ja auch Wahres berührt. Die Schau des Schönen ist kein Zielpunkt, der den Philosophen zu einem Weisen macht, der nicht mehr philosophiert, weil er gleichzeitig zur absoluten Vollkommenheit gelangt[70]. Im Gegenteil ist es Anfang einer gesteigerten philosophischen Tätigkeit, die aber einen anderen Charakter besitzt als die der vorherigen Stufen, die eher einer Suche entsprachen. Das Schöne ist nichts, was einmalig erkannt wird; es wird scheinbar ständig weiter »berührt« (212a5). Das Verweilen beim Schönen entspricht keinem rein passiven Aufenthalt, es hat Konsequenzen. Mit der Schau ist, so scheint es, höchste Aktivität, ein »Zeugen« auf höherer Stufe verbunden (212a3–5). Erst aufgrund des Umgangs mit dem Schönen und der Erzeugung »wahrer Tugend« kommt es dem Philosophen zu, von den Göttern geliebt zu werden und unsterblich zu sein[71].

Wie ist die Erzeugung zu interpretieren und um wessen Tugend handelt es sich? Zunächst gelangt der Schauende selbst zur Tugend, wie es Alkibiades in Bezug auf Sokrates schildert (7.2.5). Die abermalige Rede vom »aufziehen« (vgl. *tekonti ... kai threpsamenô* in 212a6 mit *synektrephei koinê* in 209c5) deutet aber darauf hin, dass auch das Gespräch mit anderen nicht nur propädeutisch auf Stufe 1–3 stattfindet[72]. Nach vollendetem Aufstieg wird diese Tätigkeit vielmehr wieder auf-

---

der Philosoph »hinter [d]er Mauer« (Rep. 496c4–497a2, bes. 496d7) ist einsam. Zu Beginn des *Phaidon* und auch im gesamten *Kriton* erregt Sokrates' Einstellung zum Tod Verwunderung und muss selbst unter Freunden ausführlich begründet werden. Die Einsamkeit des Philosophen zeigt sich außerdem in der Theaitetos-Digression (Tht. 172c8–177c5), die allerdings einen besonderen Status besitzt (vgl. 6.4.1 und 7.6).

[70] Dies entspricht dem stoischen Verständnis des Weisen (vgl. Hadot 1999, 70).
[71] Ob tatsächlich oder ob er es nur ›verdient‹ hätte, wird aus dem in 212a6 verwendeten *hyparchei* nicht ganz deutlich. Es ist aber anzunehmen, dass ihm die Götter aufgrund ihrer Gerechtigkeit diesen Lohn gewähren.
[72] Dieser Gedanke ist im Gegensatz zum Erlangen eigener Tugend nicht so deutlich dem Text zu entnehmen und daher umstritten (anders z. B. Scott 2008a, 149f.). Vgl. Price 1989, 51f., der ebenfalls auf die Terminologie in 209c2–7 hinweist, aber wie auch Scott nicht auf die Alkibiades-Episode Bezug nimmt.

7. Einsamkeit oder Philosophieren mit Freunden?

genommen und erreicht dann – ohne sich äußerlich von der Beschäftigung auf Stufe 3 zu unterscheiden – eine neue Qualität. Der ›Eingeweihte‹ verweilt nicht allein bei der Schau des Schönen, sondern versucht, andere ebenfalls zu ihr zu führen. Er kehrt wie Sokrates zu den Unterredungen zurück, um mit anderen dann immer wieder zum Schönen vorzudringen. Einmal geschaut, kann im weiteren Verlauf des Lebens ein stetiger Auf- und Abstieg zwischen den Stufen 3 bis 5 angenommen werden[73]. Der Unterschied ist lediglich, dass das Objekt der Liebe nun das Schöne selbst ist *und* sich der Strebende dessen bewusst ist (jeder Mensch strebt ja – aber unbewusst – auf allen Stufen eigentlich nach dem Guten; 205a5–7).

Durch dieses Bewusstsein verlässt der einmal ›Angekommene‹ freilich das Gute nicht wirklich, er lebt von und in dieser Schau (vgl. auch 7.6.2). Ein echter ›Abstieg‹ ist nicht notwendig, und auch der erneute Aufstieg wird im Vollsinne nur vom zu führenden Gesprächspartner unternommen. Deshalb mag es erscheinen, als würde Sokrates überhaupt nicht »richtig und geordnet« aufsteigen, sondern »überall und nirgends« verortet werden können[74]. Das Zeugen in den Seelen anderer wird exemplarisch an der Wirkung des Sokrates auf Alkibiades deutlich. Sokrates verwirrt ihn und lässt ihn seine Situation erkennen – die Befangenheit auf einer niederen Stufe und die Entfernung vom eigentlichen Ziel. Wenn er bleibt, wie er ist, ist das Leben für ihn nicht lebenswert (216a1).

Erst nach der Schau des Schönen ist man zur Erzeugung wahrer Tugend befähigt. Bringen die erzieherischen Bemühungen der Stufen 1–3, die auf Stufe 3 doch immerhin dem Zeugen der Seele nach entsprechen, dann nur unechte Tugend hervor[75]? Zumindest eine abgeleitete Form der »wahren« Tugend entsteht in den Seelen, denn schließlich findet

---

[73] Kann der Aufstieg, wie Price schreibt, als Beginn eines Kreislaufs begriffen werden, welcher wieder auf Stufe 1 beginnt (vgl. Price 1989, 53)? Dagegen spricht, dass zu Stufe 1, erstens, ausdrücklich bemerkt wird, dass sie den Mann »in der Jugend« (*neon onta*, 210a6) betrifft. Zweitens wird eine Fixierung auf einen einzigen Gesprächspartner angenommen, die Kennzeichen nicht-philosophischer Beziehungen ist (vgl. 7.5.3 zum *Lysis*).
[74] Wie Blondell annimmt (vgl. Blondell 2006, 177).
[75] Eine ähnliche Frage stellt sich in der *Politeia*: Auch hier sind die Philosophen bereits ›vor‹ der Schau der Idee des Guten, d. h. hier, bevor sie 50 Jahre alt sind, bedenkenlos in Staatsangelegenheiten, z. B. im Kriegswesen (Rep. 539e4) tätig, um Erfahrungen zu sammeln (allerdings waren sie, worauf Rep. 539e2–3 hinweist, bereits außerhalb der Höhle, besitzen also zumindest Kenntnis der übrigen Ideen).

eine Besserung in den Sitten statt, die sogar den Ausgangspunkt zum Aufstieg bildet. Der Philosophierende wendet sich, eigentlich bereits auf Stufe 2, spätestens aber auf Stufe 4, nicht mehr nur ausschließlich einem einzigen Geliebten zu, mit dem er gemeinsam philosophiert[76]. Der meditierende Sokrates scheint überhaupt nicht notwendig auf Gesprächspartner angewiesen zu sein. Es geschieht in den Gesprächen aber etwas Vorbereitendes, das den Aufstieg zum Schönen erleichtert. Sowohl im körperlich als auch im seelisch Schönen wie auch dann im Schönen der Sitten sind verschiedene Aspekte enthalten, die im letztlich geschauten geistigen Schönen alle zusammenfallen. Wenn Tugend allerdings im Vollsinne hervorgebracht werden soll, ist die Schau notwendige Bedingung hierfür.

Die *logoi*, die auf der vierten Stufe erzeugt werden, sind vermutlich an andere Menschen gerichtet, wenn auch diese unter Umständen taub sind für den Inhalt der Reden. Es ist nicht anzunehmen, dass diese *logoi* dem *elenchos* entsprechen (der bessert die Sitten und findet auf Stufe 3 statt), sondern eher wissenschaftlichen Kenntnissen (*epistêmas* 210c7; *mathêmata* 211c7)[77] ganz allgemein oder auch Reden wie der des Sokrates im *Symposion*. Dass der Philosoph auch hier bereits eine einsame Position einnehmen kann, zeigt sich gleich im Anschluss an den verhaltenen Reaktionen der Zuhörer[78].

Wie die Übung des Sokrates in *ta erôtika* (177d7–e1) aussieht und dass sie wohl nicht mit der »Meisterschaft in Liebessachen« identisch ist, die Eryximachos in 193e4–5 Agathon und Sokrates gleichermaßen zuschreibt, wurde deutlich. Stattdessen bezieht sie sich auf ein Verständnis der Natur des Eros, insofern er zur höchsten Erkenntnis führt. Zwar ist die erotische Erfahrung Basis des Prozesses, das Verlangen nach Gemeinschaft kann aber, zumindest zeitweise, vom Verlangen nach Erkenntnissen und der Schau des Schönen abgekoppelt werden

---

[76] Denn dies ist, was auch Pausanias vertreten würde: Das gemeinschaftsstiftende ›Philosophieren‹, das auf das Erlangen von Tugend und Weisheit zielt (184c3–7), gehört zu einer schönen Liebe dazu.
[77] Setzt man den Aufstieg mit dem Curriculum der *Politeia* parallel, so ist hier vermutlich vor allem an die dialektische Untersuchung der Ideen gedacht.
[78] Sie ›lobten‹ ihn und Aristophanes, der gleich etwas erwidern will, interessiert lediglich die Kritik an seiner eigenen Rede (212c4–6) – ein deutlicher Kontrast zu den Reaktionen auf Agathon, nach dessen Rede das Publikum geradezu außer sich ist (198a1–3). Vgl. auch Zehnpfennig 2000, XIX, die eine Parallele zum *Phaidon* zieht, in dem Sokrates ebenfalls »tauben Ohren« predige (was dort aber sicher nicht ganz so deutlich wahrnehmbar ist).

7. Einsamkeit oder Philosophieren mit Freunden?

oder sogar damit konkurrieren – wenn nämlich keine geeigneten philosophischen Gesprächspartner verfügbar sind. Letztlich führt die Schau dann allerdings immer in das gemeinsame Philosophieren, in die Bemühung um die eigene Tugend, aber auch die anderer, zurück (vgl. 7.6.2).

Wer vollzieht den Aufstieg und wer soll ihn vollziehen? Keineswegs sollte der Weg wenigen ausgewählten Philosophen vorbehalten bleiben, selbst wenn ihn faktisch wenige gehen. In Bezug auf die fünfte Stufe wird bemerkt:

Und an dieser Stelle des Lebens ... wenn irgendwo, ist es dem Menschen erst lebenswert, wo er das Schöne selbst schaut ... (Symp. 211d1–3)

Wer aber wahre Tugend erzeugt und aufzieht, dem gebührt, von den Göttern geliebt zu werden, und, wenn irgendeinem anderen Menschen, dann gewiß ihm auch, unsterblich zu sein. (Symp. 212a6–8)

Die beiden hier gebrauchten Wendungen »wenn irgendwo« (*eiper pou allothi*, 211d2) und »wenn irgend einem anderen Menschen« (212a7) implizieren, dass es a) nur einen einzigen Weg zu einem für den Menschen wirklich lebenswerten Leben gibt und dass b) die Schau des Schönen der Weg zur (echten[79]) Unsterblichkeit ist. Da die größte und heftigste Liebe aller Menschen die Begierde nach dem Guten und nach der Glückseligkeit ist (205d1–2) und ebenso von allen die Unsterblichkeit geliebt wird (208d9–e1), sollte idealerweise jeder Mensch den Stufenweg bis zum Ende gehen (zur Möglichkeit dieses Ideals vgl. 9.4).

Zusammenfassend lässt sich feststellen, dass die Lebensweise des Philosophen, die zur höchsten dem Menschen möglichen Glückseligkeit führt, im *Symposion* von zwei Momenten gekennzeichnet ist. Das erste Moment ist die Liebe zum Schönen, sein Erblicken und schließlich sogar der Umgang mit dem Schönen (211d8–212a2). Das Zusammensein mit dem Schönen kann den Philosophierenden von anderen trennen, die Schau kann in völliger Einsamkeit geschehen. Das zweite Moment ist das »Zeugen« in der schönen Seele anderer, in dem sich die Liebe äußert. Der Philosoph bildet mit einem (oder auch mehreren) anderen

---

[79] Dass Unsterblichkeit »vorläufig, nur vorübergehend« (Albert 1989, 28) erreicht wird, ergibt keinen Sinn, da eine »vorübergehende« Unsterblichkeit überhaupt keine Unsterblichkeit wäre. Gemeint sein kann in Symp. 212a2–8 auch nicht, dass Unsterblichkeit direkt durch die – nicht dauerhaft mögliche – Schau erworben wird, sondern vielmehr, dass sie von den Göttern für die aufgrund der Schau erfolgte Bemühung um die Tugend, die ihn eben *theophilei* macht, verliehen wird (212a6–8).

Menschen eine Gemeinschaft und konzentriert sich mit ihm auf die Unterredung (209c2–3)[80]. Aber diese Gemeinschaft ist ebensowenig Selbstzweck wie Ziel. Im Gegenteil wird eine ähnliche Gemeinschaft auf dem Stufenweg bereits auf der untersten Stufe beschrieben (210a7–8). Während alle Stufen mit Reden zu tun haben, erscheint das Schöne selbst nicht wie eine Rede (211a7). Vielleicht deshalb, weil der *logos* zugreifend ist, der Schauende sich aber zunächst ergreifen lassen muss. Erst nach der Schau kann die Zeugung »wahrer« Tugend geschehen. Deutlich wird, dass es sich um einen Weg handelt. Auch der Philosoph liebt durchaus, zumindest in seiner Jugend, die schönen Körper und befindet sich damit auf dem richtigen Weg (210a7). Was ihn von anderen Menschen unterscheidet, ist, dass er diese Stufe, und auch die anschließenden beiden, noch nicht für die höchste hält, sondern weiß oder zumindest einem anderem (meist wohl, wie im Falle Diotimas, älterem) Menschen vertraut, dass es weitergeht (212b1–4). In diesem Vertrauen schreitet er fort bis zur Schau des Schönen selbst.

7.3. Phaidros – Die philosophische *philia*

In engem Zusammenhang zur Schilderung des Aufstiegs im *Symposion* stehen die im ersten Teil des *Phaidros*[81] diskutierten Reden. Zunächst liest Phaidros eine Rede des Lysias vor, in der dieser die These verteidigt, man müsse den Nichtverliebten eher als den Liebenden gefällig sein. Unter Umständen tut er dies mit der Absicht, dadurch den Phaidros zu gewinnen, dem gegenüber er sich als Nichtverliebter ausgibt (231a1–2[82]). Nach kurzer Diskussion mit Phaidros, dem ersten Redner im *Symposion* (Symp. 178a5–180b8), hält Sokrates auf seine Bitte hin ebenfalls eine Rede, die wie diejenige des Lysias eine Kritik

---

[80] Hier verstanden als Unterredung auf Stufe drei *mit* jemand, der bereits das Schöne geschaut hat. Diese Unterredungen können durchaus auch als gemeinsame »Suche« begriffen werden, ohne in einen Widerspruch zu geraten, wie es Blondell annimmt, die schreibt »Plato wants to have his cake and eat it, to situate Socrates as the philosophical seeker while simultaneously hinting that he is the wise man who has arrived« (Blondell 2006, 161).
[81] Die Entstehungszeit des *Phaidros* wird in der neueren Forschung – anders als noch in der Antike – spät, nach *Symposion* und *Politeia*, angesiedelt (vgl. Erler 2007, 216).
[82] Von Sokrates wird diese Motivation in 237b2–7 aufgedeckt und dem fiktiven Sprecher seiner eigenen Rede zugeschrieben, während Phaidros sich aber sicherlich an die Rede des Lysias und dessen Beteuerung der gegenteiligen Motivation erinnert fühlen sollte.

7. Einsamkeit oder Philosophieren mit Freunden?

des Liebhabers zum Inhalt hat. Dieser folgt nicht der Begierde nach dem Guten, sondern der nach dem Angenehmen (einer Kraft, die er eben »Liebe« nenne) und letztlich der Lust an körperlicher Schönheit (238b9–c4). Dem Geliebten aber schadet er und hält ihn ab von der Philosophie, die ihn ihm entfremden könnte (239b4–6). Zuletzt lässt die Liebe nach, der Liebhaber wird endlich vernünftig und besonnen, während er vorher verliebt und wahnsinnig war (241a3–5). Dann jedoch verlässt er den Geliebten und löst seine Versprechungen, die er ihm als Verliebter noch gemacht hat, nicht mehr ein. Als Sokrates nach dieser Rede weggehen will, vernimmt er die warnende Stimme des *daimonion* (242b9; hier umschrieben als »gewohntes Zeichen«). Um den Gott Eros nicht zu kränken, ist der Rede eine zweite als Widerruf (*palinôdia*, 243b2) anzuschließen. Wenn man differenziert, so ist eine bestimmte Art des Eros und der mit ihm zusammenhängende »Wahnsinn« *(mania)* doch zu loben.

In der Palinodie stellt Sokrates fest, dass der Geliebte »wie ein Gott« erzogen und wie ein Götterbild verehrt wird[83] (251a6–7; 252d1–3, später auch *isotheos*, gottgleich 255a1). Verwandte, Freunde und auch Reichtum werden hintangesetzt, allerdings auch »das Anständige und Sittliche« (*nomimôn de kai euschêmonôn*, 252a4–5). Eros erweist sich zunächst als alles andere dominierende, ambivalente Kraft. Der Liebende dient dem Geliebten *(douleuein)*, der entsprechend dem eigenen Charakter ausgesucht wird. Der eigene Charakter wiederum entspricht dem eines bestimmten Gottes (vgl. 6.1.3). Erstmals finden wir hier eine Erklärung für die Liebe zu einem *bestimmten* Menschen. Die Liebenden sind entzückt (*ekplêttontai*, 250a7; treffender übersetzt von E. Heitsch: »geraten außer sich«[84]) ohne zu wissen, warum, suchen aber eigentlich das ihnen Ähnliche. Der Liebende sieht sich im Geliebten »wie in einem Spiegel« (255d5–6) und natürlich auch den Gott, da er selbst ja diesen nachahmt. Diese Liebe wird positiv bewertet. Sie enthält weder Neid noch »unfreie« Missgunst (253b7[85]), sondern ist etwas höchst Beglü-

---

[83] Die »Götterbild«-Metapher kommt häufiger vor; auch in Charm. 154c8–9 staunen alle Anwesenden den schönen Charmides an wie ein Götterbild. Zu dieser Metapher im *Symposion* (222a4, 215b3–4, 216e7) vgl. 7.2.4.
[84] Heitsch 1997, 35.
[85] Das *aneleutherô* in 253b7 mit »unedel« wiederzugeben, wie es Schleiermacher tut (oder ganz zu unterschlagen wie Heitsch 1997, 39) verdeckt den im griechischen Wortgebrauch so häufig betonten Aspekt der Unfreiheit bzw. die Zuordnung bestimmter Charaktereigenschaften – an dieser Stelle der Missgunst – zur Lebensweise der Sklaven.

ckendes. Die tiefere Begründung, die außer der charakterlichen Verwandtschaft für die Liebe zu einem Menschen gegeben wird, erinnert an die des *Symposions*. Der Liebende entbrennt in Liebe zu jemandem, weil er sich an die vorgeburtlich geschauten Ideen (der Gerechtigkeit, Besonnenheit ...), erinnert, wenn er sie an einem Menschen erblickt (249d4–250c8).

Auch im *Phaidros* scheint es darum zu gehen, zum Schönen selbst fortzuschreiten (250e2: *pros auto to kalos*) – wie das genau geschieht, verrät uns Platon aber nicht[86]. Über die Wahrnehmung der Weisheit (*phronêsis*, 250d4) wird im Unterschied zur Schönheit eine negative Aussage getroffen. Sie kann nicht wie die Schönheit mit dem Gesicht als dem schärfsten aller körperlichen Sinne gesehen werden – weil sie eine »zu heftige« (250d4) Liebe auslösen würde. In Bezug auf das Erlangen von Weisheit überhaupt wird zuletzt betont, dass die Bezeichnung »Weiser« *(to sophon)* Gott allein gebührt (278d3–6).

Sokrates konzentriert sich in seiner zweiten Rede auf die Beschreibung der Freundschaft zwischen Liebendem und Geliebten, die ganz im Gegenteil zu den Behauptungen der ersten Rede von Besonnenheit und Philosophie gekennzeichnet ist. In ihr geht es vor allem darum, den Seelenteilen zu folgen, die zu einem »wohlgeordneten Leben und zur Liebe der Weisheit« (256a7–8) hinleiten. Diejenigen, die ihrer selbst mächtig und geordnet leben (256b2), werden ein glückliches Leben führen, das höchste Gut (*meizon agathon*, 256b6) erlangen und zuletzt dem Kreislauf der Wiedergeburt entkommen. Was das heißt, ist am besten im Vergleich mit einer zur philosophischen Liebe alternativen Freundschaft oder Liebe zu erkennen.

An die Schilderung der ›philosophischen‹ Freundschaft *(philia)* schließt sich die Schilderung einer solchen Alternative, nämlich der zweiten, minder edlen Lebensweise der ehrliebenden *(philotimoi)* Freunde an (256b8–e2). In 6.1.3 wurde festgestellt, dass sie, z. B. im Vergleich zur Lebensweise der Timokraten in der *Politeia*, überraschend positiv gewertet wird. Gegen Ende ihres Lebens kehren die Ehrliebenden zwar nicht heim (*apechontai*, 249a4–5) zu den Göttern, aber sie gelangen auch nicht in die Unterwelt (256d6–7 bezieht sich auf 249a6–

---

[86] Vgl. hierzu aber Heitsch 1997, 119: Alle ewigen Dinge, so Heitsch, sind auf Erden nur schwach vertreten mit Ausnahme der Schönheit (250b2–6). Nur sie wird unmittelbar sichtbar, daher hat Eros singuläre Bedeutung. Man *muss* nicht, aber *kann* das Ewige in der Liebe erfahren.

7. Einsamkeit oder Philosophieren mit Freunden?

7). Mit dem Trieb zur erneuten »Befiederung«, die dem Seelenwagen ermöglicht, den Göttern bis zur Schau der Ideen zu folgen (vgl. 8.3.2) erhalten sie keinen geringen Lohn (256d5–6).

Dass sie ein unphilosophisches Leben führen, bedeutet vor allem, dass es ihnen an sexueller Enthaltsamkeit mangelt (256a7–d4)[87]. Ihre Freundschaft führt nicht wie diejenige der Philosophen zur Rückkehr zu den Göttern (248e7–249a2[88]), wohl aber zu einem glücklichen, »lichten« (*phanon*, 256d9) Leben. Interessant ist die Bemerkung, dass beide »zur gleichen Zeit« befiedert werden (256e1[89]). Die philosophische Freundschaft ist dagegen in Bezug auf den Zeitpunkt der Befiederung von einer relativen Unabhängigkeit gekennzeichnet. Schließlich wird, als dritte und wertloseste Art der Freundschaft, noch die Vertrautheit (*oikeiotês*) mit dem Nichtliebenden genannt, die nur Unfreiheit – was eigentlich in der ersten Rede dem Liebenden zugeschrieben wurde –, gemeine Tugend[90] und das Verweilen auf sowie unter der Erde (an den unterirdischen Orten aus 249a6–7) zur Folge hat (256e4–257a2). Mit diesem Fazit ist die Gegenthese zur ersten Rede erreicht, in der eben diese letztere Freundschaft zum Nichtverliebten favorisiert und gepriesen wurde.

Welchen Status haben die beiden Reden? In der folgenden, langen Erörterung über die Kunst der Rhetorik wird zurückgeblickt und gefragt, ob Lysias nicht bereits den Anfang falsch vorgegeben hat, indem

---

[87] A. W. Price stellt fest, dass sie ein »gemeinsamer Fehler« verbindet (vgl. Price 1989, 92f.). Es ist also fraglich, ob sie, wie G. Vlastos annimmt, sich ebenfalls als »Platonic lovers« (Vlastos 1981, 40) qualifizieren, gerade auch unter dem von ihm richtig bemerkten Gesichtspunkt, die Platonische Liebe sei »a life-transforming miracle, a secular analogue to religious conversion, a magical change of perspective that opens up new, enchanted, horizons« (*ebd.*, 42). Diese »Konversion« haben die Ehrliebenden, wiewohl sie nicht weit davon entfernt sind, eben noch nicht vollzogen.

[88] Eine Begründung hierfür wird kaum gegeben – sie wird höchstens im *Phaidon* unternommen. Dort macht die Ausrichtung auf körperliche Lust die Seele schwer, weil das Körperliche sie durchzieht (Phd. 81c2–4).

[89] E. Heitsch übersetzt genauer: »gemeinsam beflügelt werden« (Heitsch 1997, 42). Warum die Beflügelung nur gemeinsam, bzw. zur gleichen Zeit stattfinden kann, ist schwer zu interpretieren. Unter Umständen verbindet die sexuelle Vereinigung die beiden Seelen so stark, dass dies der Fall ist; oder es wird damit schlicht einem Wunsch der beiden Liebenden entsprochen, wie man das »um der Liebe willen« (*erôtos charin*, 256e1) auch auslegen könnte.

[90] Die »sterbliche Besonnenheit« (*sôphrosynê thnêtê*, 256e5) könnte der bereits erwähnten (vgl. 5.2 und 5.3.2; vgl. später auch Kapitel 8 sowie 9.4.5) »gemeinen Tugend« entsprechen.

er die Liebe in ganz bestimmter Weise definierte (263d1–264a9). Ist es richtig, Liebe als eine Art der *mania* (265b7) zu bestimmen und den Eros dann in einem Hymnus zu besingen? Sie haben, vielleicht, etwas Richtiges getroffen (*alêthous tinos*, 265b7) und Phaidros jedenfalls hat es sehr gefallen (265c4). Der widersprüchliche und mit Mythen und Bildern reichlich ausgeschmückte Inhalt der beiden Sokratesreden sollte, so kann man der Reflexion darauf entnehmen, nicht absolut gesetzt werden[91]. Das beiden Reden gemeinsame »Richtige« ist, so wird aus dem Dialog deutlich, weder die einseitige noch die wechselseitige Liebe zu einem Menschen, sondern die zum Schönen selbst. Derjenigen Begierde muss man folgen, die sich auf das Beste, nicht auf das Angenehmste (hier: die körperliche Lust) richtet, was zu Beginn erklärt (237d4–238c4) und im Mythos vom Seelenwagen wieder aufgegriffen wird. Durch die zweite Rede wird jedoch deutlich, dass die ursprüngliche Beschreibung, der Eros wäre als Herrschaft der vernunftlosen Begierde zu begreifen, falsch ist. Der philosophisch Liebende muss innerhalb einer Liebesbeziehung nicht, wie in 238e3 noch behauptet, notwendig der Lust dienen. Die philosophische Freundschaft ist nicht nur durch äußerliche Schönheit motiviert, sondern zumindest auch durch charakterliche Ähnlichkeit – nur bestimmte Menschen werden mit einem philosophischen Charakterzug geboren[92]. Letztlich entspringt eine solche Beziehung aber der Erinnerung an die wahre Schönheit. Wird diese Erinnerung auch beim anderen geweckt, so handelt es sich notwendig um wechselseitige Liebe[93]. Dabei scheint es ernst gemeint zu sein, dass ohne philosophische Liebe auch nur unechte Tugend entsteht (256e4–6). Eine bloße Vertrautheit *(oikeiotês)* mit dem Nichtliebenden wird nichts bewirken. Sokrates selbst lehnt die Erziehung bzw. den näheren Umgang mit bestimmten Jünglingen – man kann annehmen,

---

[91] Sie können wegen dieser – im *Symposion* fehlenden – Zweifel auch nicht bedenkenlos parallel gesetzt werden zu den dortigen Reden, wie es häufiger von Interpreten unternommen wird. Dabei werden meist die Reden der Vorredner im *Symposion* mit der Lysiasrede im *Phaidros* verglichen, die Diotima-Rede mit der zweiten Sokratesrede im *Phaidros* (vgl. z. B. Schrastetter 1966, 148–150).
[92] Görgemanns 1994, 26 nimmt an, dass Platon selbst in der Beziehung zu Dion zur Abfassungszeit des *Phaidros* eine solche Liebe erfahren hat.
[93] Vgl. Price 1989, 86f., der als Beleg dafür 255d8–e1 anführt. Wiewohl die Gegenliebe (*anterôs*, 255e1) zunächst auf rein körperlicher Ebene stattzufinden scheint, ist anzunehmen, dass mit ihr ein Weg, der dem im *Symposion* ähnlich ist, beginnt.

7. Einsamkeit oder Philosophieren mit Freunden?

solchen mit unphilosophischer Seele – ab; z. B. weist er den Sohn des Nikias zurück (Lach. 200c8–d3).

Das gemeinsame Philosophieren wird im zweiten Teil des *Phaidros* allerdings nüchterner dargestellt als noch in der zweiten Rede. Beschrieben wird die Ernsthaftigkeit, mit der Reden nach dialektischen Vorschriften und mit Einsicht in die Seelen gepflanzt werden (276e1–277a5). Hier wird deutlich, dass es nicht in erster Linie um die erotische Beziehung geht. Dieser Beziehung wird sogar ein eng begrenzter Zweck, die Hilfe bei der charakterlichen Ausbildung (252e2–253a8), zugeschrieben. Nicht, wer einen treuen Liebhaber (256e1), sondern wer die entsprechenden Reden besitzt, ist so glücklich »wie es einem Menschen nur möglich ist« (277a4). In einer Nebenbemerkung wird die intellektuelle, nicht mit Unlust vermischte Lust daran, Reden zu prüfen, erwähnt – für diese Beschäftigung leben Sokrates und Phaidros (258e1–2). Gehört die philosophisch-erotische Freundschaft, innerhalb derer dieser Beschäftigung hauptsächlich nachgegangen wird, notwendig zu einem glücklichen, philosophischen Leben? Als Hinweis darauf, dass dies nicht der Fall ist, könnte man die Formulierung interpretieren, dass die ohne Falsch *(adôlos)* Philosophierenden *und* die, die »mit Philosophie die Knaben geliebt haben« (249a1–2), früher als alle anderen zu den Göttern heimkehren können. Hier werden aber vermutlich nicht zwei Gruppen unterschieden, von denen die eine philosophiert und die andere in philosophisch-erotischer Freundschaft lebt[94]. Die »ohne Falsch« *(adôlôs)* Philosophierenden werden vielmehr, so lässt sich vermuten, in Abgrenzung zu den listigen, sich verstellenden Liebhabern (237b2–7) gesondert als solche genannt, stehen aber dann ebenfalls in philosophisch-erotischen Beziehungen[95].

Der Stellenwert der philosophischen Freundschaft wird in der zweiten Sokratesrede des *Phaidros* sehr hoch eingeschätzt. Trifft der Philosoph eine Seele, die ihn an das geschaute Schöne erinnert, so wird notwendig die Liebe zu ihr ausgelöst sowie das Verlangen, die geliebte Seele dem Gott entsprechend, innerhalb einer philosophischen Beziehung, zu bil-

---

[94] Ebensowenig lässt sich eine klare Unterscheidung dreier oder mehr Gruppen in der Aufzählung in 248d3–4 ausmachen (vgl. 8.3.2).
[95] Der Gedanke, dass anderen Menschen, besonders dem Geliebten gegenüber, keine List angewandt wird, wird durch die interpretierende Übersetzung von E. Heitsch von 249a1–2 mit »der ehrlich nach Wissen gestrebt oder seine Liebe zu einem Jungen verbunden hat mit seiner Liebe zum Wissen« (Heitsch 1997, 33f.) verdeckt.

den. Der im *Symposion* herausgearbeitete Gedanke, dass Philosophieren auch einsam stattfinden könnte bzw. dies zumindest zeitweise der Fall ist (vgl. 7.2.6), spielt keine Rolle. Auch wenn im *Phaidros* nicht ausgeschlossen wird, dass es einsam Philosophierende gibt, so liegt der Schwerpunkt auf der Darstellung von Motivation und Sinn *gemeinsamen* Philosophierens. Es dient der Charakterbildung, die Seele soll dadurch besser werden. Wenn der Philosoph in den Seelen anderer Menschen Tugend hervorbringt, dann in geeigneten (*prosêkousan*, 276e6), d.h. hier schönen Seelen. Diese Seelen liebt er dann auch notwendig, weil in ihnen das Schöne selbst hervorscheint, an das sie ihn erinnern. In diesem Sinne steht er, philosophierend, grundsätzlich in erotischen Beziehungen, aber in solchen ohne sexuelle Komponente[96]. Normalerweise sind philosophische Freundschaften dieser Art Teil des philosophischen Lebens. Auch wenn es nicht um diese Beziehungen geht, sondern um das Schöne selbst, scheint bereits der Aufstieg zum Schönen ohne sie zumindest erschwert zu werden[97]. Die höchste Erkenntnis, die Schau des Schönen, steht am Ende eines gemeinsamen Weges, wie es der *VII. Brief*, eindeutiger noch als das *Symposion* oder der *Phaidros*, der sich auf die vorgeburtliche Erfahrung konzentriert, schildert.

7.4. Der *VII. Brief* – Häufige gemeinsame Bemühung

Dem *VII. Brief* als autobiographischem Zeugnis[98] kann man zunächst entnehmen, dass eine Freundschaft zu Platon selbst am schönsten bzw. besten[99] durch gemeinsames Philosophieren entsteht (330a6–b2). Dass dies aber nicht nur für Platons persönliche Freundschaften, sondern auch allgemein gilt, zeigt sich an der Abgrenzung zu einer anderen Art

---

[96] Sie werden auch in *Politeia* III, im Zusammenhang mit dem *orthos erôs* in 403a7, beschrieben.
[97] Dass es erotischer Beziehungen bedarf, um die *gesamte,* dreigeteilte Seele, d.h. auch ihren irrationalen Teil, zu den Ideen zu erheben (vgl. Price 1989, 91), ist ein interessanter Gedanke, der sich aber aus den Dialogen heraus schwer belegen lässt. Schließlich geschieht die Umlenkung in Rep. 518b7–519b6, wo eine Dreiteilung noch eindeutiger zugrunde liegt als im *Phaidros*, ganz ohne Rekurs auf philosophische Erotik. Die Rede ist vielmehr in 519a8–b6 von einer »Beschneidung« und Befreiung von Lüsten, die die Umwendung des »Gesichts der Seele« und die Schau des Wahren verhindern.
[98] Zur Frage der Autorschaft siehe die Überlegungen in 2.2.
[99] *kallista* in 330a7 wird unterschlagen in der Übersetzung von D. Kurz.

7. Einsamkeit oder Philosophieren mit Freunden?

von Freundschaft. Es kann sogar gefährlich sein, wenn man seine Freunde *nicht* aus der gemeinsamen Bemühung um die Philosophie, sondern aus »landläufiger Kameradschaft« gewinnt (*peritrechousês hetairias*, 333e2–3). Die Brüder Kallippos und Philostratos, die Platons Freund Dion später verraten und bei seiner Ermordung helfen, werden den Mysterienkulten zugeordnet[100], wobei die gesamte Bandbreite, von Symposien bis zu den höheren Weihen, genannt wird (333e4). Die Art von Freundschaft, die bei diesen kultischen Zusammenkünften entsteht, wird später nochmals als »Verwandtschaft der Empfindungen« (*syngeneia psychôn*, 334b7) und des Leibes[101] bezeichnet. Eine solche Freundschaft ist von derjenigen im Kontext der *paideia* als philosophischer Freundschaft (vgl. auch in Symp. 210e2–3: *pros ta erôtika paidagôgêthê*), in der gemeinsam um der Erkenntnis des Guten willen philosophiert wird, zu unterscheiden.

Das gemeinsame Philosophieren kann bis zur höchsten Erkenntnis führen:

> Es gibt ja auch von mir darüber keine Schrift und kann auch niemals eine geben; denn es läßt sich keineswegs in Worte fassen wie andere Lerngegenstände, sondern aus häufiger gemeinsamer Bemühung um die Sache selbst *(ek pollês synousias … peri to pragma auto)* und aus dem gemeinsamen Leben entsteht es plötzlich *(tou syzên exaiphnês)* – wie ein Feuer, das von einem übergesprungenen Funken entfacht wurde – in der Seele und nährt sich dann schon aus sich heraus weiter. (Ep. VII 341c4–d2)

Worin besteht der Vorteil oder sogar die Notwendigkeit gemeinsamen Philosophierens? Das Erkannte ist von anderen Lerngegenständen verschieden, weil es nicht sagbar ist wie diese (341c6[102]). Warum es auch von Platon selbst keine Schrift darüber[103] gibt, wird in der erkenntnistheoretischen Digression des *VII. Briefs* (342a7–344d3) genauer begründet.

---

[100] Und zwar vermutlich ganz bewusst gegen den damals grassierenden Vorwurf, Athener oder sogar Mitglieder der platonischen Akademie wären mitschuldig gewesen an der Ermordung Dions.

[101] Bei dieser ist der Bezug auf die Mysterien allerdings nicht eindeutig; es könnten auch sexuelle Beziehungen gemeint sein.

[102] ῥητὸν γὰρ οὐδαμῶς ἐστιν ὡς ἄλλα μαθήματα (341c6). Gadamer weist zu Recht darauf hin, dass hier keine generelle Unsagbarkeit gemeint ist, sondern die Unmöglichkeit, mittels eines schlüssigen, quasi mathematischen Beweises ein Verstehen zu erzwingen (vgl. Gadamer 1968b, 228).

[103] Dies ist kein Einwand gegen die Identifikation der höchsten Erkenntnis mit der Schau des Guten – wird doch von Platon nirgends die Erkenntnis selbst formuliert, sondern der

Die Schrift hat es mit Reden zu tun, mit Namen (Stufe eins) und Definitionen (Stufe zwei). Um zum Wissen zu gelangen (Stufe vier), wird als dritte Stufe noch die des Bildes *(eidôlon)* benötigt. Erst das Denken *(nous)* aber kommt dem Gegenstand, der fünften Stufe, am nächsten (342d1–2). Der Ort, an dem Wissen, wahre Ansicht und das Denken beheimatet sind, ist die Seele, wodurch der Philosoph existentiell betroffen ist[104].

Wenn es nun darum geht, die Verfassung der eigenen Seele einer anderen Seele zu vermitteln, wird die mündliche Weitergabe erfolgreicher sein als die schriftliche, weil dort die Möglichkeit der Rückfrage besteht[105]. Nur der Autor selbst kann zweifelsfrei entscheiden, wie seine Äußerung gemeint war. Die Wahrheit ist – nicht im Vollsinne, aber eher als woanders – in der erkennenden und sprechenden Person anwesend, während sie von ihr losgelöst und in unveränderliche Texte gegossen ihren Charakter verändert. Wie R. Ferber bemerkt, steht die selbstbewegte, lebendige Seele in Gegensatz zur statischen Schrift[106]. Aber auch das Wissen in der Seele ist eben nicht identisch mit dem Erkenntnisgegenstand; die Wahrheit befindet sich nicht, psychologistisch, *nur* in der Seele. Der Philosoph stellt sie in Frage, und bewirkt damit, sobald er über die vier Stufen hinaus will, dass ein jeder Schreibender *oder* Redender inkompetent scheint (343d5–9[107]). Das Denken scheint lediglich zum »Wie«, nicht zum »Was« des Gegenstands vorzudringen, das die Seele eigentlich interessiert. Auf allen vier Stufen findet sie nur, was sie nicht sucht (343c2–3)[108].

Weg zu ihr beschrieben bzw. in der *Politeia* mittels Metaphern und Gleichnissen gesprochen.

[104] Wie H.-D. Voigtländer feststellt, geht es gegen Ende des Erkenntnisexkurses darum, den Gedanken der Verwandtschaft der Natur des Menschen mit dem Gegenstand der Philosophie näher auszuführen (vgl. Voigtländer 1980, 150). Nicht das, was im Logos (mündlich oder schriftlich) formuliert wird, ist wesentlich, sondern das, was in der Seele aufleuchtet und ein Besserwerden des ganzen Menschen zur Folge hat (vgl. ebd., 152).

[105] Vgl. zu diesem Gedanken auch die Schriftkritik in Phdr. 275d4–e6.

[106] Vgl. Ferber 2007, 31.

[107] Wobei Platon tröstend anmerkt, dass ja nicht die Seele dessen, der kritisiert wird, auf die Probe gestellt wird, sondern die von ihm verwendeten Mittel nicht viel taugen (343d5–9). Ob ihm hier zugestimmt werden kann, ist fraglich, da sich doch die ›Mittel‹ der vierten Stufe eben in seiner Seele befinden. (Insgesamt ist dieser Passus leider auch rein textkritisch gesehen umstritten.)

[108] Daher rührt auch die Interpretation Ferbers (vgl. Ferber 2007, 25), der als wesentliches Kennzeichen des Philosophen feststellt, dass dieser Wertvolleres hat, als das, was er schreibt (nämlich: sein Wissen in der Seele). Mit Recht bemerkt Szlezák aber, dass die

7. Einsamkeit oder Philosophieren mit Freunden?

Der im Vergleich dazu überraschend zuversichtliche Satz, die wenigen, für die sich das Aufschreiben lohnte, würden es »auch selbst nach wenigen Hinweisen« (341e3) herausfinden, könnte auf eine geteilte, bereits vorhandene intellektuelle Erfahrung des Guten hindeuten, die dies ermöglicht[109]. Die nicht nur gelegentliche, sondern häufige Bemühung und das gemeinsame Leben führen letztlich doch dazu, dass irgendwann der Funke überspringt und Erkenntnis wie ein Feuer in der Seele entsteht. Da es sich unabhängig von äußeren Umständen »aus sich heraus weiternährt« (341d2), bleibt es vermutlich das ganze Leben lang. Hier *synousia* mit »gemeinsame Bemühung« (statt z. B. mit »Zusammensein«) zu übersetzen, ist dadurch gerechtfertigt, dass Platon kurz vorher erwähnt, dass er sich eifrig bemühe *(spoudazô,* 341c2). Ebenso wie im *Symposion* wird die Sache dann »plötzlich« erkannt (vgl. die identische Wortwahl in Symp. 210e4 und Ep. VII 341d1: *exaiphnês);* bei der solcherart erkannten »Sache selbst« (341c7) dürfte es sich ebenfalls um die Idee des Schönen bzw. Guten handeln[110].

Diesmal aber wird die Erkenntnis eindeutig in der gemeinsamen Bemühung bzw. dem gemeinsamen Leben verortet[111]. Was bedeutet es, gemeinsam zu leben? Es ist nicht von einem ständigen Zusammensein auszugehen[112]. Freunde verbringen sicherlich Zeit miteinander und treffen sich häufig; sie sind sich aber vor allem darin einig, wenn es um die beste Lebensart geht (332d4–5). Nicht die Quantität der miteinander verbrachten Zeit verbindet sie, sondern deren Qualität, d. h. die Beschäftigung, der sie gemeinsam nachgehen, und eine geistige Übereinstimmung darin, was die beste Lebensweise ist. Auch sich selbst

---

Erkenntnis durch die defektive Natur der Erkenntnismittel der ersten vier Stufen deshalb nicht verunmöglicht wird (vgl. Szlezák 2003, 140–142).

[109] Auch auf eine vorgeburtliche Erfahrung, eine Anamnesistheorie, wie sie u. a. im *Menon* entwickelt wird.

[110] Vgl. Ferber 2007, 43f. In Rep. 505a2–3 wird in ähnlicher Wortwahl von der »größten Einsicht« *(megiston mathêma)* gesprochen. Auch der systematische Ort der Erkenntnis entspricht dem in Symp. und Rep. (vgl. 9.2).

[111] Wenn auch der Moment der Erkenntnis selbst nicht geteilt werden kann. Vgl. auch Voigtländer 1980, 143, der feststellt, dass der gemeinsame Weg im Logos, sei es mündlich oder schriftlich, an dieser Stelle zu Ende sei.

[112] In Lg. 776a3–7 findet sich sogar der Hinweis, dass eine gewisse Sehnsucht gut für die Freundschaft sei, das Zusammensein bis zum Überdruss die Freunde dagegen auseinanderbringe.

muss man ein Freund werden[113], rät Platon dem Dionysios, der das in erstaunlichem Maße nicht sei (332d5–7).

Eine einsame Suche ist, wie bereits im *Phaidros*, also nicht zu erkennen. Die erkenntnistheoretische Begründung scheint gemeinsames Philosophieren sogar notwendig zu machen. Auch, dass der Philosoph unter ungünstigen Umständen für sich allein bleibt (wie z. B. der Philosoph »hinter einer Mauer« in Rep. 496c4–497a2), wird nicht erwähnt. Es ist sogar Anzeichen für Tugend oder Schlechtigkeit eines Menschen, ob er Freunde um sich hat, denen er vertrauen kann, oder nicht (332c5–6). Ein konkretes Beispiel für »zuverlässige Freunde« (331e1–2) stellt vor allem Platon selbst in seinem Verhalten zu Dion dar (333e2; 334b2–c1). Außerdem wäre Archytas von Tarent zu nennen, der Platon schließlich, als die Situation beim dritten Aufenthalt in Sizilien bedrohlich wird, die Abreise ermöglicht (350a6–b5). Wie passt diese starke Betonung der Freundschaft im *VII. Brief* (sowie im *Phaidros*) zur Darstellung des Sokrates im *Symposion* – wie das gemeinsame, dialogische Philosophieren zur exklusiven Erkenntnis und Kontemplation des Schönen? Eine Schlüsselfunktion in der Beantwortung dieser Frage kann der kleine Dialog *Lysis* einnehmen.

7.5. *Lysis* – Freundschaft zu anderen und zum Guten

Methodisch wird im *Lysis* nicht nur nach der Freundschaft zwischen Menschen gefragt, sondern allgemeiner, was das Adjektiv *philon* (von *philein*, freund sein, etwas lieben oder begehren[114]) bedeutet und wann seine Zuschreibung berechtigt ist. Im Falle der ›Freundschaft‹ oder Liebe zu Dingen, z. B. zu Wein, zu Tieren und auch abstrakten Gegenständen wie der Weisheit ist es unplausibel, dass Liebe auf Wechselseitigkeit beruht (212d1–e2). Die Freundschaft zwischen Menschen kann, so ein Zwischenergebnis des Dialogs, anders als Liebe zu Dingen, wechselseitig sein[115], wie die der beiden Knaben Menexenos und Lysis, mit denen

---

[113] Was das, z. B. als Voraussetzung für Freundschaft zu anderen (vgl. 7.1), genauer bedeutet, wird nicht näher erläutert.
[114] Vgl. zum weiten Sinn des griechischen *philon* im Unterschied zum engeren deutschen »freund«, das sich ganz vorrangig auf Menschen bezieht, Heitsch 2004, 111–112.
[115] Das lässt sich bereits aus dem Abschnitt 212d4–e6 ersehen. Vgl. außerdem das Ergebnis in 222a6–7: Die im Verhältnis von Erastes (dem älteren Liebenden, im Dialog exemplarisch Hippothales, der für Lysis schwärmt) und Eromenos (dem jüngeren Ge-

7. Einsamkeit oder Philosophieren mit Freunden?

sich Sokrates unterhält. Das Anliegen in der Interpretation des Dialogs ist nun, den Zusammenhang dieser beiden Aspekte, einerseits der Liebe zu abstrakten Dingen und andererseits der zu anderen Menschen, noch näher zu bestimmen. In der philosophischen Lebensweise müssten sie, wie sich bereits gezeigt hat, eng verbunden sein.

7.5.1. Freundschaft zwischen Guten?

Die These, dass der Gleiche dem Gleichen Freund sei, vor allem der Gute Freund des Guten, wird zunächst verworfen. Solche Freunde, so Sokrates' Einwand, würden sich selbst genügen und könnten einander nicht mehr nützen (214e2–215c1), was ein notwendiges, wenn auch noch nicht hinreichendes Charakteristikum der Freundschaft ist. Ebenso fällt auch die Gegenthese, dass nur gegensätzlich geartete Menschen, etwa ein Guter und ein Schlechter, einander Freund sein können. Die Schlechten sind bereits sich selbst nicht gleich, wandelbar, dadurch unberechenbar und im Zwiespalt mit sich selbst (*amplêktous, astathmêtous*, 214c7–d3).[116] Der Gute, so lässt sich an dieser Stelle folgern, müsste sich durch Einheit mit sich selbst auszeichnen. Diese innere Einheit – die im Falle des Philosophen auch dadurch bewirkt wird, dass er sich nicht über sein eigenes Nichtwissen täuscht – ist Voraussetzung für echte Freundschaft (vgl. 7.1). Wenn also jemand fähig zur Freundschaft ist, dann jedenfalls eher der Gute als der Schlechte. Dass es nun die ›neutralen‹ Liebenden, die weder Guten noch Schlechten sind, die allein in einer echten Freundschaftsbeziehung leben können, wird als dritte logische Möglichkeit diskutiert. Zunächst wird angenommen, das »weder Schlechte noch Gute« sei *wegen* der »Anwesenheit« eines

---

liebten, auch wie hier *tôn paidikôn* genannt) nicht übliche Wechselseitigkeit wird von Schleiermacher unterstrichen durch die Übersetzung von *phileisthai* mit »wieder geliebt«. Eine Gegenliebe *(anterôs)* nimmt Platon auch in Phdr. 255e1 an.

[116] In Lg. 837b2–3 wird die aus Gegensätzen hervorgehende Freundschaft allgemeiner als »gefährlich und wild« bezeichnet. Die zweite Art der Freundschaft und Liebe, die auf Gleichheit oder Ähnlichkeit beruht, ist dagegen »sanft und gegenseitig« und zwar »das ganze Leben hindurch« (837b4: ἥμερός τε καὶ κοινὴ διὰ βίου). Auch eine dritte, die aus beiden Arten gemischt ist, wird an dieser Stelle genannt, aber aufgrund der Zerrissenheit des Liebenden negativ bewertet.

Schlechten dem Guten freund (218b8–c2), aber *um* des Guten willen (219a6–b2)[117].

7.5.2. Die Liebe zum Guten als prôton philon

Wenn nun etwas um etwas anderen willen geliebt wird, ist man eigentlich nicht diesem freund, sondern demjenigen, um dessentwillen man es liebt. Es müsste, wie Sokrates annimmt, in jedem Fall ein Letztes geben, das nicht mehr um eines anderen willen geliebt wird. Nur dieses letzte bzw. erste wird als »erstes Geliebtes« *(prôton philon,* 219c8) wahrhaft geliebt. Gegen Ende des Dialogs (221d7–222d8) argumentiert er, dass das Begehren auf »das Angehörige« *(to oikeion)* gehen müsste. Nicht ein positiv anwesendes Schlechtes im Menschen, sondern das ihm fehlende Gute ist Grund des Begehrens. Die Liebe zu abstrakten Dingen, insbesondere zur Weisheit, beruht auf einem Angehörigen. Es handelt sich um etwas, das eigentlich vorhanden sein müsste, aber entzogen wurde *(aphairêtai,* 221e3), d. h. in privativer Weise fehlt und dadurch zum Gegenstand eines existenziellen Begehrens wird. Philosophen sind alle diejenigen, die sich ihres Nichtwissens bewusst sind (sie sind nicht völlig schlecht, d. h. ignorant, 218a6: *amathês*) und das ihnen Angehörige begehren. Natürlicherweise befinden sich alle Menschen in einer solch privativen Situation. Sie befinden sich aber zudem in der Gefahr, durch ihre Ignoranz[118], die nicht im Nichtwissen selbst (dem Unverstand; *agnoia,* 218a5), sondern vor allem im mangelnden Bewusstsein des Nichtwissens besteht, verdorben und letztlich schlecht zu werden. Philosoph ist nur derjenige, der dieser Gefahr nicht erliegt.

Worin besteht die Bedeutung des ersten Geliebten *(prôton philon)* und wie kann es inhaltlich näher bestimmt werden? Kandidaten sind

---

[117] Es ist zwischen Wirk- und Zielursache (»wegen« und »um – willen«) zu unterscheiden. Das Schlechte ist nur als Wirkursache, das Gute dagegen im Sinne der Zielursache zu verstehen (vgl. Bordt 1998, 189). In Bezug auf die Zielursache fragt Sokrates dann, um einen Regress zu vermeiden, nach dem letzten Ziel bzw. »ersten Geliebten« *(prôton philon)* als Abschluss der Zielkette.
[118] Schleiermacher übersetzt *amathês* mit »ungelehrig« (218a6). Der von M. Bordt gewählte Terminus »ignorant« (vgl. Bordt 1998, 28) ist weniger wörtlich, betont aber den Aspekt der Eigenverantwortlichkeit für die Unbelehrbarkeit noch etwas mehr.

7. Einsamkeit oder Philosophieren mit Freunden?

z. B. die *eudaimonia*[119], die Weisheit[120] oder das Gute[121]. Letzteres scheint mir am wahrscheinlichsten. Weise zu werden scheint dem Gutwerden zu entsprechen, was nicht nur in der Ermahnung zu Beginn, in der die beiden Adjektive in einem Zug genannt werden, sondern auch im Passus über die Philosophen (218b1–3) deutlich wird. Es wird festgestellt, dass, wer schlecht und ignorant bzw. ungelehrig ist (*kakon kai amathê*, 218a6), nicht nach Weisheit strebt, ebenso wenig wie es die (bereits) Guten tun. Wer philosophiert, liebt, übertragen auf das Beispiel des Kranken (218e3–219a6), nicht das Philosophieren, das der Arzneikunst entspräche, sondern die Weisheit (die der Gesundheit entspräche) und letztlich das Gute selbst. Falls das Gute, so eine abschließende Alternative, nur dem Guten – und nicht jedem – angehörig ist, und das Schlechte dem Schlechten, so werden beide jeweils dem ihnen Angehörigen freund sein. Diese These steht allerdings, so das aporetische Ende des Dialogs, im Widerspruch zu den vorherigen Ergebnissen: Der Gute bedarf des Guten ja eigentlich nicht, weil und wenn er bereits gut ist.

7.5.3. Freundschaft zu anderen aufgrund der Freundschaft zum Guten

Um systematischen Gewinn aus dem Dialog zu erhalten ist, mehr als bei den bisher besprochenen Dialogen, eine erhebliche Interpretations-

---

[119] So Price 1989, 8, mit Verweis auf Euthyd. 278e3–282a6 und Men. 77b6–78b8 – gerade letztere Stelle nennt allerdings das Gute als Ziel allen Strebens. In Symp. 205a1–2 ist das Gute das, durch das man glückselig ist; warum man glücklich sein will, bedarf dagegen keiner weiteren Frage mehr. Auf diese Stelle verweist auch Wolf 1996, 138, die das *prôton philon* aber ebenso mit der *eudaimonia* identifiziert. In Symp. 205d2 wird unter Rückgriff auf ein Dichterzitat die Begierde nach dem Guten *und* der Glückseligkeit als heftigste Liebe eines jeden bezeichnet.
[120] So Teloh 1986, 79.
[121] Die »klassische« Interpretation, dass es sich beim *prôton philon* um einen abstrakten, metaphysischen Gegenstand – eine Idee – handelt, ist umstritten. Der Text selbst, in dem sich nur einzelne Termini der mittleren Dialoge finden, legt dies nicht nahe; er ist, wie E. Heitsch, schreibt »metaphysikfrei« (vgl. Heitsch 2004, 117, vgl. außerdem Bordt 1998, 202–204). Allerdings gibt es Hinweise wie 216c6–7 und 220b3–6, die darauf hindeuten, dass Platon beim *prôton philon* das Gute, zumindest als Ziel allen Strebens wie in Symp. 205a5–7, im Blick hatte.

leistung und Weiterführung notwendig[122]. Einigermaßen leicht wäre der Widerspruch aufzulösen, wenn Sokrates darauf hingewiesen hätte, dass das Gutsein für den Menschen darin besteht, nach dem Guten zu streben.[123] Unter diesem Gesichtspunkt kann dann auch das *prôton philon* als letztes Ziel allen Strebens mit dem Guten identifiziert werden. Die These vom ›neutralen‹ Liebenden, der zwischen gut und schlecht steht, muss fallen gelassen werden. Durch sein Streben ist der Mensch zwar nicht vollkommen gut und autark wie die Götter (218a3–b5), sondern stets des Guten bedürftig. Aufgrund des richtigen Umgangs mit diesem Bedürfnis kann er aber selbst »gut« genannt werden. Dieser Umgang beinhaltet zunächst die Wahrnehmung des eigenen Zustands und dann die aktive Bemühung um das Gute. Der Gedanke des guten Charakters ist, besonders in den frühen Dialogen[124], von dem zu trennen, dass der Philosoph zwischen Weisheit und Unverstand steht. Ihn »weise« zu nennen, wäre falsch[125]. Nicht aber steht er charakterlich zwischen Gutem und Schlechten, da ihn bereits die Ausrichtung auf das Gute und die Weisheit ein gutes Leben führen lässt – welches, wie im Folgenden argumentiert werden soll, dann auch Grundlage der Freundschaft zwischen Guten ist.

Die Wechselseitigkeit in der Freundschaft entsteht, weil sie sich auf eine Verwandtschaft zwischen den Liebenden stützt.[126] Die nähere Spezifizierung dieser festgestellten natürlichen Verwandtschaft oder Angehörigkeit (*physei oikeion*, 222a5) »sei es in bezug auf seine Seele

---

[122] Wie sie auch von vielen Interpreten unternommen wird, vgl. z. B. Wolf 1992, 119–128 und Bordt 1998, 92f.
[123] Vgl. Bordt 1998, 195.
[124] Vgl. 4.1.4 zur Charakterisierung des Sokrates in der *Apologie*, der sich nicht als weiser, aber durchaus als guter Mann versteht. Vgl. aber auch 9.3 dazu, inwiefern Platon diese sokratische Konzeption des gut-aber-nicht-weise-Seins mehr und mehr an eine Erkenntnis des Guten rückbindet. Eine bloße Ausrichtung darauf scheint nicht mehr zu genügen.
[125] Was auch in Symp. 203a6–204a2 und Phdr. 278d3–6 betont wird; anders Bordt 1998, 195.
[126] Vgl. auch das in Lg. 757a6 (ähnlich 716c2–3) genannte Sprichwort, dass Gleichheit Freundschaft erzeugt. Welcher Art die Gleichheit sein muss, sagt das Sprichwort nicht (arithmetisch oder proportional), der Athener hält aber fest, dass die proportionale die »wahrste und beste Gleichheit« (757b5) ist. In 773b6–7 wird dann ebenso wie in Lys. 222a5 bemerkt, dass sich jeder von Natur aus zu dem ihm Ähnlichen hingezogen fühlt. Allerdings wird dazu in Lg. 773a7–b4 vermutet, dass sich Menschen mit unterschiedlichem Charakter eher vertragen.

7. Einsamkeit oder Philosophieren mit Freunden?

oder in bezug auf einen bestimmten Charakter seiner Seele, oder sein Verhalten oder sein Aussehen« (222a2–3) muss vom Leser bzw. Interpreten geleistet werden[127]. Dass Lysis hier still wird (222a4) ist ein Hinweis darauf, dass in der Argumentation etwas nicht stimmt[128].

Der Fehler besteht darin, die Privationsthese, die in abstrakter Hinsicht zutrifft (das Gute, das einem fehlt, wird begehrt), eins zu eins auch auf die Beziehung zwischen zwei Menschen zu übertragen (der andere ergänzt etwas, was einem fehlt) – wie es beispielsweise Aristophanes im *Symposion* tut (vgl. 7.2.2). Nach allem, was im Dialog über die Liebe zum *prôton philon* gesagt wurde, ist nicht ein Mangel die Ursache der Freundschaft, der dann vom anderen, geliebten Menschen gefüllt wird, sondern ein gemeinsames Begehren. Dieses Begehren wiederum ist freilich durch einen Mangel, ein Bedürfnis (nach dem Guten) begründet. Die »Verwandtschaft« der Freunde besteht darin, dass beide auf höherer Ebene das Gute erstreben und diesem freund sind. Ein gleiches Begehren ist das verbindende Element, das sich nicht direkt auf den anderen (der irrtümlich, so einige Interpreten, für *oikeion* gehalten wird[129]), sondern auf ein Drittes, nämlich das Gute richtet. Die Ausrichtung auf dieses Dritte begründet die Freundschaft[130]. Letztlich liebt der Gute den Guten, *weil* beide das Gute lieben. Die Zurückweisung der These, dass Gleiche die ihnen Gleichen lieben[131], wird im Dialog nur schwach begründet. Zwischendurch wird sie in einem Nebensatz auch wieder angenommen (219b6–7), was unproblematisch ist, wenn »Gleichheit« im Sinne von »Ähnlichkeit« verstanden wird. Das geliebte Gute ist kein Gleiches, das zur völligen Autarkie führen würde, kein Besitz, der verbindet. Vielmehr handelt es sich beim ›gleichen‹ Element um ein gemeinsames Streben, um eine Beschäftigung und Ausrichtung, die durch die Freundschaft gefördert und vielleicht (vgl. 7.6) auch durch sie erst ermöglicht wird.

Ein Freund wird also weder, so scheint es, ›um seiner selbst

---

[127] Im *Phaidros* wurde sie als eine Verwandtschaft des Charakters identifiziert. Wiewohl sich auch dort, wie gezeigt wurde (vgl. 7.3), als tiefere Begründung die Erinnerung an das Schöne feststellen lässt, wird der Gedanke der Angehörigkeit im *Phaidros* nicht auf abstrakte Dinge ausgeweitet (die Götter, von denen die Charaktere stammen, werden im Mythos von den abstrakten Gegenständen, den Ideen unterschieden).
[128] Vgl. Bordt 1998, 225.
[129] Vgl. Bordt 1998, 226.
[130] Vgl. Bordt 1998, 89–93 und Wolf 1992, 118f.
[131] Vgl. zur Diskussion Bordt 1998, 168–171.

willen‹¹³² geliebt, noch um des eigenen Nutzens willen¹³³, sondern um eines ganz anderen, abstrakten Wertes willen, der der Freundschaft übergeordnet ist. Wenn in der Forschung kritisiert wird, die Freundschaftstheorie Platons sei egoistisch¹³⁴, so wird die Auswirkung dieses Wertes auf den Menschen, der sich nach ihm ausrichtet, übersehen. Wenn das Gute ›in‹ der Seele des anderen geliebt wird, so wird sein guter Charakter geliebt, d. h. zumindest *auch* er als konkreter Guter. Dazu passt, was Aristoteles in der *Nikomachischen Ethik* feststellt: Fehlt die Ausrichtung auf das Gute, so verändert sich ein Freund hin zum Schlechten. Ist er dann nicht davon abzubringen, sich mit schlechten Dingen zu beschäftigen, so bleibt nur zu raten, die Freundschaft aufzulösen (EN 1165a36–b36). Auch bei Aristoteles hat die Liebe ›um jemandes selbst willen‹ Grenzen und ist eingebettet in das Streben nach dem Guten.¹³⁵ Die Art des abstrakten, verbindenden Wertes ist allerdings entscheidend. Er könnte z. B., worauf im *Lysis* nicht reflektiert wird, auch in der Ehre bestehen, was die Beziehung dann verändert¹³⁶.

Was hat die Interpretation des *Lysis* für die Thematik erbracht? Im *Symposion* konnte ein Aspekt der Unabhängigkeit des Philosophen von anderen Menschen, eine Distanzierung von ihnen im Zuge des Aufstiegs zur Idee des Schönen, an die es sich in erster Linie zu binden gilt, festgestellt werden. Der *Phaidros* dagegen betont das Schöne als Anstoß gemeinsamen Philosophierens, der *VII. Brief* schließlich nennt die Schau des Schönen als dessen Ziel. Anhand der im *Lysis* diskutierten

---

[132] Eine Forderung, die nicht erst aus einer christlich-neuzeitlichen Perspektive heraus erhoben wird, sondern bereits bei Aristoteles *die* zentrale Definition der Freundschaft bildet (vgl. EN 1166a2–5 und dazu Vlastos 1981, 3).

[133] Das wird schon ganz zu Beginn dem Hippothales gegenüber kritisiert (205e1–4).

[134] Vgl. Vlastos 1981, bes. 8–10. Er bezieht sich hier allerdings vorrangig auf den Aspekt des Nutzens. Vgl. dagegen die Argumentation von Bordt 1998, 137–140: Das Nutzenkriterium ist keine hinreichende, sondern notwendige Bedingung. Dass eine Freundschaft immer *auch* nützlich ist, insofern sie – in der antiken, ausgesprochen positiven Konnotation des »Nützlichen« (vgl. Görgemanns 1994, 122–126) zum Glück beider Freunde beiträgt, widerspricht nicht der Forderung, einen Freund um seiner selbst willen zu lieben. Vgl. ähnlich gegen Vlastos auch Wolf 1992, 107 und Price 1989, 10f.

[135] Vgl. Ricken 2004b, 82–86. Vgl. zu dem Gedanken, dass Freundschaft jeglicher Art im Streben nach dem Guten begründet ist, auch Bordt 1998, 92–93.

[136] Vgl. vorher 7.3 und Kapitel 6. Die Ausrichtung auf Ehre führt laut *Phaidros* jedoch nicht zu einer schlechten Freundschaft. Die Freundschaft der Ehrliebenden ist nur nicht so wertvoll wie die philosophische (vgl. 7.3).

7. Einsamkeit oder Philosophieren mit Freunden?

Gedanken lässt sich eine Verbindung beider Momente, dem der Freundschaft zu anderen Menschen und der Liebe zum Guten formulieren, die allerdings vom Interpreten geleistet werden muss. Die gemeinsame Ausrichtung auf das Gute ist es, die wahre Freundschaft begründet. Hierdurch entsteht aber auch eine gewisse Unabhängigkeit, die im *Symposion* in der Wendung vom einzelnen Geliebten hin zum geliebten Guten geschildert wird. Eine symbiotische Freundschaft nach Vorstellung des Aristophanes, die nur auf den anderen fixiert ist, ist nicht vereinbar mit der Lebensweise des Philosophen, die von der gemeinsamen Ausrichtung auf die Weisheit und der Bindung an das Gute geprägt ist. Sokrates setzt den Stellenwert der Freundschaft gegenüber anderen Gütern zu Beginn des *Lysis* sehr hoch an (211e1–212a4). Während Reichtum und Ehre verzichtbar scheinen, werden Freunde aktiv gesucht. Warum das so ist und wo genau Elemente der Einsamkeit und der Freundschaft auf dem Lebensweg des Philosophen zu verorten sind, soll nochmals systematisch, mit Blick auf alle Ergebnisse des Kapitels, dargestellt werden.

7.6. Der Stellenwert der Freundschaft im philosophischen Leben

7.6.1. Die Möglichkeit einsamen Philosophierens

Die Frage, ob Freundschaft konstitutiv für ein philosophisches Leben ist, wird von den meisten Interpreten eindeutig entschieden. P. Hadot schreibt, dass das im *Symposion* vorgeschlagenem Konzept von Philosophie nur durch die Lebensgemeinschaft und den Dialog zwischen Lehrern und Schülern innerhalb einer Schule realisiert werden kann[137]. Gemeinschaft scheint notwendig, um das eigene Ich zu regieren[138]. Wie

---

[137] Vgl. Hadot 1999, 77 und ähnlich Chroust 1947, 35, der die Akademiegründung dadurch gerechtfertigt sieht, dass der Philosoph laut Platon die »encouraging and stimulating company of other lovers of wisdom« braucht.

[138] Vgl. Hadot 1999, 80 sowie Zuckert 2009. C. Zuckert nennt noch einen anderen Aspekt – sie sieht das gemeinsame Philosophieren im Kontext der Erkenntnis seiner selbst, die im Vergleich mit anderen geschieht (Zuckert 2009, 275 und 306). Das ist zwar richtig, ob dieser »Vergleich« aber ausschließlich in der direkten Diskussion mit anderen stattfinden muss, ist zu fragen – kann man sich nicht mit einem Redner oder Dichter vergleichen, den man nur von seinen Auftritten her kennt? Auch, dass man schon weiß, was Tugend ist, *weil* man weiß, wer man selbst ist, so Zuckerts Weiterführung des Gedankens (vgl. *ebd.*, 855), ist nicht anzunehmen (vgl. Kapitel 4). U. Wolf meint ähnlich und

Der Stellenwert der Freundschaft im philosophischen Leben

gezeigt wurde, wäre die Notwendigkeit gemeinsamen Philosophierens aber eher mit Rekurs auf den *VII. Brief* als auf das *Symposion* zu belegen[139]. Das gemeinsame Philosophieren, und nicht die Einsamkeit, entspricht zweifellos dem Idealbild des platonischen Philosophen. Dennoch war Sokrates selbst Autodidakt (Lach. 186c1–3[140]). Es gelingt ihm durchaus, wie sich im *Gorgias* zeigt, eine Rede allein zu vollenden – selbst wenn er das als ›Notlösung‹ (Gorg. 505e2–3) bezeichnet und er sie dann in Form eines fiktiven Dialogs hält. Wenn Denken als Gespräch der Seele mit sich selbst aufgefasst wird (Soph. 263e4), kann auch alleine philosophiert werden. In den späteren Dialogen tritt schließlich auch die Dialogform immer mehr zurück. Bereits in etlichen Büchern der *Politeia* tragen die Dialogpartner inhaltlich fast nichts mehr zur Argumentation bei, sondern werden seitenlang auf zustimmende, kurze Kommentare oder die Wiederholung des eben Gesagten reduziert. Im Blick auf Platons eigene Biographie ist anzunehmen, dass er viel Zeit mit dem einsamen Schreiben[141] und Überarbeiten seiner Dialoge verbracht hat – auch wenn diese Arbeit sich vermutlich abwechselte mit dem (Vor-)Lesen der Werke und der Diskussion der Argumente innerhalb der Akademie. Warum also sollte er diese Form des Philosophierens, die einsame Forschung und Kontemplation, nicht als eine unter anderen zulassen?

Allerdings scheint Freundschaft so entscheidend wichtig für den philosophischen Weg in seiner Gesamtheit zu sein, dass ein einsamer Philosoph – ganz genau wie der unpolitische Philosoph – kurios er-

---

mit Verweis auf Aristoteles, das eigene Gutsein könne man nur an anderen Menschen wahrnehmen, und zwar nur, wenn man diesen sehr eng verbunden ist (vgl. Wolf 1992, 122). Aber des eigenen Gutseins scheint sich Sokrates doch einfachhin bewusst zu sein; in Relation zu anderen wird in der *Apologie* vielmehr seine Weisheit gesetzt (vgl. 4.1).

[139] Wie es A. W. Price tut, der mit Verweis auf den *VII. Brief* (341c6–d1) schreibt »… a commitment to another person may fall inside a commitment to philosophy; philosophizing with and for another may be the only way of philosophizing oneself.« (Price 1989, 91)

[140] Dass im *Symposion* mehrere Begegnungen mit Diotima angenommen werden, widerspricht dieser Aussage nicht. Sie motiviert ihn durch die Schilderung des Weges, sich auf diesen einzulassen. Der Reaktion des Sokrates in Symp. 212b1–4 ist aber nicht zu entnehmen, dass sie ihn dann sehr lange auf diesem begleitet hat. Auch im *Phaidon* finden sich Hinweise auf eine weitgehend selbstständige Suche (Phd. 99c7–d3). Ob es allerdings möglich ist, autodidaktisch bis zum Guten vorzudringen – was einem Überspringen der Stufen 1–3 im *Symposion* gleichkäme –, bleibt zu fragen.

[141] Bzw. dem Diktieren an einen Schreiber, wie es damals häufig der Fall war (vgl. Hadot 1990, 497).

7. Einsamkeit oder Philosophieren mit Freunden?

scheint. Der Philosoph, der fernab von allen freundschaftlichen oder gesellschaftlichen Beziehungen philosophiert, wird in der Theaitetos-Digression (Tht. 172c8–177c5) als tragikomische Gestalt parodiert. Wenn auch das Leben des Sokrates wie auch das Platons von Zeiten der ›Freundlosigkeit‹ und des Unverständnisses geprägt gewesen sein wird[142], so ist der Lebens- und Erkenntnisweg des Philosophen, wie ihn Platon darstellt, ohne Freunde nicht denkbar.

7.6.2. Der Ort der Einsamkeit sowie des gemeinsamen Philosophierens auf dem Lebensweg des Philosophen

Wie lässt sich dieser Weg im Hinblick auf Einsamkeit und Freundschaft nachzeichnen? Er lässt sich in drei Phasen unterteilen, wobei dieses Modell nicht so zu verstehen ist, dass alle Phasen etwa gleich lange dauern – konkrete Altersangaben wie in Rep. 540a4–5 werden von Platon vermutlich nur deshalb angeführt, um das Geschehen aus dem Bereich des Fiktiven in den des Realen, zumindest Möglichen zu verlegen.

a) Freundschaft als Teil des Weges hin zur Schau des Schönen

Die Begegnung mit einem schönen Menschen und die Liebe zu ihm kann Anstoß zum Philosophieren sein. Das Schöne im Einzelnen, das in der Schilderung Diotimas am Anfang steht, ist Ursache der Freundschaft zu ihm, und im weiteren Verlauf Ursache des Aufstiegs zum Schönen selbst. Bereits der Weg zur Schau des Schönen ist, wie es im *Symposion* beschrieben wird, ein gemeinsamer. Auch im *Phaidros* wird dieser Aspekt aufgegriffen und im Rahmen des Anamnesisgedankens mit einer vorgeburtlichen Schau der Ideen begründet, an die sich der Liebende erinnert, wenn er sie in der Seele des Geliebten wahrnimmt. Normalerweise philosophiert der Philosoph gemeinsam mit diesen von ihm geliebten anderen. Nur in Ausnahmefällen, etwa des Autodidakten Sokrates, ist das Philosophieren auf dieser Stufe überhaupt in Einsam-

---

[142] Sokrates wird, wie anhand des *Symposions* gezeigt wurde, als einsam und unverstanden inmitten von Freunden dargestellt. Platon nahm aber sicherlich an, dass mindestens er selbst mit Sokrates durch eine freundschaftliche Beziehung im tiefsten philosophischen Sinne verbunden war. Auch z. B. Charmides, Lysis, Phaidros, besonders aber Theaitetos (vgl. Waack-Erdmann 2006, 236f.) sind in ihrer Darstellung zwar keine gleichwertigen, aber doch freundschaftlich verbundene und zumindest philosophisch begabte Gesprächspartner.

keit denkbar. Wird es ausschließlich in Einsamkeit betrieben, so fängt der Entsprechende die Sache, wie Diotima feststellt, falsch an (Symp. 210a5–7).

b) Der Aspekt der Einsamkeit und der Unabhängigkeit von anderen Menschen

Die Erfahrung des Guten, die der in Ep. VII 341b1–d3, Symp. 210e1–212a8 und Rep. 517a9–c5 gemeinten, höchsten Erkenntnis entspricht, geschieht aber, wie gezeigt wurde, nicht gemeinsam, etwa in der gemeinschaftlichen Formulierung des Erkannten[143], sondern ist exklusiv. Sie wird von jedem selbst gemacht. An dieser Stelle zeigt sich das Moment der Einsamkeit des Philosophen. Wer zum Schönen selbst gelangen will, darf nicht beim einzelnen Schönen stehenbleiben; die Fixierung auf einen bestimmten Menschen muss überwunden werden *(Symposion)*. Eine gewisse Unabhängigkeit vom anderen ist außerdem Voraussetzung für die Entdeckung der tieferen Verwandtschaft mit einem geliebten Menschen, der gemeinsamen Ausrichtung auf das von beiden geliebte Gute *(Lysis)*. Diese gemeinsame Ausrichtung begründet die philosophische Freundschaft, die um des Guten willen besteht.

Sollte sich der Philosoph, wie Sokrates z. B. im *Symposion* dargestellt wird, ausschließlich unter Menschen befinden, die diese Erfahrung nicht gemacht haben, so potenziert sich die Einsamkeit. Ein Szenario des von allen verkannten, abgesonderten und unverstandenen Philosophen wird in der Theaitetos-Digression durchgespielt, darf aber nicht mit der Realität – Sokrates lebte faktisch in philosophischen Freundschaften, mindestens in der zu Platon – verwechselt werden. Gezeigt werden soll, dass die Bindung an das Gute Priorität hat vor derjenigen an Menschen. Diese Bindung an das Gute wird aber sowohl durch gemeinsames Philosophieren ermöglicht als sie auch notwendig, im nächsten Schritt, wieder in philosophische Freundschaften mündet.

c) Freundschaft zu anderen mit dem Ziel der charakterlichen Bildung als Folge des geschauten Schönen

Sobald das Schöne geschaut wurde, ist es Ursache für das Verlangen danach, Tugend zu erzeugen, das in die Suche nach schönen Seelen mündet. Einerseits ist die Begegnung mit dem Schönen im einzelnen

---

[143] Dies ist ein entscheidender Punkt – gäbe es eine gemeinsame Formulierung, erübrigte sich alles in Bezug auf die Schriftkritik Gesagte.

7. Einsamkeit oder Philosophieren mit Freunden?

Menschen Auslöser des Aufstiegs zum Schönen selbst; andererseits folgt aus dem gelungenen Aufstieg die erneute Begegnung mit Einzelnen, diesmal aber bewusster unter dem Anliegen der Verwirklichung des Schönen. Genau wie das politische Wirken der Philosophen gehört das gemeinsame Philosophieren mit Freunden zum Gesamtbild eines philosophischen Lebenswegs. Es ist, so zumindest der *VII. Brief*, konstitutiver Teil desselben. Eine fortdauernde Einsamkeit erscheint, genau wie ein nicht nur zeitweiser Rückzug vom politischen Geschehen[144], als Notlösung. Das gemeinsame Philosophieren hängt eng mit der politischen Tätigkeit zusammen – es kann sogar eine Form dieser Tätigkeit sein. Dass zu den Bedingungen politischer Tätigkeit im eigentlichen Sinne, die Ausübung politischer Ämter, die Unterstützung durch Freunde gehört, wurde bereits in 6.4.4.2 gezeigt. Letztlich konzentriert sich aber auch Platon, genau wie Sokrates, darauf, in indirekter Weise – über die Erziehung einzelner wie Dionysios, seinen Einfluss auf Dion und andere, politisch ambitionierte Schüler – einen politischen Wandel zu bewirken.

Diese Bemühung ist philosophisch motiviert. Während es in (a) noch vor allem darum ging, selbst philosophierend zum Guten bzw. Schönen fortzuschreiten, so geht es im dritten Schritt (c) darum, das Gute in der eigenen Seele, aber auch und vor allem in den Seelen anderer umzusetzen. Wird das Schöne geschaut, so wird im Anschluss daran auch nach Möglichkeiten gesucht, die Tugend in den Seelen anderer auszubilden und diese zum gleichen Weg zu ermutigen. Wie im *Phaidros* deutlich wurde, dient das Philosophieren mit dem Geliebten der Ausbildung seines guten Charakters. Die politische Tätigkeit des Sokrates *bestand*, nachdem sein korrektes Verhalten als Prytane so gut wie keine Auswirkungen hatte, vorrangig im gemeinsamen Philosophieren und im Aufruf der künftigen Entscheidungsträger in der *polis* zur Tugend. Die Sorge um die *polis*, nicht nur die Sorge um sich selbst, war sein Lebensinhalt[145].

Dass die philosophische Freundschaft keine bloß einseitige Beziehung ist, wie sie zwischen Lehrer und Schüler besteht, wird im *Symposion*, im *Phaidros* sowie in einer bestimmten Interpretation des *Lysis* deutlich. Es ist aber auch keine erotisch-schwärmerische Beziehung ge-

---

[144] Die Aufgabe der Philosophen besteht in möglichst umfassender politischer Tätigkeit – letztlich sollten sie es sein, die im Staat herrschen (vgl. 6.4).
[145] Vgl. Hadot 1999, 54–57.

meint, die sich auf eine einzelne Person konzentriert[146]. Die gemeinsame Ausrichtung auf das Gute ist etwas, das einerseits trennt – man begehrt einander nicht mehr ›unmittelbar‹ gegenseitig –, andererseits aber zutiefst verbindet. Die Freunde haben das gleiche, gemeinsame Lebensziel, das Gute bzw. Schöne zu erkennen und umzusetzen. Wenn beide das Schöne lieben und diese Liebe sich in der Seele des einzelnen zeigt, so wird auch der einzelne, aufgrund seiner schönen Seele, notwendig geliebt.

Zusammenfassend ist die philosophische Freundschaft, die entweder durch eine schöne Seele motiviert ist und schließlich zur Schau des Schönen selbst führt (a), oder durch die Schau selbst motiviert ist, die wiederum zur Suche nach schönen Seelen führt (c), einer der wichtigsten Bestandteile philosophischen Lebens. Dabei werden diese beiden Aspekte (a und c), wie die drei herausgearbeiteten ›Lebensphasen‹, vor allem in methodischer Rücksicht, um der Verdeutlichung von Begründungszusammenhängen[147] willen unterschieden. Sie lassen sich nicht exakt, im Sinne eines zeitlichen Nacheinander, trennen (vgl. dazu auch 9.4.5.4). Der Aufstieg zum Schönen (a) ist immer auch durch einen Vorgriff auf die Schau des Schönen (im *Phaidros* ausgedrückt in der Anamnesishypothese) motiviert. Was ›nach‹ der Schau geschieht (c) ist, wie in 7.2 gezeigt wurde, äußerlich ununterscheidbar von der Tätigkeit auf den Stufen drei und vier des Stufenwegs im *Symposion*. Und schließlich gibt es kein zeitliches ›nach‹ der Schau im Sinne ihrer Einmaligkeit und Abgeschlossenheit (b). Im Bild der *Politeia* gesprochen geschieht keine wirkliche Rückkehr in das erkenntnismäßige ›Dunkel‹ der Höhle. Im Bewusstsein der Schau, das stärker ist als eine bloße Erinnerung an sie, lebt und philosophiert der Philosoph mit anderen.

---

[146] Wenn die Aussage des *VII. Briefs* allerdings zutrifft, dass es »häufiger« gemeinsamer Bemühung bedarf, um zum Guten zu gelangen, so ist die Zahl der Freundschaften zumindest durch das pragmatische Kriterium der Zeit, die in sie investiert werden muss, begrenzt.

[147] *Weil* das Schöne im Einzelnen erblickt wird, geschieht der Aufstieg zum Schönen selbst (a); *weil* das Schöne selbst geschaut wurde, wird dessen Pflege und Verwirklichung in der Seele des Einzelnen – laut Symp. 212a3–5 erfolgreich – unternommen (c).

8. Philosophische Lebensweise und die Haltung zum Tod

Die Frage nach der Lebensweise des Philosophen, dem philosophischen *bios*, hängt untrennbar mit der Frage nach seiner Haltung zum Leben als ganzem zusammen und zu dessen unausweichlichem Ende, zumindest was die physische oder ›irdische‹ Existenz im Sinne der *zôê* (vgl. 1.1 und 3.2) angeht. Die Trias Geld/Besitz, Ehre und das eigene Leben taucht häufig auf als das, mit dessen Verlust der tyrannische Herrscher oder auch die Menge den Philosophen schreckt (z. B. Rep. 492d7–8; Krit. 46c1–5, 48c3–7). Ebenso wie von Besitz und Ehre ist dieser aber unabhängig von der Furcht vor dem Tod und lässt sich durch die Androhung des Todes weder zur Unwahrheit noch zu sonstigem ungerechten Tun verleiten. Nicht das Leben ist am höchsten zu schätzen, sondern das »gut Leben« (*eu zên*, Krit. 48b5–6). Niemand weiß, meint Sokrates, ob der Tod ein Übel ist (Apol. 29a8–b1). Vermutlich ist er es nicht, gibt es doch für den Guten überhaupt kein Übel (Apol. 41d1).

Dennoch scheinen diese in der *Apologie* und im *Kriton* genannten Begründungen unzureichend. Dass ein Mensch überhaupt lebt, ist die Grundlage für die wie auch immer geartete Ausgestaltung dieses Lebens. Das gute Leben dem Leben als solchen gegenüberzustellen und letzteres geringer zu bewerten, wirkt paradox. Denn auch das gute Leben wird durch den Tod radikal unterbrochen bzw. scheinbar sogar ganz beendet und ausgelöscht. Ob der Gerechte nun ungerecht handelt oder, weil er sich weigert, Unrecht zu tun, sein Leben verliert, sein gerechtes Leben kommt so oder so an ein Ende. Wobei nach einer – vielleicht nur einmaligen – ungerechten Tat sogar anzunehmen ist, dass das Leben wieder zu einem gerechten, guten Leben werden kann. Gerade der Gute müsste den Tod mehr als den Verlust von Ehre, sinnlichen Freuden oder Gütern, fürchten und sein Leben in jedem Fall zu bewahren suchen, weil ansonsten sein gutes Leben endet.

Dass er dies nicht tut, scheint vor allem in der Hoffnung auf eine Weiterexistenz der Seele begründet zu sein, die von der *Apologie* an im Hintergrund der Freiheit von Todesfurcht steht. Bezeichnenderweise

8. Philosophische Lebensweise und die Haltung zum Tod

fehlt ein Eintrag zum Stichwort »Tod« in einem der neueren Platon-Lexika ganz[1], erst unter »Unsterblichkeit« bzw. »Jenseits« wird man fündig. Woher stammt die Hoffnung auf Unsterblichkeit? Unsterblichkeits-›Beweise‹ bzw. Argumentationen für die Fortexistenz der Seele finden sich am ausführlichsten im *Phaidon*, aber auch in Rep. 608d5–611a2 und Phdr. 245c5–246a2. Die Jenseitshoffnung kann aber, wie in den Dialogen deutlich wird, nicht zweifelsfrei argumentativ begründet werden. Vielmehr streicht Platon den persönlichen Glauben des Sokrates an ein Weiterleben heraus und lässt ihn für die Möglichkeit dieses Glaubens argumentieren.

Die Annahme einer *bloßen* Fortexistenz der Seele ist allerdings auch noch kein Grund, den Tod nicht zu fürchten. Eine Fortexistenz im Hades wurde in der griechischen Mythologie vielfach als nicht besonders attraktiv dargestellt[2]. In den platonischen Mythen existieren die Toten daher auch nicht als Schattenwesen *(eidôla)* im Hades wie noch bei Homer. Platon spricht dann von *eidôla* (Phd. 81d3), wenn es sich um die Geister handelt, die die Erde wegen ihrer Verbundenheit mit dem Körper nicht verlassen können (und in den *Nomoi* wird das Wort für den Leichnam verwendet; Lg. 959b2). Diese gelangen gerade nicht in den Hades, sondern fürchten sich vor ihm und allem Unsichtbaren und warten darauf, wieder in einen Leib zurückzukehren (Phd. 81c5–e2).

Für den wahrhaft, d. h. im philosophischen Sinne gerechten Menschen beinhaltet der Tod laut Platon eine positive Perspektive, und zwar ausschließlich für diesen. Die Jenseitsmythen veranschaulichen diesen Gedanken und haben dadurch eine appellative, protreptische Funktion. Bei den Gesprächspartnern wollen sie eine Wirkung erzielen, und zwar entweder die Bekräftigung *(Phaidon)* oder Änderung *(Gorgias)* ihrer Lebensweise[3]. Das Leben im Jenseits wird in engste Verbindung gebracht mit der guten oder schlechten, gerechten oder ungerechten Lebensführung auf der Erde. Nur wem es gelingt, als Gerechter in den Tod

---

[1] Vgl. Schäfer 2007.
[2] Vgl. die Klage des Achill in Od. XI, 489–491, die von Platon in Rep. 386c6–8 zitiert wird (und dazu Ebert 2004, 166), sowie das ganze Plädoyer Platons in Rep. 386a1–387c10 gegen die Darstellung des Todes als etwas Schrecklichem.
[3] Vgl. Dalfen 2002, 225 und 228. Diese Wirkung soll aber nicht im Sinne der *peithô* durch Überreden erreicht werden. Vielmehr geht es um die Aktivierung einer *epistêmê* in der Seele, einer Einsicht in die Wahrheit, von der auch Platon selbst überzeugt ist (so Rechenauer 2002, 240 unter Anführung von Gorg. 454e3–4).

8. Philosophische Lebensweise und die Haltung zum Tod

zu gehen, dessen Seele wird glücklich. Dass es nach dem Tod weitergeht, und zwar entsprechend der Tugend- oder Lasterhaftigkeit in guter oder schlechter Weise, wird vom platonischen Sokrates bis auf eine einzige Stelle (Apol. 40c4–d2) nirgends in Frage gestellt. Häufig wird es als Hoffnung formuliert, manchmal sogar mit ziemlicher Sicherheit erklärt. Nicht für einen *mythos*, sondern für einen *logos* hält Sokrates die Erzählung vom Gericht der Toten im *Gorgias* (Gorg. 523a1–3). Dabei wird die individuelle Perspektive nie verlassen – die Seele geht nicht in ein größeres Ganzes ein, sondern muss sich allein vor dem Richter verantworten bzw. wird unter Bewahrung der personalen Identität reinkarniert[4].

Historische Zeugnisse für die Anschauung, dass es nach dem Tod im Jenseits weitergeht, finden sich bei Pindar[5], auf den explizit in Men. 81b4–c4 zurückgegriffen wird.[6] Platon bedient sich großzügig aus dem in seinem Umfeld vorhandenen Fundus mythischer Vorstellungen. Diese werden von ihm aber nicht einfach übernommen, sondern mit Blick auf die philosophisch diskutierten Aussagen der Dialoge kreativ umgestaltet[7].

Genauer behandelt werden sollen im Folgenden *Apologie*, *Kriton* und *Phaidon* als die Trilogie, die vom Sterben des Sokrates handelt (8.1). Seine Einstellung zum Tod ist paradigmatisch für die Einstellung des Philosophen. Besonders im *Symposion* werden aber auch andere

---

[4] Vgl. Müller, in: Platon-Handbuch 2009, 327, der besonders die Reinkarnationsszenarien als Verdeutlichung der identitätskonstitutiven Dimension der menschlichen Seele begreift, die Instanz individueller Unsterblichkeit ist. Zur Problematik, worin das Identitätskriterium besteht, vgl. Inwood 2009. Dass Unsterblichkeit z. B. im *Phaidon* nicht für die individuelle Seele postuliert wird, wird bisweilen vertreten, scheint aber schon aufgrund der Rahmenhandlung sehr unplausibel (vgl. Erler 2007, 181f.). P. Hadot macht mit Blick auf bestimmte Stellen auf ›stoische‹ Züge des platonischen Jenseitsbildes aufmerksam (vgl. Hadot 1991, 31; 127f. und 1999, 88f., 162f., 239f.). Diese sind aber gegenüber den zentralen, in diesem Kapitel erläuterten Stellen deutlich in der Minderzahl und gut in deren Rahmen zu interpretieren (vgl. 8.2).

[5] In den *Olympischen Oden*, vgl. Pind. O. II, 58 ff.

[6] Zu einer Übersicht über die traditionellen Vorstellungen, auf die Platon zurückgreift, vgl. Alt 1982 (bes. 279–286). K. Alt spricht außerdem von einer »Umkehrung oder Umwertung« (*ebd.*, 280) Homers durch Platon.

[7] Worauf u. a. D. Sedley in Bezug auf den *Phaidon* hingewiesen hat (vgl. Sedley 1990, 381f.). Auch Annas 1982 zeigt, wie sich die Mythen in *Gorgias*, *Phaidon* und *Politeia* auf die philosophische Argumentation des jeweiligen Dialogs beziehen lassen.

Gründe für eine mangelnde Todesfurcht genannt. Die Frage ist, inwiefern sich die philosophische Motivation davon unterscheidet. Dabei muss eine ›stoische‹ Platoninterpretation von einer anderen, die Fortdauer des individuellen Lebens betonenden (und m. E. zentraleren), unterschieden werden (8.2). Schließlich sollen dann drei Jenseitsszenarien (*Gorgias*, *Phaidros* und die Lebenswahl in *Politeia* X) mit Blick auf das je nach Lebensführung unterschiedliche Schicksal der Seelen betrachtet werden (8.3).

8.1. Der Tod des Sokrates – Paradigma und Reflexion

8.1.1. Apologie – Philosophieren als Sorge um die Tugend und das Jenseits als Verlängerung des irdischen Lebens ins Unendliche

In der *Apologie* und im *Kriton* fehlen ausgeschmückte Jenseitsmythen, nicht jedoch der Gedanke eines Totengerichts (Apol. 41a1–6). In diesen beiden Werken, die Sokrates vor Gericht sowie nach dem Todesurteil im Gespräch mit Kriton darstellen, der ihn zur Flucht aus dem Gefängnis überreden möchte, wird Sokrates' Hoffnung, dass es in *irgendeiner* Weise ein Jenseits gibt, in dem er als Gerechter weiter existiert, besonders deutlich.

Zunächst zur *Apologie*. Das bereits in Kapitel 4 ausführlich diskutierte Thema des sokratischen Nichtwissens spielt bis zuletzt, in Bezug auf das Ende des Lebens, eine Rolle. Niemand weiß, was der Tod ist. Den Tod zu fürchten heißt daher nichts anderes, als sich für weise zu halten, obwohl man es nicht ist (29a4) – müsste man dazu doch sicher wissen, dass er ein Übel ist[8]. Dass ihn nach dem Tod etwas Gutes erwartet, schließt Sokrates auch aus nicht-rationalen Intuitionen wie z. B. dem Schweigen des *daimonion*, dessen warnende Stimme er weder beim Gang zum Gericht, noch wie sonst häufig inmitten der Rede vernommen hat (40a3–b6). Auch die Möglichkeit, dass es sich mit dem Totsein wie mit dem Nichtsein verhalten könnte, dass es sein könnte wie ein traumloser Schlaf, lässt Sokrates in der *Apologie* bewusst offen (40c4–e4). Selbst ein solcher Zustand wäre positiv zu werten, denn im

---

[8] Diese Haltung wird in Rep. 604b10–c3 noch allgemeiner aufgegriffen: Bei allen kontingenten Ereignissen und Schicksalen weiß man nicht, wozu sie in der Zukunft dienen – daher ist es am besten, ruhig auf sie zu reagieren.

8. Philosophische Lebensweise und die Haltung zum Tod

Vergleich zu den Mühen des Lebens wäre er ein Gewinn[9]. Die zweite Möglichkeit, dass die Seele weiter existiert und nur an einen anderen Ort ›umzieht‹, wird jedoch ausführlicher beschrieben und in den Jenseitsszenarien anderer Dialoge weiter ausgeschmückt[10]. Auch die Seelen von Halbgöttern wandern an diesen Ort und die, die ähnlich wie Sokrates ungerecht verurteilt wurden (41b3). Wunderbar wäre es, so Sokrates, im Jenseits die Toten zu treffen und sich mit ihnen, in elenktischer Absicht, zu unterhalten (41b1–c4). Dort unsterblich zu sein und den Tod dann endgültig nicht mehr zu fürchten, scheint die plausiblere Möglichkeit, »wenn das wahr ist, was gesagt wird« (41c7).

Die absolute Priorität der Erhaltung des eigenen Lebens, die für die meisten Menschen selbstverständlich ist, wird von Sokrates in Frage gestellt. Wichtiger als die Sorge um das eigene Leben ist die Sorge darum, ob man gerecht oder ungerecht handelt (28b8–9). Als Beispiel führt er das Verhalten der Halbgötter der homerischen Mythologie an und verknüpft deren Standhaftigkeit in ihren Aufgaben mit seiner eigenen. Bereits den Vorgesetzten im Krieg hat Sokrates als Hoplit Folge geleistet und sein Leben riskiert. Den ihm vom Gott zugewiesenen Platz aber zu verlassen wäre damit verglichen noch viel schlimmer. Auch in 38e6 findet sich der Vergleich mit dem standhaften Soldaten, einem Bild, das den Richtern vertrauter sein mag als göttliche Anweisungen: Weder vor Gericht noch im Krieg gehört es sich, um jeden Preis dem Tod entgehen zu wollen. Selbst wenn z. B. die Möglichkeit zur Flucht besteht – die im Falle des historischen Sokrates auch gegeben war[11] – käme sie einer Aufgabe der Tapferkeit gleich. Trotz Todesgefahr seine Tugend zu bewahren ist viel schwerer, als die Gefahr unter Aufgabe der Tugend abzuwenden (38e6–39a2). Erleichtert wird dies allerdings, wenn man ein Fortleben im Jenseits annimmt.

Wie malt sich Sokrates dieses Leben im Jenseits aus? Selbst im Angesicht des Todes beharrt er auf der Lebensweise, die Anlass seiner Verurteilung ist. Er äußert die Hoffnung auf die »wunderbare Beschäftigung« (*thaumastê diatribê*, 41b1), nach dem Tod mit den Verstorbenen zu sprechen *(dialegesthai)*, mit ihnen umzugehen *(syneinai)* und

---

[9] Der etwas pessimistische Verweis auf die Mühen des Lebens taucht (außer im *Phaidon*) noch einmal auf, in Gorg. 492e2–4, wo Sokrates betont, dass das Leben des Ungebundenen *wie auch* das des Besonnenen mühselig ist. Nur mit viel »Mühe und Arbeit« geben die »Fässer« in der Seele etwas her (Gorg. 493d6–e4).
[10] Vgl. Phd. 61e1, wo wie in Apol. 40e4 eine *apodêmia* der Seele erwähnt wird.
[11] Vgl. Döring 1996, 191.

sie auszuforschen (*exetazein*, 41c3). Das Leben scheint einfach linear, ganz genauso wie bisher, weiterzugehen. Die Suche nach Erkenntnis ist nicht, wie es später im *Phaidon* angenommen wird, abgeschlossen[12]. Es lässt sich allerdings fragen, ob diese Aussicht nur für Sokrates oder auch für alle anderen Menschen erstrebenswert ist. Die Geprüften empfinden ja keinesfalls die gleiche Lust an der Prüfung wie Sokrates, sondern werden beschämt und reagieren oft wütend[13], sofern sie nicht bereits, wie er, deren Wert erkennen.

Wie auch immer das jenseitige Leben genau aussieht, so wird jedenfalls von der Grundaussage her ein nahtloser Übergang angenommen, eine Verlängerung des Lebens und der Tätigkeiten auf der Erde ins Unendliche.

8.1.2. Kriton – *Nicht das Leben, sondern das gute Leben ist am höchsten zu achten*

Im *Kriton* verschärft sich die persönliche Situation des Sokrates. Im Gefängnis wartet er auf die Hinrichtung, der Tod naht unausweichlich[14]. Kriton versucht, ihn mit allen Mitteln zur Flucht zu überreden; er appelliert an seine Verantwortung für die Söhne, für den Ruf der Freunde (vgl. 6.3.2) und macht deutlich, dass der ganze Gerichtsprozess eine Farce gewesen sei (45e4–5). Gleich zu Anfang des Dialogs entgegnet Sokrates jedoch, dass er Kritons Bewertung des Todes als »größtes Übel« nicht teilen kann (44d6–10). Sicher haben seine Ankläger Macht, ihn zu töten, aber einer der »feststehenden« Sätze, d.h. solcher, über die sich Kriton und Sokrates schon früher einig geworden sind, lautet, dass nicht das Leben *(zên)* am höchsten geachtet werden muss, sondern das gute bzw. wörtlich *gut* Leben *(eu zên)*[15], das im edlen und gerechten Handeln besteht (48b5–9). Mit einer verdorbenen Seele, so Sokrates,

---

[12] Wobei Sokrates auch in der *Apologie* nicht notwendig *selbst* einen Erkenntnisgewinn aus der Prüfung ziehen muss. Denkbar ist, dass er vielmehr an einer Art ›jenseitiger Läuterung‹ derjenigen, die während des Lebens nicht zur Erkenntnis gekommen sind oder Unrechtes getan haben, mitwirkt.
[13] Vgl. z.B. die Drohung des Anytos in Men. 94e4–95a1 sowie Kapitel 4.
[14] Zwischen Prozess und Verurteilung lagen evtl. bis zu dreißig Tage laut Xen. mem. IV 8,2.
[15] Vgl. auch Lg. 707d2–5, 661c1–5 und 727c7–d1 sowie Gorg. 512b3–e5 (vgl. dazu auch 8.3.1).

8. Philosophische Lebensweise und die Haltung zum Tod

lohnt es sich genauso wenig zu leben wie mit verdorbenem Leib[16]. Nun aber wäre es ungerecht, zu fliehen, und zwar unabhängig davon, ob einem vorher Unrecht getan wurde (49c10–11). Also gilt es, zu bleiben und zu sterben.

Sokrates belässt es aber nicht bei dieser Feststellung, sondern argumentiert auch von den Konsequenzen her. Er verweist darauf, dass er seine Integrität bewahren will (vgl. 4.2), d. h. aber, zu den eigenen Entscheidungen und Reden zu stehen. Es gilt, den Gesetzen Athens zu folgen, die durch eine Flucht in Frage gestellt würden – und damit auch seine Vaterstadt. Sein ganzes bisheriges Lebenswerk, seine Reden und anderen gegenüber vertretene Werte würden dann unglaubwürdig erscheinen. Einem alten Mann, so ermahnen ihn die in personifizierter Darstellung auftretenden Gesetze, ziemt die Gier nach Leben (53e2) zudem nicht. Ganz zuletzt erst wird das Leben im Jenseits erwähnt, und zwar ebenfalls von den Gesetzen, die das Szenario in eher drohendem Ton schildern. Das Recht ist als höchstes zu achten, die eigenen Taten müssen in der Unterwelt vor den dortigen Herrschern gerechtfertigt werden. Die »Gesetze der Unterwelt« nehmen nur diejenigen freundlich auf, die Unrecht erlitten und dies nicht mit Gleichem vergolten haben (54b3–d2). Die Hoffnung auf eine freundliche Aufnahme im Jenseits wird jedoch nicht nur argumentativ mit Verweis auf das tugendhafte Verhalten, sondern ebenso wie in der *Apologie* auch durch ein nicht-rationales – wiewohl mit dem von der Vernunft Erkannten übereinstimmendes – Element, den Traum des Sokrates, gestützt[17].

8.1.3. Phaidon – *Das Erlangen von Weisheit im Jenseits als Ziel des Philosophen*

Der *Phaidon* bildet den Abschluss der Trilogie um Prozess und Tod des Sokrates. Es ist der einzige Dialog, in dem ausführlich vom Tod eines Menschen, und dazu noch der Hauptperson, berichtet wird. Die Hoffnung des Sokrates, im Jenseits angemessen aufgenommen zu werden, gründet sich darauf, dass er ein philosophisches Leben geführt hat (vgl. 5.3).

---

[16] Dreimal wird hier das Wort *biôton* verwendet (47d8, 47e4 und 47e7).
[17] Vgl. Heitsch 2004, 184 zu Krit. 43d7–44b4: Achilles wird im Iliasvers zugesagt, in seine Heimat zu gelangen.

Der Tod des Sokrates – Paradigma und Reflexion

Zu Beginn wird der »Philosoph« Euenos erwähnt, der nicht die geringste Lust zum Sterben hat (61c2–7) und daher das philosophische Projekt, wie es Sokrates betreibt, vermutlich nicht begriffen hat. Euenos wird von Platon, wie schon in 4.1.3 und 6.2.1 bemerkt, in mancherlei Hinsicht als Kontrastgestalt eingeführt. Warum sollte der Philosoph im Gegensatz zu Euenos, der sich vorrangig um seinen eigenen Ruhm zu sorgen scheint, den Tod nicht scheuen, sondern sogar willkommen heißen? Der Stellenwert des Lebens, sofern es in der bloß physischen Weiterexistenz besteht, wird auch im *Phaidon*, wie bereits in der *Apologie* und im *Kriton*, relativiert. Für manche – gemeint sind hier in 62a4–5, ohne dass dies näher ausgeführt wird, vermutlich körperlich Kranke[18] – ist es sogar besser, zu sterben. Aber, so die überraschende Fortführung des Gedankens, nicht nur für die mit verdorbener Seele oder verdorbenem Leib, sondern gerade auch für die Philosophen ist dies der Fall (61d2–62a8). Sie scheinen den Tod, der als Trennung von Leib und Seele definiert wird (64c2–3[19]), ohnehin schon vorwegzunehmen, kümmern sie sich doch allein um die Seele[20]. Weil der Leib und seine Bedürfnisse ihn aber ständig an der Erkenntnis des Seienden hindern, ist der Philosoph erst nach dem Tod am Ziel seines Strebens (66e1–6). Mit der Hoffnung auf vollständige Erkenntnis, auf das Erlangen der – während des Lebens stets gesuchten – Weisheit nach dem Tod wird eine wesentliche, positive Dimension ergänzt, die in keinem anderen Jenseitsszenario so klar herausgestrichen wird – und in der *Apologie* ganz fehlt, weil Sokrates dort ja weiterhin den *elenchos* durchführt[21]. So attraktiv scheint dem Philosophen dieser Aspekt des Todes, dass im gleichen Atemzug auch gegen den Suizid argumentiert wird[22], der logische Folge wäre, um die Erkenntnis möglichst rasch zu erreichen. Die sonst

---

[18] Dass es für körperlich Eingeschränkte, z. B. Schwerkranke, besser ist, zu sterben als zu leben, wird als damals allgemein verbreitete und auch von Platon nicht hinterfragte Meinung an weiteren Stellen vorausgesetzt (z. B. Lach. 195c10–d6 und Rep. 407d4–e2).
[19] Dies geschieht nicht nur im *Phaidon*, sondern auch z. B. in Lg. 828d4–5.
[20] Eine Stelle, die an Tht. 173e2–174a2 erinnert: Die Seele (hier: *dianoia*) schweift umher, während nur der Körper in der *polis* verweilt.
[21] Im *Symposion*, in *Politeia*, vielleicht auch im *Phaidros* (so Erler 2007, 352; dagegen Krämer 1990, 87) ist die höchste Erkenntnis bzw. der Idealzustand bereits in körperlichem Zustand erreichbar. In der *Apologie* ist dies nicht der Fall und auch nach dem Tod ist nur insofern von einem Erkenntnisgewinn auszugehen, als Sokrates eine größere Auswahl an interessanten Gesprächspartnern zur Verfügung steht (Apol. 41b1–c7).
[22] Sich selbst zu töten wäre nicht Recht, weil damit in einen den Göttern vorbehaltenen Bereich eingegriffen wird (62b2–c6). In den *Nomoi* wird diese Ansicht allerdings relati-

8. Philosophische Lebensweise und die Haltung zum Tod

nicht so ausdrücklich ins Jenseits verlegte Hoffnung auf Erkenntnis (vgl. 8.3) hängt zumindest *auch* mit der literarischen Darstellung der Situation zusammen. Sie ist Grund der freudigen Haltung des in Kürze sterbenden Sokrates[23]. Seine neben dem Erlangen von Erkenntnis zweite, positive Erwartung ist, im Jenseits mit den Göttern zu leben[24] und unter Umständen verstorbene Menschen zu treffen. Diese letztere, soziale Dimension wird anfangs in 63b7–c4 erwähnt – aber ausdrücklich mit geringerer Sicherheit angenommen als das Zusammensein mit den Göttern (63c1–4). Die Begegnung mit Verstorbenen spielt im *Phaidon* eine weniger große Rolle als noch in der *Apologie*. In Phd. 68a3–6 wird ein Wiedersehen mit den Verstorbenen als Hoffnung vieler Menschen genannt, aufgrund derer sie ihnen sogar freiwillig in den Tod folgen möchten. Der Philosoph dagegen erhofft vor allem das Zusammensein mit der geliebten Weisheit bzw. Wahrheit (*phronêsis*, 66e2, 68a2, 68b4[25]). Auch die anfängliche Rede von den »weisen und guten« Göttern (63b7), denen Sokrates im Jenseits begegnen könnte, ist ein Bild für diese Erwartung. Wie in 61e1 angekündigt, geht es im gesamten Dialog unter anderem um den Entwurf von Bildern *(mythologein)* über das Leben nach dem Tod – wozu auch der Schlussmythos gehört (110b1) –, die besonders dem zu entwerfen zukommt, der wie Sokrates selbst in Kürze sterben wird.

Ganz unabhängig von der Perspektive eines Lebens nach dem Tode geht der Philosoph seiner Lernbegierde nach. In 67b2–4 und besonders 83e3–5 werden die Philosophen wörtlich mit den »Lernbegierigen«

---

viert. Verschiedene Motive für den Suizid werden in Lg. 873c2–d1 unterschieden. Nur der Suizid aus Feigheit scheint negativ bewertet zu werden.

[23] Vgl. z. B. Albert 1989, 35f. Die Begründung für die Unerreichbarkeit der Erkenntnis während des Lebens, dass nämlich der Leib sie verhindere (66b8–d2), scheint eher auf die pythagoreischen Gesprächspartner zugeschnitten zu sein, da Platon andernorts gar keinen klaren Leib-Seele-Dualismus vertritt (vgl. Bordt 2006b). Der *Phaidon* scheint nicht einfachhin eine Umkehrung des *Phaidros*-Mythos zu sein (wie Krämer 1990, 87 annimmt), weil der Philosoph im *Phaidros* doch wenigstens soweit möglich mit der Erinnerung bei den Dingen weilt und scheinbar recht ungestört durch den Leib, »mit dem Göttlichem umgeht« (Phdr. 249c2–d3).

[24] Wörtlich geht es in 69c6 darum, bei ihnen zu »wohnen«, in 81a7–8 bei ihnen zu »leben« und in 82b8–c1 darum, in »der Götter Geschlecht zu gelangen«.

[25] Im *Phaidon* wird *sophia* fast ausschließlich negativ, für die Hybris der ›Gelehrten‹ verwendet (vgl. 90c2, 96a6–7, 101c9, 101e5), positiv nur in Bezug auf die Götter (63b7). Auch die Rede des Simmias von »wahrhaft weisen« Männern (63a5) greift Sokrates nicht auf und spricht stattdessen von »guten« Männern (63c1).

(philomatheis) gleichgesetzt. Um des Erwerbs von Einsicht *(phronêsis)* willen sorgen sie sich mehr um die Seele als um den Körper (64e2–5; 65a7). Sie versuchen, während des Lebens Ruhe zu finden, um Wahres und Göttliches anzuschauen (84a6–b2). Für die Sorge um die Seele wird aber auch im Hinblick auf die Jenseitsperspektive argumentiert, auf die das Leben des Philosophen unmittelbare Auswirkungen hat. Er tut ganz Recht daran, sich um die unsterbliche Seele zu kümmern, weil dies der Vorbereitung ihrer ›Trennung‹ vom sterblichen Körper dient. Zu fürchten ist nicht nur die Strafe im Jenseits, sondern bereits, die vollständige Trennung vom Körper nicht zu erreichen. Die Seelen der Schlechten irren in Erwartung der Reinkarnation als Geister auf der Erde umher und gelangen nicht dahin, vom Leib befreit mit den Göttern zu leben. Ein dauerhaftes Leben mit den Göttern bzw. Zusammensein mit der Weisheit erlangen nur die asketisch lebenden Philosophen (80e3–82c1), die anderen werden wieder geboren bzw. ›entstehen wieder‹ *(palin gignesthai,* 70c8). Bedrohlich erscheint nicht, dass das Leben aufhören könnte, sondern, dass man im Gegenteil auf der Erde bleiben muss, wo es entsprechend dem vorherigen Lebenswandel weitergeht. Platon unterscheidet an dieser Stelle, ähnlich wie im *Timaios*[26], verschiedene Gruppen: Wer sich, erstens, der Völlerei, der Trunkenheit (81e5) oder sonstiger leiblicher Lust hingegeben hat, wird an einen Leib mit ebensolchem Verhalten, d. h. einen Tierkörper wie den von Eseln oder ähnlicher Tiere gebunden. Analog wandern, zweitens, diejenigen in ›passende‹ Tierkörper (Wölfe, Habichte oder Geier), die Ungerechtigkeit, Herrschsucht und Raub verfallen sind (82a2–4) – in der Auflistung lässt sich ein Bezug zu übersteigertem Machtstreben erkennen. Die dritte Gruppe der »ohne Philosophie und Vernunft« *(aneu philosophias te kai nou,* 82b3), nur durch Gewohnheit Tugendhaften, z. B. Besonnenen und Gerechten (82b2), kommt besser weg als im Schlussmythos der

---

[26] Auch im *Timaios* findet sich eine – eher ironisch beschriebene – Vielfalt möglicher tierischer und menschlicher Existenzweisen, die den Menschen von den Göttern entsprechend ihrer Charaktereigenschaften im letzten Leben zugeteilt werden. So wird in Tim. 42b3–c2 die Wiedergeburt als Frau als Alternative zum glückseligen Leben auf den Sternen, das den gerechten Männern beschieden ist, genannt. In Tim. 90e1–92c4 werden neben den Ungerechten auch Feiglinge zu Frauen (ein Aspekt, der Alt 2002, 278 als Indiz dafür dient, dass die Reinkarnationsüberlegungen im *Timaios* nicht ganz ernst zu nehmen sind), leichtsinnige Männer werden zu Vögeln. Diejenigen, die sich überhaupt nicht mit Philosophie oder Astronomie beschäftigt haben, werden zu Landtieren, die ganz Unverständigen und vermutlich auch Ungerechten (Tim. 92b3–4) schließlich zu Meerestieren.

8. Philosophische Lebensweise und die Haltung zum Tod

Politeia, wo der aus Gewohnheit Tugendhafte unbedachterweise die Tyrannis wählt (Rep. 619b7–d2). Sie haben neben der Existenz als Ameise oder Biene allerdings höchstens die Chance, wiederum den Körper eines »leidlichen« bzw. »mittelmäßigen« *(metrious)* Menschen zu erlangen (82b4–8). Ihr Schicksal wendet sich nicht zum Positiven, es bleibt allenfalls beim Status quo und kann durchaus auch schlechter werden. Allein die Philosophen entkommen der Wiedergeburt und gelangen zu den Göttern[27]. Aufgrund dieser Konsequenz sollte jeder philosophisch leben – anders, so lautet hier die eindeutige Aussage, gibt es keine Sicherheit vor dem Übel und kein Heil (*sôtêria*, 107d1).

Die drei (oder vier) Unsterblichkeitsbeweise, die sich im *Phaidon* finden, werden in der Literatur fast übereinstimmend als gescheitert bzw. unzureichend interpretiert[28]. Sokrates selbst schließt, dass es ein »schönes Wagnis« (114d6) bleibt, auf ein Jenseits zu hoffen. Philosophen zeichnen sich dadurch aus, dass sie den Tod nicht fürchten, sondern sogar begrüßen in der Erwartung, in der Unterwelt endlich die Weisheit zu erlangen (67e8–68a3). Der Schlussmythos des *Phaidon*, in dem dies illustriert wird, ist allerdings nicht als *logos*, sondern klar als Mythos gekennzeichnet[29].

Zunächst werden die Orientierungslosigkeit und das schwere Sterben der an den Leib gebundenen und ungerechten Seele geschildert (108a7–c3), die aber anders als im Wiedergeburtsszenario (81d2–82b8) dennoch ins Jenseits vordringt. Dort erwartet sie Gericht und Strafe[30]. Die Strafe ist temporär oder auch endgültig, so der Hinweis auf die »Unheilbaren« (sie sind *aniatos*), die für immer im Tartaros bleiben (113e1–6[31]). Besonders interessant ist die in Platons Dialogen einzig-

---

[27] Diese Endgültigkeit passt ebenso wie das Erlangen der Weisheit gut zum literarischen Rahmen. Sokrates selbst rechnet damit, tatsächlich zu gehen und fort zu sein (115e1); er rechnet nicht mit einer Wiedergeburt. Er bereitet die Freunde daher auch nicht auf seine eventuelle Reinkarnation vor, wie sie durch Erzählung eines Mythos wie dem der *Politeia* naheliegender wäre.

[28] Vgl. Zehnpfennig 1991, XXV (die u. a. auf Steinhart, Natorp, Guardini, Friedländer und Gallop verweist), Heitsch 2004, 209, Bordt 2006b, 113 und Zuckert 2009, 785.

[29] Es handelt sich um eine »schöne Erzählung« (*mython … kalon*, 110b1). Der vernünftige Mann behauptet nicht, dass sich alles genau so verhält; aber es mag »diese oder eine ähnliche Bewandtnis« haben (114d2–3).

[30] Allein deshalb bleibt nicht unklar, ob Unsterblichkeit für die individuelle Seele postuliert wird (anders Erler 2007, 181).

[31] Wer sind die, auch im Mythos in Rep. 615e3 erwähnten, »Unheilbaren«? In den *No-*

artige³² Schilderung einer Art ›zweiter Chance‹, die auf der Interaktion mit anderen Verstorbenen beruht. Wer seine Opfer überredet, sie herauszulassen, entkommt dem Tartaros (114a7–b6). Ausführlicher als das Gericht wird allerdings die wahre Erde beschrieben, der paradiesische, von allen Übeln freie Ort, den Sokrates als neue Wohnstätte erwartet. Dies mag durch die Dialogpartner bedingt sein. Schließlich gilt es hier ja keine die Tyrannis preisenden Gesprächspartner abzuschrecken (wie etwa im *Gorgias*), sondern »sich selbst [zu] besprechen« (114d7), d. h. die Freunde zu beruhigen und zum Fortschritt in der Tugend zu ermutigen.

Die Jenseits- bzw. Reinkarnationsschilderungen des *Phaidon* tragen elitäre Züge. Wohl kann der Durchschnittsmensch in einem abgeleiteten Sinne tugendhaft sein³³, allein den Philosophen gelingt es jedoch, nach dem Tod in göttliche Sphären vorzustoßen (82b8–c1). Dies, nicht eine bloße Fortdauer des irdischen Lebens im Jenseits³⁴, ist die Vorstellung des Sokrates im *Phaidon*. Der Philosoph erwartet, sich »*mehr* als wenn er einer anderen Lebensweise folgend gestorben wäre« (95bc3–4; *eig. Hervorhebung*), im Jenseits wohl zu befinden. Die anderen, vielen relativ Tugendhaften befinden sich zwar auch wohl, erreichen aber nicht den ›Ausstieg‹ aus dem Reinkarnationskreislauf. Im besten Falle werden sie als »mittelmäßige« Männer wiedergeboren (82b7–8).³⁵

Verschiedene Jenseitsvorstellungen in ein und demselben Dialog – einerseits das Reinkarnationsszenario in 81c5–82c1, andererseits der

---

moi wird öfters darauf verwiesen, dass es für Unheilbare keine Chance auf Besserung gibt, da sie z. B. schlecht sind, obwohl sie die richtige Erziehung erhalten haben (Lg. 854e4–6, 942a1–4). Sie werden folgerichtig aus der menschlichen Gemeinschaft ausgegliedert (Prot. 322d4–5, Lg. 735e3–4, 942a1–4 und dazu Alt 2002, 274).

³² Höchstens in der *Apologie* heißt es noch ähnlich, dass Sokrates dort Heroen treffen wird, die wie er Opfer ungerechter Urteile wurden. Frohgemut wird er sein eigenes Schicksal mit dem ihrigen vergleichen (Apol. 41b1–5). Ob sie aber, solidarisch mit ihm, auch ihre Richter zur Rede stellen, bleibt offen.

³³ Vgl. zum »Tausch der Lüste«, dem diese Tugend entspringt, 5.2 und 5.3.2.

³⁴ Wie in 8.1.1 geschildert in der *Apologie*, in der eine Qualitätssteigerung des Lebens viel weniger betont wird; auch wird dort keine Differenzierung verschiedener Gruppen unternommen.

³⁵ Sokrates erklärt in 89e6–90a1, dass es nur wenige sehr schlechte und sehr gute Menschen gibt, viele dagegen dazwischen. Die in 82b7–8 und auch im Schlussmythos (113a2–4) genannten *andras metrious* sind wohl im Doppelsinne nicht nur maßvoll Lebende (und teilen damit ein Merkmal der philosophischen Lebensweise; vgl. 5.4), sondern entsprechen eben auch diesen Mittelmäßigen.

8. Philosophische Lebensweise und die Haltung zum Tod

Jenseitsmythos in 107d6–114c7 – unterstreichen ihren von Sokrates explizit erwähnten epistemischen Status. Dass sich alles genau so verhält, wie im Mythos geschildert, würde kein vernünftiger Mensch annehmen (114c10–d2). Wie der Mythos sollte aber auch die Seelenwanderungslehre, die pythagoreischen Ursprungs ist[36], nicht wörtlich genommen werden. Auch sie ist Mittel zur Veranschaulichung. Worauf es Sokrates ankommt, sind die Konsequenzen der Lebensführung im irdischen Leben ebenso wie in einem – wie auch immer genauer vorzustellenden – Jenseits.

Seine Gelassenheit gegenüber dem Tod ist dabei beeindruckend. Sie kennzeichnet das philosophische Leben, weil es von vornherein ein Leben in der Ausrichtung auf Weisheit und Gerechtigkeit ist. Das Leben der philosophierend um die Tugend bemühten Menschen, so die Hoffnung, geht glücklicher als zuvor weiter *(Apologie)*, der Gerechte wird von den Gesetzen der Unterwelt freundlich aufgenommen *(Kriton)* und nur der Philosoph erlangt schließlich, was er immer schon erstrebt hat: das dauerhafte Zusammensein mit weisen und guten Göttern bzw. der Weisheit selbst *(Phaidon)*.

8.2. *Symposion* – Freiheit von Todesfurcht aus anderen als philosophischen Motiven und die philosophische Perspektive

Sind allein die Philosophen frei von der Furcht vor dem Tod? Genau wie nicht nur sie ›besonnen‹ leben können, da andere dies in abgeleitetem Sinne ebenfalls tun (vgl. 5.2 und 5.3.2), sind sie auch nicht die einzigen, die dem Tod gelassen gegenüber stehen. Entscheidend ist nicht allein die Haltung der Gelassenheit, sondern, ganz analog zur Motivation der »ohne Philosophie« *(aneu philosophias*, Rep. 619d1) Tugendhaften, die Gründe für diese Haltung. Bereits im *Phaidon* wird erwähnt, dass alle, die den Tod nicht fürchten, diesen zwar für ein großes Übel halten, aber aus Furcht vor noch größerem Übel nicht fürchten (Phd. 68d4–9). *Nur die Philosophen sind nicht nur »aus Furcht tapfer«* (Phd. 68d8–9). Im *Symposion* werden noch einige andere Gründe genannt, warum im Tierreich und bei Menschen sogar freiwillig der Tod gesucht wird. Es kann z. B. um der Nachkommen oder des Geliebten willen geschehen[37].

---

[36] Vgl. Ebert 2004, 273.
[37] So Phaidros in 179b4–5. Er schätzt das Sterben für andere sogar so hoch ein, dass er,

Der Grund dafür ist eine natürliche, enge Verbindung, die nach dem Ableben eines Partners auch den anderen in den Tod führt. Dieser Gedanke findet sich in der griechischen Tragödie (man denke etwa an Haimon in Sophokles' *Antigone*), aber auch im von Platon entworfenen Aristophanes-Mythos: Es gibt nur eine einzige »wahre eigene Hälfte« (192b7–8), mit der man, hat man sie einmal gefunden, so eng und dauerhaft verbunden sein möchte, dass man »als einer lebt« und dann auch in der Unterwelt »ein Toter« ist (192e2–5). Auch die unzertrennlichen Ehrliebenden im *Phaidros* bleiben selbst nach dem Tod zusammen (Phdr. 256d4–e2). Die Vorstellung, mit anderen Verstorbenen zusammen zu sein (wie es auch in der *Apologie* anklingt), spielt aber letztlich eine untergeordnete Rolle. Im Tod ist jeder allein, jeder hat sein Schicksal durch seine Lebensweise selbst gewählt, ist verantwortlich dafür und wird einzeln gerichtet – dementsprechend können auch nur die Menschen überhaupt an den ›gleichen Ort‹ gelangen, die auch ein ähnliches Leben geführt haben. Diotima gibt nun noch eine andere Begründung für die mangelnde Furcht vor dem Tod als die Liebe zu anderen Menschen: Eigentlich lieben die Menschen das Unsterbliche (208d9–e1). Die sterbliche Natur versucht, soweit sie kann, immer zu sein und unsterblich (207d1–2). Dies erlangt sie zumindest indirekt, indem sie anderes hervorbringt, was ihre Lebenszeit überdauert, seien es Nachkommen, berühmte Werke oder das Andenken ihrer Tugend (208d2–e1). Heroisches Sterben für andere, so die ernüchternde und sicherlich diskutable These Diotimas, ist nicht durch Liebe oder enge Bindungen, sondern durch die Spekulation auf den Nachruhm motiviert (208d7–e1).

Inwiefern unterscheidet sich von dieser Motivation das Bemühen des Philosophen, im Rahmen des ›diesseitigen‹ Zeugens im Schönen, Jüngere für die Philosophie zu begeistern? Gelingt es, sichert es ihm schließlich ebenfalls unsterblichen Ruhm (209d4). Am Beispiel des wankelmütigen Alkibiades (216b2–5) wird aber die Unsicherheit dieses Unternehmens deutlich, das auch scheitern kann. Was er letztlich sucht, ist nicht der Ruhm bei Menschen. Ganz unabhängig vom Erfolg der erzieherischen Bemühungen bei anderen wird er zumindest selbst Tugend erlangen und sich damit würdig erweisen, von den Göttern ›echte‹ Unsterblichkeit zu erhalten (212a7–8; 209d5).

---

anders als Homer, Achill auf die Inseln der Seligen schickt (179e1–3). Ähnlich äußert sich Sokrates in Phd. 68a3–6.

8. Philosophische Lebensweise und die Haltung zum Tod

In einer Nebenbemerkung der *Politeia* (Rep. 486a4–b2) wird noch eine weitere, eng mit der Philosophie zusammenhängende Ursache für die mangelnde Furcht vor dem Tod genannt. Die philosophische Natur strebt das Ganze an, Göttliches und Menschliches. Sie hat Einsicht *(theôria)* in das ganze Sein und die ganze Zeit. Das menschliche Leben wird unter diesem weiteren Horizont für nichts Großes gehalten, der Tod für nichts Arges. Ähnlich wie im Theaitetos-Exkurs – vielleicht dort in etwas eingeschränkterer Weise[38] – nimmt der Philosoph eine erweiterte räumliche wie auch zeitliche Perspektive ein. Die eigene, menschliche Lebenszeit in einen größeren Kontext zu stellen, relativiert deren Bedeutung. Diese »Größe der Denkungsart« (*dianoia megaloprepeia*, Rep. 486a8), die geistige Einordnung des Geschehens in den gesamten Weltverlauf, enthebt – so zumindest diese Stelle – den Philosophen der Furcht vor dem Tod. Dennoch scheint diese Perspektive nicht zu genügen. Sie wird durch eine andere, eigentlich sogar entgegengesetzte Argumentation ergänzt. Einerseits zeigt sich eine fast ›stoische‹ Gelassenheit – das eigene Leben ist nur eines unter Vielen, es ist im Vergleich zum Verlauf der Weltgeschichte nicht besonders wichtig. Andererseits ist das eigene Leben bzw. eine gerechte Lebensführung das Wichtigste überhaupt; nach der individuellen Lebensführung wird bemessen, ob man den Tod zu fürchten hat oder nicht.

Lösen lässt sich diese Spannung, indem gefragt wird, worauf sich die Haltung des Philosophen genauer bezieht. In Bezug auf Schicksalsschläge, selbst gegenüber Krankheit und dem Faktum seines unausweichlich nahenden Todes kann der Philosoph gelassen sein, nicht aber in Bezug auf seine Lebensführung, weil sein eigenes Handeln unter seiner Kontrolle steht. Die Erkenntnis, dass das menschliche Leben in größerem Kontext steht, und die Gewissheit, selbst ein gutes Leben zu führen, müssen zusammenkommen, um dem Tod positiv gegenüber zu stehen. Der von P. Hadot und anderen Interpreten betonte ›stoische‹ Zug[39] von Stellen wie Rep. 486a4–b2 dürfte dabei weniger Gewicht haben als die individuelle Hoffnung auf Glückseligkeit nach dem Tod, die, was die Jenseitsmythen besonders deutlich zeigen, wesentlich durch die Lebensführung bedingt ist.

---

[38] Der Philosoph überblickt nicht »alles Sein« (Rep. 486a9), sondern »schaut über die ganze Erde« (Tht. 174e4); er hat keinen Überblick über die ganze Zeit (Rep. 486a9), sondern berechnet – wenn auch tausende – von faktischen Vorfahren (Tht. 175a1–5).
[39] Vgl. Hadot 1999, 36, 88f. mit 162f. und 239f.; besonders auch Hadot 1991, 127f.

8.3. Das Jenseitsgericht, der Reinkarnationsgedanke und Konsequenzen für die Lebensführung

Tatsächlich ist die Lebenszeit zu kurz, als dass innerhalb ihrer Großes geschehen könnte (Rep. 608c5–7; in Frage steht hier vor allem der Lohn der Gerechtigkeit). Sich dennoch anzustrengen (*espoudakenai*, 608c9) ist hauptsächlich motiviert durch die Annahme, dass man eine unsterbliche Seele besitzt. Die gesamte Ewigkeit steht auf dem Spiel und über sie wird *innerhalb* der Lebenszeit entschieden. An einer Stelle der *Nomoi* mahnt der Athener an, dass es nach dem Tod keine wesentliche Hilfe mehr gibt. Zeit seines Lebens muss man möglichst gerecht und fromm leben, um nach dem Tod von Strafe verschont zu bleiben (Lg. 959b7–c3). Wie alle Jenseitsmythen deutlich machen, die ein Gerichtsmoment beinhalten[40], ist der Tod sehr wohl zu fürchten – nämlich von dem, der sein Leben ungerecht verbracht hat. Nur der Gerechte sollte sich dieser Furcht wirklich enthoben sehen.

Zur Strafe der Ungerechten finden sich in den Mythen verschiedenste Vorstellungen. Der richtige Umgang mit Lust und Ehre, der nur durch die Herrschaft der Vernunft in der Seele gewährleistet wird, gewinnt existentielle Bedeutung, die über die irdische Lebenszeit hinausreicht. Die einfachste, bereits im *Phaidon* erwähnte Konsequenz ist, garnicht erst ins Jenseits aufgenommen, sondern z. B. wiedergeboren zu werden. Echte Unsterblichkeit erlangt nur der, der sich am Geistigen ausrichtet. Außer im *Phaidon* wird der Zusammenhang auch im *Timaios* aufgegriffen: Wer sein Leben lang mit der Befriedigung von Begierden oder dem Streben nach Anerkennung beschäftigt ist, dem entstehen alle Meinungen »in sterblicher Form«, wodurch er selbst – soweit das möglich ist – sterblich wird (Tim. 90b2–6). Nur die Beschäftigung mit Erkenntnis und Einsicht führt dagegen zu »unsterblichen und göttlichen« (*athanata kai theia*, Tim. 90c1) Gedanken. Neben der Bestrafung in einer Art Hölle[41] ist daher auch das fortwährende Leben im Bösen[42], ein Leben mit verdorbener Seele, eine mögliche Strafe der Ungerechten.

Häufig schließen sich Jenseitsmythos und Wiedergeburt nicht aus,

---

[40] Vgl. Gorg. 523a1–527a3, Rep. 614b2–621b7, Phd. 107d6–114c7 und Phdr. 246a3–249d3.
[41] Vgl. die Tartaros-Vorstellung in Rep. 616a3–4 und Phd. 111e4–113e6.
[42] Vgl. Tht. 177a2–7 und Phd. 81a9–e2.

sondern werden, wie es in *Phaidros* und *Politeia* geschieht[43], miteinander verbunden, indem zwischen den Inkarnationen ein Aufenthalt im Jenseits angenommen wird. Nach der Betrachtung der Jenseitsmythen in *Gorgias* (8.3.1), *Phaidros* (8.3.2) und *Politeia* (8.3.3) soll daher besonders danach gefragt werden, was Sinn und Zweck dieser Verbindung sein könnte (8.3.4).

8.3.1. Gorgias – Inseln der Seligen oder Tartaros

Dass Sokrates zwar das Unrechttun, nicht aber den Tod fürchtet, wird im *Gorgias* zumindest auch[44] mit dem Verweis auf das zu erwartende Schicksal im Jenseits begründet. Polos, Kallikles und Gorgias konnten Sokrates keine andere, »auch dort noch zuträgliche« (527b2–3) Lebensweise entgegensetzen (vgl. auch 522e3–5). Den Schlussmythos hält Sokrates für die Wahrheit, nicht für einen Mythos wie vielleicht Kallikles (523a1–3; 524a10–b1). Als Philosoph hat er sich davon überzeugen lassen, weil er nichts »Besseres und Wahreres« gefunden hat (527a6–7).

Im *Gorgias* findet sich – wie auch in allen der unter 8.1 behandelten Dialoge – zunächst ein Passus, in dem Sokrates dafür argumentiert, dass das bloße Überleben und die Künste, die dazu dienen, u. a. auch die Redekunst vor Gericht, noch keinen großen Wert besitzen (511b7–512d8). Die richtige Lebensweise ist entscheidend. Wenn es sich schon mit einem Körper, der mit Übeln behaftet ist, nicht zu leben lohnt, so lohnt es sich noch weniger, mit verdorbener Seele zu leben, da diese das höhere Gut darstellt (511e6–512b4; vgl. auch Krit. 47d7–48a4). Dass der Tod für unheilbar Kranke eine gute Lösung ist, wird als selbstverständlich dargestellt und scheint zur Zeit Platons unhinterfragte, allgemein verbreitete Meinung gewesen zu sein (vgl. 5.4.3.2). Genau wie der unter Krankheit Leidende könnte nun auch der Ungerechte die Hoffnung hegen, mit seinem Leben auch seinen Zustand zu beenden. Dass diese Rechnung nicht aufgeht, wenn das Leben im gleichen see-

---

[43] Auch an weiteren Stellen, z. B. in den *Nomoi*, werden Gericht und Wiedergeburt verbunden – die Strafe für Mord erfolgt sowohl in der Unterwelt als auch im nächsten Leben (Lg. 870d7–e3).

[44] Wenn auch nicht nur – wie in 5.1 gezeigt wurde, wird bereits das Leben des Maß- und Zügellosen als unglücklich dargestellt. Daher ist es m. E. verfehlt, die Antwort auf die Zentralfrage des *Gorgias*, wie man leben solle, wie G. Rechenauer erst im Mythos zu verorten (vgl. Rechenauer 2002, 246).

lischen Zustand andauert, wurde bereits im Kontext der Reinkarnationsszenarien deutlich (vgl. 8.1). Durch die Vorstellung des Gerichts und einer schlimmstenfalls ewigen Weiterexistenz im Tartaros werden die Konsequenzen ungerechten Handelns auf andere Weise, aber unter Umständen noch drastischer dargestellt[45].

Gericht und Strafe bilden eines der zentralen Themen des gesamten Dialogs. Kallikles' Vorwurf, Sokrates könne sich nicht vor Gericht verteidigen, wenn ihn jemand anklage (486a8–b4), kontert dieser mit der ausführlichen Schilderung des Totengerichts (523a1–526d2). Einleitend werden mögliche Zweifel an der Objektivität der Richter im Jenseits ausgeräumt. Nach dem Gesetz des Kronos wurden die Menschen früher in zwei Gruppen geschieden (523a1–b5). Die einen dürfen nach dem Tod glückselig auf den Inseln der Seligen wohnen, die anderen müssen in den Tartaros, an den Ort der Strafe. In einem Gericht unmittelbar vor seinem Tod urteilten lebende Richter über Lebende. Um ein gerechteres Urteil fällen zu können, wurde das Gericht von Zeus jedoch auf die Zeit direkt nach dem Tod verschoben. Seitdem richten Tote die Toten und ihr Todeszeitpunkt wird den Menschen nicht mehr – wie es früher der Fall war (523d5–7) – bekannt gemacht. Die Objektivität des Gerichts wird durch zwei Faktoren gesichert. Erstens kann durch die Ungewissheit des Todeszeitpunkts niemand mehr auf eine Lebensänderung in letzter Minute spekulieren. Zweitens haben die Menschen als Tote nicht mehr die Möglichkeit, sich hinter Äußerlichkeiten zu verstecken. Genannt werden schöne Leiber, Verwandtschaften und Reichtümer, sämtlich Dinge, die in ungerechten irdischen Gerichtsprozessen eine Rolle spielen und, z. B. was Verwandtschaften angeht, in den Jenseitsmythen der Dichter[46]. Dies alles, besonders aber weltliche Ehren, sind laut Platon vor den jenseitigen Richtern irrelevant. Welche Vorfahren jemand besaß oder welche Ämter er inne hatte, prägt sich, im Unterschied zu gerechtem und ungerechtem Tun, nicht in der Seele ein; es ist dem Menschen, genau wie sein Besitz, nur äußerlich. Allein die Seele wird gerichtet – durch die Trennung vom Leib, die im Tod geschieht (524b2–4; ähnlich wie Phd. 64c4–8), ändert sich nichts an ihrer Beschaffenheit (524b5–6). Natürliche Eigenschaften und die Prägun-

---

[45] Vgl. Rep. 615e4–616a4, Gorg. 523b3–5 und Phd. 113e1–6.
[46] Vgl. genauer Dalfen 2002, 223 (bes. Fußnote 14 zu Homer und Pindar), der z. B. erwähnt, dass Menelaos laut Homer ins Elysium kommt (Od. IV, 561ff.), weil er als Mann der Helena der Schwiegersohn des Zeus ist.

8. Philosophische Lebensweise und die Haltung zum Tod

gen, die durch das Streben nach bestimmten Dingen (524d6–7) und das entsprechende Handeln (525a1) in der Seele entstanden sind, bleiben erhalten. Die Aussage dieser einleitenden Erzählung ist, dass der Charakter eines Menschen und seine Taten vollständig offenbar werden. Die sonst vor irdischen Gerichten gern angewendeten Ausflüchte, Täuschungen und Kunstgriffe sind vor dem Totengericht nicht mehr möglich.

Was sind die Konsequenzen der ungerechten Lebensführung? In Bezug auf die Seelen, die in den Tartaros wandern, werden nochmals zwei Untergruppen unterschieden. Die einen sind mit »heilbaren« Übeln belastet und erleiden Schmerzen, werden durch die Strafe aber besser und bleiben – was sich aus dem Text heraus nur vermuten lässt[47] – dementsprechend nur eine begrenzte Zeit im Tartaros. Nur die schon in 512a6 erwähnten, mit unheilbaren Übeln behafteten Menschen, unter die auch der von Polos bewunderte Tyrann Archelaos zählt, können sich auch durch Strafe nicht bessern. Welche Verbrechen sie begangen haben, wird nicht im Detail ausgeführt, wohl aber die Zusammensetzung der Gruppe. Sie besteht zum größten Teil aus Tyrannen, Königen, Fürsten und sonstigen politisch Tätigen (525d3–5). Besonders unter den Mächtigen finden sich, aufgrund ihrer größeren Möglichkeiten und mannigfaltigeren Versuchungen, Böses zu tun, viele ausgezeichnet Böse und nur wenige rechtschaffene Menschen (525e6–526b4). Diese mit ewigen Strafen belegten, ausgezeichnet Bösen können nur noch anderen als warnendes Beispiel dienen – unter anderem wohl auch dem Polos und dem Kallikles, die nach politischer Macht streben.

Was die gute Seele auszeichnet, die auf die Inseln der Seligen gelangt, wird zuletzt noch kurz zusammengefasst:

> Erblickt er [*Rhadamanthys; eig. Anm.*] aber bisweilen eine andere Seele, die heilig und in der Wahrheit (*hosiôs ... kai met' alêtheias*) gelebt hat, eines für sich lebenden Mannes oder sonst eines (*andros idiôtou ê allou tinos*), vornehmlich aber meine ich, o Kallikles, eines weisheitsliebenden, der das Seinige getan und nicht vielerlei äußerlich betrieben hat (*philosophou ta hautou praxantos kai ou polypragmonêsantos*), so freut er sich und sendet sie auf die Inseln der Seligen. (Gorg. 526c1–5)

---

[47] Jeder erleidet, je nachdem ob er heilbar oder unheilbar ist, das »ihm Zukommende« (526b9–c1). Laut Homer werden die Unheilbaren mit immerwährenden Strafen belegt (525e1), die anderen demnach mit zeitlichen. Vgl. zur Bewertung der auch in *Phaidon* und *Politeia* vorkommenden »Unheilbaren« schon oben 8.1.3.

Sie hat fromm und in der Wahrheit gelebt, sei es für sich allein oder mit anderen[48]. Besonders aber freut sich der Totenrichter über die Seelen, die philosophisch gelebt und das Ihrige getan, nicht vielerlei betrieben haben (*polypragmonêsantos*, 526c4)[49]. Nicht nur will Sokrates deshalb selbst als der Beste leben, ungeachtet dessen, was den meisten Menschen als Ehre gilt (526d3–527a3), sondern auch andere ermuntern zu dieser Lebensweise und zum Wetteifer darin. Auch Kallikles solle der Einsicht folgen, dass man gut sein (nicht nur scheinen) und sich der Redekunst wie auch aller anderer Vermögen stets für das Recht bedienen müsse. Die beste Lebensweise ist, in der Übung der Gerechtigkeit und aller anderen Tugend zu leben und zu sterben (527e4–5). Sokrates appelliert an Kallikles, dass er dann sowohl im Leben – was während des Dialogs unter anderem mit dem Verweis auf Lust und Unlust begründet wurde (vgl. 5.1) – als auch im Tod (527c7) glücklich sein werde. Wie Kallikles darauf reagiert, erfahren wir nicht, da der Dialog mit diesem Plädoyer endet.

Wie auch in anderen Dialogen wird die Jenseitsvorstellung unmittelbar mit der Lebensführung verknüpft. Dass niemand seinem Schicksal entgeht, ist nicht nur der Glaube der Frauen[50], sondern auch die Überzeugung des Sokrates. Dieses Schicksal ist allein abhängig vom gerechten oder ungerechten Handeln. Besitz und Ämter sind dafür irrelevant, Machtpositionen können es sogar deutlich erschweren.

Was bedeutet, ›das Seinige zu tun‹, das im gleichen Atemzug mit dem philosophischen Leben genannt wird? Ein Hinweis darauf wird bereits früher gegeben. Statt dem Tod um jeden Preis zu entgehen, wäre die richtige Einstellung, nicht am Leben zu hängen (*philopsychêteon*, 512e2), sondern es Gott zu überlassen und »nur auf das Nächste [zu]

---

[48] Der Zusatz »oder sonst eines« (526c2–3: ἢ ἄλλου τινός) ist ein weiterer Hinweis darauf, dass die beste Lebensform nicht in der Vermeidung politischer Tätigkeit oder einem zurückgezogenen Leben besteht (vgl. 6.4).
[49] Die Absetzung der Philosophischen durch ein »besonders aber« (526c3: μάλιστα μέν) von den (sonstigen) Gerechten suggeriert, dass das Leben des Gerechten nicht schon mit dem des Philosophen identisch ist. Jedoch rückt sie die Beschreibung, dass sie in der bzw. wörtlich »mit« Wahrheit leben (526c2: μετ' ἀληθείας), zumindest in enge Nähe zu dem Philosophierenden (vgl. 9.4.5). Die Abneigung gegen *polypragmatia* wird in Rep. 433a1–434d1 (in Bezug auf die *polis*; in Bezug auf die Seele dann 443d2–5; 444a1–4) und in den *Nomoi* noch konkretisiert. Jeder soll nur einen einzigen Beruf ausüben, nicht mehrere, um letztlich »eine und nicht viele Personen« zu sein (Lg. 847a7–b2).
[50] 512e3. Gemeint ist damit »Altweibergeschwätz«, wie es auch in 527a4–6 oder Tht. 176b7–8 erwähnt wird.

8. Philosophische Lebensweise und die Haltung zum Tod

sehen, auf welche Weise er während der Zeit, die er nun zu leben hat, am besten leben möge« (512e4–5). Konkret würde das für Kallikles bedeuten, seine Bestrebungen, sich beim Volk beliebt zu machen, um möglichst viel Macht in der *polis* zu erhalten, zu überprüfen. Haben diese doch zur Folge, dass er selbst der Menge ähnlich werden, sich und seine Meinungen ganz abgesehen von dem, was gut oder gerecht wäre, ihr anpassen muss (513a1–c5). Er tut dann nicht mehr das Seinige, sondern das, was die Menge von ihm erwartet. Unter dieser Voraussetzung aber kann das Wichtigste im Leben, »nichts Unrechtes jemals gegen Menschen oder Götter zu reden und zu tun« (522d1–2) höchstens zufällig, vermutlich aber gar nicht erreicht werden[51].

Zusammenfassend stellt der *Gorgias* vor allem das tugendhafte, insbesondere das gerechte Handeln in den Mittelpunkt, an dem sich das Schicksal im Jenseits entscheidet. Sokrates verbindet das Los von Gerechten und Ungerechten mit der Gegenüberstellung von Philosophen und politisch Tätigen. Zwar werden nicht einfach die Gerechten mit den Philosophen, Ungerechte mit Politikern gleichgesetzt (vgl. 5.1). Letztere haben aber weniger Chancen, gerecht zu handeln und dadurch glückselig zu werden (vgl. 9.4.3). Worin die Glückseligkeit, die mit dem Aufenthalt auf den »Inseln der Seligen« nur benannt wird (524a4; 526c5), genauer besteht, bleibt offen. Wie überhaupt dieser jenseitige Ort, bei Hesiod Aufenthaltsort für tote Helden, in der *Politeia* Aufenthaltsort der Philosophenherrscher (Rep. 540b7), beschaffen ist, wird im *Gorgias* im Unterschied zu *Phaidon*, *Phaidros* und *Politeia* nicht ausgeführt.

8.3.2. Phaidros – *Der überhimmlische Ort als Heimat der Philosophen*

Im Mythos vom Seelenwagen im *Phaidros* (246a3–249d3) wird, wie im Zusammenhang mit den Ehrliebenden in 6.1.3 schon besprochen wurde, vor allem die vorgeburtliche Existenz behandelt. Dieser Mythos hat einen anderen Status als diejenigen anderer Dialoge. Er ist nicht unmittelbar mit Themen verknüpft, deren Wahrheitsanspruch durch den

---

[51] Wenn nicht dieser Punkt, so scheint doch zumindest die Schilderung der Unfreiheit der sich anbiedernden Politiker ihre Wirkung auf Kallikles nicht zu verfehlen, welcher in 513c6–8, mehr als an allen anderen Stellen, dazu bereit ist, Sokrates zu glauben.

Mythos bekräftigt wird[52]. Das irdische Leben des Menschen beginnt mit einem Fall des ehemals geflügelten Seelenwagens auf die Erde. Vor diesem Fall nahm die Seele im Gefolge eines Gottes teil an den regelmäßigen Ausfahrten an die Oberfläche des Himmels, sozusagen dessen ›Außenseite‹, die Platon »überhimmlischer Ort« (247c3) nennt. Sie hat ihr »Gefieder« allerdings verloren, weil es ihr dabei einmal (248c6–7) nicht gelungen ist, etwas von den Ideen zu erblicken. Je nachdem, wie viel sie bei den vorherigen Ausfahrten gesehen hat und welchem Gott sie gefolgt ist, wird sie dann in eine von neun Klassen menschlicher *bioi*[53] hinein inkarniert. Die Rangordnung lautet wie folgt: 1. Philosophen oder Freunde des Schönen oder der Muse und der Liebe (*philosophou ê philokalou ê mousikou tinos kai erôtikou*, 248d3–4[54]), 2. verfassungsmäßige Könige oder Krieger und Herrscher, 3. Politiker, Hausverwalter oder Gewerbetreibende, 4. Sportler oder Ärzte, 5. Wahrsager oder Mysterienpriester, 6. Dichter oder (sonst[55]) mit Nachahmung Beschäftigte, 7. Bauern oder Handwerker, 8. Sophisten oder Demagogen, 9. Tyrannen.

---

[52] Vgl. Alt 1983, 19, die bemerkt, dass er als Redebeispiel dient und im weiteren Verlauf des Dialoges nicht diskutiert wird. Das Bild vom Seelenwagen ist zudem eigentlich kein Mythos, sondern wird ausdrücklich als Gleichnis gekennzeichnet (246a5), welches dann in eine mythische Erzählung mündet. Rangfolge und Inhalt der Lebensweisen sollten jedenfalls nicht ganz ernst genommen werden (vgl. Alt 1983, 23, Fußnote 31).
[53] Dass es sich um *bioi* handelt, kann z. B. aus der Rede vom *mantikon bion* (248e1) ersehen werden, wiewohl Platon anfangs von »Keimen« spricht, in die die Seelen eingehen (vgl. 3.3.4).
[54] Eine Abgrenzung ist hier nicht leicht zu erkennen. Es könnte sich zwar um *drei* Untergruppen – Philosophen, Freunde des Schönen und der Muse – handeln, denen allen der Bezug zum Eros gemeinsam ist (vgl. auch 249a6–b1, 257b6–7). Schleiermacher unterscheidet in der Übersetzung Philosophen/Freunde des Schönen einerseits und Musendiener/Liebende andererseits. E. Heitsch setzt überall »oder« sowie ein »vielleicht«. Letzteres markiert – ebenso wie bei Platon das *tinos* – nur eine kleine Zäsur zwischen diesen beiden Gruppen (vgl. Heitsch 1997, 33). Dixsaut fasst alle in eins (vgl. Dixsaut 2001, 176), ebenso Price (vgl. Price 1989, 65), was am plausibelsten scheint. Die ›Musendiener‹ sind jedenfalls kaum von den Philosophen zu trennen oder gar mit den Dichtern zu identifizieren (sie unterliegen der dritten Art der *mania*, während die philosophische die vierte bildet), gemeint ist vermutlich die Philosophie als Musendienst im Sinne von 259d2–6 (vgl. Heitsch 1997, 114, Fußnote 214). Ebenso deutet 249a1–2 (»der ohne Falsch Philosophierende oder der mit Philosophie die Knaben geliebt hat«) wohl nicht auf eine bewusste Trennung zweier Gruppen hin (vgl. 7.3).
[55] Hier wie Schleiermacher in der Übersetzung ein »sonst« zu ergänzen, scheint folgerichtig, da Dichtung ein Teil der *mimêsis* ist.

8. Philosophische Lebensweise und die Haltung zum Tod

In der Rangfolge geht es nicht um die Bewertung von Professionen als solche, sondern darum, wie viel die jeweilige Klasse von der Wahrheit der Ideen erblickt haben muss[56], um die jeweilige Profession ausüben zu können. Philosophen und solche, die das Gute im Zuge philosophisch-erotischer Beziehungen weitergeben (vgl. auch 249a1–2 mit 249c4–5), stehen ganz oben – sie müssen den größten Anteil an der Schau gehabt haben. Dann kommen bereits die Herrscher und politisch Tätigen (warum die Krieger in diese Kategorie fallen, ist nicht ganz deutlich; sie könnten aber evtl. mit der Wächterklasse im Staat identifiziert werden), die das Gute im größeren Stile umsetzen, aber nicht vollständig gesehen haben müssen. Für sie genügt sogar eine wahre Meinung, wenn es zusätzlich Gesetze gibt, an die sich die Herrscher halten können, worauf ausdrücklich hingewiesen wird (*basileôs ennomou*, 248d4). Auf die Ärzte und Sportler, die vor allem für den guten Zustand des Körpers, nicht für den der Seele sorgen, folgen dann die Dichter und Mysterienpriester. Sie sind als ›Sprachrohr der Götter‹, wie es im *Ion* geschildert wird, nur noch mittelbar mit der Wahrheit und dem Guten befasst (Ion 533d1–e3), welches sie daher nur zufällig treffen. Die Handwerker und Bauern tauchen relativ weit unten, an siebter Stelle auf. In der *Politeia* steht dieser ›dritte Stand‹ für den »vernunftlosen« (*alogistikon*, Rep. 439d7–8) Seelenteil der Begierden. Im *Phaidros* kann die Vernunftlosigkeit nicht der entscheidende Punkt sein; wer garnichts von den Ideen gesehen hat, inkarniert in einen Tierkörper. Dennoch müssen die Vertreter dieses Standes ihre Vernunft zumindest nicht selbst gebrauchen (z. B. bei der Gesetzgebung wie die Philosophenherrscher), sondern nur dem von anderen als vernünftig Erkanntem gehorchen. Unter ihnen befinden sich dann nur noch die moralisch fragwürdigen Gruppen. Einerseits die Sophisten und Demagogen, die sich aktiv und bewusst von der Suche nach Wahrheit abwenden und schließlich die – vermutlich im Sinne von *Politeia* IX zu begreifenden – Tyrannen als der Wahrheit und der Einsicht ins Gute fernste, sowie dadurch notwendig unglücklichste Gruppe.

Wie geht es nach der ersten Inkarnation weiter, was geschieht, nachdem die Seele ihr erstes Leben beendet hat? Zu den Göttern gelangen die meisten Menschen erst nach der zehnten Inkarnation zurück – und zwar letztlich alle, von »Unheilbaren« ist im *Phaidros* nicht die Rede. Ab der zweiten Inkarnation sind dann auch tierische Reinkarnatio-

---

[56] Vgl. Dixsaut 2001, 177 und auch Krämer 1990, 90, Fußnote 14.

nen möglich (249b4–6). An dieser Stelle ist außerdem plötzlich von der »Wahl« des Lebens (249a3–4) bzw. von »Verlosung und Wahl« (249b2–3) die Rede – eine Wendung, die sehr an die mit der Verlosung der Wahlreihenfolge gekoppelte Lebenswahl in *Politeia* X (617d3–620d6) erinnert. Das Hauptkriterium in den Jenseitsmythen anderer Dialoge, wie man nämlich sein Leben geführt hat, wird auch im *Phaidros* wieder aufgegriffen. Ob jemand gerecht oder ungerecht gelebt hat, entscheidet sowohl über die Art der Inkarnation (besser oder schlechter; 248e5–6) wie auch über sein Schicksal zwischen den Inkarnationen. Entweder wird er nach dem Gericht mit dem Aufenthalt in der Unterwelt bestraft oder kommt – je nach Lebensalter, das von der 1000jährigen Periode abgezogen werden muss, ca. 920 Jahre lang – an einen himmlischen Ort. Dort lebt er dem Leben gemäß, das er in menschlicher Gestalt geführt hat (249b1) und wartet auf die Wahl seines zweiten bzw. nächsten Lebens. Nur die ehrlich *(adolôs*[57]*)* Philosophierenden und die, die »mit Philosophie die Knaben geliebt haben« (249a1–2[58]), werden dann, falls sie sich dreimal hintereinander für die philosophische Lebensweise entschieden haben (ein Indiz für die Festigkeit des Entschlusses), früher als alle anderen, bereits nach 3000 statt 10000 Jahren, zu den Göttern heimkehren können. Diese Heimkehr, die erneute Gemeinschaft mit den Göttern und die regelmäßige Schau der Ideen ist das Ziel der Philosophen.

Ähnlich wie im *Phaidon* erwartet sie nach dem Tod bzw. spätestens nach der dritten Inkarnation die Rückkehr an den Ort, an dem sie schon Zeit ihres Lebens gerne sein möchten – nämlich dort, wo sie die Ideen schauen. Die Schau der Ideen fällt ihnen zwar aufgrund der widerstrebenden Rosse nicht leicht, gelingt aber doch »mit Mühe« (*mogis*, 248a4[59]). Hier *mogis* mit »kaum« zu übersetzen, wie Schleiermacher es tut, ist irreführend, weil die Abgrenzung zu den gleich anschließend genannten anderen, die abwechselnd auf- und untertauchen und daher

---

[57] Das Adverb wird auch mit »ohne Falsch/Trug« oder schlicht mit »ehrlich« übersetzt. Hier meint es aber vermutlich, wie schon in 7.3 diskutiert, keine List anzuwenden, wie es Lysias seinem Liebhaber gegenüber tut, dem er sich als Nichtverliebter vorstellt.
[58] Gemeint sind die philosophischen Erotiker, die Beziehungen mit Jüngeren, ebenfalls philosophischen eingehen um deren charakterlicher Ausbildung willen (252e1–5); im Unterschied zu z.B. den Ehrliebenden, die sich aufgrund ihres ähnlichen Interesses finden, handelt es sich dabei um Beziehungen ganz ohne sexuelle Komponente (256a7–b8). Vgl. zur Diskussion 7.2.
[59] So übersetzt z.B. Heitsch 1997, 32.

8. Philosophische Lebensweise und die Haltung zum Tod

»einiges sahen, anderes aber nicht« (248a5–6), dann nicht mehr deutlich wird[60]. Wenn eine Gruppe die Ideen »kaum« sieht in dem Sinne, dass sie diese nur teilweise oder kurzzeitig sieht, dann diese zweite Gruppe. Der ersten Gruppe, die später mit den Philosophen identifiziert wird, gelingt es, den Umlauf der Götter mitzuvollenden (248a3–4)[61]. Während die Götter außen auf dem Himmelsgewölbe stehen (247b8–c1) und von ihm einmal an den Ideen vorbeigetragen werden, strecken die Wagenführer der menschlichen Seelen nur den Kopf heraus – was für die Schau der Ideen jedoch genügt. Sie nähren sich ebenso wie die Götter von »unvermischter Vernunft und Wissenschaft« (*nô te kai epistêmê akêratô*, 247d2), wenn auch nicht so leicht wie diese (vgl. auch *mogis* im Gegensatz zu *rhadiôs* in 247b2–3). Sie werden von der ständigen Angst begleitet, nicht mithalten zu können, was erhebliche Anstrengung erfordert (247b5–6), und sind daher sicher nicht so wohlgemut (*eupathei*, 247d5) dabei wie die Götter. Bei ihnen zu bleiben, indem man bei jedem Auszug die Ideen sieht, scheint aber viel attraktiver als das Leben auf der Erde zu sein, das einem unglücklichen »Unfall« oder Unglück (248c7, 250a3) der Seele entspringt. Inwieweit ein dauerhafter Aufenthalt bei ihnen aber überhaupt möglich ist, bleibt zu fragen – scheint doch das Wesen der menschlichen Seele, das sich von dem der Götter unterscheidet (im Bild das störrische Pferd, das zu bändigen ist), Ursache für den Fall zu sein[62].

Wiederum wird das gerechte Leben als entscheidender Faktor für das Schicksal nach dem Tod genannt (248e5–6). Trotz günstiger Vo-

---

[60] Völlig übersehen wird der sprachliche Unterschied zwischen »kaum« und »mit Mühe« von Ferber 1992, 664, der schreibt: »Sieht auch die beste Seele nur ›kaum‹ oder ›mit Mühe‹ das Seiende, so kann schwerlich davon gesprochen werden, daß die Letzterkenntnis bereits erreicht ist …«. Dies trifft nun höchstens im ersten Fall zu – eine nur teilweise oder (zu) kurze Schau ist denkbar, wenn man »kaum« etwas erblickt. Im zweiten Falle werden die Ideen sehr wohl erblickt, der ganze Umschwung wird mit-vollzogen, aber eben »mit Mühe«, d. h. nicht ohne Anstrengung. Das Gleiche gilt für die von Ferber genannte Parallelstelle in Rep. 517c1 (vgl. Ferber 1992, 665), wo sogar Schleiermacher die Übersetzung »mit Mühe« vorzieht. Dass es um eine Betonung der Mühseligkeit geht, vertritt auch H. Steinthal: Bei jeder der 57 *mogis* Stellen bei Platon ist gemeint, daß das Geschehen oder die Handlung, um die es geht, trotz Müh' und Not *doch* erfolgt ist (vgl. Steinthal 1993, 103).

[61] Ihnen ist daher auch nicht »lediglich ein flüchtiger Blick möglich« (Albert 2008, 35). Zu erinnern ist auch an die erstaunliche Aussage im *Menon*, jede Seele hätte hier und im Hades »alle Dinge« (*panta chrêmata*, 81c7) erblickt, so dass es nichts gebe, was sie nicht in Erfahrung gebracht hätte (Men. 81c5–7).

[62] Vgl. Alt 2002, 277.

raussetzungen kann jemand, z. B. durch schlechten Umgang (250a3), zum Unrecht verleitet werden. Worin bestehen diese Voraussetzungen? Im *Gorgias* und auch im *Phaidon*, in dem alles an der Lebensweise des Menschen hängt, spielen weitere Voraussetzungen scheinbar keine Rolle für das Schicksal im Jenseits. Im *Phaidros* aber entscheidet sich nun bereits vorgeburtlich, wie viel ein Mensch von den Ideen gesehen hat. Welche epistemischen Fähigkeiten er in Bezug auf die sittliche Erkenntnis mitbringt, aber auch, inwiefern er durch diese Erkenntnis zum Tun des Guten motiviert ist, ist unterschiedlich. Die Erinnerung an die Ideen fällt je nachdem, wieviel man davon ursprünglich gesehen hat, schwerer oder leichter (249c5–9) – unmittelbar entscheidet diese Komponente über die Art des ersten Lebens (248d2–3). Zweitens scheint die erste Wahl davon beeinflusst zu sein, welchem Gott jemand folgt, d. h. welche Charakterdisposition er mitbringt (darauf deutet 252c4–253c6 hin; vgl. 9.4.1). Als Funktion des Mythos wird im Dialog genannt, dass er das Wesen der Seele leichter, als dies durch philosophische Untersuchung möglich wäre, verdeutlichen soll (246a3–6). Aufgrund der beiden genannten Voraussetzungen trägt das Bild des *Phaidros* für die Seele, trotzdem dass eine »Wahl« des zweiten Lebens explizit genannt wird (249b1–4), deterministische Züge. Es ist vielleicht nicht ausgeschlossen, dass jemand mit ungünstigen Anlagen, etwa einem leicht kränkbaren, zur Rache neigendem Gemüt wie die Nachfolger des Ares (252c5–d1), und wenig Einblick in die Ideen dennoch gerecht leben wird (oder spätestens sein zweites Leben anders wählt). Aber er hat es doch erheblich schwerer.

8.3.3. Politeia X – Die Lebenswahl

Deutlicher als im *Phaidros* wird ein Belohnungs- und Bestrafungsszenario (614b2–616b2) in Buch X der *Politeia* mit dem Moment der freien Lebenswahl (617d3–620d6) verbunden. Wie schon im *Gorgias* gibt es drei Gruppen von Menschen: Die Gerechten gelangen an einen himmlischen Ort, an dem es »unbegreiflich Schönes« zu schauen gibt (615a3–4). Andere müssen zehnfach für jede ungerechte Tat in der Unterwelt Buße tun, werden aber auch belohnt für gute Taten. Nur die dritte Gruppe der Unheilbaren, zum größten Teil Staatsmänner, wird nicht wieder entlassen, sondern in den Tartaros geworfen (615d5–616b2).

Sowohl der Aufenthalt im Himmel als auch der in der Unterwelt

8. Philosophische Lebensweise und die Haltung zum Tod

(ausgenommen dem im Tartaros) ist zeitlich begrenzt. Danach müssen die Menschen ihr nächstes Leben aus verschiedensten Vorlagen von Lebensweisen (*biôn paradeigmata*, 617d6) wählen, wobei die Erfahrungen ihres vergangenen Lebens die Wahl prägen (620a2–3). Dabei überwiegen die Negativbeispiele, und dass jemand ein philosophisches Leben wählt, wird gar nicht erwähnt – aus 619d8–e6 ist aber zu schließen, dass, wer wirklich Philosophie betrieben hat, stets wieder ein philosophisches Leben wählt[63]. In Gefahr sind alle anderen. Fast ›aus Versehen‹ wählt gleich der erste, der eigentlich die günstigste Ausgangsposition erlost hat, die Tyrannis und bereut seine Wahl sofort. Weil er nur durch Gewöhnung ohne Philosophie (*ethei aneu philosophias*, 619d1) tugendhaft war, ist er Torheit und Gier (619b8–9) als Eigenschaften, die für die schlechte Wahl verantwortlich sind, sein Leben lang nicht losgeworden. Und dies vermutlich unbemerkt von allen anderen, hat er doch scheinbar tugendhaft, sogar mit geordneter innerer Verfassung (619c7) gelebt. Gerade weil sein Leben (und auch die Läuterungsphase[64]) so frei von Mühen war, die andere zum Nachdenken bringen (619d2–6), ist er in der Wahl zu unbefangen. Andere wie die Heroine Atalante richten sich bei ihrer Wahl bewusst nach dem Gesichtspunkt der Ehre und Anerkennung (620b6–8). Die Erfahrungen des letzten Lebens scheinen die Entscheidung zu beeinflussen, jedoch nicht festzulegen, was das Beispiel des vormals ehrgeizigen Odysseus zeigt, der sich diesmal anders entscheidet und ein Leben abseits der Politik wählt (620c3–d3)[65]. Die Grundintention der Beispiele in diesem Abschnitt ist, die außerordent-

---

[63] Vgl. Ferrari 2009, 129f. gegen die eher pessimistische Sicht von J. Annas, die den Philosophen weniger zutraut (vgl. Annas 1982, 351). Die Reinkarnation der philosophischen Seele wird aber nicht nur von J. Annas, sondern auch Ferrari negativ bewertet. Er vergleicht sie dem notwendigen Abstieg in die Höhle (vgl. Ferrari 2009, 131) und vermutet, dass gar der ganze Mythos eher dem Fassungsvermögen Glaukons angemessen ist (vgl. *ebd.*, 116). Eine m. E. unwahrscheinliche These, denn auch im Leben gehen die Philosophen bereits mit den Ideen um, bis hin zur Schau der Idee des Guten. Daher wird das dauerhafte Verweilen im Jenseits nicht so attraktiv dargestellt wie im *Phaidon*. Aus der Schau selbst folgt ja die Verwirklichung und Weitergabe des Guten, daher ist die in *Politeia* erwähnte »Notwendigkeit« eine innere (vgl. 6.4.3.2), die zumindest dem Glück nicht abträglich sein kann, und im Gegenteil die innere Freiheit des Philosophen ausmacht (die von Ferrari auch gesehen wird; vgl. *ebd.*, 131–132).

[64] Vgl. Alt 2002, 280. Dass er nur aus Gewohnheit tugendhaft ist, wird übersehen von Inwood 2009, 42.

[65] In der *Politeia* ist wesentlich mehr Spielraum vorhanden als in den Reinkarnationsszenarien des *Timaios*, wo die Lebensführung automatisch in die entsprechende nächste Existenz mündet (vgl. Alt 1983, 28).

liche Wichtigkeit der Fähigkeit, zwischen guten und schlechten *bioi* unterscheiden zu können, zu betonen (618b6–619b1). Die Wahlreihenfolge wird zwar ausgelost, aber die Zahl der zur Wahl stehenden Lebensformen ist viel größer als die Anzahl der Wählenden. Es ist nicht so, dass ein schlechterer Platz in der Wahlreihenfolge gar keine Nachteile bringt (619d8; e1–2), aber auch der letzte hat noch die Chance auf ein gutes und liebenswertes (*agapêtos*, 619b4) Leben. Daher betont der Prophet, der die Wahl anleitet, zu Beginn die Verantwortlichkeit der Wählenden: »Die Schuld ist des Wählenden. Gott ist schuldlos« (617e4–5)[66]. Weil die Tugend »herrenlos« ist (617e3), liegt es allein an jedem Menschen selbst, wieviel Anteil er an ihr hat in seinem Leben. Genannt werden (scheinbare) Güter wie Reichtum, Gesundheit und Schönheit (618b4–d1), die durch den Wählenden bewertet werden müssen. Dass z. B. Reichtum ein gerechtes Leben erschwert und daher nur scheinbar ein Gut ist, wurde im Dialogverlauf gezeigt (vgl. dazu auch 9.4.3). Ein Leben, das Reichtum beinhaltet, ist daher zumindest gefährdet. Einige andere Lebensformen wie die Tyrannis bringen die Seele dagegen unausweichlich dazu, ungerecht zu werden (618e1–3)[67].

---

[66] Eine ganz ähnliche Trennung der Verantwortlichkeiten von Göttern und Menschen für das Schicksal wird in den *Nomoi* (Lg. 803c2–8) versucht, wo vom Menschen als »Spielzeug Gottes« gesprochen wird. In diese Rolle muss er sich fügen und die allerschönsten Spiele spielend sein Leben zubringen. Allerdings relativiert der Einspruch des Megillos die Ernsthaftigkeit der Stelle (Lg. 804b5–6). Und selbst wenn diese deterministisch anmutende Metapher, die später nochmals aufgegriffen wird, etwas Wahres ausdrückt, so geschieht dieses »Spiel« nicht regellos oder nach Regeln, die den Menschen nicht bekannt sind. Wie ein Brettspieler versetzt der vom Gott eingesetzte Herrscher diejenigen, die schlechter oder besser werden (Lg. 903d3–e1) – eine Reminiszenz an die in den Reinkarnationsszenarien geschilderten Zusammenhänge. Der König richtet sich nach den Handlungen und stellt jeden an den Platz im Ganzen, der am ehesten den Sieg der Tugend gewährleistet. Die Entscheidungen des Menschen sind für seine charakterliche Entwicklung und dadurch auch dafür, welchen Platz er enthält, wesentlich (Lg. 904b8–c1). Das Wissen um diese Zusammenhänge ist Voraussetzung für das Wissen um das glückliche oder unglückliche Leben (Lg. 905c2–4).

[67] Sicher wäre auch ein ›guter‹ Tyrann denkbar, wie ihn Platon in den *Nomoi* annimmt (Lg. 709e6–712b7). An eine neutrale Position des Tyrannen (im Verständnis von ›Herrscher‹) ist in *Politeia* X, direkt nach der Schilderung der tyrannischen als niedrigste Verfallsstufe der Seele, aber nicht gedacht (vgl. auch die Beschreibung in Rep. 619c1–2). Dass nach der Wahl des tyrannischen Lebens noch ein Spielraum gegeben ist oder zumindest Schlimmstes verhindert werden kann, wird von wenigen Interpreten angenommen – z. B. macht K. Alt darauf aufmerksam, dass zugleich mit jedem Leben auch ein *daimôn* gewählt wird, der normalerweise Gutes verursacht; welche Wirkung er aber genau hat, wird im Mythos der *Politeia* nicht erklärt (vgl. dazu Alt 2002, 280–81).

8. Philosophische Lebensweise und die Haltung zum Tod

8.3.4. Ertrag der Jenseitsmythen im Blick auf das philosophische Leben

Was ist dem Mythos der *Politeia* und, zusammenfassend, den anderen Jenseits- und Reinkarnationsszenarien für unsere Thematik an Kernpunkten zu entnehmen? Das Jenseitsszenario der *Politeia* verlagert das Ziel des Philosophen nicht, wie der *Phaidon*, in eine jenseitige Welt. Nur zeitweise weilen die Philosophen bei den Ideen[68], bevor sie durch die Lebenswahl wieder in den Reinkarnationskreislauf eintreten. Dies mag damit zusammenhängen, dass ihr Leben bereits ganz unabhängig von der Jenseitsperspektive als angenehmstes geschildert wurde (vgl. 5.4.8) und sie ja während des Lebens auch schon mit den Ideen umgehen (Rep. 540a3–b7). Wie ist die vorgeburtliche Lebenswahl zu interpretieren? Sicher will Platon nicht darauf hinaus, dass die Lebensbahn ohnehin unveränderlich vorgezeichnet ist.

Verschiedene Interpretationsansätze sind denkbar. Zunächst gibt es tatsächlich angeborene, kontingente Äußerlichkeiten wie körperliche Schönheit oder Hässlichkeit, die als Merkmale einiger Lebensformen in der *Politeia* genannt werden und sich schwer ändern lassen. Weiterhin bestehen innere Voraussetzungen, die ein philosophisches Leben erschweren oder sogar unmöglich machen können (vgl. 9.4). Auf solche Ausgangssituationen und Voraussetzungen macht der Mythos, ebenso wie der des *Phaidros*, aber unter größerer Betonung der Wahlfreiheit, aufmerksam. In der *Politeia* finden sich – klarer als im *Phaidros* – außerdem textliche Hinweise darauf, dass die Wahl der richtigen Lebensweise nicht nach dem Tod bzw. vor der Geburt, sondern bereits während der Lebenszeit stattfinden sollte (z. B. 618e4 und *aei pantachou*, 618c6). Die Jenseitsszenarien sollen die Bemühung um ein gutes Leben nicht in Frage stellen, sondern im Gegenteil motivieren, indem sie den wichtigen Gedanken ergänzen, dass die Lebensführung spätestens nach dem Tod entsprechende Konsequenzen nach sich zieht. Und dies auch, wenn diese Folgen während der Lebenszeit scheinbar ausbleiben, der Gerechte also arm und verkannt stirbt, während der Ungerechte ungestraft davonkommt. Letzteres liegt im *Gorgias* nahe und wird auch in der *Politeia* hypothetisch angenommen. Zuletzt wird es aber dann doch, sehr

---

[68] Dass sie im Jenseits die Ideen schauen, ist aufgrund der Formulierung in Rep. 615a3–4 – das dort zu Schauende ist unbegreiflich schön – anzunehmen.

optimistisch, als unwahrscheinlich angesehen (Rep. 612b8–613e4 und 6.5.1).

Auch in Bezug auf die aus Gewohnheit Tugendhaften werden in Dialogen wie *Phaidon*, *Phaidros* und *Politeia* Konsequenzen geschildert, die während ihres irdischen Lebens nicht auftreten müssen[69]. Die Gefährdungen bestimmter Arten von Tugend zeigen sich nicht auf den ersten Blick, sondern erst auf lange Sicht bzw. unter Entwicklung hypothetischer Szenarien. Wie fatal die Folgen eines Lebens ohne Philosophie sein *könnten*, soll die unbedachte Wahl eines Vertreters dieser Gruppe zeigen, der aus Torheit und Gier die größte Tyrannis wählt. Aus dem kontrafaktischen Szenario folgt, dass, wenn dieser scheinbar Tugendhafte schon während seines Lebens die Möglichkeit gehabt hätte, die Tyrannis zu wählen, er dies aufgrund seines Charakters auch getan hätte. Sein Leben hätte sich durchaus schon während der Lebenszeit zum Negativen hin verändern können und ist vermutlich nur durch die Umstände davor bewahrt worden – nicht durch seine innere Verfassung bzw. die Herrschaft der Vernunft. Ein Seitenhieb auf die Unvernünftigen findet sich zudem in Rep. 621a6–b1. Jeder gelangt, bevor er wieder auf die Erde zurückkehrt, auf das »Feld des Vergessens« und muss dort ein gewisses Maß an Wasser aus dem Fluss Lethe trinken, woraufhin er das Geschehene vergisst. Wer nicht durch die Vernunft daran gehindert wird (621a8), trinkt jedoch zu viel Wasser des Vergessens. Die Hoffnung auf das Jenseits könnte hier auf eine mehr oder weniger starke Erinnerung daran zurückgeführt werden, die sogar ausgelöscht werden kann. Nur der Vernunfterwerb schützt vor dem völligen Vergessen des Erlebten.

Warum beschränkt sich Platon nicht auf die Darstellung des Jenseitsgerichts, sondern greift immer wieder auf Wiedergeburtsszenarien zurück[70]? Die Unterschiedlichkeit und Vielfalt der Szenarien ist erstens

---

[69] Wiewohl es aufgrund der Instabilität der gewohnheitsmäßigen Tugend häufig zu zumindest einzelnen ungerechten Taten kommt. Diejenigen, die »mittelmäßig« gelebt haben (*mesôs bebiôkenai*, 113d4) und im Schlussmythos des *Phaidon* geläutert werden, dürften mit den im Reinkarnationsszenario erwähnten »Mittelmäßigen« (*metrious*, 82b7) identisch sein.

[70] Eine scheinbar unnötige Doppelung der »Vergeltungskausalität« bemerkt Müller, in: Platon-Handbuch 2009, 327. Alt 1982, 287 vermutet, dass der Reinkarnationsgedanke das Problem lösen soll, was mit den ›Geläuterten‹ geschieht, da ein direkter Übergang vom Tartaros auf die Inseln der Seligen nicht denkbar ist – dann wäre er bereits im *Gorgias* angelegt.

8. Philosophische Lebensweise und die Haltung zum Tod

ein Hinweis darauf, dass diese nicht wörtlich zu nehmen sind (vgl. auch explizit Phd. 114c10–d7). Die Grundaussage der Mythen, die stets betont wird, besteht darin, dass es nach dem Tod in irgendeiner Weise weitergeht, und zwar dem Zustand der unsterblichen Seele entsprechend. Für diesen Zustand, der ein möglichst gerechter und vernünftiger sein sollte, ist jeder Mensch durch seine Lebensführung selbst verantwortlich. Dass in manchen Dialogen nicht wie im *Phaidon* ein endgültiger Aufenthalt im Jenseits als Ziel der Philosophen angenommen wird (im *Phaidros* ist er unsicher, in der *Politeia* nicht vorgesehen), unterstreicht, so ein zweiter Grund, die Verbindung der Jenseitsmythen mit dem Leben hier und jetzt[71]. Ein dritter Grund mag darin bestanden haben, möglichst viele traditionell (etwa bei Empedokles, Homer, Pindar, den Pythagoreern, in der Orphik) vorhandene Mythen und Vorstellungen aufzugreifen und dem, was Platon wahrer schien (z. B., dass den Göttern nichts verborgen bleibt; Rep. 612e1–2) entsprechend zu korrigieren.

Ein entscheidender systematischer Grund für die Diskussion von Wiedergeburtsszenarien bzw. ihre Verbindung mit der Vorstellung vom Jenseitsgericht könnte aber, viertens, auch die zusätzliche Differenzierungsmöglichkeit sein. Die Jenseitsszenarien sehen Strafen wie den temporären oder ewigen Aufenthalt im Tartaros nur für die vom Menschen tatsächlich verübten Taten vor. Die »(all)gemein« (*dêmotikên*, Phd. 82a9) Tugendhaften erwartet diese Strafe aber nicht, falls sie nie Unrechtes getan haben. Sie sind, wie Schleiermacher weniger pejorativ als das auch mögliche »mittelmäßig« übersetzt, eigentlich »ganz leidliche« Männer (*andras metrious*, Phd. 82b7–8). Die Vorstellung von der Wiedergeburt bietet mehr Möglichkeiten zur Differenzierung[72] als das Szenario des Jenseitsgerichts. Sie kann zur Bewertung von Charaktereigenschaften genutzt werden, auch wenn diese aufgrund günstiger Umstände nicht in konkrete Taten münden sollten[73].

---

[71] Vgl. Alt 2002, 273f. Anders Vlastos 1991, 79f., der die Bezogenheit auf das hier und jetzt dem – vermuteten – historischen Sokrates zuschreibt, während Platon in anderen Sphären weile: »… Plato's Form-mysticism is profoundly otherworldly« (*ebd.*, 79).

[72] Dies gilt auch, worauf es mir hier aber nicht ankommt, für die ›offensichtlich‹ Ungerechten, wie die Schilderung des Talionssystems in Lg. 872d7–873a3 zeigt. Der Verbrecher erleidet nach der Reinkarnation das gleiche Los wie seine eigenen Opfer.

[73] Vgl. ähnlich dazu Schmitt 2002, 299, der feststellt, dass der Mythos ganz allgemein dazu dient, die Motivation des Handelns darzustellen, nicht konkrete äußere Taten, an denen sich wahre Gerechtigkeit (d. h. ob jemand ›gerecht denkt‹) laut Platon nicht ablesen ließe.

9. Was ist und wer kann philosophisch leben?

Gerade der Schlussmythos der *Politeia* macht noch einmal sehr deutlich, dass ein ›normal‹ tugendhaftes[1] Leben nicht auszureichen scheint. Über eine allgemeine, äußerliche Tugend hinauszukommen, möglichst vernünftig zu werden und mittels der philosophischen Beschäftigung letztlich das Gute selbst zu erkennen, ist das Ziel der Philosophen. Das auf dieses – erreichbare – Ziel ausgerichtete philosophische Leben ist das nach menschlichen Maßstäben gemessen glücklichste.

Es wurde gezeigt, wie Menschen von Sokrates dazu motiviert werden, sich auf den philosophischen Weg zu begeben (Kapitel 4). Wer philosophisch lebt, setzt an die Stelle allgemein vom Menschen verfolgter Hauptziele des Lebens, wie möglichst viel Lust (Kapitel 5) oder Anerkennung (Kapitel 6) zu gewinnen, ein anderes Ziel: Das Erlangen von Tugend und Weisheit, was nur durch die Schau des Guten möglich ist. Die Beschäftigung der Philosophen, die diesem Ziel dient, besteht in geistiger Betätigung und dem Führen von Gesprächen. Wie diese geistige Betätigung aussieht und insbesondere, welche Rolle die dialektische Untersuchung spielt, die zu den Ideen führt[2], soll im Folgenden noch genauer dargestellt werden (9.4.4). Sie verändert jedenfalls die Seele, lässt andere Neigungen, besonders die zwei menschlichen Hauptbestrebungen nach möglichst viel Ehre und Lust, die in der *Politeia* eigenen Seelenvermögen zugeordnet werden, zurücktreten (vgl. die Metapher

---

[1] Gemeint ist ein Leben gemäß äußerlicher, allgemeiner Tugend, wie sie z. B. in Phd. 82a9–b1 erwähnt wird (die »gemeine und bürgerliche Tugend«; τὴν δημοτικὴν καὶ πολιτικὴν ἀρετήν). Vgl. auch die Diskussion in 5.2, 5.3.2, Kapitel 8 und dann auch 9.4.5.
[2] Zumindest scheint dies in Rep. 532d8–534e4 die Hauptfunktion zu sein (bes. 533c9–d4). In anderen Beschreibungen wie der des Fremden in Soph. 253b9–e2, der über die dialektische Beschäftigung als »Wissenschaft der Freien« (253c7–8: τὴν τῶν ἐλευθέρων ... ἐπιστήμην) spricht, geht es um die Untersuchung der Beziehungen zwischen den Ideen (bei Gaiser wohl Methode b, vgl. Gaiser 1988a, 99). Die Skepsis, mit der z. B. Zuckert 2000, 95f. den Fremden betrachtet und ihm unterstellt, selbst ein Sophist zu sein, ist m. E. nicht angebracht.

des Stromes in 5.4.5) und führt zu einer stabilen Herrschaft der Vernunft in der Seele. Je mehr die Erkenntnis von Ideen wie Gerechtigkeit und Besonnenheit gelingt – die durch eine maßvolle Lebensweise ermöglicht wird (5.7.2) –, desto stabiler wird die seelische Verfassung. Spätestens nach der Erkenntnis der Idee des Guten scheint die tugendhafte Verfassung kaum mehr gefährdet zu sein. Die Philosophen können sich dann der Ausbildung anderer Menschen zuwenden. Wenn es die Umstände erlauben, sind sie außerdem diejenigen, die politische Ämter besetzen sollten, weil nur sie das für den Staat Gute im Vollsinne erkennen. Die Ausrichtung an der Vernunft ermöglicht ihnen zudem, Ehren richtig zu verteilen (6.6).

Insgesamt führen sie, auch ohne dass sie dies direkt anstreben, ein lustvolles Leben. Erstens bringt die philosophische Beschäftigung höchste Lust mit sich (5.4.8), zweitens entgeht der Philosoph durch seine maßvolle Lebensweise aber vor allem der Gefahr, dass ausufernde Begierden in der Seele entstehen, die sich nicht mehr befriedigen lassen. Er lebt somit das angenehmste Leben, das dem Menschen möglich ist.

Die Freundschaft zu anderen Menschen, die durch das gemeinsame Philosophieren im Gespräch gekennzeichnet ist, ist fester Bestandteil philosophischen Lebens (7.6). Ein Moment der Einsamkeit lässt sich allenfalls in Bezug auf die Erkenntnis des Guten ausmachen, die der philosophischen Beschäftigung entspringt (7.2.6 und 7.6.1). Die Freundschaft zu anderen ist aber sowohl Anstoß des Aufstiegs zur Idee des Schönen bzw. Guten als auch Konsequenz der Schau, die zur Suche nach schönen Seelen führt. Gleichgesinnte Freunde zu besitzen, ist außerdem notwendige Bedingung dafür, das Gute politisch umsetzen zu können. Im Tod schließlich ist jeder allein und muss sich individuell für seine Lebensführung verantworten[3]. Wenn nur das philosophische Leben, was besonders durch die Jenseitsmythen nochmals unterstrichen wird, ein wahrhaft gerechtes und gutes Leben ist, das nicht nur der

---

[3] Es ist mit Blick auf Platon falsch, zu sagen, dass die Antike »durchweg kein positives Verhältnis zum Individuellen« (Kobusch 2009, 108) hatte. Bereits R. W. Hall stellte, z. B. mit Blick auf die moralische Verantwortung des Individuums im Schlussmythos der *Politeia*, das Gegenteil fest (vgl. Hall 1963, 24). Auch P. Hadot, auf den Kobusch an dieser Stelle verweist (nämlich auf Hadot 1999, 88 (Anm. 4), betont eigentlich wenig vorher (*ebd.*, 46–49) die starke Individualität des Sokrates, die die Individualität seiner Gesprächspartner erst zum Leben erweckt. Wie jüngst J. Karl besonders mit Blick auf *Politeia* herausgearbeitet hat, ist das Bewusstsein von Individualität und Selbstbestimmung nicht erst dem Christentum zu verdanken (vgl. Karl 2010).

Zwei Arten des philosophischen Lebens oder Grade der Verwirklichung?

Strafe entgeht, sondern zur Glückseligkeit führt (Kapitel 8), so ist aber fraglich, ob diese Glückseligkeit für jeden erreichbar ist.

Abschließend soll daher die Frage im Zentrum stehen, wer philosophisch leben kann. Vor der Bestimmung der Reichweite eines Begriffs muss zuerst geklärt werden, wie er zu definieren ist[4], d. h. in unserem Fall, welche Elemente das philosophische Leben beinhaltet. Dies ist in den vorangegangenen Kapiteln schon weitgehend[5] – allerdings aufgrund der Vielzahl der betrachteten Dialoge nicht ohne Widersprüchlichkeiten – geschehen. Es bleibt zu fragen, ob es eine einheitliche, ›platonische‹ Konzeption philosophischen Lebens gibt oder verschiedene, die dann jeweils für eine kleinere oder größere Gruppe von Menschen geeignet sind (9.1). Wenn es, wie ich vertreten werde, nur eine einzige Konzeption gibt, so stellt sich die Anschlussfrage, woher die vielen, teils unterschiedlichen Charakterisierungen in den Dialogen stammen, was in 9.3 kurz mit Blick auf das Philosophieren des Sokrates aufgegriffen werden soll. In 9.4 werde ich dann mit Blick auf Voraussetzungen der philosophischen Lebensweise deren Anspruch und zuletzt eine Antwort auf die Frage der Reichweite dieser Lebensweise herauszuarbeiten versuchen – wobei zwischen den Aussagen Platons, ihrer Interpretation und einer systematischen Fortführung zu unterscheiden ist (9.4.5) –, bevor ein Fazit (9.5) die Ergebnisse der Untersuchung zusammenfasst.

9.1. Zwei Arten des philosophischen Lebens oder Grade der Verwirklichung?

Die Beschreibung von Ausbildung und Leben der Philosophenherrscher in der *Politeia* mit ihrem aufwändigen Erziehungsprogramm sowie die dort und im *VII. Brief* genannten Voraussetzungen legen nahe, dass das philosophische Leben eine Sache für nur wenige Menschen ist. Anhand der *Politeia* könnte man zwei Arten des philosophischen Lebens zu unterscheiden suchen:

---

[4] Der Vorrang der Definitionsfrage vor weiteren Fragen wird von Sokrates häufig betont, z. B. ähnlich zu Ende des *Protagoras* in Prot. 361c4–6: Erst muss geklärt werden, was Tugend ist, bevor gefragt werden kann, ob sie lehrbar ist.
[5] Bis auf die noch nachzutragende, genauere Beschreibung des Curriculums der »vollkommen Philosophischen« (9.4.4).

9. Was ist und wer kann philosophisch leben?

a) Den im engeren Sinne philosophischen *bios theôrêtikos* der intensiv mit dialektischen Untersuchungen befassten Philosophenherrscher.

b) Das Leben der in *Politeia* IX erwähnten ›Philosophischen‹ (581c4–5; 581d10), in deren Seele im Unterschied zu z. B. Eigennützigen und Ehrbegierigen das auch als *philosophon* (581b1) bezeichnete *logistikon* herrscht. Dieses Leben, das einem guten und gerechten Leben entspricht (vgl. 5.4.9), ist für alle Menschen unabhängig von ihrer Profession (vgl. 5.4.6) sinnvoll.

Eine solch klare Unterscheidung kann jedoch, wie im Folgenden begründet werden soll, nicht getroffen werden.

Zu a) Auch die Philosophenherrscher treiben nicht ihr gesamtes Leben lang Dialektik, sondern erhalten zunächst die – wie in 5.4.3 gezeigt, von ihrer Begründung her für jeden Menschen sinnvolle – musisch-gymnastische Ausbildung der Wächter und leisten Kriegsdienst, worauf die eigentlich philosophische Ausbildung folgt, um danach bzw. bereits währenddessen[6] politisch tätig zu sein. Es wird nicht, wie später bei Aristoteles[7], unterschieden zwischen einer politisch-praktischen und einer philosophischen, kontemplativen Lebensform. Erst im Alter wird den Philosophen ein ausschließlich der geistigen Tätigkeit gewidmetes Leben erlaubt. Auch im *VII. Brief* geht es, bei aller Einschränkung, was die notwendigen Voraussetzungen angeht, nicht um ein zurückgezogenes Leben der *theôria*, sondern – z. B. in der konkreten Situation des Dionysios in Syrakus – um den intensiv philosophisch Tätigen, der dennoch gleichzeitig den Aufgaben nachgeht, die er hat (Ep. VII 340d2–3).

Zu b) Nimmt man die Übertragung des Bildes der Kallipolis in der *Politeia* auf die Seele des einzelnen Menschen ernst, so ist die geistige Beschäftigung zumindest wesentlicher Teil des Lebens (vgl. 5.4.6). Sie ist sowohl Voraussetzung für die Herrschaft der Vernunft in der Seele wie auch die notwendige Folge dieser Herrschaft. Wenn das philosophische *logistikon* herrscht, so müssen auch seine Bedürfnisse unablässig erfüllt

---

[6] Die dialektische Ausbildung wird laut Rep. 539e2–540a2 zugunsten politischer Ämter unterbrochen.

[7] Vgl. besonders EN 1178a6–10 sowie EN I 3 und Pol. 1324a25–35. Vgl. dazu auch Hadot 1999, 98. Cooper 1987 hinterfragt allerdings die klare Trennung dieser beiden *bioi* bei Aristoteles, und zwar bereits innerhalb der *Nikomachischen Ethik*.

Zwei Arten des philosophischen Lebens oder Grade der Verwirklichung?

werden – es ›ernährt‹ sich aber von Kenntnissen, und zwar möglichst denen der Ideen (vgl. zur Nahrungsmetapher Phdr. 247d1–5 und Rep. 585b3–c6). Das Leben der Philosophischen ist kaum von demjenigen der Philosophenherrscher zu trennen. Nur der der Aristokratie ähnliche Mensch, der im Sinne von 521c1–540c11 ausgebildet wurde, wird als wirklich gut und gerecht bezeichnet (544e7–8). Alle anderen Seelenverfassungen sind schlechter (545a2), sie gelten als Verfallsformen[8].

Eine nur abgeleitete, aufgrund von Gewohnheit oder natürlicher Anlage entstehende Form der Tugend, sowie Tugend aus anderen Motiven als dem der Erkenntnis des Guten (wie sie im differenzierten Hedonismus vorliegt), hat sich dagegen als instabil und unzureichend erwiesen (vgl. 5.2, 5.3.2 und Kapitel 8).

Platon favorisiert weder eine rein theoretische Lebensweise, noch gesteht er ein wahrhaft gutes Leben ohne vernünftige Reflexion zu. Es gibt nur eine philosophische Lebensweise, einen einzigen Weg der Herrschaft der Vernunft, die durch Gerechtigkeit, Besonnenheit und Tapferkeit gleichermaßen ermöglicht wie auch bestätigt und immer weiter gefestigt wird. In welchem Grade diese Lebensweise aber verwirklicht werden kann, hängt vor allem von inneren Voraussetzungen und Beschränkungen ab, die dem Menschen entzogen sind. Wie stark sich jemand philosophischen Tätigkeiten wie der Diskussion und Begriffsanalyse verschreibt, ist bedingt durch natürliche intellektuelle Begabung und z. B. die Hartnäckigkeit und Ernsthaftigkeit, mit der jemand die musische Ausbildung, die auf Besonnenheit und Tapferkeit zielt, verfolgt[9].

Es scheint allerdings eine entscheidende Zäsur auf dem Weg zu geben, die den ›erfolgreichen‹ Philosophen vom ›philosophisch Interessierten‹ – wie ihn z. B. Alkibiades, und in gewissem Sinne auch Dionysios verkörpern – trennt. Die höchste Idee, die Idee des Guten zu erkennen, ist das Ziel der philosophischen Bemühungen, welches, wie anhand des *Symposions*, der *Politeia*, des *VII. Briefs* und der Auslegung der Jenseitsmythen gezeigt wurde, auch erreichbar ist[10]. Es trifft Platons

---

[8] Anders als Karl 2010, 310, annimmt, gesteht Platon daher in der *Politeia* den Ungerechten kein (mehr oder weniger) gutes Leben zu.

[9] Nur in geringerem Umfang ist sie auch von äußeren Beschränkungen abhängig, z. B. von der zur Verfügung stehenden Zeit für die »häufige gemeinsame Bemühung« (Ep. VII 341c6–7: ἐκ πολλῆς συνουσίας).

[10] Zum *Symposion* vgl. 7.2.3–7.2.7, zum *VII. Brief* vgl. 7.4. Für die *Politeia* ist aufgrund

9. Was ist und wer kann philosophisch leben?

Verständnis philosophischen Lebens daher nicht, dass es bei einer Ausweglosigkeit bleibt, beim ständigen Auf-dem-Wege-sein. Nur im *Phaidon* wird das Ziel ausdrücklich ins Jenseits verlegt, wodurch das philosophische Leben hier und jetzt aber nicht abgewertet wird. Wer philosophisch lebt, erhält früher oder später, so die Aussage des *Phaidon*, nicht nur Einblick in die Ideen, sondern schaut die Idee des Guten – was vermutlich nicht nur Platon selbst für sich in Anspruch genommen hat[11], sondern auch dem Sokrates (wofür in 7.2 argumentiert wurde) zumindest unterstellt.

Wenn das Erreichen der gesuchten Wahrheit als ›philosophischer Fundamentalismus‹ bezeichnet wird[12], der Platon zu Unrecht zugeschrieben werde, so wird dabei nicht bedacht, dass Sokrates in seinem Tun in der Tat etliche feste Überzeugungen, eben geistige ›Fundamente‹ hatte, die Platon aufgreift und zu verstehen sucht[13]. Sobald ein Fundamentalismusvorwurf nicht in rein polemischer Absicht erhoben wird, sollte immer gefragt werden, worin die ›Wahrheit‹, das ›Fundament‹, an dem festgehalten wird, denn genau besteht. Dass Sokrates selbst sich in einigen seiner philosophischen Überzeugungen so sicher war, dass er dafür sogar in den Tod ging (z. B. darin, dass Unrecht zu erleiden besser ist als Unrecht zu tun), wird von Platon lediglich erkenntnismäßig und sprachlich einzuholen versucht. Im Folgenden soll nochmals genauer auf das Verständnis der Schau des Guten und ihre Konsequenzen für das philosophische Leben reflektiert werden, was eines vergleichenden Blicks auf die zentralen Stellen in *Politeia*, *Symposion* und *VII. Brief* bedarf.

---

der klaren Aussagen in z. B. Rep. 521c1–3, 532a7–b3 und 532e1–4 eigentlich keine Begründung notwendig. Dass ein Ziel dort nur »projektiert« ist, wie R. Ferber einwendet (vgl. Ferber 1992, 662), bestreitet niemand. Die gesamte Kallipolis ist ein – sogar auf der literarischen, d. h. der Gesprächsebene – fiktiver Entwurf; durchwegs geht es um die Diskussion der Erreichbar*keit* des Ziels und ihrer Bedingungen.

[11] Wie es z. B. aus dem *VII. Brief* deutlich wird (anders Ferber 2007, 26f.).
[12] So Ferber 1992, 663 in der Auseinandersetzung mit K. Albert.
[13] Vgl. Kapitel 4 und 9.3. Vgl. auch Rowe 2001, 40, der gegen die »Resokratisierung« Platons durch Gadamer einwendet, dass doch eine erhebliches Maß an positiver, sich nicht ändernder »Lehre« (darunter fallen auch Ideen und Argumente; vgl. *ebd.*, 46, Fußnote 28) in den Dialogen zu finden sei. Vgl. zu Beispielen für Sätze, die selbst für den historischen Sokrates wohl feststanden, auch Voigtländer 1989, 42–45.

9.2. Die Schau der Idee des Guten und ihre Auswirkungen auf das philosophische Leben

In der *Politeia* wird von der Idee des Guten als höchster oder größter Einsicht gesprochen:

> Ein solcher [Hüter des Staates und der Gesetze; eig. Anm.] also, Freund, sagte ich, muß den weiteren Weg gehen und sich nicht minder im Forschen (*manthanonti*, 504d2) anstrengen als in Leibesübungen oder, wie wir eben sagten, er wird die größte Einsicht *(tou megistou ... mathêmatos)* und die ihm am eigentümlichsten zukommt, nie zustande bringen. (Rep. 504d1–4)

Im Kontext des Sonnengleichnisses wird dann in einer häufig zitierten Stelle festgestellt, dass das Gute selbst »noch über das Sein an Würde und Kraft hinausragt« (Rep. 509b9–10). Die gesamte Aussage lautet:

> Ebenso nun sage auch, daß dem Erkennbaren nicht nur das Erkanntwerden von dem Guten komme, sondern auch das Sein und Wesen habe es von ihm, da doch das Gute selbst nicht das Sein ist, sondern noch über das Sein an Würde und Kraft hinausragt. (Rep. 509b6–10)[14]

Sokrates warnt hier vor einer Identifikation der Idee des Guten mit dem Wesen *(ousia)* des Erkennbaren. Daraus folgt aber noch nicht, dass die Idee des Guten nicht selbst eine Einsicht sein, d. h. in keiner Weise erkannt werden könnte[15]. Wie wird die größte Einsicht im Höhlengleichnis beschrieben? Wir stoßen auf eine vergleichsweise nüchterne Schilderung:

> Zuletzt aber, denke ich, wird er auch die Sonne selbst, nicht Bilder von ihr im Wasser oder anderwärts, sondern sie selbst an sich an ihrer eigenen Stelle anzusehen und zu betrachten imstande sein. ... Und dann wird er schon herausbringen *(syllogizoito)* von ihr, daß sie es ist, die alle Zeiten und Jahre schafft und alles ordnet in dem sichtbaren Raume und auch von dem, was sie dort sehen, gewissermaßen die Ursache ist. (Rep. 516b4–c1)

---

[14] Καὶ τοῖς γιγνωσκομένοις τοίνυν μὴ μόνον τὸ γιγνώσκεσθαι φάναι ὑπὸ τοῦ ἀγαθοῦ παρεῖναι, ἀλλὰ καὶ τὸ εἶναί τε καὶ τὴν οὐσίαν ὑπ' ἐκείνου αὐτοῖς προσεῖναι, οὐκ οὐσίας ὄντος τοῦ ἀγαθοῦ, ἀλλ' ἔτι ἐπέκεινα τῆς οὐσίας πρεσβείᾳ καὶ δυνάμει ὑπερέχοντος. (Rep. 509b6–10)

[15] Eine weiterführende Begründung dieser These, die an dieser Stelle nicht unternommen werden kann, müsste vor allem fragen, wie das »an Würde und Kraft« Hinausragen oder Übertreffen des Guten zu verstehen ist.

9. Was ist und wer kann philosophisch leben?

Die Folge der Schau ist, dass er »sich selbst glücklich preist« *(eudaimonizein)* und die Menschen in der Höhle bemitleidet. Dennoch wird er, von Gerechtigkeitsargumenten überzeugt (Rep. 520a6–c2), dorthin zurückkehren, nach einer Gewöhnungszeit politisch tätig sein und wohl auch andere zur Oberfläche führen. Im Anschluss an das Gleichnis wird der Ausbildungsgang eines Philosophenherrschers im Detail beschrieben. Zuletzt betreibt er Dialektik, bis er »was das Gute selbst ist, mit der Erkenntnis gefasst hat *(noêsei labê)*« (Rep. 532b1–2). Als Merkmal für die Erkenntnis des Guten selbst wird genannt, imstande zu sein, sie »von allem aussondernd, durch Erklärung zu bestimmen *(diorisastai tô logô)*« (Rep. 533b8–9). Es ist deshalb fraglich, ob man von Platons Philosophie, wie Albert vorschlägt, nicht mehr als »Metaphysik« sprechen sollte, weil es ihm nicht um Erkenntnis *(epistêmê)* ginge, sondern um die Schau des Einen.[16] Auch der Weg zu dieser Erfahrung, vielleicht sogar die Erfahrung selbst, scheint in der *Politeia* durchwegs intellektuellen Charakter zu besitzen. Wie Görgemanns feststellt, kann sie als »Durchbruch« begriffen werden, als Erreichen eines neuen Integrationsniveaus, dem eine intensive geistige Bemühung vorausgeht[17].

Der Stufenweg im *Symposion* führt von den Bestrebungen und Sitten *(epitêdeumata kai nomoi)* weiter zu den Erkenntnissen *(epistêmas)*. Laut Symp. 210d5–6 werden »viel schöne und herrliche Reden und Gedanken« erzeugt in »ungemessenem Streben nach Weisheit *(philosophia aphtonô)*«. Die auf diese geistige Tätigkeit folgende »einzige solche Erkenntnis« *(tina epistêmên mian*, Symp. 210d7–8) wird dann, was in der *Politeia* an dieser Stelle nicht betont wurde[18], »plötzlich« erblickt.

---

[16] Vgl. Albert 1989, 63–65 und 1985, 24, wo Platons mittlere Philosophie als Weiterführung der Mysterienkulte bezeichnet wird. Bordt dagegen macht auf die Metaphysik als systematischen Ort der Erfahrung aufmerksam; selbst in Lg. 897d8–e2 handelt es sich um Angleichung an Gott, insofern er die Vernunft ist (vgl. Bordt 2006a, 185 sowie Bordt 1999, 120–123). Eine Gleichsetzung der erkennbaren Idee des Guten mit dem erkennenden *nous* wäre in systematischer Hinsicht, mit Blick auf die Funktionen beider Prinzipien in weiteren Dialogen, möglich (vgl. Bordt 2006a, 238–250, bes. 248). Platon bietet jedoch keine Lösung für die Vermittlung der beiden scheinbar doch ganz verschiedenen Prinzipien an (vgl. *ebd.*, 250).

[17] Vgl. Görgemanns 1994, 119.

[18] Man sieht das Wahre nicht sofort, sondern braucht Gewöhnung (Rep. 516a3–4); von »Plötzlichkeit« wird eher auf die Wechsel generell gesprochen, in Bezug auf das erstmalige Aufstehen in der Höhle (Rep. 515c5–6) und dann die plötzliche Rückkehr dorthin (Rep. 516e5–6).

Die Schau der Idee des Guten und ihre Auswirkungen

Die lange und rätselhafte Charakterisierung des »von Natur wunderbar Schönen« in Symp. 210e2–211b5 enthält dann unter anderem die Worte, es erscheine »nicht wie eine Rede oder Erkenntnis *(oude tis logos oude tis epistêmê)*« (Symp. 211a7–8). Hier liegt nun tatsächlich eine widersprüchliche Beschreibung vor – ist die Idee des Guten nun eine Erkenntnis oder nicht? Allerdings scheint es ja doch so, dass Platon sie, ähnlich wie in der *Politeia*, vor allem von den gerade vorher genannten, vielen Erkenntnissen abgrenzen möchte. Wenig später wird der Punkt daher auch präzisiert:

> ... bis man von den Kenntnissen *(mathêmata)* endlich zu jener Kenntnis gelangt, welche von nichts anderem als eben von jenem Schönen selbst die Kenntnis ist, und man also zuletzt jenes selbst, was schön ist, erkenne. (Symp. 211c7–9)

Erst an dieser Stelle ist das Leben lebenswert. Das »göttlich Schöne selbst« (Symp. 211e3) wird in seiner »Einartigkeit« geschaut *(monoeides katidein,* Symp. 211e4) und Diotima fragt:

> Meinst du wohl, daß das ein schlechtes Leben sei, wenn einer dorthin sieht und jenes erblickt, womit man es erblicken muß, und damit umgeht *(xynontos)?* (Symp. 211e4–212a2)

Noch viel mehr als im Fall des Zusammenseins mit einem Geliebten möchte der Philosoph immer bei diesem Schönen sein. Bemerkungen wie diese und der Verweis auf die »Einartigkeit« des Schönen lassen Interpreten vermuten, dass die hier geschilderte Erfahrung eine mystische ist, eine Schau des Einen und gleichzeitig Erfahrung des Einsseins mit allem Seienden, eine Aufhebung des Subjekt-Objekt Gegensatzes[19]. Diese Interpretation der Schau ist jedenfalls besser vereinbar mit der

---

[19] Wie es bereits bei A. J. Festugière und später K. Albert scheint, die das Gute mit dem Einen identifizieren (vgl. Festugière 1936, 264f. und Albert 1989, 10–12, 37f., 54–61; ähnlich Mason 1961, 13, die von »some sort of spiritual contact« spricht). Albert folgt dabei der Platondeutung der Tübinger Schule (vgl. Albert 1995, 25 und 2008, 37–39; vgl. kritisch dagegen Ferber 1992, 666, der die Tübinger Interpretation zwar vertritt, ihr aber weniger zutraut, vgl. Ferber 1989, 160–219; gänzlich ablehnend dagegen Wieland 1999, 42–44). Ähnlich geht auch Duerlinger vor, der für seine religiöse Platondeutung neben der ungeschriebenen Lehre auch mittel- und neuplatonische Schriften heranzieht (vgl. Duerlinger 1985). Sicher ist der Ursprung des Neuplatonismus bei Platon zu suchen (vgl. Ricken 2007, 135), ein Übergang von Psychagogie in Mystagogie aber, wie er im Neuplatonismus geschieht (vgl. Rabbow 1954, 296), findet sich, gerade unter Einbezug dessen, was wir von der ungeschriebenen Lehre wissen, kaum bei ihm.

9. Was ist und wer kann philosophisch leben?

Schilderung im *Symposion* und im *VII. Brief* als mit derjenigen der *Politeia*.

Auch im *Symposion* bleibt es nicht beim glückselig machenden Zusammensein mit dem Guten. Die Konsequenz der Erfahrung des Schönen ist, dass nicht mehr Abbilder der Tugend, sondern wahre Tugend erzeugt und aufgezogen wird (Symp. 212a6). Wie in 7.2.7 festgestellt wurde, wird dies vermutlich nicht nur in Bezug auf die eigene Seele, sondern auch die Seelen anderer Menschen unternommen. Diese Tätigkeit führt dann auch zur Unsterblichkeit bzw. dazu, dass sie dem von den Göttern geliebten Philosophen verliehen wird (Symp. 212a6–8).

Ein drittes Mal wird die höchste Erkenntnis, abgekürzt als *ta megista* (Ep. VII 341b2), im *VII. Brief* erwähnt, wieder mit einem anderen Schwerpunkt, der – wie in 7.4 geschildert – auf der gemeinsamen Bemühung liegt:

… denn es läßt sich keineswegs in Worte fassen wie andere Lerngegenstände *(mathêmata)*, sondern aus häufiger gemeinsamer Bemühung um die Sache selbst und aus dem gemeinsamen Leben entsteht es plötzlich – wie ein Feuer, das von einem übergesprungenen Funken entfacht wurde – in der Seele und nährt sich dann schon aus sich heraus weiter. (Ep. VII 341c6–d2)

Ebenso wie im *Symposion* wird die Plötzlichkeit der Erkenntnis erwähnt, ebenso wie dort und in *Politeia* wird der Unterschied zu anderen Erkenntnissen (hier: Lerngegenständen) unterstrichen. Neu ist die Betonung des *gemeinsamen* Erleuchtungserlebnisses. Wie in den beiden anderen Schilderungen entspringt es einer, über längere Zeit hinweg geleisteten, intellektuellen Anstrengung, die allerdings mit dem gemeinsamen Leben verknüpft ist. Dass es sich bei diesem Erlebnis um etwas Unverlierbares handelt, ist der Aussage zu entnehmen, dass es sich aus sich heraus weiternährt (Ep. VII 341d2). Es muss nicht ständig neu erweckt werden, da es ja auch nicht vergessen werden kann (Ep. VII 344d10–e2)[20].

Allen Schilderungen gemeinsam ist, dass sich etwas in der Seele, und daraufhin auch im Leben des Menschen ändert, sobald die Idee des Gu-

---

[20] Diese Bemerkung hebt die Erkenntnis doch ab von etwas, »… was sich auf niederer Stufe alle Tage und überall da vollzieht, wo es … um das Verständnis eines Kunstwerkes, eines Geschichtswerkes oder einer philosophischen Einsicht geht, d.h. überall da, wo Interpretation nötig ist« (v. Fritz 1966, 122).

Die Schau der Idee des Guten und ihre Auswirkungen

ten erkannt wird. Was könnte die systematische Erklärung hierfür sein? Wie Spaemann schreibt[21], ist das Gute nicht wie andere Ideen innerhalb des Urbild-Abbild-Rahmens zu begreifen. Es ist vielmehr Grund dieses Verhältnisses und als dynamisches Prinzip der Verwirklichung zu verstehen[22]. Derjenige, der das Gute »weiß«, ist daher gegenüber dem Tun des Guten nicht mehr indifferent. Er setzt es, so kann Spaemann hier ergänzt werden, unmittelbar um in seinem persönlichen Leben und, soweit es geht, auch im Leben anderer[23]. Wie U. Wolf es ausdrückt, ist die Reaktion auf die Erkenntnis eine praktische, keine theoretische: »Das Fruchtbarmachen des Geschauten besteht nicht in seiner ungefähren Formulierung, sondern darin, es in dem Material der empirischen Welt nachzuahmen ...«[24]

Die Erkenntnis der Idee des Guten entspricht dabei noch nicht einer göttlichen, unfehlbaren Erkenntnis jedes im Einzelfall zu verwirklichenden Guten[25]. Die Schau ist eng verbunden mit der weiteren, möglichst gemeinsamen philosophischen Tätigkeit. Eigentlich betrifft die

---

[21] Vgl. Spaemann 1997, 162f.
[22] Der scheinbar rätselhafte Status der Idee des Guten als, so eine alternative Übersetzung, »jenseits des Seienden« (ἐπέκεινα τῆς οὐσίας, Rep. 509b9), von dem Spaemann ausgeht, wird allerdings bereits dadurch relativiert, dass sie wenig später als »glänzendstes unter dem Seienden« (Rep. 518c9–10: τοῦ ὄντος τὸ φανότατον) beschrieben wird (eine Beschreibung, die an die der Idee des Schönen in Phdr. 250b6 erinnert; vgl. S. 287, Fußnote 46). Auch die erwähnte Annahme in Rep. 534b3–d2, dass sie dialektisch von den anderen Ideen abzugrenzen sei, spricht gegen die Auslegung von 509b9 im Sinne völliger ›Jenseitigkeit‹. Um zu klären, ob sie zwischen Urbild und Abbild steht oder ein Drittes zwischen Denken und Sein ist (so Ferber 1989, 149), bedürfte es weitaus mehr an Diskussion, als sie im Rahmen unseres Themas möglich ist. In jedem Falle hält Platon an der Erkennbarkeit der Idee des Guten fest. Dass ihre Erfassung »nicht zu einer Erleuchtung, sondern zu einer Blendung, zu einer *Aporie*« (Ferber 1989, 216) führe, ist den Gleichnissen nicht zu entnehmen.
[23] Den Zusammenhang zwischen der Kontemplation der Ideen und der Hinwendung zu anderen Menschen untersucht im Detail J. Beatty, der dabei von den universalen Implikationen der Vernunft und der dem Wahren und Guten gemeinsamen teleologischen Ausrichtung ausgeht (vgl. Beatty 1976, bes. 556–558).
[24] Wolf 1999, 46. Dieser Gedanke wird von einer Reihe von Autoren betont, z.B. von R. Bubner in Absetzung zu den Interpretationen a) Heideggers und b) der Tübinger Schule (vgl. Bubner 1988, 68–75). Vgl. auch Ricken 2004a, der aber weiter geht als Bubner und dazu noch auf die eschatologische Dimension aufmerksam macht.
[25] Darauf beziehen sich auch unter Umständen Aussagen wie die, dass sie das Gute »nicht hinreichend kennen« (Rep. 505a5–6) – und nicht auf die Unmöglichkeit der weiteren Begründung evidenter Letztbegründungen, auf Prinzipien, die keine Metatheorie mehr erlauben (so Krämer 1990, 94).

9. Was ist und wer kann philosophisch leben?

Nachahmung auch nicht direkt das »Material der empirischen Welt«, sondern vor allem die anderen Menschen darin. Der Philosoph versucht nicht nur, selbst zu Tugend und Weisheit zu gelangen bzw. damit umzugehen – ein Unternehmen, das nie abgeschlossen ist[26] –, sondern möchte auch andere dazu führen. Er ist in größerem Rahmen sogar dazu fähig, das Gute in den Sitten der Menschen, d.h. mittels der Gesetzgebung in der *polis* umzusetzen (Rep. 500d4–6[27]). Im *Symposion* stellt Diotima wie geschildert fest, dass das Leben erst nach dieser Erkenntnis lebenswert (*biôton*, Symp. 211d1–3) sei[28]. Diese Aussage deutet genau wie die vom sich selbst nährenden Feuer im *VII. Brief* darauf hin, dass sie etwas ist, das, einmal erreicht, auch nicht mehr verloren werden kann. Es scheint sich außerdem um etwas zutiefst Sinnstiftendes zu handeln. Vor dieser Erkenntnis bleibt der Philosoph ein Suchender, wiewohl die Ahnung von dem, was er sucht, genügt, um ihn auf den Weg des philosophischen, tugendhaften Lebens zu bringen – man denke etwa an den, der nach richtiger Vorstellung den Weg führt in Men. 97b5–7. Es ist nicht vermessen, wenn man Platon unterstellt, er traue dem recht verstandenen Philosophieren zu, die Sinnfrage zu beantworten bzw. Lebenssinn zu stiften. Nicht als formulierbare, einfach zu erlangende oder leicht vermittelbare theoretische Antwort, aber doch als tiefe, auf geistigem Wege erreichbare Erfahrung des Guten als Ursprung des gesamten Seins[29], zu der man dann auch andere führen kann.

---

[26] Vgl. Hadot 1999, 54: Die Reinheit der moralischen Absicht muss stets erneuert werden.

[27] Die in Rep. 500d4 genannte »Notwendigkeit«, die den Philosophenherrschern entsteht, kann von diesen eingesehen werden und ist nicht, wie Spaemann 1997, 163 schreibt, einfach mit »Zwang« zu übersetzen und zu identifizieren (vgl. dazu ausführlicher 6.4.3.2).

[28] Und darum, sein Leben als »lebenswert« bezeichnen zu können, geht es letztlich jedem Menschen. Auch in den *Nomoi* wird, nachdem alle Gesetze für Pflege und Erziehung *(trophê kai paideia)* der Seele im Leben gegeben sind, als Ziel der Gesetze genannt, dass das Leben lebenswert sein soll (Lg. 874d2–5).

[29] Ob diese Aussage epistemisch oder metaphysisch zu verstehen ist, wäre zu fragen (vgl. Ricken 2004a, 22f., der eine epistemische Interpretation vertritt). Mit Blick auf 509b6–8 scheint mir eine rein epistemische Interpretation aber nicht auszureichen: »Ebenso nun sage auch, daß dem Erkennbaren nicht nur das Erkanntwerden vom Guten komme, sondern auch das Sein und Wesen habe es [das Erkennbare] von ihm ...« Es wäre außerdem zu fragen, wie und warum ein nur formales, transzendental zu erfassendes Prinzip der Einheit der Vernunft (vgl. ebd., 23) eine Lebensänderung hervorrufen sollte. Die Idee des Guten bzw. Schönen trägt, bereits in ihrer Beschreibung in der *Politeia*, mehr noch aber im *Symposion*, metaphysisch-theologische Züge.

Die Schau des Guten (oder Schönen im Sinne des Edlen) kann in direkte Verbindung mit dem Verlangen nach einem guten und glücklichen Leben gebracht werden[30]. Dass das Gute zu suchen und zu tun ist – statt z. B. eigene Lust oder die Anerkennung anderer zu suchen –, wird weder von Platon noch von Sokrates hinterfragt. Je tiefer diese Überzeugung, nicht als jederzeit aufzugebende oder ständig zur Diskussion stehende Meinung[31], sondern *als Erkenntnis* in einem Menschen, und hier gerade dem Verantwortungsträger, verwurzelt ist, desto besser.

9.3. Die inhaltliche Ausweitung der sokratischen Lebensweise

Innerhalb des platonischen Werks ist allerdings eine Änderung in der Darstellung der Art und Weise zu beobachten, wie diese Verwurzelung geschehen kann. Platon entfernt sich zunehmend von der – leider nur aufgrund der frühen Dialoge zu rekonstruierenden und daher äußerst schwer zu fassenden[32] – ›sokratischen‹ Lebensweise, sofern sie in der permanenten Selbstprüfung und der konsequenten Durchführung des *elenchos* bestanden zu haben scheint (Apol. 28e5–6). Nicht nur die Me-

---

[30] Wird das Gute mit dem »Einen« identifiziert, so ist die Frage, wie der Zusammenhang dieser Erkenntnis zur Lebensführung hergestellt wird. Vermutlich hat Platon den Gedanken der Identifikation von Gutem und Einen wegen seiner Entferntheit von der Lebensführung zumindest nicht niedergeschrieben. Warum sollten Menschen das »Eine« suchen und es als lebensverändernde Einsicht begreifen? K. Albert entwirft seine mystisch-religiöse Interpretation genau aus dem Anliegen heraus, den Lebensbezug (wieder) herzustellen (vgl. Albert 1995, 7). Gibt es weitere Versuche, die These vom Guten als Einem mit dem Lebensbezug, der ethischen Dimension zu verbinden? Die Erklärung Krämers, dass letztlich alles gut im Sinne der Brauchbarkeit und Beständigkeit ist, die wiederum diejenigen Dinge besitzen, die »als Eines und Identisches bei sich selbst verharr[en]« (Krämer 1964, 85) trifft nur einen Teilaspekt der *aretê*. Bedenkenswert ist aber seine Studie zur Vorbereitung der Mesotes-Lehre des Aristoteles in der platonischen Ontologie und der Verweis auf Ordnung, Einheit und Maß, die auch bei Platon zentral sind (vgl. Krämer 1958 und zur Verteidigung der Position in neuerer Zeit Berti 2004). G. Reale betont die »henologische« Basis der platonischen Ethik; sowohl der Staat als auch der Einzelne müssen das richtige Maß finden (Phil. 65a2), um Einheit in das Mannigfaltige zu bringen (vgl. Reale 2004, 259–264).

[31] Der Unterschied von richtiger Meinung und Wissen besteht nicht in anderen Inhalten, sondern der fehlenden weiteren Rechenschaft und Begründung (vgl. Krämer 1990, 92–93, der auf Men. 98a, Tht. 201c-d und Symp. 202a verweist).

[32] Vgl. Gigon 1979.

thodik der Untersuchung, die theoretische Herangehensweise und Platons Einsichten verändern sich im ständigen Versuch, die vom sokratischen Philosophieren aufgeworfenen Probleme zu lösen[33], sondern auch die Art und Weise philosophischen Lebens – weil eben beides eng verknüpft ist. Dass Erörterungen metaphysischer Fragen wie der des Verhältnisses von Einem und Vielen Anliegen des historischen Sokrates waren, ist nicht anzunehmen. Auf platonische Szenarien wie das der Anamnesis hätte er vielleicht mit Unverständnis reagiert[34]. Aber auch in der Auffassung philosophischen Lebens unterscheidet sich Platon von Sokrates. Die elementare Dialektik, die unablässige Frage nach der Tugend und der Rangfolge der Güter im eigenen Leben scheint für ein gutes Leben zu genügen, wie es Sokrates selbst gelebt hat. Zu dieser Selbstprüfung sollte jeder vernunftbegabte Mensch fähig sein[35] und ohne sie ist das Leben nicht lebenswert (Apol. 38a5–6). Aber Platon ist sie nicht genug. Die Lebensprüfung rückt in die Nähe der Protreptik, sie ist notwendige, aber nicht hinreichende Bedingung für ein lebenswertes Leben. Die Anschlussfrage, wann das Leben denn dann, im positiven Sinne lebenswert *ist*, beantwortet Platon im *Symposion*. Hier erklärt Diotima dem Sokrates, dass dies erst dann der Fall ist, wenn man die Idee des Guten bzw. Schönen geschaut hat (Symp. 211d1–3). Wie Voigtländer feststellt, ist die gesamte Philosophie Platons als Antwort auf die Frage des historischen Sokrates' nach dem Guten zu verstehen[36]. Die sokratischen Gespräche führen unter platonischer Regie, nach einem retardierenden Moment (vgl. die ›Zitterrochenstelle‹ in Men.

---

[33] Platon sucht Antworten auf Probleme, die mit dem sokratischen *elenchos* zusammenhängen (vgl. Vlastos 1994a, 29; ähnlich schon Jaeger 1957, 488). Die Ideenlehre ist der Hintergrund für die Lösung der sokratischen Aporien (vgl. Erler 1987, 283–284). Weiter noch geht G. Müller, der dafür argumentiert, dass eine sokratische Philosophie im Werk Platons eigentlich nirgends zu finden ist (vgl. Müller 1975, 11).

[34] Dies vermutet zumindest Vlastos 1994a, 29.

[35] Vgl. Jordan 1990, der mit Verweis auf Burnyeat feststellt: »The *elenchos* is universally prescribed« (*ebd.*, 62). Und zwar ist dies deshalb so, weil eben auch der Zustand des (unbewussten) Nichtwissens nicht nur bestimmte Menschen betrifft, sondern zur *conditio humana* gehört (vgl. *ebd.*, 68).

[36] Vgl. Voigtländer 2007, 298. Ähnlich C. Horn, der in der Auseinandersetzung mit U. Wolf schreibt, dass auch der Tugendbegriff der Frühdialoge bereits zeige, auf welche Weise ein metaphysisch bestimmtes Gut eine konkrete Bedeutung für das individuelle Leben erlangen *würde*. Die *aretê*-Konzeption der Frühdialoge ist daher nicht, wie U. Wolf annimmt, als Reaktion auf ein unerreichbares Wissen zu interpretieren (vgl. Horn 2000, 344).

79e8–80b7), in dem der Philosophierende, seines scheinbaren Wissens beraubt, in Verwirrung gerät, dann doch zur Erkenntnis[37]. Eine wahre Meinung, die bestätigt wird, wenn falsche Meinungen ausgeräumt werden, genügt zwar als Führer auf dem richtigen Weg, aber sie ist unzuverlässig (Men. 97c4–98a8)[38]. Spätestens im *Symposion* wird Sokrates, wie in 7.2 mit Verweis auf die literarische Komposition des Dialogs gezeigt wurde, die Schau des Schönen zugeschrieben. Er ist kein Suchender mehr, wiewohl er aufgrund der Unmöglichkeit, das Gesehene sprachlich so zu formulieren, dass es andere auch sehen, ehrlicherweise behaupten kann, nicht zu wissen, was genau die Tugend ist. Es ist nicht ganz richtig, wie Teloh schreibt, dass die sokratische Erziehung (gemeint ist sein Vorgehen in den Frühdialogen) sich auf die Person des Dialogpartners und dessen Überzeugungen konzentriert, während der *logos* in den mittleren und späten Dialogen im Mittelpunkt steht[39]. Die beiden Zugänge werden verbunden, indem der *elenchos* zur Methode wird, um das in den Menschen verschüttete Ideenwissen, und damit den allgemeinen *logos*, zutage zu fördern[40]. Wollen sie auf dem philoso-

---

[37] Dass es bei der Suche nach Weisheit bleibt, bemerkt dagegen Zuckert 2009, 861: »... philosophy will always remain a search for wisdom rather than the possession of knowledge.« Dies sei der Fall, weil gezeigt werden müsse, wie der menschliche *logos* uns befähigt, die Beziehung zwischen rein intelligiblen und sensiblen Formen des Seins zu bestimmen. Allerdings ist fraglich, ob die Beantwortung dieser metaphysischen Frage Voraussetzung für echtes Wissen – etwa um die Beziehung zwischen Ideen verschiedener Tugenden – ist.
[38] Vgl. Teloh 1986, 162f., der die Stelle noch wesentlich negativer bewertet und auf Men. 99e–100a als ihren ironischen Kontext aufmerksam macht. Die Frage, warum Politiker für gut gehalten werden, wird so beantwortet, dass sie nur durch göttliche Eingebung oder Glück das Richtige treffen. Wahre Tugend kann nicht auf kommenden und gehenden Meinungen basieren. C. Zuckert schreibt, dass der platonische Sokrates weder – wie Hannah Arendt es vertritt – im Bereich der Meinung bleibt, noch – nach der existentialistischen Deutung S. Kierkegaards – der *elenchos* nur eine negative Funktion besitze (vgl. Zuckert 2009, 860). Allerdings trifft sie diese Feststellung aus einem Gesamtbild des schon durch Platon umgestalteten Sokrates' heraus.
[39] Vgl. Teloh 1986, 3. In die gleiche Richtung äußert sich Hadot 1999, 45, der im platonischen Verständnis eine Verschiebung von der Infragestellung seiner selbst und seiner Werte hin zur Infragestellung des Wissens sieht.
[40] Erler 1987, 283–287 weist wie schon Patzer 1965 darauf hin, dass die Lösung der Aporien in den frühen Dialogen nur auf dem Hintergrund platonischer Metaphysik möglich ist. Der Adressatenkreis sind Leser, die Vorkenntnisse platonischer Grundlehren haben. Die Texte bedürfen der mündlichen Auseinandersetzung auf Basis dieser Grundlehren. Wie in Kapitel 4 bereits bemerkt wurde, ist ihm zuzustimmen; lediglich die Einschränkung des Adressatenkreises ist m. E. nicht notwendig. Auch Leser ohne Vorkennt-

9. Was ist und wer kann philosophisch leben?

phischen Weg, der zunehmend mit dem des wahrhaft Gerechten identifiziert wird (vgl. 5.4.9), fortschreiten, müssen sie ihn durch andere Methoden ergänzen und sich abstrakten, dialektischen Erörterungen zuwenden. Diese hängen nicht mehr unmittelbar – wie noch die Frage nach der Tugend oder der Glückseligkeit – mit dem Leben zusammen. Sie dienen allerdings auch nicht nur der ›theoretisch-wissenschaftlichen‹ Auseinandersetzung, etwa im Sinne der Erarbeitung eines Metaphysiklehrbuchs, das für geistig Interessierte spannend ist, aber keine lebenspraktischen Konsequenzen hat. Philosophiert wird immer unter dem Horizont des Guten[41]. Erst durch möglichst weitreichende theoretische Reflexion und Begründung stabilisiert sich die tugendhafte Lebensweise von innen her. Für Sokrates wie auch für Platon sind Wissen und Tugend eng verknüpft. Auch wenn das Streben nach Wissen systematisiert und zur Wissenschaft wird, so wirkt die wissenschaftliche Tätigkeit gleichzeitig, nach wie vor, charakterbildend[42].

Sokrates scheint eine richtige Ahnung, eine Eingebung oder Intuition zu besitzen, eine innere ›Verwandtschaft‹ mit dem Wahren (vgl. 9.4.1). Erst durch die Dialektik werden Grundüberzeugungen aber befestigt und in sicheres Wissen verwandelt. Das *dialegesthai* im Sinne des *elenchos* ist nur Voraussetzung für den nächsten Schritt: Im *Symposion* wird Agathon mittels des *elenchos* von falschen Meinungen befreit (Symp. 199c2–201c8), dann folgt die Belehrung (Symp. 201d1–212c3).

Sicheres Wissen ist vor allem im Kontext der Rechtfertigung gegenüber anderen von Bedeutung. Ein Plädoyer des Sokrates für ein gu-

---

nisse könnten durchaus mit Hilfe der Dialoge erst auf Grundlehren – oder die Akademie, wie es K. Gaiser vertritt – aufmerksam gemacht werden.

[41] »Das platonische ist wie das sokratische Wissen vor allem ein Wissen um die Werte.« (Hadot 1999, 96). Mittelstraß 1984, 26–27 sieht mit G. Ryle eine Gefahr im Verschwinden des sokratischen Dialogs und dem Einzug professioneller philosophischer Forschung in den späten Dialogen (vgl. 1.4). Letztere ist aber m. E. eben durch die Bemühung motiviert, Klarheit in Bezug auf das Gute zu erhalten und das sokratische Projekt konsequent bis zum Letzten fortzuführen. Es geht darum, die Einbettung der ethischen Überzeugungen in das gesamte Gefüge theoretischer und metaphysischer Überzeugungen zu sichern, wie es im *VII. Brief* (344b1–4) angedeutet wird.

[42] Vgl. Hadot 1999, 86 und Zuckert 2009, 47f., die von zwei Paradigmata der Philosophie spricht, die durch Sokrates und Timaios repräsentiert werden. Timaios argumentiert für eine verständlichere Sicht des Ganzen, kann aber keine plausible Antwort auf die Frage nach dem Leben des Menschen geben. Wegen des Lebensbezuges ist Sokrates, nicht Timaios, Platons »chief philosophical protagonist« (*ebd.*, 48).

tes Leben wie das gegen Ende des *Gorgias* ist argumentativ leicht angreifbar[43]. Auch wenn sich der krude Hedonismus vernünftigerweise widerlegen lässt (vgl. 5.1), hat Sokrates alternativen Lebensweisen, wie im *Protagoras* vorgeführt wird, nicht viel entgegenzusetzen. Subtilere Vorschläge wie der von Protagoras, die Zufriedenheit mit einem Leben der ›allgemein‹ Tugendhaften – auch der alternde Kephalos steht in *Politeia* I für eine abgeklärte, allgemein-tugendhafte Position – können erst unter Rückgriff auf metaphysische Annahmen, auf das Gute als an die Stelle der Lust zu setzendes Lebensziel, hinterfragt werden (vgl. 5.8.1 und 5.8.2). Nicht die Position des Rebellen gegen jegliche Moral, sondern die vernünftig begründete Tugend des ›Durchschnittsbürgers‹ wirft die Frage nach der Attraktivität eines Lebens, das nicht nur auf dem Kriterium des Angenehmen oder Unangenehmen beruht, in ihrer ganzen Schärfe auf.

Erst der Dialektiker also kann seine Lebensweise vor anderen rechtfertigen, die sie, unter Umständen sogar unter Rückgriff auf metaphysische Annahmen – was der ›unphilosophisch‹ Tugendhafte vermutlich nicht einmal bemerkt –, in Frage stellen. Je umfassender jemand sokratische ›Glaubenssätze‹ wie den Vorrang des Guten vor der Lust mit anderen praktischen Überzeugungen und deren theoretischer Grundlage vermittelt und geistig durchdrungen hat, desto weniger anfällig ist er für Demagogen.

Durch den höheren Anspruch an die Art der Erkenntnis verändern sich allerdings auch die Anforderungen an das philosophische Leben oder zumindest an dessen konsequente Durchführung, zu der nicht mehr jeder vernunftbegabte Mensch fähig ist. Während sich das Philosophieren des Sokrates noch klar an jeden Menschen wandte[44], ist bei einer inhaltlichen Ausweitung eine Einschränkung der Zielgruppe zu erwarten.

---

[43] Ich schätze das Ergebnis des *Gorgias* nicht so positiv ein wie M. Erler, der interessanterweise vertritt, dass im *Gorgias* das »Festbinden« von Meinungen (hier der Meinung, man dürfe kein Unrecht tun) geschieht, das im *Menon* verlangt wird (vgl. Erler 1987, 89). Auch W. Pfannkuche bemerkt, dass erst die *Politeia* auf das Begründungsdefizit im *Gorgias* antwortet (vgl. Pfannkuche 1988, 269).
[44] Dass Sokrates zu seinen Gesprächen alle Menschen zulässt, bei allen eine Seele mit einem *logos* voraussetzt, durch den auch alle den Zugang zur höheren Wahrheit finden können, wird laut Voigtländer nicht nur von Platon, sondern auch allen anderen auf den historischen Sokrates beziehbaren Zeugnisse bestätigt (vgl. Voigtländer 1980, 94f., zu den Belegen insbes. dort Fußnote 16 sowie ebd., 130: Sokrates geht selbstverständlich und notwendig vom allgemeinen Sprachdenken aus.).

9. Was ist und wer kann philosophisch leben?

9.4. Voraussetzungen und Grenzen: Der Anspruch philosophischen Lebens

Wie sieht diese konsequente Durchführung philosophischen Lebens inhaltlich aus und wem ist sie möglich? Eine feste Bindung an die Wahrheit und das Gute geschieht durch kontinuierliche und möglichst gemeinsame Beschäftigung mit *logoi* im Rahmen der Dialektik, was einer eigentlich ›wissenschaftlichen‹ Existenz entspricht. Vielen Menschen scheint eine solche Existenz aber, selbst wenn sie sich darauf einlassen, verschlossen (Rep. 582b4–7). Andere tragen, wie es in einer Nebenbemerkung in Phdr. 279a9–b1 in Bezug auf Isokrates festgestellt wird, »etwas Philosophisches« in sich. Deutlicher noch wird Theaitetos als philosophisch begabt beschrieben[45], ebenso wie Charmides und Lysis[46]. Die philosophische Begabung, so scheint es in der *Politeia* und im *VII. Brief*, ermöglicht ein philosophisches Leben[47]. Im Folgenden wird festgestellt, dass unter das »Philosophische« nicht nur eine, sondern eine ganze Reihe an Voraussetzungen fallen, die sich grob in zwei Klassen unterteilen lassen: einerseits charakterliche (9.4.1.2) und andererseits intellektuelle (9.4.1.3). Diese natürlicherweise gegebenen Voraussetzungen sind jedoch nicht hinreichende, sondern nur notwendige Bedingungen für ein philosophisches Leben. Es besteht ein Wechselspiel von Veranlagung und Erziehung (9.4.2). Inwiefern es zusätzlich von – wenn man die Erziehung auch darunter fasst, weiteren – äußeren

---

[45] Nämlich in Tht. 144a1–b7. Vgl. Waack-Erdmann 2006, 236f., die ihn als Paradigma für den Philosophen nennt.

[46] Dass Charmides, wie Kritias in Charm. 155a1 verspricht, philosophisch ist, bestätigt sich im Verlauf des Gesprächs. Auch auf die Begabung des Lysis finden sich Hinweise, z. B. sein in Lys. 213d4–5 erwähntes aufmerksames Zuhören.

[47] Wie ernst diese These zu nehmen ist, wird diskutiert. Voigtländer vertritt, dass die *polloi*-Antithese vor allem darstellerisch-protreptischen Zwecken dient (vgl. Voigtländer 1980, 172; 183). Der Philosoph radikalisiert die Verschiedenheit zwischen sich und anderen Menschen vor allem deshalb, um das Wesen der höheren Wahrheit besser darzustellen (vgl. *ebd.*, 6). Die höhere Wahrheit ist kein Abstraktum, sondern bereits in *einem* konkreten, vor allen anderen ausgezeichneten Menschen, eben dem Sokrates, verkörpert. Voigtländer stellt daher fest, »… daß Platons Philosophie wesentlich aus dem Gegensatz der Existenz des *einen* Sokrates gegenüber den *vielen* anderen Menschen erwachsen ist …« (*ebd.*, 148). Allerdings schreibt auch er Platon eine negative Einschätzung der meisten Menschen zu, die ein (vielleicht allenfalls mehr oder weniger) unphilosophisches Leben führen und laut *VII. Brief* dann auch nicht zur Erkenntnis des philosophischen Gegenstandes gelangen (vgl. *ebd.*, 145; 153).

Faktoren abhängt, ob ein philosophisches Leben gelingt, wird in 9.4.3 diskutiert.

Zuletzt (9.4.4 und 9.4.5) soll nach dem Anspruch und den Adressaten philosophischen Lebens gefragt werden, indem kontrastierend zunächst das Leben derer, die »vollkommen philosophisch« (Rep. 491a9) werden sollen (9.4.4), und dann, in 9.4.5.1, das Leben der allgemein Tugendhaften »ohne Philosophie« (Phd. 82b3, vgl. auch Rep. 619b7–d2) betrachtet wird. In Bezug auf beide Gruppen steht vor allem in Frage, inwiefern sie ein glückliches Leben führen. Platon scheint anzunehmen, dass nur die philosophisch Lebenden ein im Vollsinne gutes Leben führen, nur sie wahrhaft glücklich sind und deshalb jeder, so zumindest die logische Folgerung aus dieser Annahme, ein philosophisches Leben wählen sollte. Die im Verlauf der Untersuchung herausgearbeiteten Belege für diese These werden in 9.4.5.2 zusammengefasst. Dass Platon gleichzeitig zu dieser Annahme aber auf den charakterlichen und intellektuellen Voraussetzungen sowie auf der Notwendigkeit der Erziehung beharrt (9.4.1 und 9.4.2), führt zu dem Ergebnis, dass nicht nur das philosophische Leben, sondern auch ein wirklich gutes, glückliches Leben nur für die wenigsten Menschen erreichbar ist. Ob Platon dieses spannungsreiche Bild nun in protreptischer Absicht[48] zeichnet oder, was in seinem sozialen und politischen Umfeld nicht verwunderlich wäre, tatsächlich vertritt, ist kaum zu klären. Welche Möglichkeiten dennoch bestehen, um die Spannung interpretatorisch – besonders im Blick auf Stellen in den Dialogen, die die Annahme natürlicher Voraussetzungen relativieren – zu lösen, wird zu Ende dieses Abschnitts diskutiert (9.4.5.3 – 9.4.5.5), bevor ein letzter Abschnitt (9.5) die Ergebnisse der Untersuchung zusammenfasst.

9.4.1. Natürliche Voraussetzungen – Der Gedanke der Verwandtschaft

Die »philosophische« Natur der in der *Politeia* charakterisierten Wächter besteht zunächst nur darin, überhaupt zwischen Befreundetem und Verhasstem, Verwandtem und Fremdartigem unterscheiden zu können

---

[48] Das eigentlich aprotreptische Bild könnte in protreptischer Absicht entworfen worden sein, weil die Exklusivität einer Gruppe auf Außenstehende anziehend wirkt (vgl. genauer Voigtländer 1980, 172; 183).

9. Was ist und wer kann philosophisch leben?

(Rep. 376a11–b10). Durch diese Eigenschaft ist ihr äußerliches Verhalten dann je nach Situation durch gegensätzliche emotionale Haltungen geprägt. Gegenüber Freunden *(tous oikeious)* sind sie sanft, gegenüber Feinden hart bzw. zornig *(chalepous,* Rep. 375c2; *thymoueidê,* Rep. 375c7). Eine allgemeine Rechtfertigung dieser Gemütseigenschaft findet sich in den *Nomoi.* Zornmütig und zugleich sanft solle jeder sein, weil man ohne »edlen Zorn« *(thymou gennaiou)* gegen die wirklich Ungerechten nichts ausrichten könne (Lg. 731b3–c1). Die Fähigkeit, Feinde von Freunden unterscheiden zu können, ist nicht nur für den Stand der Wächter, der eine Polizeifunktion im Staat ausübt, sondern für alle Menschen hilfreich[49]. Der Gedanke des Angehörigen *(oikeion),* das die Wächter erkennen, wird später aber stark ausgeweitet. Entscheidend ist nicht nur *wer,* sondern *was* als angehörig erkannt wird. Nicht nur in Bezug auf Menschen können die Wächter unterscheiden, sie entdecken auch das Schöne in den *logoi* – hier vermutlich im allgemeinen Sinne der ›vernünftigen Rede‹ – anhand der Verwandtschaft mit ihm *(oikeiotêta,* Rep. 402a3). Auch später in Rep. 494d10–e1 wird eine Verwandtschaft *(syngeneia)* der Herrscher zu den, hier klar wissenschaftlich-philosophischen, *logoi* erwähnt. Die künftigen Philosophenherrscher sollen aber nicht nur der Wahrheit freund und verwandt sein, sondern auch der Gerechtigkeit, Tapferkeit und Besonnenheit (Rep. 487a2–5). Im *Symposion* bemerkt Diotima, es ginge überhaupt nicht darum, das Seinige oder Angehörige (etwa, wie Aristophanes annahm, einen bestimmten Menschen), zu lieben, *es sei denn* man nenne das Gute das Angehörige (Symp. 205e5–206a1). Auch im *Lysis,* wo wir das *prôton philon* als das Gute identifiziert haben (vgl. 7.5.2), taucht dieser Gedanke wieder auf (Lys. 221d7–222d8)[50].

Die Rede von einer Angehörigkeit oder Verwandtschaft weist stets auf Voraussetzungen in der Seele, auf bestimmte Charaktereigenschaften und Fähigkeiten hin, die sich anhand der *Politeia* aber kaum weiter unterteilen lassen. Daher zunächst ein Blick auf den *VII. Brief,* in dem

---

[49] Auch Dion hat seine Freunde falsch gewählt, was dramatische Konsequenzen für sein Schicksal nach sich zog (vgl. 7.4). Es ist unwahrscheinlich, dass Platon in Rep. 376b3–9 nur eine »Karikatur« des bestehenden Philosophiebegriffs (im Sinne von ›mit einer Sache umgehen, ihr eng vertraut sein‹) beabsichtigt, wie Schäfer 2008, 420 vermutet.

[50] Wenn das Gute und die Tugenden dem Menschen eigentlich angehörig sind, so sollte eigentlich die Ungerechtigkeit – und nicht etwa die Gerechtigkeit, wie Thrasymachos irrtümlich meinte (Rep. 343c2–3) letztlich als »fremdes Gut« erkannt werden.

in Bezug auf den konkreten Fall des Dionysios Näheres zu den verschiedenen Voraussetzungen für ein philosophisches Leben ausgeführt wird.

9.4.1.1. *VII. Brief* – Eine gelungene und eine misslungene *paideia*-Geschichte

Im Zentrum des *VII. Briefs* stehen der junge Dion und der Tyrann Dionysios II. Sie können, was in den bisherigen Abschnitten zum *VII. Brief* (5.7, 6.4.4 und 7.4) noch kaum diskutiert wurde, jeweils für eine gelungene und eine misslungene *paideia*-Geschichte stehen, wobei Platon im Fall des Dionysios auch die Ursachen des Misslingens analysiert.

Die Beschäftigung mit Philosophie (der *orthos logos*, 327c1–2) führt bei Dion und anderen Syrakusanern zur Entscheidung, ihr Leben künftig anders zu verbringen als die meisten Menschen. Dion fasst alles sehr leicht auf (*mal' eumathês ôn*, 327a6) und hört Platon aufmerksam zu, wie – so die Absetzung zu allen übrigen – kein anderer (327a6–b2). Platon empfiehlt seine Lebensführung und seine Sorge für die *polis* als Vorbild für die Freunde (336c1–4)[51]. Zuletzt mahnt er Dion, sich nicht an Dionysios zu rächen, sondern sich mit ihm zu versöhnen. Dieser befolgt den Rat aber nicht und beide, Dionysios *und* Dion, sind schuld daran, dass »alles mit Unglück erfüllt« wurde (351a1). Dennoch nimmt Platon Dion in Schutz: Er hat Absichten, die jeder Mensch haben muss, der maßvoll (*metrios*, 351a3) ist und Macht und Ansehen durch die besten Taten erwerben möchte. Er hat über sich selbst Gewalt und handelt nicht ungerecht. Dion gleicht dem guten Steuermann auf einem Schiff, der jedoch die Stärke des aufziehenden Unwetters, die Macht unglücklicher Umstände, unterschätzt (351d2–8).

Dionysios bringt ebenfalls günstige Fähigkeiten mit, die anscheinend im intellektuellen Bereich liegen[52], im weiteren Verlauf aber allenfalls als notwendig, nicht als hinreichend für ein philosophisches Leben gekennzeichnet werden. Bereits zu Anfang gibt es Hinweise darauf, wie unwahrscheinlich es ist, dass Dionysios seine Gesinnung und Lebensweise ändern wird – es scheint nur dann der Fall zu sein, wenn »die

---

[51] Sicher stellt sich, besonders mit Blick auf den weiteren Verlauf bis hin zu Dions Tod, die Frage, inwieweit der Verfasser ihn idealisiert (vgl. genauer dazu Wörle 1981, 69f.).

[52] Vgl. seinen Eifer, was *philosophia* und *paideia* angeht in 328a2–3 und besonders die Aussage in 338d6–7, er sei in Bezug auf seine Fähigkeit zum Lernen »nicht unbegabt« (vgl. dazu 9.4.1.3).

9. Was ist und wer kann philosophisch leben?

Götter mit Hand anlegten« (327c4–5). Er ist zwar begabt, aber ungewöhnlich ehrgeizig (338d6–8; vgl. 6.4.4.2)[53]. Platon hofft dennoch, dass ihn die Sehnsucht nach dem besten Leben (*erôta elthein tou beltistou biou*, 339e5) ergriffen hat. Zuletzt beweist Dionysios aber nicht nur durch sein mangelndes Bemühen um die Philosophie, sondern vor allem durch sein ungerechtes Handeln und seiner Bezeichnung dieses Handelns als »gerecht« (347d5), dass dies nicht geschehen ist (345c5–349e9). Eine Schlüsselstelle für die Beantwortung der Frage, warum Dionysios scheitert, findet sich in 344a-b. Der Verfasser des Briefes bemerkt, dass manche Menschen, zu denen Dionysios unzweifelhaft gehört, dem Gerechten und sonst Schönem nicht artverwandt *(syngenês)* wären:

> Mit einem Wort: Wer der Sache nicht artverwandt *(syngenê)* ist, den kann weder Lernfähigkeit noch gutes Gedächtnis jemals dazu machen (denn in eine fremdartige Umgebung geht sie gar nicht erst hinein). Daher können alle, die dem Gerechten und dem, was sonst schön ist, nicht von Natur zuneigen und ihm artverwandt *(prosphyeis ... kai syngeneis)* sind, mögen sie auch für dies und das zugleich lernfähig und erinnernd *(eumatheis ... kai mnêmones)* sein, und alle, die zwar artverwandt, aber nicht lernfähig und erinnernd – keiner von denen wird jemals, soweit das möglich ist, die Wahrheit über menschlichen Wert und Unwert *(aretês ... oude kakias)* erfahren. (Ep. VII 344a2–344b1)

Wie an dieser Stelle deutlich wird, müssen zwei verschiedene Klassen von Voraussetzungen erfüllt sein, um zur größtmöglichen (man beachte das einschränkende *to dynaton* in 344b1) Wahrheit über die menschliche Tugend zu gelangen. In eine fremdartige Gemütsbeschaffenheit[54] geht die Sache gar nicht erst hinein. Unterschieden werden eine Verwandtschaft *(syngeneia)* mit der Tugend einerseits, Lernfähigkeit und gutes Gedächtnis andererseits[55]. Im Folgenden möchte ich diese beiden

---

[53] Er kann, da es ihm nicht an intellektuellen, sondern charakterlichen Voraussetzungen mangelt, vielleicht sogar als Beispiel für die in der *Politeia* erwähnten, ›scharfsichtigen‹ Bösen dienen (Rep. 519a1–6).

[54] So die Übersetzung Schleiermachers für ἕξις. Wie D. Kurz mit »Umgebung« zu übersetzen, ist etwas vage.

[55] Diese Unterscheidung ergibt sich vorrangig aus dem *VII. Brief*; sie ist keineswegs zwingend. Allerdings scheint sie mir hilfreicher als, wie z. B. Dixsaut 2001, 258–262, das gute Gedächtnis mit Blick auf Rep. 485–487 schlicht unter »Eigenschaften« zu fassen, die von »Tugenden« – unter die auch etwa die *dianoia megaloprepeia* (Rep. 486a8) fällt – abzugrenzen sind. In Rep. 485a10–487a8 ist vielmehr von natürlichen Charaktereigenschaften, allenfalls Anlagen zu einer (ausgebildeten) Tugend die Rede (vgl. auch

Voraussetzungen und Grenzen: Der Anspruch philosophischen Lebens

Klassen sowie ihre Abgrenzung voneinander als ›charakterliche‹ und ›intellektuelle‹ Voraussetzungen philosophischen Lebens, untersuchen, wobei nicht nur die Aussagen des *VII. Briefs*, sondern auch der *Politeia* und anderer Dialoge aufschlussreich sind.

9.4.1.2. Charakterliche Voraussetzungen

Zunächst zu den schwieriger zu fassenden charakterlichen Voraussetzungen. Nur, wenn man dem Gerechten zuneigt, kann man es (und alles weitere Schöne, Ep. VII 344a5) erkennen. Die Verwandtschaft und Liebe (Zuneigung) zum Guten bzw. der Gerechtigkeit könnte man als Anlagen zur Tugend verstehen[56]. Auch Bilder wie das im *Phaidros*, in dem Menschen ihre grundlegenden Charaktereigenschaften von dem Gott erhalten, dessen Zug sie jeweils gefolgt sind (Phdr. 252d1–253c6), weisen auf solche angeborenen Eigenschaften hin.

Besonders in der *Politeia* finden sich weitere Hinweise. Bis Rep. 472b2 wurde lediglich festgestellt, dass alle Wächter die erwähnte »philosophische« Natur im Sinne der Unterscheidung von Freunden und Feinden besitzen. Bei der Auswahl der künftigen Herrscher im Staat wird außerdem eine Art Gemeinsinn, der als natürliche Anlage verstanden werden könnte, vorausgesetzt. Nur wer sein ganzes Leben lang bestrebt ist, das für die Stadt Förderliche zu tun, eignet sich zum Herrscher (Rep. 412d9–e1). Dies geschieht hartnäckig, ohne sich von dieser

---

Rep. 487a2–5, wo ausdrücklich nur eine »Verwandtschaft« mit den Charaktertugenden genannt wird). Szlezák nennt neben charakterlichen auch die »philosophische« Eigenschaft, die Ideen zu erkennen. Sie sind zu unterscheiden, aber nicht zu trennen (vgl. Szlezák 2004, 8f.). Gadamer schließlich unterscheidet die Verwandtschaft mit der Sache, d. h. etwas in der Seele, das auf moralische Begriffe »antwortet«, von geistigen Gaben wie Fassungskraft und Gedächtnis (vgl. Gadamer 1968b, 242f.).

[56] Dies ist also nicht erst bei Aristoteles der Fall (vgl. EN 1095a2–13: eine Reife des Charakters ist notwendig, um politische Untersuchungen zu verstehen; wer den Leidenschaften lebt, dem nützt auch die Erkenntnis nichts; vgl. ähnlich EN 1179b4: Reden haben nur eine Wirkung bei den edel gearteten, bei der Menge rufen sie keine Tugend hervor). Die in diesem Abschnitt besprochenen (Vor-)Formen der Tugend gehören mit zur bereits von der »wahren« Tugend abgegrenzten »gemeinen« Tugend, die nicht negativ bewertet wird, sofern man nicht bei ihr stehen bleibt. Sie zu besitzen, ist sogar hilfreich, um auf dem Erkenntnisweg fortzuschreiten. Dem Besonnenen etwa fällt es, auch wenn er aus den ›falschen‹ Motiven heraus besonnen ist (etwa nur aus Liebe zu einem Menschen) leichter, Dialektik zu betreiben und zu den Ideen vorzustoßen als dem Unbesonnenen, der überhaupt keine Zeit hat, neben der Befriedigung seiner vielen Bedürfnisse noch Philosophie zu betreiben.

9. Was ist und wer kann philosophisch leben?

Meinung abbringen zu lassen, sei es durch Überredung, durch Schmerz oder auch Lust (Rep. 413b1–c6). Etwas später wird diese Art der Selbstbeherrschung als (bürgerliche) Tapferkeit identifiziert (Rep. 430c3–6)[57]. In Buch VI streicht Sokrates dann heraus, dass man sich auf beharrliche und nicht leicht veränderliche Gemüter verlassen könne (Rep. 503c9–d5). Die späteren Philosophenherrscher müssen aber noch mehr Kriterien erfüllen. Sie müssen von Natur aus eine ebenmäßige bzw. maßvolle[58] (*emmetron*, 486d11) und »anmutige« (*eucharin*, möglich auch: »liebenswürdige«) Seele besitzen als Basis, die eine leichte Hinführung zu den Ideen ermöglicht. Da Sokrates alle Eigenschaften zwar aufzählt, nicht aber diskutiert, ist nicht ganz deutlich, wie sie mit Tugenden wie der Gerechtigkeit zusammenhängen. Sicher geht es hier aber um Bedingungen für ihre Ausbildung. Die Gewöhnung und Übung (Rep. 518d9–e2; vgl. ähnlich Phd. 82b2), durch die Tugenden erworben werden, verlangt eine bestimmte Empfänglichkeit dafür. Diese könnte mit dem Verweis auf Ebenmäßigkeit und Anmut, die philosophische im Gegensatz zu »unmusikalischen« Seelen kennzeichnet (Rep. 486d6), gemeint sein[59]. Die Philosophen haben generell an Erfahrung *(empeiria)* und aller Tugend teil (Rep. 484d5–7[60]). Sie sind weder geldgierig, noch unfrei, noch großtuerisch, noch feige und insgesamt geordnet *(kosmios)*. Daher können sie gar nicht anders handeln als gerecht (Rep. 486b6–8)[61]. Der Gerechtigkeit als auf die Gemeinschaft bezogene Eigenschaft wird an dieser Stelle die Unverträglichkeit (*dysxymbolos*, Rep. 486b7; *dyskoinôntos*, Rep. 486b11–12) gegenübergestellt. Auch sie scheint aber

---

[57] Es handelt sich hier interessanterweise noch nicht wirklich um »Selbst«-Beherrschung mittels des *logistikon* in der eigenen Seele, worauf Rep. 429c7–8 (sie bewahren die Meinung, die ihnen vom Gesetz durch Erziehung eingeflößt wurde) und Rep. 430c3–6 hinweisen. Die Tapferkeit der Wächter kann nur als bürgerliche (*politikên*; Rep. 430c3) Tapferkeit gelten, noch nicht als eigentlich philosophische (vgl. auch Cooper 1977, 152).
[58] Die Übersetzung Schleiermachers mit »ebenmäßig« trifft die gemeinte Charaktereigenschaft nicht gut.
[59] Auch die in Lg. 710a5–b2 genannte, schon manch kleinen Kindern eigene Beherrschtheit gegenüber der Lust, die an dieser Stelle beim guten Herrscher als Naturanlage *(physis)* vorausgesetzt wird, ist sicher hilfreich, um zu einer philosophischen Form der Besonnenheit zu gelangen.
[60] Worin die Erfahrung bestehen könnte, wird in Rep. 539e5 deutlich. An dieser Stelle wird unter *empeiria* die zeitweise Rückkehr in die Höhle, was z. B. die Übernahme von Ämtern im Kriegsdienst bedeutet, verstanden.
[61] Alle genannten Eigenschaften, so Sokrates, hängen in gewisser Weise miteinander zusammen (Rep. 486e3–5).

als Anlage vorzuliegen. Es handelt sich hier noch nicht um die vollkommene Ordnung der Seelenvermögen, die der Erkenntnis der Ideen entspringt, sondern um einen Charakterzug, der sich, genau wie die Lernbereitschaft, bereits in der Jugend zeigt (Rep. 486b11).

Sind charakterliche Voraussetzungen wie Beharrlichkeit oder Gemeinsinn nur für die spezifische Aufgabe der Herrscher notwendig, die später den Staat verwalten müssen? Dafür spricht, dass es sich um Auswahlkriterien handelt, die die Wächter zu Herrschern qualifizieren. Vor allem im Hinblick auf die Gefährdungen der Macht müssen sie standhaft sein (vgl. 9.4.3). Allerdings wurde gezeigt, dass in der Übertragung des Bildes auf die Seele des Einzelnen der Unterschied zwischen dem Ideal des Philosophenherrschers und dem eines jeden Menschen verschwimmt (vgl. 5.4.6). Jeder sollte so gut und gerecht wie irgend möglich werden und jeden sollte die Schau des Guten zu politischer Tätigkeit in größerem oder kleinerem Rahmen anregen (vgl. 6.4., 7.6.2 und 9.1). Bedingung für die Erkenntnis des Guten aber ist, so der *VII. Brief*, eine wie auch immer geartete Anlage zur Tugend.

Wie passt die Annahme charakterlicher Voraussetzungen, die anscheinend nicht alle Menschen besitzen, zur von Platon häufiger aufgegriffenen, sokratischen Annahme[62], dass alle Menschen nach dem Guten streben, und zwar nach dem, was wirklich, nicht nur scheinbar, gut ist? Müsste nicht allen Menschen das Gute angehörig sein? Wie können einige dem Guten bzw. einzelnen Tugenden verwandt sein oder ihnen zuneigen (Ep. VII 344a2–6), andere aber nicht? Diese Frage wird von Platon letztlich nicht beantwortet. Der Rückgriff auf angeborene charakterliche Voraussetzungen scheint im *VII. Brief* vor allem deshalb notwendig zu sein, um zu erklären, warum der intellektuell nicht unbegabte Dionysios dennoch nicht auf den philosophischen Weg zu bringen ist[63].

---

[62] Vgl. Hadot 1999, 52, der schreibt, dass Sokrates zumindest »implizit zugegeben hat«, dass es in allen Menschen ein angeborenes Streben nach dem Guten gibt. Nicht nur implizit finden sich Diskussion und Bestätigung dieser These aber in Rep. 505e1–506a2, Men. 77b6–78b8 und Symp. 205a5–7. Vgl. auch Bordt 2005, 153–155, der von einer Grundsehnsucht des Menschen spricht, die im *Symposion* von Diotima als Sehnsucht nach dem Schönen verstanden wird, die letztlich nur das Schöne selbst erfüllen kann.

[63] Dass dies eigentlich keine Antwort darauf ist, warum die *paideia* (nicht nur bei Dionysios, sondern bei den meisten Menschen) scheitert bzw. nur bis zu einem gewissen Grade möglich ist, bemerkt auch Voigtländer 1980, 156. Alle von Platon genannten Ursachen, auch der Rekurs auf die *physis* generell, unterstreichen nur die Unerklärbarkeit dieser Erscheinung (vgl. 9.4.5.3).

9. Was ist und wer kann philosophisch leben?

Dass es aber auch nicht genügt, nur durch Gewöhnung, ohne Philosophie, an der Tugend teilzuhaben, wird im Schlussmythos der *Politeia* dargestellt (Rep. 619b7–d2). Charakterliche Voraussetzungen, ein äußerlich tugendhaftes, z. B. maßvolles Leben[64] sind zwar notwendig, aber noch nicht hinreichend für ein philosophisches Leben.

9.4.1.3. Intellektuelle Voraussetzungen

Was muss an Voraussetzungen also noch hinzukommen? Wie kann man trotz »Verwandtschaft« mit der Tugend, trotzdem, dass man ein besonnenes Leben führt, keine Chance haben, zur höchsten Erkenntnis vorzustoßen? Laut dem *VII. Brief* ist dies möglich, weil diese nicht für sich, sondern nur zusammen mit Wahrheit und Unwahrheit das ganze Sein betreffend, d. h. nicht ohne die dialektische Übung in allen möglichen, nicht nur den ethischen Bereich betreffenden Fragen, erlangt werden kann (Ep. VII 344b2–3)[65].

Auch in Rep. 505e1–5 scheint es sich um ein epistemisches Defizit zu handeln, das die Erkenntnis des Guten verhindert. Schwankend sucht und kaum erfasst die Seele das Gute, das sie anstrebt. Bilder und Metaphern wie diejenige, dass einige die Ideen nur unvollständig erblickt hätten (*bracheôs*, Phdr. 250a2) – allerdings, so ein wichtiger Punkt, auch kein Mensch garnichts davon erblickt hat – oder dass sie zu viel Wasser des Vergessens getrunken hätten (Rep. 621a6–b1)[66] weisen darauf hin, dass Menschen unterschiedliche Begabungen für eine erfolgreiche dialektische Beschäftigung, die bis zur Ideenerkenntnis führt, mitbringen. Die Ideenschau hängt von einer Reihe spezifischerer ›intellektueller‹ Begabungen ab, die im Kontext der Auswahl der Philosophenherrscher aus den Wächtern in der *Politeia* genannt werden – auch wenn sich die beiden Kategorien dort nicht so klar trennen lassen. Ein grundsätzliches intellektuelles Interesse wird bei allen Wächtern vorausgesetzt. Durch eine allzu sportbetonte Erziehung verkümmert das Lernbegierige in ihrer Seele (Rep. 376b8), das als Naturgabe daher vermutlich schon vorhanden ist. Die eigentlich philosophische Natur

---

[64] Ohne Philosophie entspricht es der in Phd. 82a8–b3 genannten, »gemeinen Tugend« (vgl. 5.3.2).
[65] Vgl. zu holistischen Aussagen auch Symp. 202e6–7: Das Ganze ist in sich selbst verbunden, oder Men. 81c9–d1: Die ganze Natur ist unter sich verwandt.
[66] Was nicht nur, wie oben (vgl. 8.3.3) vermutet, die Hoffnung auf ein Jenseits beeinträchtigt, sondern auch die Erinnerung an die dort geschauten Ideen.

Voraussetzungen und Grenzen: Der Anspruch philosophischen Lebens

umfasst vor allem die Liebe zu Kenntnissen (Rep. 485a10–b8[67]), sie verabscheut das Falsche (Rep. 485c4–5) und strebt von Jugend an nach Wahrheit (Rep. 485d3–4). Nach Aufzählung einiger, eher in den ethisch-charakterlichen Bereich fallender Eigenschaften, werden Gelehrigkeit (*eumathês*, Rep. 486c3) und gutes Gedächtnis (Rep. 486c7–d4) genannt. Beides wird auch in Rep. 503c2 nochmals aufgegriffen und von den schon im letzten Abschnitt aufgezählten, meist nicht in der gleichen Person vorhandenen, charakterlichen Vorzügen abgegrenzt.

An späterer Stelle wird eine weitere Unterscheidung von intellektuellen und charakterlichen Voraussetzungen angedeutet[68]:

> Außerdem aber müssen wir nun noch suchen, nicht nur Edle und Mutige von Gesinnung *(ta êthê)*, sondern auch die für diesen Unterricht günstigen Anlagen müssen sie haben. (Rep. 535b1–3)

Zu diesen günstigen Anlagen wird dann der Scharfblick gezählt (*drimytêta*, Rep. 535b5[69]), wiederum das gute Gedächtnis (Rep. 535c1) und eine auf das Lernen bezogene »Arbeitslust« (*philoponia*, Rep. 535d1), welche gleichermaßen Lernbegierigkeit (*philomathês*, Rep. 535d4), die Begierde, zu hören (*philêkoos*, Rep. 535d5) und den Eifer im Forschen (*zêteteon*, Rep. 535c2) umfasst.

Diese Voraussetzungen, die im Unterschied zu den in 9.4.1.2 beschriebenen Anlagen zur Tugend eher das geistige Vermögen betreffen, scheinen nicht alle Menschen mitzubringen. Auch an den Gedanken intellektueller Begabung lassen sich jedoch Anfragen stellen. Grundsätzlich ist die Tugend des Erkennens, die *phronêsis*, im Menschen schon vorhanden und gehört, so Sokrates in Rep. 518e2–3, wohl einem »Göttlicheren« an[70]. Sie kann nur gelenkt werden und entsteht nicht, wie andere Tugenden, durch Gewöhnung und Übung[71]. Im Höhlen-

---

[67] Und zwar solchen ontologischer Natur (Rep. 485b1–3), wie nach der Aussage in Rep. 475c7–9, dass der Weisheitsliebende ›alle‹ Kenntnisse liebe, dann doch nochmals differenziert wurde.

[68] Es handelt sich nur um eine Andeutung, weil in Rep. 536a2–4, wenn auch in abgesetzter Weise, auch wieder auf Tugendanlagen verwiesen wird.

[69] Er ist evtl. verwandt mit Geistesgegenwart *(agchinoi)* und Scharfsinn *(oxeis)*, die in Rep. 503c2 genannt werden.

[70] Häufig werden günstige und seltene Voraussetzungen als »göttlich« bezeichnet (z. B. deutlich in Lg. 951b4–6) und den menschlichen gegenübergestellt. Für das Euthynenamt z. B. ist eine »göttliche Natur« notwendig, die »menschliche« verführt aber manche nach ihrer Wahl zum Bösen (Lg. 947e7–8).

[71] Ähnlich wird in Charm. 166d4–6 und Gorg. 505e1–6 angenommen, dass eigentlich

9. Was ist und wer kann philosophisch leben?

gleichnis, der bildhaften Schilderung der Thematik, wird die Exklusivität schon durch den einleitenden, ersten Satz eingeschränkt. Das Gleichnis soll »unsere Natur« (*tên hêmeteran physin*, Rep. 514a2) in Bezug auf Bildung und Unbildung darstellen – womit die Natur des Menschen ganz allgemein gemeint ist. Zu dieser Natur gehören, was die Beschäftigung der ›Höhlenbewohner‹ zeigt, auch intellektuelle Kapazitäten: Erstens benennen sie die Schatten (Rep. 515b5), zweitens nutzen sie ihr Gedächtnis, um Voraussagen über die – sich anscheinend ab und an wiederholende – Abfolge der Schatten zu treffen (Rep. 516c7–d2).

Möglich wäre freilich, dass die *phronêsis* zwar in jedem Menschen, aber doch in unterschiedlichem Maße vorhanden ist. Im Gleichnis scheint es aber weniger eine Sache der Fähigkeit und der Anlagen zu sein als einerseits des Wollens und andererseits der Erziehung, der zugetraut wird, die Seele eines jeden hin auf das Wahre und Gute umzulenken. Die *paideia* besteht in der Umlenkung der bereits vorhandenen Erkenntnisfähigkeit (Rep. 518e2–519a1). Dass sie in verschiedenem *Maße* oder verschiedener Ausprägung vorhanden sein könnte, wird an dieser Stelle nicht gesagt. Sokrates spricht allerdings davon, dass die Seele hinreichend und vollständig das Seiende ergreifen (*tou ontos hikanôs kai teleôs metalêpsesthai*, Rep. 486e4–5) soll. Ist sie dazu nicht fähig, so wird ein Mensch, wie etwa im Fall des Eigennützigen, selbst wenn er »lernt, wie das Seiende geartet ist« (Rep. 582b4–5), nicht die Erfahrung des Philosophen machen und Freude daran haben.

Unabhängig davon, ob die beiden Kategorien von Voraussetzungen nur bei manchen oder allen Menschen gegeben sind (vgl. zu einem Lösungsansatz 9.4.5.3), so gehören sie in jedem Fall zusammen. Das »Philosophische« in den Menschen besteht nicht nur, wie bereits in Platons Umfeld angenommen wurde[72], in intellektuellen Voraussetzungen wie dem Eifer und der Fähigkeit zum Lernen. Im Gegenteil kann selbst die wissenschaftliche Tätigkeit, z. B. um der Ehre willen (Tim. 87e7–88a7), übertrieben werden und schädliche Auswirkungen haben. Auch die Be-

---

allen Menschen die Wahrheit begreiflich gemacht werden kann (vgl. Vlastos 1994a, 36f.).

[72] Nicht umsonst übersetzt Schleiermacher in der Bemerkung des Kritias in Charm. 155a1, dass Charmides *philosophos* sei, *philosophos* mit »nachdenklich«. Es handelt sich um ein Urteil des Kritias, nicht Platons, auch wenn im Dialogverlauf deutlich wird, dass Platon ihm in diesem Fall vermutlich zustimmen würde.

mühungen um Dionysios scheitern vermutlich aus anderen Gründen als dem der intellektuellen Eignung (vgl. 9.4.1.1).

Als Ursache des Scheiterns philosophischen Lebens benennt Platon zusammenfassend also a) bestimmte charakterliche Defizite (wie mangelnde Liebe zur Tapferkeit und Besonnenheit) und b) bestimmte intellektuelle Defizite (wie ein schlechtes Gedächtnis). Genügen aber günstige natürliche Voraussetzungen, um erfolgreich ein philosophisches Leben zu führen? Das ist in aller Regel nicht der Fall. Auch bei besten charakterlichen und intellektuellen Voraussetzungen muss noch die richtige Erziehung hinzukommen. Dieser im nächsten Abschnitt zu besprechende Gesichtspunkt wird am ausführlichsten in der *Politeia* entwickelt.

9.4.2. Das Wechselspiel von Veranlagung und Erziehung

Der Gedanke, dass alles, was (an)erzogen wurde, eigentlich längst dagewesen sei, auch die Zugehörigkeit zu einem bestimmten Stand und die Fähigkeit zum Herrschen, ist allenfalls, wie im Mythos der Erdgeborenen (Rep. 414d1–e6[73]), eine hilfreiche Täuschung. Tatsächlich scheint zumindest eine Wechselwirkung von Veranlagung und Erziehung zu bestehen.

In der *Politeia* wird von einer natürlicherweise vorhandenen Seelenstruktur ausgegangen, die auch nicht-notwendige bis hin zu gesetzwidrigen Begierden beinhaltet und daher der Erziehung und Leitung bedarf (5.4.2)[74]. Jeder Mensch muss in irgendeiner Art und Weise, aufgrund der allgemeinen Ausgangsposition, erst zum guten und letztlich philosophischen Leben (5.4.6) gelangen. Sokrates betont den Zusam-

---

[73] Ob diese Stelle sogar selbstkritisch zu interpretieren ist insofern, dass vorgeburtliche Eigenschaften in Buch X der *Politeia* oder im *Phaidros* nicht deterministisch zu verstehen sind, bleibe dahingestellt. Besser lässt sich eine Relativierung der Mythen wohl aus ihrem direkten Kontext heraus begründen.

[74] Daher gibt es auch nicht, wie Schubert 1995, 58 annimmt, die »Tugendhelden«, die von vornherein keine schlechten Begierden besitzen. In 431c5 mag das naheliegen, dann jedoch wird sofort von deren *physis* wie auch der *paideia* gesprochen (431c7), die zusammen für die Einfachheit und Mäßigkeit der Begierden verantwortlich sind. Und schließlich spricht auch 571c6–7 dagegen: Selbst gesetzwidrige Begierden scheinen in allen Menschen zu entstehen, und nur von den Gesetzen und den ›besseren‹ Begierden zurückgehalten zu werden.

9. Was ist und wer kann philosophisch leben?

menhang von Erziehung und persönlicher Veranlagung in Bezug auf die Ausbildung der Wächter in Buch IV:

> Denn, fuhr ich fort, eine Staatsverfassung, wenn sie einmal den rechten Ansatz genommen hat, geht sie immer wachsend wie ein Kreis. Denn tüchtige Erziehung und Unterricht aufrechtzuerhalten bildet gute Naturen, und wiederum tüchtige Naturen, von solcher Erziehung unterstützt, gedeihen noch trefflicher als die früheren, sowohl in anderer Hinsicht als auch für die Erzeugung, wie wir das auch an andern lebenden Wesen sehen. (Rep. 424a4–b1)

Auch im späteren Verlauf der Argumentation wird dieser Zusammenhang immer wieder aufgegriffen[75]. Alle geistigen Vorzüge sowie die Verwandtschaft zur Wahrheit und zu den Tugenden sind von Natur aus vorhanden (Rep. 487a2–5). Die Erziehung der Philosophenherrscher, die Sokrates sofort im nächsten Satz erwähnt (Rep. 487a7–8), setzt auf dieser vorhandenen philosophischen Natur auf[76]. Erst durch gebührende Beschäftigung *(prosêkontôn epitêdeumatôn)* wird die dem Edelsten verwandte Natur vollkommen gut und philosophisch (Rep. 501d7–10). Durch »Gewöhnung und Übung« *(ethesi kai askêsesin,* Rep. 518e1–2) entstehen die Tugenden. Die Erziehung beinhaltet aber auch und vor allem die Lenkung der bereits vorhandenen *phronêsis* (Rep. 518d9–519a1). Einen nicht zu unterschätzenden, passiven Beitrag scheint zudem das Älterwerden – vollendet wird man durch »Erziehung und Alter« (Rep. 487a7–8) – zu leisten, sonst bräuchte Sokrates es nicht gesondert zu erwähnen[77].

Dass eine philosophische Natur zu besitzen noch nicht ausreicht, zeigt sich nun auch unter dem Gesichtspunkt der Gefährdungen, denen sie ohne entsprechende Erziehung ausgeliefert ist. Dabei trifft das durchaus auf *beide* Voraussetzungen zu, was im Falle der charakter-

---

[75] Zum Beispiel in Rep. 430a4–5; 431c7, 491e1–6 und 573c8.
[76] Daher kann es nicht im Sinne Platons sein, wie R. Weiss zwei Arten von Philosophen, die »philosophers by nature«, um die es in Buch VI der *Politeia* geht, und die »philosophers by design« in Buch VII zu unterscheiden (vgl. Weiss 2012). Auch wenn Weiss unzweifelhaft einige systematische Probleme herausarbeitet (z. B. die Frage, warum die laut Buch VI von Natur aus Wissbegierigen »mit Gewalt« an die Oberfläche geschleppt werden müssen; Rep. 515e6–9; vgl. Weiss 2012, 74–77 u. ö.), wird bei Platon doch häufig das Zusammenspiel von Natur und Erziehung betont.
[77] Vgl. dazu Hadot 1982, 435f.: Platon war die Anpassung des Unterrichts an das geistige Niveau des Hörers sehr wichtig. Auch in der späteren Besprechung der Lebensphasen wird ja z. B. geraten, dass sich unter Dreißigjährige besser nicht mit Dialektik beschäftigen sollten (Rep. 537d1–539d2).

Voraussetzungen und Grenzen: Der Anspruch philosophischen Lebens

lichen zunächst seltsam anmutet. Dass die intellektuellen Fähigkeiten missbraucht werden können, ist einleuchtender, weil diese auch wertneutral und rein instrumentell eingesetzt werden können – wie von den »bösen, aber klugen« Menschen in Rep. 519a1–6. Selbst spezifisch philosophische Techniken wie die dialektische Tätigkeit können von »Unwürdigen« instrumentalisiert werden (Rep. 495c1–496a10). Aber eben auch die charakterlichen Tugenden werden, wie in Rep. 491b7–10 geschildert wird, leicht von der Menge missbraucht, indem diese dem Philosophen schmeichelt und an seine Eitelkeit appelliert. Eine falsche Erziehung, ein ungünstiges Umfeld kann die philosophisch begabte Seele in vielerlei Hinsicht verderben und sogar »ausgezeichnet schlecht« (*diapherontôs kakas*, Rep. 491e3) geraten lassen.

Auch in den *Nomoi* wird im Zusammenhang mit dem Beamten, der mit der Aufsicht über das Erziehungswesen betraut wird, das Wechselverhältnis von richtiger Erziehung und glücklicher Naturanlage betont:

> Der Mensch ist, wie wir sagen, ein zahmes Wesen; und dennoch pflegt er nur bei einer richtigen Erziehung und bei einer glücklichen Naturanlage zum göttlichsten und zahmsten Lebewesen zu werden; wenn er jedoch nicht genügend oder nicht gut erzogen wird, wird er zum wildesten von allen Wesen, die die Erde hervorbringt. (Lg. 765e6–766a4)

Allerdings darf die Erziehung durch andere, insbesondere das strikte staatliche Erziehungsprogramm der *Politeia*, nicht überbewertet werden, weil Sokrates selbst diese schließlich *nicht* genossen hat[78]. Dennoch wird ihm sowohl im *Symposion* (vgl. 7.2.5–7.2.7) als auch in der *Politeia* die Schau der Idee des Guten unterstellt. Im Höhlengleichnis, dem zentralen Bild für die erfolgreiche *paideia*, wird auf das Leben und Tun des Sokrates und sein darauffolgendes Schicksal angespielt (Rep. 516e3–517a7)[79]. So wichtig und sinnvoll die Ausbildung für die Ord-

---

[78] In Lach. 186c1–3 bezeichnet er sich sogar als Autodidakt. Auch die im *Symposion* angenommenen Gespräche mit Diotima dürften von anderer Art gewesen sein. Wohl beinhalteten sie, wie man am Wortwechsel mit Agathon sieht, dialektische Gespräche, aber sicher keine mathematischen Studien. (Vgl. 9.4.5.3)

[79] Es ist unklar, wer genau derjenige ist, der die Fesseln löst. Sokrates kann hier ebenso in der Rolle des Gefesselten gesehen werden, bei dem das erstmals vielleicht jemand wie Diotima unternommen hat, als auch in der Rolle dessen, der es selbst dann immer wieder bei anderen tut. Das Schicksal dessen, der zurückkehrt, ist nicht nur das des Sokrates, sondern kann ganz allgemein jeden Gerechten treffen, was bereits in Buch II der *Politeia* (361d8–362a3) geschildert wurde.

9. Was ist und wer kann philosophisch leben?

nung in der Seele ist (vgl. 5.4.3), so scheint Sokrates eine solche doch auch unabhängig davon oder zumindest durch eine weit weniger systematisch strukturierte Erziehung erreicht zu haben. Die Erziehung soll die philosophische Natur vor Gefährdungen schützen, denen aber in Einzelfällen wie dem des Sokrates offensichtlich auch anders entgangen werden kann[80]. Umgekehrt wird, z. B. in den *Nomoi*, darauf verwiesen, dass Unheilbare eben schlecht sind, obwohl sie die richtige Erziehung erhalten haben (Lg. 854e4–6). Die Veranlagung scheint im Kontext dieser Bemerkung sogar, wiewohl es sich um ein Wechselverhältnis handelt, ausschlaggebender zu sein als die Erziehung.

9.4.3. Der Einfluss äußerer Umstände – Macht und Reichtum

Welche Rolle spielen äußere Umstände für die Frage nach der Möglichkeit philosophischen Lebens? Selbst der beste Staat kann, da auch die eigentlich weisen Wächter fehlbar sind, verfallen[81]. Zunächst aber kurz zu bestimmten kontingenten Umständen, die *keinen* Einfluss zu haben scheinen. Dazu gehört zum Beispiel das Geschlecht eines Menschen. Die weiblichen Wächter im Staat erhalten die gleiche – musische, gymnastische und kriegerische – Ausbildung wie die männlichen. Zwar besitzen sie eine von diesen verschiedene Natur *(physis)*, bezogen auf die Aufgaben der Wächter ist diese Verschiedenheit jedoch irrelevant (Rep. 452e4–455e2). Unter Frauen wie auch Männern gibt es solche mit rascher und mit weniger rascher Auffassungsgabe (Rep. 455b5–c3), die für die Ausübung politischer Ämter entscheidend ist. Es gibt, so Sokrates, überhaupt keine männer- oder frauenspezifischen Beschäftigungen in der *polis* (Rep. 455d7–e2[82]). Auch die Abstammung, d. h. die Her-

---

[80] Sokrates selbst gesteht seinem *daimonion* eine schützende Rolle zu in Rep. 496c2–3. Theages wird durch körperliche Krankheit davor bewahrt, sich von der Philosophie abzuwenden; die Verbannten schließlich bleiben ihrer edlen Anlage ebenfalls treu, weil niemand da ist, der sie verderben kann (Rep. 496b1–c2).
[81] Vgl. 5.4.7.2. Die rätselhafte ›Hochzeitszahl-Stelle‹ (Rep. 546a1–547a2) macht menschliche Unvollkommenheit sowie das Schicksal aller entstandenen Dinge, einmal wieder zu vergehen, dafür verantwortlich. Die Unvollkommenheit der Wächter scheint in einem prinzipiellen epistemischen Problem zu gründen: Sie verfehlen die Zeit glücklicher Erzeugung deshalb, weil ihre Berechnung mit Wahrnehmung verbunden ist (Rep. 546b2–3).
[82] Die in Rep. 455d7–8 genannten Staatsgeschäfte (ἐπιτήδευμα τῶν πόλιν διοικούντων) lassen sich zwar zunächst nur auf politische Ämter beziehen. Dass das Gleiche aber

kunft aus einer bestimmten Familie scheint nicht von Bedeutung zu sein. Die Stände sind selbst unter Annahme der hilfreichen Täuschung, dass die anerzogenen Eigenschaften angeboren sind, durchlässig[83]. Wie steht es mit Menschen, die sich in Machtpositionen befinden – was auch ein kontingenter Umstand sein kann, wenn man z. B. in eine solche hineingeboren wird? Die Kombination von Macht und persönlicher Tugend wird nicht nur in der Beschreibung der Philosophenherrscher in der *Politeia* und im *Phaidros*[84], sondern auch im *VII. Brief* positiv bewertet. Dionysios schadet sich nicht nur selbst, sondern vergibt wegen seiner Position als Herrscher auch hervorragende Chancen zur Verbreitung der Tugend[85]. Dass Machtpositionen für sich genommen Tugend aber erschweren, wird ebenso deutlich im *VII. Brief* wie auch z. B. im Schlussmythos der *Politeia* (Rep. 615d6–9). Auf das Fehlen von charakterlichen Voraussetzungen bei den Herrschern wird außer im *VII. Brief* auch in Lg. 711d6–712a3 aufmerksam gemacht. Der Athener stellt fest, dass eine »göttliche Liebe« zu einer besonnenen und gerechten Lebensweise (*epitêdeumatôn*, Lg. 711d7–8) in großen Herrschermächten *(dynasteiais)* selten entsteht. Bei den Philosophenherrschern der *Politeia* wird dagegen ein besonderer Gemeinsinn angenommen (vgl. 9.4.1.2), der gemeinsam mit einer darauf aufbauenden, sorgfältigen Erziehung vor Korrumpierung durch die Machtposition schützen soll. Erst in den *Nomoi* wird im Kontext der Notwendigkeit von Gesetzen vermutet, dass die Herrscher ihrem Grundsatz aus eigener Kraft nicht treu bleiben, weil dies keinem Menschen möglich ist (Lg. 875a2–5 und 875b2–7). Sie werden von ihrer sterblichen Natur stets zu Selbstsucht und Befriedigung persönlicher Interessen *(pleonexia, idiopragia)* hingerissen, statt das Beste zu verwirklichen. Wo schließlich Macht und Schlechtigkeit zusammentreffen, sind die Konsequenzen besonders drastisch. Nicht nur ist die tyrannische Seele selbst umso unglücklicher, je mehr Macht sie hat (Rep. 579c4–d2), ihr schlechtes Leben – bzw. in Lg. 695e6–a2 dasjenige der Tyrannensöhne – kann auch Ursache des Untergangs ganzer Staaten sein.

---

auch für andere Beschäftigungen gilt, wird aus Rep. 455e6–7 deutlich, wo z. B. die Eignung von Frauen zu Ärzten oder Musikern angeführt wird.

[83] Rep. 415b3–c7. Vgl. dazu auch Canto-Sperber/Brisson 1997, 113.

[84] Der »verfassungsmäßige« König steht immerhin an zweiter Stelle (Phdr. 248d4–5).

[85] Wäre er zur Herrschaft gelangt, hätte sie sich bei fast allen Menschen durchgesetzt (Ep. VII 336a2–b4). Nicht nur er, sondern alle Syrakusaner wären glücklich geworden (Ep. VII 327c6).

9. Was ist und wer kann philosophisch leben?

Während Macht zumindest grundsätzlich auch zum Guten eingesetzt werden kann, scheint dies beim Reichtum, einem weiteren häufig diskutierten, äußeren Faktor, nicht zuzutreffen. Eine Verbindung von persönlichem Reichtum und Tugend wird nirgends positiv bewertet[86]. Vermutlich liegt dies daran, dass persönliche Macht für die Ausübung der politischen Tätigkeit notwendig ist, persönlicher Reichtum dagegen nicht. Selbst der Staat sollte nicht zu reich sein, da sonst dessen Bürger, die am Reichtum teilhaben, mehr und mehr verkommen[87]. Neben dem Reichtum ist außerdem, als anderes Extrem, die Armut zu vermeiden (vgl. 5.4), da sie zur Schamlosigkeit, d. h. diversen Verbrechen verführt (Lg. 919b4–c2). Dennoch hat Sokrates, so wäre hier einzuwenden, auch in Armut tugendhaft gelebt (Apol. 23b6–c1). Kennzeichen des Philosophen ist, dass er aufgrund seiner inneren Verfassung weitreichend unabhängig von äußeren Umständen glücklich leben kann[88]. Bestimmte Umstände und »sogenannte Güter« (Rep. 491c1–2) – hier werden neben dem Reichtum auch noch Schönheit, Leibesstärke und angesehene Verwandtschaften genannt – gefährden das philosophische Leben, verunmöglichen es aber nicht.

Die enge Verknüpfung von äußerem, gesellschaftlich-politischen Rahmen und der Tugend der Bürger[89] wird in der *Politeia* wie auch in den *Nomoi* betont. Ein gerechter Staat ist dabei nicht – wiewohl er sie fördert und erleichtert – notwendige Bedingung für die Tugend des Einzelnen. Auch im ungerechten Staat ist es möglich, ein gerechtes, philosophisches und glückliches Leben zu führen (Rep. 496a11–e3, vgl. 6.4.3.3). Umgekehrt kann allerdings der gerechte Staat nicht ohne die Tugend der Bürger existieren, aus deren Sitten die Verfassungen entstehen (Rep. 544d7–e2). Alle Bürger erhalten, wie in Lg. 846d4–7 festgestellt wird, die allgemeine Ordnung des Staates und verwirklichen sie (ob dazu eine »bürgerliche« Tugend wie in Phd. 82a9–b1 ausreicht,

---

[86] Kephalos macht zu Beginn der *Politeia* einige Vorschläge, die Sokrates aber nicht positiv aufgreift (vgl. 5.4.1).
[87] Vgl. die Kritik an Perikles in Gorg. 515e1–5, der die Bürger zu Söldnern gemacht hätte oder die Beobachtung in Rep. 422a4–b2, dass eine *polis*, deren Bürger Maß halten, sehr viel bessere Soldaten hervorbringt. Dadurch kann sie selbst gegen ein zahlenmäßig überlegenes, aber durch den Reichtum ihrer Heimatstadt verweichlichtes Heer bestehen.
[88] Die Bedürfnislosigkeit spiegelt sich in dem bekannten, von Diogenes Laertios dem Sokrates zugeschriebenen Zitat wieder: »Wieviel gibt es bloß, das ich nicht nötig habe!« (Diog. Laert. II 25).
[89] Ausgeklammert werden hier allerdings nicht nur Sklaven, sondern auch Handwerker (Lg. 846d4–7).

wird nicht thematisiert). Ohne die Regelung der persönlichen Lebensführung (Lg. 780a1–7) wird das Gemeinwesen wohl keine feste und dauerhafte Gesetzgebung erhalten (Lg. 790b2–4).

9.4.4. Die vollkommen Philosophischen in der Politeia und ihre Lebensweise

In der Politeia wird die Notwendigkeit sowohl bestimmter Anlagen als auch der Erziehung sehr hoch bewertet. Menschen, die die Anlagen besitzen, vollkommen philosophisch (teleôs philosophos, 491a9–b1) zu werden, sind laut Platon selten. Denn, so die Begründung in 503b8–d12, die vollkommen Philosophischen müssten geradezu widersprüchliche Eigenschaften besitzen. Beharrliche lernen normalerweise nicht gern, Geistesgegenwärtige leben dagegen nicht sittsam und besonnen. Die Menge kann nicht philosophisch sein (494a4) und verdirbt, mehr noch als die Sophisten, die philosophischen Naturen.

Die Politeia enthält eine Vielzahl an pessimistischen Bemerkungen, was den Erfolg des Weges angeht. Nur wenige vermögen es, sich dem Schönen selbst zu nahen und es für sich zu betrachten (476b10–c1). Gleichzeitig wird die in der Diotima-Rede erhobene Aussage, das menschliche Leben wäre dann erst lebenswert, nicht relativiert, sondern eher noch bekräftigt. *Nur diese wenigen leben im eigentlichen Sinne ein bewusstes, »waches« Leben, allen anderen wird dies abgesprochen:* Die es nicht vermögen, die Schönheit selbst zu erkennen, leben, so die verwendete Metapher, nicht wachend, sondern wie im Traum (476c3–d4[90]). Wie kommt es zu dieser Einschränkung? Sie hat ihren Grund vor allem darin, dass Platon unter den »vollkommen Philosophischen« die Philosophenkönige, d. h. die Gesetzgeber und Herrscher der Kallipolis begreift. Die Schau des Guten sowie alle Voraussetzungen philosophischen Lebens werden in engem Zusammenhang mit ihrer Aufgabe beschrieben. Von vornherein ist außerdem klar, dass nur eine kleine Gruppe im aristokratischen Staat diese Aufgabe erfüllen wird.

---

[90] Diese Aussage wirkt auch deshalb drastisch, weil ›wie im Traum zu leben‹ nach der Übertragung des Bildes auf die menschliche Seele dem Tyrannen, und nur diesem, zugesprochen wird (574e3–4).

9. Was ist und wer kann philosophisch leben?

9.4.4.1. Die Aufgabe der Hüter, ihr Streben und der Zusammenhang zur Schau der Idee des Guten

Die Philosophenkönige werden aus der Gruppe der Wächter ausgewählt, aber dann nicht nur »Herrscher« genannt, sondern auch als die eigentlichen Wächter/Hüter des Staates angesehen (414a5–b6[91]). Sowohl gegen Feinde von außen als auch Freunde (sic! 414b3) von innen, die der *polis* schaden könnten, verteidigen sie die *polis* und bewahren die Gesetze. Die übrigen Wächter sind nur noch »Gehilfen«, die den Herrscher-Wächtern gehorchen. Als »vollkommene Hüter« (428d8) besitzen die Herrscher eine Erkenntnis, die sich auf die *polis* als ganze bezieht (428d1–2), d. h. darauf, wie diese mit sich selbst und anderen *poleis* umzugehen hat. Diese Erkenntnis ist diejenige, die »vorsteht und befiehlt« *(tô proestôti kai archonti*, 428e8) – sie ist Weisheit und aufgrund ihrer ist die gesamte *polis* weise.

Die Weisheit der kleinen Gruppe der Philosophenherrscher (428b1–429a7) wird nicht von der Schau des Guten oder dem philosophischen Leben insgesamt abgesondert betrachtet. Es gibt in Platons Beschreibung des philosophischen Bestrebens kein weniger oder mehr, kein ›bisschen Philosophieren‹, sondern nur eine einzige Bewegung, eine innere Notwendigkeit, die immer weiter und letztlich bis hin zur Schau des Guten führt, welche auch, aber nur unter anderem, die Erkenntnis des Guten für die *polis* beinhaltet. Jeder, der in eigenen oder öffentlichen Angelegenheiten vernünftig handeln will, muss die Idee des Guten sehen (517c4–5). Die Lernbegierde *(philomathia)* der Philosophen, die bisher nur als eine der ›intellektuellen Voraussetzungen‹ genannt wurde (9.4.1.3), soll an dieser Stelle genauer in Bezug auf ihre Reichweite und ihre Konsequenzen betrachtet werden.

Am Beispiel der erotischen, der Ehr-, und der Weinliebe verdeutlicht Sokrates, worin sich die Philosophen auszeichnen. Die Liebe bezieht sich jeweils auf den gesamten Gegenstandsbereich, nicht etwa nur auf einen Knaben, eine Form der Ehre oder einen bestimmten Wein. Ebenso liebt der Weisheitsliebende alle Weisheit, nicht nur einige (475b9–10). Er liebt Kenntnisse *(mathêmata)* aller Art und strebt in unersättlichem *(aplêstôs)* Maße nach ihnen. Das Streben der Philosophen geht aber nicht darauf, wie Glaukon sofort vorschlägt, alles und

---

[91] Aufgegriffen wird die Bezeichnung in 484a1–485a8, wo abwechselnd von *phylakas* und *hêgemonas* gesprochen wird.

jedes Neue kennenzulernen, mit den Sinnen z. B. Theater und Chöre zu hören und zu sehen. Sie lieben nicht das viele Schöne wie die Schaulustigen (*philotheamones*, 475d2), sondern das Schöne selbst. Auch das viele Gerechte (479e3) zu sehen, genügt für sie nicht. Sie schreiten von den vielen Dingen zur Erkenntnis der »Natur eines jeden, was ist«, fort (490b3). Dies geschieht unter Schmerzen, die der Sehnsucht, dem philosophischen Eros, entspringen[92] und so lange bestehen, bis sie am Ziel sind. Sie lieben die Wahrheit, die der Weisheit »verwandt« ist (485c11). Erst dann, wenn sie mit dem Seienden umgehen, und dadurch – wie es scheint, als unweigerliche Konsequenz – auch wieder Vernunft und Wahrheit erzeugen, leben sie wahrhaft (*alêthôs zên*, 490b6). Die Philosophen erkennen, statt vorzustellen; sie betrachten jegliches selbst, »wie es sich immer gleichermaßen verhält« (479e7–8; vgl. später auch 484b5). Sie sind daher keine Meinungsliebenden (*philodoxoi*), sondern Weisheitsliebende (480a6–7 und 480a11–12). Die philosophische Natur richtet sich auf »das Ganze und Vollständige«, auf »Göttliches und Menschliches« (486a5–6). Sie ist gekennzeichnet von einer »Größe der Denkungsart« (486a8) und dem Überblick *(theôria)* über die ganze Zeit und das ganze Sein[93]. Sich in ihr zu bewegen ist wahrhafte Philosophie (*philosophia alêthinês*, 486b3), die auch das menschliche Leben für nichts Großes halten lässt (vgl. aber 8.2). Wie kommt der Philosoph zu dieser Haltung, die im Folgenden oft in die Nähe der göttlichen Sphäre gerückt wird[94]? Zunächst fragt er, so wird aus jedem philosophischen Gespräch deutlich, nach Begründungen und Ursachen. Die Ursache nun von allem »Richtigen und Schönen« (516b4–c1) ist die Idee des Guten. Ohne Einsicht in das Gute nützt es den Philosophen nichts, alles andere – und sei es auch Gerechtes und Schönes (506a4) – zu wissen

---

[92] Sie sind also eher wie die Liebesschmerzen in Phdr. 251a7–252c5 zu begreifen; gemeint sind nicht die Schmerzen, die im Höhlengleichnis in Rep. 515c9 erwähnt werden. Es scheint m. E. unplausibel, wie M. Nichols die Philosophenkönige scharf von Sokrates abzugrenzen, weil sie im Unterschied zu ihm keine Erotiker seien, die sich zudem völlig von anderen abschotten und Dialektik ohne »shared speech« nur für sich betreiben (vgl. Nichols 1984, 262–264). Der *orthos erôs* zum Geliebten wird bereits im Rahmen der musischen Ausbildung in einer Weise beschrieben, die sich gut zum Stufenweg des *Symposion* in Bezug setzen lässt (402d8–403c2). Dialektik wird gemeinsam betrieben und auch der Aufstieg im Höhlengleichnis geschieht zumindest zu zweit.
[93] Sie wirken hier wie die in Soph. 216c4–7 erwähnten Philosophen, die »von oben her der Niedern Leben« betrachten.
[94] Laut 517c8–9 und 517d6 haben sie z. B. keine Lust dazu, menschliche Dinge zu betreiben.

9. Was ist und wer kann philosophisch leben?

oder zu besitzen (505b1–4). An dieser Stelle wird auf die Aufgabe der Herrscher Bezug genommen. Die Besten im Staat dürfen in dieser Sache nicht schwanken oder im Dunkeln bleiben (506a1–b1). Sie müssen Wahres, Schönes und auch die Idee des Guten erkennen, um es dann handelnd dem Staat und den Einzelnen einzuprägen (500d4–6). Deshalb sind sie auch nicht, so die Meinung vieler Menschen, unbrauchbar, wenn es um die Leitung des Staates geht (487d3–6). Im Gegenteil scheinen sie allein ein bestimmtes Ziel *(skopos)* im Leben zu haben, auf das hin sie alles tun (519c2–4). Dieses Ziel oder, wie Schleiermacher übersetzt, dieser »Zweck im Leben« ist, wie aus dem Vorherigen anzunehmen ist, das Gute.

Sokrates selbst ist äußerst vorsichtig bei Aussagen über die Idee des Guten. Es handelt sich um schwierigste Forschungen (*mathêmata megista*, 504a4[95]). Die Gesprächspartner kennen die Idee des Guten nicht hinreichend (505a5–6), und auch er selbst kann nicht viel darüber sagen, obwohl er sich so lange Zeit damit beschäftigt hat (506b10–11). Dagegen, dass über das Gute prinzipiell nichts gesagt werden kann, spricht aber 534b8–c5: Wer nicht Rechenschaft geben und sie – vermutlich, darauf weist *diorisasthai* hin, gegen andere Ideen – aussondern und verteidigen kann, hat sie wohl einfach nicht erkannt. Ähnlich wie im *Symposion* ist das Ziel klar. Diesmal wird es aber nicht nur damit begründet, dass das Leben erst dann lebenswert ist, wenn man die höchste Stufe der Erkenntnis erreicht (dies ist natürlich *auch* der Fall, vgl. 9.4.5.2), sondern mit der Aufgabe der Herrscher und dem Nutzen für die gesamte *polis*. Unter Umständen müssen sie – eine Besonderheit, die vor allem die allererste Herrschergeneration betrifft – sogar Gesetze geben, nicht nur Bestehendes erhalten (484d1). Sie haben sogar die Befugnis, Bestehendes zu zerstören und den Staat sowie die Gemüter der Bürger darin zu reinigen (501a2–7), bevor sie mit Blick auf die Tugenden neue Sitten »einzeichnen«.

9.4.4.2. Das Erziehungsprogramm als Weg zur Schau des Guten

Um zur Schau des Guten zu gelangen, muss ein Erziehungsweg gegangen, ein Curriculum absolviert werden, welches dadurch nicht Selbstzweck ist, sondern ebenfalls auf die Aufgabe der Herrscher abzielt. Wie

---

[95] Schleiermacher übersetzt hier frei – denkbar wäre auch eine wörtlichere Übersetzung wie »höchste Erkenntnisgegenstände«.

in 521c1–3 festgestellt wird, muss man sehen, wie man zu solchen gelangt, die laut 521b7–10 den Staat gut verwalten können.

Die Umwendung der Seele weg vom Werdenden und hin zum Seienden (532b7–d1), der das Erziehungsprogramm dient, hat direkte Konsequenzen für die Seele: Wer mit dem Geregelten und Göttlichen umgeht[96], wird dadurch, soweit dem Menschen möglich, auch geregelt (bzw. geordnet) und göttlich (*kosmios kai theios*, 500c9–d2). Dann erst werden die Herrscher das Geregelte – wenn auch nur aus »Notwendigkeit«[97] – auch den Sitten und Einzelnen (500d5) einbilden, dem Gottgleichen gemäß auch menschliche Sitten gottgefällig machen (501c2; vgl. auch 589e4 und 613b1).

Wie sieht das Erziehungsprogramm, welches das Leben der Philosophenherrscher prägt, genauer aus? Die ersten Etappen des Weges wurden im Zusammenhang mit der Ausbildung der Wächter in 5.4.3 beschrieben. Zunächst betreiben sie Musik und Gymnastik und leisten, ebenfalls in ihrer Jugend (521d6), Kriegsdienst – was der Hauptaufgabe der übrigen Wächter entspricht (466e4–5; 498b9–c1). Dann wenden sich die späteren Herrscher aber dem spezifischen, wissenschaftlichen Curriculum zu, das in der bisherigen Ausbildung noch nicht enthalten war. Die Reihenfolge der Beschäftigungen wird bereits in 498b4–c4 genannt und bestimmten Lebensphasen zugeordnet. In Kindheit und Jugend muss man sich mit einer »Philosophie und Bildung« beschäftigen, die Kindern angemessen ist. Gemeint ist hier vermutlich die musische Erziehung; gleich darauf wird dann noch die mathematische dazu gezählt. Außerdem ist die Phase von der Sorge um den Körper, d. h. wohl von sportlich-gymnastischen Übungen bestimmt. In einer zweiten Lebensphase, dem Erwachsenenalter[98], muss die Seele sich »selbst auf ihren Übungsplätzen« anstrengen – die eigentliche Philosophie, Dialektik und wissenschaftliche Forschung steht, wie aus der späteren Beschreibung zu erfahren ist, im Vordergrund. In diese Lebensphase fallen aber auch Staats- und Kriegsdienste (*politikôn kai strateiôn*, 498b9–c1). In einer dritten Lebensphase werden sie von letzteren freigestellt und dürfen sich ausschließlich um die Wissenschaft kümmern; in dieser Phase des Alters leben sie glückselig und erwarten eine angemessene Belohnung nach dem Tod (498b9–c4).

---

[96] Dazu gehört laut Lg. 818c3–8 auch die Beschäftigung mit Astronomie.
[97] 500d4: *anangkê*; zur Diskussion vgl. 6.4.3.2.
[98] Mit *tês helikias* wird die Zeit von etwa 18–60 Jahren bezeichnet.

9. Was ist und wer kann philosophisch leben?

Ausführlich wird die Ausbildung dann über zwei Bücher der *Politeia* hinweg geschildert (502c9–541a7). Zur in 9.4.1.2 erwähnten Prüfung in Bezug auf die Beharrlichkeit im Tun des für die Stadt Nützlichen, die alle Wächter durchlaufen, kommt die Prüfung, ob sie auch in den schwierigsten Forschungen (504a4) bestehen, die die Erkenntnis des Wesens der Dinge (525b5) und letztlich auch der Idee des Guten beinhaltet. Wer im Forschen träge ist und meint, Dinge nicht weiter untersuchen zu müssen (504c1–7), wird den philosophischen Weg nicht weitergehen. An dieser Stelle unterbrechen die Gleichnisse zur Idee des Guten die Überlegungen zur Auswahl der Philosophen und streichen das Ziel heraus sowie, im Höhlengleichnis, eine Übersicht des gesamten Weges. Dann wird weiter ausgeführt, wie der Aufstieg, die beschriebene »Umlenkung der Seele« (521c6) gelingen kann.

Die Beschäftigung mit herkömmlichen Gewerbekünsten *(technai)* wird ausgeschlossen (522b4–7). Eine Reinigung des Erkenntnisvermögens der Seele ist notwendig, das unter anderen Beschäftigungen »erblinden« würde[99]. Auch Gymnastik und Musik können dies nicht leisten. Die Reinigung geschieht bereits in der Jugend (536d8) durch die Beschäftigung mit mathematischen Wissenschaften wie Arithmetik (*arithmon kai logismon*, 522c6–7), Geometrie, Stereometrie und Astronomie. Zuletzt wird auch Harmonielehre betrieben, die aber genau wie die mathematischen Künste zur Vorbereitung für die Dialektik dient (536d6–9). Dass Wissenschaften wie die Geometrie so gut als Vorbereitung geeignet sind, liegt wohl nicht nur an der Übung im abstrakten Denken, sondern daran, dass sie sich laut Platon mit Ewigem, immer Seiendem (527b5–8) beschäftigen, was letztlich auch ethische Werte auszeichnet[100].

Die Dialektik, die im Curriculum spät, erst als Beschäftigung der über Dreißigjährigen (537d4) auftaucht, unterscheidet die Philosophen von ›anderen‹ Wissenschaftlern wie Mathematikern oder auch Feldherren, die auf eine mathematische Ausbildung angewiesen sind, welche rein instrumentell eingesetzt wird (525b3–c6). »Dialektik«, zunächst schlicht »Unterredung« (von *dialegesthai*, sich unterhalten), ist kein einheitlicher Begriff. K. Gaiser unterscheidet sechs verschiedene Me-

---

[99] 527d6–e3 bezieht sich zurück auf die Metapher vom Erkennen als Gesicht der Seele in 518b7–519b7.
[100] Vgl. Ferber 1989, 35f.

thoden[101]. Eine bestimmte Art der elenktischen Diskussionstechnik (530b9–c1), die Übung im Angreifen und Verteidigen von Thesen[102], scheint von den Philosophenherrschern nur etwa fünf Jahre lang betrieben zu werden (539a9–e1). Sie geschieht nicht um des Sieges im Disput willen wie in der Sophistik – Ziel ist die Übereinstimmung und Konsensfindung der Gesprächspartner (vgl. Men. 75c9–d7). Dennoch ermöglicht die Dialektik auch inhaltlich verschiedene Positionen und ermöglicht damit die Toleranz, die faktisch in der Akademie herrschte. Allen ihren Mitgliedern gemeinsam waren nicht bestimmte theoretische Positionen, sondern vor allem die Lebensführung, die ernsthafte Bemühung um die Wahrheit und eine, wie P. Hadot es nennt, »Ethik des Dialoges«[103].

Der dialektische Weg zielt darauf, die Welt der »Schatten« und »Bilder« zu verlassen (532b7–d1). Während sich alle anderen Künste auf Vorstellungen und Begierden (533b4) der Menschen beziehen, erfassen die Philosophen als Dialektiker Sein und Wesen eines jeden Dinges und sind zuletzt auch dazu imstande, die Idee des Guten zu bestimmen und zu erklären (534b1–d2). Eine überraschende Aussage, da sich nirgends in den Dialogen eine solche Bestimmung findet (zur Problematik siehe 9.4.5.3). Abschließend werden die Phasen der Ausbildung nochmals, aber konkreter als zuvor in 498b4–c4, den Lebensaltern zugeordnet (537b2–540c11). In der Jugend, d.h. ab einem Alter von zehn Jahren (540e6), beschäftigen sie sich, was in 498b4–7 noch nicht deutlich wurde, mit den der Dialektik vorgeordneten Künsten, treiben Sport und nehmen am Krieg teil[104]. Mit etwa 20 Jahren erreichen zumindest einige eine »Übersicht der gegenseitigen Verwandtschaft der Wissenschaften und der Natur des Seienden« (537c2–3) und gehen dann, mit etwa 30 Jahren, zur Dialektik über – auch sie ist wiederum Prüfung (537d6) und es bleibt offen, wem es wirklich gelingt, sich von den Sinneswahrnehmungen ab- und zum Seienden hinzuwenden. Ihr fortgeschrittenes Alter soll die Herrscher davor schützen, in Verwirrung

---

[101] Vgl. Gaiser 1988a, 99.
[102] Diese Weise des Diskutierens zählt P. Hadot vor allem unter »Dialektik«. Sie war bis zum 1. Jh. v. Chr. die übliche Form des Unterrichts (vgl. Hadot 1999, 82–84).
[103] Hadot 1999, 84.
[104] Sokrates vertritt in der *Politeia* die martialische Ansicht, die freilich, zumindest in der spartanischen Erziehung, keine Besonderheit war, dass man bereits Kinder, in sicherem Abstand als Zuschauer auf Pferden, mit dem Geschehen auf Schlachtfeldern vertraut machen solle (466e4–467e7 und 537a4–7).

9. Was ist und wer kann philosophisch leben?

zu geraten, ihre richtige Meinung zu verlieren und die Dialektik nur zum Spaß als bloße Eristik einzusetzen (537e1–539e1). Wer sie derart gebraucht, nimmt eine »schmeichlerische Lebensweise« (*bion ton kolakeuonta*, 539a1) an, die nur auf Effekt und Anerkennung bei den Zuhörern zielt.

Merkwürdig scheint auf den ersten Blick, dass die Herrscher fünfzehn Jahre lang für die *polis* tätig sind, obwohl sie das Gute noch nicht geschaut haben. Nachdem sie einige Jahre lang Dialektik getrieben haben, kehren sie zurück in die Höhle und sammeln Erfahrungen in Ämtern, unter anderem im Kriegswesen (539e2–540a2[105]). Diese Tätigkeit ist aber vermutlich noch nicht mit der Herrschertätigkeit nach der Schau des Guten identisch; es könnte sich um untergeordnete Ämter handeln. Sie befinden sich außerdem, wie dem Liniengleichnis zu entnehmen ist, immerhin bereits im Bereich der *epistêmê*, sobald sie sich mit den Wissenschaften befassen; bzw. »zwischen« *doxa* und *epistêmê*, sobald sie Mathematik betreiben (511d5–6). Das gesamte Curriculum ist nicht in Einsamkeit denkbar. Auch das Höhlengleichnis weist darauf hin: Der Mensch gelangt nicht aus eigener Kraft ans Tageslicht[106]. Die Philosophen werden von älteren Herrschern, die gleichzeitig ihre Ausbilder sind, geleitet, denen sie unter Umständen auch bei schwierigen Entscheidungen in ihrer politischen Laufbahn vertrauen können (540b5–7).

Im Alter von 50 Jahren werden sie dann schließlich zum Ziel geführt und genötigt[107], das Gute selbst zu sehen. Danach verbringen sie die meiste Zeit mit Philosophie, leiten aber dennoch abwechselnd den Staat. Die Erkenntnis der Idee des Guten befähigt laut 540a9–b2 »den Staat, ihre Mitbürger und sich selbst ihr übriges Leben hindurch in Ordnung zu halten«, indem sie die Idee des Guten als Urbild gebrauchen. In der letzten Phase erziehen sie dann auch andere zu Herrschern (wiederum: 540b5–7), bevor sie eines glücklichen Todes sterben und auf die Inseln der Seligen gelangen.

---

[105] Ferber spricht von einem »Höhlenpraktikum« (Ferber 1989, 148), durch das die dialektische Ausbildung unterbrochen wird.

[106] Im Bild in 515c3–e9 (bes. 515e6) sowie 517a5–6 sieht es aus, als ob ein anderer Mensch die Fesseln lösen würde. Übertragen auf die Erziehung wird in 532b7 mit 532c4–d1 die »Lösung« unpersönlicher der Kraft der im Ausbildungsprogramm vorgesehenen Künste zugeschrieben.

[107] Zum Thema der scheinbaren Gewaltsamkeit des Aufstiegs vgl. 9.4.5.4, zu der des Abstiegs vgl. 6.4.3.2.

Voraussetzungen und Grenzen: Der Anspruch philosophischen Lebens

Das Ausbildungsprogramm der Philosophenherrscher ist, so kann zusammenfassend festgestellt werden, kompliziert, anspruchsvoll und vor allem außerordentlich langwierig. Es umfasst in der *Politeia* etwas mehr als das halbe Leben und ist ganz auf die spätere Aufgabe, die Herrschaft im Staat, der neben dem Philosophieren die andere Hälfte des Lebens gewidmet wird, hingeordnet. Herkömmliche Beschäftigungen in Handwerk und Gewerbe werden explizit ausgeschlossen. Erst nach einer rund 35jährigen musischen, sportlichen und vor allem wissenschaftlichen Ausbildung beginnt die eigentlich politische Tätigkeit. Die Schau der Idee des Guten befähigt, so kann vermutet werden, vor allem zur »Reinigung« der Gemüter, d.h. zur Ausbildung anderer und zur Gesetzgebung. Diese Ausbildungstätigkeit wird bis ins Greisenalter fortgeführt; ebenso wie – was in 498b9–c4 noch nicht so scheint – die Regierungstätigkeit, auch wenn die kontemplative, philosophische Beschäftigung mit fortschreitendem Alter immer mehr Raum einnimmt.

9.4.5. Philosophisch leben – eine Option für wenige?

Zu diesem strikten, eng auf einen bestimmten Personenkreis beschränkten und auf dessen Aufgabe hin entworfenen Programm konträr stehen allgemeine Aussagen wie diejenige, dass jeder die Idee des Guten sehen muss, der in eigenen oder öffentlichen Angelegenheiten vernünftig handeln will (Rep. 517c4–5).

Ein philosophisches Leben besitzt sein Ziel und seine Motivation darin, zum Schönen bzw. Guten zu gelangen (vgl. 9.1–9.3). Es ist das beste dem Menschen mögliche Leben, aber nicht insofern, dass andere Lebensweisen *auch*, aber in geringerem Maße gut sind. Wie bereits im Zusammenhang mit der Lustthematik festgestellt wurde (5.8.2), wird es vielmehr als konkurrenzlose Alternative beschrieben. Erst, wenn die Schau des Guten erreicht ist, so erzählt Diotima dem Sokrates im *Symposion*, ist ein Leben überhaupt lebenswert (Symp. 211d1–3). Noch schwerer wiegt, dass nur der Aristokrat, wobei an dieser Stelle der Philosophenherrscher gemeint ist, »in Wahrheit« gut und gerecht genannt werden kann (Rep. 544e7–8[108]). Ist »wahre« Gerechtigkeit, eine gerechte Ordnung der Seele, ohne Philosophie oder sogar außerhalb des be-

---

[108] Τὸν μὲν δὴ τῇ ἀριστοκρατίᾳ ὅμοιον διεληλύθαμεν ἤδη, ὃν ἀγαθόν τε καὶ δίκαιον ὀρθῶς φαμεν εἶναι. (544e7–8).

9. Was ist und wer kann philosophisch leben?

schriebenen Ausbildungsprogramms dann aber unmöglich?[109] Und wenn, was in der *Politeia* vertreten wird, nur der Gerechte im Vollsinne glücklich ist, bleibt dieses Glück dann allen anderen verwehrt? Zur Klärung dieser für die Untersuchung entscheidenden Frage soll nach dem Glück der bereits häufiger erwähnten[110] »allgemein« Tugendhaften gefragt werden.

9.4.5.1. Gerechtigkeit ohne Philosophie? Das relative Glück der »allgemein« Tugendhaften

Eine interpretatorisch schwierige Aussage findet sich in Rep. 484a1–b2: Nach einer langen Rede erst, meint Sokrates, wären schließlich die Philosophen zum Vorschein gekommen – besser hätten sie sich aber gezeigt, wenn man nur über sie hätte reden, und nicht den Unterschied von gerechtem und ungerechten Leben hätte betrachten müssen. Dafür müsse man nämlich vieles und anderes bedenken. Die Frage nach der philosophischen Existenz und die nach dem gerechten Leben hängen hier also scheinbar – anders als im Gesamtwerk (vgl. 5.4.9) – *nicht* direkt miteinander zusammen[111].

Wie ist diese Bemerkung zu erklären? Die Philosophenherrscher, von denen an dieser Stelle die Rede ist, sind, zumindest am Ende ihres

---

[109] R. Kraut schlug in einem kreativen Ansatz vor, dass Gerechtigkeit in der Seele auch durch die Hingabe an einen (einzigen) Beruf erlangt werden könne. Bei Handwerkern könne wie bei Philosophen ebenfalls von einer Herrschaft der Vernunft gesprochen werden. Durch die Konzentration auf ihre Tätigkeit, die auch rationales Denken erfordert, werden andere Begierden, wie in Rep. 485d6–e1 dargestellt, schwächer (vgl. Kraut 1973, 216–224). Abgesehen davon, dass der Beruf als Lebensinhalt und seine Kraft, ungerechtem Verhalten vorzubeugen, hier m. E. deutlich überschätzt wird, geht dieser Vorschlag aber auch an Platons zentraler Frage nach den Erkenntnisgegenständen vorbei. Vernunft wird nicht in ihrer Funktion als rationales Kalkül betrachtet, das hilft, Fähigkeiten zu entwickeln; selbst die Beschäftigung mit Mathematik ist nur Propädeutik. Ihr eigentlicher Wert besteht darin, dass sie als Vermögen, moralische Werte wie die Idee der Gerechtigkeit zu erfassen, begriffen wird. Wird aus anderen Motiven gerecht gehandelt, so handelt es sich nur um »gemeine Tugend« (worauf Kraut auch hinweist, vgl. *ebd.*, 222, Fußnote 20), deren Problematik im Folgenden nochmals diskutiert wird.
[110] Vgl. 5.2 und 5.3.2; vgl. auch Kapitel 8.
[111] Auch im Schlussmythos des *Gorgias* werden Philosophen und Gerechte nicht miteinander identifiziert; die Inseln der Seligen erwarten beide (Gorg. 526c1–5). Wie zu verstehen ist, dass die scheinbar zweite Gruppe »in der Wahrheit« (*met' alêtheias*, 526c2) gelebt hat, bleibt jedoch unklar – sicher kann man hier nicht von den ›ohne Philosophie‹ (aber »in der Wahrheit«) Tugendhaften sprechen (vgl. 8.3.1).

Voraussetzungen und Grenzen: Der Anspruch philosophischen Lebens

Ausbildungsweges, Wissende. Sie scheinen vor allem das Gute für den Staat im Blick zu haben. Nur nebenbei wird erwähnt, dass sie auch an persönlicher Tugend den anderen in nichts nachstehen (484d5–7) und mit Sicherheit ein gerechtes Leben führen (486b6–8). Aber dies tun eben auch die anderen, die sorgsam ausgebildeten Gehilfen, die die Einsichten der Herrscher als Meinungen *(dogmata)* bewahren und eine weniger klare Erkenntnis besitzen. Auch sie führen ein gerechtes, gutes Leben, so scheint es hier, das allerdings nicht dem vollkommen gerechten und guten Leben der Herrscher entspricht. Ist es also so, dass es verschiedene Weisen des guten Lebens gibt, die jeweils gut für Personen der und der Art unter äußeren Umständen der und der Art sind[112]? Dann wäre die philosophische Lebensweise nur eine unter anderen, wenn auch vielleicht diejenige, die zum höchsten Glück führt. Relative Tugend führt dagegen zu ›relativem‹ Glück wie z. B. im Fall der Ehrliebenden im *Phaidros* (Phdr. 256d9–e1). Wenn der gesamte Staat glücklich ist, so müsste auch jede Gruppe im Staat glücklich sein. Denkbar ist, dass dies an den individuellen Voraussetzungen liegt, die ein Mensch mitbringt. Hat er kein angeborenes philosophisches Talent, z. B. ein gutes Gedächtnis, so verwirklicht er zwar nicht die höchsten dem Menschen überhaupt zukommenden Möglichkeiten[113], aber doch diejenigen, die er persönlich verwirklichen kann.

Gibt sich Platon mit diesem Befund zufrieden? Im Folgenden soll dafür argumentiert werden, dass er dies nicht tut, und die gerade geschilderte Interpretation daher nicht widerspruchsfrei möglich ist. Platon bewertet die philosophische Lebensweise, insofern diese zur Schau der Idee des Guten führt, wesentlich höher als es die These von den vielen Weisen des guten Lebens besagt. Er grenzt sie von anderen Lebensweisen wertend ab, und zwar so, dass sich jeder Leser der Dialoge zur Änderung seiner Lebensweise hin zu einem philosophischen Leben

---

[112] So Wolf 1992, 124 mit Verweis auf Phdr. 271d. Dieser Verweis ist allerdings nicht überzeugend, da hier nur im Kontext der Rhetorik (genauer, der Fragestellung, welcher Mensch sich mit welcher Rede überzeugen lässt) festgestellt wird, dass es verschiedene Seelen gibt – d. h. einmal mehr auf die Unterschiedlichkeit innerer Voraussetzungen aufmerksam gemacht wird. Platon vertritt die Meinung, dass es verschiedene gute Lebensweisen gäbe, nicht »durchaus schon« in den Frühdialogen, wie Wolf (vgl. Wolf 1992, 124, Fußnote 22) unter Berufung auf die Untersuchung von H. Teloh (vgl. Teloh 1986) feststellt, sondern allenfalls »nur« bzw. »noch« dort (vgl. 9.3).
[113] Vgl. Alt 1982, 293 zum *Phaidon*: Allein die Philosophie erschließt ein geistiges Jenseits nach dem Tode; den Anforderungen wahren Menschseins wird durch anderes Verhalten nicht genügt.

9. Was ist und wer kann philosophisch leben?

aufgerufen fühlt. Wäre dies anders, so wäre es auch fraglich, warum man die philosophische, einigermaßen anstrengende Lebensweise überhaupt wählen sollte, wenn es doch einfachere Wege zum Glück gibt.

Die Abgrenzung geschieht zunächst unmerklich: Die Gehilfen sind letztlich unter die von Platon nur nebenbei erwähnte und daher in ihrer Definition recht unscharf gebliebenen Gruppe der »allgemein« Tugendhaften zu fassen[114]. Wie negativ diese Tugend aber an anderen Stellen bewertet wird, wurde in der Auseinandersetzung mit Protagoras (5.2 und 5.3.2) sowie anhand der Jenseitsmythen (Kapitel 8) bereits ausführlich geschildert. Der allgemein Tugendhafte ist nicht dazu fähig, vernünftig zwischen Lebensweisen zu wählen – aus Versehen wählt er, so das abschreckendste Szenario, das Platon gegen Ende der *Politeia* entwirft, die Tyrannis (Rep. 619b7–d2). Auch im Zuge der Übertragung des Staatsentwurfs auf die Seele scheint sowohl die Existenzweise der Gehilfen als auch die des dritten Standes – auf den kaum eingegangen wird, da die Philosophen im Zentrum stehen – defizitär zu sein (vgl. 5.4.6).

9.4.5.2. Die Wichtigkeit der Schau der Idee des Guten für das menschliche Leben – Stellenbefund

Eine Fülle von Textstellen weist ferner, positiv, darauf hin, dass das Erlangen der Schau der Idee des Guten zwar nur einem bestimmten Personenkreis zugesprochen wird, generell aber zentrales Element des menschlichen Lebens sein *sollte*[115]. Einige Stellen wurden im Verlauf

---

[114] Was nicht heißt, dass sie exakt die gleiche Seelenstruktur besitzen wie die Timokraten. Die Tugend aufgrund von Meinung oder auch aus Gewohnheit, die die Helfer im Staat besitzen, kann von der Tapferkeit aus Ehrbegierde, die eine größere Nähe zum »Tausch der Lüste« besitzt, unterschieden werden (vgl. Wilberding 2009). Auch die angeborene, in Lg. 710a5–b2 genannte Beherrschtheit ließe sich als eigene Kategorie fassen. Platon selbst trifft hier aber kaum klare Unterscheidungen. Deutlich wird lediglich die Abgrenzung all dieser Formen zur »echten« Tugend, die der Herrschaft der Vernunft und ihrer Ausrichtung auf das Gute entspringt.

[115] Die platonischen Grundthemen setzen sämtlich ein einheitliches Wesen des Menschen voraus. Es wird durchgehend nach *der* Arete des Menschen, *der* Glückseligkeit des Menschen gefragt, wie *das* menschliche Leben geführt werden soll usw. (vgl. Voigtländer 1980, 157). Voigtländer zeigt, wie sich die *polloi* Antithese, z. B. auf der Basis der Anamnesislehre, auflöst (vgl. *ebd.*, 161). Ich gehe insofern über seine Analyse hinaus, dass nicht nur der Natur nach jeder Mensch nach dem Guten strebt – aber laut Platon dann auf dem Stufenweg verschieden weit kommt – sondern dass denen, die es nicht

der Untersuchung nur verstreut erwähnt und sollen daher nochmals aufgelistet werden:
a) Jeder muss die Idee des Guten sehen, der in eigenen oder öffentlichen Angelegenheiten vernünftig handeln will (Rep. 517c4–5).
b) Nur der Aristokrat ist »in Wahrheit« gut und gerecht (Rep. 544e7–8).
c) Wer die Idee des Guten nicht sieht, lebt nicht wachend, sondern träumend (Rep. 476c3–d4).
d) Das Leben ist erst nach der Schau des Schönen selbst lebenswert (Symp. 211d1–3).
e) Sokrates richtet die Diotima-Rede an eine heterogene Zuhörergruppe, nicht nur an Politiker[116]. Er will ganz allgemein »die anderen« überzeugen (Symp. 212b1–4).
f) Im Höhlengleichnis wird allgemein »unsere« (Rep. 514a2), d. h. die menschliche Natur betrachtet.
g) Ohne die Schau der Idee des Guten, d. h. wenn man nur ein Bild davon trifft, wird man auch nichts anderes Gutes erkennen (Rep. 534b8–d2).

Die letztgenannte Stelle ist die problematischste, weil sie nicht nur eine wie auch immer geartete Schau oder Erfahrung der Idee des Guten, sondern auch deren dialektische Bestimmung – die von Platon nirgends unternommen wird – fordert *und* deren Notwendigkeit gleichzeitig stark generalisiert. Ohne die Fähigkeit zur dialektischen Bestimmung kann man auch nichts anderes Gutes erkennen. Dass ein Leben ohne *Erkenntnis* des Guten, etwa ein Treffen durch Meinung (Rep. 534c6) keine Alternative darstellt, wird an dieser Stelle auch gleich deutlich gemacht[117]. Platon greift die Metapher aus Rep. 476c3–d4 wieder auf und weitet sie sogar bis ins Jenseits hinein aus – wer so lebt, verschläft sein Leben und wird in der Unterwelt vollends in den tiefsten Schlaf

---

erreichen, auch die echte Glückseligkeit abgesprochen wird (freilich mag auch diese Beobachtung in Voigtländers Auslegung Platz haben, der außerhalb der staatstheoretischen Schriften zumindest von einem »Desinteresse« Platons an den *polloi* ausgeht, vgl. Voigtländer 1980, 164).

[116] Darunter Dichter (Agathon und Aristophanes), der Arzt und Naturwissenschaftler Eryximachos sowie andere, deren Professionen nicht ausdrücklich genannt werden. Der einzige Gesprächsteilnehmer mit eindeutig politischen Ambitionen, Alkibiades, stößt erst nach der Rede dazu.

[117] Interessanterweise lässt sich feststellen, dass die Verurteilung der *doxa* überall dort bei Platon besonders scharf ausfällt, wo der *bios* mit ins Spiel kommt (vgl. Voigtländer 1980, 167).

9. Was ist und wer kann philosophisch leben?

versinken (Rep. 534c7–d2). Es ist keine Rede mehr davon, dass Erkenntnis im Vollsinne nicht erreichbar wäre – weil der Leib sie etwa verunmöglicht wie in Phd. 65a7–b9 –, im Gegenteil scheint sie nicht nur erreichbar, sondern einem jeden Menschen, der »wach« leben möchte, notwendig.

Die These, dass nur ein bestimmter Adressatenkreis, z. B. um einer spezifischen Aufgabe willen, die Idee des Guten sehen muss, da auch andere Lebensweisen zum Glück führen, ist im Lichte dieses Stellenbefunds sowie der systematischen Überlegungen in 9.2 abzulehnen. Es ist richtig, dass auch bereits der Aufstieg Orientierung geben und das Leben bereichern kann. Noch wertvoller als dieser ist aber, in einer weiteren Lebensphase, die Überzeugung von der Erreichbarkeit des Ziels – die der eigenen Erfahrung, das Ziel *erreicht zu haben*, entspringt – weiterzugeben und andere zu überzeugen. Offen bleibt zunächst, ob die in 9.4.4 geschilderte Ausbildung der »vollkommen Philosophischen« notwendige Voraussetzung für die Schau ist.

9.4.5.3. Lösungsansätze – Anfragen an Voraussetzungen und Erziehungsprogramm

Wie passt die Forderung, dass jeder die Idee des Guten sehen müsse, zur Beschränkung des philosophischen Lebens, das die Schau ermöglicht, auf die Philosophenherrscher der Kallipolis? Ein systematischer Lösungsansatz könnte vor allem zwei Anfragen stellen.

a) Die erste Anfrage richtet sich an die inneren Voraussetzungen. Das Beharren auf exklusiven, persönlichen Voraussetzungen zeigt sich in der *Politeia* besonders innerhalb des Ausbildungsprogramms der Philosophenherrscher in der Kallipolis. Besitzt tatsächlich nur ein Bruchteil der Menschen die Voraussetzungen für ein philosophisches Leben, so bietet sich ein ernüchterndes Bild. Allerdings geschieht die Unterscheidung verschiedener Menschenarten zu Beginn und Ende des Charakterverfalls nicht anhand natürlicher Voraussetzungen, sondern mit Blick auf die herausgearbeitete, durch Erziehung gestaltbare Verfassung der Seele (Rep. 544a1–e5; 580d3–581c8). Sowohl die Annahme charakterlicher als auch die intellektueller Voraussetzungen lässt sich außerdem, wie es in 9.4.1.2 und 9.4.1.3 unter anderem mit Blick auf gegenteilige Aussagen in den Dialogen unternommen wurde, hinterfragen.

Voraussetzungen und Grenzen: Der Anspruch philosophischen Lebens

b) Die zweite Anfrage richtet sich an die Notwendigkeit des gesamten Erziehungsprogramms, an die der Dialektik wie auch der anderen Künste als ›Mitumwenderinnen‹ (*symperiagôgois*, Rep. 533d3; Schleiermacher: »Mitleiterinnen«). Sokrates wird die Schau zugesprochen, wiewohl er entweder Autodidakt war oder doch zumindest durch Diotima keine streng geregelte, musisch-mathematisch-dialektische Ausbildung erhalten hat (vgl. 9.4.2). Platon selbst ist dagegen, vermutlich unter Einbezug mathematischer Studien, zu einer dialektischen Methode gelangt, die anders vorgeht als der sokratische *elenchos*[118]. Das Curriculum mag der sicherste Weg zur Schau des Guten sein, der am wenigsten Abweichung zulässt. Es garantiert den Erfolg der Erziehung für die späteren Herrscher, die Verantwortung für die gesamte *polis* tragen. Auch der Vorschlag, eine Beschäftigung mit Dialektik erst im Alter von 30 Jahren zu beginnen – ein Prinzip, das Platon aller Wahrscheinlichkeit nach selbst nicht befolgt hat –, entspringt keiner Notwendigkeit, sondern schließt nur mögliche Gefahren aus. Unter nicht-idealen Bildungsvoraussetzungen fällt es schwerer, auf dem philosophischen Weg fortzuschreiten. Unmöglich ist es jedoch, wie in Bezug auf alle möglichen äußeren Umstände festgestellt wurde (vgl. 9.4.3), nicht.

Idealerweise umfasst die Beschäftigung des Philosophen Musik und Gymnastik, Mathematik und Dialektik. *Conditio sine qua non* scheint davon aber lediglich die Dialektik als eigentlich philosophische Tätigkeit zu sein. Wie weit gelangt der Philosoph normalerweise mit seinen dialektischen Untersuchungen? Die Schau wird im *VII. Brief* als etwas beschrieben, das nicht einfach in der Folge sprachlich ausgedrückt und vermittelt werden kann: »Es lässt sich nicht in Worte fassen wie andere Lerngegenstände« (*rhêton gar oudamôs estin hôs alla mathêmata*, Ep. VII 341c6). Spezifisch für die Philosophenherrscher könnte dagegen die Fähigkeit zur *Bestimmung* der Idee des Guten sein, die nur in 534b8–d2 erwähnt wird[119]. Wer an der Bestimmung scheitert,

---

[118] Nämlich von den Voraussetzungen her, vgl. dazu Vlastos 1994a, 37 (mit Verweis auf Men. 86e3) und Vlastos 1991, 107–131. Vgl. Hackforth 1945 zu Vorschlägen, wo der *elenchos* dennoch in der *Politeia* zu verorten wäre, sowie Hinweisen auf ihn im *Politikos*, im *Sophistes* und den *Nomoi*.

[119] Es ist richtig, dass, wie K. Gaiser schreibt, die Dialektik auf ein letztes Ziel oder eine erste Arché hinführt und von dieser auch Rechenschaft geben will (vgl. Gaiser 1988a, 78–81). Eine existentielle (K. Jaspers) oder hermeneutische (H.-G. Gadamer) Interpretation geht nicht weit genug. Auch ein bloßes *know-how* trifft das Wissen des Dialektikers nicht. Dialektik ist zwar Teil einer Lebensweise, aber sie geht nicht darin auf (wie es bei

9. Was ist und wer kann philosophisch leben?

hat auch keine Erkenntnis der Idee des Guten – eine Erkenntnis ohne sprachlichen Ausdruck gibt es nicht. Allerdings steht diese Stelle in scheinbar direktem Kontrast zum *VII. Brief*. Vielleicht lässt sich diese Spannung lösen, indem der Zusatz »nicht wie andere Lerngegenstände« (Ep. VII 341c6) so verstanden wird, dass er auf eine bestimmte Art der Mitteilbarkeit – eine, die die breite Masse verstehen könnte – abzielt, nicht aber auf den sprachlichen Ausdruck überhaupt[120]. Die Mitteilbarkeit philosophischen Wissens muss nicht, wie J. Mittelstraß annimmt, philosophische Orientierung gefährden, weil sie durch die »Transformation von Einsichten in Meinungen erkauft«[121] wird und der pragmatische Zusammenhang mit der Situation verloren geht. Im Gegenteil wird je nach Art und Weise der Mitteilung diese Orientierung gefestigt. Philosophisch-existentieller Dialog und philosophische, abstrakte Forschung schließen sich nicht aus, sondern besitzen das gleiche Ziel: Eine feste Bindung an die Idee des Guten zu ermöglichen und sie dann – durch die Einbettung in die Gesamtheit der Meinungen, zu der auch das metaphysische Weltbild gehört – zu stärken.

Wo liegen die Ursachen dafür, dass einerseits, allein durch die Übertragung des Staatsmodells auf die Seele, die Notwendigkeit des philosophischen Lebens für jeden Menschen so deutlich betont wird (vgl. 5.4.6), andererseits die erfolgreiche Bewältigung des Weges nur wenigen zugetraut und von Anlagen abhängig gemacht wird[122]? Vermutet werden kann ein gesteigerter Anspruch philosophischen Lebens, der mit der in 9.3 beschriebenen Ausweitung seiner Inhalte zusammenhängt. In vie-

---

Mittelstraß scheint, vgl. Mittelstraß 1984, 14–16). Sie hat mit der Idee des Guten ein von ihr unterschiedenes klares, objektives, metaphysisch *bestimmbares* (wenn auch nicht leicht zu bestimmendes) Erkenntnisziel.

[120] Darauf weist auch der folgende Satz hin: »Wenn es geschrieben oder gesagt wurde, dann noch am besten von mir ...« (Ep. VII 341d3–4) und später, dass Platon es ja einmal mit Dionysios »durchgegangen« ist (Ep. VII 345a3–4). Es handelt sich, das macht der ganze Fortgang des Briefes deutlich, nicht um eine prinzipielle Unmöglichkeit des sprachlichen Ausdrucks, sondern um die Unmöglichkeit, das Erkannte, besonders in schriftlicher Form, so auszudrücken, dass es ein weiter Adressatenkreis versteht (Ep. VII 341d6: πρὸς τοὺς πολλούς). Es gibt zudem keine mögliche Formulierung, die zwingend dazu führt, dass der Gesprächspartner das Gleiche sieht (vgl. 7.4).

[121] Mittelstraß 1984, 21.

[122] Es finden sich auch geradezu feindselige Stellen gegenüber zur Philosophie ungeeigneten Menschen, die sich dennoch damit befassen, z. B. in Rep. 495c1–496a10, eine Stelle, die meist auf Isokrates bezogen wurde (vgl. Szlezák 2004, 18f.).

Voraussetzungen und Grenzen: Der Anspruch philosophischen Lebens

len aporetischen Dialogen sowie der *Apologie* scheint es, als entspräche die permanente Lebensprüfung, die vernünftige Reflexion auf das eigene Tun dem philosophischen Leben. Im *Gorgias* und anderen Dialogen schien das philosophische Leben vor allem einem besonnenen Leben zu entsprechen. Wer philosophisch lebt, kann vernünftig mit seinen Neigungen umgehen. Aber die tiefe Bindung an das Gute verlangt mehr. Sie entspricht *nicht* einer Tugendhaftigkeit nach bester Meinung – so z. B. die Konzeption des Isokrates[123] –, weil diese nicht stabil genug ist. Sie entspricht ferner *nicht* nur einer äußerlich besonnenen Lebensweise, die aus ganz anderen Motiven als der Ausrichtung auf das Gute gespeist sein kann. Innerhalb des gemäßigten Hedonismus des Protagoras kann eine solche Besonnenheit ebenso formuliert und propagiert werden. Auch das disziplinierte Leben des Ehrgeizigen ist geprägt von Besonnenheit gegenüber seinen sonstigen Begierden. Die Lebensprüfung ist nur der erste Schritt hin zur Frage danach, was Tugend eigentlich, dem Wesen nach, ist. Das besonnene Leben ist nur die Voraussetzung für den langen Weg zur Erkenntnis. In der Frage, was der Mensch erkennen kann, unterscheidet sich Platon am deutlichsten von dem, was als ›sokratische‹ Lebensweise vermutet werden kann. Die Erkenntnis der Ideen, allen voran der Idee des Guten, ist nicht nur möglich, sie ist auch notwendig für ein gutes Leben.

9.4.5.4. Das Höhlengleichnis in *Politeia* VII als Paradigma philosophischen Lebens

Wie kann dieses gute, philosophische Leben von seiner Struktur her beschrieben werden? Allgemein lassen sich, wie es bereits in 7.6.2 – aber unter dem Gesichtspunkt der Freundschaft – unternommen wurde, drei zentrale Aspekte philosophischen Lebens unterscheiden: a) Aufstieg, vor allem dialektische Betätigung, b) Schau des Guten, c) erneuter Abstieg, politische Tätigkeit bzw. Lehre. Deutlicher noch als im *Symposion* werden diese drei Aspekte im Höhlengleichnis der *Politeia* dargestellt (514a1–517a8)[124].

---

[123] Der menschlichen Natur ist es laut Isokrates nicht möglich, ein Wissen zu erwerben, auf Grund dessen man wirklich wissen kann, was zu tun und zu sagen ist. Selbst der Weise vermag nur, in seinen Meinungen meistens das Beste zu treffen (vgl. Isokr. Antid. 271; vgl. dazu auch Hadot 1999, 332, Fußnote 33).

[124] Vgl. Ferber 1989, 148: »Und nirgendwo sonst hat uns Plato mehr über dieses [*das philosophische Leben; eig. Anm.*] mitgeteilt als im Gleichnis dieses Lebens – dem Höh-

9. Was ist und wer kann philosophisch leben?

a) Der Aufstieg

Im Höhlengleichnis schildert Sokrates nicht – wiewohl es in diesem Kontext steht – nur den Ausbildungsweg der Herrscher, sondern die *conditio humana*[125] ganz allgemein. Der Ausgangszustand wird in den düstersten Farben gezeichnet und sollte, soviel ist jedem Leser klar, unbedingt verlassen werden. Die Menschen gleichen Gefangenen in einer Höhle, die weder sich selbst noch andere (515a6) erkennen. Während hierzu und unter Umständen zur Erkenntnis der Situation[126] das Lösen der Fesseln genügt, haben sie keine Chance, die Dinge an der Oberfläche zu erkennen, solange sie in der Höhle bleiben. Nicht nur die Philosophen, sondern alle sollten nach oben gehen, wenn auch die Philosophen faktisch die einzigen sind, die es tun. Die Meinungsbefangenheit wird mit einem Traum verglichen (476c3–d4) sowie dem Zustand eines Blinden (484c4–d3 oder auch 488b1–3, wo neben der Sehkraft auch das Gehör eingeschränkt ist). Solch ein Zustand ist für keinen Menschen erstrebenswert. Die Gefangenen sind jedoch so an die Gefangenschaft gewöhnt, dass sie, einmal entfesselt, sogar gezwungen werden müssen, den Kopf zu drehen (515c5–6), um die Gegenstände, Geräte, Bildsäulen und sonstige Bilder (514c1–515a2) in der Höhle richtig zu erkennen. Auch zum Aufstieg müssen sie, anscheinend unter Anwendung von noch mehr Gewalt, gezwungen werden (515e6–9). Erst nach einer Zeit der Gewöhnung *(synêtheias)* ist es nicht mehr schmerzhaft für sie, sich dem Licht auszusetzen; erst nach längerem Verweilen an der Oberfläche wird der Heraufgeschleppte dann auch die Sonne, die der Idee des Guten entspricht, sehen.

Die Gewaltsamkeit des Aufstiegs[127] steht nicht nur in Spannung zum existentiellen Bedürfnis der Philosophen, geistige Nahrung zu er-

---

lengleichnis.« Zum Ursprung des Gleichnisses vermutete Wright interessanterweise, dass hier weniger literarische Vorlagen als Platons eigene Erfahrung in Frage kommt, der, vielleicht schon als Kind, die in der Nähe von Athen gelegene Pan-Grotte von Vari besucht haben könnte, an die die Schilderung erinnert (vgl. Wright 1906).

[125] Der Zustand der Gefangenen soll ein Bild sein für »unsere Natur in bezug auf Bildung und Unbildung« (514a1–2). Dass mit »unsere Natur« die menschliche gemeint ist, wie sie Sokrates und die Gesprächspartner besitzen, ist m. E. am naheliegendsten.

[126] Eine Erkenntnis, die allerdings noch nicht genügt, ohne die Hoffnung auf Änderung zu haben. Auch der zurückkehrende Philosoph stößt auf Unglauben. Das Leben ›oben‹ wird nicht als bessere Alternative, sondern als den Beschäftigungen in der Höhle abträglich wahrgenommen (517a2–5).

[127] Welche vermutlich auch auf das ›gewaltsame‹ Vorgehen des Sokrates, d. h. seinen in 4.3 geschilderten, brüsken Diskussionsstil referieren soll.

halten – das Moment der philosophischen Lust (5.4.5 und 5.4.8) scheint gänzlich ausgeblendet zu werden –, sondern auch zum Streben eines jeden Menschen nach dem Guten, das im *Symposion* angenommen wird (Symp. 205a5–7). Relativiert wird dieser Punkt aber bereits innerhalb der *Politeia* durch die Beurteilung in 536c1–537a2. Sokrates habe alles zu rigide formuliert (536c2). Kein Freier wird Kenntnisse unter Zwang erlernen, denn diese bleiben nicht in der Seele (536e1–4)[128]. Unter Umständen entspringen die erwähnten »Schmerzen« auch der jahrelangen Gewöhnung an die Höhle, wohingegen die philosophische Erziehung, wenn sie früh genug einsetzt, genau diese Gewöhnung an die Verhältnisse ›unten‹ verhindern kann. Oder, so eine weitere Interpretation, nur einige empfinden sie – und zwar so stark, dass sie resignieren und die Höhle nicht verlassen –, während es philosophischen Naturen leichter fällt, nach oben zu gelangen. Letztere könnten epistemische Vorteile wie etwa eine Ahnung des Zieles besitzen oder sind, so ein Charaktervorteil, im Unterschied zu demjenigen, der im Schlussmythos das falsche Leben wählt (619d2–6), an Mühseligkeiten gewöhnt.

b) Das Glück der Schau

Wenn jemand dann einmal bis an die Oberfläche gekommen ist, geschieht eine gravierende Veränderung in der Einstellung zum vorherigen, mit anderen geteilten Leben. Denn nun wird, wie an verschiedenen Stellen betont wird, die Lebensweise ›unten‹ abgelehnt. Der Philosoph wird sich alles eher gefallen lassen als so zu leben (516e1–2). Es gibt keine Lebensweise, die sich aus der bürgerlichen Gewalt *(politikôn archôn)* weniger macht als die philosophische (521b1–2). Die Lebensweise derjenigen, die von göttlichen Anschauungen kommen, von einem lichtvolleren Leben her, scheint anderen vielleicht lächerlich, weil der von der Sonne Geblendete zunächst verwirrt ist; vernünftigerweise ist sie aber glücklich zu preisen (518b2–6). An der Oberfläche, die dem Bereich der Erkenntnis entspricht, ist er glücklich, während er sich nichts mehr aus der meinungsbasierten »Weisheit« (*tês ekei sophias*, 516c4) der Mitgefangenen in der Höhle oder aus deren Wettbewerben und Ehrbezeugungen macht. Die Ablehnung bzw. Geringschätzung der von allen anderen in der Höhle umkämpften Ehren entspringt dem in

---

[128] Freilich wird kurz darauf, in 540a7, erneut *anagkasteon* gebraucht. In dieser Zusammenfassung wird aber lediglich auf das Höhlengleichnis zurückverwiesen.

9. Was ist und wer kann philosophisch leben?

9.2 diskutierten neuen, positiven und anderen Lebensziel; sie entspringt der Kenntnis des Guten selbst.

c) Der Abstieg und seine Konsequenzen

Dennoch unternimmt der Philosoph den Abstieg, und zwar nicht nur gezwungenermaßen, sondern wohl auch aus inneren Gründen heraus. Gerade weil er weiß, was gerecht ist, will er auch andere zur Gerechtigkeit führen (vgl. 6.4.3.2). Es gibt kein dauerhaftes, gar noch einsames, Verweilen beim Guten. Die Einsicht in die schöpferische Natur des Guten selbst scheint den Philosophen letztlich dazu zu motivieren, in die Höhle zurückzukehren[129]. Als jemand, der das Gerechte gesehen hat, ist er auch in der Lage, über die »Schatten des Gerechten« (517d9–10), um die es z. B. vor Gericht geht, zu urteilen (520c4–7)[130]. Es benötigt allerdings Zeit, bis er nach seiner Rückkehr wieder an den Beschäftigungen der übrigen Menschen teilnehmen kann. Sonst geschieht leicht, was von Adeimantos schon in Buch VI (487c4–d6) erwähnt wurde: Die Menge denkt, dass die wissenschaftliche Beschäftigung ihn untauglich gemacht hat für ihre Angelegenheiten (517a2–7). Dass der Gerechte in Lebensgefahr schwebt, ist keine notwendige Folge seines Abstiegs, sondern wird in 516e8–517a2 vor allem mit einer zu raschen Hinwendung zur politischen Betätigung begründet, »ehe er sich wieder dazu einrichtet« (517a1, vgl. 6.4.3.3). Eine Freude an der Umsetzung des Gerechten und Guten ist allerdings in diesem Szenario, in dem alle politische Tätigkeit ›unten‹ stattfindet, nicht zu bemerken[131]. Höchstens in der Ausbildung anderer kann eine solche vermutet werden. Das im *Symposion* geschilderte ›Zeugen im Schönen‹, eine dialektische Beschäftigung mit den *logoi* wird – wieder im Bild der *Politeia* gesprochen – vorrangig ›oben‹ stattfinden. Auch der gemeinsame Aufstieg sollte eigentlich erfreulich sein. Gilt dieses Bild nun für alle Menschen, so sollten auch alle, denen der Aufstieg gelungen ist, in der Folge politisch tätig sein.

---

[129] Vgl. Wolf 1999, 46 und Sprague 1976, 93, der auf die Funktion des Guten in Rep. 509b hinweist: »Die Sonne, denke ich, wirst du sagen, verleihe dem Sichtbaren nicht nur das Vermögen gesehen zu werden, sondern auch das Werden und Wachstum und Nahrung, unerachtet sie selbst nicht das Werden ist.« (509b2–4)

[130] Zur Diskussion, warum er dies kann, vgl. 6.4.3.2.

[131] Was verständlich ist, wenn man daran denkt, dass die im 35.–50. Lebensjahr ausgeübten Ämter vermutlich viele triste, in der *Politeia* nicht konkreter erwähnte Tätigkeiten wie die Festsetzung von Steuern beinhalten.

Voraussetzungen und Grenzen: Der Anspruch philosophischen Lebens

Die Aufteilung der Lebensphasen ist, wie auch im *Symposion* (vgl. 7.6.2), eine Konstruktion. Sie dient zur Verdeutlichung dreier zu unterscheidender Aspekte, die aber nicht fest an bestimmte Altersabschnitte gebunden sind. Konkrete Altersangaben unterstreichen, dass es sich nicht nur um ein Gedankenexperiment, sondern real umsetzbare Möglichkeiten handelt. Eine gewisse Altersabhängigkeit lässt sich in den Dialogen allerdings beobachten. Der junge Sokrates, der im *Parmenides* mit Parmenides diskutiert, macht nicht den Eindruck eines Dialektikers, der bereits die Idee des Guten geschaut hat. Dennoch könnte die Schau viel früher geschehen als in der *Politeia* beschrieben. Aus der Außensicht sind zudem erstmaliger, eigener Aufstieg (a) und (erneuter) Aufstieg mit anderen (c) kaum zu unterscheiden, sofern der Philosoph beschließt, sich wie Sokrates auf die ›Stufe‹ des anderen zu begeben und mit ihm zusammen den Aufstieg (erneut) zu unternehmen. Genau genommen kann eigentlich nicht einmal von einem »Abstieg« und »erneutem« Aufstieg gesprochen werden, weil der Philosoph in und aus der Schau des Guten lebt (vgl. 7.6.2).

Weil sich die Tätigkeit und das Anliegen des Philosophen durch die Schau des Guten kaum verändern, hat es leicht den Anschein, als wäre der Philosoph stets »unterwegs«, stets auf der Suche und nie am Ziel[132]. Faktisch werden durch das Erreichen des Ziels aber nur die Rollen im Gespräch getauscht: Er ist jetzt derjenige, der den anderen zum Guten führen will, beide aber wollen (wieder) dorthin gelangen. Woran überhaupt kann man ersehen, an welcher Stelle des Lebens jemand steht? Eine wesentliche Wirkung der Schau könnte in der Änderung der Lebensziele bestehen. Diese Änderung geschieht beim jungen Sokrates jedoch bereits durch die Beschreibung des Weges durch Diotima (Symp. 212b1–8), d.h. ganz zu Beginn[133]. Allerdings geschieht sie mittelbar, im Vertrauen auf einen anderen Menschen. Sie ist instabil wie die des Alkibiades, der sich an Sokrates hält, aber stets, besonders wenn Sokrates nicht in der Nähe ist, wieder zur Meinung des Volkes hingezogen wird (Symp. 216b3–5). Erst wenn man das Gute selbst gesehen hat, wird

---

[132] Vgl. Heitsch 1987, 49 und die in 3.1 geschilderte Infinitismus-Debatte.

[133] P. Hadot spricht von einem Akt der »Bekehrung« (vgl. Hadot 1999, 85f.). Dieser kann entweder durch göttliche Berufung oder durch andere Menschen ausgelöst werden. Dieser Akt steht aber, so scheint es, eher am Anfang des Weges. Insbesondere andere Menschen genügen als Auslöser, aber nicht als Garanten für einen erfolgreichen Weg – fest wird die Entscheidung erst, wenn die Schau des Guten selbst erreicht wurde.

9. Was ist und wer kann philosophisch leben?

man unabhängig von Vorbildern und ›Lehrern‹ weitergehen und erst dann ist man fähig, anderen ebenfalls ein Halt zu sein[134]. Nur das Gute selbst besitzt die Kraft, sich als dauerhaftes, höchstes Lebensziel zu etablieren und gegen andere Ziele, die darauf Anspruch erheben, durchzusetzen.

9.4.5.5. Philosophisches Leben als Konzeption für jeden Menschen – Eine interpretative These

Wir haben gesehen, dass der philosophische Lebensweg drei Aspekte umfasst: Einen intellektuellen, gemeinsamen Aufstieg zum Guten, die Schau des Guten und schließlich dessen Verwirklichung im Rahmen politischer und erzieherischer Tätigkeit. Er ist der Weg, den idealerweise jeder Mensch *qua* Mensch einschlagen sollte. Nur so lässt sich die Bewertung des Weges, Platons Darstellung der Bedeutung der Schau der Idee des Guten für das menschliche Leben (vgl. 9.2 und 9.4.5.2) und die Schilderung des Loses der Philosophen in den Jenseitsmythen verstehen. Diese These ist jedoch interpretativ, d. h. sie wird auf der Textebene zwar gestützt, vielleicht aber nicht bewusst von Platon intendiert[135]. Das faktische, bis heute gültige realistische Bild sieht so aus, dass neben einer philosophischen Lebensweise eine ganze Reihe anderer Lebensweisen bestehen, die auch von Platon mitunter nicht ab-

---

[134] Wie passt dazu die Aussage im *VII. Brief*, dass der Philosoph, sobald er vom philosophischen Weg gehört hat, also schon von Beginn an, auch lebenslang darauf bleibt, komme, was wolle (Ep. VII 340c5–d1)? Hier werden die Gefährdungen auf dem Weg ausgeklammert – beschrieben wird er aus nachträglicher Perspektive, die der Rückschau auf den erfolgreichen Weg.

[135] So findet sich bei ihm kaum, wie bei anderen Sokratikern, dass Menschen aus niedrigsten Lebensverhältnissen – wie etwa Phaidon von Elis – zur Philosophie emporgehoben werden (vgl. Gigon 1946, 10; 15 f.). Szlezák weist unter Bezug auf einschlägige Stellen wie Rep. 495e4–9 darauf hin, dass Platon durch und durch Aristokrat war (vgl. Szlezák 2004, 5–25). Voigtländer streicht dagegen, wie schon häufiger erwähnt, eine protreptische Intention heraus: »Die für das Heil des Menschen entscheidende philosophische Wahrheit Einzelnen oder kleineren Gruppen von Menschen, die sie noch nicht ergriffen haben, eindringlich zu machen, gerade auch in ihrer unmittelbaren Bedeutung für das Leben, zu diesem Zweck dient die *polloi*-Antithese, insofern meist an den *polloi* als Folie der falsche *bios* demonstriert wird.« (Voigtländer 1980, 6f.). Eine protreptische Wirkung mag also durchaus, zumindest unter anderem, von Platon intendiert gewesen sein (aufgewiesen wird dies *ebd.*, 156–176).

Voraussetzungen und Grenzen: Der Anspruch philosophischen Lebens

gewertet werden[136]. Wie könnte eine Interpretation aussehen, die ein philosophisches Leben nicht nur als Ideal, sondern auch als realistische Möglichkeit für jeden Menschen verteidigt und dennoch nicht einer Grundlage in den platonischen Texten entbehrt? Ich möchte einen Ansatz bei drei Punkten vorstellen:

1) Die Betonung der Rolle des Erziehungsprogramms kann (wie es in 9.4.2 und 9.4.5.3 versucht wurde) dahingehend interpretiert werden, dass Platon sicherstellen will, dass das angestrebte Ziel auch erreicht wird. Es geht nicht darum, die Zahl der Menschen, die es erreichen können, einzuschränken, sondern darum, die späteren Gesetzgeber sicher dorthin zu bringen. Gerade sie, die Verantwortung für die gesamte *polis* haben, dürfen keinesfalls auf halbem Wege stehenbleiben und werden deshalb sorgfältig zum Ziel geführt. Um den Erfolg der Ausbildung zu gewährleisten, wird bereits bei den Kandidaten für das strikte Curriculum auf erfolgversprechende charakterliche und intellektuelle Voraussetzungen geachtet.

2) Platon selbst schränkt die Gruppe derer, die für den philosophischen Weg geeignet sind, allerdings nicht nur in der *Politeia*, sondern auch in anderen Dialogen ein – z. B. ist laut Phdr. 252e3 nur einer von elf Charakteren philosophisch. Bei den eng gefassten inneren Voraussetzungen eines philosophisch-dialektischen Lebens hat er sich jedoch – zumindest, was deren Angeborensein angeht – vielleicht getäuscht (vgl. 9.4.1). Die Bemerkungen in der *Politeia*, besonders aber im *VII. Brief*, wirken resignativ. Platons eigene Erfahrung war, dass viele den Weg nicht zu Ende gehen, sondern sich dann doch wie Dionysios dem Streben nach Ehre oder Lust hingeben. Aus dieser Erfahrung heraus wird festgestellt, dass die Gescheiterten der Sache, in diesem Fall dem Gerechten und allem, was sonst schön ist, wohl »nicht verwandt« sind (Ep. VII 344a3). Diese Feststellung besitzt aber keinerlei Erklärungskraft. Auch der Verweis auf die Beharrlichkeit in allen Dingen (Rep. 503c9–d5 und 537d1–4), die jemand als Charaktereigenschaft für einen erfolgreichen philosophischen Lebensweg besitzen muss, beschreibt eigentlich nur das, was sie eigentlich erklären soll – ob jemand am philosophischen Leben festhält, weiter geht auf dem Weg oder eben nicht.

---

[136] Vgl. z. B. das Leben der glücklichen Ehrliebenden in Phdr. 256d9–e1 oder das Glück der Wächter in Rep. 420b4–5.

9. Was ist und wer kann philosophisch leben?

3) Werden, drittens, durch rein pragmatische Gründe wie den des notwendigen Zeiteinsatzes, bestimmte Gruppen ausgeschlossen[137]? Die philosophische Lebensweise muss zwar keine jahrzehntelange musisch-gymnastische sowie mathematische Ausbildung umfassen[138]. Aber sie umfasst sorgfältige, häufige und in aller Regel gemeinsame Diskussion um die Bestimmung der Tugenden und der anderen Ideen. Sie umfasst möglichst weitreichende intellektuelle Tätigkeit, die auch, aber nicht nur, den *elenchos* im Sinne einer ständigen Selbstprüfung beinhaltet. In der Beschreibung des Weges wird deutlich, dass ein Erreichen des Ziels ohne intensive, fortdauernde geistige Betätigung nicht denkbar ist. Mit weniger als dialektischer Forschung, als permanenter philosophischer Tätigkeit, wird auch echte Tugend nicht erreicht. Oder sie kann zumindest, so der Gedanke des Abstiegs und der darauf folgenden Auseinandersetzung mit den ›in der Höhle Gebliebenen‹, anderen gegenüber nicht gerechtfertigt werden. Wenn man andere aber nicht davon überzeugen kann, gerecht zu handeln oder sich zumindest rechtfertigen kann, wenn diese gute Argumente dagegen vorbringen, so ist fraglich, warum und ob man an der eigenen Meinung, etwas sei gerecht, selbst noch festhält.

Die dialektische Beschäftigung erfordert Zeit und Muße, und zwar so viel, dass sie stellenweise kaum mit einer anderen Beschäftigung vereinbar scheint. So stellen die *Nomoi* fest:

Denn verglichen mit dem Leben, das keinerlei Muße für all die andern Aufgaben läßt, nämlich mit dem nach einem Sieg bei den pythischen oder olympischen Spielen strebenden Leben, ist ein Leben, das der Sorge für die allseitige Vollkommenheit des Leibes und der Seele gewidmet ist und daher mit vollem Recht Leben *(bios)* genannt wird, in doppeltem oder in noch höherem Maße von rastloser Tätigkeit ausgefüllt. Denn keine von den andern Tätig-

---

[137] Vgl. Dudley 1995, 21, der die Theorien der Muße im Altertum als Theorien für Mitglieder einer kleinen elitären Klasse in der Gesellschaft kennzeichnet. Es ist aber die Frage, ob man den vollkommenen *bios* bei Platon unter eine solche Theorie der Muße, einen *bios theôrêtikos* fassen kann – was Dudley vor allem unter Rückgriff auf die *Nomoi* und den *Theaitetos* sowie unter Verweis auf den »Zwang« der Philosophenherrscher in der *Politeia* tut (vgl. *ebd.*, 22f.).

[138] Eine alle Bevölkerungsschichten umfassende mathematische – und zwar nicht nur auf ihre berufliche Anwendung zielende – Bildung, wie sie in modernen Demokratien verwirklicht ist, war Platon freilich fremd. Vgl. Havelock 1963, 276–311, der das Philosophieren Platons vor allem als Alternative zur bisherigen musischen, d. h. auf den Werken Homers basierenden Bildung darstellt. Es kann ganz allgemein als Aufbrechen eines revolutionären, neuen Intellektualismus' begriffen werden (vgl. *ebd.*, 284f.).

keiten darf als Nebenbeschäftigung zum Hindernis werden, wenn es gilt, dem Leib die erforderlichen Anstrengungen und Nahrung und der Seele die erforderlichen Kenntnisse und Gewohnheiten zukommen zu lassen; vielmehr sind für den, der eben dies tut, die ganze Nacht und der ganze Tag zusammen kaum ausreichend, um sich diese in vollem und ausreichendem Umfang anzueignen. (Lg. 807c3–d6)

Im *VII. Brief* wird die Lebensweise allerdings realistischer beschrieben. Ein von der Philosophie ergriffener Mensch

… geht den Aufgaben nach, die er hat, doch neben allem hält er sich stets an die Philosophie und die tägliche Lebensweise, die am meisten seine Lernfähigkeit, sein Gedächtnis und sein Vermögen, bei nüchterner Besinnung zu denken, fördert; die ihr entgegengesetzte verabscheut er für immer. (Ep. VII 340d2–6)

Es ist zwar erheblicher Zeiteinsatz notwendig, der aber laut dem *VII. Brief* – anders, als in den *Nomoi* suggeriert wird – nicht Tag und Nacht umfassen muss. Denkbar wäre z. B., dass man abends Zeit für die Philosophie findet. Gleich im Anschluss an den zitierten Passus der *Nomoi* wird geraten, sich nicht zu viel Schlaf zu gönnen. Gerade der geistig Tätige steht vor Sonnenaufgang auf und schläft nur so viel wie notwendig (Lg. 808b3–c3). Dies tut er aber laut dieser Stelle nicht, um zu philosophieren, sondern um einen Großteil der häuslichen und öffentlichen Tätigkeiten zu erledigen. Auch die Freien haben zumindest Anweisungen an die Sklaven zu geben und als Hausherren bzw. Hausherrinnen ihre *oikonomia* zu regeln.

Der vielleicht zeitbedingte, eindeutige Ausschluss[139] jeder handwerklichen Beschäftigung von einer philosophisch-politischen Existenz, und damit auch der Ausschluss der damit befassten Gruppe (sowie der Sklaven) vom höchsten dem Menschen möglichen Glück, wäre unter dem Gesichtspunkt, dass auch der Freie und der Herrscher ›neben‹ ihren täglichen Aufgaben zum Philosophieren aufgerufen sind, zu überden-

---

[139] Handwerksberufe, Militär und Sklavenstand sind für das Funktionieren der griechischen *polis* notwendig. Die Ausübung der Künste (*technai*; gemeint ist hier das Handwerk) ist aber den Fremden zu überlassen und zur Sorge um die Tugend alternativ (Lg. 846d1–847b2). Mit einer philosophischen Existenz, die intensive geistige Betätigung, Diskussionen und, so das Hauptargument an dieser Stelle, zudem die Sorge um den Staat umfasst, ist zumindest das Handwerk laut den *Nomoi* unvereinbar (eine militärische Aufgabe dagegen scheint, vor allem in der *Politeia* im Rahmen der Ausbildung der Philosophenherrscher, damit vereinbar zu sein).

9. Was ist und wer kann philosophisch leben?

ken. Für die Bemerkungen zum notwendigen Zeiteinsatz kann vielleicht gelten, was Hölderlin 1796 seinem jüngeren Bruder Karl riet: »Philosophie mußt Du studieren und wenn Du nicht mehr Geld hättest als nötig ist, um eine Lampe und Öl zu kaufen und nicht mehr Zeit als von Mitternacht bis zum Hahnenschrei.«[140]

9.5. Fazit: Ziele des Lebens

Zuletzt möchte ich zusammenfassend darstellen, welche systematischen Grundlinien und Überzeugungen zu Ursprung, Inhalt und Notwendigkeit philosophischen Lebens aus den Dialogen Platons deutlich geworden sind. Wie sich bereits im Verlauf der Untersuchung gezeigt hat[141], eignet sich hierfür als zentraler Gesichtspunkt die Ausrichtung des Lebens auf ein Ziel, bzw. die Wertung und sich daraus ergebende Rangfolge verschiedener Ziele im Leben. Geschieht eine solche Ausrichtung nicht oder zumindest nicht bewusst, so wird das Leben unmerklich in irgendeine Richtung, auf nahe- und nächstliegende Ziele hin, fortschreiten. Menschen, die sich nach rasch wechselnden, von außen vorgegebenen Zielen orientieren[142], scheint es oft selbst so, als hätten sie gar kein Ziel. Sie ›treiben sich herum, wo es sich gerade trifft‹, wie Apollodoros seinen Zustand vor der Begegnung mit Sokrates beschreibt (Symp. 172c7–173a1[143]). Ein nächstliegendes Ziel kann in körperlicher Lust bestehen, die einfach zu erlangen ist und unmittelbar, d. h. auch zunächst fraglos, als gut empfunden wird. Ein weiteres, je nach sozialem Umfeld näher- oder fernerliegendes Ziel kann die Übernahme einer Rolle sein, die Verwirklichung eines komplexeren Lebensprojekts, das durch soziale Anerkennung belohnt wird. Auch eine solche, in der damaligen Athener Oberschicht noch stärker gesellschaftlich vorgezeich-

---

[140] Zitiert nach Hoffmeister 1944, 29.
[141] Vgl. 3.3.3, 3.4 und besonders den Beginn der Kapitel 4, 5 und 6.
[142] Ihr Leben kann demjenigen des in der *Politeia* geschilderten, »demokratischen« Menschen entsprechen (vgl. 5.4.7.5) – der allerdings insofern noch bewusster lebt, als er die mit dieser Lebensweise verbundene Freiheit als obersten Wert setzt.
[143] Vgl. auch Blondell 2006, 148. Allerdings besteht der Hauptunterschied zwischen philosophischem Leben und dem Leben der Nichtphilosophen nicht darin, dass das philosophische Leben auf ein *telos* hingeordnet ist, da auch das nichtphilosophische Leben durch ein *telos* wie das Streben nach möglichst viel Anerkennung bestimmt werden kann.

nete Rolle[144] kann selbstverständlich und ohne allzuviel Reflexion übernommen werden.

In diese Fraglosigkeit hinein trifft das Philosophieren des Sokrates, der Menschen prüft, ihr Nichtwissen aufdeckt und sie dazu motiviert, die Prioritäten ihres Lebens zu hinterfragen (Kapitel 4). Der Abstand von unhinterfragten Lebenszielen, ihre Reflexion und Prüfung im sokratischen *elenchos* bewirken ein Innehalten im gewohnten Tun und in der Folge bisweilen eine Richtungsänderung. Sokrates setzt dabei stets bei bestimmten, bereits vorhandenen Ansprüchen an eine Person an (4.3). Will der Gesprächspartner diesem Anspruch gerecht werden und erkennt, dass ihm dies zumindest vor anderen, im Gespräch nicht gelingt, so wählt er – im Idealfall, da der *elenchos* auch fehlschlagen kann (4.2.2) – den philosophischen Weg[145]. Er trifft die bewusste, aktive Entscheidung, sich um Tugend und Weisheit zu kümmern und zwar, z. B. im *VII. Brief* exemplarisch im Fall des Dion, oft gegen das äußere Umfeld und gegen die Ziele, die er bisher vorrangig angestrebt hat[146]. Auf diese Entscheidung, diese Lebensänderung zielt die gesamte sokratische Elenktik. Weder in Bezug auf Platon noch auf Sokrates kann man von einer »Suche« nach dem guten Leben[147] sprechen. Beide haben die Entscheidung selbst getroffen (1.6), beide lebten faktisch ein philosophisches, gutes Leben[148].

Sokrates ist, wie an seinem Verhalten und Leben deutlich wird, zu einer weitreichenden Unabhängigkeit von Zielen gelangt, die das Leben der meisten anderen Menschen prägen. Er ist keiner der in Phd. 68b7–c2 erwähnten Besitzliebenden *(philochrêmatoi)* oder Ehrliebenden *(philotimoi)*. Weder Lust noch soziale Anerkennung scheinen ihm wichtig, was von Platon zunehmend systematischer und im Blick auf die von

---

[144] Vgl. Scholz 1998, 39.
[145] Vgl. Hadot 1999, 201: Lebenswahl und philosophischer Diskurs, der diese rechtfertigt, sind untrennbar, aber auch nicht aufeinander reduzierbar. Mittelstraß 1984, 16 und 26 spricht dagegen von einer »Lebensform« nur in Bezug auf die Dialektik als Form der Argumentation, die lebensmäßige Orientierung gibt.
[146] Zum Gedanken der Umwendung wird meist auf Rep. 518c4–d1 verwiesen. P. Hadot betont den Gedanken des Konversionserlebnisses besonders stark und bemerkt, dass die philosophische Lebensweise derjenigen der Nichtphilosophen »radikal entgegen« stehe (vgl. Hadot 1999, 201 und auch *ebd.*, 17, 85f.).
[147] Vgl. z. B. U. Wolf 1996, hier bes. 94 und 146f. Sie behandelt in dieser Monographie freilich nur die Frühdialoge, siehe aber auch Wolf 1999, 42–46.
[148] Vgl. Dudley 1995, 34: Platon wie auch Aristoteles waren wahrscheinlich der Meinung, dass sie selbst ihre eigene Theorie des vollkommenen Lebens erfüllten.

9. Was ist und wer kann philosophisch leben?

Sokrates nicht zufriedenstellend beantwortete Frage (4.4), was dann an deren Stelle tritt, reflektiert wird.

Die »Vielen« *(hoi polloi)*, so lässt Platon den Sokrates in der *Politeia* sagen, halten die Lust für das Gute (Rep. 505b6–8)[149]. Selbst das verbreitete Streben nach Reichtum dient meist dem Zweck, Lust zu erlangen (5.4.1). Es wurde gezeigt, dass die Lust im philosophischen Leben dagegen einen untergeordneten Stellenwert besitzt (Kapitel 5). In der Bewertung der Lust setzt sich der Philosoph vielleicht am deutlichsten, was besonders im *Phaidon* herausgestrichen wird (5.3), von den meisten Menschen ab. Er führt zwar kein asketisches, aber ein maßvolles Leben und damit, wie in der *Politeia* (5.4) sowie im *Gorgias* (5.1) argumentiert wird, sogar das vergleichsweise angenehmste, d. h. das angenehmste dem Menschen mögliche Leben. In seiner Seele entstehen keine ausufernden, unerfüllbaren Begierden, die den Hedonisten letztlich nur unglücklich machen. Er setzt sich allerdings auch ab vom differenzierten Hedonismus des *Protagoras*, der äußerlich vielleicht ebenso maßvoll erscheint, aber dennoch die Lust als oberstes Ziel des Lebens setzt. Wie in *Phaidon* und *Philebos* deutlich wird, wählt der Philosoph anstelle des Lebens der Lust ein Leben der Vernunft. Sein oberstes Ziel ist das Gute selbst, das nicht mit der Lust zu identifizieren ist. Das maßvolle Leben ermöglicht dem philosophisch Lebenden die geistige, eigentlich philosophische Tätigkeit, die zuletzt zur Schau des Guten führt (5.7). Diese Tätigkeit wird von geistiger Lust begleitet, welche allein der Philosoph kennt. Zudem gelingt es ihm am besten, die unabweisbaren anderen, zumeist körperlichen Bedürfnisse zu befriedigen, was ebenso Lust mit sich bringt. Das natürliche Ziel der meisten Menschen, ein möglichst angenehmes Leben zu führen, wird vom philosophisch Lebenden zwar nicht direkt angestrebt, schließlich aber doch erreicht.

Auch von der Ausrichtung an Ehre bzw. sozialer Anerkennung sowie der mit ihr zusammenhängenden politischen Tätigkeit wendet sich der Philosoph nicht ab – wie es nur stellenweise, z. B. in der Theaitetos-Digression scheint (6.4.1) –, sondern hinterfragt sie in Bezug auf ihren Stellenwert im Leben (Kapitel 6). Das Streben nach Ehre wird vor allem

---

[149] Eine Gegenüberstellung, die von H.-D. Voigtländer als typisch platonische bzw. aristotelische (und früher herakliteische) Antithese identifiziert wird. Beim historischen Sokrates schien die Entgegensetzung der Philosophen zu den Vielen, die sich an die Lust binden – und damit auf die Ebene der Tiere hinabsinken –, eine vergleichsweise geringe Rolle gespielt zu haben (vgl. Voigtländer 1980, 131).

dann negativ bewertet, wenn es lebensbestimmend wird. Ein Leben der Ehrliebenden droht zudem, wie im Falle des Timokraten (5.4.7.3 und 6.1.5), leicht in ein an der Lust ausgerichtetes Leben umzuschlagen. Das Leben der Tyrannen, wie sie in den Dialogen beschrieben werden, richtet sich nicht mehr an der Ehre, sondern wesentlich an der Lust aus (6.2.3 und 6.2.4). Eine gewisse Ausrichtung an der Ehre kennzeichnet dagegen auch das philosophische Leben. Das *thymoeides*, das als Ehrgefühl begriffen werden kann, welches auch die Selbstachtung mit einschließt, erfüllt in der Seele des Menschen eine wichtige Funktion. Sofern die Vernunft in seiner Seele herrscht, strebt er nicht danach, möglichst viel Anerkennung zu erlangen, sondern sieht darauf, von wem diese kommt und wann sie berechtigt ist (6.3.1). Auch im gut verwalteten Staat ist die richtige Verteilung der Ehren unter den Bürgern wichtig (6.5.2). Die politische Tätigkeit ist, so ein weiteres Ergebnis (6.4), wesentlicher Bestandteil philosophischen Lebens. Aufgrund der Einsicht in das Gute und die Ideen, vor allem die Gerechtigkeit, ist der Philosoph am besten dazu geeignet, diese auch in der *polis* umzusetzen. Nur unter ungünstigen Bedingungen ist er nicht politisch tätig oder nur in indirekter Weise, wie es faktisch sowohl Sokrates als auch Platon selbst waren. Sokrates führt Gespräche mit Einzelnen, Platon unternimmt die philosophische Ausbildung von Jüngern in der Akademie (2.1) und versucht, auf Herrscher wie Dionysios einzuwirken.

In Kapitel 7 zur Rolle der Freundschaft wurde erneut deutlich, dass es im philosophischen Leben nicht um eine bloße Unabhängigkeit, etwa von Anerkennung oder Lust, geht. Der philosophisch Lebende ist zwar insofern unabhängig, dass er unter allen möglichen äußeren Lebensumständen glücklich ist[150]. Seine innere Freiheit hat aber – was von Platon erheblich konsequenter ausgeführt wird, als Sokrates es tat (9.3) – ihren Grund in der Ausrichtung auf ein anderes, weniger offensichtliches Ziel. Sie wird durch die feste Bindung an das Gute begründet, das zum Hauptziel des Lebens wird und die Unterordnung aller anderen Ziele erst begreiflich macht. Zu dieser Bindung gelangt man durch die gemeinsame dialektische Beschäftigung. Das Gute wird umso eher und besser erkannt, je mehr Philosophie man betreibt, d. h. sich mit anderen um Verständnis, Definition und Einordnung abstrakter Begriffe, insbesondere der Tugenden, bemüht. Manchmal scheint es, als ob das blo-

---

[150] Vgl. Hadot 1999, 68.

9. Was ist und wer kann philosophisch leben?

ße Denken bereits die Seele bessere (z. B. in Tim. 90c7–d7[151]). Jedoch steht auch die theoretische Beschäftigung immer in ethischem Kontext; die – notwendige[152] – Untersuchung aller möglichen Ideen bleibt der Erkenntnis des Guten untergeordnet. In diesem Punkt entfernt sich Platon nicht vom Anliegen des Sokrates[153]. Was in den *Nomoi* in der Rede an die Gesetzgeber formuliert wird, kann auch für Platon allgemein gelten. Die alles entscheidende Frage ist diejenige, »wie man ein guter Mensch werden kann«:

> Unsere Übereinstimmung läßt sich in einem einzigen Hauptpunkt zusammenfassen: wie man ein guter Mensch werden kann, der die einem Menschen gemäße Tugend der Seele besitzt, sei es nun infolge einer bestimmten Beschäftigung oder einer Charaktereigenschaft oder einer bestimmten Erwerbsart oder aufgrund eines Begehrens oder einer Meinung oder irgendwelcher einmal erworbenen Kenntnisse, und unabhängig davon, ob jemand unter unsern Mitbürgern männlichen oder weiblichen Geschlechts ist und ob jung oder alt – daß auf eben dieses erwähnte Ziel das ganze Bemühen das ganze Leben hindurch gerichtet sein muß ... (Lg. 770c7–d6)

Selbst der Staat steht nicht höher als dieses Ziel. Gesetze müssen unter dem Gesichtspunkt, inwiefern sie zur Besserung der Bürger beitragen, bewertet werden. Von Bestrebungen, die auf andere »sogenannte Güter« (Lg. 771a4[154]) zielen, sollten die Gesetzeswächter sich verabschieden.

Die Freundschaft zu anderen ist dabei fest in den philosophischen Lebensweg integriert (7.6). Als drei Aspekte dieses Weges wurden sowohl in 7.6.2 anhand des *Symposion* als auch in 9.4.5.4 anhand der *Politeia* herausgearbeitet: a) der gemeinsame Aufstieg, b) die Schau des Guten und c) der Abstieg bzw. erneute Aufstieg. Ein einsames Leben ist dem Philosophen zwar zeitweise möglich; Sokrates selbst wird im

---

[151] »Nun sind die Gedanken und Umläufe des Alls dem Göttlichen in uns verwandte Bewegungen. Diesen muß jeder folgen, die bei unserm Entstehen in unserem Kopfe verdorbenen Umläufe dadurch wieder in Ordnung bringen, daß er Harmonien und Umläufe des Alls erkennen lernt, und muß so dem Wahrgenommenen das Wahrnehmende seiner ursprünglichen Natur gemäß ähnlich machen, durch diese Verähnlichung aber das Ziel jenes Lebens erreicht haben, welches den Menschen von den Göttern als bestes für die gegenwärtige und die künftige Zeit ausgesetzt wurde.« (Tim. 90c7–d7)
[152] Zugleich mit der Wahrheit über alles Sein wird die Wahrheit über die Tugend erfasst (Ep. VII 344b2–3).
[153] Wie es auch in der Auseinandersetzung mit Anaxagoras im *Phaidon* geschildert wird (Phd. 97b8–99d3).
[154] In Rep. 491c1–2 fallen Reichtum, Schönheit, Leibesstärke und angesehene Verwandtschaften darunter.

Fazit: Ziele des Lebens

Symposion mit Zügen eines einsamen Philosophen ausgestattet (7.2)[155]. Ohne das Philosophieren mit anderen scheint es jedoch, erstens, nicht möglich, überhaupt zum Guten zu gelangen. Zweitens besteht der dritte Teil oder Aspekt des Weges, der als Lebensaufgabe des Philosophen begriffen werden kann, nicht nur darin, selbst Tugend zu erlangen, sondern diese auch in anderen schönen Seelen hervorzubringen. Dieser dritte Teil (c) kann daher entweder als Umsetzung des Geschauten im Sinne politischer Tätigkeit verstanden werden oder auch als Abstieg, der in Gestalt der Erziehung und Lehre – d. h. ›indirekter‹ politischer Tätigkeit – unmittelbar in einen erneuten, gemeinsamen Aufstieg mündet. Genau wie Lust und Ehre gewinnt auch die Freundschaft durch die Ausrichtung auf das Gute eine andere, neue Qualität. Die gemeinsame Ausrichtung auf das Gute verbindet in anderer Weise als symbiotische Freundschaften, die sich wechselseitig auf den Geliebten richten (7.5).

Wie am Beispiel des Sokrates deutlich wird, ist das philosophische Leben außerdem von einer großen Gelassenheit und Zuversicht gegenüber dem Tod gekennzeichnet. Diese entspringt nicht einer Art ›stoischen‹ Haltung, dem Bewusstsein der Marginalität der eigenen Existenz, sondern der Jenseitshoffnung (8.1). Betont wird dabei der enge Zusammenhang zwischen der Lebensführung und dem Schicksal nach dem Tod. Die Einsicht, die alle unterschiedlichen Jenseits- und Reinkarnationsszenarien verbindet, besteht darin, dass (nur) der gute, gerechte Mensch nichts zu fürchten und im Gegenteil viel zu erhoffen hat (8.3.4)[156]. Platon setzt diese Szenarien methodisch ein, um sowohl die Wichtigkeit der Bindung an das Gute als auch gleichzeitig das Ungenügen einer nur äußerlichen, aus anderen Quellen gespeisten Tugendhaftigkeit herauszustreichen.

Das philosophische Leben, das sich inhaltlich durch den richtigen, vernünftigen Umgang mit Lust und Ehre, das gemeinsame Philosophieren innerhalb philosophischer Freundschaften und eine Gelassenheit gegenüber dem Tod auszeichnet, wird von Platon an vielen Stellen, besonders auch in der *Politeia* (5.4.6 und 5.8.2), als die einzige Lebenswei-

---

[155] Auch die parodierende Darstellung der Theaitetos-Digression (Tht. 172c8–177c5) entkleidet den Philosophen der politischen Tätigkeit und der philosophischen Freundschaft als zweier seiner Hauptmerkmale. Jeder Mensch wird ohne diese Tätigkeit und ohne freundschaftliche Beziehungen geboren. Er muss sie selbst schaffen und da dies nicht nur von ihm allein abhängt, kann er daran scheitern.
[156] Am deutlichsten im *Phaidon* das Erlangen der gesuchten Weisheit (Phd. 68b3–4).

9. Was ist und wer kann philosophisch leben?

se dargestellt, die für den Menschen wählenswert ist. Als wahrhaft gutes Leben führt nur sie zu dem von jedem Menschen erstrebten, wahrhaften Glück. In Kapitel 9 wurde ausgeführt, inwiefern es nur eine einzige Konzeption philosophischen Lebens gibt, die einer inhaltlichen Ausweitung der sokratischen Lebensweise entspricht. Über die dialektische Beschäftigung gelangt der philosophisch Lebende bis zur Schau des Schönen bzw. Guten, das es umzusetzen gilt. Es wurde gefragt, wie die Annahme verschiedener, exklusiver innerer Voraussetzungen (9.4.1) und das Curriculum der Philosophenherrscher (9.4.4) zu bewerten ist. Unzweifelhaft besteht eine Spannung zwischen Platons Betonung der Wichtigkeit der Schau des Guten für das menschliche Leben (9.2 und 9.4.5.2) und seiner Annahme, dass nur wenige ausgewählte Menschen zu ihr gelangen können. Wie diese Spannung interpretatorisch zu lösen wäre, wurde in 9.4.5.3 und 9.4.5.5 angedacht. Letztlich sehe ich keine guten Argumente dagegen, dass die von Platon entworfene Konzeption des wahrhaft guten, philosophischen Lebens – mit einigen Abstrichen in der Einschätzung der Bedingungen, unter denen sie verwirklicht werden kann – nicht als Konzeption für jeden Menschen gelten könnte.

Literaturverzeichnis

A. Siglenverzeichnis zu den platonischen Dialogen

Alk. I	Alkibiades I
Apol.	Apologie
Charm.	Charmides
Ep. VII	VII. Brief
Euthyd.	Euthydemos
Euthyphr.	Euthyphron
Gorg.	Gorgias
Hipp. maior	Hippias I
Ion	Ion
Kritias	Kritias
Krit.	Kriton
Lach.	Laches
Lg.	Nomoi
Lys.	Lysis
Men.	Menon
Parm.	Parmenides
Phd.	Phaidon
Phdr.	Phaidros
Phil.	Philebos
Pol.	Politikos
Prot.	Protagoras
Rep.	Politeia
Soph.	Sophistes
Symp.	Symposion
Tht.	Theaitetos
Tim.	Timaios

Bei Stellenangaben, die sich auf den in der Überschrift eines Abschnitts genannten Dialog beziehen, wurde um der leichteren Lesbarkeit willen auf Siglen verzichtet. Aufgrund der Vielzahl der Verweise wurde außerdem meist auf »vgl.« verzichtet.

Literaturverzeichnis

B. Platonausgaben

Bis auf die anders angegebenen Dialoge folgen Zitate der Ausgabe:
PLATON: Werke in acht Bänden, griechisch und deutsch, Darmstadt ⁴2005.
Die von Dietrich Kurz und anderen Bearbeitern angegebenen Varianten wurden teilweise berücksichtigt.

Der *Lysis* wird zitiert nach:
BORDT, MICHAEL: Platon. Lysis. Übersetzung und Kommentar, Göttingen 1998.

Der *Philebos* wird zitiert nach:
FREDE, DOROTHEA (1997a): Platon. Philebos. Übersetzung und Kommentar, Göttingen 1997.

Der *Politikos* wird zitiert nach:
RICKEN, FRIEDO: Platon. Politikos. Übersetzung und Kommentar, Göttingen 2008.

Die Bücher I–VII der *Nomoi* werden zitiert nach:
SCHÖPSDAU, KLAUS: Platon. Nomoi (Gesetze): Buch I-III. Übersetzung und Kommentar, Göttingen 1994 und *ders.:* Platon. Nomoi (Gesetze): Buch IV-VII. Übersetzung und Kommentar, Göttingen 2003.

Vereinzelt herangezogen wurden außerdem:
BRISSON, LUC: Platon. Œuvres complètes, Paris 2008.
RUFENER, RUDOLF: Platon. Der Staat, Zürich/München 1974.

C. Textausgaben anderer Autoren

ARISTOPHANES: Clouds, ed. with introd. and comm. by K. J. Dover, Oxford 1970.
ARISTOTELES: Aristotelis Ethica Nicomachea, recogn. brevique adnotatione critica instruxit I. Bywater, Oxford 1894, repr. 1988. [EN]
ARISTOTELES: Nikomachische Ethik, Reinbek 2006.
ARISTOTELES: Metaphysik. Bücher I(A)-VI(E), griechisch-deutsch, hg. von Horst Seidl, Hamburg ³1989. [Met.]
ARISTOTELES: Aristotelis Politica, recogn. brevique adnotatione critica instruxit W. D. Ross, Oxford 1973. [Pol.]
ARISTOTLE: Politica, transl. by B. Jowett, in: The Works of Aristotle, ed. by W. D. Ross, Oxford 1946.
CICERO, M. TULLIUS: Tusculanae disputationes. Gespräche in Tusculum. Lateinisch/Deutsch, übers. und hg. von Ernst Alfred Kirfel, Stuttgart 2005. [Tusc.]
DIOGENES LAERTIOS: Leben und Lehre der Philosophen, aus dem Gr. übers. und hg. von Fritz Jürß, Stuttgart 1998. [Diog. Laert.]

DÖRRIE, HEINRICH: Der Platonismus in der Antike. Grundlagen – System – Entwicklung.
Bd. 1: Die geschichtlichen Wurzeln des Platonismus, Stuttgart 1987.
Bd. 2: Der hellenistische Rahmen des kaiserzeitlichen Platonismus, Stuttgart 1990.
DÜRING, INGEMAR: Aristotle in the Ancient biographical Tradition, Göteborg 1957.
GAISER, KONRAD (Hg.) (1988b): Philodems Academica. Die Berichte über Platon und die Alte Akademie in zwei herkulanensischen Papyri, Stuttgart/Bad Cannstatt 1988.
GÖRGEMANNS, HERWIG (Hg.) (1987): Die griechische Literatur in Text und Darstellung. Klassische Periode II, 4. Jahrhundert v. Chr., Stuttgart 1987.
HERODOT: Historien. Erster Band, griechisch-deutsch, hg. von Josef Feix, München ^{3}1980.
HOMER: Odyssee, griechisch und deutsch, mit Urtext, Anh. u. Reg., übertr. von Anton Weiher, München ^{6}1980. [Od.]
HOMER: Ilias, übertr. von H. Rupé, mit Urtext, Anh. u. Reg., München ^{7}1980. [Il.]
ISOKRATES: Sämtliche Werke. Band II. Reden IX-XXI. Briefe. Fragmente, übers. von C. Ley-Hutton, eingel. und erl. von K. Brodersen, Stuttgart 1997.
darin:
Rede X: Helena, 21–34 [Isokr. Hel.]
Rede XV: Antidosis oder Über den Vermögenstausch, 117–178 [Isokr. Antid.]
KANT, IMMANUEL: Kants gesammelte Schriften, hg. von der Königlich Preußischen Akademie der Wissenschaften, Band III-IX, Berlin 1904–1923.
PINDAR: Siegesgesänge und Fragmente, griechisch und deutsch, hg. und übers. von Oskar Werner, München 1967. [Pind. O.]
SCHLEIERMACHER, FRIEDRICH DANIEL ERNST: Über die Philosophie Platons, enthält Geschichte der Philosophie: Vorlesungen über Sokrates und Platon (zwischen 1819 und 1823) und Die Einleitungen zur Übersetzung des Platon (1804–1828), hg. von Peter M. Steiner, Hamburg 1996.
THUKYDIDES: Thucydidis Historiae, recogn. brevique adnotatione critica instruxit Henricus Stuart Jones, apparatum criticum correxit et auxit Johannes Enoch Powell, Oxford 1955. [Thuk.]
THUKYDIDES: Geschichte des peloponnesischen Krieges, hg. und übertr. von Georg Peter Landmann, München ^{3}1981.
XENOPHON: Erinnerungen an Sokrates, griechisch-deutsch, übers. und hg. von Peter Jaerisch mit Literaturhinweisen von Rainer Nickel, Düsseldorf/Zürich 2003. [Xen. mem.]

D. Zitierte Sekundärliteratur

AHRENSDORF, PETER J.: The death of Socrates and the life of philosophy: an interpretation of Plato's Phaedo, Albany, NY 1995.
ALBERT, KARL (1985): Religionsphilosophische Bemerkungen zum platonischen Glücksbegriff, in: Engelhardt, Paulus (Hg.): Glück und geglücktes Leben. Phi-

Literaturverzeichnis

losophische und theologische Untersuchungen zur Bestimmung des Lebensziels, Mainz 1985, 17–26.

ALBERT, KARL (1989): Über Platons Begriff der Philosophie, Sankt Augustin 1989.

ALBERT, KARL (1995): Vom philosophischen Leben: Platon, Meister Eckhart, Jacobi, Bergson und Berdjaev, Würzburg 1995.

ALBERT, KARL u. JAIN, ELENOR: Philosophie als Form des Lebens: zur ontologischen Erneuerung der Lebensphilosophie, Freiburg/München 2000.

ALBERT, KARL (2008): Platonismus. Weg und Wesen abendländischen Philosophierens, Darmstadt 2008.

ALFÖLDI, ANDREAS (1953): Der Philosoph als Zeuge der Wahrheit und sein Gegenspieler der Tyrann (Antrittsvorlesung Basel 1953), in: Scientiis et Artibus 1 (1985), 7–19.

ALLEN, REGINALD E. (1991): The dialogues of Plato. Volume II. The Symposium, translated with comment by R. E. Allen, New Haven/London 1991.

ALLEN, REGINALD E. (1996): The dialogues of Plato. Volume III. Ion – Hippias Minor – Laches – Protagoras, translated with comment by R. E. Allen, New Haven/London 1996.

ALT, KARIN (1982) u. (1983): Diesseits und Jenseits in Platons Mythen von der Seele. Teil 1, in: Hermes 110 (1982), 278–299 sowie Teil 2 in: Hermes 111 (1983), 15–33.

ALT, KARIN (2002): Zu einigen Problemen in Platons Jenseitsmythen und deren Konsequenzen bei späteren Platonikern, in: Janka/Schäfer 2002, 270–289.

ANDREW, EDWARD: Descent to the Cave, in: The Review of Politics 4/45 (1983), 510–535.

ANNAS, JULIA (1981): An Introduction to Plato's Republic, Oxford 1981.

ANNAS, JULIA (1982): Plato's Myths of Judgement, in: Phronesis 27 (1982), 119–143.

ANNAS, JULIA (1999): Platonic Ethics, old and new, Ithaca/London 1999.

ARONSON, SIMON H.: The happy Philosopher – A Counterexample to Plato's Proof, in: Journal of the History of Philosophy 10 (1972), 383–398.

BALTES, MATTHIAS: Plato's School, the Academy, in: Hüffmeier, Annette (Hg.): Dianoemata. Kleine Schriften zu Platon und zum Platonismus, Stuttgart 1999, 249–273.

BARKER, ANDREW: The Digression in the »Theaetetus«, in: Journal of the History of Philosophy 14 (1976), 457–462.

BEATTY, JOSEPH: Plato's Happy Philosopher and Politics, in: The Review of Politics 4/38 (1976), 545–575.

BERTI, ENRICO: Is there an Ethics in Plato's »Unwritten Doctrines«? in: Migliori 2004, 35–48.

BLONDELL, RUBY: Where is Socrates on the »Ladder of Love«? in: Lesher, James u. a. (Hg.): Plato's Symposium: Issues in Interpretation and Reception, Washington, DC 2006, 147–178.

BLÖSSNER, NORBERT: Dialogform und Argument. Studien zu Platons »Politeia«, Mainz 1997.

BORDT, MICHAEL (1999): Platon, Freiburg 1999.

BORDT, MICHAEL (2005): Worauf zielt unsere Sehnsucht? oder: Was wir von Platon lernen können, in: de Murillo, José S. u. Thurner, Martin (Hg.): Aufgang. Jahrbuch für Denken, Dichten, Musik, Bd. 2: Sehnsucht, Stuttgart 2005, 153–167.
BORDT, MICHAEL (2006a): Platons Theologie, München 2006.
BORDT, MICHAEL (2006b): Metaphysischer und anthropologischer Dualismus in Platons *Phaidon*, in: Niederbacher, Bruno u. Runggaldier, Edmund (Hg.): Die menschliche Seele. Brauchen wir den Dualismus? Frankfurt 2006.
BORDT, MICHAEL (2008): Platon über Gottes Zorn und seine Barmherzigkeit, in: Kratz, Reinhard G. u. Spieckermann, Hermann (Hg.): Divine Wrath and Divine Mercy in the World of Antiquity, Tübingen 2008, 143–152.
BORMANN, KARL: Zu Platon, *Politeia* 514b8–515a3, in: Archiv für Geschichte der Philosophie 43 (1961), 1–14.
BRICKHOUSE, THOMAS C.: The Paradox of the Philosophers' Rule, in: Apeiron 15 (1981), 1–9.
BRINKER, WOLFRAM: Platons Ethik und Psychologie. Philologische Untersuchungen über thymetisches Denken und Handeln in den platonischen Dialogen, Frankfurt a. M. 2008.
BUBNER, RÜDIGER: Theorie und Praxis bei Platon, in: Schmidt/Wülfing 1988, 63–76.
BURKERT, WALTER (1960): Platon oder Pythagoras? Zum Ursprung des Wortes »Philosophie«, in: Hermes 88 (1960), 159–177.
BURKERT, WALTER (1993): Platon in Nahaufnahme: Ein Buch aus Herculaneum (Lectio Teubneriana II), Stuttgart/Leipzig 1993.
BURNYEAT, MYLES F.: Utopia and Fantasy. The practicability of Plato's ideally just city, in: Fine 1999, 297–308.

CANTO-SPERBER, MONIQUE u. BRISSON, LUC: Zur sozialen Gliederung der Polis (Buch II 372d – IV 427c), in: Höffe 1997, 95–118.
CHROUST, ANTON-HERMANN: Philosophy: Its essence and meaning in the ancient world, in: Philosophical Review 27 (1947), 19–58.
COOPER, JOHN M. (1977): The Psychology of Justice, in: American Philosophical Quarterly 2/14 (1977), 151–157.
COOPER, JOHN M. (1987): Contemplation and Happiness: A Reconsideration, in: Synthese (FS für Kurt Baier) 2/72 (1987), 187–216.
COOPER, JOHN M. (2008): Socrates and Philosophy as a Way of Life, in: Scott 2008b, 20–44.
CROSS, ROBERT C. u. WOOZLEY, ANTHONY D.: Plato's Republic, New York 1966.
CUSHMAN, ROBERT E.: Therapeia. Plato's Conception of Philosophy, Chapel Hill 1958.

DALFEN, JOACHIM (2002): Platons Jenseitsmythen: Eine »neue Mythologie«? in: Janka/Schäfer 2002, 214–230.
DALFEN, JOACHIM (2004): Gorgias. Übersetzung und Kommentar, Göttingen 2004.
DAVIDSON, DONALD: Plato's Philosopher, in: Sharples, Robert W. (Hg.): Modern Thinkers and Ancient Thinkers, London 1993, 99–116.

Der Neue Pauly: Enzyklopädie der Antike, hg. v. H. Cancik u. H. Schneider, Stuttgart/Weimar 1996 ff. [DNP]
DILMAN, ILHAM: Philosophy and the philosophic life: A study in Plato's Phaedo, Basingstoke u. a. 1992.
DIXSAUT, MONIQUE: Le naturel philosophe. Essai sur les dialogues de Platon, Paris ³2001.
DODDS, ERIC R.: Plato. Gorgias. A revised text with introduction and commentary by E. R. Dodds, Oxford 1959.
DOMAŃSKI, JULIUSZ: La philosophie, théorie ou manière de vivre? Fribourg 1996.
DÖRING, KLAUS: Sokrates, in: Ricken, Friedo (Hg.): Philosophen der Antike I, Stuttgart 1996, 178–193.
DOVER, KENNETH J.: Greek Homosexuality, Cambridge ²1989.
DUDLEY, J. A. J.: Das betrachtende Leben *(bios theoretikos)* bei Platon und Aristoteles: ein kritischer Ansatz, in: Neue Zeitschrift für systematische Theologie und Religionsphilosophie 37 (1995), 20–40.
DUERLINGER, JAMES: Ethics and the Divine Life in Plato's Philosophy, in: The Journal of Religious Ethics 2/13 (1985), 312–331.

EBERT, THEODOR (2001): Why is Euenos called a philosopher at Phaedo 61c? in: Classical-Quarterly 51 (2001), 423–434.
EBERT, THEODOR (2002): »Wenn ich einen schönen Mythos vortragen darf ...«. Zu Status, Herkunft und Funktion des Schlussmythos in Platons *Phaidon*, in: Janka/Schäfer 2002, 251–269.
EBERT, THEODOR (2004): Phaidon. Übersetzung und Kommentar, Göttingen 2004.
ERLER, MICHAEL (1987): Der Sinn der Aporien in den Dialogen Platons, Berlin 1987.
ERLER, MICHAEL (2007): Platon, in: Grundriss der Geschichte der Philosophie, begr. von Friedrich Ueberweg, Bd. 2/2, Basel 2007.

FERBER, RAFAEL (1989): Platos Idee des Guten, Sankt Augustin ²1989.
FERBER, RAFAEL (1992): Rezension zu Karl Albert: Über Platons Begriff der Philosophie, Sankt Augustin 1989, in: Gnomon 64 (1992), 662–667.
FERBER, RAFAEL (2007): Die Unwissenheit des Philosophen oder Warum hat Plato die »ungeschriebene Lehre« nicht geschrieben? (erweiterte und durch eine Retraktation erg. 2. Aufl.), Sankt Augustin ²2007.
FERRARI, GIOVANNI R. F.: Glaucon's reward, philosophy's debt: the myth of Er, in: Partenie 2009, 116–133.
FESTUGIÈRE, ANDRÉ JEAN: Contemplation et vie contemplative selon Platon, Paris 1936.
FINE, GAIL (Hg.): Plato 2. Ethics, Politics, Religion, and the Soul, Oxford 1999.
FREDE, DOROTHEA (1997b): Die ungerechten Verfassungen und die ihnen entsprechenden Menschen (Buch VIII 543a – IX 576b), in: Höffe 1997, 251–270.
FREDE, DOROTHEA (1999): Der Begriff des Glücks in Platons ›Philebos‹, in: Zeitschrift für philosophische Forschung 53 (1999), 329–354.
FREDE, MICHAEL (1992): Plato's Arguments and the Dialogue Form, in: Klagge,

James C. u. Smith, Nicholas D. (Hg.): Methods of interpreting Plato and his Dialogues (Oxford Studies in Ancient Philosophy, Suppl. 1992), 201–219.
FREDE, MICHAEL (2000): Die Gestalt des Philosophen, in: Brunschwig, Jacques u. Lloyd, Geoffrey (Hg.): Das Wissen der Griechen, München 2000, 37–51.
FRITZ, KURT V. (1966): Die philosophische Stelle im siebten platonischen Brief und die Frage der ›esoterischen‹ Philosophie Platons, in: Phronesis 11 (1966), 117–153.
FRITZ, KURT V. (1968): Platon in Sizilien und das Problem der Philosophenherrschaft, Berlin 1968.

GADAMER, HANS-GEORG (1968a): Platos dialektische Ethik und andere Studien zur platonischen Philosophie, Hamburg 1968.
GADAMER, HANS-GEORG (1968b): Dialektik und Sophistik im siebenten platonischen Brief, in: ders.: Platos dialektische Ethik und andere Studien zur platonischen Philosophie, Hamburg 1968, 223–247.
GAISER, KONRAD (1959): Protreptik und Paränese bei Platon, Stuttgart 1959.
GAISER, KONRAD (1988a): Platonische Dialektik – damals und heute, in: Schmidt/Wülfing 1988, 77–107.
GASTALDI, SILVIA: The Philosopher and the Politician: Competing or Compatible ways of life? in: Migliori 2004, 133–150.
GAVRIELIDES, ERA: What is wrong with degenerate souls in the *Republic?* in: Phronesis 55 (2010), 203–227.
GEIGER, ROLF: Dialektische Tugenden, Untersuchungen zur Gesprächsform in den Platonischen Dialogen, Paderborn 2006.
GIGON, OLOF (1946): Antike Erzählungen über die Berufung zur Philosophie, in: Museum Helveticum 3 (1946), 1–21.
GIGON, OLOF (1968): Der Ursprung der griechischen Philosophie, Basel 1968.
GIGON, OLOF (1979): Sokrates. Sein Bild in Dichtung und Geschichte, Bern/München ²1979.
GOLDMAN, HARVEY S.: Reexamining the »examined life« in Plato's *Apology of Socrates*, in: The philosophical forum 1/35 (2004).
GÖRGEMANNS, HERWIG: Platon, Heidelberg 1994.
GOSLING, JUSTIN C. B. u. TAYLOR, CHRISTOPHER C. W.: The Greeks on Pleasure, Oxford 1982.
GRAESER, ANDREAS: Probleme der platonischen Seelenteilungslehre. Überlegungen zur Frage der Kontinuität im Denken Platons, München 1969.
GRAESER, ANDREAS u. MAUE, DIETER (Hg.): Gerhard Müller: Platonische Studien, Heidelberg 1986.

HACKFORTH, REGINALD: The *anexetastos bios* in Plato, in: The Classical Review 59 (1945), 1–4.
HADOT, PIERRE (1982): Die Einteilung der Philosophie im Altertum, in: Zeitschrift für philosophische Forschung 36 (1982), 422–444.
HADOT, PIERRE (1990): Forms of Life and Forms of Discourse in Ancient Philosophy, in: Critical Inquiry 3/16 (1990), 483–505.

Literaturverzeichnis

HADOT, PIERRE (1991): Philosophie als Lebensform. Geistige Übungen in der Antike, Berlin 1991.
HADOT, PIERRE (1999): Wege zur Weisheit – oder was lehrt uns die antike Philosophie? Frankfurt a. M. 1999.
HALL, ROBERT W.: Plato and the Individual, Den Haag 1963.
HALLIWELL, STEPHEN: The *Republic's* Two Critiques of Poetry, in: Höffe 1997, 313–332.
HAVELOCK, ERIC ALFRED: Preface to Plato, Oxford 1963.
HEITSCH, ERNST (1987): Platon über die rechte Art zu reden und zu schreiben, Stuttgart 1987.
HEITSCH, ERNST (1997): Platon. Phaidros, Übersetzung und Kommentar, Göttingen ^{2}1997.
HEITSCH, ERNST (2002): Platon. Apologie des Sokrates, Übersetzung und Kommentar, Göttingen 2002.
HEITSCH, ERNST (2004): Platon und die Anfänge seines dialektischen Philosophierens, Göttingen 2004.
HENTSCHKE, ADA BABETTE: Politik und Philosophie bei Platon und Aristoteles. Die Stellung der »Nomoi« im Platonischen Gesamtwerk und die politische Theorie des Aristoteles, Frankfurt a. M. 1971.
HÖFFE, OTFRIED (Hg.): Platon. Politeia, Berlin 1997.
HOFFMEISTER, JOHANNES: Hölderlin und die Philosophie, Leipzig 1944.
HORN, CHRISTOPH: Wie hätte eine Philosophie des gelingenden Lebens unter Gegenwartsbedingungen auszusehen? in: Allgemeine Zeitschrift für Philosophie (2000), 323–345.
HORN, CHRISTOPH u. MÜLLER, JÖRN u. SÖDER, JOACHIM (Hg.): Platon-Handbuch. Leben – Werk – Wirkung, Stuttgart/Weimar 2009. [Platon-Handbuch 2009] *darin:*
BORDT, MICHAEL: V. 1. Angleichung an Gott, 253–255.
DÖRING, KLAUS: I. Zur Biographie Platons, 1–17.
FREDE, DOROTHEA: V. 12. Lust, 305–309.
MÜLLER, JÖRN: V. 17. Seelenwanderung, 324–327.
SÖDER, JOACHIM: II. Zu Platons Werken, 19–59.
HOWLAND, JACOB: The *Republic's* third wave and the paradox of political philosophy, in: The Review of Metaphysics 3/51 (1998), 633–657.
HÜBNER, JOHANNES: Der Abstieg in die Höhle. Zum Problem der Philosophenherrschaft in Platons *Politeia*, 2011. *(unveröffentl. Manuskript zum 10. Kolloquium der GANPH am 08. 01. 2011, Saarbrücken)*

INWOOD, MICHAEL: Plato's eschatological myths, in: Partenie 2009, 28–50.
IRWIN, TERENCE (1977): Plato's Moral Theory. The Early and Middle Dialogues, Oxford 1977.
IRWIN, TERENCE (1995): Plato's Ethics, Oxford 1995.

JAEGER, WERNER: Die Griechen und das philosophische Lebensideal, in: Zeitschrift für philosophische Forschung 4/11 (1957), 481–496.

JANKA, MARKUS u. SCHÄFER, CHRISTIAN (Hg.): Platon als Mythologe. Neue Interpretationen zu den Mythen in Platons Dialogen, Darmstadt 2002.
JOËL, KARL: Zu Platons *Laches,* in: Hermes 41 (1906).
JOLY, ROBERT: Le thème philosophique des genres de vie dans l'Antiquité classique, Brüssel 1956.
JORDAN, ROBERT W.: Ancient Concepts of Philosophy, London 1990.

KAHN, CHARLES H. (1983): Drama and Dialectic in Plato's *Gorgias,* in: Oxford Studies in Ancient Philosophy 1 (1983), 75–121.
KAHN, CHARLES H. (1987): Plato's Theory of Desire, in: The Review of Metaphysics 1/41 (1987), 77–103.
KAHN, CHARLES H. (1988): On the relative date of the *Gorgias* and the *Protagoras,* in: Oxford Studies in Ancient Philosophy 6 (1988), 69–102.
KAHN, CHARLES H. (1996): Plato and the Socratic Dialogue: The philosophical use of a literary form, Cambridge 1996.
KARL, JAQUELINE: Selbstbestimmung und Individualität bei Platon. Eine Interpretation zu frühen und mittleren Dialogen, Freiburg 2010.
KATO, SHINRO: The *Apology:* The Beginning of Plato's Own Philosophy, in: The Classical Quarterly (New Series) 41 (1991), 356–364.
KERSTING, WOLFGANG u. LANGBEHN, CLAUS (Hg.): Kritik der Lebenskunst, Frankfurt a. M. 2007.
KING, CHRISTOPHER S.: Wisdom, moderation and elenchus in Plato's *Apology,* in: Metaphilosophy 3/39 (2008).
KNAB, RAINER: Platons Siebter Brief. Einleitung, Text, Übersetzung, Kommentar, (Spudasmata 110), Hildesheim u. a. 2006.
KOBUSCH, THEO (1996): Wie man leben soll: Gorgias, in: Kobusch, Theo und Mojsisch, Burkhard (Hg.): Platon. Seine Dialoge in der Sicht neuer Forschungen, Darmstadt 1996, 47–63.
KOBUSCH, THEO (2009): Apologie der Lebensform, in: Allgemeine Zeitschrift für Philosophie 1/34 (2009), 99–115.
KORSGAARD, CHRISTINE: Self-Constitution in the Ethics of Plato and Kant, in: Journal of Ethics 3 (1999), 1–29.
KRÄMER, HANS JOACHIM (1958): Arete bei Platon und Aristoteles: zum Wesen und zur Geschichte der platonischen Ontologie, Heidelberg 1958.
KRÄMER, HANS JOACHIM (1964): Die platonische Akademie und das Problem einer systematischen Interpretation der Philosophie Platons, in: Kant-Studien 55 (1964), 69–101.
KRÄMER, HANS JOACHIM (1988): Fichte, Schlegel und der Infinitismus in der Platondeutung, in: Deutsche Vierteljahresschrift für Literaturwissenschaft und Geistesgeschichte 62 (1988), 583–621.
KRÄMER, HANS JOACHIM (1990): Zur aktuellen Diskussion um den Philosophiebegriff Platons, in: Perspektiven der Philosophie. Neues Jahrbuch 16 (1990), 85–107.
KRANZ, MARGARITA: Art. »Philosophie«: A. Der Ursprung des Begriffs. B. Platon, in: Ritter, Joachim u. Gründer, Karlfried (Hg.): Historisches Wörterbuch der Philosophie, Bd. 7, Darmstadt 1989, 572–583.

Literaturverzeichnis

KRAUT, RICHARD: Reason and Justice in Plato's *Republic*, in: Lee, Edward N. u. a. (Hg.): Exegesis and Argument: Studies in Greek Philosophy presented to Gregory Vlastos, Assen 1973, 207–224.
KUTSCHERA, FRANZ V.: Platons Philosophie, Paderborn 2002.

LIDDELL, HENRY GEORGE u. SCOTT, ROBERT (Hg.): A Greek-English Lexicon, revised and augmented throughout by Sir Henry Stuart Jones, Oxford ^{9}1958. [LSJ]
LISI, FRANCISCO LEONARDO (Hg.) (2004a): The Ways of Life in Classical Political Philosophy. Papers of the 3rd Meeting of the Collegium Politicum, Madrid, Sankt Augustin 2004.
LISI, FRANCISCO LEONARDO (2004b): Ways of life and happiness in classical thought, in: Lisi 2004a, 11–30.
LLOYD, GEOFFREY: The Social Background of Early Greek Philosophy and Science, in: *ders.*, Methods and Problems in Greek Science, Cambridge 1991, 128–140.
LORENZ, HENDRIK: The brute within. Appetitive desire in Plato and Aristotle, Oxford 2006.
LUDWIG, PAUL W.: Eros in the *Republic*, in: Ferrari, Giovanni R. F. (Hg.): The Cambridge Companion to Plato's Republic, Cambridge 2007 (Chpt. 8).
LYNCH, JOHN PATRICK: Aristotle's School. Study of a Greek Educational Institution, Berkeley u. a. 1972.

MAHONEY, TIMOTHY: Do Plato's Philosopher-Rulers sacrifice Self-Interest to Justice? in: Phronesis 3/37 (1992), 265–282.
MANUWALD, BERND: Platon. Protagoras. Übersetzung und Kommentar, Göttingen 1999.
MARA, GERALD: Constitutions, Virtues, and Philosophy in Plato's *Statesman* and *Republic*, in: Polity 13 (1981), 355–382.
MASON, MARY ELIZABETH: Active life and contemplative life: A study of the concepts from Plato to the present, Milwaukee 1961.
MCPHERRAN, MARK L.: Socrates and the duty to philosophize, in: Southern Journal of Philosophy 24 (1986), 541–560.
MIGLIORI, MAURIZIO (Hg.): Plato Ethicus. Philosophy is Life (Lecturae Platonis 4), Sankt Augustin 2004.
MINGAY, JEAN: How should a Philosopher live? Two Aristotelian Views, in: History of Political Thought 8 (1987), 21–32.
MITTELSTRASS, JÜRGEN: Versuch über den sokratischen Dialog, in: Stierle, Karlheinz und Warning, Rainer (Hg.): Das Gespräch, München 1984, 11–27.
MORRISON, J. S.: The Origins of Plato's Philosopher-Statesman, in: The Classical Quarterly (New Series) 8 (1958), 198–218.
MÜLLER, CARL WERNER (1993): Kleine Schriften zur antiken Literatur und Geistesgeschichte, Stuttgart/Leipzig 1999, darin: Platons Akademiegründung (1993), 422–439.
MÜLLER, GERHARD (Müller 1949/50): Die Philosophie im pseudoplatonischen 7. Brief (Orig. 1949/50), in: Graeser/Maue 1986.
MÜLLER, GERHARD (1975): Das sokratische Wissen des Nichtwissens (Orig. 1975), in: Graeser/Maue 1986.

MURPHY, NANCEY R.: The Comparison of Lives in Plato's *Philebus*, in: Classical Quarterly 32 (1938), 116–124.

NEHAMAS, ALEXANDER: Die Kunst zu leben: sokratische Reflexionen von Platon bis Foucault, Hamburg 2000.
NESCHKE, ADA: Thales oder das Problem des Anfangs der Philosophie, in: Neumeister 1993, 39–55.
NEUMEISTER, CHRISTOFF (Hg.): Antike Texte in Forschung und Schule (FS für Willibald Heilmann), Frankfurt a. M. 1993.
NICHOLS, MARY P.: The »Republic's« two Alternatives: Philosopher-Kings and Socrates, in: Political Theory 12 (1984), 252–274.
NIEHUES-PRÖBSTING, HEINRICH: Die antike Philosophie. Schrift, Schule, Lebensform, Frankfurt a. M. 2004.
NIGHTINGALE, ANDREA W.: Genres in Dialogue. Plato and the construct of philosophy, Cambridge 1995.

PARTENIE, CATALIN (Hg.): Plato's Myths, Cambridge 2009.
PATTERSON, RICHARD: Plato on philosophic character, in: Journal of the History of Philosophy 25 (1987), 325–350.
PATZER, ANDREAS: Die platonische Apologie als philosophisches Meisterwerk, in: Hose, Martin (Hg.): Meisterwerke der antiken Literatur. Von Homer bis Boethius, München 2000.
PATZER, HARALD: Die philosophische Bedeutung der Sokrates-Gestalt in den platonischen Dialogen, in: Flasch, Kurt (Hg.): Parusia. Studien zur Philosophie Platons und zur Problemgeschichte des Platonismus (FS für Johannes Hirschberger), Frankfurt a. M. 1965.
PFANNKUCHE, WALTER: Platons Ethik als Theorie des guten Lebens, Freiburg/München 1988.
POPPER, KARL: Die offene Gesellschaft und ihre Feinde. Band 1: Der Zauber Platons, Tübingen ⁷1992.
PRICE, ANTHONY W.: Love and Friendship in Plato and Aristotle, New York 1989.

RABBOW, PAUL (1954): Seelenführung. Methodik der Exerzitien in der Antike, München 1954.
RABBOW, PAUL (1960): Paidagogia. Die Grundlegung der abendländischen Erziehungskunst in der Sokratik, Göttingen 1960.
REALE, GIOVANNI: »Henological« basis of Plato's ethics, in: Migliori 2004, 255–264.
RECHENAUER, GEORG: Veranschaulichung des Unanschaulichen. Platons neue Rhetorik im Schlussmythos des *Gorgias*, in: Janka/Schäfer 2002, 231–250.
REEVE, C. D. C.: Philosopher-Kings. The Argument of Plato's *Republic*, Princeton 1988.
REHN, RUDOLF: Der entzauberte Eros: Symposion, in: Kobusch, Theo u. Mojsisch, Burkhard (Hg.): Platon. Seine Dialoge in der Sicht neuer Forschungen, Darmstadt 1996, 81–95.
RICKEN, FRIEDO (2004): Gemeinschaft, Tugend, Glück: Platon und Aristoteles über das gute Leben, Stuttgart 2004.

Literaturverzeichnis

Ricken, Friedo (2004a): Platonismus und Pragmatismus. Eine Interpretation von Platon, *Politeia* 509b, in: Ricken 2004, 11–23.

Ricken, Friedo (2004b): Freundschaft und Glück in der *Nikomachischen Ethik* des Aristoteles, in: Ricken 2004, 76–87.

Ricken, Friedo (2004c): »Nicht aus dem Reichtum kommt die Tugend, sondern aus Tugend Reichtum und alle Güter«, in: Ricken 2004, 59–75.

Ricken, Friedo (2007): Philosophie der Antike, Stuttgart ⁴2007.

Riedweg, Christoph (2002a): Pythagoras. Leben. Lehre. Nachwirkungen, München 2002.

Riedweg, Christoph (2002b): Wie weise sind die Weisheitsliebenden? Pythagoras als Schöpfer des Wortes »Philosophie«, in: Neue Zürcher Zeitung 27 (2./3. Februar 2002), 80.

Riginos, Alice Swift: Platonica. The Anecdotes Concerning the Life and Writings of Plato, Leiden 1976.

Robinson, Thomas M.: Plato's psychology, Toronto ²1995.

Rowe, Christopher J. (2001): The Concept of Philosophy (philosophia) in Plato's Phaedo, in: Havlíček, Ales u. Karfík, Filip (Hg.): Plato's *Phaedo*. Proceedings of the Second Symposium Platonicum Pragense, Prag 2001.

Rowe, Christopher J. (2004): The best life according to Aristotle (and Plato). A reconsideration, in: Lisi 2004a, 121–133.

Russell, Daniel C.: Plato on pleasure and the good life, Oxford 2005.

Schäfer, Christian (Hg.) (2007): Platon-Lexikon. Begriffswörterbuch zu Platon und der platonischen Tradition, Darmstadt 2007.

Schäfer, Christian (2008): Manische Distanzierung. Über Platons programmatische Umdeutung des Philosophiebegriffs, in: Gymnasium 5/115 (2008), 409–434.

Schmidt, Hans W. u. Wülfing, Peter (Hg.): Antikes Denken – Moderne Schule. Beiträge zu den antiken Grundlagen unseres Denkens, Heidelberg 1988.

Schmitt, Arbogast (2000): Der Einzelne und die Gemeinschaft in der Dichtung Homers und in der Staatstheorie bei Platon, Stuttgart 2000.

Schmitt, Arbogast (2002): Mythos und Vernunft bei Platon, in: Janka/Schäfer 2002, 290–309.

Scholz, Peter (1998): Der Philosoph und die Politik. Die Ausbildung der philosophischen Lebensform und die Entwicklung des Verhältnisses von Philosophie und Politik im 4. und 3. Jh. v. Chr., Stuttgart 1998.

Scholz, Peter (2006): *Bios philosophikos*. Soziale Bedingungen und institutionelle Voraussetzungen des Philosophierens in klassischer und hellenistischer Zeit, in: Rapp, Christof u. Wagner, Tim (Hg.): Wissen und Bildung in der antiken Philosophie, Stuttgart 2006.

Schrastetter, Rudolf: Der Weg des Menschen bei Plato, München 1966.

Schubert, Andreas: Platon: »Der Staat«: ein einführender Kommentar, Paderborn 1995.

Schwartz, Maria: Sokrates – woher kommt und wie weit reicht die motivierende Kraft der Lebensprüfung? in: Brüntrup, Godehard / Schwartz, Maria (Hg.): Warum wir handeln – Philosophie der Motivation, Stuttgart 2012, 27–40.

SCOTT, DOMINIC (2008a): Eros, Philosophy, and Tyranny, in: Scott 2008b, 136–153.
SCOTT, DOMINIC (Hg.) (2008b): Maieusis: Essays in Ancient Philosophy in Honour of Myles Burnyeat, Oxford 2008.
SEDLEY, DAVID (1990): Teleology and Myth in Plato's *Phaedo*, in: Proceedings of the Boston Area Colloquium in Ancient Philosophy 5 (1990), 359–383.
SEDLEY, DAVID (1995): The Dramatis Personae of Plato's *Phaedo*, in: Smiley, Timothy (Hg.): Philosophical Dialogues: Plato, Hume, Wittgenstein, Oxford 1995.
SEECK, GUSTAV A.: Platons ›Schweinestaat‹ (Politeia 369b5–372d6), in: Gymnasium 101 (1994), 97–111.
SHUSTERMAN, RICHARD: Philosophie als Lebenspraxis, Berlin 2001.
SMITH, NICHOLAS D.: Plato's analogy of soul and state, in: The Journal of Ethics 3 (1999), 31–49.
SNELL, BRUNO (1978): Der Weg zum Denken und zur Wahrheit. Studien zur frühgriechischen Sprache, Göttingen 1978 (unv. Nachdruck 1990).
SPAEMANN, ROBERT: Die Philosophenkönige, in: Höffe 1997, 161–171.
SPRAGUE, ROSAMOND KENT: Plato's Philosopher-King: A study of the theoretical background, Columbia 1976.
STEINTHAL, HERMANN: *mogis* und *exaiphnês*. Platon über die Grenzen des Erkennens, in: Neumeister 1993, 99–105.
STEMMER, PETER: Platons Dialektik, Berlin 1992.
STERN, PAUL: The philosophical importance of the political life: On the ›Digression‹ in Plato's *Theaetetus*, in: American Political Science Review 2/96 (2002), 275–289.
SZLEZÁK, THOMAS ALEXANDER (1985): Platon und die Schriftlichkeit der Philosophie, Berlin 1985.
SZLEZÁK, THOMAS ALEXANDER (2003): Die Idee des Guten in Platons Politeia. Beobachtungen zu den mittleren Büchern, Sankt Augustin 2003.
SZLEZÁK, THOMAS ALEXANDER (2004): Das Bild des Dialektikers in Platons späten Dialogen, Berlin/New York 2004.

TELOH, HENRY: Socratic Education in Plato's Early Dialogues, Notre Dame 1986.
TRAMPEDACH, KAI: Platon, die Akademie und die zeitgenössische Politik, Stuttgart 1994.

VLASTOS, GREGORY (1981): The Individual as an object of Love in Plato, in: *ders.*: Platonic Studies, Princeton ²1981, 3–34; Appendix I: 35–37; Appendix II: 38–42.
VLASTOS, GREGORY (1991): Socrates. Ironist and Moral Philosopher, Cambridge 1991.
VLASTOS, GREGORY (1994a): The Socratic elenchus: method is all, in: *ders.*: Socratic Studies, Cambridge 1994, 1–37.
VLASTOS, GREGORY (1994b): Socrates' disavowal of knowledge, in: *ders.*: Socratic Studies, Cambridge 1994, 39–66.
VOIGTLÄNDER, HANNS-DIETER (1960): Die Lust und das Gute bei Platon, Würzburg 1960.
VOIGTLÄNDER, HANNS-DIETER (1980): Der Philosoph und die Vielen. Die Bedeutung des Gegensatzes der unphilosophischen Menge zu den Philosophen (und

Literaturverzeichnis

das Problem des Argumentum e consensu omnium) im philosophischen Denken der Griechen bis auf Aristoteles, Wiesbaden 1980.

VOIGTLÄNDER, HANNS-DIETER (1989): Der Wissensbegriff des Sokrates, in: Rheinisches Museum für Philologie (Neue Folge) 132 (1989), 26–46.

VOIGTLÄNDER, HANNS-DIETER (2007): Sinnsuche im Horizont des Todes. Die Idee des richtigen Lebens: Gedanken zum Ursprung und Wesen der Philosophie in systematischer und historischer Betrachtung, Hamburg 2007.

WAACK-ERDMANN, KATHARINA: Die Demiurgen bei Platon und ihre Technai, Darmstadt 2006.

WAYMACK, MARK H.: The *Theaetetus* 172c-177c: A Reading of the Philosopher in Court, in: Southern Journal of Philosophy 23 (1985), 481–489.

WEBER, FRANZ JOSEF (Hg.): Platons Apologie des Sokrates, Paderborn ⁵1990.

WEISS, ROSLYN: Philosophers in the *Republic*. Plato's Two Paradigms, Ithaca/London 2012.

WERTZ, SPENCER K.: On the philosophical genesis of the term »form of Life«, in: Southwest Philosophical Studies 6 (1981), 1–16.

WIEHART, ALEXANDER: Philosophos. Platons Frage und ihre Verteidigung, Marburg 2008.

WIELAND, WOLFGANG: Platon und die Formen des Wissens, Göttingen ²1999.

WILBERDING, JAMES: Plato's two Forms of Second-Best Morality, in: Philosophical Review 3/118 (2009), 351–374.

WILLIAMS, BERNARD (1973): The analogy of City and Soul in Plato's *Republic*, in: Fine 1999, 255–264. (Orig. 1973)

WOLF, URSULA (1992): Die Freundschaftskonzeption in Platons *Lysis*, in: Angehrn, Emil u. a. (Hg.), Dialektischer Negativismus (FS für Michael Theunissen), Frankfurt a. M. 1992, 103–129.

WOLF, URSULA (1996): Die Suche nach dem guten Leben: Platons Frühdialoge, Hamburg 1996.

WOLF, URSULA (1998): Zur Struktur der Frage nach dem guten Leben, in: Steinfath, Holmer (Hg.): Was ist ein gutes Leben? Philosophische Reflexionen, Frankfurt a. M. 1998, 32–46.

WOLF, URSULA (1999): Die Philosophie und die Frage nach dem guten Leben, Hamburg 1999.

WOOLF, RAPHAEL: The Practice of a Philosopher, in: Oxford Studies in Ancient Philosophy 26 (2004), 97–129.

WÖRLE, ANDREA: Die politische Aktivität der Platonschüler, Göppingen 1981.

WRIGHT, JOHN HENRY: The Origin of Plato's Cave, in: Harvard Studies in Classical Philology 17 (1906), 131–142.

ZEHNPFENNIG, BARBARA (Hg.) (1991): Platon. Phaidon, Hamburg 1991.

ZEHNPFENNIG, BARBARA (Hg.) (2000): Platon. Symposion, Hamburg 2000.

ZUCKERT, CATHERINE H. (2000): Who's a Philosopher? Who's a Sophist? The Stranger v. Socrates, in: The Review of Metaphysics 1/54 (2000), 65–97.

ZUCKERT, CATHERINE H. (2009): Plato's Philosophers. The Coherence of the Dialogues, Chicago 2009.

Register

Hochgestellte Ziffern beziehen sich auf die Fußnoten.

1. Platonstellen

Alkibiades I
105a4–7	67
119a5–6	229[43]
129e7–8	82[42]

Apologie
18b8–10	88
18b9–10	246[72]
19b4–c1	246[72]
19c5	75[16]
19d1–20c3	79
19d9	79, 89
20b1	80
20b1–2	89
20b2	80
20b4	84
20b4–c1	229
20b9	229[43]
20c2–3	80
20c4–5	74
20c4–24b2	74
20c6	87
20d7	79
20e1	79, 85
20e6–8	79[30]
21a1	76[21]
21a6–7	74
21b4–5	75
21b6	75
21b7–c2	30
21c1	75
21c2–3	75[17]
21d4	89
21d6–7	78
21e4–5	77
22a5	76[21]
22a5–6	80[34]
22a8	75[17]
22b4–8	75
22c1–2	75
22c3	75–76
22c5	75[19]
22d2	76[22]
22d7	76, 76[19]
22e6–23b4	75[17]
23a5–6	76
23a5–7	77
23a6	77
23a8–b1	78
23b2	77[23]
23b4–6	77
23b5–6	78, 83
23b6–c1	386
23c1	78
23c1–5	88[61]
23d1–6	246[72]
23d3–4	74
23d4	79[31], 229[43]
24a5	75[16]
24b5	81
26a2–6	78[29]
28a5–30a7	211[4]
28a7–8	77[24], 243
28b8–9	326
28e4	91
28e5	91

Register

28e5–6	77, 80[33], 365	37c9	52
28e6	78	37e3–4	86
29a1	77	38a1–6	65, 86
29a4	80[33], 325	38a2	86
29a4–5	79	38a3	28[40]
29a6–7	80[33], 84	38a4–6	80
29a6–b3	125	38a5	21[14]
29a8–b1	322	38a5–6	73[10], 86, 280[28], 366
29b6–8	85, 244	38e1	91
29c8–9	80[33]	38e6–39a2	326
29d2–3	81[39]	39c6–7	66
29d2–30a7	243	39c6–d5	87
29d3	78	39c7	73
29d4–5	80[33]–81[38]	39c7–d2	88
29d4–e2	81	39c8	88
29d7	85	39d1–2	88[61]
29d8–9	82	39d7–8	82
29e1–2	82, 84	39d8	84
29e2–30a2	73[10], 76[19]	40a3–b6	325
29e5	83–84	40c4–d2	324
29e5–30a1	83–84	40c4–e4	325
30a8–b2	82	40e4	326[10]
30b2	84	40e6–7	87
30b2–3	82	41a1–6	325
30c9–d1	84	41b1	52, 87, 326
30e2–31b1	87	41b1–5	333[32]
31a1–2	87	41b1–c4	326
31a3–7	90	41b1–c7	329[21]
31a8	242	41c3	87, 327
31b1–c3	87	41c7	326
31b4	243	41d1	84, 322
31b5	243	41e–42a	88[62]
31c4–d5	250	41e1–42a1	244
31d1–5	85	41e3–7	82
32a3	250		
32b6–7	243	Charmides	
32b9–c1	243	154c8–9	300[83]
32d6–7	243	154d6–e1	195[191]
33a5	89	155a1	370[46], 380[72]
33c1–4	88[61]	160b6–8	67
33c4–7	77, 87	160b7	21[14]
35a1–2	242	166d4–6	379[71]
36b6–8	242	172a2–4	51[17]
36c5–6	82	174b7–c3	67
36c7	84	175b5–d4	81[37]
36d1–9	242		
36d9–e1	86, 87[60], 105[107]	Euthydemos	
37b4	91	278e3	51[17]

278e3–282a6	312[119]	493a1–494a5	175
307b6–c4	89	493b4–7	127
		493c4–8	30[49]
		493d6	22[15]
Euthyphron		493d6–8	54
6d1–2	116[19]	493d6–e4	326[9]
11b6–d2	105	493d8	109
15e5–16a4	66	493e3–4	177[158], 205
		493e6	109
Gorgias		494a1–5	54
443d2–5	341[49]	494a6	110
444a1–4	341[49]	494a6–b1	54
448e2–4	111[10]	494a8	293
452e7	233[50]	494b7–8	54, 184[171]
454e3–4	323[3]	494c6–9	187[177]
457c5–d5	228	494e1–6	274[16]
457d5	227	495a5	110
459c3–8	111[10]	495c1	110[8]
462c7	213	495e2–3	51[17]
462c8–d2	111[10]	496e10–11	119[29]
463a6–b7	247	497a3–5	110
463b7–c6	111[10]	499b6–8	110
464e1-2–465a1	108[5]	499e11–12	110
466a9–10	233	500a7–b6	23[21]
466b12	233	500b1–2	113
466b12–c2	233[51]	500b8–9	101[96]
470c4–471d2	109	500c1	113
471b1–c6	235	500c1–8	72, 113, 213
473e7	250	500c1–d3	63, 70
475a2–3	108[5]	500c3	24[24], 110
482a3–9	113	500c4	213
482a9	105	500c7	19[7], 21, 111, 114, 121[34]
482b4–5	93[76]	500d1	111
483c7–484c3	214	500d6–e1	111
483d1–4	233	500e4–501c5	111
484c2	213[8]	501b2–c7	127
484c4–485e2	21, 41, 267[102]	501b4	111
484c4–486d2	72, 111	501b7–8	112, 203
484d3–7	233[50]	501e2–3	214
485d3–e2	249	502b3	214
486c1–3	240	502b5	111[11]
486d2	211[4], 214	502e5–503a2	213
490a6–8	109	502e6	214
491d2	109	503c6–7	214
491e2	109, 163[130]	503c8–9	112
492c5	109	503c8–d2	249
492e2–4	326[9]	504b2–6	112
492e5–6	120		

Register

504d5–6	70[33]	525e1	340[47]
504d5–e4	114	526b9–c1	340[47]
505a2–3	49	526c1–5	340, 396[111]
505d1–4	182[162]	526c2	341[49], 396[111]
505e1–6	379[71]	526c2–3	341[48]
505e2–3	317	526c3	341[49]
506c4–509c7	294[67]	526c3–4	113[15]
506d2–e5	112	526c5	342
507a5–e4	269	526d3–527a3	341
507a10–c7	69[31], 112–113	527a4–6	341[50]
507b6–7	249	527a6–7	338
507b7–c7	58	527a8	113
507c4	112	527b2–3	338
507c9–d2	112[13]	527b3–4	113
507d-513c	249[75]	527c7	341
507d7–e2	49, 113, 249	527e4	22[15], 52[20]
507e1	112[13]	527e4–5	341
507e2–4	54		
507e5–7	269	Hippias I	
507e6–7	269	304e2–3	67
508a4–8	143		
509a6	113	Ion	
511b7–512d8	338	533d1–e3	344
511e6–512b4	338	533e5–534a7	141[79]
512a2–4	140[75]	538a7–9	76[19]
512a6	340		
512b3–e5	327[15]	Kritias	
512e2–5	341, 341[50]	111e3	47[9], 60
513a1–c5	342		
513c6–8	342[51]	Kriton	
515a4	214	28b7–9	243
515b5	113[14], 227[40], 228	28d6–7	244
515e1–5	82[41], 386[87]	43d7–44b4	328[17]
515e1–516b3	258	44c6–9	240
515e4–5	249	44d6–10	327
518b5–7	197[196]	45e4–5	327
521d6–8	70, 242, 250, 266	46b4–6	85[56]
522d1–2	342	46c1–5	322
523a1–3	324, 338	47a7–11	244
523a1–526d2	339	47d7–48a4	338
523a1–527a3	337[40]	47d8	328[16]
523b3–5	339[45]	47e4	328[16]
524a4	342	47e4–5	140[75]
524a10–b1	338	47e4–48b9	48[15]
524b2–4	339	47e7	328[16]
524b5–6	339	47e7–8	66
524c1–2	50	48a6–7	244
524d6–7	340	48b5–6	49, 66, 322

48b5–9	327	190d8	93[75]
48c3–7	322	190e4	93[75]
49c10–11	328	191d6–e1	194[190]
49c11–d1	101[96]	193e2–3	93[77]
53e2	328	193e6	94
54b3–d2	328	194a6–b4	93
		194a8	227[40]

Laches

178a5–179a1	92[74]	194b1	94
179c2–d2	97[86]	194c4	93[75]
180b3–4	98	194d8–9	96
180c4	94[78]	194e3–8	96[82]
180e5–181a3	95[80]	195a7	102
181a7–d3	91[69]	195c10–d6	140[75], 329[18]
184e3	91[69]	195d1–2	98
185a3–8	91[71], 94	195e4	93[77]
185b3	94[78]	196c7	102
185b6–c1	116[19]	197b1–2	92[73]
185c7	97	197b1–d5	102
185d6	91	197d7–8	94, 98[88]
185e4	92	197e1–2	94, 98[88]
186c1–3	92, 199[198], 294[68], 317, 383[78]	197e7	102
		199c3–e2	84[50]
186c8	97	199d4–e2	98
186c9	97	199d8	99[90]
186d3	93[75], 97	199e5	98[90]
186d4	91[70]	199e12	93
186e2–3	92	199e12–200c1	93
187b6–7	98[89]	200a8	94
187e6–188a2	48[15]	200b3–c1	95
187e6–188b7	73[10], 92	200c5–6	95
187e10–188a2	66	200c8–d3	303
188a1	96	200e5	94
188a8	96	201a2	95
188b1	92	201a2–b5	89[66]
188b2–3	95	201a3–7	93
188c4–e4	93	201a4–5	95
188d4–6	66	201a8	97[87]
189a4	95		
189a5–6	95, 97[87]	Lysis	
189b6	93[77]	205e1–4	315[133]
189c1–2	92	211e1–212a4	316
189e1–3	93	212d1–e2	309
189e6	92[71]	213d4–5	370[46]
190b3–5	92	214c7–d3	310
190b7–8	86[58]	214e2–215c1	310
190c5	94	216c6–7	312[121]
190c7–d5	92	218a3–4	47[10]
		218a3–b5	313

Register

218a5	311	663a2–4	265
218a6	311, 311[118], 312	667b5–8	194
218b1–3	312	667c5–8	205[203]
218b8–c2	311	668a9–b2	194
218e3–219a6	312	671c4	37
219a6–b2	311	677b5–8	264
219c8	311	677b7	227[40]
220b3–6	312[121]	679b6–8	143
221d7–222d8	311, 372	687b5–9	130[52], 265
221e3	311	687b5–689e3	265
222a2–3	314	687e8–9	265
222a4	314	689a1–c3	195, 204
222a5	313, 313[126]	695e6–a2	385
222a6–7	309[115]	696d3–697c4	149
223b8	100, 116[19]	697a10–b2	264[99]
		697a10–c2	210[2]

Menon

73b5–7	69[31]	697b3–6	149
75c9–d7	393	699c1–d2	265
77b6–78b8	312[119], 377[62]	700a3–701c5	158[119]
79e8–80b7	366	702a7–b1	129[47]
81b4–c4	324	707d2–5	327[15]
81c5–7	346[61]	709e6–712b7	349[67]
81c9–d1	378[65]	710a5	149
84c5–11	101	710a5–b2	196, 376[59], 398[114]
86e3	401[118]	711d6–7	51
94e4–95a1	327[13]	711d6–712a3	385
97b5–7	364	716a4	242[62]
97c4–98a8	367	716a4–b5	264
97e6–98a4	203[201]	716a5–6	211[4]
98a	365[31]	716c1–d4	196
99b11–c4	264[98]	716c2–3	313[126]
99e-100a	367[38]	721b2–3	265
		727a3	264[99]
		727c7–d1	327[15]

Nomoi

631e2–3	210[2], 264	728d7–e5	140[76]
632c7	211[4]	728e4–5	242[62]
633d9–e6	194	729c2–5	96[84]
636d5–e3	194	730c6	270[3]
644c4–645c6	192	731b3–4	263
645a5–6	263	731b3–c1	372
647a8–9	241	732b7–8	150[98]
649d5	210[3]	732e4–7	193
656b4–6	158[119], 194	733a3–4	192
658e6–659a1	194	733a7–9	57
661c1–5	327[15]	733a7–b3	193
662c7–d7	56	733d2–7	57
662e8–663c5	265	733d4	193
		733e2	30[19]

733e3–6	57	806d8–9	142[82]
734a7–8	193	807c3–d6	411
734d4–e2	57, 193	808b3–c3	35, 138[70], 411
735e3–4	333[31]	818c3–8	391[96]
735e6	50	828d4–5	329[19]
738e1–8	268[1]	831c4–e3	143
738e2–5	210[2]	835c1–836e5	131[53]
742e6–7	130[52]	835c7–8	273[11]
743e1–6	143	837b2–3	310[116]
757a6	313[126]	837b4	310[116]
757b1–758a2	265	840b6–c8	194
757e3–4	265[100]	840b10	131[53]
762b7	50	840c4–5	131[53]
762e7–9	50	840c5	49
765e6–766a4	383	846d1–847b2	411[139]
770c7–d6	73[5], 416	846d4–7	386, 386[89]
771a4	416	847a7–b2	341[49]
773a2–5	143	854e4–6	333[31], 384
773a7–b4	313[126]	866d8–866e7	223
773b6–7	143	870a4–6	130[52]
773e5–774c2	248	870c5	223
776a3–7	308[112]	870d7–e3	338[43]
779e2	22[15]	872d7–873a3	352[72]
780a1–7	387	873c2–d1	330[22]
782c7–d1	64	874d2–5	364[28]
782d10–783a4	131[53]	875a2–5	385
782d10–e1	194	875b2–7	385
784d1–2	265	875b2–d5	260[95]
790b2–4	387	888b3–4	241[60]
791c10	196	897d8–e2	360[16]
792b7	195	903b4–905e1	223[35]
792c7	195	903d3–e1	349[66]
792c9–d2	193	904b8–c1	349[66]
792d2	195	905c2–4	349[66]
793e5–6	263	906c1	143
793e7	264	913b1–8	144
794a1	264	918c8–d4	193
797a7–798e8	142[85]	919b4–c2	144, 386
797e2–798a8	50	922a1–5	265
801e7–10	265	926b4–6	140[75]
802a1–3	265[101]	935a3	264
803a6–7	52	936b4–8	144, 240
803c2–8	349[66]	938a8–b8	264
804b5–6	349[66]	941b2–3	241
804d2–e2	141[82]	942a1–4	333[31]
805e1–2	141[82]	946e6–947e6	265
806d7	52[20]	947e7–8	379[70]
806d7–e2	142[82]	948c2–7	241[60]

Register

950b6–c3	264	66b8–c4	120
950c5–6	265	66b8–d2	330[23]
951b4–6	379[70]	66c6–d1	130[52]
952b9–c4	265	66c6–d2	125
955b9	268[1]	66e1–6	125, 329
959b2	323	66e2	330
959b7–c3	337	67a1–6	119
963e1–8	196	67a2	121
		67b2–4	330

Parmenides

128d7	227[40]	67b4	120
		67c4–d2	125
		67c5–d2	121

Phaidon

		67d4–8	121, 128
58e7–59a9	119, 273[12]	67d10–e1	120, 293[65]
59b10	42[49]	67e2–68b4	122
60b3–8	119, 273[12]	67e3	120
60d8–e1	229	67e8–68a3	60, 332
61c2–7	329	68a2	330
61c5	79[31]	68a3–6	330, 335[37]
61d2–62a8	329	68b3–4	417[156]
61e1	326[10], 330	68b4	330
62a4–5	329	68b7–c2	60, 211, 413
62b2–c6	329[22]	68b9	121
62b6–c6	77[25]	68c7	121
63a5	330[25]	68c8–d1	121[33]
63b7	330[25]	68d1	121
63b7–c4	330	68d2–69b8	122
63c1–4	330	68d4–9	334
63d4–e6	126	68d8–9	334
63e7–69e4	119	69a6	122, 126
63e9	19[7], 118	69a9	122
64b2–9	119	69b7	126
64c2–3	120, 329	69c6	125, 330[24]
64c4–8	339	70c8	331
64d3–e1	131[53]	71c1	48
64d3–e5	119	76d4–8	152
64d4	119	77e2–78a9	125
64d4–10	119	79d1–7	125[42]
64e2–5	331	80e3–82c1	212[5], 331
65a2–6	119, 190	80e3–84b7	119
65a5–6	131[53]	80e7	125
65a6–67b5	189	81a5–6	125
65a7	331	81a7–8	330[24]
65a7–b9	400	81a9–e2	337[42]
65b9	121	81c2–4	152, 302[88]
65c1–2	120	81c5–82c1	333
65d8–9	120	81c5–e2	323
65d9–e1	120, 120[31]	81d2–82b8	332

81d3	323	107c1–3	49
81d9–c1	63	107d1	332
81e5	331	107d6–114c7	334, 337[40]
81e5–82a3	123	108a7–c3	332
82a2–4	331	110b1	330, 332[29]
82a8	123	111e4–113e6	337[41]
82a8–b3	378[64]	113a2–4	333[35]
82a9	352	113e1–6	332, 339[45]
82a9–b1	123, 353[1], 386	114a7–b6	333
82b2	331, 376	114c4	125
82b3	331, 371	114c10–d2	334
82b4–8	332	114c10–d7	352
82b5	123	114d	126[44]
82b7–8	333, 333[35], 352	114d2–3	332[29]
82b8–c1	123, 330[24], 333	114d6	332
82c	118[27]	114d7	333
82c2	212[5]	115e1	332[27]
82c2–8	212	118a15	84[52]
82c2–d7	124		
82c5–6	157[118], 212[5]	Phaidros	
82c6	126	231a1–2	299
82c7–8	230	232a5–6	275[18]
83a2	120	237b2–7	299[82], 304
83a6	124	237d4–238c4	303
83a8	124–125	237d4–239c2	208[209]
83b5	124	238b9–c4	274[16], 300
83b7	124[40], 126	239a8–b6	283[35]
83c6	121	239b4–6	300
83d2	126	239c9	49
83d3	125	241a3–5	300
83e2	124	242b9	300
83e3–5	330	243b2	300
84a4	124[40]	245b1–c1	136[65]
84a6–b2	331	245c5–246a2	21[11], 323
84a7	124[38]	245c8	21, 48
84b4	125	246a3–6	347
89b2–4	290[51]	246a3–249d3	337[40], 342
89e6–90a1	333[35]	246a5	343[52]
90c2	330[25]	246a8–b1	98[90]
95bc3–4	333	246b1–4	215[11]
96a6–7	330[25]	247b2–3	346
96c7	30[48]	247b5–6	346
97b8–99d3	75[15], 416[153]	247b8–c1	346
99c7–d3	317[140]	247c3	343
99d5	30[48]	247d1–5	357
101c9	330[25]	247d2	346
101e5	330[25]	247d5	346
107b	126[44]	248a1	21, 22[15]

Register

248a4	345	252a4–5	300
248a4–5	215	252c4–253c6	347
248a5–6	346	252c5–d1	347
248b3	220[22]	252c6–9	219
248c3–4	219	252d1–253c6	375
248c3–249b7	22	252d1–e1	64–65
248c3–d2	217[15]	252d3	218
248c3–e4	61	252e1–5	345[58]
248c6–7	343	252e2–253a8	304
248c7	346	252e3	219, 409
248d1	218[19]	253a4–b8	219
248d2	219	253b6	51
248d2–3	347	253b7	300
248d2–e4	70[33], 219	253c9	215
248d3	47[9], 60	253c9–d1	215
248d3–4	304[94], 343	253d6	215
248d4–5	219, 228[42], 344, 385[84]	253d7	216
248d5	227, 230	253d8	216[12]
248d6	228[42]	254a2	216
248e1	61, 219, 343[53]	254b3	218
248e4	230	254b5–e10	218
248e5–6	51, 57, 345–346	254b8	216
248e7–249a2	302	254b9	216[13]
249a1–2	61, 304, 304[95], 344–345	254b9–c4	215[11]
		254c4–d6	216[12]
249a3	219[21]	254c6	216
249a3–4	345	255a1	300
249a4–5	301	255d2	217
249a6–7	301–302	255d3–256a6	215[10]
249a6–b1	343[54]	255d5–6	300
249b1	345	255d8–e1	303[93]
249b1–4	347	255e1	277[24], 310[115]
249b2–3	345	255e2–e4	217[18]
249b4–6	345	255e5–256a6	218
249c2–d3	330[23]	256a7–8	49, 301
249c4–5	344	256a7–b8	345[58]
249c5–9	347	256a7–c5	216[12]
249d4–250c8	301	256a7–d4	215, 302
250a2	378	256a7–e2	214
250a3	346–347	256b1	52[21]
250a7	300	256b2	301
250b6	287[46], 363[22]	256b6	301
250d4	301	256b8–9	215
250e2	301	256b8–c1	60
251a2–252c3	173	256b8–e2	301
251a6–7	300	256c1–2	218
251a7–252c5	389[92]	256c2	218
252a1–7	291[55]	256c5–7	218

256d4–e2	335	23a2–5	185
256d5–6	302	27e8	185
256d6–7	301	29c1–2	184[173]
256d9	302	31b2–55c4	185
256d9–e1	397, 409[136]	31c2–3	119[29]
256e1	302, 302[89], 304	31d4–10	186
256e4–6	303	32b9–d6	172[149]
256e4–257	302	33b6–7	186
256e5	302[90]	35d5–6	187
257b6–7	343[54]	35d9	24[23]
258e1–2	304	35e2–36b10	174[155]
259d2–6	343[54]	39e11–12	69[31]
263d1–264a9	302	43a1–3	186
265b7	303	43a6–8	186
265c4	303	43c8	24[23]
267a2–6	229[43]	43c13–d2	186
269c9	70[33]	43e8	186
269d5	220	44b1–3	182[164]
271d	397[112]	45a4–5	186
272d6	50	45e2	187
275d4–e6	307[105]	45e5–7	187
276e1–277a5	304	46a8	187[177]
276e6	305	46e5–47a2	187
277a4	304	47b2–c1	187
278a1	103[102]	47e1–3	187
278d3–6	47[10], 301, 313[125]	47e1–48b12	223
278d3–e2	64	48b11–12	223
279a9–b1	370	50b1–4	187
		50d4–5	187
Philebos		51a3–4	188
11b4–6	122[36]	51b5–6	174[153], 188
11d4–6	181	52a1–4	174[153]
11d4–12a2	55	52a1–b10	188
11d5–6	184	52b9	191
12a10–12	183	52c3–4	188
12d1–4	185	52d9	182
13c6–8	185	53b8–c2	188
16c5–17a5	182[164]	53c4–7	182[164], 188
18a1–2	182	53c4–55c4	174[154]
18d4–9	182	54d1–7	190[182]
20a1–8	181[162]	55c5–59b10	189
20b6–9	182[164]	59a7–b6	174[154]
20c4–9	185	61c4–8	189
21c1–d1	184[172]	62a2	189
21d2–5	184	62a7–6	189
21e2	184[170]	62b5–9	191
22a5–6	184	62b8–9	248
22c3–6	192	62c4–5	189

Register

62d2–3	189	351c7–10	269
63d1–e2	189	351d4–352b3	237[54], 270
63e2–6	190[181]	352a6–8	270
63e3	190	352b8	269
63e4–6	190	352d2–7	57
65a2	365[30]	352d4–5	269
65b5–6	182	352d6–7	63[26], 128–129
66a5–e5	190	352d7	24[24], 110[9]
66a7	188	353d9–10	21
66a7–66c6	56	353e10	21
66c4–6	190[181]	354b3–c5	116[19]
66c5–6	190	358b6–7	235
66c10–d2	181[162]	358c6	21[14]
66e1–67b10	181	358d2–7	235
66e3–5	56	359a8–c1	236
67b11	182[162]	359c5	236
		360c5–8	236
		360e1	22[15]
Politeia		360e1–3	57
328d2–4	130	361a5–6	236
328d4	131	361c1	236
329a1–9	169[144]	361c2–d4	241
329a6–7	131	361c5	237
329c4–5	130, 165[133]	361d8–362a3	383[79]
330b1–7	131	361e3–362a3	237
331a4	234	362b2	237
331b2–3	142	362b3–4	237, 269
337a3–8	102	362c2–7	132
343c2–3	372[50]	362c5–7	179
343c7–8	231	363a2–3	237
343d1–344b3	235	364b2–6	237
343e1–344c9	234	365b7–8	237
343e5–7	235, 269	368b8–369a11	132
344a1–c9	231[47]	369d1–2	134
344a6–b1	236[53]	372a5–373a8	50
344d8–e2	129	372a5–d3	104[103], 132
346a3–4	101[96]	372d2	132
347b1–3	235	372d8	133
347b5–6	211[4]	372e3–9	133
347b9	235, 254	373a1–2	49
347b9–c2	252, 252[81]	373a5	133
347c1	252	373b3	133
347c3	252[81]	373d1–e9	133
347c3–d1	253[84]	375a11	221[28]
347e4–5	235	375c6–7	263, 372
348b9	235	376a11–b10	372
349a9	73[9]	376b3–9	372[49]
349c6	130	376b8	138, 378

376c4	221[28]	411c10–d6	223
376e4–5	135	411e5–412a2	139
381a3–5	289	411e7	221[25]
386a1–387c10	323[2]	412b8–414b7	137, 197
386c6–8	323[2]	412d2–e8	253
390d7–8	143	412d9–e1	375
392c2	165[133]	413b1–c6	376
401d5	50	413e3–4	149
402a3	372	413e6–414b6	138[69]
402d8–9	136	414a5–b6	388
402d8–403c2	389[92]	414b8–414e6	270[2]
402d10–12	136	414d1–e6	381
403a4–5	147	415b3–c7	385[83]
403a4–6	273	416a2–7	143
403a4–8	135	416d3–417b9	145
403a7	305[96]	416e4–5	253
403a7–c8	207	416e9	143
403a10–c2	268[1]	419a1–420a1	142
403b5–7	136	420a3–4	169[142]
403c6–7	136	420b4–5	153[106], 409[136]
403d2–5	137	420b5	142
403e1	136	420e1–8	142[83]
403e4–6	137	421a3–8	139[71]
404a4–7	141[79]	421d1–e5	140, 143
404d1–3	54, 137, 197[196]	422a1–3	143
404d5–6	135	422a4–b2	386[87]
404e4	137	422d1–7	82[41]
404e5–6	137, 139[73]	422e7–9	156
405c8–408c5	139	423d4–5	254
406d4	138, 140	424a4–b1	382
407a1–2	140	424a5	50
407a8	24[23]	424b3–c8	142[85]
407b4–7	137	426a1–b2	140
407b4–c6	140[75]	426a2	137[66]
407c9	49	426b8–426c3	142[85]
407d4	50	426d3–6	250
407d4–e2	329[18]	426d6	140
407d6–7	140, 147	427e6–7	134
407e1–2	140	427e7–10	69[31]
408a5–b5	140	428b1–429a7	147, 388
410a8–9	139[73]	428d1–2	388
410b5–6	137, 221[25], 223	428d8	388
410c8	263	428e7–429a3	148
410d2–412a7	138	428e8	388
410e10–411a1	135	429a8–430c7	147
411a5–b5	138[67]	429c7–8	376[57]
411b7	222[32]	429c9–d1	135, 147, 194[190], 216[13]
411b9	221[25]		

Register

429e7–430c7	139	450c6–451c3	144
430a4–5	382[75]	452e4–455e2	384
430a7–b2	135	453b7–c6	134[59]
430c3–6	376, 376[57]	455b5–c3	384
430e4	148	455d7–457b7	41
430e6–431b2	148	455d7–e2	384
431a4–c3	148	455e6–7	385[82]
431a8–10	168[141]	456a10	134[59]
431b10–c7	134[59], 149	456d10–11	140[74]
431c2	134[59]	459c4	50
431c7	134[59], 382[75]	462a2–b3	145, 156
431c9–431d2	149	462b4	145
431e9	148	462c13	145
432a7–b1	148	462d8	145
432a8	148	462d8–e2	145
432b1	155[110]	463b10–d9	145
433a1–434d1	341[49]	464a4–5	145
436a8–b3	147	464a8–9	145
436b8–9	148	464b1–d5	142
439c9–d8	147	464b8–c3	145
439d2	148	464d7–e7	145
439d7–8	344	465d2–466c3	142
439d8	147[91]	465d4–5	153[106]
439e2–440a5	222	466b7	141
439e3–5	221	466e4–5	391
439e9	221	466e4–467e7	393[104]
440a10–b7	221	472b2	375
440c1–d6	219	472e1	256
440c7–9	222	472e4–6	258[88]
440c7–d6	222	473c2–e5	256
440d2	223	473c11–d3	70, 259
440d2–3	224	473d3–5	255
440e2–5	224	473e4–5	256–257
441a3	263	474c1–3	256
441a8–b2	222[32], 223	475a3–b10	221
441c2	223	475a9	221
441c4–443b3	69[31]	475a10–b3	240
441e6	148	475b5	221
442a5	148	475b9–10	388
442a5–6	148, 168[141]	475c7–9	379[67]
442b2	148	475d2	389
442c2	147	476b10–c1	387
442c10–d4	270	476c3–d4	156[114], 387, 399, 404
442d1	148[93]	479e7–8	389
443d6	270	480a6–7	389
443e1–2	134[58], 151[103]	480a11–12	389
445a6–8	140[75]	484a1–485a8	388[91]
445a9	147	484a1–b2	396

Register

484b5	389	494d10–e1	372
484c4–d3	404	495a5–6	251
484d1	390	495c1–496a10	383, 402[122]
484d5–7	376, 397	495e4–9	408[135]
485a10–487a8	256, 374[55]	496a11–e3	386
485a10–b8	379	496b1–c2	384[80]
485b1–3	379[67]	496c2–3	384[80]
485c4–5	379	496c4–497a2	295[69], 309
485c11	389	496c8–d1	253[84], 256, 259
485d3–4	379	496d8–e3	256
485d6–e1	122, 150, 245[69], 396[109]	497a1–5	257
		498b4–c4	391, 393
486a4–487a5	200	498b9–c4	391, 395
486a4–b2	336	499b6	252[81]
486a8	336, 374[55], 389	500b2	140
486a9	336[38]	500b8–c1	150–151
486b3	389	500b8–c7	254
486b6–8	376, 397	500b8–d2	254
486b11–12	376	500c4–6	254
486c3	379	500c9–d2	391
486c7–d4	379	500d4	255, 364[27], 391[97]
486d6	376	500d4–6	364, 390
486e3–5	376[61]	500d5	391
486e4–5	380	501a2–7	163, 259, 390
487a2–5	372, 375[55], 382	501c2	391
487a7–8	382	501d7–10	382
487c4–d6	406	502a4–c7	258[88]
487d3–6	390	502c9–541a7	392
487e8–489b3	255	503b8–d12	387
488b1–3	404	503c2	379, 379[69]
490b3	389	503c9–d5	376, 409
490b6	389	504a4	390, 392
491a9	371	504c1–7	392
491a9–b1	387	504d1–4	359
491b7	251	505a2–3	308[110]
491b7–10	383	505a5–6	363[25], 390
491c1–2	386, 416[154]	505b1–4	390
491e1–6	159[120], 161, 382[75]	505b6–8	122[36], 204, 414
491e3	383	505e1–5	378
492b5–d2	251	505e1–506a2	377[62]
492d7–8	251, 322	506a1–b1	390
493a8	140	506a4	389
494a3–5	251	506b10–11	390
494a4	387	509b2–4	406[129]
494b5–7	251	509b6–10	359, 359[14]
494c1	251	509b9	363[22]
494c7	251	511d5–6	394
494d1–3	251	511d6	254[85]

Register

514a1–2	404[125]	519e1	253[83]
514a1–517a8	403	519e1–520a4	255
514a2	380, 399	519e4	253[83]
514b8–515a3	254[85]	520a5–521b11	250
514c1–515a2	404	520a6–c2	360
515a6	404	520a7–8	253, 255
515b5	380	520b1–5	256
515c3–e9	394[106]	520b1–c2	253
515c5–6	360[18], 404	520b3–4	294[68]
515c6–d1	293[63]	520c4–7	248, 254, 406
515c9	389[92]	520d2–6	252
515e6–9	382[76], 404	520d2–11	255
516a3–4	360[18]	520d10	153, 255
516a4	170[146], 293[63]	520e4	255
516a4–c5	292	521b1–2	252, 405
516b4–c1	359, 389	521b7–10	391
516c4	405	521c1–3	358[10], 391
516c7–d2	380	521c1–540c11	357
516e1–2	405	521c6	392
516e3–517a7	294[69], 383	521d6	391
516e5–6	360[18]	522b2–535a2	39[34]
516e8–517a2	406	522b4–7	392
516e8–517a7	257	522c6–7	392
517a1–2	259[92], 293[63]	525b3–c6	392
517a2–5	404[126]	525b5	392
517a2–7	406	527b5–8	392
517a5–6	394[106]	527c2	129
517a9–c5	319	530b9–c1	393
517c1	346[60]	532a7–b3	358[10]
517c4–5	388, 395, 399	532b1–2	360
517c8–9	389[94]	532b7	394[106]
517d6	389[94]	532b7–d1	391, 393
517d9–10	406	532c4–d1	394[106]
518b2–6	405	532d8–534e4	353[2]
518b7–519b6	305[97]	532e1–4	358[10]
518c4–d1	29, 152, 413[146]	533b4	393
518c9–10	287[46], 363[22]	533b8–9	360
518d9–519a1	382	533d3	401
518d9–e2	376	533d4	254[85]
518e1–2	382	534b1–d2	393
518e2–3	379	534b3–d2	363[22]
518e2–519a1	380	534b8–c5	390
519a1–6	176, 374[53], 383	534b8–d2	399, 401
519a8–b6	150, 152	534c6	399
519b8–c6	256	534c7–d2	156[114], 400
519c2–4	390	535a3–536d5	137
519d5–10	256, 291[55]	535b1–3	379
519d9–10	153	535b5–d5	379

Register

535d6–7	138[68], 255	548c5–7	224
536a2–4	379[68]	548e4	224
536c1–537a2	405	549a4	230[44]
536d6–9	392	549a4–7	160, 228[42]
536d8	392	549a9–b7	58
536e1–4	159, 405	549b1	228[42]
537a4–7	393[104]	549b2–3	225
537b2–540c11	393	549b4	161
537c2–3	393	549b6–7	136
537d1–4	409	549c1–5	257
537d1–539d2	382[77]	549c2–3	159
537d4	252[79], 392	549c7–e2	225
537d6	393	549e5–550b7	160
537e1–539d7	251	549e7–8	225
537e1–539e1	394	550b3	160
539a1	251, 394	550b6	221[26], 227
539a9–e1	393	550b7	225, 226[38]
539e2–3	296[75]	550e7–8	152
539e2–540a2	356[6], 394	551a7–10	225
539e4	296[75]	551d6–7	159
539e5	376[60]	553a1–c8	161
540a3–b7	350	553b5–6	226
540a4–5	318	553c2	221[26]
540a7	405[128]	553c2–4	161
540a9–b2	394	553d1–7	226
540b2	153	554a5	226
540b5–7	394	554a10–b3	130[51], 158, 161
540b7	342	554c11–d3	253[83]
540e6	393	554d6	162
544a1–e5	400	554d9–e2	162
544a6–8	154	555d11–12	142[85]
544c3	224	557a2	129[50]
544d7–545b2	58	557c4–9	162
544d7–e2	28, 386	558a2	51
544e7–8	157, 202, 395, 399	558d8–559d1	176
545a2	357	558d12–e3	162[128]
545a2–3	224	559a3–6	162
546a1–547a2	158, 384[81]	559c4	162
546a2	158	559e4–7	163, 271[4]
546d3–6	224[36]	560a7	163
547d7	253	560b1	163
547e2	224	560b7–9	163
547e4	224	560d2–8	163
548a6–b2	158, 225	560d3	163[130]
548a7–9	161, 225	560d3–8	238
548b7	159	560d10	163
548b8–c1	224	561a6–d8	58
548c1–2	224[36]	561c1	163

Der philosophische *bios* bei Platon Λ— 449

Register

561d2	164	580c7–9	262
561d5–8	163	580d3–581c8	179, 400
561d7	162	580d3–581e5	211[4]
561e1–7	162	580d7–9	169
561e3	163	580d11–e2	158
562b10	164	580e2–581a2	130
562b12	164	581a1–2	158, 169
563d7–e1	164	581a10	221[26], 230
567c10–d2	166	581a10–11	227
567d4–568a6	166	581b9	155, 170, 180
569c3–4	166	581c4–5	106[115], 170
571b4–d4	151[99]	581c4–7	210
571b6–7	134	581c4–11	19
571d6–572b2	138[70]	581c4–d8	224
571e1–3	138	581c4–e4	59
572a4	221[26]	581c7	151
572b6	134	581e2	170[146]
572d1–4	163	581e4–5	176
572e1–3	163[130]	581e6–582a2	224
573a2	164	582a5–6	170, 181
573a8–9	138	582b3–7	171
573b1	207	582b4–5	170, 170[146], 380
573b2–5	238	582b4–7	370
573c3–5	166, 238	582c2–7	262
573c8	382[75]	582c8	171
573c11–576b9	165	582e4	224
574a3–4	166	582e7	172
574d3	165	583a5	24[23]
574e3–4	387[90]	583b2	171
575a2–7	166	583b3–b6	172
575a3	237	583b7	171
575b6–9	166, 238	583d8	172
575c9–d1	164	583e2	172
576a4–6	166, 238, 269	584c9–11	172
577a2–3	168	584e5	172
577d1–578a2	169	585a3–6	172
577d4	168[141]	585b3–c6	357
578a1–2	175	585d7–e4	175
578a7–8	169[143]	585e3	173
578c7–8	168	586a1–b4	173
578e1–579b2	271, 271[5]	586a4–5	172
578e6	169	586a6	173, 174[154], 191
579a1–e6	239	586b7–9	119[29], 173
579c4–d2	385	586c6	221[26]
579c7–8	270	586c7–d1	227
579d9–10	238	586c8	227[41]
579d9–e6	169	586d4–587a1	176
580a3–5	270	586e3	155[113]

587a7	177	614b2–621b7	337[40]
587b15–c2	177	615a3–4	347, 350[68]
587c1–2	174	615b7–c1	263
587e1–5	177, 262	615d5–616b2	347
588a7–10	178	615d6–9	385
588c2–10	125[41]	615e3	332[31]
588d4–5	168[141]	615e4–616a4	339[45]
589a1	138[67]	616a3–4	337[41]
589a4	138[67]	617d3–620d6	22, 345, 347
589a7–b6	226	617d4–618b6	62, 68, 211
589b1	167, 176, 178	617d6	348
589b2–6	151	617e3	349
589e4	391	617e4–5	349
590b1	227[41]	618b4–d1	349
590b1–12	262	618b6–619b1	129, 349
590b5–7	226	618c4–6	203
590b9–12	226	618d6–619a1	58, 62
591c1–592a4	179	618e1–3	349
592a1–4	178, 262	619a6–b1	141
592a5–9	178	619b4	349
592a7–8	154[108], 175, 179[161]	619b7–c2	62
592a10–b7	258[88]	619b7–d2	332, 371, 378, 398
592b3	258[88]	619b8–9	348
592b5–6	258[88]	619c1–2	349[67]
600a9–b5	64	619c6–d2	157[116]
600b3–4	40, 52[20]	619c7	348
604a1–8	240	619d1	27, 334, 348
604b10–c3	325[8]	619d2–6	348, 405
605a5	136	619d8	349
605d1	136	619d8–e6	348
606c3	136	620a2–3	348
607a6–8	179	620b1–4	63
608b4–8	129, 136	620b6–8	63, 348
608c5–7	337	620c3–d3	63, 348
608d5–611a2	323	621a6–b1	351, 378
611b1–3	134[58]		
611b5–612a6	167	Politikos	
612a4–5	163	271e3–d2	104[103]
612a5–6	168	272c7–d1	133[54]
612a8–613e4	82[41]	294d6	227[40]
612b8–613e4	351		
612c8	263	Protagoras	
612e1–2	352	322d4–5	333[31]
612e2–613b10	171[147], 241, 263	328e1–3	80[32]
613b1	391	329c6–8	114
613d1–e3	263	331c6–d1	101[96]
613d2–4	82[41]	348a5	100[92]
614b2–616b2	347	348d5–349a6	100[92]

Register

348e3–4	80[32]	178d1–179b1	240
348e6	100[92]	178d1–e3	285
351b4–359a1	114	178d6–7	275
351b4–c2	67	178e1–3	290[52]
351d2–4	66, 115	179a1–b3	289[48]
351d4–5	116	179b8–c1	275
351e2–3	116	179e1–3	335[37]
351e7–8	115[17]	180b3–5	279
352a8–b2	115[17]	180b6–8	275
352b1	117	181a8–c7	274
352b3	115	181b1	274[15]
352d4	115	181d5	283
353c1–355e4	122	182a6–183d3	272
354c3–5	115	182b3	273[14]
354e8–355a3	115	182c1–4	279
355a3–4	115	183a2–b1	275–276
355a6	115	183a6–7	283
355b3	115	183d4–e6	275
356d3–4	115	183e5–6	283
357a5–6	67, 115	184a5–b4	275
358a4	115	184c3–7	297[76]
358a5–6	116	184c3–e5	274
358b4–5	117	184e2–4	274
361c4–6	116[19], 355[4]	186b9–c1	273[14]
		186e7	276
Sophistes		191d1	276
216c4–7	291[55], 389[93]	192a6–b6	276
216c4–d2	254	192b7–8	273, 276, 335
216c7	21[14]	192b7–e9	277
228b2	210[3]	192c3–d2	273[14]
230c3–e3	73[10]	192c5–7	273
253b9–e2	353[2]	192c7	276
263e4	317	192d2–e5	276
		192e2–5	279, 335
Symposion		193d8	276
172c7–173a1	412	193e4–5	290[51], 297
174d4–175b3	291[56], 292–293	194b6–c1	240
175b2–3	288	194c5–d1	240
175c8–d4	294	196c5–9	165[136], 208
176b4–5	288	196c6	277
176c4–6	128	196d6–7	277
176c5	273[13]	198a1–3	116, 297[78]
176e6–9	273	198a2	277
177d7–e1	290[51], 297	198c2	277
178a5–180b8	299	198d2–e2	278
178c4	275	199c2–201c8	368
178c6–d1	275	199c5–7	116[19]
178c8	275	201d1–212c3	368

202a	365[31]	210a7–8	299
202d3	283	210a8	281
202d8–e7	278, 287[47]	210a9	281
202e6–7	378[65]	210c1	281[33]
203a6–204a2	313[125]	210c3–d4	51[18]
203b9	288	210c6	282
203d4	288	210c6–d8	294
203d7–8	287	210c7	297
203e6–204b7	287	210d2	282
204a1–2	47[10]	210d5–6	283, 360
204a1–3	278	210d6	283
204a5–7	207	210d7–8	280, 360
205a1–2	312[119]	210e1–212a8	319
205a5–7	296, 312[121], 377[62], 405	210e2–3	306
		210e2–211b5	361
205b4	278	210e3	283[37]
205d1–2	298	210e3–5	292
205d2	312[119]	210e4	292, 308
205e5–7	278	211a7–8	284, 299, 361
205e5–206a1	372	211b1–2	283, 283[36]
206b1–209e5	280	211b2–5	284
206e5–207a4	278	211b7	284, 292
207a5–6	278	211c7	297
207d1–2	335	211c7–9	361
207e2–5	208[209]	211c9	284
208c1–e2	229	211d1–3	60, 156[114], 280, 298, 364, 366, 395, 399
208c6–d2	229		
208d2–e1	335	211d2	285
208d6	229	211d3–4	291
208d7–e1	335	211d8–212a2	294[68], 298
208d9–e1	298, 335	211e3	291
209a3	279	211e3–4	286
209b1–e5	282	211e4–212a2	60, 284, 361
209b2	279	212a2–8	298[79]
209b6–c6	279	212a3–5	295, 321[147]
209b7	282	212a4	282, 285
209c2–3	299	212a6	295, 362
209c2–7	277, 295[72]	212a6–8	298, 362
209c2–d5	278	212a7–8	280, 335
209c5	295	212b1–4	286, 286[42], 293, 299, 317[140], 399
209c6–7	279		
209c8–e5	229, 231	212b1–8	407
209d5	335	212b6	286
210a1–2	280[29]	212c4–6	297[78]
210a5–7	319	213c3–d7	286
210a5–9	280	213c7–d7	290[51]
210a6	277, 281[31], 296[73]	215a2	288
210a7	299	215a5	288

Register

215b3–4	286	173c6–7	246
216a1	296	173d4	245
216a2–3	289	173d6–8	231[46], 245
216b2	290	173e2–4	245, 293
216b2–5	335	173e2–174a2	329[20]
216b3–5	407	173e5–174a2	246[72]
216b3–c4	288	174b1–6	246, 293[66]
216b4–5	286	174c6–7	247
216b5	240	174d1–e5	248
216e3–6	102	174d6–7	248
216e7	286	174e1–2	247
217a1–2	290	174e4	336[38]
217a3–219d2	38	174e4–5	246
217a5–6	274, 290	174e5–175b7	247
217e2–4	289	175a1–5	336[38]
218b3–4	274	175b7	245
218b8–219e5	273[14], 290	175b9	247[73]
218d2	274, 290	175c1–3	246
219d4–7	288	175e2–176a1	247
219e3–4	290	176a1	246–247
219e6–221c1	288	176a5–6	246[70]
220a2	289	176a7–b1	246[70]
220a2–3	288	176b1	246
220a4	289	176b1–3	26[30], 81[36]
220b1–7	288	176b2	246
220c3–d5	291, 291[56], 293	176b7–8	341[50]
220c4	293	176d8	247
220c7	288	177a2–7	337[42]
220c8–d3	294	177a5	247
220e2–5	289	201c-d	365[31]
221c4–6	288		
222a4	286	**Timaios**	
222a7–b4	290	42b3–c2	331[26]
222b2–3	289	44e2	217[15]
222c1–d3	286	77a1	48
222c7–d1	290	84a4–5	50[16]
223c2–d8	183	87e7–88a7	138[68], 207, 230, 380
223c4–6	128	88a1	230
223d5–8	288	88a4	230
		88b2	230
Theaitetos		90b2–3	227
144a1–b7	370[45]	90b2–6	337
172c3–6	245	90b2–d7	125[42]
172c8–177c5	153[107], 245, 295[69], 318, 417[155]	90c1	337
		90c7–d7	416, 416[151]
172d4–5	245	90e1–92c4	63, 331[26]
173b3	246	92b3–4	331[26]
173b5–7	245		

Register

VII. Brief
324b9–c1	30[47], 259	335d3	197
325b1	259	335d6–e1	199[198]
325d1–2	259	335e4–336a9	261
325d1–e3	258	336a2–b4	385[85]
325d5–e1	259	336a4–6	261
326a2	259	336b4–9	261[96]
326b-d	197	336c1–4	260, 373
326b6–c2	55	336c6–d1	197
326b7	21[14]	336d2–3	55
326c1–2	52, 259	336e2–337a1	223, 261
326d1	199–200	337a1–3	261
327a2–c5	259	337a1–7	197
327a6	373	338d5–6	232
327a6–b2	373	338d6–7	373[52]
327c1–2	373	338d6–e4	232, 260
327c4–5	374	339e5	374
327c6	385[85]	340b1–345c3	43
327c7	260	340c2–5	206
327d1	260	340c2–d6	198
328a2–3	373[52]	340c4–5	198
328a3–6	260	340c5–d1	408[134]
328c1	260	340d2–3	356
328c6	257	340d2–6	411
330a3–7	232	340d4–6	200
330a6–b2	305	341b1–3	198
330a7	305[99]	341b1–d3	319
330c10–d2	50, 197	341b2	199, 362
331a8–b1	197	341b3–5	232
331b4–d6	260	341c2	308
331d1–2	257	341c4–d2	306
331d7–333a5	268	341c6	306, 306[102], 401–402
331d7–e2	197[195]	341c6–7	294, 357[9]
331d8–9	28[40], 197, 260	341c6–d1	36[22]
331e1–2	260, 309	341c6–d2	362
332c4	260	341c7	308
332c5	260	341d1	199, 308
332d4–5	308	341d1–2	203
332d5–7	309	341d2	199, 207[208], 308, 362
333c1	259	341d3–4	402[120]
333d1–334c3	261	341d6	402[120]
333e2	309	342a7–344d3	306
333e2–3	306	342d1–2	307
333e4	306	343c2–3	307
334b2–c1	309	343d5–9	307, 307[107]
334b7	306	344a2–6	377
334c7–9	260	344a2–344b1	374
335d1–e1	261	344a3	409
		344a5	375

Register

344b1	374	345c5–349e9	374
344b2–3	378, 416[152]	347d5	374
344b5	199	350a6–b5	309
344b8–c1	261	351a1	373
344c1–3	43	351a3	373
344d10–e2	362	351c4–5	261
345a1–b5	199	351d2–8	373
345a3–4	402[120]	351d7–e2	260[94]

2. Personen

Aelian 41[44]
Ahrensdorf, P. J. 27[37]
Albert, K. 23, 23[19], 46[4]–48[13], 287[47], 292[58]–292[60], 298[79], 330[23], 346[61], 358[12], 360, 361[19], 365[30]
Alföldi, A. 239[57]
Allen, R. E. 117[21], 272[8], 276[21], 279[27]
Alt, K. 119[28], 324[6], 331[26], 333[31], 343[52], 346[62], 348[64]–349[67], 351[70]–352[71], 397[113]
Anaxagoras 21[12], 30[48], 75[15], 416[153]
Andrew, E. 252[82]
Annas, J. 43, 129[50], 161[124], 164[131], 171[148], 178[159]–179[160], 184[168], 200[199], 206[204], 222[31], 324[7], 348[63]
Apuleius 33[2]
Aristophanes 30[50], 36[18], 146[88], 246[71], 273, 273[14], 276–278, 282, 297[78], 314, 316, 335, 372, 399[116]
Aristoteles 20, 20[9], 23, 23[18], 26, 26[32], 37–41, 41[44], 43[54], 45[1]–46[7], 145[87], 157[117], 165, 173[151], 179[160], 182[164], 239[57], 246[71], 267[102], 279[26], 315, 315[132], 317[138], 356, 356[7], 365[30], 375[56], 413[148]–414[149]
Aronson, S. H. 155[110], 258[88]
Axiothea 38, 41

Baltes, M. 35[12], 37[25]–37[27], 39, 39[36]–40[42]
Barker, A. 245[68]
Basileios 151[102]
Beatty, J. 150[97], 253[84], 363[23]
Berti, E. 365[30]
Blondell, R. 289[48]–290[53], 292[57]–293[64], 296[74], 299[80], 412[143]
Blößner, N. 128[47]–129[49], 142[84], 165[134]
Bordt, M. 24[22], 84[51], 119[28], 223[35], 246[70]

254[86], 284[39], 286[42], 311[117]–315[135], 330[23], 332[28], 360[16], 377[62]
Bormann, K. 254[85]
Brickhouse, T. C. 252[80]–253[84]
Brinker, W. 221[27]
Brisson, L. 43, 80[33], 140[77], 385[83]
Bubner, R. 26[32], 363[24]
Burkert, W. 39[34], 44, 45[1]–46[4], 74[12]
Burnyeat, M. F. 146[88], 366[35]

Canto-Sperber, M. 140[77], 385[83]
Chroust, A.-H. 101[95], 316[137]
Cicero 45[1]–46[7], 89[65]
Cooper, J. M. 20[9], 25[27], 155[112], 253[84], 356[7], 376[57]
Cross, R. C. 155[111], 253[84]
Cushman, R. E. 19[3], 29[45]

Dalfen, J. 109[7], 323[3], 339[46]
Damon 65[27], 95, 95[81]
Davidson, D. 105
Demokrit 21[12], 196[193]
Dikaiarch 38[33]
Dilman, I. 27[37]
Diogenes Laertios 33, 34[4]–35[13], 41[46], 229[43], 386[88]
Dixsaut, M. 19[1], 46, 48[14], 72[2], 118[24], 207[206], 343[54]–344[56], 374[55]
Dodds, E. R. 242[63]
Domański, J. 22[17]
Döring, K. 36, 85[54], 326[11]
Dörrie, H. 34, 38[28]
Dover, K. J. 240[59], 272[10]
Dudley, J. A. J. 410[137], 413[148]
Duerlinger, J. 361[19]

Ebert, T. 45[1], 104[104], 118[26]–119[28], 121, 121[34], 124[39], 126, 126[43]–126[44], 212[5], 229[43], 323[2], 334[36]
Empedokles 21[12], 352
Epikrates 36[18]
Erler, M. 24, 24[25]–25[25], 28[41], 30[47], 33[2]–34[8], 36, 36[22]–40[41], 42[51], 43, 43[54], 44, 44[60], 72[1], 73, 92[72], 96[83], 103[102], 128[47], 217[17], 222[30], 245[68], 258[90], 275[19], 299[81], 324[4], 329[21], 332[30], 366[33]–367[40], 369[43]
Eudoxos v. Knidos 40, 107, 182[164], 209[212]
Euenos 74, 79, 79[31], 229, 229[43], 329
Euripides 110

Ferber, R. 44, 47[11], 75[15], 292, 307, 307[108]–308[110], 346[60], 358[10]–358[12], 361[19], 363[22], 392[100], 394[105], 403[124]
Ferrari, G. R. F. 207[207], 348[63]
Festugière, A. J. 233[49], 250[76], 361[19]
Foucault, M. 19[4], 23
Frede, D. 107[1], 117[22], 129[50], 165[133], 181[162], 182, 182[164]–188[180], 190[181]–192[187]
Frede, M. 21[12], 25[28], 104[104]
Fritz, K. v. 32[52], 34[6], 44[59], 232[48], 362[20]

Gadamer, H.-G. 183[165], 306[102], 358[13], 375[55], 401[119]
Gaiser, K. 24[25], 38[33], 40[40], 47[11], 85[55], 93[77], 103, 106[114], 353[2], 368[40], 392, 401[119]
Gastaldi, S. 246[70]
Gavrielides, E. 166[137]
Geiger, R. 93[76], 102[98]
Gellius, A. 200
Gigon, O. 29[45]–30[47], 42[50], 45[1], 278[25], 365[32], 408[135]
Goldman, H. S. 42[50], 77[25]
Görgemanns, H. 34[8], 147[92], 215[10], 258, 272[8], 277[23], 303[92], 315[134], 360
Gosling, J. C. B. 107[1], 117[22], 182[164], 190[181]–191[185], 202[200], 206[205], 209[212], 223[34]
Graeser, A. 216[12]–217[17]

Hackforth, R. 401[118]
Hadot, P. 22[17], 23, 25, 28, 28[43]–29[45], 44[59]–46[5], 73[7], 94[79], 287[43]–287[45], 292[57], 295[70], 316, 317[141], 320[145], 324[4], 336, 354[3], 356[7], 364[26], 367[39]–368[42], 377[62], 382[77], 393,

393[102], 403[123], 407[133], 413[145]–413[146], 415[150]
Hall, R. W. 155[114], 157[116], 249[75], 354[3]
Halliwell, S. 139[73]
Havelock, E. A. 410[138]
Heidegger, M. 26[34], 363[24]
Heitsch, E. 28[41], 42[50], 46[4]–47[11], 75[14]–76[19], 86[59]–88[63], 101[94], 216[12], 217, 219–220, 242[63], 300, 300[85]–302[89], 304[95], 309[114], 312[121], 328[17], 332[28], 343[54], 345[59], 407[132]
Hentschke, A. B. 23[21]–24[25], 44[59], 72[3]
Herakleides Pontikos 37–38
Herakleitos 38
Heraklit 45[1], 186, 414[149]
Herodot 45, 45[2]
Hesiod 45[1], 221[27], 229, 278[25], 342
Hieronymus 38[30]
Höffe, O. 33[1]
Hoffmeister, J. 412[140]
Hölderlin, F. 412
Homer 46, 46[5], 64, 76[19]–76[20], 221[27], 229, 323, 323[2]–324[6], 326, 335[37], 339[46]–340[47], 352, 410[138]
Horn, C. 366[36]
Howland, J. 146[88]
Hübner, J. 253[83]

Inwood, M. 324[4], 348[64]
Irwin, T. 117[22], 161[124], 165[133], 191[183]
Isokrates 34–35, 39, 40, 259[93], 370, 402[122], 403, 403[123]

Jaeger, W. 20[9], 39[39], 246[71], 366[33]
Jain, E. 23, 23[19]
Joël, K. 96[83]
Joly, R. 19[3], 45[1], 161[126]
Jordan, R. W. 366[35]

Kahn, C. H. 32[52], 44[59], 72[1], 96[85], 108[4], 118[23], 155[111], 258[89]
Kant, I. 23[18], 26, 26[34]
Karl, J. 101[95], 354[3], 357[8]
Kato, S. 79[30], 105[111]
Kersting, W. 23
King, C. S. 76[21], 89[67]
Knab, R. 44[59]–44[61]
Kobusch, T. 23, 24[21], 25[30], 97[85], 287[46], 354[3]

Korsgaard, C. M. 165[135]
Krämer, H. J. 23[19], 47[11], 103, 289[50], 329[21]–330[23], 344[56], 363[25], 365[30]–365[31]
Kranz, M. 45[1]
Kraut, R. 20[9], 155[112], 396[109]
Kutschera, F. v. 104[104], 126[44]

Lisi, F. L. 27[38]
Lloyd, G. 35[14], 39[37]
Lorenz, H. 151[103]
Ludwig, P. W. 165[133], 238[55]
Lynch, J. P. 35[11], 41

Mahoney, T. 252[80]–253[84]
Manuwald, B. 92[72], 114[16], 117[20]–118[23]
Mara, G. 250[76]
Mason, M. E. 361[19]
McPherran, M. L. 88[62]
Meiners, Ch. 42
Mingay, J. 26[32], 279[26]
Mittelstraß, J. 26[33], 368[41], 402, 402[119], 413[145]
Morrison, J. S. 95[81], 249[75]
Müller, C. W. 34[7]
Müller, G. 43[56], 75[14], 105[111], 366[33]
Müller, J. 324[4], 351[70]
Murphy, N. R. 204[202]

Nehamas, A. 24[21], 27[39]
Neschke, A. 45[1]
Nichols, M. P. 389[92]
Niehues-Pröbsting, H. 19[3], 23, 24[21]–25[27], 33[1]–35[15], 39[39], 41[43], 157[117]
Nightingale, A. W. 19[1]–19[3]

Patterson, R. 27[39], 207[207]
Patzer, A. 47[11], 83[47]
Patzer, H. 272[10], 367[40]
Perikles 45, 82[41], 249, 258, 386[87]
Pfannkuche, W. 239[56], 369[43]
Pindar 234, 246[72], 324, 324[5], 339[46], 352
Popper, K. 129
Price, A. W. 165[133], 293[64], 295[72]–296[73], 302[87]–303[93], 305[97], 312[119], 315[134], 317[139], 343[54]
Pythagoras 45[1], 64, 118, 127, 334, 352

Rabbow, P. 28[43], 38, 361[19]

Reale, G. 365[30]
Rechenauer, G. 323[3], 338[44]
Reeve, C. D. C. 253[84]
Rehn, R. 272[7]–272[8], 291[56]
Reiss, S. 162
Ricken, F. 79[30], 82[41], 133[54], 148[94], 167[139], 176[157], 227[40], 281[32], 315[135], 361[19], 363[24]–364[29]
Riedweg, C. 45[1]
Riginos, A. S. 34[9], 37[24]–37[26], 41[47]
Robinson, T. M. 217[14]–217[17]
Rowe, C. J. 20[9], 293[64], 358[13]
Rufener, R. 221[27]
Russell, D. C. 118[23], 201[199]
Ryle, G. 26[33], 73, 368[41]

Schäfer, C. 287[44], 323[1], 372[49]
Schlegel, F. 23, 47[11]
Schleiermacher, F. 22, 22[15], 24, 27[37], 48–51, 51[18], 72[1], 75[16], 85[57], 87–88, 92, 120, 121[33], 128[47], 142[85], 158, 170, 181[162], 212, 214, 221, 221[28], 227, 251[77], 252[81], 283–284, 300[85], 310[115]–311[118], 343[54]–343[55], 345, 346[60], 352, 374[34], 376[58], 380[72], 390, 390[95], 401
Schmid, W. 23
Schmitt, A. 128[47], 222[30], 352[73]
Scholz, P. 19[6], 23, 30[46], 35[11]–36[23], 39[39]–41[46], 267[102], 413[144]
Schopenhauer, A. 23
Schöpsdau, K. 22, 192[188]–193[189], 196, 196[193], 227[40], 264, 265[101]
Schrastetter, R. 26[34], 303[91]
Schubert, A. 133[56], 155[111], 160[123], 165[133], 169[144], 171[148], 173[152], 381[74]
Schur, B. 80[33]
Schwartz, M. 101[97]
Scott, D. 150[97], 291[55], 295[72]
Sedley, D. 289[50], 324[7]
Seeck, G. A. 133[54]–134[60]
Shusterman, R. 19[4], 287[46]
Smith, N. D. 133[58]
Snell, B. 46[5], 81[37]
Söder, J. 44[58]
Solon 45, 45[2], 95, 97[87], 229
Sophokles 130, 335
Spaemann, R. 363, 363[22]–364[27]
Sprague, R. K. 133[55], 406[129]

Steinthal, H. 292[63], 346[60]
Stemmer, P. 73, 73[9]
Stern, P. 248[74]
Szlezák, T. A. 252[80], 272[6], 291[54]–291[56], 294[68], 307[108], 375[55], 402[122], 408[135]

Taylor, C. C. W. 107[1], 117[22], 182[164], 190[181]–191[185], 202[200], 206[205], 209[212], 223[34]
Teloh, H. 312[120], 367, 367[38], 397[112]
Thales 45[1], 245–246, 246[71]
Thukydides 45, 45[3]
Trampedach, K. 33[3]–34[6], 40[41]

Vlastos, G. 81[35], 83[46], 100[93], 103[100], 105[109]–105[110], 113[14], 272[9], 302[87], 315[132]–315[134], 352[71], 366[33]–366[34], 380[71], 401[118]
Voigtländer, H.-D. 19[5], 44[59], 79[30], 85[53], 102[98], 114[16], 117[20]–118[23], 135[62], 141[78], 192[186], 206[205], 243[65], 307[104]–308[111], 358[13], 366, 369[44]–371[48], 377[63], 398[115]–399[117], 408[135], 414[149]

Waack-Erdmann, K. 46[6], 318[142], 370[45]
Waymack, M. H. 246[71]
Weber, F. J. 88[64]
Weiss, R. 139[72], 155[113], 252[80], 382[76]

Wertz, S. K. 23[18]
Wiehart, A. 19[1]–19[3], 26[34], 46[6]
Wieland, W. 44[59], 47[11]–47[12], 81[37], 102[99], 183[165], 361[19]
Wilamowitz-Moellendorff, U. v. 35[11], 43
Wilberding, J. 156[115], 239[58], 398[114]
Williams, B. 156[115]
Wittgenstein, L. 23
Wolf, U. 19[2], 24[22], 26[35]–26[36], 47[11], 72, 73[4]–75[14], 79[30], 84[47], 104, 104[105]–105[108], 109[6], 117[22], 175[156], 285[40], 312[119]–316[138], 363, 363[24], 366[36], 397[112], 406[129], 413[147]
Woolf, R. 122[35]
Woozley, A. D. 155[111], 253[84]
Wörle, A. 34[5], 373[51]
Wright, J. H. 404[124]

Xenokrates 37
Xenophon 83[46], 327[14]

Zehnpfennig, B. 24[25], 274[17], 283[37], 287[43], 294[69], 297[78], 332[28]
Zuckert, C. H. 30[50], 32[52], 75[15]–76[20], 106[112], 182[162]–182[163], 272[7], 316[138], 332[28], 353[2], 367[37]–368[42]

3. Sachregister

Ahnung s. Intuition
Alltag s. Aufgaben, tägliche
Alter 37, 95, 97, 99, 129–132, 153, 160, 164, 248, 252, 252[79], 256, 263, 277, 299, 356, 382, 393–395, 401
Ämter 40[41], 82[41], 94, 144, 160, 166, 171, 213[6], 223[33], 223–225, 227, 230[44], 231–234, 238, 242, 250, 257, 260, 263, 266, 275–276, 320, 339, 341, 349[67], 354, 356[6], 376[60], 384–385, 394, 406[131]
Anamnesis 104[106]–105[110], 308[109], 318, 321, 366, 398[115]
Angleichung 125, 247, 416[151]
–, an Gott 26[30], 81[36], 196, 246, 254
Anhäufung v. Geld 143, 158, 161, 167, 169[145], 212[5], 225, 228[42]

Anlagen
–, gute 196, 251, 375
–, natürliche 50, 149, 160, 220, 370–384
–, ungünstige 158–159, 161, 347
Anstrengung 30, 152, 198, 200, 284, 346, 362
Arbeit 28, 109, 132, 143, 146[89], 155, 167, 177[158], 205, 255, 317, 326[9], 379
Armut 62, 82[41], 87, 126, 131–132, 138–146, 157[118], 180, 202, 212, 226, 240, 263, 288, 386
Askese 34, 38, 108, 119–122, 125–128, 130, 138, 152, 201–202, 209, 212[5], 259, 289[49], 291, 302, 331, 414
Aufgaben, tägliche 28, 28[40], 140, 197–198, 245–248, 260, 293, 411
Ausbildung 35, 64, 95[81], 135–141, 146[89],

Register

149, 153, 156, 162, 180, 196, 202, 221, 224, 248, 251–256, 272, 294[68], 297[77], 304, 320, 354–357, 360, 376, 381–384, 389[92], 390–398, 400–403, 406, 409, 411[139], 415, 418
Authentizität 73, 99, 100–103, 183
Autodidakt 92, 95, 97, 199[198], 294[68], 317, 318, 383[78], 401

Beharrlichkeit 97, 174[154], 288, 376–377, 387, 392, 409
Beruf 28, 60–64, 70, 74, 139–141, 143, 155[112], 274, 341[49], 344, 356, 396[109], 410[138]–411[139]

conditio humana 78–81, 104[103], 184, 195, 202, 366[35], 404
Curriculum s. Ausbildung

daimonion 85, 250, 300, 325, 384[80]
Dankbarkeit 253
Denkungsart, Größe der 336, 374[55], 389
Determinismus 162, 347, 349[66], 350, 381[73]
Dialektik 40, 105, 126, 170[146], 182[164], 185, 249[75], 251, 254[85], 291[56], 297[77], 304, 353, 356, 360, 363[22], 366–370, 375[56], 378, 382[77], 383, 383[78], 389[92], 391–395, 399–410, 415, 418
Dichter 30[47], 61, 63, 70, 75–76, 133, 136, 214, 229, 237, 273, 279, 312[119], 316[138], 339, 343–344, 399[116]
Diotima-Rede 30, 47[11], 60, 75[15], 208[209], 229, 276[21], 277–287, 291–294, 299, 303[91], 317[140], 318, 335, 361, 364, 366, 372, 377[62], 383[78], 387, 395, 399, 401, 407
doxa s. Meinung
Dualismus v. Leib/Seele 215–218, 330[23]

Ehrlichkeit 88[62], 99[91], 101, 304[95], 345, 367
eidôla 285–286, 295, 323, 362
Einfachheit 137, 224, 381[74]
Einsamkeit 241, 272, 274, 291–294, 298, 316–321, 394
elenchos 65, 72–106, 113[14], 241–244, 245[67], 297, 326, 329, 365–369, 393, 401[118], 403, 410, 413

Ente 54, 109, 184[171]
Enthaltsamkeit s. Askese
Erinnerung 103[102], 111, 150[98], 174, 174[155], 183–184, 187, 216, 229, 258[90], 303–305, 314[127], 318, 321, 330[23], 347, 351, 374, 378[66]
Eros 37–38, 104[106], 136, 139, 151–153, 158, 164–168, 202, 206–209, 229, 237, 271–305, 343[54], 389
Extreme 126, 164, 184, 186, 202, 207, 225–226, 255, 386

Familie 35, 88[62], 145, 159–160, 225, 231[46], 245, 385
Fässer der Seele 53, 109, 177[158], 205, 326[9]
Feuer
–, der Vernunft 184[173]
–, in der Höhle 254[85], 293[63]
–, in der Seele 197–199, 203, 207, 306–308, 362–364
Frauen 41, 68, 134[59], 141[82], 275, 331[26], 341, 384
Frauen- und Kindergemeinschaft 135[64], 142, 144–146, 149, 180
free rider 253[84]
Freiheit 30[50], 109, 114–115, 130, 162, 163[130], 164, 167, 180, 182[164], 235, 237, 245, 265, 283, 290, 323, 334, 412[142]
–, innere 30, 169, 207, 348[63], 415
–, wahre 123, 166
Freude 131, 154[108], 170, 172, 190–191, 193, 195, 204, 223, 253[84], 380, 406
fromm 58, 69, 69[31], 100, 112, 116[19], 199[198], 234, 246, 337, 341

Gedächtnis 184[172], 198, 200, 251, 374, 379–381, 397, 411
Gelassenheit 334–336, 417
Geldliebe 130, 143, 158, 169, 212, 224–226, 228[42], 235
Gemeinschaft 36–37, 113, 123, 145, 157, 269, 271, 279, 293, 297–298, 316, 333[31], 345, 376
–, der Rede 102
Gesetze 54, 56, 131[53], 143[85], 158[119], 164, 166, 179, 194, 197, 243, 243[65], 253[83], 257, 260–261, 265, 328, 334, 344, 359, 364[28], 376[57], 381[74], 385, 388, 390, 416

Register

Gesetzgeber 229, 241, 251, 255, 264, 279, 387, 409, 416
Gewalt 138, 145, 159, 162, 164[131], 227, 234, 238, 260, 382[76], 404, 404[127]
–, über sich selbst 197, 373
Gewohnheit
–, des Sokrates 288, 291
–, Lebensgewohnheiten 51, 55, 197
–, Tugend aus G. 331, 348[64], 351, 398[114]
Gier 62, 90[68], 161[125], 164, 328, 348, 351
Gleichgültigkeit gegenüber Begierden 121, 126, 138

Händler 46[7], 219, 224, 228[42]
Handwerker 61, 75–76, 140, 146[89], 343, 386[89], 396[109]
Harmonie 39, 96, 101, 148, 153, 162, 177, 180, 185, 276, 392, 416[151]
Hauswesen 61, 91[71], 94, 140, 156, 157[118], 212, 219
Heirat 82[41], 143, 248, 265
Hochzeitszahl 158, 384[81]
hoi polloi 116, 140, 243[65], 370[47], 398[115], 408[135], 414
Homunkulus-Theorie 167
Hybris 123, 226, 238, 242[62], 244, 251–252, 264, 330[25]

Idee
–, der Gerechtigkeit 253[83], 255, 396[109]
–, des Guten 47[11], 153–155, 253[84], 261, 296[75], 348[63], 354, 357–368, 383, 388–408
–, des Schönen 272[9], 287[46], 308, 315, 354, 363[22]
Identifikation
–, v. Gerechtem/Philosoph 155, 170, 181, 205, 368, 396[111]
–, v. Gutem/Angenehmen 108, 414
–, v. Gutem/Einen 47, 360–361, 361[19], 365[30]
–, v. Gutem/*prôton philon* 311–313, 372
–, v. Gutem/Schönen 287[46]
–, v. Gutem/*ta megista* 199, 306[103]
–, v. Tugend/Weisheit 83–86, 96, 312, 368
Individuum 112, 155[110]–156[114], 182, 197[195], 279, 324, 324[4], 325, 332[30], 336, 354, 354[3], 366[36], 397
Infinitismus 46[4], 47, 407[132]
Inseln der Seligen 256, 335[37], 338–342, 351[70], 394, 396[111]
Instabilität 160, 166[137], 180, 202–203, 217, 225–226, 237, 351[69], 357, 407
Intuition 184[169], 281[34], 325, 364, 368, 405

Kallipolis 129, 154–156, 160[121], 240[58], 250–251, 253–257, 356–358, 387, 400
Karikatur *s*. Parodie
Kinder 98, 132, 135[61], 143[85], 144–146, 149, 194, 196, 213, 222, 229, 263, 275, 289[49], 376[59], 391, 393[104]
know-how 46–48, 81[37], 401[119]
Kontemplation 20[9], 28, 30[50], 35, 253[84], 284, 293, 309, 317, 356, 363[23], 395
Konversion 29, 302[87], 413[146]
Krankheit 62, 112, 120, 136–141, 148, 172, 176, 187, 197, 204, 263, 312, 329, 336, 338, 384[80]
Kränkung 94, 219, 223, 300, 347
Krieg 93[77], 130[52], 132, 141[82], 225, 230, 238, 326, 393
Krieger 41, 61, 139, 145, 160, 219, 224, 227, 230, 343

Lebensänderung 30, 50, 87–90, 99, 101, 102[97], 104, 124, 127, 150, 175[156], 197, 259, 261, 323, 331, 339, 362, 364[29]–365[30], 397, 407, 413
Lebenswahl 22, 29, 51, 57, 61, 124, 129, 157[116], 219[21], 325, 345, 347–352, 413[145]
Lebenswandel *s*. Lebensänderung
Löwe 63, 138[67], 178, 226, 262
Lüge 75, 111, 270[2]

mania 136[65], 207, 273, 300–303, 343[54]
mathêmata 150, 297, 361–362, 388–390, 401
Mauer, Philosoph hinter der 295[69], 309
Meditationen 288, 291–294
Meerestier 184, 331[26]
Meinung 73, 89[67], 91[69], 101[96], 105[108], 203, 203[201], 244, 275, 337, 342, 365, 367[38], 369[43], 376, 376[57], 389, 394, 397, 398[114], 399, 399[117], 402–405, 410, 416

Register

–, allgemeine 110, 115, 132, 140[75], 169[144], 190, 234, 257, 267[102], 329[18], 338, 390
–, anderer 141, 151[101], 237, 240–241, 245, 266, 286, 290, 407
–, falsche 120, 163, 172, 228, 368
–, wahre/richtige 55, 156[114], 164, 183, 191, 195, 215–216, 224, 228, 344, 365[31], 367, 394
Menschenarten 59, 106[115], 121, 170, 210, 400
Messkunst 115, 144, 144[86], 201
metaphysisch 19[3], 150, 205, 276[20], 312[121], 360, 364–369, 402
Mitteilbarkeit 402
mogis 345
Motivation 28, 88–90, 100–105, 125, 162[127], 166, 195, 204, 221, 241, 266, 286, 352[73], 395
Muße 88[61], 125, 143, 192, 245, 245[68], 410, 410[137]
Musen 35, 61, 135, 141[82], 225, 343[54]
Musik 65[27], 93[76], 135–141, 149–150, 153–154, 158, 161, 188–189, 194, 202, 214, 224, 376, 385[82], 391–392, 401
musikê s. Musik

Nahrungsmetapher 172, 173[152], 175, 203, 251, 357, 404
Negativ-/Kontrastfolie 70, 82[43], 104[103], 127, 209[212], 229[43]
Neuerungssucht 142

oikeion 302–303, 311, 313, 372
oikos s. Hauswesen

paradeigmata 22, 61, 247, 256, 348
Parodie 70[32], 191, 247–248, 267, 318, 417[155]
philomathês 47, 120, 123, 138, 151, 170, 331, 379, 388
philoponia 255, 379
pleonexia 143, 227[40], 236, 264, 385
polypragmatia 340, 341[49]
Positionen, gesellschaftliche s. Ämter
Prioritäten 81–91, 100, 127, 189, 191, 228, 232, 240, 319, 326, 413
Profession s. Beruf

prôton philon 311–314, 372
Prytaneion, Speisung im 87[60], 242
Pythagoras 34, 40, 47, 52[20], 68[30], 109, 119[28], 121[34], 229[43], 249[75], 330[23]

Rache 223, 261, 347, 373
Redner 39–40, 42, 46, 63, 70, 93, 108, 110–114, 171, 189, 213–214, 227, 229[43], 233, 245, 247, 249, 277, 302, 316[138], 338, 341, 397[112]
Reinigung 124, 163, 392, 395
Rhetorik s. Redner

Scham 144, 163, 163[130], 216, 238, 240–241, 265, 285, 290[52], 327, 386
Schatten
–, -bilder 120, 122, 173, 393
–, -deutung 248, 254, 257, 259[92], 380, 406
Schein 101, 232, 237, 265, 290
Schicksal 145, 325[8], 372[49], 383[79]–384[81]
–, der Seelen 119, 123, 212[5], 217[17]–218[19], 325, 332, 335–352, 417
–, des Sokrates 294[69], 333[32], 383
–, Schicksalsschläge 336
Schiff 255, 373
Schlaf 35, 90, 138[70], 141[79], 149[95], 156[114], 197, 288, 325, 399, 411
Schmeichelei 233–235, 238, 251, 394
Schriftkritik 232, 232[48], 306–307, 307[105], 319[143]
Schweinestaat 104[103], 132–134
Seelenwagen 215–218, 224, 301–303, 342
Sehnsucht 30[48], 46[4], 99, 138, 173, 187, 203, 308[112], 374, 377[62], 389
Selbstachtung 241, 244, 415
Selbstprüfung 29, 74, 86–88, 100[92], 104[105], 365–366, 410
Selbstvertrauen s. Vertrauen
smikron 182[162], 195[191], 282
Soldat 133, 265, 326, 386[87]
Sophisten 23[21], 27[37], 34–35, 36[21], 46, 61, 70, 72, 74[11], 78[27], 79, 89, 90[68], 95, 102, 109[7], 115, 229[43], 343–344, 353[2], 387, 393
Spiel 143[85], 254, 349[66]
Sport 36[17], 46[7], 61, 63, 138, 141, 343–344, 393
Steines, Leben des 54, 109, 293

Stolz
—, im negativen Sinne s. Hybris
—, im positiven Sinne 151[101], 222, 241–242
Strafe 131, 234–237, 242, 247, 252, 263–266, 331–332, 337–341, 352, 355
Streit 58, 145, 152, 159, 163, 170, 210, 227, 227[40], 247, 270
Strom-Metapher 122, 128[46], 150–152, 180, 245[69], 354

ta megista 199, 362, 390
Tausch der Lüste 122, 127, 208, 220[23], 333[33], 398[114]
Theaitetos-Digression 70[32], 153[107], 242, 245, 248, 250, 258, 267, 267[102], 295[69], 318–319, 336, 414, 417[155]
theôria 46, 246[70], 256, 336, 356, 389
Tiere 62–63, 80, 133[54], 149, 167, 173, 184, 215, 309, 331, 414[149]
Toleranz 41, 393
Traum 134, 138[70], 165, 180, 328, 387, 399, 404
Tugend
—, abgeleitete (unechte) 27, 80, 122–124, 149, 151, 157[116], 162, 196, 203, 271, 285[40], 296, 303, 333–334, 348, 352–353, 353[1], 357, 375[56], 376, 386
—, wahre 116, 280, 295–298, 362, 367[38], 375[56], 410

Übung 28, 30, 38, 40, 89[67], 94[78], 123, 152, 155, 195, 220, 297, 341, 376, 378–379, 382, 391, 393
Umlenkung s. Umwendung
Umwendung, der Seele 305[97], 380, 391–392, 413[146]
Unheilbare 159[120], 332, 332[31], 338, 340, 340[47], 344, 347, 384

Verantwortung 36–37, 311[118], 324, 327, 335, 349, 352, 354, 365, 401, 409
Verbündete 256, 258–261, 270[2]
Vereinigung 218, 276, 292[62], 302[89]
Vertrauen 37, 65[27], 93, 93[75], 97, 100[92], 101, 166, 260–261, 270, 271[3], 287[42], 299, 309, 394, 407
Vorbilder 64–65, 71, 87–88, 104[106], 194, 218–219, 232[47], 285[40], 373, 408

Wächter 95[81], 129, 133–161, 169[142], 180, 221[28], 253, 263, 268[1], 344, 356, 371–388, 391–392, 409[136]
Weisheitssuche 75, 80, 89, 98–106, 150
weltfremd 191, 246, 248
Wissenschaft 28–29, 36, 40, 55, 151, 154, 190, 198, 200, 205, 207[207], 220, 246, 256, 276, 297, 346, 353[2], 368, 370, 372, 380, 391–392, 394–395, 406

Zeiteinsatz 28, 125, 150, 152, 199, 254, 321[146], 410–412
Zwang 164–166, 252–255, 263, 364[27], 405, 410[137]
Zwietracht s. Streit